NEW

내신 잡는 필수 개념서

올리드

Allead

이 책과 함께 미래를 디자인하는 나를 위해 응원의 한마디를 적어 보세요.

_____

_____

NEW 올리드

물리학 I

CONCEPT

개념 이해부터 내신 대비까지 완벽하게 끝내는
필수 개념서

BOOK GRADE

WRITERS

미래엔콘텐츠연구회

No.1 Content를 개발하는 교육 전문 콘텐츠 연구회

민병도	부산외국어고 교사 | 부산대 물리학과, 부산대 교육대학원 물리교육과
남종민	고잔고 교사 | 대구대 물리교육과, 대구대 교육대학원 물리교육과
채규선	경기북과학고 교사 | 고려대 물리학과, 한국교원대 대학원 물리교육과
김태은	경기고 교사 | 서울대 물리교육과, 서울대 대학원 물리교육과

COPYRIGHT

인쇄일 2023년 11월 1일(1판7쇄)
발행일 2018년 8월 1일

펴낸이 신광수
펴낸곳 ㈜미래엔
등록번호 제16-67호

교육개발1실장 하남규
개발책임 오진경
개발 한재경, 서규석

디자인실장 손현지
디자인책임 김기욱
디자인 진선영

CS본부장 강윤구
CS지원책임 강승훈

ISBN 979-11-6233-565-9

Introduction _{머리말}

모죽이라고 불리는 대나무가 있습니다. 바로 모소 대나무인데요.
이 대나무는 싹도 잘 나지 않고 처음 몇 년간은 거의 자라지 않는답니다.
그러다 그 순간을 넘기면 갑자기 씨를 뿌린 곳에서 불쑥 새순이 돋아나고
한 달 남짓 동안 15 m도 넘게 훌쩍 자라서 곧 빽빽한 숲을 이루게 됩니다.
이 마술같은 일은 어떻게 일어나는 걸까요?
사실 모소 대나무는 뿌리를 먼저 땅속에 깊게 내린답니다.
몇 년이라는 긴 시간 동안 차근차근 자랄 준비를 하는 거예요.
눈에 보이지 않아 답답하고 더디게 느껴지지만
단단한 뿌리를 내리는 그 시간이 결국은 폭발적인 성장의 원동력이 되는거죠.

NEW올리드는 이 대나무의 뿌리처럼
우리의 지식을 발전시켜 줄 좋은 원동력입니다.
잘 정리해 놓은 개념 정리와 탐구, 자료들을 공부하다 보면
어느새 문제 해결의 원리를 깨닫게 될 거예요.

"NEW올리드 물리학 I"과 함께
부쩍 성장한 나의 모습을 그려 보세요.
함께하는 시간이 여러분의 단단한 뿌리가 될 것입니다.

Structure

구성과 특징

개념학습편

01 개념과 탐구/자료 쉽게 이해하기

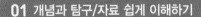

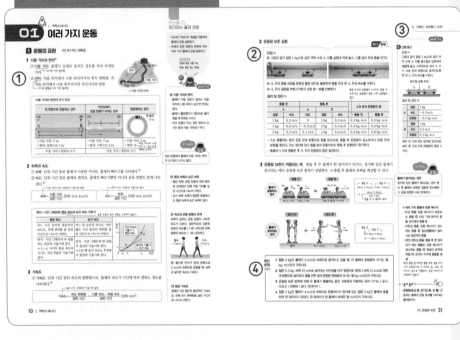

꼼꼼한 개념/탐구/자료 정리

❶ **쉽고 자세한 설명** 다양한 그림과 자료를 이용하여 교과서 핵심 내용을 쉽게 정리하였습니다.

❷ **탐구 활동/자료 분석** 교과서에 나오는 탐구와 자료를 자세히 정리하여 탐구와 자료 관련 문제에 대비할 수 있게 구성하였습니다.

❸ **Plus 개념** 개념과 관련된 보충 자료를 정리하였으며, 꼭 기억해야 할 내용, 착각하기 쉬운 내용을 꼼꼼하게 구성하였습니다.

❹ **확인 문제** 필수 핵심 개념을 바로 확인할 수 있는 문제로 구성하였습니다.

02 다양한 유형의 기본과 실력 문제 풀기

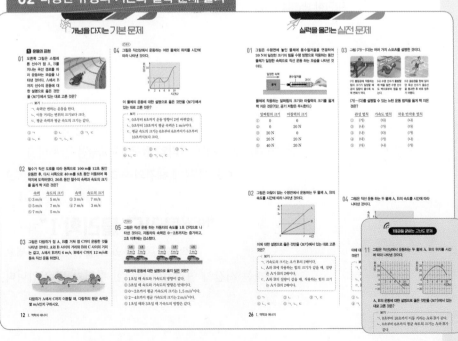

개념을 다지는 기본 문제

그림, 자료, 탐구로부터 출제되는 다양한 유형의 문제를 반복적으로 학습할 수 있도록 실제 학교 시험에서 꼭 출제될 확률이 높은 기본 문제로 구성하였습니다.

실력을 올리는 실전 문제

학교 시험과 수능 실전에 대비할 수 있는 기출 문제와 예상 문제로 구성하였습니다. 특히 고난도 문제에 대비할 수 있는 1등급 문제를 함께 구성하였습니다.

03 빈출 자료 자세히 분석하기

38 I. 역학과 에너지

03. 운동량 보존 ~ 04. 충격량 39

자료 분석 특강

개념이 문제에 어떻게 적용되는지를
해결하기 위하여 자료의 분석 과정,
풀이 비법, 변형 자료 등을
제시하였으며, 다양한 기출 자료의
유형을 집중 연습할 수 있습니다.
또, 실력을 올리는 실전 문제 와
연결하여 유형별 집중 훈련이
가능하도록 구성하였습니다.

04 반복 학습으로 마무리하기

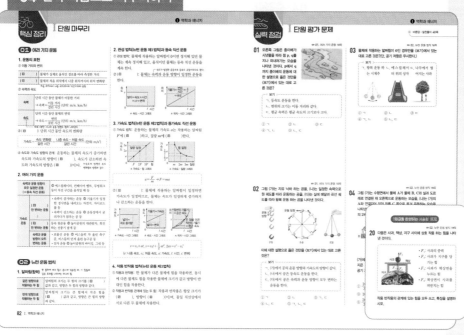

핵심 정리 단원 마무리

단원별 핵심 내용을 빠르게 확인할 수
있게 요약 정리하였습니다. 또, 중요
핵심 개념을 직접 써 볼 수 있게
구성하였습니다.

실력 점검 단원 평가 문제

단원별 학교 시험에 대비할 수 있도록
학교 예상 문제와 시험에 자주
출제되는 서술형 문제를 함께
구성하였습니다.

시험대비편

강별 10분 TEST 문제

강별 중요 개념이 무엇인지 빠르게 확인할 수 있으며, 쪽지 시험까지 대비할 수 있습니다.

대단원별 50분 평가 문제

대단원별로 학교 시험 문제와 매우 유사한 유형의 문제를 제시하여 완벽하게 학교 시험에
대비할 수 있습니다.

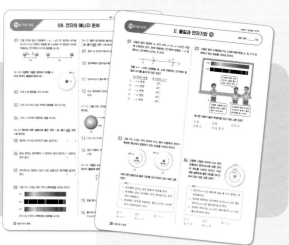

Contents
차례

NEW 올리드 물리학 I은 3대단원 7중단원 18강으로 구성되어 있어요.

I
역학과 에너지

1. 물체의 운동

01 여러 가지 운동   10

02 뉴턴 운동 법칙   18

03 운동량 보존   30

04 충격량   34

2. 에너지와 열

05 역학적 에너지   44

06 열역학 법칙   52

3. 시공간의 이해

07 특수 상대성 이론   64

08 질량과 에너지   76

• 핵심 정리 I 단원 마무리   82

• 실력 점검 I 단원 평가 문제   85

물질과 전자기장

1. 물질의 구조와 성질

09 전자의 에너지 준위   92

10 에너지띠   104

11 반도체와 다이오드   112

2. 전류와 자기장

12 전류의 자기 작용   120

13 물질의 자성   132

14 전자기 유도   140

• 핵심 정리 Ⅱ단원 마무리   152

• 실력 점검 Ⅱ단원 평가 문제   154

파동과 정보 통신

1. 파동과 통신

15 파동과 전반사   160

16 전자기파   172

17 파동의 간섭   180

2. 빛과 물질의 이중성

18 빛과 물질의 이중성   188

• 핵심 정리 Ⅲ단원 마무리   200

• 실력 점검 Ⅲ단원 평가 문제   202

Search

					NEW 올리드	미래엔
Ⅰ. 역학과 에너지	1. 물체의 운동	01	여러 가지 운동		10~17	12~19
		02	뉴턴 운동 법칙		18~29	20~31
		03	운동량 보존		30~33	32~39
		04	충격량		34~43	40~47
	2. 에너지와 열	05	역학적 에너지		44~51	48~55
		06	열역학 법칙		52~63	56~69
	3. 시공간의 이해	07	특수 상대성 이론		64~75	70~81
		08	질량과 에너지		76~89	82~93
Ⅱ. 물질과 전자기장	1. 물질의 구조와 성질	09	전자의 에너지 준위		92~103	96~107
		10	에너지띠		104~111	108~113
		11	반도체와 다이오드		112~119	114~123
	2. 전류와 자기장	12	전류의 자기 작용		120~131	124~133
		13	물질의 자성		132~139	134~139
		14	전자기 유도		140~157	140~155
Ⅲ. 파동과 정보 통신	1. 파동과 통신	15	파동과 전반사		160~171	158~171
		16	전자기파		172~179	172~177
		17	파동의 간섭		180~187	178~189
	2. 빛과 물질의 이중성	18	빛과 물질의 이중성		188~205	190~213

내 교과서와 NEW올리드를 비교해 보자!

비상교육	천재교육	동아출판	금성	와이비엠
10~17	10~17	10~15	12~15	10~18
18~28	18~31	16~27	16~29	19~30
29~33	37~43	28~33	30~33	31~36
34~45	32~36	34~38	34~39	37~45
46~51	44~50	39~49	40~45	46~55
52~65	51~65	50~63	46~57	56~71
66~73	66~75	64~72	58~67	72~86
74~84	76~87	73~83	68~79	87~99
86~97	90~100	86~97	82~95	102~114
98~103	101~106	98~103	96~99	115~120
104~113	107~115	104~113	100~107	121~129
114~119	116~123	114~119	108~117	130~138
120~125	124~128	120~124	118~123	139~143
126~138	129~143	125~139	124~139	144~157
140~151	146~159	142~157	142~157	160~173
152~157	160~163	158~163	158~165	174~178
158~169	164~171	164~175	166~172	179~189
170~188	172~191	176~197	173~195	190~213

토닥토닥
글 한 줄

연습 명언

나의 유일한 경쟁자는 어제의 나다. 연습실에 들어서면 어제 한 연습보다 더 강도 높은 연습을 한 번,
1분이라도 더 하기로 마음먹는다. 어제를 넘어선 오늘의 나를 만드는 것, 이것이 내 삶의 모토이다.
– 발레리나, 강수진(1967 ~   )

95세가 된 지금도 나는 매일 여섯 시간씩 연습한다.
왜냐하면 내 연주 실력이 아직도 조금씩 향상되고 있다는 걸 느끼기 때문이다.
– 첼리스트, 파블로 카잘스(1876 ~ 1973)

하루를 연습하지 않으면 자신이 알고, 이틀을 연습하지 않으면 아내가 알고,
사흘을 연습하지 않으면 관객이 안다.
– 지휘자, 레너드 번스타인(1918 ~ 1990)

연습을 평범한 일상으로 만든 사람들은 모두 비범한 인물이 되었습니다.

I 역학과 에너지

자~! 힘을 내서 차근차근 시작하자!

이 단원에서는 역학의 기초 개념인 물체의 운동과 에너지를 이해하고, 에너지 보존 법칙과 열역학 법칙을 통해 에너지 개념을 알아본다. 또, 특수 상대성 이론으로 관찰자에 따라 시간과 길이가 달라질 수 있다는 현대적인 시공간의 개념과 질량 에너지 등가 원리를 알아본다.

1. 물체의 운동

01 여러 가지 운동

02 뉴턴 운동 법칙

03 운동량 보존

04 충격량

2. 에너지와 열

05 역학적 에너지

06 열역학 법칙

3. 시공간의 이해

07 특수 상대성 이론

08 질량과 에너지

01 여러 가지 운동

1 운동의 표현 자료 분석 특강 14쪽 A

1 이동 거리와 변위[1]

① **이동 거리**: 물체가 실제로 움직인 경로를 따라 측정한
거리 └─ 크기만 가진 물리량

② **변위**: 처음 위치에서 나중 위치까지의 위치 변화량, 즉
처음 위치에서 나중 위치까지의 직선거리와 방향
└─ 크기와 방향을 모두 가진 물리량

▲ 이동 거리와 변위

이동 거리와 변위의 크기 비교		
한 방향으로 운동하는 경우	직선상에서 운동 방향이 바뀌는 경우	원운동하는 경우
(서) (동) 7 m	(서) (동) 2 m 3 m	원 둘레 : 5 m
• 이동 거리: 7 m • 변위: 동쪽으로 7 m	• 이동 거리: 7 m • 변위: 서쪽으로 3 m	• 이동 거리: 5 m • 변위: 0 ─ 처음 위치와 나중 위치가 같으므로 변위는 0이다.
이동 거리=변위의 크기	이동 거리>변위의 크기	

2 속력과 속도

① **속력**: 단위 시간 동안 물체가 이동한 거리로, 물체의 빠르기를 나타낸다.[2]

② **속도**: 단위 시간 동안 물체의 변위로, 물체의 빠르기뿐만 아니라 운동 방향도 함께 나타낸다.[3]

┌─ 이동 거리-시간 그래프의 기울기와 같다.

$$속력 = \frac{이동\ 거리}{걸린\ 시간}\ (단위: m/s, km/h)$$

┌─ 위치-시간 그래프의 기울기와 같다.

$$속도 = \frac{변위}{걸린\ 시간}\ (단위: m/s, km/h)$$

위치-시간 그래프로 평균 속도와 순간 속도 구하기 ─ 운동 도중의 속도 변화는 고려하지 않는다.		
평균 속도	순간 속도	
어느 시간 동안의 평균적인 속도로, 전체 변위를 총 걸린 시간으로 나누어 구한다.	어느 한 순간의 속도로, 아주 짧은 시간 동안의 변위를 걸린 시간으로 나누어 구한다.	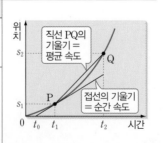
위치-시간 그래프의 두 점을 잇는 직선의 기울기와 같다. ➜ t_1~t_2 사이의 평균 속도의 크기는 직선 PQ의 기울기와 같다.	위치-시간 그래프의 한 점에서 접선의 기울기와 같다. ➜ t_1일 때 순간 속도는 P점에서 접선의 기울기와 같다.	

3 가속도

① **가속도**: 단위 시간 동안 속도의 변화량으로, 물체의 속도가 시간에 따라 변하는 정도를 나타낸다.[4]

┌─ 속도-시간 그래프의 기울기와 같다.

$$가속도 = \frac{속도\ 변화량}{걸린\ 시간} = \frac{나중\ 속도 - 처음\ 속도}{걸린\ 시간}\ (단위: m/s^2)$$

• 속도와 가속도의 개념을 이용하여 물체의 운동 설명하기
• 속력과 운동 방향의 변화에 따라 여러 가지 물체의 운동 분류하기

핵심 개념
운동의 분류, 이동 거리, 변위, 속력, 속도, 가속도

plus 개념

❶ 이동 거리와 변위
• 물체의 이동 경로가 달라도 처음 위치와 나중 위치가 같으면 변위는 같다.
• 물체가 출발했다가 제자리로 돌아왔을 때 변위는 0이다.
• 직선 운동이 아닌 경우 변위의 크기는 항상 이동 거리보다 작다.

꼭 기억해!

모든 운동에서 물체의 이동 거리는 변위의 크기보다 크거나 같다.

❷ 평균 속력과 순간 속력
• 평균 속력: 운동 도중의 속력 변화와 관계없이 전체 이동 거리를 걸린 시간으로 나누어 구한다.
• 순간 속력: 속력이 일정한 운동에서는 평균 속력과 순간 속력이 같다.

❸ 속도와 운동 방향의 관계
속력이 같아도 운동 방향이 다르면 속도가 다르다. 일반적으로 오른쪽 방향의 속도를 (+)로 나타내면 왼쪽 방향의 속도는 (−)로 나타낸다.

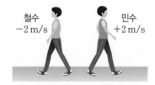
철수 −2 m/s   민수 +2 m/s

예 철수와 민수가 반대 방향으로 2 m/s의 속력으로 운동할 때, 속력은 같지만 속도는 다르다.

❹ 평균 가속도
정해진 시간 동안의 평균적인 가속도로, 전체 속도 변화량을 걸린 시간으로 나누어 구한다.

② 속도와 가속도 방향의 관계⑤

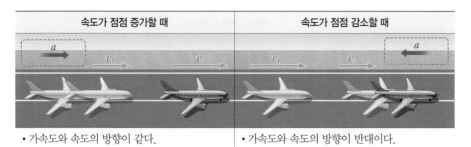

속도가 점점 증가할 때	속도가 점점 감소할 때
• 가속도와 속도의 방향이 같다.	• 가속도와 속도의 방향이 반대이다.

→ 가속도는 크기와 방향을 가지는 물리량이고, 가속도의 방향은 속도 변화량의 방향과 같다.
└ 나중 속도−처음 속도=v_2-v_1

2 여러 가지 운동   자료 분석 특강 14쪽 B

1 속력과 운동 방향이 모두 일정한 운동(=등속 직선 운동) ┌속도가 일정한 운동(=등속도 운동) 등속 직선 운동을 하는 물체의 이동 거리는 시간에 비례하여 증가한다.⑥

예 에스컬레이터, 컨베이어 벨트, 무빙워크 등이 직선 구간을 움직일 때

2 속력이나 운동 방향이 변하는 운동(=가속도 운동)⑦

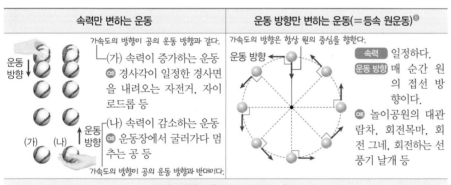

속력만 변하는 운동	운동 방향만 변하는 운동(=등속 원운동)⑧
가속도의 방향이 공의 운동 방향과 같다. (가) 속력이 증가하는 운동 예 경사각이 일정한 경사면을 내려오는 자전거, 자이로드롭 등 (나) 속력이 감소하는 운동 예 운동장에서 굴러가다 멈추는 공 등 가속도의 방향이 공의 운동 방향과 반대이다.	가속도의 방향은 항상 원의 중심을 향한다. 속력 일정하다. 운동 방향 매 순간 원의 접선 방향이다. 예 놀이공원의 대관람차, 회전목마, 회전 그네, 회전하는 선풍기 날개 등

속력과 운동 방향이 모두 변하는 운동

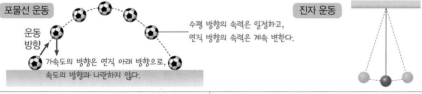

포물선 운동 / 진자 운동
수평 방향의 속력은 일정하고, 연직 방향의 속력은 계속 변한다.
가속도의 방향은 연직 아래 방향으로, 속도의 방향과 나란하지 않다.

속력 최저점 → 최고점: 속력이 감소한다. 최고점 → 최저점: 속력이 증가한다. 운동 방향 매 순간 포물선 궤도의 접선 방향이다. 예 비스듬히 차 올린 축구공, 비스듬히 던져 올린 농구공 등	속력 진동의 중심: 속력 최대 양 끝: 0 운동 방향 매 순간 진자가 그리는 궤도의 접선 방향이다. 예 놀이공원의 바이킹, 그네 등

확인 문제 1 2

1 철수가 직선거리로 50 m 왕복 달리기를 1회 하는 동안 이동 거리는 (　　　) m, 변위의 크기는 (　　　) m이다.

2 1분 동안 직선 철로를 따라 2400 m를 달리는 기차의 평균 속도의 크기는 (　　　) m/s이다.

3 직선상에서 2 m/s의 속도로 운동하던 물체가 3초 후 8 m/s의 속도로 운동할 때, 이 물체의 가속도의 크기는 (　　　) m/s²이다.

4 속력만 변하는 운동을 하는 놀이 기구는 (자이로드롭, 대관람차, 바이킹)이고, 속력과 운동 방향이 모두 변하는 운동을 하는 놀이 기구는 (자이로드롭, 대관람차, 바이킹)이다.

---

plus 개념

⑤ 가속도 a와 속도 v의 부호

$a>0$	$v>0$	속력 증가
	$v<0$	속력 감소
$a<0$	$v>0$	속력 감소
	$v<0$	속력 증가

⑥ 등속 직선 운동 그래프

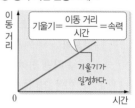

$$기울기 = \frac{이동\ 거리}{시간} = 속력$$

기울기가 일정하다.

⑦ 가속도 운동
• 직선 운동에서 등속도 운동 이외의 운동은 속도의 크기나 방향이 변하는 가속도 운동이다.
• 모든 곡선 운동은 방향이 변하는 운동이므로 가속도 운동이다.

궁금하지?

Q. 연직 위로 던진 물체는 최고점에서 정지한다. 이 순간 물체의 가속도는 0일까?
A. 속력이 계속 변하는 물체가 어느 순간 속력이 0인 것이므로, 가속도는 0이 아니다.

⑧ 등속 원운동 하는 물체

운동 방향 (접선 방향)

실에 매단 공이 등속 원운동 하다가 실이 끊어지면 공은 그 순간 원의 접선 방향으로 날아간다.

용어 돋보기

• **변위**(변할 變, 위치 位): 물체의 위치 변화를 나타내는 물리량이다.
• **진자**(떨칠 振, 아들 子): 줄 끝에 추를 매달아 좌우로 왔다 갔다 하게 만든 물체이다.

1 운동의 표현

01 오른쪽 그림은 스켈레톤 선수가 점 A, B를 지나는 곡선 경로를 따라 운동하는 모습을 나타낸 것이다. A에서 B까지 선수의 운동에 대한 설명으로 옳은 것만을 〈보기〉에서 있는 대로 고른 것은?

┤ 보기 ├

ㄱ. 속력만 변하는 운동을 한다.
ㄴ. 이동 거리는 변위의 크기보다 크다.
ㄷ. 평균 속력과 평균 속도의 크기는 같다.

① ㄱ   ② ㄴ   ③ ㄱ, ㄷ
④ ㄴ, ㄷ   ⑤ ㄱ, ㄴ, ㄷ

02 철수가 직선 도로를 따라 동쪽으로 100 m를 12초 동안 운동한 후, 다시 서쪽으로 40 m를 8초 동안 이동하여 목적지에 도착하였다. 20초 동안 철수의 속력과 속도의 크기를 옳게 짝 지은 것은?

	속력	속도의 크기		속력	속도의 크기
①	3 m/s	5 m/s	②	3 m/s	7 m/s
③	5 m/s	7 m/s	④	7 m/s	3 m/s
⑤	7 m/s	5 m/s			

03 그림은 다람쥐가 점 A, B를 거쳐 점 C까지 운동한 것을 나타낸 것이다. A와 B 사이의 거리와 B와 C 사이의 거리는 같고, A에서 B까지 6 m/s, B에서 C까지 12 m/s로 등속 직선 운동 하였다.

다람쥐가 A에서 C까지 이동할 때, 다람쥐의 평균 속력은 몇 m/s인지 구하시오.

ⓟ중요

04 그림은 직선상에서 운동하는 어떤 물체의 위치를 시간에 따라 나타낸 것이다.

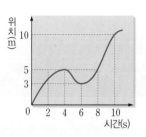

이 물체의 운동에 대한 설명으로 옳은 것만을 〈보기〉에서 있는 대로 고른 것은?

┤ 보기 ├

ㄱ. 0초부터 8초까지 운동 방향이 2번 바뀌었다.
ㄴ. 0초부터 10초까지 평균 속력은 1 m/s이다.
ㄷ. 평균 속도의 크기는 0초부터 6초까지가 6초부터 10초까지보다 크다.

① ㄱ   ② ㄷ   ③ ㄱ, ㄴ
④ ㄴ, ㄷ   ⑤ ㄱ, ㄴ, ㄷ

ⓟ중요

05 그림은 직선 운동 하는 자동차의 속도를 1초 간격으로 나타낸 것이다. 자동차의 속력은 0~2초까지는 증가하고, 2초 이후에는 감소했다.

자동차의 운동에 대한 설명으로 옳지 <u>않은</u> 것은?

① 1초일 때 속도와 가속도의 방향이 같다.
② 3초일 때 속도와 가속도의 방향은 반대이다.
③ 0~2초까지 평균 가속도의 크기는 1.5 m/s²이다.
④ 2~4초까지 평균 가속도의 크기는 2 m/s²이다.
⑤ 1초일 때와 3초일 때 가속도의 방향은 같다.

06
그림은 A와 B의 위치를 시간에 따라 나타낸 것이다.

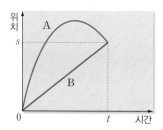

t 동안, A와 B의 평균 속력과 평균 속도의 크기를 비교하여 설명하시오.

❷ 여러 가지 운동

07 오른쪽 그림은 물체를 실에 매달아 등속 원운동 시키는 모습을 나타낸 것이다. 이 물체의 운동에 대한 설명으로 옳지 않은 것은?

① 속력이 일정하다.
② 운동 방향이 계속 변한다.
③ 가속도의 방향은 물체의 운동 방향과 같다.
④ 놀이공원의 대관람차는 이 물체와 같은 운동을 한다.
⑤ 실이 끊어진 직후 공의 운동 방향은 원의 접선 방향이다.

08 다음은 좌우로 진동하고 있는 진자의 운동을 설명한 것이다. ( ) 안에 들어갈 알맞은 말을 고르시오.

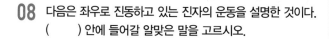

줄 끝에 추를 매달아 좌우로 왔다 갔다 하게 만든 진자는 ㉠(속력, 운동 방향, 속력과 운동 방향)이 변하는 운동을 한다. 진자는 진동의 중심에 가까워질수록 속력이 점점 ㉡(증가, 감소)하고, 양 끝으로 갈수록 속력이 점점 ㉢(증가, 감소)한다.

09 그림 (가), (나)는 일상생활에서 나타나는 물체의 운동을 나타낸 것이다.

(가) 직선 레일을 따라 들어와 멈추는 기차

(나) 위아래로 오르내리는 롤러코스터

(가), (나)의 공통점만을 〈보기〉에서 있는 대로 고른 것은?

보기
ㄱ. 속력이 변하는 운동을 한다.
ㄴ. 운동 방향이 변하는 운동을 한다.
ㄷ. 가속도 운동을 한다.

① ㄴ ② ㄷ ③ ㄱ, ㄴ
④ ㄱ, ㄷ ⑤ ㄱ, ㄴ, ㄷ

10 그림은 스키 점프 선수가 출발하여 기울기가 일정한 구간 A와 수평면 구간 B를 지나 구간 C를 공중에서 뜬 상태로 내려와 수평면 구간 D에 착지하는 모습을 나타낸 것이다.

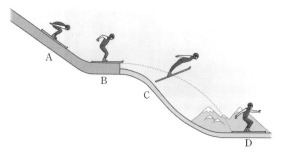

선수가 (가)속력이 일정한 운동을 하는 구간과 (나)속력과 운동 방향이 모두 변하는 운동을 하는 구간을 옳게 짝 지은 것은?(단, 공기 저항 및 모든 마찰은 무시한다.)

	(가)	(나)		(가)	(나)
①	A	C	②	B	A
③	B	C	④	D	A
⑤	D	B			

실력을 올리는 실전 문제와
함께 보면 더 좋아요!

A 위치-시간 그래프 분석

오른쪽 그림은 직선 도로를 달리는 두 자동차 A, B의 위치를 시간에 따라 나타낸 것이다.

① 0~6초까지 A와 B의 이동 거리와 변위의 크기 비교하기
  • A: 이동 거리는 15 m, 변위의 크기는 9 m이다.
  • B: 이동 거리는 9 m, 변위의 크기는 9 m이다.

② A와 B의 운동 분석하기
  • A: 그래프 접선의 기울기의 절댓값이 점점 작아지다가 0이 되고, 다시 커진다. 즉, 속력이 작아지다가 0이 되고, 다시 커지는 운동을 한다.
  • B: 그래프의 기울기가 일정하므로 속도가 일정한 운동을 한다.

③ 0~6초 동안 A와 B의 평균 속력과 평균 속도의 크기 비교하기
  • 평균 속력: 0~6초까지 이동 거리는 A가 B보다 크므로, 평균 속력도 A가 B보다 크다.
  • 평균 속도: 0~6초까지 변위의 크기는 A와 B가 같으므로, 평균 속도의 크기는 A와 B가 같다.

④ A의 가속도의 방향
  • 0~5초까지 A의 가속도 방향: 0~5초까지 그래프 접선의 기울기가 점점 작아지므로 속력이 점점 작아진다. 즉, 가속도의 방향은 A의 운동 방향과 반대이다.
  • 5~6초까지 A의 가속도 방향: 5~6초까지 그래프 접선의 기울기 크기가 점점 커지므로 속력이 점점 커진다. 즉, 가속도의 방향이 A의 운동 방향과 같다.

❶ A는 0~5초까지는 위치가 증가하는 운동을 하고, 5~6초까지는 위치가 감소하는 운동을 한다. 즉, 5초일 때 A의 운동 방향이 바뀐다.

❷ 0~6초까지 A와 B의 출발점과 도착점이 같으므로, A와 B의 변위는 같다.

TIP
변위는 처음 위치에서 나중 위치까지의 직선거리와 방향이다.

실력을 올리는 실전 문제 **찾아가기**
• 위치 – 시간 그래프에서 속도가 증가하거나 감소하는 물체의 운동을 분석하는 문제_05, 09, 11

B 운동의 분류

그림은 우리 주변에서 볼 수 있는 여러 가지 물체의 운동을 나타낸 것이다.

(가) 직선 구간을 움직이는 컨베이어 위의 물체

(나) 연직 위로 던져 올라가는 공

(다) 미끄럼틀에서 내려오는 아이

(라) 스케이트보드를 타고 곡선 경로를 내려가는 사람

(마) 그네를 타는 아이

(바) 선풍기의 날개

(사) 비스듬히 던진 농구공

(아) 시계추

❶ 컨베이어는 곡선 구간에서는 운동 방향이 변하지만, 그림과 같은 직선 구간에서는 운동 방향이 일정한 운동을 한다.

❷, ❸, ❹ 속력 또는 운동 방향이 변하는 운동은 가속도 운동이다.

TIP
• 속력이 일정한 직선 운동 이외의 운동은 가속도 운동이다.
• 모든 곡선 운동은 운동 방향이 변하므로 가속도 운동이다.

• 물체의 운동을 속력과 운동 방향의 변화에 따라 분류하기

구분	속력이 일정한 경우	속력이 변하는 경우
운동 방향이 일정한 경우	(가) ❶	(나), (다) ❷
	특징 속력과 운동 방향이 모두 일정한 운동을 한다.	**특징** 속력이 일정하게 증가하거나 감소하는 운동을 한다.
운동 방향이 변하는 경우	(바) ❸	(라), (마), (사), (아) ❹
	특징 속력이 일정하고, 운동 방향만 변하는 등속 원운동을 한다.	**특징** 속력과 운동 방향이 모두 변하는 운동을 한다.

실력을 올리는 실전 문제 **찾아가기**
• 일상생활에서 여러 가지 물체의 운동을 속력과 운동 방향의 변화에 따라 분류하는 문제_10

01 그림은 일정한 속력으로 운동하는 물체의 운동 경로를 나타낸 것이다. 점 P에서 Q까지는 직선 경로, Q에서 R까지는 곡선 경로이다.

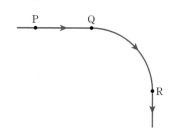

물체의 운동에 대한 설명으로 옳은 것만을 〈보기〉에서 있는 대로 고른 것은?

┤ 보기 ├
ㄱ. P에서 Q까지 이동 거리는 변위의 크기와 같다.
ㄴ. Q에서 R까지 이동 거리는 변위의 크기보다 크다.
ㄷ. Q에서 R까지 이동하는 동안 가속도 운동을 한다.

① ㄱ   ② ㄷ   ③ ㄱ, ㄴ
④ ㄴ, ㄷ   ⑤ ㄱ, ㄴ, ㄷ

02 그림은 학생 A, B가 자기 집의 위치를 소개하는 모습을 나타낸 것이다.

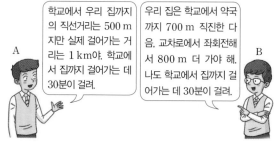

학교에서 우리 집까지의 직선거리는 500 m 지만 실제 걸어가는 거리는 1 km야. 학교에서 집까지 걸어가는 데 30분이 걸려.

우리 집은 학교에서 약국까지 700 m 직진한 다음, 교차로에서 좌회전해서 800 m 더 가야 해. 나도 학교에서 집까지 걸어가는 데 30분이 걸려.

A, B가 학교에서 출발하여 각자의 집에 도착할 때까지의 운동에 대한 설명으로 옳은 것만을 〈보기〉에서 있는 대로 고른 것은?

┤ 보기 ├
ㄱ. B는 등속 직선 운동을 하였다.
ㄴ. 평균 속력은 A가 B보다 크다.
ㄷ. A의 평균 속도의 크기는 1 km/h이다.

① ㄱ   ② ㄷ   ③ ㄱ, ㄴ
④ ㄴ, ㄷ   ⑤ ㄱ, ㄴ, ㄷ

03 그림과 같이 수직으로 교차하는 고속도로 중앙의 점 O를 중심으로 대칭인 원형 도로가 있다. 두 자동차 A, B가 O를 동시에 스쳐 지나간 후 각각 점선을 따라 진행하여 A는 점 P를, B는 점 Q를 동시에 통과하였다. A가 O를 지나는 순간부터 P에 도달하는 데 걸린 시간은 t이고, A, B의 속력은 일정하다.

t 동안 A, B의 물리량이 같은 것만을 〈보기〉에서 있는 대로 고른 것은?(단, 도로의 높이차는 무시한다.)

┤ 보기 ├
ㄱ. 변위의 크기   ㄴ. 평균 속력
ㄷ. 평균 속도의 크기

① ㄴ   ② ㄷ   ③ ㄱ, ㄴ
④ ㄱ, ㄷ   ⑤ ㄱ, ㄴ, ㄷ

04 오른쪽 그림과 같이 일정한 속력으로 원형 트랙을 달리는 자동차 A, B가 0초일 때 각각 지점 P와 Q를 통과하여 10초일 때 A는 Q에, B는 P에 각각 처음 도달하였다. 0초부터 10초까지 A, B의 운동에 대한 설명으로 옳은 것만을 〈보기〉에서 있는 대로 고른 것은?

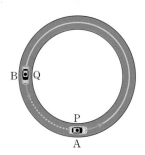

┤ 보기 ├
ㄱ. 변위의 크기는 A와 B가 같다.
ㄴ. A의 평균 속도의 크기는 B의 평균 속력보다 크다.
ㄷ. B의 속도는 일정하다.

① ㄱ   ② ㄴ   ③ ㄱ, ㄷ
④ ㄴ, ㄷ   ⑤ ㄱ, ㄴ, ㄷ

05 그림은 직선 운동 하는 물체 A와 B의 위치를 시간에 따라 나타낸 것이다.

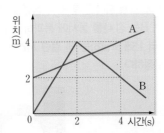

이에 대한 설명으로 옳은 것만을 〈보기〉에서 있는 대로 고른 것은?

┌ 보기 ├
ㄱ. 0초부터 4초까지 평균 속력은 B가 A의 2배이다.
ㄴ. 3초일 때 A와 B의 운동 방향은 서로 반대이다.
ㄷ. B의 속력은 1초일 때가 3초일 때의 2배이다.

① ㄱ ② ㄷ ③ ㄱ, ㄴ
④ ㄴ, ㄷ ⑤ ㄱ, ㄴ, ㄷ

06 표는 직선 운동 하는 자동차의 위치를 시간에 따라 나타낸 것이다.

시간(s)	0	2	4	6	8
위치(m)	0	3	4	3	0

0초부터 8초까지 자동차의 속력을 시간에 따라 나타낸 것으로 가장 적절한 것은?

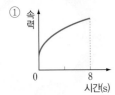 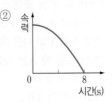
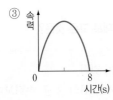 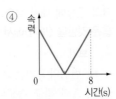
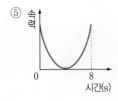

07 그림 (가)는 0일 때 나무에서 연직 아래로 떨어진 포도와 포도를 향해 이동하는 여우의 모습을 나타낸 것이고, 시간 t일 때 포도는 여우의 입 속으로 떨어졌다. 그림 (나)는 0부터 t까지 포도와 여우의 속력을 시간에 따라 나타낸 것이다. 포도는 직선 경로를, 여우는 곡선 경로를 따라 이동한다.

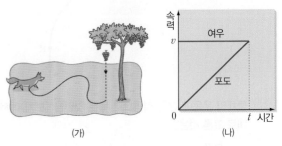

(가) (나)

0부터 t까지, 포도와 여우의 운동에 대한 설명으로 옳은 것만을 〈보기〉에서 있는 대로 고른 것은?(단, 공기 저항은 무시한다.)

┌ 보기 ├
ㄱ. 여우는 가속도 운동을 한다.
ㄴ. 포도의 운동 방향과 가속도의 방향은 같다.
ㄷ. 여우의 평균 속도의 크기는 v보다 작다.

① ㄴ ② ㄷ ③ ㄱ, ㄴ
④ ㄱ, ㄷ ⑤ ㄱ, ㄴ, ㄷ

↱ 수능모의평가기출 변형

08 그림은 직선 활주로에 내린 비행기의 위치를 착륙하는 순간부터 4초 간격으로 나타낸 것이다. 비행기는 착륙하는 순간부터 정지할 때까지 속도가 일정하게 감소하는 운동을 한다.

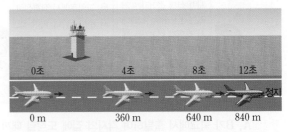

착륙하는 순간부터 정지할 때까지 비행기의 운동에 대한 설명으로 옳은 것만을 〈보기〉에서 있는 대로 고른 것은?

┌ 보기 ├
ㄱ. 가속도의 방향은 비행기의 운동 방향과 같다.
ㄴ. 비행기가 이동한 거리와 변위의 크기는 같다.
ㄷ. 4초부터 8초까지의 평균 속력은 70 m/s이다.

① ㄱ ② ㄴ ③ ㄱ, ㄷ
④ ㄴ, ㄷ ⑤ ㄱ, ㄴ, ㄷ

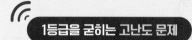

09 그림은 직선상에서 운동하는 두 물체 A와 B의 위치를 시간에 따라 나타낸 것이다.

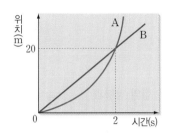

이에 대한 설명으로 옳은 것만을 〈보기〉에서 있는 대로 고른 것은?

┤ 보기 ├
ㄱ. 2초일 때 순간 속도의 크기는 A가 B보다 크다.
ㄴ. 2초일 때 A의 가속도 방향과 운동 방향은 같다.
ㄷ. 0초부터 2초까지 평균 속도의 크기는 A가 B보다 크다.

① ㄱ   ② ㄷ   ③ ㄱ, ㄴ
④ ㄴ, ㄷ   ⑤ ㄱ, ㄴ, ㄷ

10 그림 (가)~(라)는 운동하는 물체를 나타낸 것이다.

(가) 비스듬히 차 올린 축구공

(나) 연직 아래로 낙하하는 다이빙 선수

(다) 직선 구간을 일정한 속력으로 움직이는 리프트

(라) 지구 주위를 등속 원운동 하는 인공위성

물체의 운동에 대한 설명으로 옳은 것만을 〈보기〉에서 있는 대로 고른 것은?

┤ 보기 ├
ㄱ. 속력이 일정한 운동은 (다)와 (라)이다.
ㄴ. 운동 방향이 변하는 운동은 (가)와 (라)이다.
ㄷ. 가속도 운동은 (가), (나), (라)이다.

① ㄱ   ② ㄴ   ③ ㄱ, ㄷ
④ ㄴ, ㄷ   ⑤ ㄱ, ㄴ, ㄷ

11 그림은 직선상에서 운동하는 두 물체 A, B의 위치를 시간에 따라 나타낸 것이다.

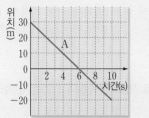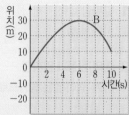

A, B의 운동에 대한 설명으로 옳은 것만을 〈보기〉에서 있는 대로 고른 것은?

┤ 보기 ├
ㄱ. 0초부터 10초까지 이동 거리는 A와 B가 같다.
ㄴ. 0초부터 6초까지 평균 속도의 크기는 A와 B가 같다.
ㄷ. 2초일 때 A의 운동 방향과 8초일 때 B의 운동 방향은 같다.

① ㄱ   ② ㄴ   ③ ㄱ, ㄷ
④ ㄴ, ㄷ   ⑤ ㄱ, ㄴ, ㄷ

➔ 수능모의평가기출 변형

12 그림과 같이 속도가 2 m/s로 일정한 무빙워크 위에 서 있는 철수가 $t=0$일 때 기준선 P를 통과하는 순간 P에 정지해 있던 영희가 속력이 일정하게 증가하는 운동을 시작한다. 이후, 철수와 영희는 P에서 40 m 떨어진 기준선 Q를 동시에 통과한다.

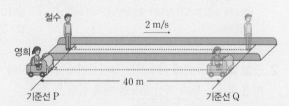

이에 대한 설명으로 옳은 것만을 〈보기〉에서 있는 대로 고른 것은?

┤ 보기 ├
ㄱ. 영희가 P에서 Q까지 이동하는 데 걸린 시간은 20초이다.
ㄴ. $t=0$부터 $t=10$초까지 이동한 거리는 철수가 영희의 2배이다.
ㄷ. 영희의 가속도의 크기는 0.4 m/s²이다.

① ㄱ   ② ㄴ   ③ ㄷ
④ ㄱ, ㄴ   ⑤ ㄴ, ㄷ

02 뉴턴 운동 법칙

한눈에 ⊙⊙
정리하는 출제 경향

- 운동 방정식 적용하기
- 등가속도 직선 운동 분석하기
- 함께 운동하는 두 물체의 운동 분석하기

핵심 개념
알짜힘, 등속 직선 운동, 등가속도 직선 운동, 관성 법칙, 가속도 법칙, 작용 반작용 법칙

plus⊕개념

1 알짜힘

1 알짜힘(합력) 한 물체에 여러 힘이 동시에 작용할 때, 이 힘들과 같은 효과를 나타내는 하나의 힘 <u>물체의 모양이나 운동 상태를 변화시키는 원인[단위: N(뉴턴)]</u>

2 힘의 합성과 알짜힘

① 두 힘이 같은 방향으로 작용: 알짜힘의 크기는 두 힘의 합과 같고, 방향은 두 힘의 방향과 같다.

② 두 힘이 반대 방향으로 작용: 알짜힘의 크기는 두 힘의 차와 같고, 방향은 큰 힘의 방향과 같다. ❶

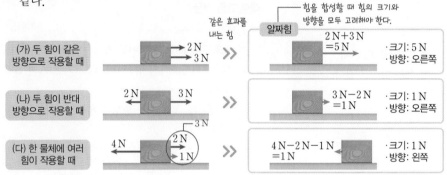

힘을 합성할 때 힘의 크기와 방향을 모두 고려해야 한다.

같은 효과를 내는 힘

알짜힘

(가) 두 힘이 같은 방향으로 작용할 때 → 2N, 3N ≫ 2N+3N =5N · 크기: 5N · 방향: 오른쪽

(나) 두 힘이 반대 방향으로 작용할 때 → 2N, 3N ≫ 3N−2N =1N · 크기: 1N · 방향: 오른쪽

(다) 한 물체에 여러 힘이 작용할 때 → 4N, 3N, 2N, 1N ≫ 4N−2N−1N =1N · 크기: 1N · 방향: 왼쪽

2 관성 법칙(뉴턴 운동 제1법칙)과 등속 직선 운동

1 관성 물체가 처음의 운동 상태를 계속 유지하려는 성질

① 관성의 크기: 물체의 질량이 클수록 관성이 크다. <u>물체의 질량이 클수록 운동 상태가 잘 변하지 않는다.</u>

② 관성에 의한 현상

정지 관성	운동 관성
• 이불을 방망이로 두드리면 먼지가 떨어진다. • 정지해 있던 버스가 갑자기 출발하면 승객이 뒤로 넘어진다.	• 달리던 사람이 돌부리에 걸려 넘어진다. • 달리고 있던 버스가 갑자기 정지하면 승객이 앞으로 넘어진다.

2 관성 법칙 물체에 작용하는 알짜힘이 0이면 정지해 있던 물체는 계속 정지해 있고, 움직이던 물체는 등속 직선 운동을 계속 한다. ❷ <u>속도가 일정한 운동</u>

> **확인 문제**
> **1 2**
> 1 한 물체에 5 N, 10 N의 힘이 오른쪽으로 작용할 때, 알짜힘의 크기와 방향을 쓰시오.
> 2 물체의 운동 방향과 물체가 받는 알짜힘의 방향이 반대이면 물체의 속력은 (   )한다.
> 3 등속 직선 운동을 하는 물체에 작용하는 알짜힘은 (   )이다.

자료 분석 특강 24쪽 A, 25쪽 B

3 가속도 법칙(뉴턴 운동 제2법칙)과 등가속도 직선 운동

1 가속도와 알짜힘, 질량의 관계

① 가속도와 알짜힘의 관계: 물체의 질량이 일정하면 가속도는 작용한 알짜힘에 비례한다. <u>가속도∝알짜힘</u>

② 가속도와 질량의 관계: 물체에 작용하는 알짜힘이 일정하면 가속도는 물체의 질량에 반비례한다. <u>가속도∝$\frac{1}{질량}$</u>

❶ 두 힘의 평형

F_1 작용점 | F_2 작용점

일직선상에서 한 물체에 크기가 같은 두 힘 F_1, F_2가 반대 방향으로 작용할 때, 알짜힘의 크기는 0이다. 이때 두 힘 F_1, F_2는 힘의 평형 관계이다. <u>작용점이 한 물체에 있다.</u>

✱ 알짜힘과 물체의 운동의 관계
- 알짜힘이 0인 경우: 물체의 속도가 일정한 운동을 한다.
  예 등속 직선 운동을 하는 낙하산
- 알짜힘이 물체의 운동 방향과 같은 방향으로 작용하는 경우: 직선상에서 물체의 속력이 일정하게 증가하는 운동을 한다.
  예 다이빙하는 수영 선수
- 알짜힘이 물체의 운동 방향과 반대 방향으로 작용하는 경우: 직선상에서 물체의 속력이 일정하게 감소하는 운동을 한다.
  예 연직 위로 던져 올린 공

❷ 등속 직선 운동 그래프

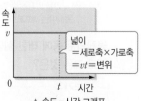

넓이
=세로축×가로축
=vt=변위

▲ 속도−시간 그래프

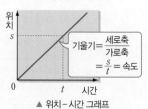

기울기=$\frac{세로축}{가로축}$
=$\frac{s}{t}$=속도

▲ 위치−시간 그래프

2 알짜힘이 작용할 때 물체의 운동

탐구 활동

과정 》

❶ 실험 1과 같이 수레를 일정한 크기의 힘으로 잡아당기면서 수레의 운동을 관찰한다.

❷ 실험 1, 2, 3과 같이 수레를 잡아당기는 힘의 크기만 2배, 3배 증가시키면서 과정 ❶을 반복한다.

❸ 실험 1, 4, 5와 같이 수레의 질량만 2배, 3배 증가시키면서 과정 ❶을 반복한다.

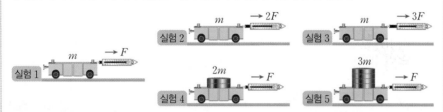

결과 및 정리 》

1. 과정 ❷에서 수레의 질량이 일정할 때 수레에 작용하는 힘의 크기가 커질수록 속도–시간 그래프의 기울기가 커진다. → 가속도는 수레에 작용한 알짜힘에 비례한다.

2. 과정 ❸에서 수레에 작용하는 힘의 크기가 일정할 때 수레의 질량이 커질수록 속도–시간 그래프의 기울기가 작아진다. → 가속도는 수레의 질량에 반비례한다.

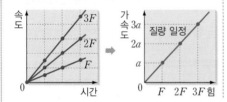

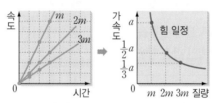

3 가속도 법칙

가속도의 방향은 항상 알짜힘의 방향과 같다.

운동하는 물체의 <u>가속도</u>는 작용하는 알짜힘에 비례하고, 질량에 반비례한다. ❸

$$\text{가속도} = \frac{\text{알짜힘}}{\text{질량}}, \quad a = \frac{F}{m} \Rightarrow F = ma \text{ — 운동 방정식이라고도 한다.}$$

두 물체가 함께 움직일 때 운동 방정식의 적용

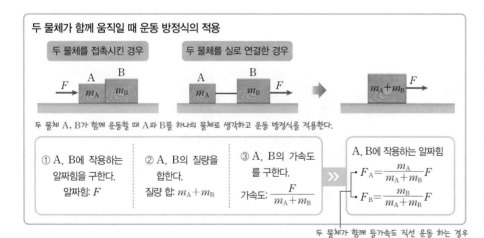

두 물체 A, B가 함께 운동할 때 A와 B를 하나의 물체로 생각하고 운동 방정식을 적용한다.

① A, B에 작용하는 알짜힘을 구한다.
알짜힘: F

② A, B의 질량을 합한다.
질량 합: $m_A + m_B$

③ A, B의 가속도를 구한다.
가속도: $\frac{F}{m_A + m_B}$

A, B에 작용하는 알짜힘
$F_A = \dfrac{m_A}{m_A + m_B} F$
$F_B = \dfrac{m_B}{m_A + m_B} F$

두 물체가 함께 등가속도 직선 운동 하는 경우 가속도가 같으므로 각 물체가 받는 알짜힘의 크기는 각 물체의 질량에 비례한다.

4 등가속도 직선 운동 ❹❺

① 등가속도 직선 운동: 물체에 작용하는 알짜힘이 일정하면 가속도가 일정하므로, 물체는 속도가 일정하게 증가하거나 감소하는 운동을 한다.

$$v = v_0 + at, \quad s = v_0 t + \frac{1}{2} at^2, \quad 2as = v^2 - v_0{}^2$$

(v: 나중 속도, v_0: 처음 속도, a: 가속도, t: 시간, s: 변위)

---

plus 개념

❸ 물체의 가속도

마찰이 없는 수평면에 놓인 질량 m인 물체에 힘 F가 작용하는 경우

· 물체에 작용하는 알짜힘만 $2F$로 바꾸면 가속도는 2배 증가한다.

· 물체의 질량만 $2m$으로 바꾸면 가속도는 $\frac{1}{2}$로 감소한다.

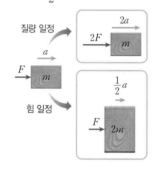

질량 일정

힘 일정

❹ 등가속도 직선 운동의 예

자유 낙하 운동, 빗면을 미끄러져 내려오는 물체의 운동, 연직 위로 던져 올린 물체의 운동 등

❺ 등가속도 직선 운동을 하는 물체의 평균 속도와 변위

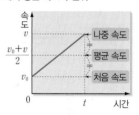

· 평균 속도: 처음 속도와 나중 속도의 중간값과 같다.

$$\text{평균 속도} = \frac{\text{처음 속도} + \text{나중 속도}}{2} = \frac{v_0 + v}{2}$$

· 변위: 평균 속도와 걸린 시간의 곱과 같다.

$$\text{변위} = \frac{v_0 + v}{2} \times t$$

--- 용어 돋보기 ---

· **합성**(합할 合, 이룰 成): 둘 이상의 것을 합쳐서 하나를 이루는 것을 의미한다.

· **가속도**(더할 加, 빠를 速, 법도 度): 일의 진행에 따라 점점 더해지는 속도를 의미한다.

② 등가속도 직선 운동 그래프

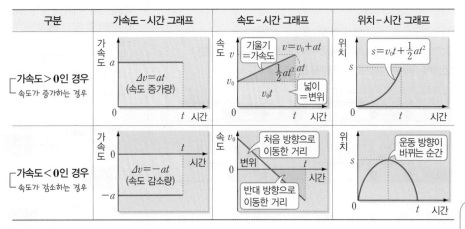

구분	가속도-시간 그래프	속도-시간 그래프	위치-시간 그래프
가속도>0인 경우 속도가 증가하는 경우	$\Delta v = at$ (속도 증가량)	기울기=가속도 $v=v_0+at$, $\frac{1}{2}at^2$, 넓이=변위, v_0t	$s=v_0t+\frac{1}{2}at^2$
가속도<0인 경우 속도가 감소하는 경우	$\Delta v = -at$ (속도 감소량)	처음 방향으로 이동한 거리, 변위, 반대 방향으로 이동한 거리	운동 방향이 바뀌는 순간

plus 개념

4 작용 반작용 법칙(뉴턴 운동 제3법칙)

힘은 두 물체 사이에서 상호 작용 하므로 하나의 쌍으로 작용한다.

1 작용 반작용 법칙 한 물체가 다른 물체에 힘을 작용하면, 동시에 다른 물체도 힘을 작용한 물체에 크기가 같고 방향이 반대인 힘을 작용한다.

작용과 반작용 관계에 있는 두 힘⑤

A가 B에 힘을 작용하면 동시에 B도 A에 힘을 작용한다. A가 B에 작용하는 힘을 작용이라 하면, B가 A에 작용하는 힘을 반작용이라고 한다.

$$F_{AB} = -F_{BA}$$

두 힘의 방향이 서로 반대 방향임을 의미한다.

A가 B를 당기는 힘 / B가 A를 당기는 힘

- 작용과 반작용은 항상 크기가 같고, 방향이 반대이다.
- 작용과 반작용은 동일 직선상에서 서로 다른 두 물체에 작용한다.

2 작용 반작용의 예

작용: → 반작용: →

발이 공을 차는 힘 / 공이 발에 작용하는 힘 / 발이 바닥을 미는 힘 / 바닥이 발을 미는 힘 / 스타팅 블록이 선수를 미는 힘 / 선수가 스타팅 블록을 미는 힘 / 벽이 선수를 미는 힘 / 선수가 벽을 미는 힘 / 못이 망치에 작용하는 힘 / 망치로 못을 내리치는 힘 / 물이 노를 미는 힘 / 노가 물을 미는 힘 / 가스가 로켓을 미는 힘 / 로켓이 가스를 미는 힘 / 공이 지구를 당기는 힘 / 지구가 공을 당기는 힘

꼭 기억해!

작용과 반작용

작용과 반작용 관계에 있는 두 힘은 주어와 목적어를 서로 바꾸면 된다.
예 지구가(주어) 물체를(목적어) 당기는 힘 ↔ 물체가(주어) 지구를(목적어) 당기는 힘

⑥ 힘의 평형과 작용 반작용

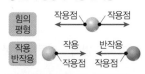

힘의 평형 / 작용점 / 작용점 / 작용 반작용 / 작용 / 작용점 / 반작용 / 작용점

힘의 평형을 이루는 두 힘은 작용점이 동일한 물체에 있지만, 작용 반작용 관계에 있는 두 힘은 작용점이 서로 다른 물체에 있으므로 합성할 수 없다.

예

F_1: 지구가 물체를 잡아당기는 힘
F_2: 물체가 지구를 잡아당기는 힘
F_3: 물체가 책상을 누르는 힘
F_4: 책상이 물체를 떠받치는 힘

- 평형 관계의 두 힘: F_1과 F_4
- 작용 반작용 관계의 두 힘: F_1과 F_2, F_3과 F_4

확인 문제 3 4

4 마찰이 없는 수평면에 놓인 질량 3 kg인 물체에 수평 방향으로 크기가 12 N인 힘을 작용할 때, 물체의 가속도의 크기는 (   ) m/s²이다.

5 정지해 있던 물체의 속도가 일정하게 증가하여 4초 후 20 m/s가 되었다. 4초 동안 물체의 가속도의 크기는 (   ) m/s²이고, 물체가 이동한 거리는 (   ) m이다.

6 질량 60 kg인 철수와 질량 40 kg인 영희가 손바닥을 마주하고 밀 때, 주고받는 두 힘의 크기는 (   )(이)고, 방향은 (   )(이)다.

용어 돋보기

• **상호 작용**(서로 相, 서로 互, 지을 作, 쓸 用): 물체의 변화와 운동이 독립하지 않고 서로 작용을 미치는 것을 말한다.

1 알짜힘

01 그림 (가)~(다)는 마찰이 없는 수평면에 놓인 물체에 수평 방향으로 작용하는 힘을 나타낸 것이다.

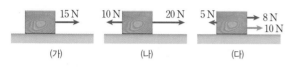

(가)~(다)를 알짜힘의 크기가 큰 순서대로 나열하시오.

02 힘에 대한 설명으로 옳은 것만을 〈보기〉에서 있는 대로 고른 것은?

┌ 보기 ├
ㄱ. 힘의 단위는 kg·m/s이다.
ㄴ. 한 물체에 작용하는 모든 힘의 합력을 알짜힘이라고 한다.
ㄷ. 알짜힘이 물체의 운동 방향으로 작용하면 물체의 속력이 증가한다.

① ㄱ   ② ㄷ   ③ ㄱ, ㄴ
④ ㄱ, ㄷ   ⑤ ㄴ, ㄷ

2 관성 법칙(뉴턴 운동 제1법칙)과 등속 직선 운동

03 관성에 대한 설명으로 옳지 않은 것은?

① 관성의 크기는 질량에 비례한다.
② 정지해 있는 물체는 관성이 없다.
③ 관성이 작은 물체는 운동 상태가 변하기 쉽다.
④ 관성은 물체가 원래의 운동 상태를 계속 유지하려는 성질이다.
⑤ 버스가 급정거할 때 승객들이 앞으로 넘어지는 것은 관성 때문이다.

04 관성 법칙으로 설명할 수 있는 현상만을 〈보기〉에서 있는 대로 고른 것은?

┌ 보기 ├
ㄱ. 달리던 사람이 돌부리에 걸려 넘어진다.
ㄴ. 수영 선수가 발로 벽을 차면 앞으로 나아간다.
ㄷ. 두루마리 화장지를 갑자기 잡아당기면 풀리지 않고 끊어진다.

① ㄱ   ② ㄷ   ③ ㄱ, ㄴ
④ ㄱ, ㄷ   ⑤ ㄴ, ㄷ

3 가속도 법칙(뉴턴 운동 제2법칙)과 등가속도 직선 운동

05 그림과 같이 마찰이 없는 수평면에서 역학 수레에 용수철저울을 연결하고, 일정한 크기의 힘으로 당기면서 수레의 운동을 관찰하였다.

수레의 질량은 일정하게 하고 수레를 잡아당기는 힘의 크기를 증가시킬 때, 수레의 가속도의 크기 a와 수레에 작용하는 알짜힘의 크기 F의 관계를 나타낸 그래프로 가장 적절한 것은?

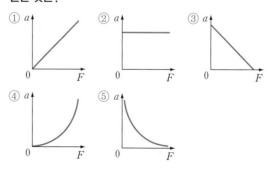

06 〔중요〕

그림은 마찰이 없는 수평면에서 질량이 각각 **3 kg, 1 kg**인 물체 A, B를 서로 접촉시켜 놓고, A에 크기가 **20 N**인 힘을 수평 방향으로 작용하는 모습을 나타낸 것이다.

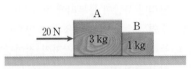

A, B의 운동에 대한 설명으로 옳은 것만을 〈보기〉에서 있는 대로 고른 것은?

┤ 보기 ├
ㄱ. A의 가속도의 크기는 $\frac{20}{3}$ m/s²이다.
ㄴ. B의 가속도의 크기는 5 m/s²이다.
ㄷ. B에 작용하는 알짜힘의 크기는 5 N이다.

① ㄱ   ② ㄴ   ③ ㄷ
④ ㄱ, ㄴ   ⑤ ㄴ, ㄷ

07 그림과 같이 마찰이 없는 수평면에서 질량이 각각 **5 kg, 3 kg**인 물체 A, B를 줄로 연결하고, B에 수평 방향으로 **40 N**의 힘을 작용하여 끌어당겼다.

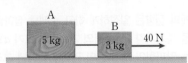

A, B의 운동에 대한 설명으로 옳은 것은?(단, 줄의 질량은 무시한다.)

① A의 가속도의 크기는 8 m/s²이다.
② B의 가속도의 크기는 $\frac{40}{3}$ m/s²이다.
③ A에 작용하는 알짜힘의 크기는 25 N이다.
④ B에 작용하는 알짜힘의 크기는 40 N이다.
⑤ 줄이 A를 당기는 힘의 크기는 15 N이다.

08 그림 (가)는 마찰이 없는 수평면에서 질량이 **m**인 물체에 크기가 **8 N**인 힘이 수평 방향으로 작용하는 모습을, (나)는 (가)의 물체의 속도를 시간에 따라 나타낸 것이다.

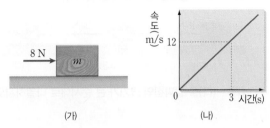

(가)   (나)

0~3초까지 물체의 운동에 대한 설명으로 옳은 것만을 〈보기〉에서 있는 대로 고르시오.

┤ 보기 ├
ㄱ. 이동 거리는 18 m이다.
ㄴ. 가속도의 크기는 4 m/s²이다.
ㄷ. $m=2$ kg이다.

09 〔중요〕

그림은 질량 **2 kg**인 물체의 속도를 시간에 따라 나타낸 것이다.

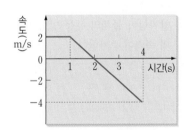

이 물체에 대한 설명으로 옳지 않은 것은?

① 0~4초까지 등가속도 운동을 한다.
② 0~4초까지 이동한 거리는 7 m이다.
③ 0~1초까지 물체에 작용한 알짜힘은 0이다.
④ 1~4초까지 가속도의 크기는 2 m/s²이다.
⑤ 1~4초까지 물체에 작용한 알짜힘의 크기는 4 N이다.

10 〔서술형〕

그림과 같이 **2 m/s**로 운동하던 자동차가 등가속도 직선 운동을 하여 **10초** 후에 **12 m/s**가 되었다.

10초 동안 자동차가 이동한 거리를 풀이 과정과 함께 구하시오.

11 오른쪽 그림은 정지 상태에서 출발하여 등가속도 직선 운동을 하는 물체의 이동 거리를 시간에 따라 나타낸 것이다. A는 3초일 때의 접선이다. 물체의 가속도의 크기는 몇 m/s²인지 구하시오.

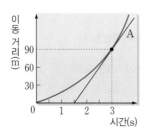

12 오른쪽 그림은 정지해 있던 물체가 운동하는 동안 물체의 가속도를 시간에 따라 나타낸 것이다. 이 물체의 운동에 대한 설명으로 옳은 것만을 〈보기〉에서 있는 대로 고른 것은?

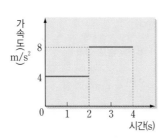

| 보기 |
ㄱ. 2초일 때 속도의 크기는 8 m/s이다.
ㄴ. 0초부터 4초까지 이동한 거리는 40 m이다.
ㄷ. 2초부터 4초까지의 평균 속력은 12 m/s이다.

① ㄱ   ② ㄴ   ③ ㄱ, ㄴ
④ ㄱ, ㄷ   ⑤ ㄴ, ㄷ

---

4 작용 반작용 법칙(뉴턴 운동 제3법칙)

13 오른쪽 그림은 물체가 천장에 줄로 연결되어 정지해 있는 모습을 나타낸 것이다. 이에 대한 설명으로 옳은 것은?(단, 줄의 질량은 무시한다.)

① 물체는 힘을 받지 않는다.
② 줄이 물체를 당기는 힘이 물체의 중력보다 크다.
③ 줄이 천장을 당기는 힘과 천장이 줄을 당기는 힘은 합성할 수 있다.
④ 줄이 물체를 당기는 힘에 대한 반작용은 물체가 줄을 당기는 힘이다.
⑤ 물체에 작용하는 중력의 크기는 물체가 지구를 당기는 힘의 크기보다 크다.

---

14 그림 (가)~(라)는 일상생활에서 작용하는 여러 가지 힘을 나타낸 것이다.

(가) 철수가 역기를 들고 있는 힘   (나) 낚싯줄이 고기를 당기는 힘

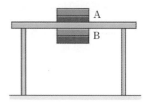 

(다) 자석 A가 자석 B를 당기는 힘   (라) 배팅 티가 공을 떠받치는 힘

(가)~(라)에서 작용하는 힘에 대한 반작용을 각각 설명하시오.

---

15 그림은 수평면에 놓여 있는 질량 0.5 kg인 공 위에 질량 40 kg인 영희가 누워 정지해 있는 모습을 나타낸 것이다.

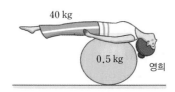

이에 대한 설명으로 옳은 것만을 〈보기〉에서 있는 대로 고른 것은?(단, 중력 가속도는 10 m/s²이다.)

| 보기 |
ㄱ. 영희가 공을 누르는 힘의 크기는 400 N이다.
ㄴ. 수평면이 공을 미는 힘의 크기는 5 N이다.
ㄷ. 영희가 공을 누르는 힘과 수평면이 공을 미는 힘은 작용점이 서로 다른 물체에 있다.

① ㄱ   ② ㄴ   ③ ㄷ
④ ㄱ, ㄴ   ⑤ ㄱ, ㄷ

A 등가속도 직선 운동 하는 물체

CASE 1 등가속도 직선 운동 그래프를 변환하는 방법(단, 물체는 정지 상태에서 출발한다.)

구분	가속도–시간 그래프 ❶	속도–시간 그래프 ❷	위치–시간 그래프 ❸
그래프	(그래프: 가속도 m/s^2, +4 m/s, 2, 0, 2, 4, 6, 시간(s), −2, −4 m/s)	(그래프: 속도 m/s, +2 m/s^2, −2 m/s^2, +8 m, +4 m, +4 m, 0 2 4 6 시간(s))	(그래프: 위치(m) 16, 12, 4, +4 m/s, 0 2 4 6 시간(s))
0~2초	• 속도 변화량=넓이 　　=+4 m/s → 속도는 0초일 때 0, 2초일 때 4 m/s이다.	• 가속도=기울기=+2 m/s^2 • 변위=넓이=+4 m → 위치는 0초일 때 0, 2초일 때 4 m이다.	• 속도=기울기=(+), 증가 • 평균 속도=$\dfrac{4\ m}{2\ s}$=2 m/s → 속도는 (+)값이며, 크기가 증가한다.
2~4초	• 속도 변화량=넓이=0 → 4 m/s의 속도로 등속 직선 운동 한다.	• 가속도=기울기=0 • 변위=넓이=8 m → 위치는 2초일 때 4 m, 4초일 때 12 m이다.	• 기울기 일정=속도 일정 → 속도=$\dfrac{8\ m}{2\ s}$=4 m/s로 일 정하다.
4~6초	• 속도 변화량=넓이 　　=−4 m/s → 속도는 4초일 때 4 m/s, 6초일 때 0이다.	• 가속도=기울기=−2 m/s^2 • 변위=넓이=+4 m → 위치는 4초일 때 12 m, 6초일 때 16 m이다.	• 속도=기울기=(+), 감소 • 평균 속도=$\dfrac{4\ m}{2\ s}$=2 m/s → 속도는 (+)값이며, 크기는 감소하여 6초일 때 0이다.

❶ 가속도–시간 그래프 아랫부분의 넓이는 속도 변화량이다. 속도 변화량을 구하면 속도–시간 그래프로 변환할 수 있다.

❷ 속도–시간 그래프 아랫부분의 넓이는 변위이고, 기울기는 가속도이다. 가속도를 구하면 가속도–시간 그래프로 변환, 변위를 구하면 위치–시간 그래프로 변환할 수 있다.

❸ 위치–시간 그래프의 기울기는 속도이다. 속도를 구하면 속도–시간 그래프로 변환할 수 있다.

TIP
물체의 운동을 분석하기 가장 쉬운 그래프는 속도, 시간, 변위, 가속도 모두를 알 수 있는 속도 – 시간 그래프이다. 가속도 – 시간 그래프와 위치 – 시간 그래프를 속도 – 시간 그래프로 변환하는 연습을 하면 문항을 쉽게 해결할 수 있다.

CASE 2 등가속도 직선 운동 하는 물체의 물리량을 제시하는 경우

그림과 같이 기준선에서 출발한 자동차가 마찰이 없는 도로에서 등가속도 직선 운동 하였다(단, 기준선을 통과하는 순간을 0초로 한다.).

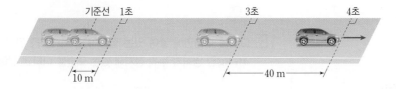

① 자동차의 평균 속력 구하기 ❶
• 0~1초 동안 평균 속력=$\dfrac{10\ m}{1\ s}$=10 m/s　• 3~4초 동안 평균 속력=$\dfrac{40\ m}{1\ s}$=40 m/s

② 자동차의 평균 속력으로 속도–시간 그래프 그리기
• 0~1초 동안의 평균 속력 10 m/s는 0.5초일 때의 속력과 같고, 3~4초 동안의 평균 속력 40 m/s는 3.5초일 때의 속력과 같다.
• 0.5초일 때 속력 10 m/s에서 3.5초일 때 속력 40 m/s가 되었으므로 가속도 a는 다음과 같다.
$$a=\dfrac{(40-10)\ m/s}{3\ s}=10\ m/s^2$$
• 0초와 4초 때 자동차의 속력은 각각 5 m/s, 45 m/s이다.

③ 자동차의 이동 거리 구하기: 0.5초~3.5초 동안의 평균 속력은 1초~3초 동안의 평균 속력과 같고, 이 값은 2초일 때의 순간 속력인 25 m/s와 같다. 따라서 1초~3초 동안 자동차가 이동한 거리는 25 m/s×2 s=50 m이다.

(그래프: 속도 m/s, 기울기 $\dfrac{40-10}{3.5-0.5}$=10, 45, 40, 25, 10, 5, A, B, C, 25×2=50(m), 0 0.5 1 3 3.5 4 시간(s), ❸❹, ❷, ❺)

❶ 그림에 주어진 이동 거리와 시간으로 각 구간에서 자동차의 평균 속력을 구한다.

❷ 속도–시간 그래프의 각 구간(0초~1초, 1초~3초, 3초~4초)에서 평균 속력을 수평선으로 그린다.

❸ 각 구간에서 평균 속력의 중간 지점에서 연직선을 그린 후 평균 속력과 순간 속력이 같은 점 A, B, C를 표시한다.

❹ A, B, C를 연결하여 속도–시간 그래프를 그리고 앞뒤 연장선도 그린다.

❺ 기울기를 통해 가속도와 0초일 때와 4초일 때의 속도를 구한다.

실력을 올리는 실전 문제　찾아가기
• 등가속도 직선 운동 그래프를 분석하는 문제_04, 05
• 등가속도 직선 운동 하는 물체의 물리량을 통해 물체의 운동을 분석하는 문제_06, 07, 08, 13, 15

B 두 물체가 도르래에 걸쳐 함께 움직일 때 운동 방정식의 적용

CASE 1 질량 m_A, m_B인 두 물체 A, B가 연결된 실이 90° 꺾인 경우(단, 중력 가속도는 g이고, 실의 질량, 마찰과 공기 저항은 무시한다.)

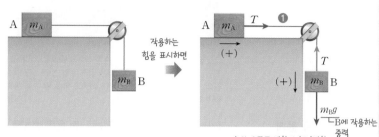

작용하는 힘을 표시하면

A의 오른쪽 방향이 (+)방향, B의 아래쪽 방향이 (+)방향이 된다.

B에 작용하는 중력

① A, B의 운동 방향 정하기: 시계 방향을 (+)방향으로 정한다.

② A, B에 작용하는 힘 표시하기: A가 실을 통해 B를 당기는 힘 T와 B가 실을 통해 A를 당기는 힘 T를 표시한다.

③ A, B에 운동 방정식 적용하기: A와 B의 가속도를 a라고 하면 다음과 같다. ┌ A, B는 함께 움직이므로 가속도는 같다.

- A의 운동 방정식: $T = m_A a$　　　・B의 운동 방정식: $m_B g - T = m_B a$

④ A, B의 가속도 구하기 ❷

③의 두 식을 연립하면 $m_B g = (m_A + m_B)a$에서 가속도 $a = \dfrac{m_B g}{m_A + m_B}$이다.

⑤ A, B에 작용하는 알짜힘 구하기

- A에 작용하는 알짜힘: $F_A = m_A a = \dfrac{m_A m_B}{m_A + m_B}g$

- B에 작용하는 알짜힘: $F_B = m_B a = \dfrac{m_B^2}{m_A + m_B}g$ ❸

CASE 2 질량 m_A, m_B인 두 물체 A, B가 연결된 실이 180° 꺾인 경우(단, $m_A < m_B$이고, 중력 가속도는 g이며, 실의 질량, 마찰과 공기 저항은 무시한다.)

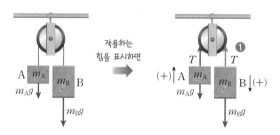

작용하는 힘을 표시하면

A의 위쪽 방향이 (+)방향, B의 아래쪽 방향이 (+)방향이 된다.

① A, B의 운동 방향 정하기: 시계 방향을 (+)방향으로 정한다.

② A, B에 작용하는 힘 표시하기: A가 실을 통해 B를 당기는 힘 T와 B가 실을 통해 A를 당기는 힘 T를 표시한다.

③ A, B에 운동 방정식 적용하기: A와 B의 가속도를 a라고 하면 다음과 같다.

- A의 운동 방정식: $T - m_A g = m_A a$　　　・B의 운동 방정식: $m_B g - T = m_B a$

④ A, B의 가속도 구하기

③의 두 식을 연립하면 $(m_B - m_A)g = (m_A + m_B)a$에서 $a = \dfrac{m_B - m_A}{m_A + m_B}g$이다.

⑤ A, B에 작용하는 알짜힘 구하기

- A에 작용하는 알짜힘: $F_A = m_A a = \dfrac{m_A(m_B - m_A)}{m_A + m_B}g$

- B에 작용하는 알짜힘: $F_B = m_B a = \dfrac{m_B(m_B - m_A)}{m_A + m_B}g$

---

❶ 그림과 같이 생각하여 운동 방정식을 적용한다.

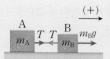

❷ 두 물체가 각각 받는 알짜힘의 합은 두 물체를 한 물체로 생각할 때 한 물체가 받는 알짜힘과 크기가 같다.

TIP

CASE 1은 그림과 같이 A와 B를 하나의 물체로 취급하여 운동 방정식을 적용할 수도 있다.

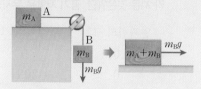

❸ 두 물체가 함께 운동할 때 가속도의 크기가 같으므로 알짜힘의 비는 질량의 비와 같다.

❶ 그림과 같이 생각하여 운동 방정식을 적용한다.

TIP

CASE 2는 그림과 같이 A와 B를 하나의 물체로 취급하여 운동 방정식을 적용할 수도 있다.

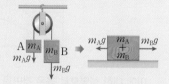

실력을 올리는 실전 문제 찾아가기

- 물체가 도르래에 걸쳐 함께 운동할 때 운동 방정식에 적용하는 문제_11, 12, 14
- 줄로 연결되어 운동하던 두 물체 사이의 줄이 끊어졌을 때의 운동을 예상하는 문제_16

실력을 올리는 실전 문제

01 그림은 수평면에 놓인 물체에 용수철저울을 연결하여 20 N의 일정한 크기의 힘을 수평 방향으로 작용하는 동안 물체가 일정한 속력으로 직선 운동 하는 모습을 나타낸 것이다.

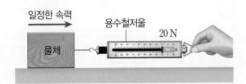

물체에 작용하는 알짜힘의 크기와 마찰력의 크기를 옳게 짝 지은 것은?(단, 공기 저항은 무시한다.)

	알짜힘의 크기	마찰력의 크기
①	0	0
②	0	20 N
③	20 N	0
④	20 N	20 N
⑤	40 N	20 N

02 그림은 마찰이 없는 수평면에서 운동하는 두 물체 A, B의 속도를 시간에 따라 나타낸 것이다.

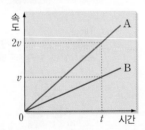

이에 대한 설명으로 옳은 것만을 〈보기〉에서 있는 대로 고른 것은?

보기
ㄱ. 가속도의 크기는 A가 B의 2배이다.
ㄴ. A와 B에 작용하는 힘의 크기가 같을 때, 질량은 A가 B의 2배이다.
ㄷ. A와 B의 질량이 같을 때, 작용하는 힘의 크기는 A가 B의 2배이다.

① ㄱ ② ㄴ ③ ㄱ, ㄷ
④ ㄴ, ㄷ ⑤ ㄱ, ㄴ, ㄷ

03 그림 (가)~(다)는 여러 가지 스포츠를 설명한 것이다.

(가) 볼링공에 작용하는 힘의 크기가 일정할 때 공의 질량이 클수록 속력 변화가 작다.
(나) 수영 선수가 출발할 때 벽을 밀면 수영 선수도 벽으로부터 힘을 받는다.
(다) 결승점을 향해 달리던 육상 선수가 결승선을 통과한 후 바로 멈추기 어렵다.

(가)~(다)를 설명할 수 있는 뉴턴 운동 법칙을 옳게 짝 지은 것은?

	관성 법칙	가속도 법칙	작용 반작용 법칙
①	(가)	(다)	(나)
②	(나)	(가)	(다)
③	(나)	(다)	(가)
④	(다)	(가)	(나)
⑤	(다)	(나)	(가)

04 그림은 직선 운동 하는 두 물체 A, B의 속도를 시간에 따라 나타낸 것이다.

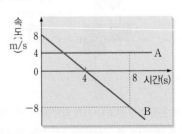

이에 대한 설명으로 옳은 것만을 〈보기〉에서 있는 대로 고른 것은?

보기
ㄱ. 0초부터 8초까지 변위의 크기는 A가 B보다 32 m만큼 더 크다.
ㄴ. 0초부터 8초까지 평균 속력은 A와 B가 같다.
ㄷ. B의 가속도의 크기는 2 m/s²이다.

① ㄴ ② ㄷ ③ ㄱ, ㄴ
④ ㄱ, ㄷ ⑤ ㄱ, ㄴ, ㄷ

→ 수능모의평가기출 변형

05 그림 (가)는 직선 운동을 하는 자동차의 모습을 나타낸 것으로, 0초일 때 점 P를 지나는 자동차의 속력은 4 m/s이고, 6초일 때 자동차는 점 Q에 정지하였다. 그림 (나)는 자동차의 가속도를 시간에 따라 나타낸 것이다.

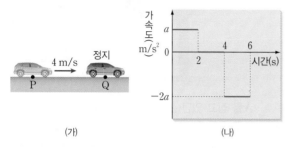

(가)   (나)

자동차의 운동에 대한 설명으로 옳은 것만을 〈보기〉에서 있는 대로 고른 것은?

┤ 보기 ├
ㄱ. 5초일 때 가속도의 크기는 2 m/s²이다.
ㄴ. 3초일 때의 속력은 6 m/s이다.
ㄷ. 0초부터 6초까지 평균 속력은 6 m/s이다.

① ㄱ　　　　② ㄷ　　　　③ ㄱ, ㄴ
④ ㄴ, ㄷ　　　⑤ ㄱ, ㄴ, ㄷ

07 그림은 $t=0$일 때 각각 속력 5 m/s, 2 m/s로 기준선 P를 통과하는 철수와 영희를 나타낸 것으로, 기준선 Q를 통과할 때까지 걸린 시간은 영희가 철수의 2배이다. 철수는 등속도 운동을, 영희는 등가속도 직선 운동을 한다.

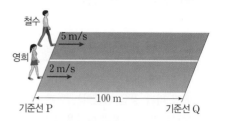

이에 대한 설명으로 옳은 것만을 〈보기〉에서 있는 대로 고른 것은?

┤ 보기 ├
ㄱ. 영희는 $t=40$초일 때 Q를 지난다.
ㄴ. 영희의 가속도의 크기는 $\frac{1}{20}$ m/s²이다.
ㄷ. 철수가 Q를 지날 때 영희의 속력은 3 m/s이다.

① ㄱ　　　　② ㄴ　　　　③ ㄱ, ㄷ
④ ㄴ, ㄷ　　　⑤ ㄱ, ㄴ, ㄷ

→ 수능모의평가기출

08 그림은 수평면에서 간격 10 m를 유지하며 일정한 속력 5 m/s로 운동하던 질량이 같은 두 물체 A, B가 기울기가 일정한 경사면을 따라 운동하다가 A가 경사면에 정지한 순간의 모습을 나타낸 것이다. 이 순간 B의 속력은 v이고, A, B 사이의 간격은 4 m이다.

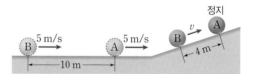

이에 대한 설명으로 옳은 것만을 〈보기〉에서 있는 대로 고른 것은?(단, A, B는 동일 연직면상에서 운동하며, 물체의 크기와 마찰력은 무시한다.)

┤ 보기 ├
ㄱ. A가 경사면을 올라가기 시작한 순간부터 2초 후에 B가 경사면을 올라가기 시작한다.
ㄴ. A가 경사면을 올라가는 동안, A의 가속도의 크기는 2 m/s²이다.
ㄷ. $v=4$ m/s이다.

① ㄱ　　　　② ㄷ　　　　③ ㄱ, ㄴ
④ ㄴ, ㄷ　　　⑤ ㄱ, ㄴ, ㄷ

06 오른쪽 그림은 점 P에 정지해 있던 물체를 가만히 놓았더니 점 Q를 지나 점 R를 속력 v로 지나는 것을 나타낸 것이다. P, Q, R는 기울기가 일정한 경사면 위의 점이고, $\overline{PR}=2\overline{PQ}=2\overline{QR}=s$이다. 물체가 P에서 R까지 운동하는 동안 물체의 운동에 대한 설명으로 옳은 것만을 〈보기〉에서 있는 대로 고른 것은?(단, 물체의 크기, 마찰과 공기 저항은 무시한다.)

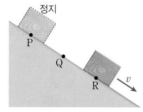

┤ 보기 ├
ㄱ. 가속도의 크기는 $\frac{v^2}{2s}$이다.
ㄴ. P에서 R까지 운동하는 데 걸린 시간은 $\frac{s}{v}$이다.
ㄷ. Q를 지나는 순간의 속력은 $\frac{v}{2}$이다.

① ㄱ　　　　② ㄴ　　　　③ ㄱ, ㄴ
④ ㄱ, ㄷ　　　⑤ ㄴ, ㄷ

09 오른쪽 그림은 배팅 티와 배팅 티 위에 올려놓은 공이 정지해 있는 모습을 나타낸 것이다. 이에 대한 설명으로 옳은 것만을 〈보기〉에서 있는 대로 고른 것은?

공
배팅 티

| 보기 |

ㄱ. 공에 작용하는 알짜힘은 0이다.
ㄴ. 배팅 티가 공을 떠받치는 힘과 공이 배팅 티를 누르는 힘은 작용과 반작용의 관계이다.
ㄷ. 수평면이 배팅 티를 떠받치는 힘은 배팅 티에 작용하는 중력과 힘의 평형 관계이다.

① ㄱ ② ㄷ ③ ㄱ, ㄴ
④ ㄴ, ㄷ ⑤ ㄱ, ㄴ, ㄷ

➋ 수능모의평가기출

10 그림은 자석 A와 B가 수평면에 놓인 플라스틱 컵의 바닥면을 사이에 두고 정지해 있는 모습을 나타낸 것이다.

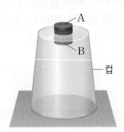
A
B
컵

이에 대한 설명으로 옳은 것만을 〈보기〉에서 있는 대로 고른 것은?

| 보기 |

ㄱ. A가 B에 작용하는 자기력과 B가 A에 작용하는 자기력은 작용과 반작용의 관계이다.
ㄴ. A가 컵을 누르는 힘의 크기는 B에 작용하는 중력의 크기보다 크다.
ㄷ. B를 제거하면 A가 컵을 누르는 힘의 크기는 감소한다.

① ㄱ ② ㄷ ③ ㄱ, ㄴ
④ ㄴ, ㄷ ⑤ ㄱ, ㄴ, ㄷ

---

11 그림은 질량 3 kg으로 같은 물체 A, B를 실로 연결하여 도르래에 걸쳐 A를 가만히 잡고 있는 모습을 나타낸 것이다.

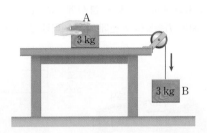
A
3 kg
3 kg B

A를 잡고 있던 손을 놓았을 때, 물체의 운동에 대한 설명으로 옳은 것만을 〈보기〉에서 있는 대로 고른 것은?(단, 중력 가속도는 10 m/s^2이고, 실의 질량, 마찰과 공기 저항은 무시한다.)

| 보기 |

ㄱ. A의 가속도 크기는 5 m/s^2이다.
ㄴ. 실이 B에 작용하는 힘의 크기는 15 N이다.
ㄷ. A의 질량만 6 kg이 되면 가속도의 크기는 2.5 m/s^2가 된다.

① ㄱ ② ㄴ ③ ㄷ
④ ㄱ, ㄴ ⑤ ㄴ, ㄷ

➋ 수능모의평가기출 변형

12 그림 (가)는 물체 A, B, C를 실 p, q로 연결한 후, 손이 A에 연직 방향으로 일정한 힘 F를 가해 A, B, C가 정지한 모습을 나타낸 것이다. 그림 (나)는 (가)에서 A를 놓은 순간부터 물체가 운동하여 C가 지면에 닿고 이후 B가 C와 충돌하기 전까지 A의 속력을 시간에 따라 나타낸 것이다.

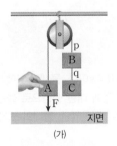
p
B
q
A
C
F
지면
(가)

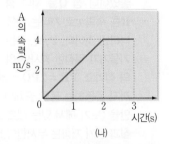
A의 속력(m/s)
4
2
0 1 2 3 시간(s)
(나)

이에 대한 설명으로 옳지 않은 것은?(단, 중력 가속도는 10 m/s^2이고, 실의 질량, 마찰과 공기 저항은 무시한다.)

① 1초일 때, B의 가속도의 크기는 2 m/s^2이다.
② F의 크기는 C에 작용하는 중력의 크기와 같다.
③ 질량은 A가 C의 2배이다.
④ 1초일 때, p가 B를 당기는 힘의 크기는 q가 B를 당기는 힘의 크기보다 크다.
⑤ A를 놓은 순간 지면으로부터 C의 높이는 8 m이다.

13 그림과 같이 물체 A와 B를 실로 연결하여 경사면에 가만히 놓았더니 A가 등가속도 직선 운동 하였다. A의 속력은 시간 $t=0$, $t=t_0$, $t=2t_0$일 때 각각 v, $2v$, v이고, $t=t_0$일 때 실이 끊어졌다. $t=0$부터 $t=2t_0$까지 평균 속력은 B가 A의 2배이다.

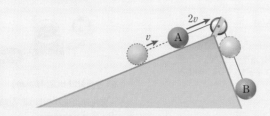

$t=2t_0$일 때, B의 속력은?

① $3v$ ② $5v$ ③ $7v$ ④ $9v$ ⑤ $11v$

14 다음은 질량 m으로 같은 추와 수레를 이용하여 힘, 질량, 가속도 사이의 관계를 알아보는 실험이다.

> (가) 수레와 추를 도르래를 통해 실로 연결한 후 추를 가만히 놓아 수레의 속력을 측정한다.
>
>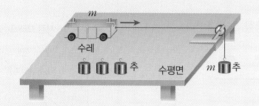
>
> (나) (가)에서 수레 위에 올려놓는 추의 수를 1개, 2개, 3개로 증가시키면서 수레의 속력을 측정한다.
> (다) (가)에서 실에 매달린 추의 수를 2개, 3개, 4개로 증가시키면서 수레의 속력을 측정한다.

이에 대한 설명으로 옳은 것만을 〈보기〉에서 있는 대로 고른 것은?(단, 중력 가속도는 g이고, 실의 질량과 마찰, 공기 저항은 무시한다.)

> ┤ 보기 ├
> ㄱ. (가)에서 수레의 가속도의 크기는 $\frac{1}{2}g$이다.
> ㄴ. (나)에서는 질량과 가속도 사이의 관계를 알 수 있다.
> ㄷ. (다)에서 실에 매달린 추의 질량이 $2m$일 때 수레의 가속도의 크기는 (가)의 2배가 된다.

① ㄱ ② ㄷ ③ ㄱ, ㄴ ④ ㄱ, ㄷ ⑤ ㄴ, ㄷ

→ 수능모의평가기출 변형

15 그림은 출발선에 정지해 있던 눈썰매가 등가속도 직선 운동 하는 모습을 나타낸 것이다. 눈썰매의 평균 속력은 P에서 Q까지와 Q에서 R까지 이동하는 동안 각각 10 m/s, 15 m/s이다.

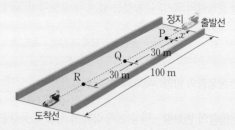

이에 대한 설명으로 옳은 것만을 〈보기〉에서 있는 대로 고른 것은?

> ┤ 보기 ├
> ㄱ. 가속도의 크기는 4 m/s²이다.
> ㄴ. 출발선에서 P까지의 거리 x는 12 m이다.
> ㄷ. 도착선에 도달하는 순간의 속력은 20 m/s이다.

① ㄱ ② ㄴ ③ ㄷ ④ ㄱ, ㄴ ⑤ ㄴ, ㄷ

→ 수능기출 변형

16 그림 (가)와 같이 수평 방향의 일정한 힘 F가 작용하여 물체 A, B가 함께 운동하던 중에 A와 B 사이의 실이 끊어진다. 실이 끊어진 후에도 A에는 F가 계속 작용하고, A, B는 각각 등가속도 직선 운동을 한다. B의 질량은 2 kg이고, B의 가속도의 크기는 실이 끊어지기 전과 후가 같다. 그림 (나)는 실이 끊어지기 전과 후 A의 속력을 시간에 따라 나타낸 것이다.

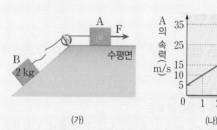

이에 대한 설명으로 옳은 것만을 〈보기〉에서 있는 대로 고른 것은?(단, 실의 질량과 마찰, 공기 저항은 무시한다.)

> ┤ 보기 ├
> ㄱ. A의 질량은 4 kg이다.
> ㄴ. 1초일 때, 실이 B를 당기는 힘의 크기는 20 N 이다.
> ㄷ. 2초부터 4초까지 A와 B의 이동 거리의 차이는 25 m이다.

① ㄱ ② ㄷ ③ ㄱ, ㄴ ④ ㄱ, ㄷ ⑤ ㄴ, ㄷ

03 운동량 보존

1 운동량

자료 분석 특강 38쪽 A

1 운동량(p) 운동하는 물체의 운동 효과를 나타내는 양으로, 크기와 방향을 가진 물리량[1][2]

① 운동량의 크기: 운동하는 물체의 질량과 속도에 비례한다.

운동량=물체의 질량×속도, $p=m×v$ (단위: kg·m/s)

② 운동량의 방향: 속도의 방향과 같다.—직선 위에서 어느 한 방향으로 운동하는 물체의 운동량을 (+)로 나타내면 반대 방향으로 운동하는 물체의 운동량은 (−)로 나타낸다.

2 운동량의 변화량 나중 운동량에서 처음 운동량을 뺀 값이다.

운동량 변화량의 방향은 속도 변화량의 방향과 같다.

운동량의 변화량=나중 운동량−처음 운동량
$\Delta p=mv-mv_0=m\Delta v$ (m: 질량, v_0: 처음 속도, v: 나중 속도)

① 운동량이 증가할 때: 운동량의 변화량은 처음 운동량의 방향과 같다.

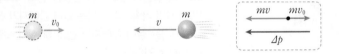

② 운동량이 감소할 때: 운동량의 변화량은 처음 운동량의 방향과 반대이다.

운동량의 변화량은 속도와 같이 방향을 고려해야 한다.

③ 운동량의 방향이 반대일 때: 운동량의 변화량은 처음 운동량의 방향과 반대이다.

2 운동량 보존

1 운동량 보존 법칙 외부에서 힘이 작용하지 않으면 충돌 전후 물체들의 운동량의 총합은 항상 일정하게 보존된다.

물체의 충돌과 운동량 보존

질량이 각각 m_A, m_B이고 속도가 v_A, v_B인 두 물체 A, B가 충돌한 후 속도가 v_A', v_B'가 되었다.

작용 반작용 관계로, 두 힘의 크기는 같고 방향은 반대이다.

충돌 전 　　　　충돌 　　　　충돌 후

충돌 과정에서 작용 반작용 법칙에 따라 두 물체 A, B는 같은 크기의 힘을 반대 방향으로 받는다.

즉, $-F_{BA}=F_{AB}$의 관계가 성립하고, 가속도 법칙에 따라 작용한 힘 $F=ma=\dfrac{m\Delta v}{\Delta t}=\dfrac{\Delta p}{\Delta t}$이므로,

$-m_A\dfrac{v_A'-v_A}{\Delta t}=m_B\dfrac{v_B'-v_B}{\Delta t}$이다. 이 식을 정리하면 다음과 같은 관계가 성립한다.

충돌 전 A와 B의 운동량 합=충돌 후 A와 B의 운동량 합, $m_Av_A+m_Bv_B=m_Av_A'+m_Bv_B'$[3]

❶ 운동량의 비교(M>m)

• 물체의 속도가 같을 때, 질량이 클수록 운동량이 크다.

• 물체의 질량이 같을 때, 속도가 클수록 운동량이 크다.

• 운동량의 크기가 같아도 방향이 다르면 운동량이 다르다.

❷ 운동량 – 시간 그래프

기울기 $=\dfrac{p}{t}=\dfrac{mv}{t}=ma=$ 알짜힘

운동량–시간 그래프의 기울기는 물체에 작용하는 알짜힘을 나타낸다.

❸ 운동량 보존 법칙의 또 다른 의미

• A의 운동량 변화량
$\Delta p_A=m_A(v_A'-v_A)$
• B의 운동량 변화량
$\Delta p_B=m_B(v_B'-v_B)$

운동량 보존 법칙으로부터 $\Delta p_A=-\Delta p_B$이므로 충돌 과정에서 A의 운동량 변화량과 B의 운동량 변화량은 크기가 같고 방향이 반대이다. 즉, A와 B의 운동량이 보존된다는 것은 A와 B의 운동량 변화량의 총합이 0이라는 것을 의미한다.

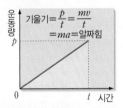

$\Delta p_A+\Delta p_B=0$

2 운동량 보존 실험

과정 ≫

❶ 그림과 같이 질량 1 kg으로 같은 역학 수레 A, B를 실험대 위에 놓고, A를 밀어 B에 충돌시킨다.

❷ A, B의 충돌 과정을 동영상 촬영 장치로 촬영하여 충돌 전과 후 A, B의 속도를 구한다.

❸ A, B의 질량을 변화시키면서 과정 ❶~❷를 반복한다.

> 충돌 전 B의 운동량이 0이므로, 충돌 전 A와 B의 운동량의 합은 A의 운동량과 같다.

결과 및 정리 ≫

충돌 전		충돌 후			A와 B의 운동량의 합	
A		A	B			
질량	속도	속도	질량	속도	충돌 전	충돌 후
1 kg	0.5 m/s	0	1 kg	0.5 m/s	0.5 kg·m/s	0.5 kg·m/s
1 kg	0.6 m/s	−0.2 m/s	2 kg	0.4 m/s	0.6 kg·m/s	0.6 kg·m/s
2 kg	0.3 m/s	0.1 m/s	1 kg	0.4 m/s	0.6 kg·m/s	0.6 kg·m/s

1. A는 충돌하는 동안 운동 반대 방향으로 힘을 받으므로, 충돌 후 운동량이 감소하거나 운동 반대 방향을 향하고, B는 정지해 있다 힘을 받아 운동하므로 충돌 후 운동량이 증가한다.
2. 충돌하기 전과 충돌한 후 A, B의 운동량의 합은 일정하다.

3 운동량 보존이 적용되는 예

충돌 후 두 물체가 한 덩어리가 되거나, 정지해 있던 물체가 분리되는 때도 운동량 보존 법칙이 성립한다. → 충돌 후 물체의 속력을 예상할 수 있다.

물체가 결합하는 경우

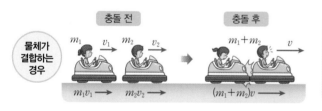

$$\underbrace{m_1v_1+m_2v_2}_{충돌\ 전}=\underbrace{(m_1+m_2)v}_{충돌\ 후}$$
$$\rightarrow v=\underbrace{\frac{m_1v_1+m_2v_2}{m_1+m_2}}_{충돌\ 후\ 두\ 물체의\ 속력}$$

물체가 분리되는 경우

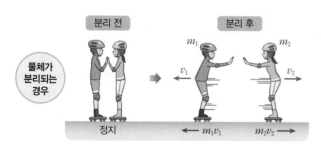

정지

$$\underbrace{0}_{충돌\ 전}=\underbrace{m_1v_1+m_2v_2}_{충돌\ 후}$$
$$\rightarrow -m_1v_1=m_2v_2$$

---

⑮ 다른 탐구

과정 ≫

그림과 같이 질량 1 kg으로 같은 역학 수레 A, B를 용수철로 압축하여 결합해 놓고, 고무망치로 쳐서 A, B가 서로 반대 방향으로 움직이도록 한 뒤 A, B의 속도를 구한다.

용수철 압축 막대

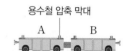

결과 및 정리 ≫

A	질량	1 kg
	속도	−0.5 m/s
	운동량	−0.5 kg·m/s
B	질량	1 kg
	속도	0.5 m/s
	운동량	0.5 kg·m/s

분리 전 A와 B는 정지해 있으므로, 분리 후 A와 B의 운동량의 합은 0이다.

꼭 기억해!

물체가 분리되는 경우
정지해 있던 물체가 분리되는 경우 분리 후 물체의 속력은 질량에 반비례하고, 운동 방향은 서로 반대이다.

❄ 여러 가지 충돌과 운동 에너지
• 탄성 충돌: 운동 에너지가 보존되는 충돌 ⓔ 이상 기체 분자의 충돌, 당구공의 충돌 등
• 비탄성 충돌: 운동 에너지가 감소하는 충돌 ⓔ 일상생활에서 일어나는 일반적인 충돌
• 완전 비탄성 충돌: 충돌 후 한 덩어리가 되는 충돌로, 운동 에너지가 감소하는 충돌 ⓔ 화살이 표적에 박힐 때, 운석이 지구에 충돌할 때 등

탄성 충돌 할 때에는 충돌 전후 운동 에너지가 보존되지만 그 외에는 빛, 소리, 열 에너지 등으로 전환되어 운동 에너지가 보존되지 않는다.

용어 돋보기

• **운동량**(옮길 運, 움직일 動, 양 量): 운동하는 물체의 운동 효과를 나타내는 물리량이다.

확인 문제 ❶❷

1 질량 2 kg인 물체가 2 m/s의 속력으로 움직이고 있을 때, 이 물체의 운동량의 크기는 몇 kg·m/s인지 구하시오.

2 질량 0.5 kg, 속력 10 m/s로 날아오는 야구공을 야구 방망이로 쳤더니 속력 15 m/s로 정반대 방향으로 날아갔다. 충돌 전후 공의 운동량 변화량의 크기는 몇 kg·m/s인지 구하시오.

3 운동량 보존 법칙에 의해 두 물체가 충돌하는 동안 서로에게 작용하는 힘의 크기는 (같고, 다르고), 방향은 (같다, 반대이다).

4 질량 3 kg인 물체가 4 m/s의 속력으로 운동하다가 정지해 있는 질량 2 kg인 물체와 충돌하여 한 덩어리가 되었다. 한 덩어리가 된 물체의 속력은 몇 m/s인지 구하시오.

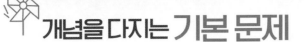
1 운동량

01 운동량에 대한 설명으로 옳은 것만을 〈보기〉에서 있는 대로 고른 것은?

보기
- ㄱ. 물체의 질량이 같을 때 속력이 빠를수록 운동량의 크기가 크다.
- ㄴ. 물체의 속력이 같을 때, 질량이 클수록 운동량의 크기가 크다.
- ㄷ. 물체가 운동 방향으로 힘을 받으면 운동량의 크기가 감소한다.

① ㄱ   ② ㄷ   ③ ㄱ, ㄴ
④ ㄴ, ㄷ   ⑤ ㄱ, ㄴ, ㄷ

02 (P)중요 그림은 자동차 A, B, C가 일정한 속도로 운동하는 모습을 나타낸 것이다. A, B는 왼쪽으로, C는 오른쪽으로 운동한다.

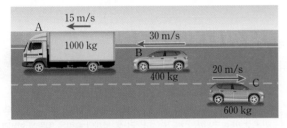

이에 대한 설명으로 옳은 것만을 〈보기〉에서 있는 대로 고른 것은?

보기
- ㄱ. 운동량의 크기는 A가 B보다 크다.
- ㄴ. 운동량의 크기는 B와 C가 같다.
- ㄷ. 잠시 후 C의 속도만 왼쪽으로 20 m/s가 되면 C의 운동량 변화량의 크기는 12000 kg·m/s이다.

① ㄱ   ② ㄷ   ③ ㄱ, ㄴ
④ ㄴ, ㄷ   ⑤ ㄱ, ㄴ, ㄷ

03 오른쪽 그림과 같이 v의 속력으로 굴러오는 질량 m인 축구공을 발로 찼더니 $2v$의 속력으로 정반대 방향으로 굴러갔 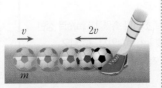 다. 이때 축구공의 운동량 변화량의 방향과 크기를 구하시오.

04 (P)중요 그림은 정지 상태에서 출발한 질량 3 kg인 물체의 운동량을 시간에 따라 나타낸 것이다.

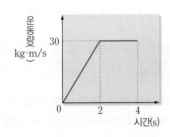

이에 대한 설명으로 옳은 것만을 〈보기〉에서 있는 대로 고른 것은?

보기
- ㄱ. 0~2초까지 물체에 작용하는 알짜힘의 크기는 5 N이다.
- ㄴ. 0~4초 동안 물체의 운동량 변화량의 크기는 30 kg·m/s이다.
- ㄷ. 4초일 때 물체의 속력은 10 m/s이다.

① ㄱ   ② ㄷ   ③ ㄱ, ㄴ
④ ㄴ, ㄷ   ⑤ ㄱ, ㄴ, ㄷ

2 운동량 보존

05 그림과 같이 마찰이 없는 수평면 위에서 손가락으로 동전 A를 튕겼더니 4 m/s의 속력으로 운동하여 정지해 있는 동전 B와 정면충돌한 후, B는 오른쪽으로 3 m/s의 속력으로 튕겨 나갔다. A, B의 질량은 각각 150 g, 100 g이다.

충돌 전   충돌 후

충돌 후, A의 운동 방향과 속력은?(단, A, B의 크기와 공기 저항은 무시한다.)

	방향	속력		방향	속력
①	왼쪽	2 m/s	②	왼쪽	3 m/s
③	왼쪽	4 m/s	④	오른쪽	2 m/s
⑤	오른쪽	3 m/s			

06 그림은 마찰이 없는 수평인 얼음판 위에 정지해 있던 질량이 각각 **60 kg**, **40 kg**인 A, B가 서로 손바닥을 마주하고 밀어내는 모습을 나타낸 것이다. A, B가 분리된 후 B는 **6 m/s**의 속력으로 오른쪽으로 운동한다.

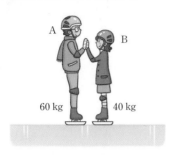

분리 후 A, B에 대한 설명으로 옳은 것만을 〈보기〉에서 있는 대로 고른 것은?(단, 공기 저항은 무시한다.)

> 보기
>
> ㄱ. A와 B의 운동량의 합은 0이다.
> ㄴ. A는 왼쪽으로 운동한다.
> ㄷ. A의 속력은 4 m/s이다.

① ㄱ   ② ㄷ   ③ ㄱ, ㄴ
④ ㄴ, ㄷ   ⑤ ㄱ, ㄴ, ㄷ

07 그림과 같이 수평면 위에 정지해 있는 질량 M인 나무 도막에 질량 m인 화살 2개가 수평 방향으로 속력 v로 날아와 차례로 꽂혔다.

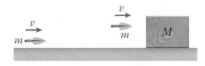

두 번째 화살이 꽂힌 직후 나무 도막의 속력은?(단, 공기 저항 및 모든 마찰은 무시한다.)

① $\dfrac{2m}{m+M}v$ ② $\dfrac{2m}{2m+M}v$ ③ $\dfrac{m+M}{2m+M}v$

④ $\dfrac{2m+M}{2m}v$ ⑤ $\dfrac{m+M}{m}v$

08 그림 (가)는 질량이 같은 물체 A, B가 수평면에서 일직선으로 등속도 운동 하다가 충돌하는 모습을 나타낸 것이고, (나)는 충돌 전과 후 A의 운동량을 시간에 따라 나타낸 것이다.

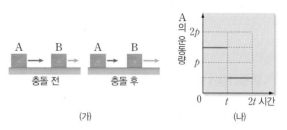

충돌 전과 후 B의 운동량을 시간에 따라 나타낸 그래프로 가장 적절한 것은?(단, 물체의 크기, 마찰과 공기 저항은 무시한다.)

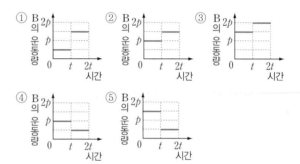

[09~10] 그림과 같이 질량 **3 kg**인 물체 A가 **4 m/s**의 속력으로 운동하다가 정지해 있던 질량 **1 kg**인 물체 B와 충돌한 후 한 덩어리가 되어 운동하였다. 물음에 답하시오.

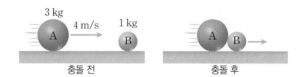

09 충돌 후 A, B의 속력은 몇 m/s인지 구하시오.

10 A와 B의 충돌에 의해 감소한 운동 에너지를 구하고, 이때 감소한 운동 에너지는 어떻게 되는지 설명하시오.

Ⅰ. 역학과 에너지

04 충격량

1 충격량과 운동량의 변화량 <small>자료 분석 특강 38쪽 B</small>

1 충격량(I) 물체가 받은 충격의 정도를 나타내는 양으로, 크기와 방향을 가진 물리량
① 충격량의 크기: 충돌하는 동안 물체에 작용한 힘의 크기와 힘이 작용한 시간에 비례한다.

> 충격량＝힘×시간, $I = F \times \Delta t$ (단위: N·s)❶

② 충격량의 방향: 물체에 작용한 힘의 방향과 같다.

2 충격량과 운동량 변화량의 관계 물체가 받은 충격량은 물체의 운동량의 변화량과 같다.

> 충격량＝운동량의 변화량＝나중 운동량－처음 운동량

충격량과 운동량 변화량의 관계❷
오른쪽 그림과 같이 일정한 속도 v_0으로 운동하고 있는 질량 m인 물체에 시간 Δt 동안 일정한 힘 F가 작용하여 속도가 v로 변하였다.

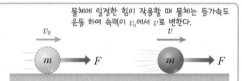
물체에 일정한 힘이 작용할 때 물체는 등가속도 운동하여 속력이 v_0에서 v로 변한다.

• 일정한 힘이 작용하는 물체의 가속도: $a = \dfrac{v - v_0}{\Delta t}$ · 작용한 힘: $F = ma = \dfrac{mv - mv_0}{\Delta t}$

• 충격량과 운동량 변화량의 관계식: $\overbrace{I = F\Delta t}^{충격량} = \overbrace{mv - mv_0 = m\Delta v = \Delta p}^{운동량의 변화량}$

3 충격량 그래프 힘-시간 그래프 아랫부분의 넓이는 그래프의 형태와 관계없이 충격량을 나타낸다.❸

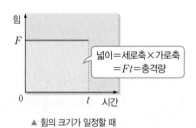

▲ 힘의 크기가 일정할 때 ▲ 힘의 크기가 변할 때

넓이＝세로축×가로축＝Ft＝충격량

넓이는 작용한 충격량

4 충격량을 크게 만드는 방법 <small>탐구 활동</small>

과정 ≫
❶ 오른쪽 그림과 같이 긴 빨대에 플라스틱 구슬을 넣고 입으로 불어 구슬이 날아가는 거리를 측정한다.
❷ 과정 ❶에서 빨대를 부는 힘의 크기만 다르게 하여 구슬이 날아가는 거리를 측정한다. <small>구슬에 작용하는 힘의 크기를 다르게 한다.</small>
❸ 과정 ❶에서 빨대의 길이만 다르게 하여 구슬이 날아가는 거리를 측정한다.
<small>구슬에 힘이 작용하는 시간을 다르게 한다.</small>

결과 및 정리 ≫
1. 빨대를 세게 불수록 구슬이 받는 힘의 크기가 커져서 구슬이 더 멀리까지 날아간다.
2. 빨대의 길이가 길수록 구슬에 힘이 작용하는 시간이 길어져서 구슬이 더 멀리까지 날아간다.

한눈에 정리하는 출제 경향

• 충격량과 운동량 변화량 사이의 관계 설명하기
• 충격을 감소시키는 장치의 원리 설명하기

핵심 개념
충격량, 충격력, 충격을 감소시키는 장치

plus 개념

❶ 충격량과 운동량의 단위
• 힘＝질량×가속도
→ 힘의 단위: $kg \cdot m/s^2$
• 충격량＝힘×시간
→ 충격량의 단위: $(kg \cdot m/s^2) \times s$
$= kg \cdot m/s$
즉, 충격량의 단위는 운동량의 단위와 같다.

❷ 충격량을 받은 물체의 운동량
물체가 운동 방향으로 충격량을 받으면 운동량이 증가하고, 운동 반대 방향으로 충격량을 받으면 운동량이 감소한다. 즉, 물체의 나중 운동량은 물체에 작용한 충격량만큼 변한다.

나중 운동량＝처음 운동량＋충격량
$mv = mv_0 + F\Delta t$

❸ 평균 힘(＝충격력)

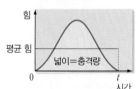

넓이＝충격량

일반적으로 충돌이 일어날 때 물체에 작용하는 힘은 일정하지 않다. 이때 물체에 작용하는 평균 힘은 충격량(힘-시간 그래프 아랫부분의 넓이)을 충돌 시간으로 나누어 구한다.

꼭 기억해!

물체를 멀리 보내는 방법
정지한 물체의 질량이 일정할 때, 운동량의 변화량이 클수록 힘이 작용한 이후 물체의 속력이 빨라진다. 따라서 물체의 운동량의 변화량을 크게 하려면 충격량을 크게 하고, 충격량을 크게 하려면 힘의 크기나 힘이 작용하는 시간을 길게 해야 한다.

5 충격량의 이용 물체에 작용한 힘의 크기가 크거나 힘이 작용한 시간이 길수록 물체가 받는 충격량이 커져서 물체의 운동량의 변화량이 커진다.❹

운동 경기에서 충격량의 이용	포신이 긴 대포
운동 경기에서 선수들은 테니스 라켓, 야구 방망이, 골프채 등을 끝까지 휘둘러 힘이 작용하는 시간을 길게 하거나 작용하는 힘의 크기를 크게 하여 충격량을 크게 만든다. → 공이 받은 충격량이 클수록 힘이 작용한 이후의 속력이 커지므로 공을 더 멀리 보낼 수 있다.	대포의 포신이 길수록 힘이 작용하는 시간이 길어져서 충격량이 커지므로 포탄이 멀리 날아간다.

❹ **운동 경기에서 충격량을 크게 하거나 작게 하는 방법**
- 당구: 공을 짧게 끊어치는 경우 힘이 작용하는 시간이 짧아 충격량이 작으며, 길게 밀어치는 경우 힘이 작용하는 시간이 길어 충격량이 커진다.
- 컬링: 돌을 밀어줄 때 작은 힘으로 힘을 작용하는 시간을 조절하여 충격량을 크게 하거나 작게 하는 방법을 사용한다.

2 충돌과 안전장치 자료 분석 특강 39쪽 C

1 충돌할 때 받는 힘과 충돌 시간의 관계 충격량이 같을 때 충돌 시간이 길수록 물체가 받는 힘의 크기가 작아진다.

┌ 충돌 직전 같은 높이에서 떨어진 A와 B의 속력은 같다.

동일한 달걀 A, B를 같은 높이에서 가만히 놓아 각각 접시와 방석 위에 떨어뜨렸다.

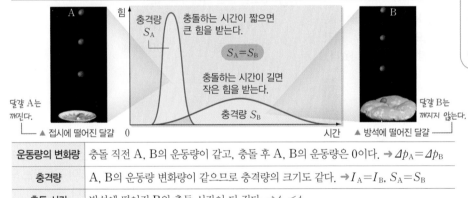

충격량 S_A 충돌하는 시간이 짧으면 큰 힘을 받는다. $S_A = S_B$ 충돌하는 시간이 길면 작은 힘을 받는다. 충격량 S_B

달걀 A는 깨진다. ▲ 접시에 떨어진 달걀 0 시간 ▲ 방석에 떨어진 달걀 달걀 B는 깨지지 않는다.

운동량의 변화량	충돌 직전 A, B의 운동량이 같고, 충돌 후 A, B의 운동량은 0이다. → $\Delta p_A = \Delta p_B$
충격량	A, B의 운동량 변화량이 같으므로 충격량의 크기도 같다. → $I_A = I_B$, $S_A = S_B$
충돌 시간	방석에 떨어진 B의 충돌 시간이 더 길다. → $t_A < t_B$
평균 힘(충격력)	A와 B의 충격량이 같으므로 충돌 시간이 긴 B에 작용하는 평균 힘의 크기가 더 작다. → $F_A > F_B$

2 충격을 줄이는 장치 충격량이 일정할 때 힘을 받는 시간을 길게 하여 충격을 줄인다.❺❻

자동차의 에어백	자동차의 범퍼	안전모	공기 안전 매트

궁금하지?

Q. 두 물체가 서로 충돌할 때 두 물체가 받는 충격량의 크기는 왜 같을까?
A. 충돌 시 모든 경우에 작용 반작용 법칙이 적용되므로 두 물체가 받는 힘의 크기가 같고, 충돌 시간도 같아서 두 물체의 충격량은 같다.

❺ **충격 흡수**
보통 충격을 흡수한다고 하는 것은 충격량을 작게 하는 것이 아니라 힘을 받는 시간을 길게 하여 힘을 작게 받도록 하는 과정을 뜻한다.

❻ **운동 경기에서 충격을 줄이는 방법**
- 포수가 공을 받을 때 손을 뒤로 빼면서 받는다.
- 멀리뛰기 선수가 착지할 때 무릎을 구부린다.
- 권투 선수나 태권도 선수가 보호대를 착용한다.
→ 힘을 받는 시간을 길게 하여 충격을 줄인다.

확인 문제 ❶❷
1 어떤 물체에 일정한 크기의 힘 4 N을 5초 동안 작용할 때, 힘이 물체에 작용한 충격량의 크기는 몇 N·s인지 구하시오.
2 물체가 충돌할 때 받는 충격량은 물체의 (   )과/와 같다.
3 충격량을 크게 하려면, 힘의 크기를 (크게, 작게) 하거나 힘을 작용한 시간을 (길게, 짧게) 한다.
4 충격량이 같을 때, 충돌 시간이 (길, 짧을)수록 물체에 작용하는 평균 힘의 크기가 커진다.

용어 돋보기

- **충격량**(부딪칠 衝, 부딪칠 擊, 양 量): 물체가 받는 충격의 정도를 나타내는 물리량이다.
- **안전장치**(편안할 安, 온전할 全, 꾸밀 裝, 배치할 置): 부주의로 인한 위험을 막기 위한 장치이다.

04. 충격량 **35**

1 충격량과 운동량의 변화량

01 그림은 달리던 승용차가 정지해 있는 트럭의 뒷부분에 충돌하는 모습을 나타낸 것이다.

승용차와 트럭의 물리량이 같은 것만을 〈보기〉에서 있는 대로 고른 것은?

> **보기**
> ㄱ. 충격량의 크기
> ㄴ. 충격량의 방향
> ㄷ. 운동량 변화량의 크기

① ㄱ   ② ㄴ   ③ ㄱ, ㄷ
④ ㄴ, ㄷ   ⑤ ㄱ, ㄴ, ㄷ

중요

02 그림 (가), (나)와 같이 질량이 각각 1 kg, 2 kg인 물체 A, B가 10 m/s의 속력으로 벽에 수직으로 충돌한 후, 각각 10 m/s, 5 m/s의 속력으로 정반대 방향으로 튀어 나왔다.

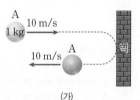
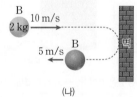

벽과 충돌하는 동안 A, B가 벽으로부터 받은 충격량의 크기가 각각 I_A, I_B일 때, $I_A : I_B$를 구하시오.

03 그림은 일직선상에서 운동하는 물체 A, B의 운동량을 시간에 따라 나타낸 것이다. A와 B는 시간 t일 때 충돌한다.

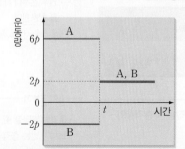

충돌 전후, B가 A로부터 받은 충격량은?

① $2p$ ② $4p$ ③ $6p$ ④ $8p$ ⑤ $10p$

[04~05] 그림은 마찰이 없는 수평면에 정지해 있는 질량 3 kg인 물체에 작용하는 힘을 시간에 따라 나타낸 것이다. 물음에 답하시오.

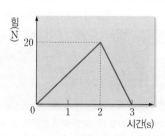

04 0~3초 동안 물체가 받은 충격량의 크기는?

① 10 N·s   ② 20 N·s   ③ 30 N·s
④ 40 N·s   ⑤ 60 N·s

중요

05 3초인 순간 물체의 속력은?

① 5 m/s   ② 10 m/s   ③ 15 m/s
④ 20 m/s   ⑤ 30 m/s

중요

06 그림은 수평면에서 물체 A, B가 일직선으로 각각 등속도 운동을 하다가 충돌한 후 한 덩어리가 되어 운동하는 모습을 나타낸 것이다. 질량은 A가 B보다 크다.

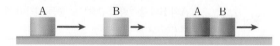

이에 대한 설명으로 옳은 것만을 〈보기〉에서 있는 대로 고른 것은?(단, 공기 저항과 모든 마찰은 무시한다.)

> **보기**
> ㄱ. 충돌 전, 물체의 $\dfrac{운동량\ 크기}{질량}$ 값은 B가 A보다 크다.
> ㄴ. 충돌할 때, 물체가 받은 충격량의 크기는 B가 A보다 크다.
> ㄷ. 충돌 전후 물체의 속도 변화량의 크기는 B가 A보다 크다.

① ㄱ   ② ㄷ   ③ ㄱ, ㄴ
④ ㄴ, ㄷ   ⑤ ㄱ, ㄴ, ㄷ

07 다음은 운동 경기에서 충격량을 이용하는 방법을 설명한 것이다. ( ) 안에 들어갈 알맞은 말을 고르시오.

> 운동 경기에서 선수들은 공을 멀리 보내기 위해 테니스 라켓, 야구 방망이, 골프채 등을 끝까지 휘둘러 힘이 작용하는 시간을 (㉠) 하거나 작용하는 힘의 크기를 (㉡) 하여 충격량의 크기를 (㉢) 시킨다.

② 충돌과 안전장치

중요

08 그림 (가), (나)는 같은 높이에서 가만히 놓은 동일한 달걀 A, B가 각각 딱딱한 접시와 푹신한 방석에 떨어진 모습을 나타낸 것이다.

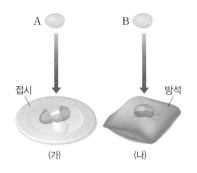

접시

방석

(가)   (나)

충돌하는 동안 A, B의 물리량의 크기를 옳게 비교한 것은? (단, 공기 저항은 무시한다.)

① 충돌 직전의 운동량: A<B
② 충돌 전후 운동량의 변화량: A<B
③ 충격량: A>B
④ 충돌 시간: A<B
⑤ 평균 힘: A=B

서술형

09 오른쪽 그림은 학생 A, B가 물풍선을 주고받는 모습을 나타낸 것이다. 이때 물풍선이 터지지 않도록 받는 방법을 쓰고, 그 까닭을 설명하시오(단, 물풍선이 손에 닿는 순간의 속도는 일정하다.).

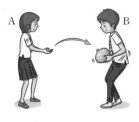

10 그림 (가), (나)는 동일한 공을 각각 야구 장갑으로 정지시키는 것과 야구 방망이로 날아오던 방향과 정반대 방향으로 쳐 내는 것을 나타낸 것이다. 공이 야구 장갑과 야구 방망이에 닿는 순간의 속도는 같다.

(가)   (나)

물리량의 크기가 (나)에서가 (가)에서보다 큰 것만을 〈보기〉에서 있는 대로 고른 것은?(단, 공의 크기와 공기 저항은 무시한다.)

> **보기**
> ㄱ. 충돌 직전 야구공의 운동량의 크기
> ㄴ. 충돌 전후 공의 운동량 변화량의 크기
> ㄷ. 충돌하는 동안 공이 받는 충격량의 크기

① ㄱ   ② ㄴ   ③ ㄱ, ㄷ
④ ㄴ, ㄷ   ⑤ ㄱ, ㄴ, ㄷ

중요

11 그림은 동일한 수박 A, B를 같은 높이에서 가만히 놓아 딱딱한 바닥과 푹신한 침대 위로 떨어뜨려서 멈출 때까지 수박이 받은 힘의 크기를 시간에 따라 나타낸 것이다. A, B의 그래프 아래의 넓이는 각각 S_1, S_2이다.

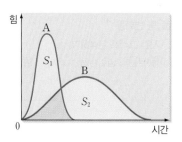

수박이 충돌하는 동안, 이에 대한 설명으로 옳은 것만을 〈보기〉에서 있는 대로 고른 것은?(단, 침대의 높이와 공기 저항은 무시한다.)

> **보기**
> ㄱ. A와 B가 받은 충격량의 크기는 같다.
> ㄴ. $S_1=S_2$이다.
> ㄷ. A와 B가 받은 평균 힘의 크기는 같다.

① ㄱ   ② ㄷ   ③ ㄱ, ㄴ
④ ㄴ, ㄷ   ⑤ ㄱ, ㄴ, ㄷ

실력을 올리는 실전 문제와 함께 보면 더 좋아요!

A 운동량-시간 그래프의 변환

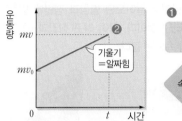

$$\frac{운동량}{질량}=속도$$

속도×질량=운동량

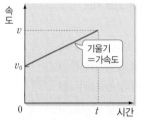

❶ 운동량-시간 그래프의 운동량을 질량으로 나누면 속도-시간 그래프가 되고, 속도-시간 그래프의 속도에 질량을 곱하면 운동량-시간 그래프가 된다.

❷ 운동량-시간 그래프의 기울기가 일정하면 물체에 일정한 크기의 힘이 작용하고, 기울기가 0이면 물체에 작용하는 알짜힘이 0이므로 물체의 속도는 일정하다.

① 운동량-시간 그래프 분석하기
- y축 변화량: $mv-mv_0=m\Delta v$ → t 동안 물체의 운동량 변화량＝t 동안 물체가 받은 충격량
- 그래프의 기울기: $\dfrac{(mv-mv_0)}{t}=\dfrac{m\Delta v}{t}=ma$ → 물체에 작용하는 알짜힘

② 속도-시간 그래프 분석하기
- y축 변화량: $v-v_0=\Delta v$ → t 동안 물체의 속도 변화량
- 그래프의 기울기: $\dfrac{v-v_0}{t}=\dfrac{\Delta v}{t}=a$ → 물체의 가속도
- 그래프 아랫부분의 넓이: $\dfrac{1}{2}\times(v_0+v)\times t$ → t 동안 물체의 변위

실력을 올리는 실전 문제 찾아가기
- 운동량-시간 그래프를 분석하는 문제_02, 07, 16

B 힘-시간 그래프의 변환

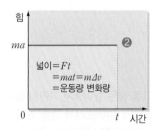

$$\frac{힘}{질량}=가속도$$

가속도×질량=힘

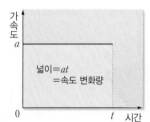

❶ 힘-시간 그래프의 힘을 질량으로 나누면 가속도-시간 그래프가 되고, 가속도-시간 그래프의 가속도에 질량을 곱하면 힘-시간 그래프가 된다.

❷ 힘-시간 그래프의 형태와 관계없이 힘-시간 그래프 아랫부분의 넓이는 충격량을 나타낸다.

① 힘-시간 그래프 분석하기
그래프 아랫부분의 넓이＝$F\times t=ma\times t=m\Delta v$ → t 동안 물체가 받은 충격량＝t 동안 물체의 운동량 변화량

② 가속도-시간 그래프 분석하기
그래프 아랫부분의 넓이＝$at=\Delta v$ → t 동안 물체의 속도 변화량

적용 마찰이 없는 수평면에 정지해 있던 질량 2 kg인 물체에 수평 방향으로 작용하는 힘-시간 그래프 분석하기

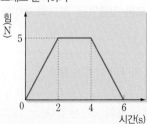

① 물체가 받은 충격량＝그래프 아랫부분의 넓이
- 0~2초 동안의 충격량: $\dfrac{1}{2}\times 5\,N\times 2\,s=5\,N\cdot s$
- 2~4초 동안의 충격량: $5\,N\times 2\,s=10\,N\cdot s$
- 4~6초 동안의 충격량: $\dfrac{1}{2}\times 5\,N\times 2\,s=5\,N\cdot s$

② 0~6초 동안 물체의 운동량의 변화량: 충격량과 같은 $20\,N\cdot s=20\,kg\cdot m/s$이다.

③ 6초인 순간 물체의 속력: $20\,kg\cdot m/s=2\,kg\times(v-0)$에서 속력 $v=10\,m/s$이다.

실력을 올리는 실전 문제 찾아가기
- 힘-시간 그래프를 분석하는 문제_08

C 충격량, 힘, 시간의 관계

CASE 1 충돌 시간을 길게 하여 충격량을 크게 하는 경우

(가) 포신의 길이가 짧을 때   (나) 포신의 길이가 길 때

① 포신의 길이에 따른 포탄의 속력 비교하기(단, 포탄의 질량과 포탄이 받는 힘의 크기는 일정하다.)
  • 포탄이 받는 충격량: 포신이 길수록 포탄이 힘을 받는 시간이 길어져 포탄이 받는 충격량이 커진다. 즉, 포탄이 받는 충격량의 크기는 (나)에서가 (가)에서보다 크다. ❶
  • 포탄의 운동량 변화량: 충격량은 운동량의 변화량과 같으므로, 포탄의 운동량 변화량은 (나)에서가 (가)에서보다 크다. ❷
  • 포탄의 속력: 포탄의 속력은 운동량의 변화량이 큰 (나)에서가 (가)에서보다 크다. → 포탄은 (나)에서가 (가)에서보다 더 멀리 날아간다. ❸
② 힘의 크기가 일정할 때 충돌 시간과 충격량의 관계

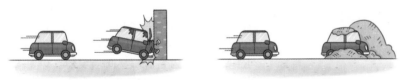

```
                    ┌─── 비례 관계 ───┐
┌──────────────┐      ┌──────────────┐    ┌──────────────┐
│              │ ≫    │ 힘을 받는 시간 ↓ │ ≫ │ 충격량의 크기 ↓ │
│ 힘의 크기가 일정할 때 │      └──────────────┘    └──────────────┘
│              │ ≫    │ 힘을 받는 시간 ↑ │ ≫ │ 충격량의 크기 ↑ │
└──────────────┘      └──────────────┘    └──────────────┘
```

CASE 2 충돌 시간을 길게 하여 물체에 작용하는 힘의 크기를 감소시키는 경우

(가) 충돌 시간이 짧을 때 ❶   (나) 충돌 시간이 길 때 ❷

① 자동차가 받는 힘의 크기 비교하기(단, (가), (나)에서 자동차의 질량과 충돌 직전의 속도는 같고, 충돌 후 자동차는 모두 정지한다.)
  • 자동차의 운동량 변화량: (가), (나)에서 자동차의 질량과 속도 변화량이 같으므로 운동량 변화량은 같다.
  • 자동차가 받는 충격량: (가), (나)에서 자동차의 운동량 변화량이 같으므로 충격량은 같다.
  • 자동차가 힘을 받는 시간: (가)와 같이 자동차가 단단한 벽에 충돌할 때보다 (나)와 같이 건초 더미에 충돌할 때 걸리는 시간이 더 길다.
  • 자동차가 받는 평균 힘의 크기: (가), (나)에서 자동차가 받는 충격량이 같으므로, 힘을 받는 시간이 짧은 (가)에서가 (나)에서보다 더 큰 힘을 받는다. ❸
② 충격량이 같을 때 충돌 시간과 물체에 작용하는 힘의 크기의 관계

```
                    ┌─── 반비례 관계 ───┐
┌──────────────┐      ┌──────────────┐    ┌──────────────┐
│              │ ≫    │ 힘을 받는 시간 ↓ │ ≫ │ 평균 힘의 크기 ↑ │
│ 충격량이 같을 때   │      └──────────────┘    └──────────────┘
│              │ ≫    │ 힘을 받는 시간 ↑ │ ≫ │ 평균 힘의 크기 ↓ │
└──────────────┘      └──────────────┘    └──────────────┘
```

❶ 포탄이 받는 힘의 크기를 크게 하거나 힘이 작용하는 시간이 길수록 포탄이 받는 충격량이 크다.

❷ 포탄이 받는 충격량의 크기가 클수록 포탄의 운동량 변화량이 크다.

❸ 포탄의 운동량 변화량이 클수록 힘을 작용한 이후 포탄의 속력이 크다.

❶ 자동차의 운동량의 변화가 짧은 시간 동안 이루어졌다.

❷ 자동차의 운동량의 변화가 긴 시간 동안 이루어졌다.

❸ (가), (나)에서 자동차에 작용하는 힘의 크기를 시간에 따라 나타내면 다음 그림과 같다.

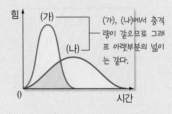

(가), (나)에서 충격량이 같으므로 그래프 아랫부분의 넓이는 같다.

실력을 올리는 실전 문제 **찾아가기**

• 충격량, 힘, 시간의 관계를 묻는 문제_12
• 충격량이 같을 때 힘과 시간의 관계를 묻는 문제_09, 11, 13, 14

01 그림과 같이 인라인스케이트를 신고 서 있던 철수와 영희가 서로 미는 동안 동일 직선상에서 반대 방향으로 운동한다. 질량은 철수가 영희보다 크다.

철수

영희

철수와 영희가 서로 미는 동안, 이에 대한 설명으로 옳은 것만을 〈보기〉에서 있는 대로 고른 것은?

┌ 보기 ├
ㄱ. 가속도의 방향은 철수와 영희가 서로 반대이다.
ㄴ. 운동량 변화량의 크기는 철수와 영희가 서로 같다.
ㄷ. 분리 후, 속력은 철수가 영희보다 크다.

① ㄱ
② ㄷ
③ ㄱ, ㄴ
④ ㄴ, ㄷ
⑤ ㄱ, ㄴ, ㄷ

02 그림은 직선상에서 운동하는 질량 **4 kg**인 물체의 운동량을 시간에 따라 나타낸 것이다.

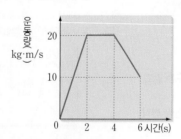

이에 대한 설명으로 옳은 것은?

① 0초부터 2초까지 물체가 받은 알짜힘의 크기는 5 N이다.
② 0초부터 2초까지 물체의 이동 거리는 5 m이다.
③ 2초부터 4초까지 물체가 받은 충격량의 크기는 20 N·s이다.
④ 4초부터 6초까지 물체의 운동량 변화량의 크기는 2.5 kg·m/s이다.
⑤ 5초일 때 물체의 운동 방향과 가속도의 방향은 같다.

03 그림 (가)는 마찰이 없는 수평면에서 물체 A와 C가 정지해 있는 물체 B를 향해 각각 $4v$, v의 일정한 속력으로 동일 직선상에서 운동하는 것을 나타낸 것이다. 그림 (나)는 A와 C가 동시에 B와 충돌한 후 한 덩어리가 되어 v의 속력으로 등속도 운동 하는 것을 나타낸 것이다. B와 C의 질량은 m으로 같다.

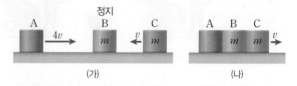

(가)

(나)

A의 질량은?

① m
② $1.5m$
③ $2m$
④ $2.5m$
⑤ $3m$

04 그림과 같이 마찰이 없는 수평면 위에 놓인 두 수레 A, B 사이에 용수철을 압축시켰다 놓았더니 서로 반대 방향으로 직선 운동 하여 멈추개에 동시에 부딪쳤다. 이때 A, B가 이동한 거리는 각각 **0.8 m, 0.4 m**이다.

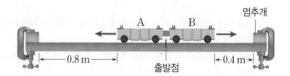

분리되는 순간, A, B의 운동에 대한 설명으로 옳은 것만을 〈보기〉에서 있는 대로 고른 것은?(단, 수레의 크기와 공기 저항은 무시한다.)

┌ 보기 ├
ㄱ. A와 B의 운동량의 합은 0이다.
ㄴ. 속력은 A가 B의 2배이다.
ㄷ. 질량은 A가 B의 2배이다.

① ㄱ
② ㄴ
③ ㄱ, ㄴ
④ ㄱ, ㄷ
⑤ ㄴ, ㄷ

05 그림 (가)는 일정한 속력 1.5 m/s로 운동하고 있는 물체 A가 정지해 있는 물체 B와 정면으로 충돌하는 모습을 나타낸 것이다. 충돌 전 질량 1 kg인 물체 C는 B의 오른쪽에 접촉하여 정지해 있었다. 그림 (나)는 이 과정에서 A, B, C의 시간에 따른 위치를 나타낸 것이다.

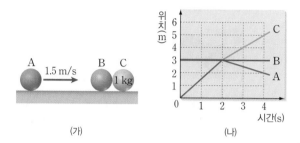

(가) (나)

A의 질량은?(단, A, B, C는 일직선상에 있다.)

① 0.2 kg ② 0.5 kg ③ 1.0 kg

④ 1.5 kg ⑤ 2.0 kg

06 그림 (가)는 수평면에서 속력 v로 운동하던 물체 A가 정지해 있는 물체 B와 충돌한 후 A는 정지하고 B는 운동하는 것을, (나)는 수평면에서 속력 v로 운동하던 물체 C가 정지해 있는 물체 D와 충돌한 후 C, D가 일직선상에서 운동하는 것을 나타낸 것이다. A, B, C, D의 질량은 모두 같다.

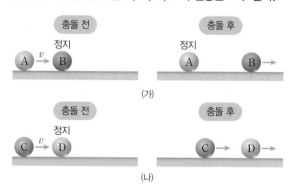

(가)

(나)

이에 대한 설명으로 옳은 것만을 〈보기〉에서 있는 대로 고른 것은?(단, 물체의 크기, 마찰과 공기 저항은 무시한다.)

┤ 보기 ├

ㄱ. 충돌 후 B의 속력은 v이다.

ㄴ. 충돌 후 운동량의 크기는 B가 D보다 작다.

ㄷ. 충돌 전후 A의 운동량 변화량의 크기는 C의 운동량 변화량의 크기보다 크다.

① ㄴ ② ㄷ ③ ㄱ, ㄴ

④ ㄱ, ㄷ ⑤ ㄴ, ㄷ

07 그림은 질량이 각각 1 kg인 물체 A, B가 동일 직선상에서 반대 방향으로 운동하다가 정면충돌했을 때, 충돌 전후의 운동량을 시간에 따라 나타낸 것이다.

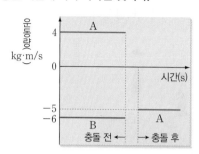

A와 B의 운동에 대한 설명으로 옳은 것만을 〈보기〉에서 있는 대로 고른 것은?

┤ 보기 ├

ㄱ. 충돌 후 B의 속도의 크기는 3 m/s이다.

ㄴ. 충돌하는 동안 A의 운동량 변화량의 크기는 1 kg·m/s이다.

ㄷ. 충돌하는 동안 B가 A로부터 받은 충격량의 크기는 9 N·s이다.

① ㄱ ② ㄴ ③ ㄱ, ㄴ

④ ㄱ, ㄷ ⑤ ㄴ, ㄷ

➤ 수능기출

08 그림 (가)는 마찰이 없는 수평면에서 정지해 있던 질량이 m, $2m$인 물체 A, B에 각각 힘 F_A, F_B를 수평 방향으로 작용하여 나란하게 직선 운동 시키는 모습을 나타낸 것이다. 그림 (나)는 힘이 작용하기 시작한 순간부터 F_A, F_B를 시간에 따라 나타낸 것이다.

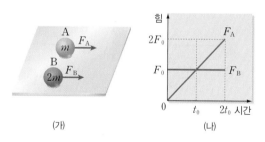

(가) (나)

물체에 대한 설명으로 옳은 것만을 〈보기〉에서 있는 대로 고른 것은?(단, 물체의 크기와 공기 저항은 무시한다.)

┤ 보기 ├

ㄱ. 0부터 t_0까지 물체가 받은 충격량의 크기는 A가 B보다 작다.

ㄴ. t_0일 때, 속력은 A가 B보다 작다.

ㄷ. $2t_0$일 때, 운동량의 크기는 A가 B보다 작다.

① ㄱ ② ㄴ ③ ㄱ, ㄷ

④ ㄴ, ㄷ ⑤ ㄱ, ㄴ, ㄷ

09 그림 (가)는 수평면에 정지해 있는 질량이 각각 $2m$, m인 공 A, B를 동시에 발로 차는 모습을 나타낸 것이고, (나)는 공을 발로 차는 순간부터 직선 운동 하는 A, B의 운동량을 시간에 따라 나타낸 것이다.

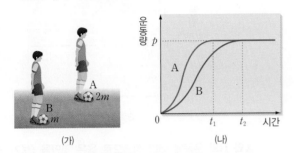

(가) (나)

이에 대한 설명으로 옳은 것만을 〈보기〉에서 있는 대로 고른 것은?(단, 공의 크기는 무시한다.)

┌ 보기 ├
ㄱ. 0부터 t_1까지 공이 받은 충격량은 A와 B가 같다.
ㄴ. t_2일 때 공의 속력은 B가 A보다 크다.
ㄷ. 0부터 t_1까지 A가 받은 평균 힘의 크기는 0부터 t_2까지 B가 받은 평균 힘의 크기보다 작다.

① ㄴ　　　② ㄷ　　　③ ㄱ, ㄴ
④ ㄱ, ㄷ　　　⑤ ㄱ, ㄴ, ㄷ

➔ 수능모의평가기출 변형

10 그림 (가)와 (나)는 속력 $4v$로 운동하던 질량 m인 공 A, B가 벽에 수직으로 충돌한 후 각각 $2v$, $3v$의 속력으로 정반대 방향으로 튀어 나오는 것을 나타낸 것이다. 벽과 접촉하는 시간은 B가 A의 2배이다.

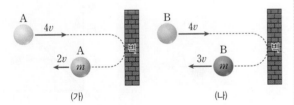

(가) (나)

이에 대한 설명으로 옳은 것만을 〈보기〉에서 있는 대로 고른 것은?(단, 공의 크기와 공기 저항은 무시한다.)

┌ 보기 ├
ㄱ. 충돌 전후 B의 운동량 변화량의 크기는 mv이다.
ㄴ. 충돌하는 동안 벽이 공으로부터 받은 충격량의 크기는 (나)에서가 (가)에서보다 크다.
ㄷ. 충돌하는 동안 벽이 공에 작용하는 평균 힘의 크기는 (나)에서가 (가)에서보다 크다.

① ㄴ　　　② ㄷ　　　③ ㄱ, ㄴ
④ ㄱ, ㄷ　　　⑤ ㄱ, ㄴ, ㄷ

11 그림 (가)는 동일한 인형이 탄 자동차 A, B가 같은 속도로 벽에 충돌한 후 정지한 모습을 나타낸 것으로, A는 에어백이 작동하였으나, B는 에어백이 작동하지 않았다. 그림 (나)는 A, B의 인형이 충돌하는 순간부터 정지할 때까지 받는 힘의 크기를 시간에 따라 구분 없이 나타낸 것으로, a 아랫부분의 넓이는 S_1, b 아랫부분의 넓이는 S_2이다.

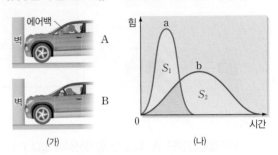

(가) (나)

이에 대해 옳게 말한 학생만을 〈보기〉에서 있는 대로 고른 것은?

┌ 보기 ├
철수: B의 인형이 받는 힘을 나타낸 그래프는 a야.
영희: 자동차가 충돌하는 동안 A, B의 인형이 받는 평균 힘의 크기는 같아.
민수: $S_1 = S_2$야.

① 철수　　　② 영희　　　③ 민수
④ 철수, 민수　　　⑤ 철수, 영희, 민수

12 표는 직선상에서 물체 A를 B, C, D에 각각 충돌시켰을 때, A에 작용하는 힘, 충돌 시간, 충돌 전후 A의 운동량 변화량을 나타낸 것이다.

A와 충돌한 물체	A에 작용하는 힘	충돌 시간	충돌 전후 A의 운동량 변화량
B	F	t	p
C	F	$2t$	(가)
D	(나)	$2t$	$4p$

(가), (나)에 들어갈 물리량을 옳게 짝 지은 것은?(단, 충돌 과정에서 두 물체 사이에 작용한 힘 이외의 모든 외력은 무시한다.)

	(가)	(나)		(가)	(나)
①	p	$\frac{1}{2}F$	②	p	F
③	$2p$	F	④	$2p$	$2F$
⑤	$4p$	$2F$			

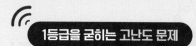
13 ➔ 수능모의평가기출 변형

그림 (가)는 마찰이 없는 수평면 위에서 각각 $2v$, $3v$의 일정한 속력으로 다가오는, 질량이 m인 공 A, B를 수평 방향으로 발로 차는 모습을 나타낸 것이다. 그림 (나)는 (가)에서 A, B가 발로부터 받은 힘의 크기를 시간에 따라 각각 나타낸 것으로, 그래프 아랫부분의 넓이는 $4mv$로 같다. 공을 차기 전과 후에 공은 일직선상에서 운동한다.

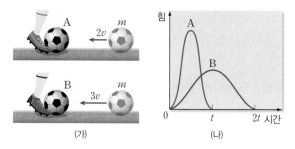

(가)   (나)

물리량이 A에서가 B에서의 2배인 것만을 〈보기〉에서 있는 대로 고른 것은?(단, A, B의 크기는 무시한다.)

┤ 보기 ├
ㄱ. 발로 차는 동안, 공이 받은 충격량의 크기
ㄴ. 발로 차는 동안, 공이 받은 평균 힘의 크기
ㄷ. 공이 발을 떠나는 순간, 공의 속력

① ㄱ   ② ㄴ   ③ ㄷ
④ ㄱ, ㄷ   ⑤ ㄴ, ㄷ

14 그림 (가)는 자동차의 에어백을, (나)는 차량 충돌 시 안전을 위한 충격 흡수 장치를, (다)는 번지점프의 줄을 각각 나타낸 것이다.

(가)   (나)   (다)

이 장치들의 공통적인 사용 목적에 대한 설명으로 옳은 것만을 〈보기〉에서 있는 대로 고른 것은?

┤ 보기 ├
ㄱ. 물체에 작용하는 힘을 크게 하여 가속도의 크기를 증가시킨다.
ㄴ. 물체가 받는 충격량을 크게 하여 운동량을 많이 변화시킨다.
ㄷ. 충격량이 같아도 힘이 작용하는 시간을 길게 하여 충격을 감소시킨다.

① ㄱ   ② ㄴ   ③ ㄷ
④ ㄱ, ㄴ   ⑤ ㄱ, ㄷ

15 그림 (가)와 같이 마찰이 없는 수평면 위의 일직선상에서 물체 A가 정지해 있는 물체 B를 향해 2 m/s의 일정한 속력으로 운동하고 있다. 그림 (나)는 A가 기준선을 통과하는 순간부터 A와 B의 위치를 시간에 따라 나타낸 것이다. A, B의 질량은 각각 m_A, m_B이고, 벽에 충돌 직후 B의 속력은 충돌 직전과 같다.

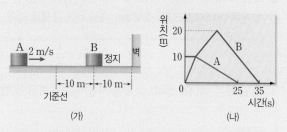

(가)   (나)

A가 기준선을 통과하는 순간부터 처음 B와 충돌한 시각 t와 $\dfrac{m_A}{m_B}$는?(단, 물체의 크기와 공기 저항은 무시한다.)

	t	$\dfrac{m_A}{m_B}$		t	$\dfrac{m_A}{m_B}$		t	$\dfrac{m_A}{m_B}$
①	2초	$\dfrac{2}{5}$	②	2초	$\dfrac{2}{3}$	③	5초	$\dfrac{2}{5}$
④	5초	$\dfrac{2}{3}$	⑤	5초	$\dfrac{5}{7}$			

➔ 수능모의평가기출

16 그림 (가)는 수평면에 정지해 있는 동전 B를 향해 손가락으로 동전 A를 튕기는 모습을 나타낸 것이다. B는 A와 충돌한 후 정지해 있던 동전 C와 충돌한다. 그림 (나)는 이 과정에서 A, B, C의 운동량을 시간에 따라 나타낸 것이다. A와 B의 충돌 시간은 $2T$이고, B와 C의 충돌 시간은 T이다. 질량은 B가 C의 2배이다.

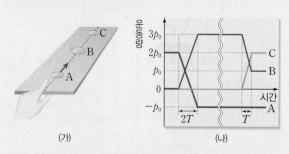

(가)   (나)

이에 대한 설명으로 옳은 것만을 〈보기〉에서 있는 대로 고른 것은?(단, A~C는 동일 직선상에서 운동한다.)

┤ 보기 ├
ㄱ. A는 B와 충돌 후 충돌 전과 반대 방향으로 움직인다.
ㄴ. B가 C와 충돌한 후, 속력은 C가 B의 2배이다.
ㄷ. B가 받은 평균 힘의 크기는 A와 충돌하는 동안이 C와 충돌하는 동안보다 크다.

① ㄱ   ② ㄷ   ③ ㄱ, ㄴ   ④ ㄱ, ㄷ   ⑤ ㄴ, ㄷ

05 역학적 에너지

1 일과 에너지

1 일과 에너지의 관계 물체에 일을 해 주면 해 준 일의 양만큼 물체의 에너지가 변한다.❶
→ 일과 에너지는 서로 전환된다.
  물체가 일을 할 수 있을 때 물체는 에너지를 가지고 있다.

일과 운동 에너지, 퍼텐셜 에너지 모두 크기만을 가지는
물리량이며, 단위로는 모두 J(줄)을 사용한다.

2 운동 에너지 운동하는 물체가 가지는 에너지
① 운동 에너지의 크기: 질량 m, 속력 v인 물체의 운동 에너지 E_k는 다음과 같다.

$$E_k = \frac{1}{2}mv^2 \text{ (단위: J)}$$ 운동 에너지는 물체의 질량이 클수록, 속력이 빠를수록 크다.

② 일·운동 에너지 정리: 물체에 작용하는 알짜힘이 한 일은 물체의 운동 에너지 변화량과 같다.❷

일과 운동 에너지

속력 v_0으로 운동하는 질량 m인 물체에 운동 방향으로 일정한 크기의 알짜힘 F를 작용하여 거리 s만큼 이동시켰을 때 물체의 속력이 v가 되었다.

일정한 힘이 작용하므로 물체는 등가속도 직선 운동을 한다.

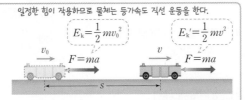

$E_k = \frac{1}{2}mv_0^2$ v_0 $F=ma$ $E_k' = \frac{1}{2}mv^2$ v $F=ma$

F가 물체에 한 일 $W = Fs = mas = \frac{1}{2}m(v^2 - v_0^2) = \frac{1}{2}mv^2 - \frac{1}{2}mv_0^2 = \Delta E_k$ 운동 에너지 변화량

물체에 작용하는 알짜힘: $F=ma$ 등가속도 직선 운동 식 적용: $2as = v^2 - v_0^2$

3 퍼텐셜 에너지

탄성 퍼텐셜 에너지는 용수철에
연결된 물체의 질량과 관계없다.

구분	중력 퍼텐셜 에너지	탄성 퍼텐셜 에너지❸
정의	중력이 작용하는 공간에서 기준면으로부터 어떤 높이에 있는 물체가 가지는 에너지	늘어나거나 압축된 용수철과 같이 변형된 물체가 가지는 에너지
일과 에너지	$W=mgh$ 기준면이 달라져도 두 지점 사이의 퍼텐셜 에너지 차이는 일정하다. 드는 힘 $F=mg$ 중력 $=mg$ $F=mg$ 기준면 • 기준면에 있는 물체를 높이 h만큼 들어 올리는 동안 힘 F가 한 일: $W=Fs=mgh$ • 증가한 중력 퍼텐셜 에너지: mgh	힘 x 당기는 힘 $F=kx$ F 탄성력 $=kx$ $\frac{F}{2}$ 평균 힘 $\frac{F}{2} = \frac{1}{2}kx$ 원래 길이 $W=\frac{1}{2}kx^2$ x 늘어난 길이 • 용수철의 길이를 x만큼 변형시키는 동안 힘 F가 한 일: $W=Fs=\frac{1}{2}kx \times x = \frac{1}{2}kx^2$ • 증가한 탄성 퍼텐셜 에너지: $\frac{1}{2}kx^2$
크기	기준면으로부터 높이 h에 있는 질량 m인 물체의 중력 퍼텐셜 에너지 E_p는 다음과 같다. $E_p = mgh$ (g: 중력 가속도)	평형 상태로부터 길이가 x만큼 변형된 용수철의 탄성 퍼텐셜 에너지 E_p는 다음과 같다. $E_p = \frac{1}{2}kx^2$ (k: 용수철 상수)

확인 문제 1

1 질량 2 kg인 물체가 5 m/s의 속력으로 운동할 때, 물체의 운동 에너지는 (   ) J이다.

2 마찰이 없는 수평면에 정지해 있는 물체에 일정한 크기의 힘 10 N을 작용하여 수평으로 4 m 이동시킬 때, 물체의 운동 에너지 증가량은 (   ) J이다.

3 질량 2 kg인 물체를 지면으로부터 높이 10 m인 곳으로 옮겼을 때, 중력 퍼텐셜 에너지의 증가량은 (   ) J이다(단, 중력 가속도는 9.8 m/s²이다.).

한눈에 😊
정리하는 출제 경향

• 일·운동 에너지 정리 해석하기
• 역학적 에너지 보존 법칙을 이용하여 물체의 운동 에너지와 퍼텐셜 에너지 분석하기

핵심 개념
일·운동 에너지 정리, 운동 에너지, 퍼텐셜 에너지, 역학적 에너지

plus 개념

❶ 일

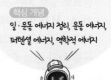

힘이 한 일은 힘의 크기와 물체가 힘의 방향으로 이동한 거리의 곱으로 구한다.

일=힘×이동 거리
$W=Fs$ (단위: J)

❷ 수평면상에서 물체에 힘이 작용할 때 한 일

① 알짜힘의 방향과 물체의 이동 방향이 같을 때: 알짜힘이 물체에 (+)의 일을 했다.
→ 물체의 운동 에너지 증가
② 알짜힘의 방향과 물체의 이동 방향이 반대일 때: 알짜힘이 물체에 (−)의 일을 했다.
→ 물체의 운동 에너지 감소

❋ 힘−이동 거리 그래프

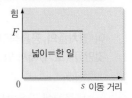

힘
F
넓이=한 일
0 s 이동 거리

힘과 이동 거리의 관계 그래프에서 그래프 아랫부분의 넓이는 힘이 한 일을 나타낸다.

❸ 탄성력

탄성력의 크기는 변형된 길이 x에 비례하고, 방향은 변형된 방향과 반대 방향이다.
  탄성력의 방향이 용수철이 변형된 방향과 반대임을 의미한다.
$F=-kx$ (k: 용수철 상수)

2 역학적 에너지 자료 분석 특강 48쪽 A

1 역학적 에너지 물체의 운동 에너지와 퍼텐셜 에너지의 합 → $E = E_k + E_p$

2 역학적 에너지가 보존되는 경우

① 역학적 에너지 보존 법칙: 마찰이나 공기 저항이 없으면 물체의 역학적 에너지는 변하지 않고 일정하게 보존된다.

② 중력에 의한 역학적 에너지 보존: $E = E_k + E_p = \dfrac{1}{2}mv^2 + mgh = $ 일정 ④

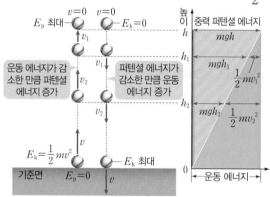

높이	E_k	E_p	E
h	0	mgh	mgh
h_1	$\dfrac{1}{2}mv_1^2$	mgh_1	$\dfrac{1}{2}mv_1^2 + mgh_1$
h_2	$\dfrac{1}{2}mv_2^2$	mgh_2	$\dfrac{1}{2}mv_2^2 + mgh_2$
지면	$\dfrac{1}{2}mv^2$	0	$\dfrac{1}{2}mv^2$

> h에서의 중력 퍼텐셜 에너지 $= h_1$에서의 역학적 에너지 $= h_2$에서의 역학적 에너지 $=$ 지면에서의 운동 에너지

③ 탄성력에 의한 역학적 에너지 보존: $E = E_k + E_p = \dfrac{1}{2}mv^2 + \dfrac{1}{2}kx^2 = $ 일정 탄성력이 물체에 한 일만큼 물체의 운동 에너지가 증가한다.

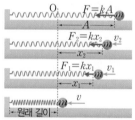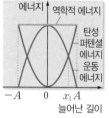

길이	E_k	E_p	E
A	0	$\dfrac{1}{2}kA^2$	$\dfrac{1}{2}kA^2$
x_1	$\dfrac{1}{2}mv_1^2$	$\dfrac{1}{2}kx_1^2$	$\dfrac{1}{2}mv_1^2 + \dfrac{1}{2}kx_1^2$
0	$\dfrac{1}{2}mv^2$	0	$\dfrac{1}{2}mv^2$

> 길이 A에서 탄성 퍼텐셜 에너지 $=$ 길이 x_1에서 역학적 에너지 $=$ 지점 O에서 운동 에너지

3 역학적 에너지가 보존되지 않는 경우 탄성 퍼텐셜 에너지는 변형된 길이의 제곱에 비례하므로 아래로 볼록한 곡선이고, 역학적 에너지는 보존되므로 운동 에너지는 위로 볼록한 곡선이다.

① 역학적 에너지 감소: 마찰이나 공기 저항을 받으며 운동하는 물체의 역학적 에너지는 감소하여 열에너지 등으로 전환된다. ⑤

② 마찰면에 따른 용수철 진자의 역학적 에너지 감소

탐구 활동

과정 » 그림 (가), (나)와 같이 실험대 위에 각각 유리판, 사포를 놓고 나무 도막에 용수철을 걸어 같은 길이만큼 늘렸다 놓았을 때, 나무 도막이 멈출 때까지 걸린 시간을 측정한다.

결과 및 정리 »

1. 나무 도막이 멈출 때까지 걸린 시간은 사포에서가 유리판에서보다 짧다. 즉, 마찰면이 거칠수록 용수철 진자의 역학적 에너지가 빨리 감소한다. 마찰력의 크기는 사포에서가 유리판에서보다 크다.
2. 용수철 진자가 운동하는 동안 역학적 에너지가 공기 저항이나 마찰에 의해 열에너지로 전환된다.

확인 문제 ②

4 질량 1 kg인 물체를 지면으로부터 2 m 높이에서 연직 위로 4 m/s의 속력으로 던져 올렸을 때, 이 물체의 역학적 에너지는 ( ) J이다(단, 중력 가속도는 10 m/s²이고, 공기 저항은 무시한다.).

5 역학적 에너지가 보존되지 않을 때 감소한 역학적 에너지는 ( )(으)로 전환된다.

---

plus ➕ 개념

꼭 기억해!

- 물체가 올라갈 때: 중력에 대해 한 일 $=$ 운동 에너지 감소량 $=$ 중력 퍼텐셜 에너지 증가량
- 물체가 내려올 때: 중력이 한 일 $=$ 운동 에너지 증가량 $=$ 중력 퍼텐셜 에너지 감소량

④ 중력에 의한 역학적 에너지 보존 그래프

⑤ 역학적 에너지가 감소한 예

- 야구 선수가 슬라이딩하여 정지할 때
- 튀어 오르는 공의 최고 높이가 바닥에 부딪치면서 점점 낮아질 때
- 낙하하는 스카이다이버의 속력이 일정할 때

🔁 다른 탐구

과정 »

오른쪽 그림과 같이 투명 아크릴관과 자를 실험대에 수직으로 고정하고 두 지점 A, B에 속도 측정기를 장치한 후 O에서 쇠구슬을 낙하시켜 A, B에서의 속력을 측정한다.

결과 및 정리 »

- 쇠구슬이 낙하하면서 중력 퍼텐셜 에너지는 운동 에너지로 전환된다.
- 쇠구슬이 낙하할 때 아크릴관 사이의 마찰 등으로 역학적 에너지가 감소한다.

용어 돋보기

- **퍼텐셜 에너지**: 중력, 탄성력, 전기력, 자기력 등이 작용하는 공간에서 물체에 저장되는 에너지이다.
- **기준면**(터 基, 준할 準, 낯 面): 어떤 높이나 깊이를 잴 때 기준으로 삼는 면이다.

1 일과 에너지

01 그림과 같이 마찰이 없는 수평면 위에 정지해 있는 질량이 4 kg인 물체에 수평 방향으로 크기가 10 N인 힘을 작용하여 5 m 이동시켰다.

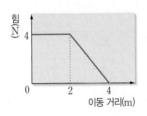

이에 대한 설명으로 옳지 **않은** 것은?

① 물체는 등가속도 직선 운동을 한다.
② 힘이 물체에 한 일의 양은 40 J이다.
③ 중력이 물체에 한 일의 양은 0이다.
④ 물체의 운동 에너지 증가량은 50 J이다.
⑤ 물체가 5 m를 통과하는 순간의 속력은 5 m/s이다.

중요

02 오른쪽 그림은 마찰이 없는 수평면에 정지해 있던 질량 2 kg인 물체에 작용한 힘을 이동 거리에 따라 나타낸 것이다. 이에 대한 설명으로 옳은 것만을 〈보기〉에서 있는 대로 고른 것은?

┤ 보기 ├
ㄱ. 물체가 0~2 m 이동하는 동안 힘이 한 일은 8 J이다.
ㄴ. 물체가 0~4 m 이동하는 동안 운동 에너지 변화량은 12 J이다.
ㄷ. 물체가 4 m를 통과하는 순간 속력은 2 m/s이다.

① ㄱ   ② ㄴ   ③ ㄷ
④ ㄱ, ㄴ   ⑤ ㄴ, ㄷ

03 오른쪽 그림과 같이 지면으로부터 1 m 높이에 있는 책상 위의 물체를 2 m 높이의 선반에 올려놓았다. 물체의 질량은 1 kg이다. (가)지면을 기준면으로 했을 때와 (나) 책상면을 기준면으로 했을 때 물체의 중력 퍼텐셜 에너지 증가량은 몇 J인지 구하시오(단, 중력 가속도는 10 m/s²이다.).

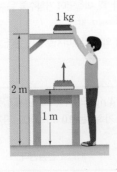

중요

04 그림은 용수철 상수가 k인 용수철을 한쪽 벽에 고정시켜 서서히 당기는 모습을 나타낸 것이고, 표는 용수철을 당기는 힘에 따른 용수철의 늘어난 길이를 나타낸 것이다.

당기는 힘(N)	5.0	10.0	15.0
늘어난 길이(m)	0.05	0.10	(가)

이에 대한 설명으로 옳은 것만을 〈보기〉에서 있는 대로 고른 것은?(단, 용수철은 탄성 한계 내에서 움직인다.)

┤ 보기 ├
ㄱ. (가)는 0.15이다.
ㄴ. 용수철의 탄성 퍼텐셜 에너지는 용수철이 0.1 m 늘어날 때가 0.05 m 늘어날 때의 2배이다.
ㄷ. 용수철을 0.4 m 잡아당기는 동안 용수철을 당기는 힘이 한 일은 8 J이다.

① ㄴ   ② ㄷ   ③ ㄱ, ㄴ
④ ㄱ, ㄷ   ⑤ ㄱ, ㄴ, ㄷ

2 역학적 에너지

05 역학적 에너지에 대한 설명으로 옳은 것만을 〈보기〉에서 있는 대로 고른 것은?

┤ 보기 ├
ㄱ. 물체의 퍼텐셜 에너지와 운동 에너지의 합이다.
ㄴ. 마찰력이 작용해도 물체의 역학적 에너지는 보존된다.
ㄷ. 물체가 낙하할 때 역학적 에너지가 보존되면 물체의 운동 에너지 증가량은 퍼텐셜 에너지 감소량과 같다.

① ㄱ   ② ㄴ   ③ ㄷ
④ ㄱ, ㄷ   ⑤ ㄴ, ㄷ

바른답·알찬풀이 19쪽

06 중요 그림은 지면으로부터 높이가 h인 곳에서 가만히 놓은 물체가 점 P, Q를 지나 운동하는 모습을, 표는 P, Q에서 물체의 운동 에너지와 중력 퍼텐셜 에너지를 각각 나타낸 것이다.

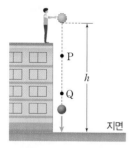

구분	운동 에너지	중력 퍼텐셜 에너지
P	E_0	$2E_0$
Q	$2E_0$	(가)

이에 대한 설명으로 옳은 것만을 〈보기〉에서 있는 대로 고른 것은?(단, 공기 저항은 무시한다.)

┤ 보기 ├
ㄱ. (가)는 $3E_0$이다.
ㄴ. 속력은 Q에서가 P에서의 2배이다.
ㄷ. P와 Q 사이의 높이 차는 $\frac{1}{3}h$이다.

① ㄱ 　　　　② ㄷ 　　　　③ ㄱ, ㄴ
④ ㄱ, ㄷ 　　　⑤ ㄴ, ㄷ

07 그림은 마찰이 없는 수평면에서 질량 **4 kg**인 수레가 **2 m/s**의 일정한 속력으로 운동하다가 벽에 고정된 용수철에 충돌하는 모습을 나타낸 것이다. 용수철의 용수철 상수 k는 **100 N/m**이다.

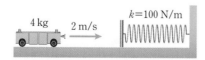

용수철이 최대로 압축되는 길이는?(단, 충돌 과정에서 에너지 손실은 무시한다.)

① 0.1 m 　　② 0.2 m 　　③ 0.3 m
④ 0.4 m 　　⑤ 0.5 m

08 중요 그림은 철수가 장대높이뛰기를 하는 모습을 순서대로 나타낸 것으로, 철수는 점 P, Q, R를 차례로 지나고 Q는 철수가 지나는 경로 중 가장 높은 위치이다.

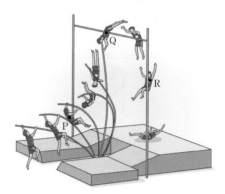

철수가 P에서 Q를 지나 R까지 운동하는 동안, 이에 대한 설명으로 옳은 것만을 〈보기〉에서 있는 대로 고른 것은? (단, 공기 저항은 무시한다.)

┤ 보기 ├
ㄱ. 장대의 탄성 퍼텐셜 에너지는 P에서가 Q에서 보다 크다.
ㄴ. Q에서 R로 운동하는 동안 중력이 철수에게 한 일은 0이다.
ㄷ. Q에서 R로 운동하는 동안 철수의 운동 에너지는 증가한다.

① ㄱ 　　　　② ㄴ 　　　　③ ㄱ, ㄷ
④ ㄴ, ㄷ 　　　⑤ ㄱ, ㄴ, ㄷ

09 서술형 그림은 일정한 높이에서 수평 방향으로 던진 공이 바닥에서 튀어 오르는 모습을 나타낸 것이다.

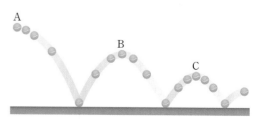

A, B, C점에서 역학적 에너지의 크기를 등호 또는 부등호를 이용하여 비교하고, 공이 튀어 오르는 높이가 점점 낮아지는 까닭을 설명하시오.

A 줄로 연결되어 함께 운동하는 두 물체의 역학적 에너지와 속력

CASE 1 역학적 에너지가 보존되는 경우

그림과 같이 도르래를 통해 줄로 연결되어 정지해 있던 두 물체 A, B를 가만히 놓았더니, 연직 방향으로 1 m 운동하여 속력이 v가 되었다(단, 중력 가속도는 10 m/s^{2}이고, 줄의 질량, 마찰과 공기 저항은 무시한다.).

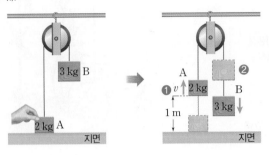

❶ 두 물체 A와 B는 줄로 연결되어 한 물체처럼 움직이므로 A와 B의 속력은 같다.

❷ A와 B는 줄로 연결되어 움직이므로, A가 위로 올라간 거리와 B가 아래로 내려간 거리는 같다.

TIP 공기 저항이나 마찰이 없는 공간에서 물체가 운동할 때 역학적 에너지는 보존된다.

① A와 B의 중력 퍼텐셜 에너지 변화량 구하기

- A의 중력 퍼텐셜 에너지 증가량:
  $\Delta E_{pA} = 2 \text{ kg} \times 10 \text{ m/s}^2 \times 1 \text{ m} = 20 \text{ J}$
- B의 중력 퍼텐셜 에너지 감소량:
  $\Delta E_{pB} = 3 \text{ kg} \times 10 \text{ m/s}^2 \times 1 \text{ m} = 30 \text{ J}$

→ 전체 중력 퍼텐셜 에너지는 10 J 감소한다.

② A와 B의 운동 에너지 변화량 구하기

- A의 운동 에너지 증가량:
  $\Delta E_{kA} = \frac{1}{2} \times 2 \text{ kg} \times v^2 = v^2 (\text{J})$
- B의 운동 에너지 증가량:
  $\Delta E_{kB} = \frac{1}{2} \times 3 \text{ kg} \times v^2 = \frac{3}{2} v^2 (\text{J})$

→ 전체 운동 에너지는 $\frac{5}{2} v^2$ J 증가한다.

③ 역학적 에너지 보존 법칙을 적용하여 A, B의 속력 구하기

A와 B의 중력 퍼텐셜 에너지 변화량의 합＝A와 B의 운동 에너지 변화량의 합
즉, 10 J＝$\frac{5}{2} v^2$ J에서 v＝2 m/s이다.

CASE 2 외부 힘이 작용하는 경우

오른쪽 그림과 같이 전동기가 도르래를 통해 줄로 연결되어 정지해 있는 물체 A와 B를 일정한 힘 30 N으로 당겨 2 m 운동시켰을 때 속력이 v가 되었다(단, 중력 가속도는 10 m/s^{2}이고, 줄의 질량, 마찰과 공기 저항은 무시한다.).

① 전동기가 당기는 힘이 한 일 구하기:
  $W = 30 \text{ N} \times 2 \text{ m} = 60 \text{ J}$

② A, B의 역학적 에너지 증가량 구하기 ❷

- A, B의 운동 에너지 증가량: $\frac{1}{2} \times (3+2) \text{ kg} \times v^2 = \frac{5}{2} v^2$ J
- B의 중력 퍼텐셜 에너지 증가량: $2 \text{ kg} \times 10 \text{ m/s}^2 \times 2 \text{ m} = 40 \text{ J}$

→ A, B의 역학적 에너지 증가량＝$\left(\frac{5}{2} v^2 + 40 \right)$J

③ 역학적 에너지 보존 법칙을 적용하여 A, B의 속력 구하기
전동기가 당기는 힘이 한 일＝A, B의 역학적 에너지 증가량
즉, 60 J＝$\left(\frac{5}{2} v^2 + 40 \right)$J에서 v＝$2\sqrt{2}$ m/s이다.

❶ A, B를 한 물체로 보았을 때 전동기가 물체를 당기는 힘은 외부에서 작용하는 힘이다. 외부에서 작용하는 힘이 한 일은 A, B의 역학적 에너지를 증가시키거나 감소시킨다. 즉, (전동기가 당기는 힘이 한 일)＝(A, B의 역학적 에너지 변화량)이다.

❷ 역학적 에너지 변화량＝(A, B의 운동 에너지 변화량)＋(B의 퍼텐셜 에너지 변화량)이다.

실력을 올리는 실전 문제 찾아가기

- 역학적 에너지가 보존될 때, 두 물체가 실로 연결되어 운동하는 문제_05, 12
- 외부 힘이 작용할 때, 두 물체가 실로 연결되어 운동하는 문제_06

01 그림 (가)와 같이 속력 v로 움직이던 물체에 수평 방향으로 일정한 크기의 힘 F를 거리 d만큼 작용했을 때 물체의 속력은 $2v$가 되었다. 그림 (나)와 같이 속력 $2v$로 움직이던 동일한 물체에 수평 방향으로 동일한 힘 F를 거리 L만큼 작용했을 때 물체의 속력은 $4v$가 되었다.

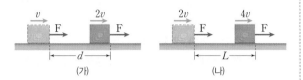

(가) (나)

L은?(단, 모든 마찰은 무시한다.)

① d ② $2d$ ③ $3d$
④ $4d$ ⑤ $5d$

02 그림은 놀이공원에서 무동력차가 동일 연직면에 있는 궤도 상의 점 O, P, Q를 따라 운동하는 모습을 나타낸 것이다.

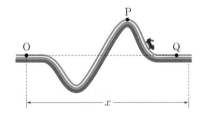

O로부터의 수평 위치 x에 따른 무동력차의 운동 에너지 E_k를 나타낸 그래프로 가장 적절한 것은?(단, 무동력차의 크기, 마찰과 공기 저항은 무시한다.)

①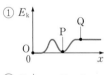
②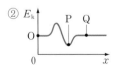
③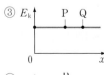
④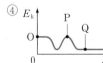
⑤

03 오른쪽 그림은 물체 A, B를 각각 지면으로부터 h, $2h$인 지점에서 가만히 놓았을 때 물체가 낙하하는 모습을 나타낸 것이다. 이에 대한 설명으로 옳은 것만을 〈보기〉에서 있는 대로 고른 것은?(단, 물체의 크기와 공기 저항은 무시한다.)

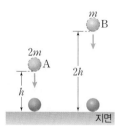

┤ 보기 ├
ㄱ. 물체에 작용하는 중력의 크기는 A와 B가 같다.
ㄴ. 중력 퍼텐셜 에너지 감소량은 A와 B가 같다.
ㄷ. 지면에 도달하는 순간 물체의 속력은 A와 B가 같다.

① ㄱ   ② ㄴ   ③ ㄱ, ㄴ
④ ㄱ, ㄷ   ⑤ ㄴ, ㄷ

04 그림 (가)는 물체를 지면으로부터 연직 위 방향으로 일정한 크기의 힘 F를 작용하여 들어 올리는 모습을, (나)의 P, Q는 물체를 들어 올린 순간부터 물체의 운동 에너지와 중력 퍼텐셜 에너지를 구분 없이 높이에 따라 나타낸 것이다.

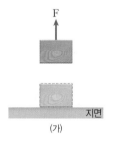

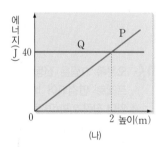

(가) (나)

이에 대한 설명으로 옳은 것만을 〈보기〉에서 있는 대로 고른 것은?(단, 중력 가속도는 10 m/s^2이고, 공기 저항은 무시한다.)

┤ 보기 ├
ㄱ. P는 중력 퍼텐셜 에너지를, Q는 운동 에너지를 나타낸다.
ㄴ. 물체의 질량은 2 kg이다.
ㄷ. 물체를 들어 올린 후 1초일 때 물체의 역학적 에너지는 $40 + 40\sqrt{10}$ J이다.

① ㄴ   ② ㄷ   ③ ㄱ, ㄴ
④ ㄱ, ㄷ   ⑤ ㄱ, ㄴ, ㄷ

05 그림은 물체 B와 실로 연결되어 정지해 있던 물체 A가 지면으로부터 높이 h인 지점에서 등가속도 운동 하여 지면에 도달하는 순간 속력이 v가 된 것을 나타낸 것이다. A, B의 질량은 같고, A가 높이 h에서 지면에 도달할 때까지 B의 중력 퍼텐셜 에너지 증가량은 A가 지면에 도달하는 순간 B의 운동 에너지의 2배이다.

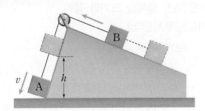

A가 높이 h에서 지면에 도달할 때까지 A의 중력 퍼텐셜 에너지 감소량 ΔE_{pA}와 B의 중력 퍼텐셜 에너지 증가량 ΔE_{pB}의 비 $\Delta E_{pA} : \Delta E_{pB}$는?(단, 물체의 크기, 도르래와 실의 질량, 마찰과 공기 저항은 무시한다.)

① 1 : 2
② 1 : 3
③ 2 : 1
④ 2 : 3
⑤ 3 : 2

06 오른쪽 그림은 전동기가 실과 도르래로 연결되어 바닥에 정지해 있던 질량 2 kg인 물체에 50 N의 힘을 일정하게 작용하여 연직 방향으로 2 m 들어 올린 것을 나타낸 것이다. 물체가 2 m 이동하는 동안, 이에 대한 설명으로 옳은 것만을 〈보기〉에서 있는 대로 고른 것은?(단, 중력 가속도는 10 m/s^2이고, 실과 도르래의 질량, 마찰과 공기 저항은 무시한다.)

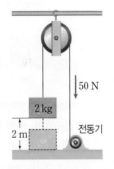

┤ 보기 ├
ㄱ. 전동기가 한 일의 양은 60 J이다.
ㄴ. 중력에 대해 한 일의 양은 40 J이다.
ㄷ. 물체의 운동 에너지 증가량은 60 J이다.

① ㄱ
② ㄴ
③ ㄷ
④ ㄱ, ㄷ
⑤ ㄴ, ㄷ

07 오른쪽 그림과 같이 질량 m인 물체를 용수철 상수가 k인 용수철로부터 높이가 h인 점 O에서 가만히 놓아 떨어뜨렸다. 물체가 용수철 위에 떨어진 후 점 P에서 용수철은 최대로 압축되었고, 압축된 길이는 d이었다. 이에 대한 설명으로 옳은 것만을 〈보기〉에서 있는 대로 고른 것은?(단, 중력 가속도는 g이고, 물체의 크기, 마찰, 공기 저항과 충돌 과정에서 에너지 손실은 무시한다.)

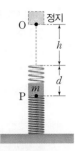

┤ 보기 ├
ㄱ. O에서 h만큼 낙하하는 동안 물체의 운동 에너지는 증가한다.
ㄴ. P에서 용수철의 탄성 퍼텐셜 에너지는 $mg(h+d)$이다.
ㄷ. O에서 P까지 운동하는 동안 물체의 최대 속력은 $\sqrt{2gh}$이다.

① ㄱ
② ㄷ
③ ㄱ, ㄴ
④ ㄱ, ㄷ
⑤ ㄴ, ㄷ

08 그림과 같이 아래쪽 수평면에서 용수철 A에 물체를 접촉시켜 x만큼 압축시켰다가 가만히 놓았더니, 물체가 경사면을 따라 올라가 위쪽 수평면에서 용수철 B를 최대 $2x$만큼 압축시켰다. A, B의 용수철 상수는 각각 $8k$, k이다.

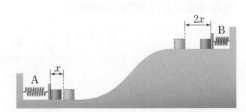

A에 동일한 물체를 접촉시켜 $2x$만큼 압축시켰다가 가만히 놓았을 때, B가 최대로 압축되는 길이는?(단, 물체의 크기와 공기 저항, 마찰은 무시한다.)

① $2\sqrt{2}x$
② $3x$
③ $2\sqrt{5}x$
④ $2\sqrt{7}x$
⑤ $4x$

09 다음은 역학적 에너지에 대한 실험이다.

[실험 과정]
(가) 아크릴 관의 입구 O에서 A까지 거리와 O에서 B까지 거리, 쇠구슬의 질량을 측정한다.
(나) O에서 쇠구슬을 가만히 놓은 후 A, B에서의 속력을 측정한다.

[실험 결과]
• $\overline{OA}$: 50 cm • $\overline{OB}$: 100 cm • 쇠구슬 질량: 50 g
• A, B에서의 속력 • A, B에서의 에너지

위치	속력(m/s)
A	3.07
B	4.37

위치	중력 퍼텐셜 에너지(J)	운동 에너지(J)
O	0.50	0
A	(가)	0.24
B	0	0.48

이에 대한 설명으로 옳은 것만을 〈보기〉에서 있는 대로 고른 것은?

보기
ㄱ. (가)는 0.25이다.
ㄴ. 쇠구슬이 O에서 A까지 낙하하는 동안 역학적 에너지는 0.02 J 감소하였다.
ㄷ. 쇠구슬의 역학적 에너지의 일부는 마찰에 의한 열에너지로 전환되었다.

① ㄱ ② ㄷ ③ ㄱ, ㄴ ④ ㄱ, ㄷ ⑤ ㄴ, ㄷ

10 그림과 같이 수평면으로부터 높이 h_1인 A점에서 물체를 가만히 놓았더니 물체는 일정한 크기의 마찰력이 작용하는 BC구간을 지나 수평면으로부터 높이 h_2인 D 점까지 올라갔다가 다시 내려와 B점에서 정지하였다.

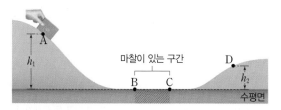

$h_1 : h_2$는?(단, 물체의 크기, 공기 저항, BC 구간을 제외한 모든 구간에서의 마찰은 무시한다.)

① 3 : 2 ② 5 : 3 ③ 2 : 1 ④ 5 : 2 ⑤ 3 : 1

11 그림 (가), (나)는 마찰이 없는 수평면에 정지해 있는 물체 A, B에 작용하는 힘을 시간에 따라 나타낸 것이다. A, B의 질량은 각각 1 kg, 2 kg이다.

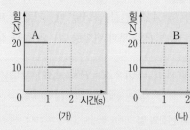

이에 대한 설명으로 옳은 것만을 〈보기〉에서 있는 대로 고른 것은?

보기
ㄱ. 0~2초까지 물체에 작용한 충격량의 크기는 A와 B가 같다.
ㄴ. 힘이 A에 한 일은 0~1초까지가 1~2초까지의 2배이다.
ㄷ. 2초일 때 물체의 운동 에너지는 A가 B의 4배이다.

① ㄱ ② ㄷ ③ ㄱ, ㄴ ④ ㄱ, ㄷ ⑤ ㄴ, ㄷ

➜ 수능기출

12 그림 (가)와 같이 정지해 있던 물체 A, B, C가 실로 연결된 채 등가속도 운동을 하다가 2초일 때 A와 B를 연결하고 있던 실이 끊어진 후 A, B, C가 등가속도 운동을 하고 있는 것을, (나)는 시간에 따른 B의 속력을 나타낸 것이다. 질량은 A가 C보다 크고, B의 질량은 m이다.

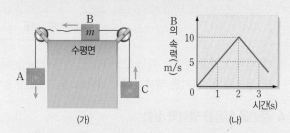

이에 대한 설명으로 옳은 것만을 〈보기〉에서 있는 대로 고른 것은?(단, 중력 가속도는 10 m/s²이고, 모든 마찰과 공기 저항은 무시한다.)

보기
ㄱ. C의 운동 방향은 1초일 때와 3초일 때가 서로 반대이다.
ㄴ. 질량은 A가 C의 4배이다.
ㄷ. C의 역학적 에너지는 3초일 때가 2초일 때보다 크다.

① ㄱ ② ㄷ ③ ㄷ ④ ㄱ, ㄴ ⑤ ㄴ, ㄷ

06 열역학 법칙

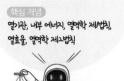
- 열역학 제1법칙을 열, 내부 에너지, 일의 관계로 설명하기
- 열기관의 열효율을 알고, 열효율을 열역학 제2법칙으로 설명하기

핵심 개념
열기관, 내부 에너지, 열역학 제1법칙, 열효율, 열역학 제2법칙

1 열역학 제1법칙과 열역학 과정　자료 분석 특강 58쪽 A, B

1 기체가 한 일(W)　기체가 일정한 압력 P를 유지하면서 부피가 $\varDelta V(=A\varDelta l)$만큼 늘어날 때, 기체가 피스톤에 한 일 W는 압력 P와 부피 변화량 $\varDelta V$의 곱과 같다.[1]

압력 P　A　$\varDelta V$　$\varDelta l$

$$W=F\times\varDelta l=PA\times\varDelta l=P\times(A\varDelta l)=P\varDelta V[2]$$

(증가한 부피)=(단면적)×(움직인 거리)

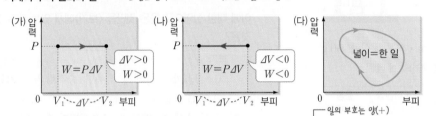

기체의 부피 변화와 일　기체가 한 일은 압력-부피 그래프 아랫부분의 넓이와 같다.

(가) 압력
$W=P\varDelta V$　$\varDelta V>0$　$W>0$
0　V_1 $\varDelta V$ V_2　부피

(나) 압력
$W=P\varDelta V$　$\varDelta V<0$　$W<0$
0　V_1 $\varDelta V$ V_2　부피

(다) 압력
넓이=한 일
0　부피

- (가) 기체의 부피가 $V_1 \rightarrow V_2$로 팽창할 때 기체는 외부에 일을 한다. → $W=P(V_2-V_1)$
- (나) 기체의 부피가 $V_2 \rightarrow V_1$로 압축할 때 기체는 외부로부터 일을 받는다. → $W=P(V_1-V_2)$
　일의 부호는 음(−)
- (다) 한 순환 과정에서 기체가 한 일은 압력-부피 그래프에서 그래프로 둘러싸인 넓이와 같다.

2 기체의 내부 에너지　기체의 온도 변화는 내부 에너지의 변화를 의미한다.

① 기체의 내부 에너지: 기체 분자들의 운동 에너지와 퍼텐셜 에너지의 총합으로, 분자 수가 많을수록, 절대 온도가 높을수록 크다.[3]　기체 분자의 크기와 분자들 사이에 작용하는 힘을 무시할 수 있다.

② 이상 기체: 분자들 사이의 상호 작용이 없는 기체로, 퍼텐셜 에너지는 0이다. 즉, 이상 기체의 내부 에너지는 분자들의 운동 에너지의 총합과 같다.

3 열역학 제1법칙　기체가 흡수한 열 Q는 기체의 내부 에너지 변화량 $\varDelta U$와 기체가 외부에 한 일 W의 합과 같다.

$$Q=\varDelta U+W$$

① 기체가 열을 얻었을 때는 $Q>0$이며, 기체가 열을 잃었을 때는 $Q<0$이다.
② 열역학 제1법칙은 열에너지와 역학적 에너지를 포함한 에너지 보존 법칙이다.

4 풍선을 이용한 열역학 실험　탐구 활동

과정 》
오른쪽 그림 (가)와 같이 뜨거운 물이 담긴 비커에 공기를 불어 넣은 풍선을 넣는다. 시간이 지난 후 그림 (나)와 같이 (가)의 풍선을 다른 비커에 넣고, 얼음물을 부어 풍선의 변화를 관찰한다.

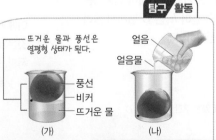

뜨거운 물과 풍선은 열평형 상태가 된다.
얼음
얼음물
풍선
비커
뜨거운 물
(가)　(나)

결과 및 정리 》
1. (가)에서 뜨거운 물이 담긴 비커에 풍선을 넣으면 풍선 속 기체는 열을 흡수하여 온도가 올라가 내부 에너지가 증가하고, 부피가 팽창하면서 외부에 일을 한다.　기체 분자의 운동이 활발해진다.
2. (나)에서 비커에 얼음물을 부으면 풍선 속 기체가 열을 방출하여 온도가 내려가 내부 에너지가 감소하고, 부피가 수축하면서 외부로부터 일을 받는다.　기체 분자의 운동이 느려진다.

---

plus 개념　6

❶ 열기관에서 기체가 하는 일

고열원　열　피스톤　바퀴
일
저열원

열기관에서 원통(실린더) 내부의 뜨거운 기체가 팽창할 때 기체가 피스톤을 밀어내는 일을 하고, 밀려난 피스톤은 연결된 바퀴를 회전시키는 일을 한다. → 열을 이용하여 동력을 얻는다.

❷ 기체가 피스톤에 작용하는 힘

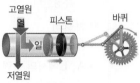
압력 P인 기체가 면적 A인 피스톤의 한 면에 작용하는 힘 F는 다음과 같다.

힘=압력×면적
$$F=PA$$

❸ 온도에 따른 기체 분자의 운동
기체 분자들의 운동 에너지의 평균값은 절대 온도에 비례한다.

기체 분자

▲ 낮은 온도 →　▲ 높은 온도 →
분자 운동 둔함.　분자 운동 활발함.

✱ 열평형 상태

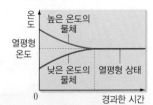
온도
높은 온도의 물체
열평형 온도
낮은 온도의 물체　열평형 상태
0　경과한 시간

온도가 다른 두 물체가 접촉해 있을 때 온도가 높은 물체에서 온도가 낮은 물체로 열이 이동하여 두 물체의 온도가 같아진 상태를 열평형 상태라고 한다.

5 스털링 엔진

① 열에너지를 역학적인 일로 바꾸는 열기관 중 하나로, 연료를 태우지 않고 고열원과 저열원의 온도 차이만 있으면 작동한다. ④
② 부피가 일정한 가열 · 냉각 과정과 온도가 일정한 팽창 · 압축 과정을 거치면서 외부에 일을 한다.

6 열역학 과정 ⑤

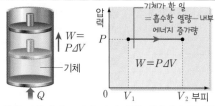

등압 과정(압력이 일정한 과정)	등적 과정(부피가 일정한 과정)
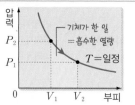	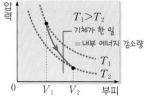

열을 가하면 온도가 높아져 내부 에너지가 증가하고, 부피가 커져 기체는 외부에 일을 한다.

$$Q = \Delta U + W = \Delta U + P\Delta V$$

기체가 팽창할 때	기체가 압축될 때
기체가 흡수한 열은 기체의 내부 에너지 증가량과 외부에 한 일의 합이다.	기체가 방출한 열은 기체의 내부 에너지 감소량과 외부로부터 받은 일의 합이다.

열을 가하면 온도가 높아져 내부 에너지는 증가하고, 부피 변화가 없어 기체가 한 일은 0이다.

$$Q = \Delta U \ (\because \ \Delta V = 0 \rightarrow W = 0)$$

압력이 증가할 때	압력이 감소할 때
기체가 흡수한 열만큼 기체의 내부 에너지가 증가하여 온도가 올라간다.	기체가 방출한 열만큼 기체의 내부 에너지가 감소하여 온도가 내려간다.

등온 과정(온도가 일정한 과정)	단열 과정(열의 출입이 없는 과정)

열을 가하면 부피가 커져 기체는 일을 하고, 온도가 일정하므로 내부 에너지 변화량은 0이다.

$$Q = W \ (\because \ \Delta T = 0, \ \Delta U = 0)$$

기체가 팽창할 때	기체가 압축될 때
기체가 흡수한 열은 기체가 외부에 한 일과 같다.	기체가 방출한 열은 기체가 외부로부터 받은 일과 같다.

외부와의 열의 출입이 없으므로, 기체가 흡수하는 열은 0이다.

$$W = -\Delta U \ (\because \ Q = 0)$$

기체가 팽창할 때	기체가 압축될 때
기체는 외부에 일을 하고, 기체가 한 일만큼 내부 에너지는 감소하여 온도가 내려간다.	기체는 외부로부터 일을 받고, 기체가 받은 일만큼 내부 에너지가 증가하여 온도가 올라간다.

plus 개념

④ 열기관
열역학 과정을 이용하여 일을 하는 장치로, 열에너지를 일로 전환한다.
• 내연 기관: 기관의 내부에서 연료를 연소시켜 일을 하는 기관
  예 가솔린 기관, 디젤 기관
• 외연 기관: 기관의 외부로부터 열에너지를 얻어 일을 하는 기관
  예 증기 기관, 스털링 엔진

궁금하지?

Q. 동일한 열을 가할 때 등압 과정과 등적 과정 중 어느 경우에 기체의 온도가 더 많이 올라갈까?
A. 기체가 흡수한 열은 등압 과정에서는 내부 에너지 증가량과 기체가 외부에 한 일의 합과 같고, 등적 과정에서는 내부 에너지 증가량과 같다. 따라서 등압 과정보다 등적 과정에서 내부 에너지 증가가 더 크고, 기체의 온도가 더 많이 올라간다.

⑤ 기관에 열을 가할 때의 열역학 과정

구분	Q	ΔU	W
등압 팽창	(+)	(+)	(+)
등적 팽창	(+)	(+)	0
등온 팽창	(+)	0	(+)
단열 팽창	0	(−)	(+)

용어 돋보기
• 이상 기체(이치 理, 생각할 想, 공기 氣, 몸 體): 분자의 크기와 분자 사이에 작용하는 힘을 무시할 수 있는 가상의 기체이다.
• 단열(끊을 斷, 더울 熱): 열의 출입이 차단된 것을 말한다.

확인 문제 ①

1 기체가 일정한 압력을 유지하며 팽창할 때, 기체가 외부에 한 일은 기체의 압력과 기체의 (   )의 곱과 같다.

2 이상 기체의 내부 에너지는 기체 분자의 (   )의 총합과 같고, (   )에 비례한다.

3 기체에 열을 공급할 때, (   ) 증가량은 흡수한 열에서 외부에 한 일을 뺀 값과 같다.

4 이상 기체가 온도는 일정하게 유지되면서 부피가 증가했을 때 내부 에너지 변화량은 (0보다 작고, 0이고, 0보다 크고), 외부에 한 일은 (0보다 작다, 0이다, 0보다 크다).

06 열역학 법칙

2 열역학 제2법칙 자료 분석 특강 59쪽 C, D

1 가역 과정과 비가역 과정

가역 과정	비가역 과정
외부에 아무런 변화를 남기지 않고 스스로 원래 상태로 되돌아갈 수 있는 과정	외부에 변화를 남기지 않고는 원래 상태로 되돌아가지 못하는 과정

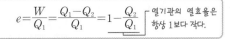

공기 저항이 없으면 진자는 원래 상태로 되돌아간다.

실제 진자는 공기 저항 때문에 원래 상태로 되돌아가지 않고 멈춘다.

역학적 에너지가 감소한다.

2 열효율(e) 열기관에 공급된 열에너지(Q_1) 중 일(W)로 전환되는 비율 ⑥

$$e = \frac{W}{Q_1} = \frac{Q_1 - Q_2}{Q_1} = 1 - \frac{Q_2}{Q_1}$$

열기관의 열효율은 항상 1보다 작다.

① 열기관에 공급된 Q_1에 비해 Q_2의 값이 작을수록 열효율이 높다.
② 열기관이 일을 하는 동안 방출되는 열이 항상 존재하기 때문에 Q_2는 0이 될 수 없다. ⑦

고열원 — 연소된 고온의 기체
열(Q_1)
열기관
일(W) — 피스톤을 움직일 때 하는 일
열(Q_2)
저열원 — 주변의 온도가 낮은 부분

3 열역학 제2법칙

① 열효율이 100 %인 열기관은 존재하지 않는다. ⑧ 일은 모두 열로 전환될 수 있지만, 열은 모두 일로 전환되지 않는다.
② 모든 자연 현상은 무질서한 정도가 증가하는 방향으로 일어난다. ⑨ 무질서도
③ 두 물체가 접촉되어 있을 때 열은 스스로 고온의 물체에서 저온의 물체로 이동하지만, 반대로는 저절로 이동하지 않는다.

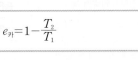

카르노 기관 개념 심화 두 번의 등온 과정과 두 번의 단열 과정을 거친다.

• 가역 과정으로 이루어진 이상적인 열기관이다.
• 열효율은 고열원(T_1)과 저열원(T_2)의 절대 온도 차이에 의해서 결정되며, 같은 온도에서 작동하는 실제 열기관보다 열효율이 높다.

$$e_{카} = 1 - \frac{T_2}{T_1}$$

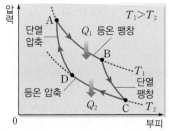

압력
$T_1 > T_2$
A 단열 압축
Q_1 등온 팽창
B
T_1
D 단열 팽창
등온 압축
Q_2 C T_2
0 부피

• 카르노 기관에서 열효율이 100 %가 되려면 T_1이 무한대가 되거나 T_2가 0이 되어야 하므로, 열효율이 100 %인 열기관은 만들 수 없다.

확인 문제 ②

5 어떤 열기관이 한 번의 순환 과정 동안 고열원에서 1000 J의 열을 공급받아 일을 한 뒤 저열원으로 700 J의 열을 방출할 때, 이 열기관의 열효율을 구하시오.

6 열역학 제2법칙에 따라 모든 자연적인 변화는 무질서한 정도가 (　　　　)하는 방향으로 일어난다.

7 열역학 제2법칙에 따르면 열효율이 (　　　　)인 열기관은 존재하지 않는다.

---

plus 개념

⑥ 실제 기관의 열효율
• 실제 열기관들은 비가역 과정으로 이루어졌으며, 카르노 기관보다 열효율이 낮다.
• 가솔린 기관의 열효율은 20 ~ 30 %, 디젤 기관의 열효율은 25 ~ 35 %이다.
└ 실생활에서는 열효율에 100을 곱하여 퍼센트(%)로 나타낸다.

⑦ 열효율의 한계
고열원의 온도는 열기관이 버틸 수 있는 온도 이상으로 높일 수 없고, 저열원의 온도는 주변의 환경과 비슷해야 하기 때문에 더 낮추기 어렵다. 따라서 열기관의 효율을 높이는 데는 한계가 있다.

⑧ 이상적인 열기관

고열원 T_1
Q_1
$Q_1 = W$
열기관
W
$Q_2 = 0$
저열원 T_2

이 열기관은 열역학 제1법칙에는 위배되지 않지만, 열역학 제2법칙에 위배되어 존재할 수 없다.

⑨ 물속에 떨어뜨린 잉크 방울
물속에 떨어뜨린 잉크 방울은 시간이 지나면 물속에 골고루 퍼지지만, 골고루 퍼져 있던 잉크 방울이 한곳에 다시 모일 수는 없다. 즉, 자연적인 변화는 무질서한 정도가 증가하는 방향으로만 일어난다.

물
가능
불가능
잉크

용어 돋보기

• 비가역(아닐 非, 옳을 可, 거스릴 逆): 변화를 일으킨 물질이 본디의 상태로 돌아갈 수 없는 일을 의미한다.
• 효율(본받을 效, 비율 率): 기계의 일한 양과 공급된 에너지의 비를 의미한다.

1 열역학 제1법칙과 열역학 과정

01 그림과 같이 기체가 단면적이 0.1 m^2인 실린더의 한쪽 면에 100 N/m^2의 일정한 압력을 가하였더니 부피가 팽창하여 피스톤이 0.2 m 밀려났다.

부피가 팽창하는 동안, 기체가 한 일은 몇 J인지 구하시오.

(P 중요)

02 오른쪽 그림은 일정량의 이상 기체의 상태가 $A \rightarrow B \rightarrow C \rightarrow D \rightarrow A$ 과정을 따라 변할 때, 압력과 부피의 관계를 나타낸 것이다. 기체가 외부에 일을 하는 과정만을 있는 대로 고른 것은?

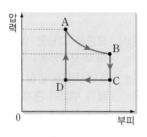

① $A \rightarrow B$
② $B \rightarrow C$
③ $C \rightarrow D$
④ $A \rightarrow B, C \rightarrow D$
⑤ $B \rightarrow C, D \rightarrow A$

03 일정량의 이상 기체의 내부 에너지에 대한 설명으로 옳은 것만을 〈보기〉에서 있는 대로 고른 것은?

┤ 보기 ├
ㄱ. 기체 분자들의 운동 에너지의 총합이다.
ㄴ. 기체의 온도가 높아지면 내부 에너지가 증가한다.
ㄷ. 기체의 온도가 같을 때, 분자 수가 많아지면 내부 에너지는 증가한다.

① ㄱ
② ㄷ
③ ㄱ, ㄴ
④ ㄴ, ㄷ
⑤ ㄱ, ㄴ, ㄷ

(✐ 서술형)

04 그림은 동일한 크기와 재질의 용기 속에 들어 있는 이상 기체 A, B의 기체 분자들과 기체 분자들이 가지는 운동 에너지를 나타낸 것이다.

각 용기에 담긴 A, B의 내부 에너지와 한 분자의 평균 운동 에너지를 비교하고, 온도는 A, B 중 어느 기체가 높은지 설명하시오.

05 그림 (가)는 실린더에 압력 P, 부피 V인 일정량의 이상 기체가 들어 있는 모습을, (나)는 (가)의 기체를 가열하였더니 기체가 팽창하여 피스톤이 서서히 위로 밀려 올라가 멈춘 모습을 나타낸 것이다.

기체의 물리량 중 (나)에서가 (가)에서보다 큰 것만을 〈보기〉에서 있는 대로 고른 것은?

┤ 보기 ├
ㄱ. 피스톤에 작용하는 평균 힘의 크기
ㄴ. 내부 에너지
ㄷ. 평균 운동 에너지

① ㄱ
② ㄷ
③ ㄱ, ㄴ
④ ㄱ, ㄷ
⑤ ㄴ, ㄷ

06 다음은 음료수 병을 딸 때 나타나는 현상에 대한 설명이다.

> 음료수 병의 뚜껑을 열면 병 속에 있던 기체의 부피가 갑자기 (㉠)하여 외부에 일을 하고, 기체가  한 일만큼 내부 에너지가 감소하여 기체의 온도는 급격히 (㉡)하므로, 뚜껑 주변의 수증기가 응결하여 김이 생긴다.

( ) 안에 들어갈 알맞은 말을 옳게 짝 지은 것은?

	㉠	㉡		㉠	㉡
①	압축	감소	②	팽창	감소
③	압축	증가	④	팽창	증가
⑤	압축	일정			

07 ❓중요

그림 (가)는 핀으로 고정된 단열된 피스톤에 의해 두 부분으로 나뉜 단열된 실린더에 같은 양의 이상 기체 A, B가 각각 들어가 있는 것을, (나)는 (가)에서 핀을 제거하였더니 피스톤이 오른쪽으로 천천히 이동하여 정지한 모습을 나타낸 것이다.

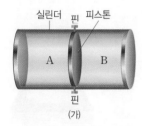 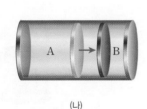

이에 대한 설명으로 옳은 것만을 〈보기〉에서 있는 대로 고른 것은?(단, 실린더와 피스톤 사이의 마찰은 무시한다.)

> ┤ 보기 ├
> ㄱ. (가)에서 (나)로 진행되는 동안 A는 외부에 일을 한다.
> ㄴ. A의 온도는 (가)에서가 (나)에서보다 높다.
> ㄷ. B의 내부 에너지는 (가)에서가 (나)에서보다 크다.

① ㄱ ② ㄷ ③ ㄱ, ㄴ
④ ㄱ, ㄷ ⑤ ㄴ, ㄷ

08 오른쪽 그림 (가)는 빵 봉지를 냉장고에서 꺼낸 직후의 모습을 나타낸 것이고, (나)는 시간이 지난 후 (가)의 봉지가 부풀어 오른 모습을 나타낸 것이다. 봉지 속 기체의 압력과 기체 분자의 수는 일정했다. 봉지가 부풀어 오르는 동안 봉지 속 기체에 대한 설명으로 옳은 것만을 〈보기〉에서 있는 대로 고른 것은?

> ┤ 보기 ├
> ㄱ. 열을 방출한다.
> ㄴ. 외부에 일을 한다.
> ㄷ. 내부 에너지가 증가한다.

① ㄱ ② ㄷ ③ ㄱ, ㄴ
④ ㄴ, ㄷ ⑤ ㄱ, ㄴ, ㄷ

09 ❓중요

오른쪽 그림은 일정량의 이상 기체의 상태가 A에서 B로 변할 때 압력과 부피의 관계를 나타낸 것이다. 이에 대한 설명으로 옳은 것만을 〈보기〉에서 있는 대로 고른 것은?

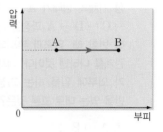

> ┤ 보기 ├
> ㄱ. 온도는 A에서가 B에서보다 낮다.
> ㄴ. A에서 B로 변할 때 기체는 외부에 일을 한다.
> ㄷ. A에서 B로 변할 때 기체는 열을 방출한다.

① ㄱ ② ㄴ ③ ㄱ, ㄴ
④ ㄱ, ㄷ ⑤ ㄴ, ㄷ

2 열역학 제2법칙

10 어떤 이상적인 열기관의 열효율이 0.25이다. 이 열기관이 고열원에서 공급받은 열이 8000 J이라면, 열기관이 일을 한 후 저열원으로 방출하는 열은?

① 2000 J ② 3000 J ③ 4000 J
④ 5000 J ⑤ 6000 J

11 오른쪽 그림은 온도가 T_1인 열원에서 **6 kJ**의 열을 흡수하여 W의 일을 하고 온도가 T_2인 열원으로 **3 kJ**의 열을 방출하는 열기관을 모식적으로 나타낸 것이다. 이에 대한 설명으로 옳은 것만을 〈보기〉에서 있는 대로 고른 것은?

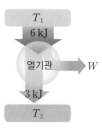

┤ 보기 ├

ㄱ. $T_1 > T_2$이다.
ㄴ. $W = 3$ kJ이다.
ㄷ. 열기관의 열효율은 0.6이다.

① ㄱ   ② ㄷ   ③ ㄱ, ㄴ
④ ㄱ, ㄷ   ⑤ ㄴ, ㄷ

12 그림 (가)~(다)는 열기관의 에너지 흐름을 나타낸 것이다. 열기관은 Q_1의 열을 흡수하여 W의 일을 하고, Q_2의 열을 방출하는 구조이다.

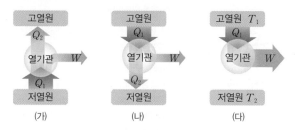

(가)~(다) 중 열역학 제2법칙에 위배되는 열기관만을 있는 대로 고르고, 그 까닭을 설명하시오.

13 열역학 제2법칙을 표현하는 내용으로 옳지 <u>않은</u> 것은?

① 열은 항상 고온에서 저온으로 이동한다.
② 열효율이 100 %인 열기관은 만들 수 없다.
③ 대부분의 자연 현상은 비가역적으로 일어난다.
④ 역학적 에너지는 모두 열에너지로 전환될 수 있으며, 그 반대 과정도 가능하다.
⑤ 고립계에서 자발적으로 일어나는 자연 현상은 확률이 높은 방향으로 진행한다.

14 그림은 뜨거운 커피가 식어 가는 것을 보면서 학생 A, B, C가 대화하는 모습을 나타낸 것이다.

제시한 내용이 옳은 학생만을 있는 대로 고른 것은?

① B   ② C   ③ A, B
④ A, C   ⑤ A, B, C

15 그림은 분자 수와 부피가 같고, 온도가 각각 T_1, T_2인 이상 기체가 든 상자 A, B를 접촉시켰을 때 열이 A에서 B로 이동하는 모습을 나타낸 것이다.

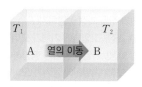

이에 대한 설명으로 옳은 것만을 〈보기〉에서 있는 대로 고른 것은?(단, 외부로 손실되는 열은 없다.)

┤ 보기 ├

ㄱ. $T_1 < T_2$이다.
ㄴ. A와 B의 온도가 같아질 때까지 A의 내부 에너지는 증가한다.
ㄷ. A와 B의 온도가 같아질 때까지 B의 무질서도는 증가한다.

① ㄴ   ② ㄷ   ③ ㄱ, ㄴ
④ ㄱ, ㄷ   ⑤ ㄱ, ㄴ, ㄷ

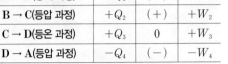

실력을 올리는 실전 문제와 함께 보면 더 좋아요!

A 이상 기체의 순환 과정

오른쪽 그림은 일정량의 이상 기체의 상태가 A → B → C → D → A를 따라 변할 때, 압력과 부피의 관계를 나타낸 것이다(단, C → D는 등온 과정이다.).

① 이상 기체의 열역학 과정 분석하기

열역학 과정	Q	ΔU	W
A → B(등적 과정)	$+Q_1$	$(+)$	0
B → C(등압 과정)	$+Q_2$	$(+)$	$+W_2$
C → D(등온 과정)	$+Q_3$	0	$+W_3$
D → A(등압 과정)	$-Q_4$	$(-)$	$-W_4$

• 기체가 한 번 순환하는 동안 흡수한 열량: $Q=Q_1+Q_2+Q_3-Q_4$
• 기체가 한 번 순환하는 동안 외부에 한 일: $W=W_2+W_3-W_4$

② 열역학 제1법칙 적용하기
• 기체가 순환하여 처음의 상태로 되돌아오므로 $\Delta T=0$이 되어 내부 에너지 변화량 $\Delta U=0$이다.
• 기체가 한 번 순환하는 동안 기체가 외부에 한 일은 그래프로 둘러싸인 부분의 넓이와 같다.
• 기체가 한 번 순환하는 동안 계가 흡수한 열량은 계가 외부에 한 일과 같다. 즉, $Q=\Delta U+W$에서 $\Delta U=0$이므로 $Q=W$이다.

❶ A → B 과정에서 기체가 흡수한 열은 기체의 내부 에너지 증가량과 같다.

❷ B → C 과정에서 기체가 흡수한 열은 기체의 내부 에너지 증가량과 기체가 외부에 한 일의 합과 같다.

❸ C → D 과정에서 기체가 흡수한 열은 기체가 외부에 한 일과 같다.

❹ D → A 과정에서 기체가 방출한 열은 기체의 내부 에너지 감소량과 기체가 외부로부터 받은 일의 합과 같다.

실력을 올리는 실전 문제 **찾아가기**
• 이상 기체의 상태 변화 그래프를 열역학 제1법칙으로 해석하는 문제_04, 10, 16

B 스털링 엔진의 순환 과정

스털링 엔진은 공기가 들어 있는 밀폐된 실린더의 피스톤이 바퀴와 연결되어 있다.

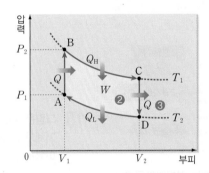

① 스털링 엔진의 작동 과정 설명하기($T_1>T_2$)
• A → B(가열 과정): 고열원에 기체가 모이면서 기체가 가열된다.
• B → C(팽창 과정): 가열된 공기가 팽창하여 피스톤을 밀어낸다.
• C → D(냉각 과정): 저열원에 공기가 모이면서 기체가 냉각된다.
• D → A(수축 과정): 냉각된 공기가 수축하면서 피스톤이 내려온다.

② 스털링 엔진의 열역학 과정 분석하기

열역학 과정	Q	부피 변화	W	온도 변화	ΔU
A → B (등적 과정)	흡수(Q)	0	0	증가 ($T_2 \to T_1$)	증가 ($Q=\Delta U$)
B → C (등온 팽창)	흡수(Q_H)	증가 ($V_1 \to V_2$)	외부에 일을 한다.	T_1로 일정	0
C → D (등적 과정)	방출(Q)	0	0	감소 ($T_1 \to T_2$)	감소 ($Q=\Delta U$)
D → A (등온 압축)	방출(Q_L)	감소 ($V_2 \to V_1$)	외부로부터 일을 받는다.	T_2로 일정	0

❶ 증기 기관은 물이 수증기가 되는 과정에서 팽창하는 힘을 이용하고, 스털링 기관은 공기가 팽창하는 힘을 이용한다.

❷ 한 번 순환하는 동안 그래프의 색칠한 부분의 넓이는 열기관이 한 일이다.

❸ A → B 과정에서 온도는 T_2에서 T_1로, C → D 과정에서 온도는 T_1에서 T_2로 변화하므로 두 과정에서 내부 에너지의 변화량은 같다. A → B 과정과 C → D 과정은 등적 과정이므로, 흡수하거나 방출한 열은 내부 에너지의 변화량과 같다. 즉, 두 과정에서 흡수 또는 방출한 열량은 서로 같다.

실력을 올리는 실전 문제 **찾아가기**
• 스털링 엔진의 열역학 과정을 분석하는 문제_06, 09

C 열기관의 열효율

① 열기관의 원리 알아보기

- 열기관은 한 번 순환하는 동안 온도 T_1인 고열원에서 Q_1의 열을 흡수하여 외부에 W의 일을 하고 온도 T_2인 저열원으로 Q_2의 열을 방출한다.

- 열기관이 한 번 순환하는 동안 열기관의 내부 에너지 변화는 없으므로, $\Delta U = 0$이다. 따라서 열역학 제1법칙 $Q = \Delta U + W$에서 $Q = W$이다.

- 열기관이 한 번 순환하는 동안 열기관이 흡수한 열은 $(+)$, 방출한 열은 $(-)$로 표시하면 알짜일 W로 쓰인 알짜열 $Q = Q_1 - Q_2$이다. 즉, $W = Q_1 - Q_2$이다.

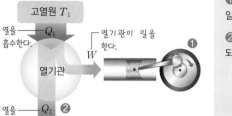

❶ 열기관의 목적은 흡수한 열을 되도록 많은 양의 일로 변환시키는 것이다.

❷ $Q_2 = 0$이면 $e = 1$이 되어 열효율은 $100\,\%$가 되지만, 이는 열역학 제2법칙에 위배된다.

② 열기관의 열효율 구하기: 열기관의 한 순환 과정에서 공급된 열 Q_1에 대하여 외부에 한 일 W의 비를 열효율이라고 하며, 다음과 같이 나타낸다.

$$\text{열효율}(e) = \frac{\text{외부에 한 일}}{\text{공급된 열}} = \frac{W}{Q_1} = \frac{Q_1 - Q_2}{Q_1} = 1 - \frac{Q_2}{Q_1}$$

실력을 올리는 실전 문제 찾아가기

• 열기관의 열효율을 계산하는 문제_13

D 열역학 제2법칙의 확률적 해석

그림과 같이 단열된 상자의 중간에 칸막이를 설치하여 방 A에 기체 분자 a, b, c, d를 채우고, 방 B는 진공 상태로 채운 후 칸막이에 구멍을 냈더니 A에 있던 기체가 B로 확산되었다.

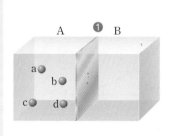

상태	A	B	경우의 수	확률
Ⅰ	4개	0	1가지	$\frac{1}{16}$
Ⅱ	3개	1개	4가지	$\frac{1}{4}$
Ⅲ	2개	2개	6가지	$\frac{3}{8}$
Ⅳ	1개	3개	4가지	$\frac{1}{4}$
Ⅴ	0	4개	1가지	$\frac{1}{16}$

① 시간이 충분히 지난 후 상자의 상태 예상하기

- 시간이 충분히 지난 후 상자를 관찰하였을 때 확인할 수 있는 상태는 Ⅰ ~ Ⅴ의 상태까지 다양하지만, 각 상태가 일어날 확률은 각각 다르다.

- 상태 Ⅲ의 확률이 $\frac{3}{8}$으로 가장 높다. 즉, A, B에 기체 분자가 각각 2개씩 있을 확률이 가장 높다.

- 입자의 개수가 많아질수록 양쪽 방에 거의 동일한 개수의 입자가 있을 확률은 높아지고, 모든 입자가 한쪽 방에만 있을 확률은 0에 가까워진다.

② 열역학 제2법칙으로 기체의 확산 설명하기: 칸막이를 제거하면 입자들은 확률이 높은 방향, 즉 자발적으로 퍼져 나가서 양쪽 방에 거의 동일하게 배열되는 방향으로 진행한다. ❷

❶ 부피가 같은 공간에 같은 수의 입자가 분포하는 상태가 확률이 가장 높다.

TIP

• 나올 수 있는 총 경우의 수: 16가지
• 어떤 상태가 일어날 확률은 경우의 수를 16으로 나눈 값이다.

❷ 비가역 과정의 또 다른 예
한쪽에 모여 있는 기체의 확산, 공기 중에서의 단진자, 열의 이동, 향수의 확산, 물속에 떨어뜨린 잉크 등

실력을 올리는 실전 문제 찾아가기

• 비가역 과정의 예와 열역학 제2법칙에 대해 묻는 문제_14

01 그림과 같이 일정량의 이상 기체가 들어 있는 용기의 마개를 닫고 차가운 물속에 넣었더니 용기 속 기체의 온도가 감소하였다.

기체의 온도가 감소하는 동안, 이에 대한 설명으로 옳은 것만을 〈보기〉에서 있는 대로 고른 것은?(단, 용기의 부피는 일정하다.)

┌ 보기 ├
ㄱ. 기체는 외부로부터 일을 받는다.
ㄴ. 기체의 내부 에너지는 감소한다.
ㄷ. 기체의 압력은 일정하다.

① ㄱ   ② ㄴ   ③ ㄱ, ㄴ
④ ㄱ, ㄷ   ⑤ ㄴ, ㄷ

03 그림과 같이 일정량의 이상 기체가 들어 있는 단열된 용기 안에 열을 공급할 수 있는 장치를 연결하였다.

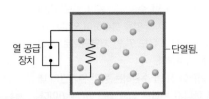

기체에 열이 공급되는 동안, 이에 대한 설명으로 옳은 것만을 〈보기〉에서 있는 대로 고른 것은?(단, 용기의 부피는 일정하다.)

┌ 보기 ├
ㄱ. 기체의 압력은 증가한다.
ㄴ. 기체는 외부에 일을 한다.
ㄷ. 기체 분자의 평균 운동 에너지는 증가한다.

① ㄱ   ② ㄷ   ③ ㄱ, ㄴ
④ ㄱ, ㄷ   ⑤ ㄴ, ㄷ

02 그림 (가)는 온도 T_0인 일정량의 기체 A가 풍선과 시험관 속에 들어 있는 모습을, (나)는 (가)의 시험관을 온도 T_1인 물에 넣었을 때 A의 부피가 증가하여 풍선이 팽창한 모습을 나타낸 것이다.

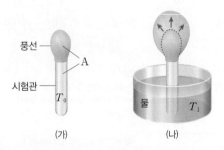

(가)   (나)

이에 대한 설명으로 옳은 것만을 〈보기〉에서 있는 대로 고른 것은?

┌ 보기 ├
ㄱ. $T_0 > T_1$이다.
ㄴ. (나)에서 A는 외부에 일을 한다.
ㄷ. (나)에서 A의 평균 운동 에너지는 감소한다.

① ㄱ   ② ㄴ   ③ ㄱ, ㄴ
④ ㄱ, ㄷ   ⑤ ㄴ, ㄷ

04 그림은 일정량의 이상 기체의 상태가 A → B → C → D → A를 따라 변할 때, 압력과 부피의 관계를 나타낸 것이다. A → B, C → D 과정은 등온 과정이다.

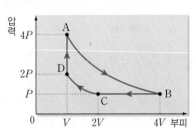

이에 대한 설명으로 옳은 것만을 〈보기〉에서 있는 대로 고른 것은?

┌ 보기 ├
ㄱ. A → B 과정에서 기체의 내부 에너지는 증가한다.
ㄴ. B → C 과정에서 기체가 외부로부터 받은 일은 $2PV$이다.
ㄷ. D → A 과정에서 기체가 흡수한 열은 기체의 내부 에너지 증가량과 같다.

① ㄱ   ② ㄷ   ③ ㄱ, ㄴ
④ ㄱ, ㄷ   ⑤ ㄴ, ㄷ

05 그림 (가), (나)는 같은 양의 이상 기체가 들어 있는 실린더에 열 공급 장치를 이용하여 열을 공급하는 모습을 나타낸 것이다. 피스톤은 (가)에서는 고정되어 있고, (나)에서는 자유롭게 움직인다.

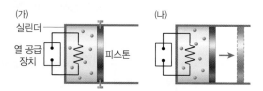

(가), (나)의 기체에 공급한 열량이 Q로 같을 때, 이에 대한 설명으로 옳은 것만을 〈보기〉에서 있는 대로 고른 것은? (단, 실린더와 피스톤 사이의 마찰은 무시하고, 외부로 손실되는 열은 없다.)

┤ 보기 ├
ㄱ. (가)에서 기체의 내부 에너지 증가량은 Q이다.
ㄴ. (나)에서 기체 분자의 평균 운동 에너지는 감소한다.
ㄷ. 기체의 내부 에너지 증가량은 (가)에서와 (나)에서가 같다.

① ㄱ   ② ㄴ   ③ ㄱ, ㄴ
④ ㄱ, ㄷ   ⑤ ㄴ, ㄷ

06 다음은 스털링 엔진의 구조와 작동 과정을 나타낸 것이다.

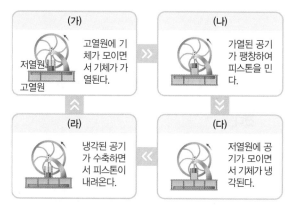

이에 대한 설명으로 옳은 것만을 〈보기〉에서 있는 대로 고른 것은?

┤ 보기 ├
ㄱ. (가)에서 기체는 고열원으로부터 열을 흡수한다.
ㄴ. (나), (라)에서 모두 기체는 외부에 일을 한다.
ㄷ. (다)에서 기체가 방출한 열은 기체의 내부 에너지 감소량과 같다.

① ㄱ   ② ㄷ   ③ ㄱ, ㄴ
④ ㄱ, ㄷ   ⑤ ㄴ, ㄷ

07 그림 (가)는 이상 기체가 들어 있는 단열된 실린더에서 물체가 놓인 단열된 피스톤이 정지해 있는 모습을 나타낸 것이다. 그림 (나)는 (가)에서 물체를 가만히 치웠더니 피스톤이 이동하여 정지한 모습을 나타낸 것이다.

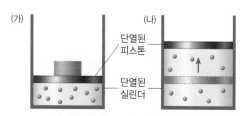

(가)에서 (나)로 변하는 동안, 이에 대한 설명으로 옳은 것만을 〈보기〉에서 있는 대로 고른 것은?(단, 피스톤의 질량 및 실린더와 피스톤 사이의 마찰은 무시한다.)

┤ 보기 ├
ㄱ. 기체의 온도는 낮아진다.
ㄴ. 기체의 압력은 증가한다.
ㄷ. 기체의 내부 에너지 변화량은 기체가 외부에 한 일과 같다.

① ㄴ   ② ㄷ   ③ ㄱ, ㄴ
④ ㄱ, ㄷ   ⑤ ㄱ, ㄴ, ㄷ

08 오른쪽 그림은 일정량의 이상 기체의 부피를 온도에 따라 나타낸 것이다. 기체의 압력은 1기압으로 일정하다. 이에 대한 설명으로 옳은 것만을 〈보기〉에서 있는 대로 고른 것은?

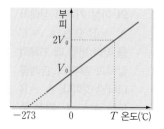

┤ 보기 ├
ㄱ. 0 °C일 때 기체의 내부 에너지는 0이다.
ㄴ. 기체 분자의 평균 운동 에너지는 T °C일 때가 0 °C일 때보다 크다.
ㄷ. 0 °C에서 T °C로 온도가 증가하는 동안 기체는 외부로부터 일을 받는다.

① ㄴ   ② ㄷ   ③ ㄱ, ㄴ
④ ㄱ, ㄷ   ⑤ ㄴ, ㄷ

09 그림은 스털링 엔진에서 일정량의 이상 기체의 상태가 A → B → C → D → A를 따라 변할 때 압력과 부피의 관계를 나타낸 것이다. A → B, C → D는 등온 과정이고, W는 그래프로 둘러싸인 부분의 넓이이다.

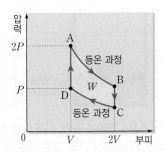

이에 대한 설명으로 옳은 것만을 〈보기〉에서 있는 대로 고른 것은?

┌ 보기 ├
ㄱ. A → B 과정에서 기체는 열을 방출한다.
ㄴ. 기체의 온도는 B에서가 C에서보다 낮다.
ㄷ. W는 (A → B 과정에서 흡수한 열량) − (C → D 과정에서 방출한 열량)과 같다.

① ㄱ   ② ㄷ   ③ ㄱ, ㄴ
④ ㄱ, ㄷ   ⑤ ㄴ, ㄷ

10 오른쪽 그림은 일정량의 이상 기체의 상태가 A → B 또는 A → C를 따라 변할 때 기체의 압력과 부피의 관계를 나타낸 것이다. A → B 또는 A → C 과정 중 하나는 단열 과정이고,

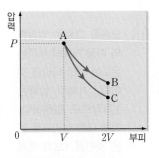

다른 하나는 등온 과정이다. 이에 대한 설명으로 옳은 것만을 〈보기〉에서 있는 대로 고른 것은?

┌ 보기 ├
ㄱ. 기체가 외부에 한 일은 A → B 과정에서가 A → C 과정에서보다 크다.
ㄴ. A → C 과정에서 기체의 내부 에너지는 감소한다.
ㄷ. 기체의 온도는 B에서와 C에서가 같다.

① ㄱ   ② ㄷ   ③ ㄱ, ㄴ
④ ㄱ, ㄷ   ⑤ ㄴ, ㄷ

11 그림 (가)와 같이 열이 잘 전도되는 금속판에 의해 분리된 단열된 실린더의 두 부분에 각각 같은 양의 동일한 이상 기체 A, B가 들어 있다. 이때, 피스톤은 단열된 상태이고, A, B의 부피와 온도는 같다. 그림 (나)는 (가)에서 B에 열량 Q를 가했더니 A가 서서히 팽창하여 피스톤이 정지한 것을 나타낸 것이다.

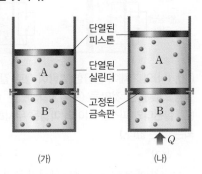

이에 대한 설명으로 옳은 것만을 〈보기〉에서 있는 대로 고른 것은?(단, 실린더와 피스톤 사이의 마찰은 무시한다.)

┌ 보기 ├
ㄱ. (나)에서 A는 외부에 일을 한다.
ㄴ. B의 내부 에너지는 (나)에서가 (가)에서보다 크다.
ㄷ. (나)에서 A와 B의 내부 에너지 변화량의 합은 Q이다.

① ㄱ   ② ㄷ   ③ ㄱ, ㄴ
④ ㄱ, ㄷ   ⑤ ㄴ, ㄷ

12 그림은 물체 A를 액체 B에 넣었을 때, A와 B의 온도를 시간에 따라 나타낸 것이다. t일 때 A, B는 온도가 같아졌다.

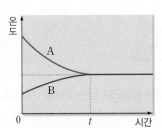

0에서 t까지 열의 이동 방향과 B의 무질서도의 변화를 옳게 짝 지은 것은?(단, 열의 이동은 A와 B 사이에서만 일어난다.)

	열의 이동	무질서도		열의 이동	무질서도
①	A → B	증가	②	A → B	감소
③	B → A	증가	④	B → A	감소
⑤	B → A	변함없다.			

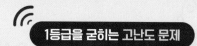

13 그림은 어느 열기관의 실린더 속에 있는 일정량의 이상 기체의 상태가 A → B → C → A로 변할 때 압력과 부피의 관계를 나타낸 것이다. 표의 (가), (나), (다)는 A → B, B → C, C → A 과정을 순서 없이 나타낸 것이다. 기체가 흡수 또는 방출한 열량, 기체가 외부에 한 일 또는 받은 일, 기체의 내부 에너지 변화량은 각각 Q, W, ΔU이다.

과정	Q	W	ΔU
(가)	$+16\,kJ$	$+8\,kJ$	$+8\,kJ$
(나)	$-4\,kJ$	$-4\,kJ$	0
(다)	$-8\,kJ$	0	ⓐ

이에 대한 설명으로 옳은 것만을 〈보기〉에서 있는 대로 고른 것은?

보기
ㄱ. (가)는 A → B 과정이다.
ㄴ. ⓐ는 $-4\,kJ$이다.
ㄷ. 열기관의 열효율은 0.25이다.

① ㄱ   ② ㄷ   ③ ㄱ, ㄴ
④ ㄱ, ㄷ   ⑤ ㄱ, ㄴ, ㄷ

14 그림은 이상 기체가 들어 있는 용기 A와 진공 상태인 용기 B가 연결되어 밸브가 닫혀 있는 것을 나타낸 것이다.

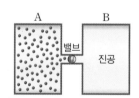

밸브를 열고 충분한 시간이 지났을 때, 이에 대한 설명으로 옳은 것만을 〈보기〉에서 있는 대로 고른 것은?

보기
ㄱ. 기체가 A에만 있을 확률은 0이다.
ㄴ. A에 있던 기체가 B로 확산되는 것은 비가역 과정이다.
ㄷ. B로 확산된 기체가 다시 A로 모이는 현상은 스스로 일어나지 않는다.

① ㄱ   ② ㄴ   ③ ㄱ, ㄴ
④ ㄱ, ㄷ   ⑤ ㄴ, ㄷ

15 그림과 같이 두 개의 단열된 실린더에 각각 이상 기체 A, B가 들어 있고, 단열된 피스톤이 정지해 있다가 A에 열량 Q를 공급하였더니 피스톤이 천천히 이동하여 정지한 모습을 나타낸 것이다. 피스톤의 단면적은 A가 들어 있는 실린더에서가 B가 들어 있는 실린더에서보다 크다.

피스톤이 이동하여 정지할 때까지, 이에 대한 설명으로 옳은 것만을 〈보기〉에서 있는 대로 고른 것은?(단, 실린더는 고정되어 있고, 외부로 손실되는 열은 없으며, 실린더와 피스톤 사이의 마찰은 무시한다.)

보기
ㄱ. B의 온도는 올라간다.
ㄴ. A가 피스톤에 한 일은 B의 내부 에너지 증가량과 같다.
ㄷ. 피스톤이 다시 정지했을 때 압력은 A와 B가 같다.

① ㄴ   ② ㄷ   ③ ㄱ, ㄴ
④ ㄱ, ㄷ   ⑤ ㄱ, ㄴ, ㄷ

16 그림은 일정량의 이상 기체의 상태가 A → B → C → D → A를 따라 변할 때, 부피와 온도의 관계를 나타낸 것이다.

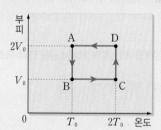

이에 대한 설명으로 옳은 것만을 〈보기〉에서 있는 대로 고른 것은?

보기
ㄱ. B → C 과정에서 기체는 외부에 일을 한다.
ㄴ. C → D 과정에서 기체가 흡수한 열량은 A → B 과정에서 기체가 방출한 열량과 같다.
ㄷ. D → A 과정에서 기체의 내부 에너지는 감소한다.

① ㄱ   ② ㄷ   ③ ㄱ, ㄴ
④ ㄱ, ㄷ   ⑤ ㄴ, ㄷ

07 특수 상대성 이론

1 특수 상대성 이론

1 상대 속도 관찰자가 측정하는 물체의 속도로, 물체의 속도에서 관찰자의 속도를 빼서 구한다.

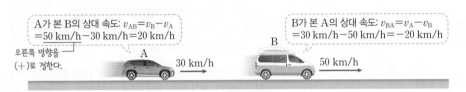

$$A가 본 B의 상대 속도＝B의 속도－A의 속도, v_{AB}＝v_B－v_A$$

A가 본 B의 상대 속도: $v_{AB}＝v_B－v_A$
$＝50 \text{ km/h}－30 \text{ km/h}＝20 \text{ km/h}$

오른쪽 방향을 (＋)로 정한다.

B가 본 A의 상대 속도: $v_{BA}＝v_A－v_B$
$＝30 \text{ km/h}－50 \text{ km/h}＝－20 \text{ km/h}$

A → 30 km/h   B → 50 km/h

2 마이컬슨 · 몰리 실험

① 에테르: 빛을 전파시킨다고 생각한 가상의 매질

② 마이컬슨 · 몰리 실험: 빛의 속력 차이로부터 에테르의 존재를 증명하기 위해 실행했던 실험

마이컬슨 · 몰리 실험

가정 》 지구 표면에 에테르가 한쪽 방향으로 흐르고 있고, 빛의 진행 방향이 변하면 빛의 속력이 달라질 것이다.

과정 》 광원에서 나온 빛이 반투명 거울에 의해 수직으로 나뉘어져 진행한 후 반투명 거울로부터 같은 거리에 있는 두 거울 (가), (나)에서 반사되어 다시 반투명 거울을 통해 빛 검출기에 도달한다.

결과 》 빛의 속력에 차이가 없다. — 관찰자의 상대 운동에 따른 빛의 속력에는 차이가 없다.

결론 》 에테르는 존재하지 않는다.

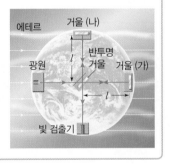

에테르   거울 (나)
반투명 거울   거울 (가)
광원 l l
빛 검출기

---

3 특수 상대성 이론의 두 가지 가설

① 상대성 원리: 모든 관성 좌표계에서 물리 법칙은 동일하게 성립한다.[1] 특수 상대성 이론은 관성 좌표계에서 성립하는 이론이다.

등속도 운동을 하는 트럭 위에서 공을 연직 위로 던진 경우[2]

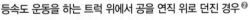

| 트럭 위의 관찰자 A | 지면에 있는 관찰자 B |

$F＝ma$
A

$F＝ma$
B   A

정지 상태와 등속도 운동 상태는 본질적으로 구분할 수 없다.

- 트럭 위의 관찰자 A: 공이 연직 위로 올라갔다가 떨어지는 것으로 관측한다. A가 본 공은 지면에 있을 때와 같은 운동을 하므로, 자신이 정지해 있는지 등속도 운동을 하는지 구별할 수 없다.
- 지면에 있는 관찰자 B: B는 공이 포물선 운동을 하는 것으로 관측한다.
- 관성 좌표계에서 두 관찰자 A, B가 측정하는 물리량은 다르지만, A, B 모두 공의 운동을 $F＝ma$로 설명한다. 즉, 물리량 사이의 관계식은 동일하게 성립한다. 공의 질량이 m으로 같고, 가속도가 ____ 중력 가속도 g로 같기 때문이다.

한눈에 😊
정리하는 출제 경향

- 특수 상대성 이론의 두 가지 가설 설명하기
- 동시성의 상대성 설명하기
- 시간 지연과 길이 수축 해석하기

핵심 개념
상대성 원리, 광속 불변 원리,
동시성의 상대성, 시간 지연, 길이 수축

plus 개념

꼭 기억해!

상대 속도 구하기
상대 속도는 관찰자 자신이 정지해 있다고 생각하고 측정한 물체의 속도이다. 따라서 물체의 속도에서 관찰자의 속도를 뺀다.
관찰자가 본 물체의 속도＝물체의 속도－관찰자의 속도

❶ 관성 좌표계와 비관성 좌표계
- 관성 좌표계(관성계): 정지해 있거나 등속도 운동 하는 관찰자를 기준으로 정한 좌표계
- 비관성 좌표계(가속 좌표계): 가속도 운동 하는 좌표계로, 특수 상대성 이론이 성립하지 않는다.

❷ 지면에서 공을 연직 위로 던지고, 등속도 운동을 하는 트럭 위에서 관찰하는 경우

지면에 있는 관찰자 B
A   B

트럭 위의 관찰자 A
A   B

B는 공이 똑바로 올라갔다가 아래로 떨어지는 것으로 관측하지만, A는 자신은 정지해 있고 B가 움직인다고 보기 때문에 공이 포물선 운동을 하는 것으로 관측한다.

② **광속 불변 원리**: 모든 관성 좌표계에서 보았을 때, 진공 중에서 진행하는 빛의 속력은 관찰자나 광원의 속력에 관계없이 일정하다.
└─ $c = 30$만 km/s $= 3 \times 10^8$ m/s

기차 안에서 화살을 쏠 때	기차 안에서 레이저 빛을 비출 때
지면에 정지해 있는 관찰자가 측정한 화살의 속력 $=100$ km/h $+200$ km/h $=300$ km/h	지면에 정지해 있는 관찰자가 측정한 빛의 속력 $= c$

오해하지마!

광원의 속력
정지해 있는 관찰자가 측정하는 빛의 속력은 뉴턴 역학에서 성립하는 속력의 합과는 다르게 관찰자나 광원의 속력에 관계없이 일정하다.

4 특수 상대성 이론 상대성 원리와 광속 불변 원리라는 두 가지 가설을 통해 세워진, 서로 다른 관성 좌표계의 관찰자가 측정하는 사건에 대한 이론이다.

> **확인**
> **문제**
> ①
>
> **1** 직선 도로에서 자동차 A와 B가 같은 방향으로 각각 100 km/h, 120 km/h의 일정한 속력으로 달리고 있다. A가 본 B의 상대 속도의 크기는 몇 km/h인지 구하시오.
> **2** 정지해 있거나 등속도로 움직이는 좌표계를 무엇이라고 하는지 쓰시오.
> **3** 아인슈타인이 주장한 특수 상대성 이론의 두 가지 가설을 쓰시오.
> **4** V의 속도로 달리는 기차 안에 있는 사람이 기차의 운동 방향과 반대 방향으로 속력이 c인 레이저 빛을 비출 때, 지면에 정지해 있는 관찰자가 측정한 레이저 빛의 속력을 구하시오.

❸ 사건
특수 상대성 이론에서의 사건은 특정 시각과 위치에서 발생한 물리적 상황을 뜻한다.
예 빛이 광원에서 방출되는 사건, 빛이 우주선의 앞에 도달하는 사건 등

2 특수 상대성 이론의 결과 자료 분석 특강 70쪽 A, 71쪽 B, C

1 동시성의 상대성 한 관성 좌표계에서 동시에 일어난 두 사건이 다른 관성 좌표계에서는 동시에 일어난 것이 아닐 수 있다.[❸]

동시성의 상대성 확인하기

지면에 대하여 정지해 있는 B가 볼 때 A가 탄 우주선이 빛의 속도에 가까운 일정한 속도로 움직인다. 우주선이 B에게 접근한 순간 우주선 가운데에 설치된 광원에서 불이 켜졌다.

• 우주선 안의 관찰자 A가 관측할 때, 광원에서 출발한 빛은 우주선 앞과 뒤에 동시에 도달한다.

• 우주선 밖의 관찰자 B가 관측할 때, 광원에서 출발한 빛은 우주선 뒤에 먼저 도달하고 그 다음 우주선 앞에 도달한다.

우주선 밖의 관찰자에게도 빛의 속력은 같지만, 빛이 이동하는 동안 우주선이 앞쪽(오른쪽)으로 이동한다.

> **결과**
> • 우주선 안에 있는 관찰자 A에게 동시인 사건이 지면에 있는 관찰자 B에게는 동시가 아니다.
> • 사건의 동시성은 절대적인 개념이 아니라 상대적인 개념이다.

용어 돋보기

• **광속**(빛 光, 빠를 速): 빛의 속력을 의미하고, c로 나타낸다.
• **동시성**(같을 同, 때 時, 성질 性): 두 사건이 같은 시간에 일어나는 것을 의미한다.

07 특수 상대성 이론

2 시간 지연 관성 좌표계의 관찰자가 상대적으로 운동하는 관찰자를 보았을 때, 상대편의 시간이 느리게 가는 현상

① **고유 시간**: 관찰자가 보았을 때 한 장소에서 발생한 두 사건 사이의 시간 간격

② **시간 지연 현상**: 빛의 속도에 가까운 일정한 속도 v로 운동하는 우주선 내부에 빛 시계가 장치되어 있을 때, 관찰자에 따라 시간이 다르게 측정된다.❹

└─ 시간 지연은 우주선의 속력이 빠를수록 더 크게 나타난다.

구분	우주선 안의 관찰자 A	우주선 밖의 관찰자 B
현상		
빛의 속력	c	c → 빛의 속력은 일정하다.
빛의 이동 거리	빛은 위아래로 왕복 운동하여 $2d$만큼 이동한다.	빛은 사선을 따라 올라갔다가 내려오므로 $2d'$만큼 이동한다. → $2d < 2d'$
빛의 왕복 시간	$\Delta t_{고유} = \dfrac{2d}{c}$ (고유 시간)	$\Delta t = \dfrac{2d'}{c}$ → $2d < 2d'$이므로, $\Delta t_{고유} < \Delta t$이다.
결론	우주선 밖의 B가 측정한 우주선 안의 시간은 고유 시간보다 느리게 간다. → 시간 지연	

3 길이 수축 관성 좌표계의 관찰자가 상대적으로 운동하는 물체를 보았을 때, 물체의 길이가 수축되어 보이는 현상

① **고유 길이**: 관찰자가 보았을 때 정지 상태에 있는 물체의 길이 또는 관성 좌표계에 대해 고정된 두 지점 사이의 거리

② **길이 수축 현상**: 빛의 속도에 가까운 일정한 속도 v로 운동하는 우주선이 지구에서 별까지 운동할 때, 관찰자에 따라 지구와 별 사이의 거리가 다르게 측정된다.

└─ 길이 수축은 운동하는 물체의 속력이 빠를수록 더 크게 나타난다.

구분	지구에 있는 관찰자 A	우주선 안의 관찰자 B❺
현상	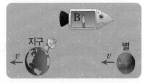	
걸린 시간	Δt → 고유 시간보다 길다.	$\Delta t_{고유}$ → 고유 시간
지구와 별 사이의 거리	A가 보았을 때 고정된 지구와 별 사이의 길이이므로 고유 길이이다. → $L_{고유} = L_0 = v\Delta t$	우주선은 지구와 별에 대해 상대적으로 움직이므로 고유 길이가 아니다. → $L = v\Delta t_{고유}$
결론	$\Delta t_{고유} < \Delta t$이므로 지구와 별에 대해 상대적으로 움직이는 B가 측정한 거리 L은 지구와 별에 대해 상대적으로 정지해 있는 A가 측정한 거리 $L_{고유}$보다 짧다. → 길이 수축	

확인 문제 ❷

5 정지한 관성 좌표계의 관찰자가 보았을 때, 빛의 속도에 가까운 속도로 움직이는 관찰자의 시계는 (빠르게, 느리게) 간다.

6 정지한 관성 좌표계의 관찰자가 보았을 때, 빛의 속도에 가까운 속도로 움직이는 물체의 길이가 줄어드는 현상을 ( )(이)라고 한다.

---

plus 개념

❹ **빛 시계**
양쪽에 거울을 두고 빛이 왕복하도록 만든 시계로, 빛이 한 번 왕복하는 데 걸리는 시간을 시간의 단위로 사용할 수 있다.

거울 / 빛 / 거울

꼭 기억해!

시간 지연과 길이 수축
정지한 관성 좌표계의 한 관찰자가 볼 때 빠르게 움직이는 관찰자의 시간은 느리게 가고, 빠르게 움직이는 물체의 길이는 줄어든다.

❺ **우주선 안의 관찰자 B의 관측**

B는 자신은 정지해 있고 지구와 별이 v의 속도로 자신을 지나쳐 움직이는 것으로 관측한다. 따라서 B에게는 지구와 별의 크기와 지구와 별 사이의 거리가 줄어들어 보인다.

오해하지마!

길이 수축 방향
길이 수축은 운동 방향으로만 일어나며, 운동 방향과 수직인 방향의 길이는 수축되지 않는다.

용어 돋보기

• **고유**(굳을 固, 있을 有): 본래부터 지니고 있는 특징적인 것을 의미한다.

• **지연**(늦을 遲, 끌 延): 무슨 일이 더디게 끌어져 시간이 늦추어지는 것을 의미한다.

1 특수 상대성 이론

01 그림은 직선 도로를 일정한 속도로 달리고 있는 자동차 A, B와 도로에 정지해 있는 철수를 나타낸 것이다.

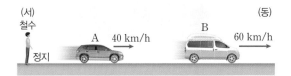

이에 대한 설명으로 옳지 않은 것은?

① 철수가 측정한 A의 속도는 동쪽으로 40 km/h이다.
② 철수가 측정한 B의 속도는 동쪽으로 60 km/h이다.
③ A에서 측정한 철수의 속도는 서쪽으로 40 km/h이다.
④ B에서 측정한 철수의 속도는 동쪽으로 60 km/h이다.
⑤ A에서 측정한 B의 속도와 B에서 측정한 A의 속도는 크기가 같다.

02 그림은 마이컬슨·몰리 실험에 대해 학생 A, B, C가 대화하는 모습을 나타낸 것이다.

제시한 내용이 옳은 학생만을 있는 대로 고른 것은?

① B ② C ③ A, B
④ A, C ⑤ A, B, C

03 아인슈타인이 제시한 특수 상대성 이론의 두 가지 가설을 쓰고, 자세히 설명하시오.

04 그림과 같이 지면에 정지해 있는 관찰자 A에 대해 일정한 속력 V로 운동하고 있는 기차 안의 관찰자 B가 공을 속력 v로 수평 방향으로 던졌다. B가 공을 던지는 순간 기차 앞에 설치되어 있던 광원에서 속력이 c인 빛이 기차의 운동 방향으로 발사되었다.

A가 관측했을 때, 빛의 속력과 공의 속력을 옳게 짝 지은 것은?(단, 공기 저항은 무시한다.)

	빛의 속력	공의 속력		빛의 속력	공의 속력
①	c	v	②	c	$V+v$
③	$V-c$	v	④	$V+v$	v
⑤	$V+v$	$V+v$			

05 그림 (가)는 철수의 좌표계에 대해 민수가 탄 우주선이 $+x$ 방향으로 빛의 속도에 가까운 일정한 속도로 운동하는 모습을 나타낸 것이다. 그림 (나)는 민수가 관측한 공의 운동 경로를 나타낸 것으로, 공은 연직 위로 올라갔다가 떨어진다.

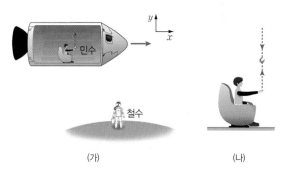

(가) (나)

이에 대한 설명으로 옳은 것만을 〈보기〉에서 있는 대로 고른 것은?

┌ 보기 ┐
ㄱ. 민수가 탄 우주선은 관성 좌표계이다.
ㄴ. 민수가 관측할 때 철수도 $+x$ 방향으로 운동한다.
ㄷ. 철수가 관측할 때 공은 포물선 운동을 한다.
└────┘

① ㄴ ② ㄷ ③ ㄱ, ㄴ
④ ㄱ, ㄷ ⑤ ㄱ, ㄴ, ㄷ

06 그림은 정지해 있는 영희에 대해 일정한 속도 $0.6c$, $0.8c$ 의 속도로 운동하는 우주선 A, B에서 각각 운동 방향과 같은 방향으로 레이저 빛을 발사하는 모습을 나타낸 것이다.

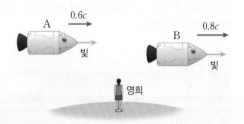

이에 대한 설명으로 옳은 것만을 〈보기〉에서 있는 대로 고른 것은?(단, c는 빛의 속력이다.)

> ┤ 보기 ├
>
> ㄱ. A가 관측할 때 B는 멀어진다.
> ㄴ. B가 관측할 때 A는 가까워진다.
> ㄷ. 영희가 측정할 때 B에서 발사한 빛의 속력은 c이다.

① ㄴ ② ㄷ ③ ㄱ, ㄴ
④ ㄱ, ㄷ ⑤ ㄱ, ㄴ, ㄷ

---

2 특수 상대성 이론의 결과

07 관찰자에 따라 다르게 측정될 수 있는 물리량만을 〈보기〉에서 있는 대로 고르시오.

> ┤ 보기 ├
>
> ㄱ. 공간 ㄴ. 시간 ㄷ. 빛의 속력

08 특수 상대성 이론에 대한 설명으로 옳지 <u>않은</u> 것은?

① 어떤 관찰자에 대하여 움직이는 관성계에서의 시간은 관찰자의 시간보다 느리게 간다.
② 어떤 관성계에서 동시에 일어난 사건이 다른 관성계에서는 동시가 아닐 수 있다.
③ 한 장소에서 발생한 두 사건 사이의 시간 간격을 고유 시간이라고 한다.
④ 어떤 관찰자에 대하여 움직이는 물체의 길이는 고유 길이보다 길어진다.
⑤ 길이 수축은 물체가 움직이는 방향으로만 일어난다.

---

09 그림은 영희의 좌표계에 대해 철수가 탄 우주선이 $0.9c$의 일정한 속도로 운동하는 것을 나타낸 것이다. 검출기 A, B는 광원으로부터 같은 거리만큼 떨어져 있다.

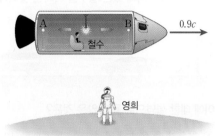

이에 대한 설명으로 옳은 것만을 〈보기〉에서 있는 대로 고른 것은?(단, c는 빛의 속력이다.)

> ┤ 보기 ├
>
> ㄱ. 영희가 관측할 때 B에 도달한 빛의 속력은 $0.9c$이다.
> ㄴ. 철수가 관측할 때 광원에서 나온 빛은 A, B에 동시에 도달한다.
> ㄷ. 영희가 관측할 때 광원에서 나온 빛은 A보다 B에 먼저 도달한다.

① ㄴ ② ㄷ ③ ㄱ, ㄴ
④ ㄱ, ㄷ ⑤ ㄱ, ㄴ, ㄷ

---

10 그림과 같이 속력 $0.5c$로 달리던 자동차가 나무 A, B 사이의 중간 지점을 통과하는 순간, 지면에 대해 정지해 있던 관찰자가 A, B에 벼락이 동시에 떨어지는 것을 관측하였다.

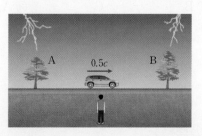

자동차 안에 있는 관찰자는 벼락이 떨어지는 것을 어떻게 관측하는지 설명하시오(단, c는 빛의 속력이다.).

11 그림은 영희가 탄 우주선에서 빛이 바닥과 천장 사이를 왕복하는 모습을 우주선 밖의 민수가 관측하는 것을 나타낸 것이다. 우주선은 민수에 대하여 빛의 속력에 가까운 일정한 속력으로 직선 운동 한다.

우주선의 길이

민수

민수가 측정한 값이 영희가 측정한 값보다 큰 물리량과 작은 물리량을 옳게 짝 지은 것은?

	큰 물리량	작은 물리량
①	빛의 속력	빛의 왕복 시간
②	빛의 속력	우주선의 길이
③	빛의 왕복 시간	빛의 속력
④	빛의 왕복 시간	우주선의 길이
⑤	우주선의 길이	빛의 왕복 시간

(P)중요

12 그림은 정지해 있는 영희에 대해 우주선이 $+x$ 방향으로 $0.8c$의 일정한 속도로 운동하는 모습을 나타낸 것이다. a, b는 각각 영희가 측정한 우주선의 x 방향과 y 방향의 길이이다.

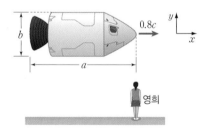

우주선의 x 방향과 y 방향의 고유 길이가 각각 a_0, b_0일 때, 이에 대한 설명으로 옳은 것만을 〈보기〉에서 있는 대로 고른 것은?(단, c는 빛의 속력이다.)

┤ 보기 ├
ㄱ. $a < a_0$이다.
ㄴ. $b < b_0$이다.
ㄷ. 우주선의 속도만 $0.9c$로 바뀌면 a는 더 짧아진다.

① ㄱ　　　② ㄴ　　　③ ㄷ
④ ㄱ, ㄷ　　　⑤ ㄴ, ㄷ

13 그림은 정지해 있는 물체에 대한 관측자의 속력에 따라 관측자가 측정한 물체의 길이를 나타낸 것이다.

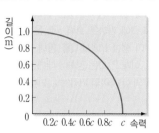

이에 대한 설명으로 옳은 것만을 〈보기〉에서 있는 대로 고른 것은?(단, c는 빛의 속력이다.)

┤ 보기 ├
ㄱ. 관측자가 정지해 있을 때 물체의 길이는 $1\,m$이다.
ㄴ. 관측자의 속력이 빛의 속력에 가까울수록 물체의 길이는 0에 가까워진다.
ㄷ. 일상에서 경험하는 $0.2c$ 이하의 속력에서 물체의 길이는 $1\,m$보다 길어진다.

① ㄴ　　　② ㄷ　　　③ ㄱ, ㄴ
④ ㄱ, ㄷ　　　⑤ ㄱ, ㄴ, ㄷ

(P)중요

14 그림과 같이 막대에 대해 영희와 민수가 탄 우주선이 $0.6c$의 동일한 속력으로 각각 $+x$ 방향, $-y$ 방향으로 운동한다. 막대는 y축에 나란한 방향으로 세워져 있고, 막대에 대해 정지해 있는 철수가 측정할 때 막대의 길이는 L이다.

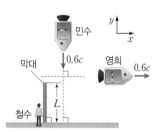

이에 대한 설명으로 옳은 것만을 〈보기〉에서 있는 대로 고른 것은?(단, c는 빛의 속력이다.)

┤ 보기 ├
ㄱ. 민수가 측정할 때 막대의 길이는 L보다 작다.
ㄴ. 영희가 측정할 때 막대의 길이는 L이다.
ㄷ. 민수가 측정할 때 철수의 시간은 민수의 시간보다 빠르게 간다.

① ㄱ　　　② ㄷ　　　③ ㄱ, ㄴ
④ ㄱ, ㄷ　　　⑤ ㄴ, ㄷ

실력을 올리는 실전 문제와 함께 보면 더 좋아요!

A 특수 상대성 이론의 결과 해석

CASE 1 두 행성을 지나가는 우주선

오른쪽 그림과 같이 정지해 있는 영희에 대해 빛의 속력에 가까운 속력 v로 운동하는 우주선이 행성 P에서 Q를 향해 운동하고 있다. 이때 P, Q는 영희에 대해 정지해 있고, P와 Q 사이의 거리는 L_0이다.

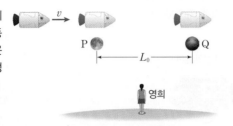

❶ 우주선의 기준계에서 관측할 때 우주선 밖의 모든 것이 속력 v로 운동하는 것으로 보인다.

① 영희가 관측했을 때: 우주선이 속력 v로 운동하여 각각 P, Q를 지나간다.

사건 A(우주선이 P를 지나는 순간)	사건 B(우주선이 Q를 지나는 순간)

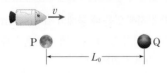 

• P, Q는 정지해 있으므로 P와 Q 사이의 거리 L_0이 고유 길이이다.
• 우주선이 속력 v로 운동하여 P를 지나 Q에 도달하는 데 걸린 시간을 Δt라고 하면 $L_0 = v\Delta t$이다.

② 우주선에서 관측했을 때: P, Q가 속력 v로 운동하여 우주선 앞을 지나간다. ❶

사건 A(P가 우주선을 지나는 순간)	사건 B(Q가 우주선을 지나는 순간)

❷ 영희에게는 다른 장소에서 일어난 두 사건이 우주선의 기준계에서는 같은 장소에서 일어난다. 우주선에서는 하나의 정지한 시계로 두 사건 사이의 시간을 잴 수 있으므로, 우주선에서 잰 시간 간격 Δt_0이 고유 시간이다.

TIP
특수 상대성 이론 문제를 분석할 때는 우주선 밖의 관측자와 우주선 안의 관측자 입장에서 각각 어떻게 관측되는지 이해해야 한다.

• 우주선의 관측자는 같은 위치에서 두 사건 A, B를 관측하므로, P가 지나는 순간부터 Q가 지날 때까지 걸린 시간 Δt_0이 고유 시간이다. ❷
• P와 Q 사이의 거리 $L = v\Delta t_0$으로 구할 수 있다.

③ $\Delta t > \Delta t_0$이므로 $\dfrac{L}{L_0} = \dfrac{v\Delta t_0}{v\Delta t} = \dfrac{\Delta t_0}{\Delta t} < 1$이 되어 $L < L_0$이다. 즉, 우주선에서 관측한 P와 Q 사이의 거리 L은 L_0보다 작다. ➡ 길이 수축

CASE 2 서로 다른 속력으로 움직이는 두 우주선

오른쪽 그림과 같이 영희의 좌표계에서 우주선 A, B가 각각 $0.6c$, $0.8c$의 일정한 속력으로 운동한다. A, B의 고유 길이는 L_0으로 같다(단, c는 빛의 속력이다.).

❶ 정지한 관성계에서 운동하는 관성계를 측정하는 경우이다.

❷ 속력이 빛의 속력에 비해 매우 느릴 때는 상대방의 속도에서 자신의 속도를 뺀 상대 속도의 개념이 성립하지만, 빛의 속력에 근접한 속도에서는 단순한 상대 속도의 개념이 성립하지 않는다.

영희가 A, B를 관측할 때 ❶	A가 B를 관측할 때 ❷
• B가 A보다 빠르게 운동한다. • A와 B의 시간은 영희의 시간보다 느리게 가고, B의 시간이 A의 시간보다 더 느리게 간다. • A와 B는 운동 방향으로 길이 수축이 일어나 L_0보다 짧고, 길이는 B가 A보다 더 짧다.	• 속력이 A보다 상대적으로 빠른 B는 오른쪽 방향으로 운동한다. • B의 시간은 A의 시간보다 느리게 간다. • B는 운동 방향으로 길이 수축이 일어나 L_0보다 짧다.

실력을 올리는 실전 문제 찾아가기

• 운동하는 물체의 시간 지연, 길이 수축을 분석하는 문제_02, 03, 05, 07, 10, 16
• 두 우주선의 기준계에 따라 각각 시간 지연, 길이 수축을 분석하는 문제_06, 08, 09, 11

B 동시성의 상대성에 대한 사고 실험

그림과 같이 정지해 있는 민수는 자신에 대해 일정한 속도 v로 운동하고 있는 우주선의 앞과 뒤에 번개가 동시에 내리치는 모습을 관측하였다. 우주선에는 철수가 타고 있다.

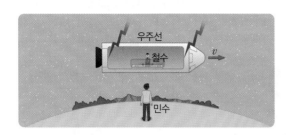

• 번개가 내리친 순간 우주선의 앞과 뒤에서 각각 출발한 빛의 속력은 같다. → 광속 불변 원리
• 우주선은 앞으로 운동하고 있으므로 그림과 같이 우주선 앞에서 내리친 빛이 철수에게 먼저 도달한다. → 철수는 번개가 우주선 앞에서 먼저 내리친 다음 뒤에서 내리쳤다고 관측한다. ❶

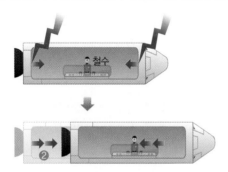

• 민수에게는 동시에 일어난 사건이 철수에게는 동시에 일어나지 않을 수도 있다. → 동시성의 상대성

❶ 빛이 철수를 향해 다가오는 동안 우주선이 앞으로 운동하므로 앞쪽 번개에서 나온 빛이 철수에게 먼저 도달하는 것으로 본다.

❷ 동시에 내리친 번개의 빛 정보가 관찰자를 향해 순차적으로 다가가는 상황을 그림의 화살표로 나타낸다.

🟦 실력을 올리는 실전 문제 찾아가기
• 제시된 상황에 동시성의 상대성을 적용하는 문제_04, 12, 13, 15

C 뮤온의 수명

지구 대기권에서 생성된 뮤온이 지표면에서 발견되는 까닭

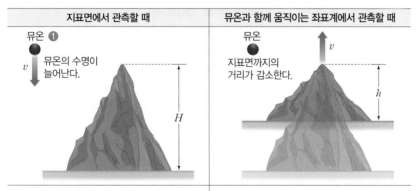

지표면에서 관측할 때	뮤온과 함께 움직이는 좌표계에서 관측할 때
• 빛의 속력에 가까운 속력 v로 운동하는 뮤온의 수명 Δt가 길어진다. → 시간 지연 • 뮤온이 이동하는 거리는 $H = v\Delta t$이다.	• 공간의 거리가 짧아진다. 즉, $h < H$이다. → 길이 수축 • 뮤온의 고유 수명 Δt_0 동안 이동한 거리는 $h = v\Delta t_0$이다.
🔲 해석 ❷ 뮤온의 수명이 늘어나기 때문에 뮤온이 지표면에 도달한다.	🔲 해석 ❷ 뮤온이 발생한 지점에서 지표면까지의 거리가 줄어들기 때문에 뮤온이 지표면에 도달한다.

❶ 뮤온은 강력한 에너지를 갖는 우주선이 지구 대기권에서 공기와 충돌할 때 발생한다.

❷ 뮤온의 고유 수명은 $2.2\ \mu s$로 매우 짧아 생성된 후 지표면에 도달하기도 전에 붕괴되어 사라져야 하지만, 실제로는 많은 뮤온이 지표면에서 발견된다. → 특수 상대성 이론에 의한 현상

🟦 실력을 올리는 실전 문제 찾아가기
• 뮤온이 지표면에 도달하는 현상을 분석하는 문제_14

→ 수능모의평가기출

01 그림은 특수 상대성 이론에 대해 학생 A, B, C가 대화하고 있는 모습을 나타낸 것이다.

> 진공 중에서 진행하는 빛의 속력은 관찰자나 광원의 운동 상태에 따라 달라.
>
> 물체에 대해 정지한 관찰자가 측정한 물체의 길이를 고유 길이라고 해.
>
> 한 관찰자에게 동시에 일어난 사건이 다른 관찰자에게는 동시에 일어나지 않을 수도 있어.

A   B   C

제시한 내용이 옳은 학생만을 있는 대로 고른 것은?

① A   ② B   ③ C
④ A, B   ⑤ B, C

02 그림은 정지해 있는 영희에 대해 일정한 속력 $0.5c$로 자전하는 행성에 있는 철수가 빛 실험 장치를 관측하는 모습을 나타낸 것이다. 철수가 관측할 때 광원에서 동시에 나온 빛은 광분배기에서 빛 p, q로 나뉘어져 각각 거울 A, B에서 반사한 후 빛 검출기에 동시에 도달한다.

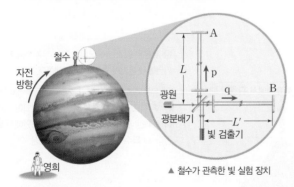

▲ 철수가 관측한 빛 실험 장치

이에 대한 설명으로 옳은 것만을 〈보기〉에서 있는 대로 고른 것은?(단, c는 빛의 속력이고, 영희가 관측할 때 철수와 빛 실험 장치는 근사적으로 등속 직선 운동 하는 관성계라고 가정한다.)

┌ 보기 ┐
ㄱ. 철수가 관측할 때 $L = L'$이다.
ㄴ. 영희가 관측할 때 p와 q의 속력은 같다.
ㄷ. 영희가 관측할 때 $L > L'$이다.

① ㄱ   ② ㄷ   ③ ㄱ, ㄴ
④ ㄴ, ㄷ   ⑤ ㄱ, ㄴ, ㄷ

03 그림은 정지해 있는 철수에 대해 영희가 탄 우주선과 뮤온이 수평면과 나란하게 일정한 속력 $0.9c$로 운동하고 있는 어느 순간의 모습을 나타낸 것이다. 빛은 우주선과 반대 방향으로 진행하고 있다.

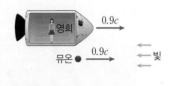

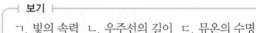

철수가 측정했을 때가 영희가 측정했을 때보다 더 큰 물리량만을 〈보기〉에서 있는 대로 고른 것은?(단, c는 빛의 속력이고, 중력에 의한 효과는 무시한다.)

┌ 보기 ┐
ㄱ. 빛의 속력   ㄴ. 우주선의 길이   ㄷ. 뮤온의 수명

① ㄱ   ② ㄴ   ③ ㄷ
④ ㄱ, ㄷ   ⑤ ㄴ, ㄷ

04 오른쪽 그림과 같이 깃대를 든 철수에 대해 빛의 속력에 가까운 일정한 속력으로 깃대와 나란하게 운동하는 우주선에 영희가 타고 있다. 영희가 관측했을 때, 광원 O에서 나온 빛이 검출기 A, B에 동시에 도달하였다. 이에 대한 설명으로 옳은 것만을 〈보기〉에서 있는 대로 고른 것은?

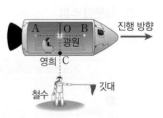

┌ 보기 ┐
ㄱ. 철수가 관측할 때 광원에서 나온 빛은 B보다 A에 먼저 도달한다.
ㄴ. 영희가 측정할 때 철수의 시간은 영희의 시간보다 빠르게 간다.
ㄷ. 깃대의 길이는 영희가 측정할 때와 철수가 측정할 때가 같다.

① ㄱ   ② ㄷ   ③ ㄱ, ㄴ
④ ㄱ, ㄷ   ⑤ ㄴ, ㄷ

→ 수능기출

05 오른쪽 그림과 같이 철수가 탄 우주선이 정지한 영희에 대해 일정한 속도 $0.9c$로 행성 A에서 행성 B를 향해 운동하고 있다. 철수가 측정한 A와 B 사이의 거리는 L이고, 철수가 측정한 A에서 B까지 이동하는 데 걸린 시간은 T이다. A, B는 영희에 대해 정지해 있다. 이에 대한 설명으로 옳은 것만을 〈보기〉에서 있는 대로 고른 것은?(단, c는 빛의 속력이다.)

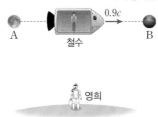

┤ 보기 ├
ㄱ. 철수가 관측할 때 B는 $0.9c$의 속력으로 다가온다.
ㄴ. 영희가 측정한 A와 B 사이의 거리는 L보다 작다.
ㄷ. 우주선이 A에서 B까지 이동하는 데 걸린 시간을 영희가 측정하면 T보다 크다.

① ㄱ ② ㄴ ③ ㄷ
④ ㄱ, ㄷ ⑤ ㄴ, ㄷ

06 그림 (가)와 같이 수평면에 정지해 있는 민수와 공에 대하여 철수가 탄 우주선은 빛의 속도에 가까운 속도 v_A로 $+x$ 방향, 영희가 탄 우주선은 빛의 속도에 가까운 속도 v_B로 $+y$ 방향으로 운동한다. 그림 (나)의 P, Q는 철수 또는 영희가 관측한 공의 모습을 순서 없이 나타낸 것이다.

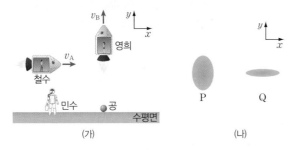

(가) (나)

이에 대한 설명으로 옳은 것만을 〈보기〉에서 있는 대로 고른 것은?

┤ 보기 ├
ㄱ. P는 철수가 관측한 공의 모습이다.
ㄴ. $v_A > v_B$이다.
ㄷ. 민수가 측정할 때, 철수의 시간은 영희의 시간보다 느리게 간다.

① ㄱ ② ㄷ ③ ㄱ, ㄴ
④ ㄱ, ㄷ ⑤ ㄴ, ㄷ

07 그림은 정지해 있는 관찰자 A에 대해 우주선이 일정한 속도 $0.9c$로 점 p를 지나 점 q를 통과하는 모습을 나타낸 것이다. A가 측정한 p와 q 사이의 거리는 L이고, 우주선에 탄 관찰자 B가 측정한 p에서 q까지 이동하는 데 걸린 시간은 T이다.

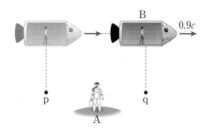

이에 대한 설명으로 옳은 것만을 〈보기〉에서 있는 대로 고른 것은?(단, c는 빛의 속력이다.)

┤ 보기 ├
ㄱ. $L > 0.9cT$이다.
ㄴ. A가 측정할 때 우주선이 p에서 q까지 이동하는 데 걸린 시간은 T보다 작다.
ㄷ. B가 측정할 때 A의 시간은 B의 시간보다 느리게 간다.

① ㄱ ② ㄷ ③ ㄱ, ㄴ
④ ㄱ, ㄷ ⑤ ㄴ, ㄷ

08 오른쪽 그림과 같이 정지해 있는 우주선 A에 대해 우주선 B가 수평면과 나란하게 $0.9c$의 일정한 속도로 운동하고 있다. A와 B의 고유 길이는 L_0으로 같고, A에서 측정한 B의 길이는 L이다. 이에 대한 설명으로 옳은 것만을 〈보기〉에서 있는 대로 고른 것은?(단, c는 빛의 속도이다.)

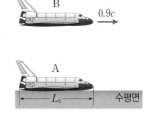

┤ 보기 ├
ㄱ. B에서 관측할 때, A는 $0.9c$의 일정한 속도로 운동한다.
ㄴ. B에서 측정한 A의 길이는 L이다.
ㄷ. $L > L_0$이다.

① ㄱ ② ㄴ ③ ㄷ
④ ㄱ, ㄴ ⑤ ㄱ, ㄷ

09 그림은 우주 정거장에 대해 철수와 영희가 탄 우주선 A, B가 각각 일정한 속력 $0.8c$, $0.9c$로 직선 운동 하는 것을 나타낸 것이다. A, B의 고유 길이는 서로 같고, 철수와 영희가 측정한 B 안의 광원에서 나온 빛이 P에 도달할 때까지 걸리는 시간은 각각 $t_{철수}$, $t_{영희}$이다.

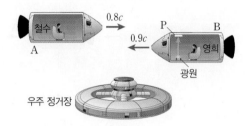

이에 대한 설명으로 옳은 것만을 〈보기〉에서 있는 대로 고른 것은?(단, c는 빛의 속력이다.)

> **보기**
> ㄱ. $t_{철수} > t_{영희}$이다.
> ㄴ. 철수가 측정한 B의 길이는 영희가 측정한 A의 길이보다 짧다.
> ㄷ. 광원에서 나온 빛의 속력은 철수가 측정할 때와 영희가 측정할 때가 서로 같다.

① ㄱ ② ㄴ ③ ㄱ, ㄴ ④ ㄱ, ㄷ ⑤ ㄴ, ㄷ

→ 수능기출

10 그림은 철수가 탄 우주선이 정지해 있는 영희에 대해 구간 A에서 $0.6c$의 속력으로 등속도 운동을 한 후, 속력이 변하여 다시 구간 B에서 등속도 운동을 하는 모습을 나타낸 것이다. 영희가 측정할 때, 철수의 시간은 A에서가 B에서보다 느리게 가고, 우주선의 길이는 A, B에서 각각 L_1, L_2이다.

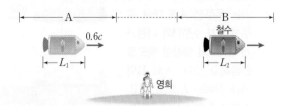

이에 대한 설명으로 옳은 것만을 〈보기〉에서 있는 대로 고른 것은?(단, c는 빛의 속력이다.)

> **보기**
> ㄱ. 영희가 측정할 때, B에서 우주선의 속력은 $0.6c$보다 크다.
> ㄴ. $L_1 < L_2$이다.
> ㄷ. 철수가 측정할 때, 영희의 시간은 A에서 측정할 때가 B에서 측정할 때보다 빠르게 간다.

① ㄴ ② ㄷ ③ ㄱ, ㄴ ④ ㄴ, ㄷ ⑤ ㄱ, ㄴ, ㄷ

11 그림 (가)는 정지해 있는 영희에 대해 철수와 민수가 탄 우주선이 같은 방향으로 운동하는 모습을 나타낸 것으로, 철수의 우주선은 $0.6c$의 일정한 속력으로 운동한다. 그림 (나)는 철수에 대한 민수의 속력을 시간에 따라 나타낸 것이다.

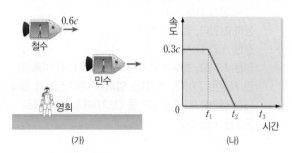

이에 대한 설명으로 옳은 것만을 〈보기〉에서 있는 대로 고른 것은?(단, c는 빛의 속력이며, 철수의 운동 방향을 양(+)로 한다.)

> **보기**
> ㄱ. 영희가 측정할 때 민수가 탄 우주선의 속력은 $0{\sim}t_1$일 때가 $t_2{\sim}t_3$일 때보다 빠르다.
> ㄴ. 철수가 측정할 때 민수가 탄 우주선의 길이는 $0{\sim}t_1$일 때가 $t_2{\sim}t_3$일 때보다 길다.
> ㄷ. 영희가 측정할 때 $0{\sim}t_1$에서 철수의 시간은 민수의 시간보다 느리게 간다.

① ㄱ ② ㄴ ③ ㄷ ④ ㄱ, ㄴ ⑤ ㄴ, ㄷ

12 그림과 같이 정지해 있는 영희에 대해 $+x$ 방향으로 빛의 속력에 가까운 속력으로 등속도 운동 하는 우주선 안에 철수가 앉아 있다. 표는 철수와 영희가 광원에서 나온 빛이 빛 검출기까지 도달하는 데 걸린 시간과 광원에서 빛 검출기까지의 거리를 각각 측정한 것을 나타낸 것이다.

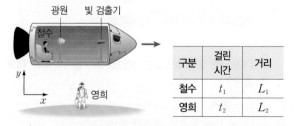

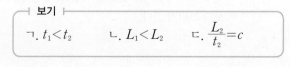

구분	걸린 시간	거리
철수	t_1	L_1
영희	t_2	L_2

이에 대한 설명으로 옳은 것만을 〈보기〉에서 있는 대로 고른 것은?(단, 빛의 속력은 c이다.)

> **보기**
> ㄱ. $t_1 < t_2$ ㄴ. $L_1 < L_2$ ㄷ. $\dfrac{L_2}{t_2} = c$

① ㄱ ② ㄴ ③ ㄷ ④ ㄱ, ㄴ ⑤ ㄴ, ㄷ

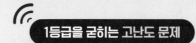

13 그림 (가)와 같이 지표면에 정지해 있는 우주선 내부에서 광원을 중심으로 하는 원 위에 광센서 A, B, C, D가 고정되어 있다. 그림 (나)는 이 우주선이 지표면에 대해 $0.6c$의 일정한 속력으로 운동하는 모습을 나타낸 것이다.

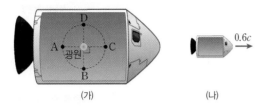

지표면에 정지해 있는 사람이 (나)를 관측할 때, 이에 대한 설명으로 옳은 것만을 〈보기〉에서 있는 대로 고른 것은? (단, c는 빛의 속력이고, 우주선의 운동 방향은 광원의 빛이 C로 진행하는 방향과 같다.)

| 보기 |

ㄱ. 광원에서 A로 진행하는 빛과 C로 진행하는 빛의 속력은 같다.
ㄴ. 광원에서 동시에 방출된 빛은 A보다 C에 먼저 도달한다.
ㄷ. A, C 사이의 거리는 B, D 사이의 거리보다 짧다.

① ㄴ　　　② ㄷ　　　③ ㄱ, ㄴ
④ ㄱ, ㄷ　　　⑤ ㄱ, ㄴ, ㄷ

14 오른쪽 그림과 같이 지면에 정지해 있는 관찰자가 측정할 때, 지면으로부터 높이 h인 곳에서 뮤온이 생성되어 연직 방향의 일정한 속도 $0.99c$로 지면을 향해 운동하다가 지면에 도달하는 순간 붕괴한다. 정지 상태의 뮤온이 생성된 순간부터 붕괴하는 순간까지 걸린 시간은 T이다. 이에 대한 설명으로 옳은 것만을 〈보기〉에서 있는 대로 고른 것은?(단, c는 빛의 속력이다.)

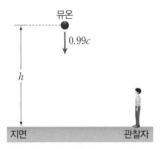

| 보기 |

ㄱ. 관찰자가 측정할 때 뮤온이 생성된 순간부터 붕괴하는 순간까지 걸리는 시간은 T이다.
ㄴ. 뮤온의 좌표계에서 측정할 때 지면까지의 거리는 h보다 작다.
ㄷ. $h = 0.99cT$이다.

① ㄱ　　　② ㄴ　　　③ ㄱ, ㄴ　④ ㄱ, ㄷ　⑤ ㄴ, ㄷ

15 그림과 같이 수평면에 정지해 있는 철수에 대해 일정한 속도 $0.7c$로 운동하는 우주선에 탄 영희가 창밖을 관측할 때, 광원 A, B에서 나온 빛은 빛 검출기에 동시에 도달하였다. 영희가 측정할 때, A에서 나온 빛이 빛 검출기에 도달한 시간은 T이다.

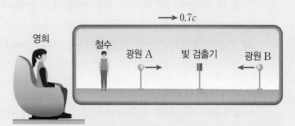

철수가 관측할 때, 이에 대한 설명으로 옳은 것만을 〈보기〉에서 있는 대로 고른 것은?(단, c는 빛의 속력이고, 빛 검출기로부터 A와 B까지의 거리는 같고, A, B, 검출기는 수평면에 정지해 있다.)

| 보기 |

ㄱ. 광원의 빛은 A가 B보다 나중에 나왔다.
ㄴ. A에서 검출기까지의 거리는 cT보다 크다.
ㄷ. 영희의 시간이 철수의 시간보다 느리게 간다.

① ㄱ　　② ㄷ　　③ ㄱ, ㄴ ④ ㄱ, ㄷ ⑤ ㄴ, ㄷ

16 그림은 자동차가 차고를 향해 광속에 가까운 속도로 접근하고 있는 모습을 나타낸 것이다. 지면에 대하여 정지해 있는 철수가 관측할 때 자동차가 차고에 들어가 문 B에 도달하는 순간 문 A, B가 동시에 닫혀 자동차는 차고 안에 완전히 들어갔다. 자동차와 차고의 고유 길이는 각각 X, L이고, X는 L보다 크다.

자동차 안의 운전자가 관측했을 때, 이에 대한 설명으로 옳은 것만을 〈보기〉에서 있는 대로 고른 것은?

| 보기 |

ㄱ. 자동차의 길이는 X보다 크다.
ㄴ. 차고의 길이는 L보다 작다.
ㄷ. 자동차 앞면이 B에 도달하는 순간 B가 닫히고, 자동차 뒷면이 A에 도달하는 순간 A가 닫힌다.

① ㄱ　　② ㄴ　　③ ㄱ, ㄴ ④ ㄱ, ㄷ ⑤ ㄴ, ㄷ

08 질량과 에너지

- 질량 에너지 등가 원리를 통해 질량과 에너지의 관계 설명하기
- 핵융합, 핵분열 과정에서 에너지가 발생하는 까닭 설명하기

핵심 개념
질량 에너지 등가 원리,
핵융합, 핵분열

1 질량 에너지 등가 원리

1 상대론적 질량 ❶❷

① 특수 상대성 이론에 따르면 같은 물체라도 관측자에 대해 정지해 있을 때와 운동하고 있을 때 질량이 다르게 측정된다. → 질량은 관성 좌표계마다 다르게 측정된다.

② 물체에 가해 준 에너지의 일부는 물체의 속력을 증가시키는 데 사용되고, 일부는 물체의 질량을 증가시키는 데 사용된다. → 질량은 에너지의 또 다른 형태이다.

2 질량 에너지 등가 원리

① 질량과 에너지의 관계: 운동하는 물체의 질량 m에 해당하는 에너지의 양 E는 다음과 같다.

$$E = mc^2 \ (c: \text{빛의 속력})$$

└ 운동하는 물체가 가진 상대론적 총에너지는 상대론적 운동 에너지와 정지 에너지의 합이다. → $E = mc^2 = K + m_0 c^2$ (K: 상대론적 운동 에너지)

② 질량 에너지 등가 원리의 의미
- 질량은 에너지로 전환될 수 있으며, 에너지도 질량으로 전환될 수 있다.
- 운동하는 물체의 질량은 물체의 속력이 빨라지면 증가하고, 속력이 느려지면 감소한다. ❸

③ 정지 질량(m_0): 관찰자가 보았을 때 정지 상태에 있는 물체의 질량

④ 정지 에너지(E_0): 정지 질량 m_0인 물체가 어떤 관찰자에 대해 정지해 있을 때 가지는 에너지 → 질량 자체가 에너지에 해당하므로, 정지한 물체도 매우 큰 에너지를 가지고 있다.

$$E_0 = m_0 c^2 \ (c: \text{빛의 속력})$$

3 질량 결손
질량 에너지 등가 원리에 따라 핵자들이 결합하여 원자핵을 이룰 때, 물체의 질량이 Δm만큼 감소하면 $E = \Delta m c^2$만큼의 에너지를 방출한다.

헬륨 원자핵의 질량 결손

그림 (가)는 서로 분리되어 정지해 있는 중성자 2개와 양성자 2개를, (나)는 헬륨 원자핵을 나타낸 것이고, 표는 양성자, 중성자, 헬륨 원자핵 1개의 질량을 나타낸 것이다.

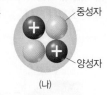

중성자 · 양성자
중성자
양성자
(가)   (나)

($1\,u = 1.66 \times 10^{-27}$ kg)

입자	질량(u)
양성자	1.0078
중성자	1.0087
헬륨 원자핵	4.0026

└ 원자 질량의 단위

- (가) 전체 질량의 합: $2 \times 1.0078\,u + 2 \times 1.0087\,u = 4.0330\,u$ ┐ (가)와 (나)의 질량 차이
- (나) 헬륨 원자핵의 질량: $4.0026\,u$ ┘ $= 0.0304\,u$

→ 양성자와 중성자가 결합하여 원자핵을 이룰 때 질량이 감소하였다. 이때 감소한 질량을 질량 결손이라고 하며, 감소한 질량만큼 에너지를 방출한다.

plus 개념

❶ 뉴턴 역학에서의 에너지와 질량
- 힘이 물체에 해 준 일만큼 물체의 운동 에너지가 증가한다.
- 상대 운동 하는 모든 관측자에게 물체의 질량은 같은 값을 갖는다.
- 정지한 물체의 에너지는 질량에 관계없이 0이다.
→ 질량과 에너지는 동등한 개념이 아니다.

❷ 상대론적 질량
한 관성 좌표계에 대하여 v의 속도로 운동하고 있는 물체의 상대론적 질량은 다음과 같다.

$$m = \frac{m_0}{\sqrt{1 - (v/c)^2}}$$
(m_0: 정지 질량)

→ 물체의 속도 $v = 0$일 때, $m = m_0$이 된다.

❸ 상대론적 질량 – 속력 그래프

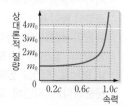

물체의 속력이 빨라지면 물체의 질량도 증가하며, 물체의 속력이 빛의 속력에 가까워지면 질량이 급격하게 증가한다.

질량 결손에 의한 에너지
질량 결손에 의한 에너지는 질량 결손의 양에 빛의 속력의 제곱을 곱한 값으로, 질량 결손의 양이 적어도 매우 큰 양의 에너지를 얻을 수 있다.

확인 문제 ❶

1. 특수 상대성 이론에 따르면 운동하고 있는 물체의 질량은 정지 질량보다 (크다, 작다).
2. 핵반응에서 반응 후 질량의 총합이 반응 전보다 작아지는 것을 (　　　　)(이)라고 한다.
3. 물체의 질량이 Δm만큼 감소할 때, 발생하는 에너지는 (　　　　)이다(단, 빛의 속력은 c이다.).

2 핵융합과 핵분열　핵이 융합하거나 분열할 때 질량의 일부가 에너지로 변환된다.

1 핵융합　두 개 이상의 가벼운 원자핵이 결합하여 하나의 새로운 무거운 원자핵이 되는 과정

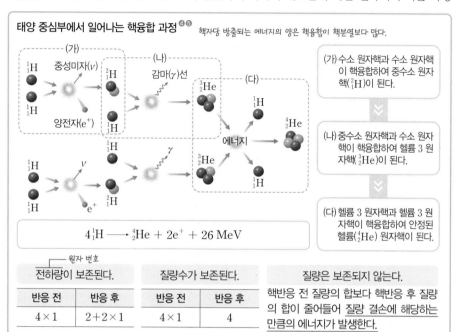

태양 중심부에서 일어나는 핵융합 과정 ④⑤ 핵자당 방출되는 에너지의 양은 핵융합이 핵분열보다 많다.

(가) 수소 원자핵과 수소 원자핵이 핵융합하여 중수소 원자핵($_1^2$H)이 된다.

(나) 중수소 원자핵과 수소 원자핵이 핵융합하여 헬륨 3 원자핵($_2^3$He)이 된다.

(다) 헬륨 3 원자핵과 헬륨 3 원자핵이 핵융합하여 안정된 헬륨($_2^4$He) 원자핵이 된다.

$$4\,_1^1\text{H} \longrightarrow\ _2^4\text{He} + 2\text{e}^+ + 26\,\text{MeV}$$

전하량이 보존된다.		질량수가 보존된다.		질량은 보존되지 않는다.
반응 전	반응 후	반응 전	반응 후	핵반응 전 질량의 합보다 핵반응 후 질량의 합이 줄어들어 질량 결손에 해당하는 만큼의 에너지가 발생한다.
4×1	$2 + 2 \times 1$	4×1	4	

핵융합 과정에서 질량 결손에 의해 발생한 에너지가 태양 에너지의 근원이다.

2 핵분열　무거운 원자핵이 원래 원자핵보다 가벼운 원자핵들로 분열되는 과정

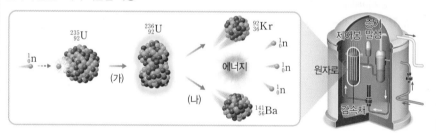

원자력 발전소에서 핵분열 과정 ⑥

(가) 우라늄 235 원자핵($_{92}^{235}$U)이 중성자($_0^1$n)를 흡수하여 우라늄 236 원자핵($_{92}^{236}$U)이 된다.

(나) 중성자를 흡수한 우라늄 236 원자핵은 크립톤($_{36}^{92}$Kr)과 바륨($_{56}^{141}$Ba)으로 분열하면서 중성자($_0^1$n) 3개를 내놓는다. 이때 질량 결손이 일어나면서 에너지가 방출된다.

$$_{92}^{235}\text{U} + _0^1\text{n} \longrightarrow\ _{56}^{141}\text{Ba} + _{36}^{92}\text{Kr} + 3\,_0^1\text{n} + 200\,\text{MeV}$$

전하량이 보존된다.		질량수가 보존된다.		질량은 보존되지 않는다.
반응 전	반응 후	반응 전	반응 후	핵반응 전 질량의 합보다 핵반응 후 질량의 합이 줄어들어 질량 결손에 해당하는 만큼의 에너지가 발생한다.
92	$56 + 36$	$235 + 1$	$141 + 92 + 3 \times 1$	

확인 문제 ②

4 핵반응 과정에서 방출하는 에너지는 (　　　)에 의한 것이다.

5 핵반응 과정에서 질량수는 (보존되고, 보존되지 않고), 질량은 (보존된다, 보존되지 않는다).

6 태양의 중심부에서는 (　　　) 원자핵들이 융합하여 (　　　) 원자핵으로 변한다.

7 현재 원자력 발전소에서 일어나는 핵반응은 (핵융합, 핵분열) 반응이다.

---

plus개념

④ 원자핵의 표기

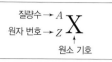

질량수 → A
원자 번호 → Z X
원소 기호

· 질량수＝양성자수＋중성자수
　→ $A = Z + N$
· 원자 번호＝양성자수

⑤ 여러 가지 입자의 표기

입자	표기
α입자	$_2^4$He
전자	e^-
중성자	$_0^1$n
양전자	e^+
수소	$_1^1$H
중수소	$_1^2$H
삼중수소	$_1^3$H

※ 핵융합 발전

수소 원자핵이 융합해서 헬륨 원자핵이 되는 과정에서 질량 결손에 의해 발생한 에너지로 전기를 생산한다. 탄소 가스가 배출되지 않고, 방사능이 강한 폐기물도 나오지 않아 친환경 에너지로 사용할 수 있다.

⑥ 연쇄 반응

우라늄이 핵분열을 일으킬 때 생성된 중성자는 또 다른 우라늄 원자핵과 연쇄 반응 하면서 계속 핵분열을 일으킨다. 원자력 발전소의 원자로에서는 연쇄 반응을 적절히 조절하여 필요한 전기 에너지를 생산한다.

용어 돋보기

· **등가**(가지런할 等, 값 價): 같은 값 또는 같은 가치를 가진다는 뜻이다. 질량 에너지 등가 원리란 질량과 에너지가 서로 변환 가능한 물리량이라는 의미이다.

· **결손**(모자랄 缺, 감소할 損): 어느 부분이 없거나 모자람을 의미한다.

개념을 다지는 기본 문제

1 질량 에너지 등가 원리

01 상대론적 질량에 대한 설명으로 옳은 것만을 〈보기〉에서 있는 대로 고른 것은?

┤ 보기 ├
ㄱ. 질량은 에너지로 전환될 수 있다.
ㄴ. 정지해 있는 물체의 에너지는 0이다.
ㄷ. 질량 보존 법칙에 따라 질량은 항상 일정하다.
ㄹ. 물체의 속력이 빛의 속력에 가까워지면 질량은 무한대에 가까워진다.

① ㄱ, ㄷ 　　② ㄱ, ㄹ 　　③ ㄴ, ㄷ
④ ㄴ, ㄹ 　　⑤ ㄷ, ㄹ

서술형

02 정지해 있는 질량 1 kg인 물체가 가지는 정지 에너지는 몇 J인지 풀이 과정과 함께 구하시오(단, 빛의 속력 $c = 3 \times 10^8$ m/s이다.).

03 다음 (　　) 안에 공통으로 들어갈 알맞은 말은?

특수 상대성 이론에 따르면 물체의 운동 에너지가 증가해서 물체의 속력이 빨라지면 물체의 (　　)도 증가한다. 따라서 물체에 가해 준 에너지의 일부는 물체의 속력을 증가시키는 데 사용되고, 일부는 (　　)을/를 증가시키는 데 사용된다.

① 열 　　② 길이 　　③ 속력
④ 시간 　　⑤ 질량

04 그림은 정지한 상태에서 질량 m_0인 물체가 운동할 때, 물체의 속력에 따른 상대론적 질량을 나타낸 것이다.

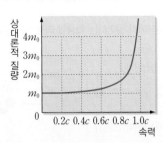

물체에 대한 설명으로 옳은 것만을 〈보기〉에서 있는 대로 고른 것은?(단, c는 빛의 속력이다.)

┤ 보기 ├
ㄱ. 속력이 $0.2c$보다 작을 때에는 질량의 변화가 거의 없다.
ㄴ. 속력이 $0.9c$보다 클 때 속력이 증가할수록 질량은 무한대로 증가한다.
ㄷ. 물체의 속력이 빛의 속력에 가까워질수록 물체를 가속시키기 힘들다.

① ㄱ 　　② ㄷ 　　③ ㄱ, ㄴ
④ ㄴ, ㄷ 　　⑤ ㄱ, ㄴ, ㄷ

중요

05 그림은 정지해 있던 입자가 외부로부터 E만큼의 일을 받아 속력 v로 운동하는 모습을 나타낸 것이다. 정지해 있을 때와 속력 v로 운동할 때 입자의 질량은 각각 m_0, $2m_0$이다.

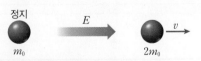

E는?(단, 빛의 속력은 c이다.)

① $\frac{1}{2}m_0v^2$ 　　② m_0v^2 　　③ $\frac{3}{2}m_0v^2$
④ m_0c^2 　　⑤ $2m_0c^2$

2 핵융합과 핵분열

06 핵반응에 대한 설명으로 옳은 것만을 〈보기〉에서 있는 대로 고른 것은?

┤ 보기 ├

ㄱ. 핵반응 전후에 전하량이 보존된다.
ㄴ. 핵반응 전후에 질량수가 보존된다.
ㄷ. 핵반응 전후에 질량이 보존된다.

① ㄱ   ② ㄴ   ③ ㄷ
④ ㄱ, ㄴ   ⑤ ㄴ, ㄷ

08 그림은 우라늄 원자핵이 핵분열하는 모습을 나타낸 것이다.

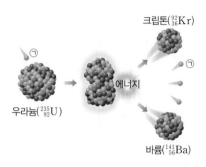

다음 핵반응식의 ㉠에 공통으로 들어갈 입자를 쓰시오.

$$^{235}_{92}U + (\quad ㉠ \quad) \rightarrow\ ^{141}_{56}Ba + ^{92}_{36}Kr + 3(\quad ㉠ \quad) + 에너지$$

(ρ) 중요

07 다음은 핵분열에 대한 설명이다.

우라늄 원자핵과 같이 무거운 원자핵이 가벼운 원자핵들로 분열할 때 생성되는 작은 원자핵들의 질량의 합은 분열하기 전 우라늄 원자핵의 질량보다 (㉠). 이것은 원자핵이 분열하는 과정에서 질량의 일부가 (㉡)(으)로 변하였기 때문이다. 수많은 원자핵들이 연쇄적으로 핵분열할 때 생성되는 (㉡)을/를 이용하는 것이 원자 폭탄과 원자력 발전소이다.

( ) 안에 들어갈 알맞은 말을 옳게 짝 지은 것은?

	㉠	㉡
①	작다	질량
②	작다	에너지
③	크다	질량
④	크다	에너지
⑤	같다	에너지

(ρ) 중요

09 그림은 중수소 원자핵 2개가 융합하여 헬륨 원자핵이 생성되는 핵융합 과정을 나타낸 것이다.

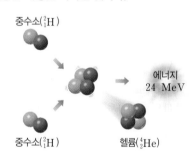

이에 대한 설명으로 옳은 것만을 〈보기〉에서 있는 대로 고른 것은?

┤ 보기 ├

ㄱ. 원자력 발전소에서 일어나는 핵반응이다.
ㄴ. 중수소 원자핵 2개가 융합하기 위해서는 매우 높은 온도와 압력이 필요하다.
ㄷ. 반응 후 생성된 헬륨 원자핵의 질량은 반응 전 중수소 원자핵 2개의 질량의 합보다 크다.

① ㄱ   ② ㄴ   ③ ㄱ, ㄷ
④ ㄴ, ㄷ   ⑤ ㄱ, ㄴ, ㄷ

01 표는 리튬 원자핵이 양성자와 융합하여 두 개의 헬륨 원자핵이 될 때 정지 질량과 운동 에너지를 나타낸 것이다.

구분	반응 전		반응 후	
	리튬 원자핵	양성자	헬륨 원자핵	헬륨 원자핵
정지 질량(u)	7.0160	1.0078	4.0026	4.0026
운동 에너지	0	E_1	E_2	E_2

이에 대한 설명으로 옳은 것만을 〈보기〉에서 있는 대로 고른 것은?

| 보기 |
ㄱ. 반응 과정에서 질량 결손이 일어났다.
ㄴ. $2E_2 > E_1$이다.
ㄷ. 반응 전 리튬 원자핵의 정지 에너지는 0이다.

① ㄱ   ② ㄷ   ③ ㄱ, ㄴ
④ ㄱ, ㄷ   ⑤ ㄴ, ㄷ

02 표는 세 입자 A, B, C가 정지해 있을 때의 정지 에너지와 운동할 때의 총에너지를 비교한 것이다.

입자	A	B	C
정지 에너지	E	E	$2E$
총에너지	$6E$	$2E$	$6E$

이에 대한 설명으로 옳은 것만을 〈보기〉에서 있는 대로 고른 것은?

| 보기 |
ㄱ. 정지 질량은 A와 B가 같다.
ㄴ. 운동할 때의 질량은 A가 B의 2배이다.
ㄷ. A와 C의 속력은 서로 같다.

① ㄱ   ② ㄷ   ③ ㄱ, ㄴ
④ ㄴ, ㄷ   ⑤ ㄱ, ㄴ, ㄷ

03 그림은 핵분열에 대해 학생 A, B, C가 대화하는 모습을 나타낸 것이다.

제시한 내용이 옳은 학생만을 있는 대로 고른 것은?

① A   ② B   ③ C
④ A, B   ⑤ B, C

04 그림은 태양 내부에서 일어나는 핵반응을 설명한 것이다.

이에 대한 설명으로 옳은 것만을 〈보기〉에서 있는 대로 고른 것은?

| 보기 |
ㄱ. (가)는 핵분열이다.
ㄴ. 반응 후 총질량은 0.029 u만큼 줄어들었다.
ㄷ. 반응 후에 발생한 에너지는 질량 결손에 의한 것이다.

① ㄱ   ② ㄷ   ③ ㄱ, ㄴ
④ ㄴ, ㄷ   ⑤ ㄱ, ㄴ, ㄷ

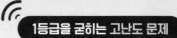

05 그림 (가), (나)는 각각 핵반응이 일어나거나 핵반응을 활용한 사례를 나타낸 것이다.

(가) 태양 중심부   (나) 원자력 발전소

이에 대한 설명으로 옳은 것만을 〈보기〉에서 있는 대로 고른 것은?

┤ 보기 ├

ㄱ. (가)에서는 수소 원자핵들이 융합하여 헬륨 원자핵이 생성된다.

ㄴ. (나)에서는 우라늄이 핵분열할 때 발생하는 에너지를 이용한다.

ㄷ. (가)와 (나)에서 방출된 에너지는 모두 질량 결손에 의한 것이다.

① ㄴ   ② ㄷ   ③ ㄱ, ㄴ

④ ㄱ, ㄷ   ⑤ ㄱ, ㄴ, ㄷ

➔ 수능기출

06 다음 A와 B는 태양과 원자력 발전소에서 일어나는 핵반응을 순서 없이 나타낸 것이다.

$A: {}^1_1H + {}^2_1H \longrightarrow {}^3_2He + \gamma + 약\ 5.5\ MeV$

$B: {}^{235}_{92}U + \boxed{\text{(가)}}$
$\longrightarrow {}^{141}_{56}Ba + {}^{92}_{36}Kr + 3\boxed{\text{(가)}} + 약\ 200\ MeV$

이에 대한 설명으로 옳은 것만을 〈보기〉에서 있는 대로 고른 것은?

┤ 보기 ├

ㄱ. A는 질량 결손이 일어나지 않는다.

ㄴ. B는 원자력 발전소에서 일어나는 반응이다.

ㄷ. (가)의 질량수는 2이다.

① ㄴ   ② ㄷ   ③ ㄱ, ㄴ

④ ㄱ, ㄷ   ⑤ ㄴ, ㄷ

➔ 수능기출 변형

07 다음 (가)와 (나)는 ${}^4_2He$ 원자핵을 생성하며 에너지를 방출하는 두 가지 핵반응식이다. X는 어떤 원자핵이며, Y는 어떤 핵자이다. 표는 원자 번호와 질량수에 따른 원자핵의 질량을 나타낸 것이다.

(가) $2 \boxed{X} \longrightarrow {}^4_2He$

(나) $\boxed{X} + {}^3_1H \longrightarrow {}^4_2He + \boxed{Y}$

원자 번호	1			2	
질량수	1	2	3	3	4
원자핵의 질량	M_1	M_2	M_3	M_4	M_5

이에 대한 설명으로 옳은 것만을 〈보기〉에서 있는 대로 고른 것은?

┤ 보기 ├

ㄱ. X의 질량수는 2이다.

ㄴ. (가)의 핵반응에서 결손된 질량은 $2M_2 - M_5$이다.

ㄷ. Y는 양성자이다.

① ㄱ   ② ㄴ   ③ ㄷ

④ ㄱ, ㄴ   ⑤ ㄴ, ㄷ

08 그림은 원자로에서 일어나는 핵반응을 이용하여 증기를 발생시키는 모습을 나타낸 것이고, 표는 핵반응식을 나타낸 것으로, 원자로에서 일어나는 핵반응은 A와 B 중 하나이다.

제어봉
연료봉
원자로
감속재

A	${}^{235}_{92}U + {}^1_0n \rightarrow {}^{141}_{56}Ba + {}^{92}_{36}Kr + 3{}^1_0n$
B	${}^2_1H + {}^3_1H \rightarrow {}^4_2He + {}^1_0n$

이에 대한 설명으로 옳은 것만을 〈보기〉에서 있는 대로 고른 것은?

┤ 보기 ├

ㄱ. 원자로에서 일어나는 핵반응은 A이다.

ㄴ. A에서 핵반응 전후 전하량의 합은 같다.

ㄷ. B에서 입자들의 질량의 합은 반응 전이 반응 후보다 크다.

① ㄱ   ② ㄴ   ③ ㄱ, ㄷ

④ ㄴ, ㄷ   ⑤ ㄱ, ㄴ, ㄷ

핵심 정리 I 단원 마무리

01 여러 가지 운동

1. 운동의 표현

① 이동 거리와 변위

(**1**)	물체가 실제로 움직인 경로를 따라 측정한 거리
(**2**)	물체의 처음 위치에서 나중 위치까지의 위치 변화량

처음 위치에서 나중 위치까지의 직선거리와 방향

② 속력과 속도

속력	단위 시간 동안 물체가 이동한 거리 → 속력$=\dfrac{\text{이동 거리}}{\text{걸린 시간}}$ (단위: m/s, km/h)
속도	단위 시간 동안 물체의 변위 → 속도$=\dfrac{\text{변위}}{\text{걸린 시간}}$ (단위: m/s, km/h)

빠르기뿐만 아니라 운동 방향도 함께 나타낸다.

③ (**3**): 단위 시간 동안 속도의 변화량

$$가속도=\frac{\text{속도 변화량}}{\text{걸린 시간}}=\frac{\text{나중 속도}-\text{처음 속도}}{\text{걸린 시간}} \ (\text{단위: m/s}^2)$$

④ 속도와 가속도 방향의 관계: 운동하는 물체의 속도가 증가하면 속도와 가속도의 방향이 (**4**), 속도가 감소하면 속도와 가속도의 방향은 (**5**)(이)다. 가속도의 방향은 속도 변화량의 방향과 같다.

2. 여러 가지 운동

속력과 운동 방향이 모두 일정한 운동 (=등속 직선 운동)		예 에스컬레이터, 컨베이어 벨트, 무빙워크 등이 직선 구간을 움직일 때 등
가속도 운동	(**6**) 만 변하는 운동	• 속력이 증가하는 운동 예 기울기가 일정한 경사면을 내려오는 자전거, 자이로드롭 등 • 속력이 감소하는 운동 예 운동장에서 굴러가다가 멈추는 공 등
	(**7**) 만 변하는 운동	등속 원운동 예 놀이공원의 대관람차, 회전하는 선풍기 날개 등
	속력과 운동 방향이 모두 변하는 운동	• 포물선 운동 예 비스듬히 차 올린 축구공, 비스듬히 던져 올린 농구공 등 • 진자 운동 예 놀이공원의 바이킹, 그네 등

02 뉴턴 운동 법칙

1. 알짜힘(합력)
한 물체에 여러 힘이 동시에 작용할 때, 이 힘들과 같은 효과를 나타내는 하나의 힘

같은 방향으로 작용하는 두 힘	알짜힘의 크기는 두 힘의 크기를 (**8**) 값과 같고, 방향은 두 힘의 방향과 같다.
반대 방향으로 작용하는 두 힘	알짜힘의 크기는 큰 힘에서 작은 힘을 (**9**) 값과 같고, 방향은 큰 힘의 방향과 같다.

2. 관성 법칙(뉴턴 운동 제1법칙)과 등속 직선 운동

① 관성 법칙: 물체에 작용하는 알짜힘이 0이면 정지해 있던 물체는 계속 정지해 있고, 움직이던 물체는 등속 직선 운동을 계속 한다.

속도가 일정한 운동으로 등속도 운동이라고도 한다.

② (**10**): 물체는 속력과 운동 방향이 일정한 운동을 한다.

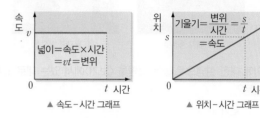

▲ 속도-시간 그래프 　　　 ▲ 위치-시간 그래프

3. 가속도 법칙(뉴턴 운동 제2법칙)과 등가속도 직선 운동

① 가속도 법칙: 운동하는 물체의 가속도 a는 작용하는 알짜힘 F에 (**11**)하고, 질량 m에 (**12**)한다.

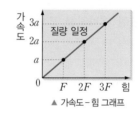 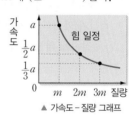

▲ 가속도-힘 그래프 　　　 ▲ 가속도-질량 그래프

$$a=\frac{F}{m} \Rightarrow F=ma$$

② (**13**): 물체에 작용하는 알짜힘이 일정하면 가속도가 일정하므로, 물체는 속도가 일정하게 증가하거나 감소하는 운동을 한다.

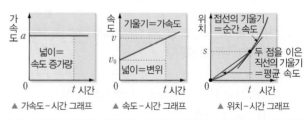

▲ 가속도-시간 그래프 　 ▲ 속도-시간 그래프 　 ▲ 위치-시간 그래프

$$v=v_0+at, \ s=v_0t+\frac{1}{2}at^2, \ 2as=v^2-v_0^2$$

(v: 나중 속도, v_0: 처음 속도, a: 가속도, t: 시간, s: 변위)

4. 작용 반작용 법칙(뉴턴 운동 제3법칙)

① 작용과 반작용: 한 물체가 다른 물체에 힘을 작용하면, 동시에 다른 물체도 힘을 작용한 물체에 크기가 같고 방향이 반대인 힘을 작용한다.

② 작용과 반작용 관계에 있는 두 힘: 작용과 반작용은 항상 크기가 (**14**), 방향이 (**15**)(이)며, 동일 직선상에서 서로 다른 두 물체에 작용한다.

03 운동량 보존

1. 운동량

① (⓰   ): 운동하는 물체의 운동 효과를 나타내는 물리량

> 운동량=물체의 질량×속도, $p=m×v$ (단위: kg·m/s)

② <u>운동량의 변화량</u>: 나중 운동량에서 처음 운동량을 뺀 값
운동량 변화량의 방향은 속도 변화량의 방향과 같다.

2. 운동량 보존

① 운동량 보존 법칙: 외부에서 힘이 작용하지 않으면 충돌 전후 물체들의 운동량의 총합은 항상 일정하게 (⓱   )된다.

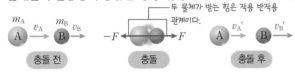

> 충돌 전 A와 B의 운동량 합=충돌 후 A와 B의 운동량 합
> $m_A v_A + m_B v_B = m_A v_A' + m_B v_B'$

② 운동량 보존이 적용되는 예: 충돌 후 두 물체가 한 덩어리가 되거나, 정지해 있던 물체가 분리되는 때도 운동량 보존 법칙이 성립한다. — 충돌 후 물체의 속력을 예상할 수 있다.

04 충격량

1. 충격량과 운동량의 변화량

충격량의 방향은 물체에 작용한 힘의 방향과 같다.

① (⓲   ): 물체가 받은 충격의 정도를 나타내는 물리량

> 충격량=힘×시간, $I=F×\Delta t$ (단위: N·s)

② 충격량과 운동량 변화량의 관계: 물체가 받은 충격량은 물체의 (⓳   )과/와 같다.

> 충격량=운동량의 변화량=나중 운동량−처음 운동량
> $I=F\Delta t=m\Delta v=mv-mv_0$

③ 충격량 그래프: 힘 – 시간 그래프 아랫부분의 넓이는 그래프의 형태와 관계없이 (⓴   )을/를 나타낸다.

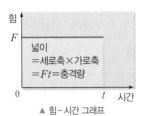

▲ 힘–시간 그래프

④ 충격량을 크게 하는 방법: 물체에 작용한 힘이 크거나 힘이 작용한 시간이 길수록 물체가 받는 충격량이 커져서 물체의 운동량의 변화량이 커진다.

2. 충돌과 안전장치

① 충돌할 때 받는 힘과 충돌 시간의 관계: 충격량이 같을 때 충돌 시간이 (㉑   )수록 물체가 받는 힘의 크기가 작아진다.

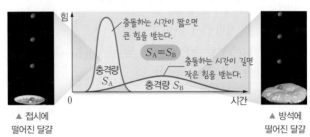

▲ 접시에 떨어진 달걀   ▲ 방석에 떨어진 달걀

② 충격을 감소시키는 장치: 충격량이 일정할 때 힘을 받는 시간을 길게 하여 충격을 줄인다.

05 역학적 에너지

1. 일과 에너지

① (㉒   ): 운동하는 물체가 가지는 에너지

> 운동 에너지=$\frac{1}{2}$×질량×속력^2, $E_k=\frac{1}{2}mv^2$ (단위: J)

② 일·운동 에너지 정리: 물체에 작용하는 알짜힘이 한 일은 물체의 (㉓   )과/와 같다.

③ 퍼텐셜 에너지

(㉔) 에너지	중력이 작용하는 공간에서 물체가 기준이 되는 위치와 다른 위치에 있을 때 가지는 에너지 $E_p=mgh$(g: 중력 가속도)
(㉕) 에너지	늘어나거나 압축된 용수철과 같이 변형된 물체가 가지는 에너지 $E_p=\frac{1}{2}kx^2$(k: 용수철 상수)

2. 역학적 에너지

① 역학적 에너지: 물체의 운동 에너지와 퍼텐셜 에너지의 합

② 역학적 에너지 보존 법칙: 마찰이나 공기 저항이 없으면 물체의 역학적 에너지는 변하지 않고 일정하게 보존된다.

중력에 의한 역학적 에너지 보존	• 물체가 올라갈 때: 감소한 운동 에너지 =(㉖) • 물체가 내려갈 때: 감소한 중력 퍼텐셜 에너지 =(㉗)
탄성력에 의한 역학적 에너지 보존	물체가 평형점을 통과하여 압축 또는 팽창하는 동안 물체의 운동 에너지는 (㉘)하고, 탄성 퍼텐셜 에너지는 (㉙)한다.

③ 역학적 에너지가 보존되지 않는 경우: 마찰이나 공기 저항을 받으며 운동하는 물체는 역학적 에너지가 보존되지 않는다.
→ 감소한 에너지는 (㉚   ) 등으로 전환된다.

I 단원 마무리

핵심 정리

06 열역학 법칙

1. 열역학 제1법칙과 열역학 과정

① 기체가 한 일: 기체가 일정한 압력 P를 유지하면서 부피가 $\Delta V(=A\Delta l)$만큼 늘어날 때 기체가 피스톤에 한 일 W = (㉛   )이다.

② 압력-부피 그래프: 기체가 한 일은 압력-부피 그래프 아랫부분의 넓이와 같다.

③ 이상 기체의 내부 에너지: 분자들의 (㉜   )의 총합과 같다. _{분자들 사이의 상호 작용이 없으므로 퍼텐셜 에너지는 0이다.}

④ 열역학 제1법칙: 기체가 흡수한 열 Q는 기체의 내부 에너지 변화량 ΔU와 기체가 한 일 W의 합과 같다.

$$Q = (㉝ \quad)$$

기체가 열을 얻으면 $Q>0$,
기체가 열을 잃으면 $Q<0$

⑤ 열역학 과정

등압 과정	열을 가하면 온도가 높아져 내부 에너지가 증가하고, 부피가 커져 기체는 외부에 일을 한다. $Q=\Delta U + W = \Delta U + P\Delta V$
(㉞) 과정	열을 가하면 온도가 높아져 내부 에너지는 증가하고, 부피 변화가 없어 기체가 한 일은 0이다. $Q=\Delta U \ (\because \Delta V = 0 \rightarrow W = 0)$
등온 과정	열을 가하면 부피가 커져 기체는 외부에 일을 하고, 온도가 일정하므로 내부 에너지 변화량은 0이다. $Q=W \ (\because \Delta T = 0, \ \Delta U = 0)$
(㉟) 과정	외부와의 열의 출입이 없으므로, 기체가 흡수하는 열은 0이다. $W=-\Delta U \ (\because Q = 0)$

2. 열역학 제2법칙

① (㊱   ): 열기관에 공급된 열에너지(Q_1) 중 일(W)로 전환되는 비율

$$e = \frac{W}{Q_1} = \frac{Q_1 - Q_2}{Q_1} = 1 - \frac{Q_2}{Q_1}$$

→ 열기관의 열효율은 항상 1보다 작다.

고열원
열(Q_1)
열기관   일(W)
열(Q_2)
저열원

② 열역학 제2법칙

• 열효율이 100 %인 열기관은 존재하지 않는다.

• 모든 자연 현상은 무질서한 정도가 (㊲   )하는 방향으로 일어난다.

• 두 물체가 접촉해 있을 때 열은 스스로 고온의 물체에서 저온의 물체로 이동하지만, 반대로는 저절로 이동하지 않는다.

07 특수 상대성 이론

1. 특수 상대성 이론의 두 가지 가설

(㊳)	모든 관성 좌표계에서 물리 법칙은 동일하게 성립한다. _{정지해 있거나 등속 직선 운동 하는 관찰자를 기준으로 정한 좌표계}
(㊴)	모든 관성 좌표계에서 보았을 때, 진공 중에서 진행하는 빛의 속력은 관찰자나 광원의 속력에 관계없이 일정하다.

2. 특수 상대성 이론의 결과

(㊵)	한 관성 좌표계에서 동시에 일어난 두 사건이 다른 관성 좌표계에서는 동시에 일어난 것이 아닐 수 있다.
시간 지연	관성계의 관찰자가 빠르게 운동하는 관찰자를 보았을 때 시간이 (㊶) 가는 현상
길이 수축	관성계의 관찰자가 빠르게 운동하는 물체를 보았을 때 길이가 (㊷)되어 보이는 현상 → 길이 수축은 운동 방향으로만 일어나며, 운동 방향에 수직인 방향의 길이는 수축되지 않는다.

08 질량과 에너지

1. 질량 에너지 등가 원리

① 질량과 에너지의 관계: 운동하는 물체의 질량 m에 해당하는 에너지의 양 E는 다음과 같다.

$$E = mc^2 \ (c: \text{빛의 속력})$$

② 의미

• 질량은 에너지로 전환될 수 있으며, 에너지도 질량으로 전환될 수 있다.

• 운동하는 물체의 질량은 물체의 속력이 빨라지면 증가하고, 속력이 느려지면 감소한다.

③ (㊸   ): 관찰자가 보았을 때 정지 상태에 있는 물체의 질량(m_0)에 해당하는 에너지 → $E_0 = m_0 c^2$

④ (㊹   ): 핵자들이 결합하여 원자핵을 이룰 때 줄어든 질량(Δm) → 질량 에너지 등가 원리에 따라 물체의 질량이 Δm만큼 감소하면 $E = \Delta m c^2$만큼의 에너지를 방출한다.

2. 핵융합과 핵분열

핵융합	두 개 이상의 가벼운 원자핵이 결합하여 하나의 새로운 무거운 원자핵이 되는 과정으로, 질량 결손에 의해 (㊺)이/가 방출된다.
핵분열	무거운 원자핵이 원래 원자핵보다 가벼운 원자핵들로 분열되는 과정으로, 질량 결손에 의해 (㊻)이/가 방출된다.

Ⅰ 단원 평가 문제

바른답·알찬풀이 **40**쪽

∞ 01. 여러 가지 운동 10쪽

01 오른쪽 그림은 종이배가 시냇물을 따라 점 p, q를 지나 떠내려가는 모습을 나타낸 것이다. p에서 q 까지 종이배의 운동에 대한 설명으로 옳은 것만을 〈보기〉에서 있는 대로 고른 것은?

┤ 보기 ├
ㄱ. 등속도 운동을 한다.
ㄴ. 변위의 크기는 이동 거리와 같다.
ㄷ. 평균 속력은 평균 속도의 크기보다 크다.

① ㄱ ② ㄴ ③ ㄷ
④ ㄱ, ㄴ ⑤ ㄴ, ㄷ

∞ 01. 여러 가지 운동 10쪽

02 그림 (가)는 자유 낙하 하는 공을, (나)는 일정한 속력으로 원 궤도를 따라 운동하는 공을, (다)는 실에 매달려 곡선 궤도를 따라 왕복 운동 하는 공을 나타낸 것이다.

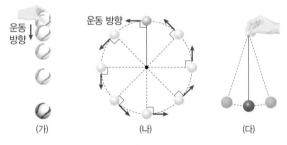

이에 대한 설명으로 옳은 것만을 〈보기〉에서 있는 대로 고른 것은?

┤ 보기 ├
ㄱ. (가)에서 공의 운동 방향과 가속도의 방향이 같다.
ㄴ. (나)에서 공은 등속도 운동을 한다.
ㄷ. (다)에서 공은 속력과 운동 방향이 모두 변하는 운동을 한다.

① ㄱ ② ㄴ ③ ㄱ, ㄷ
④ ㄴ, ㄷ ⑤ ㄱ, ㄴ, ㄷ

∞ 02. 뉴턴 운동 법칙 18쪽

03 물체에 작용하는 알짜힘이 0인 경우만을 〈보기〉에서 있는 대로 고른 것은?(단, 공기 저항은 무시한다.)

┤ 보기 ├

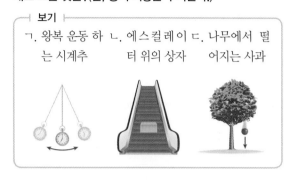

ㄱ. 왕복 운동 하는 시계추
ㄴ. 에스컬레이터 위의 상자
ㄷ. 나무에서 떨어지는 사과

① ㄱ ② ㄴ ③ ㄷ
④ ㄱ, ㄴ ⑤ ㄴ, ㄷ

∞ 02. 뉴턴 운동 법칙 18쪽

04 그림 (가)는 수평면에서 물체 A가 물체 B, C와 실과 도르래로 연결된 채 오른쪽으로 운동하는 모습을, (나)는 (가)의 A와 연결되어 있던 B를 C 쪽으로 옮겨 운동하는 모습을 나타낸 것이다. A의 가속도의 크기는 (나)에서가 (가)에서의 2배이다. A, B, C의 질량은 각각 4 kg, 2 kg, m이다.

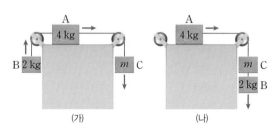

(가)에서 A의 가속도의 크기 a와 C의 질량 m을 옳게 짝 지은 것은?(단, 중력 가속도는 10 m/s²이고, 실의 질량, 공기 저항과 마찰은 무시한다.)

	a	m		a	m
①	$\frac{10}{3}$ m/s²	4 kg	②	$\frac{10}{3}$ m/s²	6 kg
③	10 m/s²	4 kg	④	10 m/s²	6 kg
⑤	$\frac{20}{3}$ m/s²	6 kg			

∞ 02. 뉴턴 운동 법칙 18쪽

05 그림과 같이 물체 B와 실로 연결된 질량 m인 물체 A를 수평면상에서 전동기로 당기다가 A가 점 P에 도달한 순간 전동기와 연결한 실이 끊어졌다. A는 P로부터 **4 m**만큼 떨어진 점 Q에서 방향을 바꾸어 다시 P까지 도달하는 데 2초가 걸렸다.

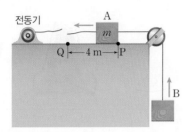

B의 질량은?(단, 중력 가속도는 **10 m/s²**이고, 실과 도르래의 질량, 물체의 크기 및 모든 마찰은 무시한다.)

① $2m$ ② $3m$ ③ $4m$

④ $6m$ ⑤ $8m$

∞ 02. 뉴턴 운동 법칙 18쪽

06 그림과 같이 직선 도로에서 자동차 A가 기준선을 속력 **10 m/s**로 통과하는 순간, 기준선에 정지해 있던 자동차 B가 출발하여 도로와 나란하게 운동하고 있다. A와 B의 속력이 v로 같은 순간, A는 B보다 **20 m** 앞서 있다. A와 B는 속력이 증가하는 등가속도 운동을 하고, A와 B의 가속도의 크기는 각각 a, $2a$이다.

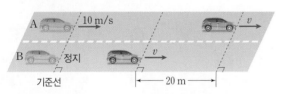

이에 대한 설명으로 옳은 것만을 〈보기〉에서 있는 대로 고른 것은?

┤ 보기 ├
ㄱ. $v=20$ m/s이다.
ㄴ. A, B가 기준선을 통과하는 순간부터 속력이 v로 같아질 때까지 걸린 시간은 4초이다.
ㄷ. $a=2$ m/s²이다.

① ㄱ ② ㄷ ③ ㄱ, ㄴ

④ ㄱ, ㄷ ⑤ ㄴ, ㄷ

∞ 03. 운동량 보존 30쪽

07 그림은 수평한 실험대에 놓여 있는 수레 A와 B 사이의 용수철을 압축시키고 실을 연결한 뒤 실을 끊어 두 수레가 분리되는 순간의 모습을 나타낸 것이다. A, B가 분리된 직후부터 같은 거리 L만큼 떨어져 있는 수레 멈춤대까지 도달하는 데 걸린 시간이 A는 t, B는 $3t$였다.

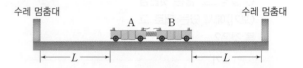

A, B의 질량을 각각 m_A, m_B라고 할 때, $m_A : m_B$는? (단, 용수철과 실의 질량, 수레의 크기 및 공기 저항과 마찰은 무시한다.)

① 1 : 2 ② 1 : 3 ③ 1 : 4

④ 2 : 1 ⑤ 3 : 1

∞ 04. 충격량 34쪽

08 그림은 크기와 질량이 같은 동일한 달걀 A, B를 같은 높이에서 떨어뜨리는 모습을 나타낸 것이다. A는 수조 바닥에 떨어져 깨지고, B는 물을 넣은 비닐봉지에 떨어져 깨지지 않고 정지하였다.

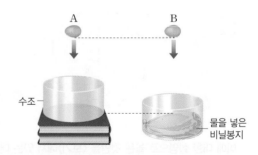

A와 B의 물리량의 크기가 같은 것만을 〈보기〉에서 있는 대로 고른 것은?(단, 공기 저항은 무시한다.)

┤ 보기 ├
ㄱ. 충돌하는 동안 달걀이 받은 평균 힘의 크기
ㄴ. 충돌하기 직전 달걀의 운동량의 크기
ㄷ. 충돌하는 동안 달걀이 받은 충격량의 크기

① ㄱ ② ㄷ ③ ㄱ, ㄴ

④ ㄱ, ㄷ ⑤ ㄴ, ㄷ

09 그림은 마찰이 없는 수평면에 정지해 있는 질량 2 kg인 물체에 작용한 힘을 시간에 따라 나타낸 것이다.

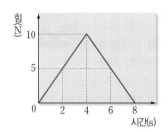

물체에 대한 설명으로 옳은 것만을 〈보기〉에서 있는 대로 고른 것은?

┌─ 보기 ├─
ㄱ. 0~8초까지 받은 충격량의 크기는 40 N·s이다.
ㄴ. 2초일 때의 속력은 10 m/s이다.
ㄷ. 8초일 때 운동 에너지는 400 J이다.

① ㄱ   ② ㄷ   ③ ㄱ, ㄴ
④ ㄱ, ㄷ   ⑤ ㄴ, ㄷ

10 그림은 수레가 동일 연직면에 있는 궤도상의 점 A, B, C 를 차례로 통과한 모습을 나타낸 것이다. B와 C는 수평면 으로부터 같은 높이이다.

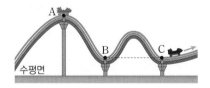

수레의 에너지에 대한 설명으로 옳은 것만을 〈보기〉에서 있는 대로 고른 것은?(단, 공기 저항과 마찰은 무시한다.)

┌─ 보기 ├─
ㄱ. 중력 퍼텐셜 에너지는 A에서가 B에서보다 크다.
ㄴ. 운동 에너지는 B에서와 C에서가 같다.
ㄷ. A에서 B까지 운동하는 동안 중력이 한 일은 A 에서 B까지 운동 에너지의 감소량과 같다.

① ㄱ   ② ㄷ   ③ ㄱ, ㄴ
④ ㄱ, ㄷ   ⑤ ㄴ, ㄷ

11 그림 (가)는 물체 A와 실로 연결된 물체 B를 전동기가 당기고 있는 모습을, (나)는 전동기가 당기는 힘의 크기를 시간에 따라 나타낸 것이다. 1초일 때 A는 정지해 있었고, 0초부터 4초까지 B의 운동 에너지 변화량은 A의 중력 퍼텐셜 에너지 변화량의 3배이다.

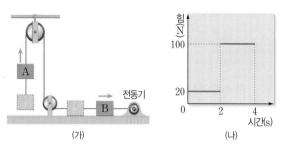

(가)   (나)

4초일 때, B의 속력은?(단, 중력 가속도는 10 m/s²이고, 실과 도르래의 질량, 공기 저항과 마찰은 무시한다.)

① 10 m/s   ② 20 m/s   ③ 25 m/s
④ 30 m/s   ⑤ 40 m/s

12 그림과 같이 수평면으로부터 5 m 높이의 마찰이 없는 경 사면에 질량이 4 kg인 물체를 가만히 놓았더니, 물체는 경 사면을 내려와 마찰이 있는 면을 지난 후 마찰이 없는 수평 면을 6 m/s의 속력으로 운동하였다.

마찰이 있는 면에서 물체의 역학적 에너지 감소량은?(단, 중력 가속도는 10 m/s²이고, 물체의 크기 및 공기 저항은 무시한다.)

① 68 J   ② 72 J   ③ 128 J
④ 200 J   ⑤ 272 J

I 단원 평가 문제

∞ 06. 열역학 법칙 52쪽

13 그림은 일정량의 이상 기체의 상태가 A → B → C → D → A를 따라 변할 때, 압력과 부피의 관계를 나타낸 것이다.

한 순환 과정에서 기체가 한 일의 양은 몇 J인지 구하시오.

∞ 06. 열역학 법칙 52쪽

14 오른쪽 그림은 이상 기체가 들어 있는 실린더를 나타낸 것이다. 기체가 천천히 등온 팽창할 때 증가하는 물리량만을 〈보기〉에서 있는 대로 고른 것은?

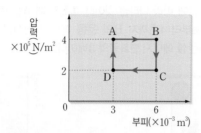

┤ 보기 ├
ㄱ. 기체가 외부에 한 일
ㄴ. 기체의 내부 에너지
ㄷ. 기체 분자의 평균 운동 에너지

① ㄱ   ② ㄷ   ③ ㄱ, ㄴ
④ ㄴ, ㄷ   ⑤ ㄱ, ㄴ, ㄷ

∞ 06. 열역학 법칙 52쪽

15 오른쪽 그림은 온도가 높은 고열원으로부터 Q_1의 열을 흡수하여 W의 일을 하고, 온도가 낮은 저열원으로 Q_2의 열을 방출하는 열기관을 모식적으로 나타낸 것이다. 이에 대한 설명으로 옳은 것만을 〈보기〉에서 있는 대로 고른 것은?

┤ 보기 ├
ㄱ. $W = Q_1 - Q_2$이다.
ㄴ. Q_1에 비해 Q_2의 값이 클수록 열기관의 열효율이 높다.
ㄷ. $Q_2 = 0$인 열기관은 열역학 제2법칙에 위배되므로 만들 수 없다.

① ㄱ   ② ㄷ   ③ ㄱ, ㄴ
④ ㄱ, ㄷ   ⑤ ㄴ, ㄷ

∞ 06. 열역학 법칙 52쪽

16 오른쪽 그림 (가)는 비커에 담긴 물에 잉크 방울을 떨어뜨린 순간의 모습을, (나)는 (가)의 상태에서 시간이 충분히 지나 잉크가 퍼진 모습을 나타낸 것이다. 이에 대한 설명으로 옳은 것만을 〈보기〉에서 있는 대로 고른 것은?

┤ 보기 ├
ㄱ. (가)에서 (나)로 진행하는 변화는 가역 변화이다.
ㄴ. 무질서도는 (가)에서가 (나)에서보다 크다.
ㄷ. 열역학 제2법칙에 의하면 아무리 시간이 지나도 (나)에서 (가)로 변화하는 과정은 진행되지 않는다.

① ㄱ   ② ㄷ   ③ ㄱ, ㄴ
④ ㄴ, ㄷ   ⑤ ㄱ, ㄴ, ㄷ

∞ 07. 특수 상대성 이론 64쪽

17 그림과 같이 영희는 정지한 열차 안에 있고, 철수는 영희에 대해 빛의 속력에 가깝게 등속 직선 운동 하는 열차 안에 있다. 영희의 좌표계에서는 광원에서 발생한 빛이 열차의 양 끝에 있는 빛 검출기 A, B에 동시에 도달한다.

이에 대한 설명으로 옳은 것만을 〈보기〉에서 있는 대로 고른 것은?

┤ 보기 ├
ㄱ. 빛의 속력은 철수가 관측했을 때와 영희가 관측했을 때가 같다.
ㄴ. 영희가 측정할 때, 광원으로부터 A까지의 거리와 B까지의 거리는 같다.
ㄷ. 철수가 관측할 때, 광원에서 발생한 빛은 A보다 B에 먼저 도달한다.

① ㄱ   ② ㄷ   ③ ㄱ, ㄴ
④ ㄴ, ㄷ   ⑤ ㄱ, ㄴ, ㄷ

∞ 07. 특수 상대성 이론 64쪽

18 그림은 정지해 있는 영희에 대해 뮤온과 우주선이 각각 $0.9c$의 속력으로 $+x$ 방향으로 운동하는 모습을 나타낸 것이다. 표는 철수와 영희가 측정한 우주선의 x 방향과 y 방향의 길이를 나타낸 것이다.

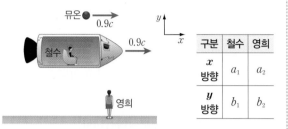

구분	철수	영희
x 방향	a_1	a_2
y 방향	b_1	b_2

이에 대한 설명으로 옳은 것만을 〈보기〉에서 있는 대로 고른 것은?(단, c는 빛의 속력이다.)

┤ 보기 ├

ㄱ. $a_1 > a_2$이다.

ㄴ. $b_1 = b_2$이다.

ㄷ. 뮤온의 수명은 철수가 측정할 때보다 영희가 측정할 때가 더 길다.

① ㄴ　　　　② ㄷ　　　　③ ㄱ, ㄴ

④ ㄱ, ㄷ　　　⑤ ㄱ, ㄴ, ㄷ

∞ 08. 질량과 에너지 76쪽

19 다음은 핵융합과 핵분열에 대한 설명이다.

> 핵융합 반응은 가벼운 두 개 이상의 원자핵이 결합하여 무거운 원자핵이 되는 핵반응이고, 핵분열 반응은 무거운 원자핵이 원래 원자핵보다 가벼운 두 개의 원자핵으로 쪼개지거나 분열되는 핵반응이다.

핵반응 과정에서 반응 전의 총질량에 비해 반응 후의 총질량의 변화를 옳게 짝 지은 것은?

	핵융합	핵분열		핵융합	핵분열
①	증가	증가	②	증가	감소
③	감소	증가	④	감소	감소
⑤	감소	일정			

1등급을 완성하는 서술형 문제

∞ 02. 뉴턴 운동 법칙 18쪽

20 다음은 사과, 책상, 지구 사이에 상호 작용 하는 힘을 나타낸 것이다.

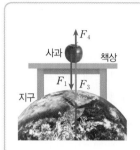

- F_1: 사과의 중력
- F_2: 사과가 지구를 당기는 힘
- F_3: 사과가 책상면을 누르는 힘
- F_4: 책상면이 사과를 떠받치는 힘

작용 반작용의 관계에 있는 힘을 모두 쓰고, 특징을 설명하시오.

∞ 04. 충격량 34쪽

21 오른쪽 그림은 빨대에 플라스틱 구슬을 넣고 입으로 부는 모습을 나타낸 것으로, 빨대를 같은 크기의 힘으로 불어도 길이가 긴 빨대를 사용하면 구슬은 더 멀리 날아간다. 이때 구슬이 더 멀리 날아가는 까닭을 설명하시오(단, 빨대를 부는 동안 구슬에 작용하는 힘은 일정하다.).

∞ 07. 특수 상대성 이론 64쪽

22 그림 (가), (나)는 우주에서 온 입자가 대기권의 공기와 충돌하여 만들어진 뮤온이 지표면에서 발견되는 모습을 나타낸 것이다.

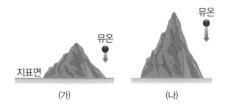

(가)　　　　(나)

(가) 뮤온과 함께 움직이는 좌표계에서 볼 때와 (나) 지상의 관찰자의 좌표계에서 볼 때, 뮤온이 지표면에서 발견되는 까닭을 각각 설명하시오.

우렁쉥이의 뇌

우렁쉥이는 멍게의 본래 이름입니다. 수정된 우렁쉥이는 영양분이 풍부한 장소를 찾아 바닷속을 이리저리 떠돌아다닙니다. 적합한 장소를 찾으면 자리를 잡고 물결에 쓸려 가지 않도록 몸을 바닥에 단단히 붙입니다. 그리고 평생 동안 식물처럼 물속의 영양분을 걸러 먹으며 살아갑니다.

그런데 살기 좋은 곳에 안착한 우렁쉥이가 가장 먼저 하는 일이 무엇인지 아세요? 그것은 바로 자신의 뇌를 먹어 치우는 일입니다. 움직일 필요가 없는 우렁쉥이에게 뇌는 더 이상 필요하지 않기 때문입니다. 그래서 일부 뇌신경 과학자들은 우렁쉥이의 사례를 들어 뇌는 신체의 움직임을 위해서 존재한다고 주장하고 있습니다.

뇌를 건강하게 유지하기 위해서는 적당한 신체의 움직임이 필요합니다. 어려운 과제로 인해 머리가 무거울 때 몸을 움직여 보세요. 신체의 움직임으로 뇌세포가 자극되어 집중력이 높아질 수 있습니다.

*멍게는 원래 우렁쉥이의 사투리였습니다. 그런데 멍게라는 말이 널리 쓰이면서
지금은 우렁쉥이와 멍게가 함께 표준어가 되었습니다.

Ⅱ 물질과 전자기장

조금만 힘내서 달려보자!

이 단원에서는 물질의 전자기적 성질의 기본 개념을 알기 위해 전기력을 학습하고, 원자들이 가지고 있는 에너지 준위와 에너지띠 이론으로 고체의 전기적 특성을 알아본다. 또, 전류에 의한 자기장을 이해하고, 전자기 유도 원리에서 전기 현상과 자기 현상이 어떻게 연관되어 있는지 알아본다.

1. 물질의 구조와 성질

09 전자의 에너지 준위

10 에너지띠

11 반도체와 다이오드

2. 전류와 자기장

12 전류의 자기 작용

13 물질의 자성

14 전자기 유도

09 전자의 에너지 준위

1 전기력과 쿨롱 법칙 자료 분석 특강 98쪽 A

1 전기력 전하를 띤 물체 사이에 작용하는 힘[1] _{마찰에 의해 전자를 잃은 물체는 (+)전하로 대전되고, 전자를 얻은 물체는 (−)전하로 대전된다.}

① 대전: 전자의 이동에 의해 전기를 띠는 현상으로, 대전된 물체를 대전체라고 한다.

② 전기력의 종류: 같은 종류의 전하 사이에는 서로 밀어내는 전기력(척력)이 작용하고, 다른 종류의 전하 사이에는 서로 끌어당기는 전기력(인력)이 작용한다.

③ 전기력의 종류 알아보기 _{털가죽으로 플라스틱 빨대를 문지르면 털가죽에서 빨대로 전자가 이동하여 털가죽은 (+)전하로 대전되고 빨대는 (−)전하로 대전된다.} **탐구/활동**

과정 »

❶ 털가죽으로 두 빨대 A, B를 각각 여러 번 문지른다.

❷ 플라스틱 통 위에 놓은 A의 한쪽 끝에 B를 가까이 가져가 A의 움직임을 관찰한다.

❸ 털가죽을 A의 한쪽 끝에 가까이 가져가 A의 움직임을 관찰한다.

결과 및 정리 »

1. 과정 ❷에서 두 빨대 A, B는 같은 종류의 전하를 띠고 있어 서로 밀어내는 전기력(척력)이 작용한다.

2. 과정 ❸에서 털가죽과 빨대 A는 다른 종류의 전하를 띠고 있어 서로 당기는 전기력(인력)이 작용한다.

2 쿨롱 법칙 전기력의 크기는 두 전하의 전하량의 곱에 비례하고, 두 전하가 떨어진 거리의 제곱에 반비례한다.[2]

$$F = k\frac{q_1 q_2}{r^2}$$ (쿨롱 상수 $k = 9.0 \times 10^9 \, \text{N} \cdot \text{m}^2/\text{C}^2$)

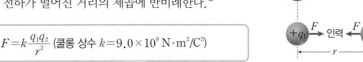

확인 문제 ①

1 같은 종류의 전하로 대전된 물체 사이에는 서로 (　　　) 전기력이 작용한다.

2 두 전하 사이에 작용하는 전기력의 크기는 두 전하의 전하량의 (　　　)에 비례하고, 두 전하 사이의 거리의 (　　　)에 반비례한다.

2 원자의 구조와 스펙트럼

1 원자 모형의 변천 과정

돌턴 모형(1803년)	톰슨 모형(1897년)	러더퍼드 모형(1911년)	보어 모형(1913년)
	(+)전하 / 전자	(++)	(+)
물질은 더 이상 쪼개지지 않는 작고 딱딱한 공과 같은 입자, 즉 원자로 이루어져 있다는 원자설 제안	(+)전하가 균일하게 분포하는 구 속에 (−)전하를 띤 전자들이 띄엄띄엄 박혀 있는 원자 모형 제안	(+)전하를 띤 원자핵이 원자의 중심에 있고, 그 주위를 (−)전하를 띤 전자가 돌고 있는 원자 모형 제안[3]	원자 속 전자는 특정한 궤도에서만 운동할 수 있고 궤도와 궤도 사이에는 존재할 수 없다는 원자 모형 제안

• 전하 사이에 작용하는 전기력의 크기와 방향 구하기
• 전자의 전이에서 흡수하거나 방출하는 빛에너지 분석하기

핵심 개념
전기력, 쿨롱 법칙, 원자 구조, 스펙트럼, 에너지 준위

plus 개념

❶ 전하
전기적인 현상을 일으키는 원인으로, 전하의 종류에는 (+)전하와 (−)전하가 있다.

또 다른 탐구

과정 »
그림과 같이 털가죽에 문지른 플라스틱 막대를 대전된 전기 진자의 금속구에 가까이 가져가 금속구가 어떻게 움직이는지 관찰한다.

결과 및 정리 »
금속구가 플라스틱 막대와 같은 종류의 전하로 대전되면 서로 밀어내고, 다른 종류의 전하로 대전되면 서로 끌어당긴다.

❷ 전하량
물질이 가지고 있는 전하의 양으로, 단위는 쿨롬(C)이다. 기본 전하량은 전자 1개가 가지고 있는 전하량으로 $e = 1.6 \times 10^{-19}$ C이다.

❸ 알파(α) 입자 산란 실험
러더퍼드는 얇은 금박에 (+)전하를 띠는 알파 입자를 쏘았을 때 일부 알파 입자들이 튕겨 나오는 현상을 통해 원자핵의 존재를 발견하였다.

큰 각도로 튕겨 나온 α 입자 / 굴절된 α 입자 / 얇은 금박 / α 입자 / 형광막

2 원자의 구조와 안정성

① 원자의 구조: (+)전하를 띠는 원자핵과 (−)전하를 띠는 전자로 구성되어 있다.

② 원자핵과 전자 사이의 전기력: (+)전하를 띠는 원자핵과 (−)전하를 띠는 전자 사이에 서로 당기는 전기력이 작용한다.

③ 원자의 안정성: 원자핵과 전자 사이에 전기력이 작용하기 때문에 전자가 원자핵 주위를 벗어나지 않는다. 즉, 원자의 구조가 안정되게 유지되고 있다.

3 스펙트럼 빛이 파장에 따라 나누어져 나타나는 색의 띠

빛의 파장에 따라 굴절되는 정도가 달라서 프리즘을 통과한 빛이 색깔에 따라 분리된다.

① 스펙트럼의 종류

연속 스펙트럼	여러 가지 파장의 빛이 색의 경계 없이 연속적으로 나타난다. 예 태양, 백열등과 같은 높은 온도의 고체나 액체에서 나오는 빛	파장 400 500 600 700 (nm) 백열등 백열등의 연속 스펙트럼
선 스펙트럼	**방출 스펙트럼**	특정한 파장의 빛만 불연속적인 선 모양으로 나타난다. 예 수소, 네온 등과 같은 기체가 채워진 방전관에서 나오는 빛 • 원소의 종류에 따라 밝은 선의 위치, 밝은 선의 개수 등이 다르다. • 선 스펙트럼을 분석하여 원소의 종류를 알 수 있다.	수소 수은 네온 여러 가지 기체의 선 스펙트럼
	흡수 스펙트럼	빛이 저온의 기체 속을 지날 때 특정한 파장의 빛이 저온의 기체에 흡수되어 검은 흡수 선이 나타난다.	태양광 태양광의 흡수 스펙트럼

② 여러 가지 전등의 선 스펙트럼 비교 관찰

탐구 / 활동

과정 》

❶ 간이 분광기로 백열등에서 나온 빛을 관찰한다.

❷ 백열등 대신 형광등을 사용하여 과정 ❶을 반복한다.

❸ 간이 분광기로 헬륨 기체 방전관과 네온 기체 방전관의 빛을 관찰한다.

기체 방전관

결과 》

백열등

형광등

헬륨 기체 방전관

네온 기체 방전관

정리 》

1. 백열등에서 방출되는 빛은 연속 스펙트럼을 나타낸다.

2. 형광등에서 방출되는 빛은 연속적인 무지개색 중간에 밝은 선을 나타내고, 기체 방전관에서 방출되는 빛은 선 스펙트럼을 나타낸다. 이때 기체의 종류에 따라 밝은 선의 위치와 모양이 모두 다르다.

**확인 문제 **

3 원자는 (+)전하를 띠는 (   )과/와 (−)전하를 띠는 (   )(으)로 이루어져 있다.

4 원자의 구조가 안정적인 것은 원자핵과 전자 사이에 (   )이/가 작용하기 때문이다.

5 백열등과 같이 높은 온도의 고체에서 방출되는 빛은 (   ) 스펙트럼을 나타내고, 기체 원자에서 방출되는 빛은 (   ) 스펙트럼을 나타낸다.

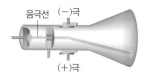

09 전자의 에너지 준위

plus+개념

3 에너지 준위와 전자의 전이

1 보어 원자 모형 원자의 안정성과 기체의 선 스펙트럼을 설명하기 위해 제안되었다.[6]

① 양자 조건: 원자 속의 전자는 특정한 궤도에서 운동을 할 때 빛을 방출하지 않고 안정한 상태로 존재한다.

전자의 궤도와 에너지 준위

• 전자의 궤도: 전자가 에너지를 방출하지 않고 안정한 상태로 존재하는 궤도는 양자수(n)로 나타내는데, 원자핵에서 가까운 것부터 $n=1, 2, 3, \cdots$으로 나타낸다.

• 에너지 준위와 양자화: 양자수 n에 따라 전자가 가지는 에너지를 단계적으로 나타낸 것을 에너지 준위라고 하며, 전자는 양자수에 해당하는 에너지 값만을 가지는데, 이를 에너지 양자화라고 한다.

전자가 존재할 수 있는 궤도

궤도와 궤도 사이에는 전자가 존재할 수 없다.

$n=1$
$n=2$
$n=3$

---

② 진동수 조건: 전자가 특정한 궤도 사이를 전이할 때, 두 궤도의 에너지 차에 해당하는 에너지를 빛의 형태로 흡수하거나 방출한다.

전자의 전이와 빛의 흡수와 방출

전자가 궤도 사이를 이동하는 것을 전자의 전이라고 하며, 전자가 에너지 준위 E_n인 궤도에서 E_m인 궤도로 전이할 때 두 궤도의 에너지 차에 해당하는 에너지(광자)를 빛의 형태로 흡수하거나 방출한다.

→ 전자가 전이할 때 흡수하거나 방출하는 광자 1개의 에너지는 빛의 진동수에 비례한다.

$$E_{광자}=hf=\frac{hc}{\lambda}=|E_n-E_m| \quad (h: \text{플랑크 상수}, f: \text{광자의 진동수}, \lambda: \text{광자의 파장}, c: \text{빛의 속력})$$

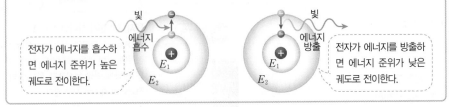

전자가 에너지를 흡수하면 에너지 준위가 높은 궤도로 전이한다.

E_1
E_2
에너지 흡수
빛

전자가 에너지를 방출하면 에너지 준위가 낮은 궤도로 전이한다.

E_1
E_2
에너지 방출
빛

---

2 수소 원자의 에너지 준위와 선 스펙트럼 [자료 분석 특강 99쪽 B]

① 수소 원자의 에너지 준위: 수소 원자에서 전자는 $n=1$인 상태가 가장 안정하며, 이 상태를 바닥상태라고 하고, $n \geq 2$인 상태를 들뜬상태라고 한다. 양자수 n에 따른 에너지 준위는 $E_n=-\dfrac{13.6}{n^2}[\text{eV}]$이다.

② 수소 원자의 선 스펙트럼 계열

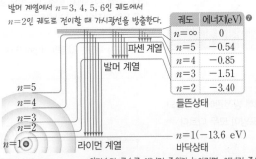

발머 계열에서 $n=3, 4, 5, 6$인 궤도에서 $n=2$인 궤도로 전이할 때 가시광선을 방출한다.

파셴 계열
발머 계열
$n=5$
$n=4$
$n=3$
$n=2$
$n=1$⊕
라이먼 계열
$n=1(-13.6 \text{ eV})$
바닥상태

궤도	에너지(eV)[7]
$n=\infty$	0
$n=5$	−0.54
$n=4$	−0.85
$n=3$	−1.51
$n=2$	−3.40

들뜬상태

구분	전자의 전이	방출되는 빛
라이먼 계열	$n \geq 2 \to n=1$인 궤도로 전이	자외선 영역
발머 계열	$n \geq 3 \to n=2$인 궤도로 전이	자외선, 가시광선 영역
파셴 계열	$n \geq 4 \to n=3$인 궤도로 전이	적외선 영역

양자수가 클수록 에너지 준위가 높아지며, 에너지 준위 간격은 점점 작아진다.

확인 문제 3

6 전자가 에너지 준위가 낮은 상태에서 높은 상태로 전이할 때는 빛을 (   )한다.

7 수소 원자의 선 스펙트럼 중 발머 계열에서 파장이 가장 긴 빛은 전자가 $n=($ $)$인 궤도에서 $n=($ $)$인 궤도로 전이할 때 방출된 빛이다.

오른쪽 사이드 설명

6 러더퍼드 원자 모형의 문제점

빛
빛
전자
원자핵
빛

① 원운동을 하는 전자가 빛을 방출하면서 에너지를 잃으면 원자핵 쪽으로 나선을 그리며 끌려 들어가므로 원자의 안정성을 설명하지 못한다.

② 전자의 회전 반지름이 감소하면서 연속적인 파장의 빛을 방출하므로 기체의 불연속적인 선 스펙트럼을 설명하지 못한다.

꼭 기억해!

원자의 에너지가 양자화되어 있기 때문에 원자는 모든 값의 빛에너지를 흡수하거나 방출하는 것이 아니라, 전이하는 두 에너지 준위 차에 해당하는 빛만 흡수하거나 방출한다.

7 전자볼트(eV)

전자와 같이 기본 전하량 e를 갖는 입자를 정지 상태에서 1 V의 전압으로 가속시켰을 때 얻는 운동 에너지를 1 eV라 하고 다음과 같이 나타낸다.

$$1 \text{ eV}=1.6 \times 10^{-19} \text{ J}$$

오해하지마!

수소 원자의 에너지 준위

수소 원자의 에너지에서 '−'부호는 원자핵에 전자가 속박되어 있다는 것을 뜻한다.

용어 돋보기

• 전이(바뀔 轉, 옮길 移): 전자가 궤도를 옮기는 것을 말한다.

• 에너지 준위(Energy 평평할 準, 자리 位): 전자가 가질 수 있는 양자화된 에너지 값이다.

1 전기력과 쿨롱 법칙

01 전하와 전기력에 대한 설명으로 옳지 <u>않은</u> 것은?

① 전하에는 (＋)전하와 (－)전하가 있다.

② 같은 종류의 전하 사이에는 서로 밀어내는 힘이 작용한다.

③ 두 전하 사이의 거리가 멀수록 작용하는 전기력이 크다.

④ 서로 다른 물체를 마찰시킬 때 전자를 잃은 물체는 (＋)전하로 대전된다.

⑤ 원자핵과 전자 사이에는 서로 끌어당기는 전기력이 작용한다.

02 그림은 절연된 실에 매단 두 점전하 A, B가 정지해 있는 모습을 나타낸 것으로, $\theta_A > \theta_B$이다.

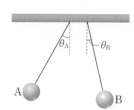

이에 대한 설명으로 옳은 것만을 〈보기〉에서 있는 대로 고른 것은?

┌ 보기 ┐

ㄱ. A와 B 사이에는 서로 밀어내는 전기력이 작용한다.

ㄴ. A와 B는 서로 다른 종류의 전하를 띤다.

ㄷ. A에 작용하는 전기력의 크기는 B에 작용하는 전기력의 크기보다 크다.

① ㄱ   ② ㄴ   ③ ㄱ, ㄴ

④ ㄱ, ㄷ   ⑤ ㄴ, ㄷ

03 (중요)

그림 (가)는 전하량이 각각 $+q$, $-2q$인 점전하 A, B가 거리 r만큼 떨어져 고정되어 있는 것을, (나)는 전하량이 $+q$, $+4q$인 점전하 A, C가 거리 $2r$만큼 떨어져 고정되어 있는 것을 나타낸 것이다.

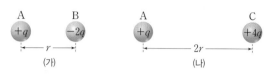

(가), (나)에서 A에 작용하는 전기력의 크기를 각각 F_1, F_2라고 할 때, $F_1 : F_2$는?

① 4 : 1   ② 2 : 1   ③ 1 : 1

④ 1 : 2   ⑤ 1 : 4

04 그림과 같이 전하량이 각각 $+Q$, $-Q$인 두 점전하가 x축에 고정되어 있다. 점 a, b, c는 x축상의 지점이다.

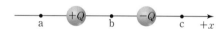

전하량이 $+q$인 점전하를 각각 a, b, c에 놓을 때, 이 점전하가 a, b, c에서 받는 전기력의 방향을 옳게 나타낸 것은?

	a	b	c
①	$+x$ 방향	$-x$ 방향	$+x$ 방향
②	$+x$ 방향	$+x$ 방향	$-x$ 방향
③	$-x$ 방향	$+x$ 방향	$+x$ 방향
④	$-x$ 방향	$+x$ 방향	$-x$ 방향
⑤	$-x$ 방향	$-x$ 방향	$+x$ 방향

05 (서술형)

그림과 같이 점전하 A, B, C가 같은 직선 위에 고정되어 있을 때, A에 작용하는 전기력 F의 방향은 왼쪽이다. A, B의 전하량은 각각 $+Q$, $-2Q$이고, A, B 사이의 거리와 B, C 사이의 거리는 r로 같다.

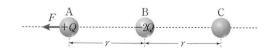

C의 전하의 종류와 전하량의 크기에 대해 설명하시오.

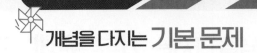
2 원자의 구조와 스펙트럼

06 원자에 대한 설명으로 옳지 <u>않은</u> 것은?

① 원자 전체는 전기적으로 중성이다.
② 원자는 원자핵과 전자로 이루어져 있다.
③ 원자의 질량은 대부분 전자가 차지한다.
④ 원자핵과 전자 사이에는 빈 공간이 있다.
⑤ 원자 내 전자는 원자핵과 전자 사이의 전기력에 의해 원자에 속박되어 있다.

08 (중요) 오른쪽 그림은 원자의 구조를 나타낸 것이다. 이에 대한 설명으로 옳은 것만을 〈보기〉에서 있는 대로 고른 것은?

┤ 보기 ├
ㄱ. 원자핵은 (+)전하를 띤다.
ㄴ. 전자와 원자핵 사이에는 끌어당기는 전기력이 작용한다.
ㄷ. 원자핵이 전자에 작용하는 힘의 크기는 전자가 원자핵에 작용하는 힘의 크기보다 크다.

① ㄴ   ② ㄷ   ③ ㄱ, ㄴ
④ ㄱ, ㄷ   ⑤ ㄱ, ㄴ, ㄷ

07 그림 (가), (나), (다)는 톰슨, 러더퍼드, 보어의 원자 모형을 순서 없이 나타낸 것이다.

(가)	(나)	(다)
전자는 (+)전하를 띤 물질에 박혀 있다.	전자는 특정한 상태의 궤도에서만 존재한다.	중심에 원자핵이 있고, 전자는 원자핵 주위를 돌고 있다.

이에 대한 설명으로 옳은 것만을 〈보기〉에서 있는 대로 고른 것은?

┤ 보기 ├
ㄱ. (가)는 톰슨의 원자 모형이다.
ㄴ. (나)의 원자 모형으로는 수소 원자에서 방출되는 빛의 스펙트럼을 잘 설명할 수 있다.
ㄷ. (다)의 원자 모형으로는 원자의 안정성을 잘 설명할 수 있다.

① ㄱ   ② ㄴ   ③ ㄱ, ㄴ
④ ㄱ, ㄷ   ⑤ ㄴ, ㄷ

09 그림 (가), (나)는 각각 백열등과 기체 방전관에서 나오는 빛의 스펙트럼을 나타낸 것이다.

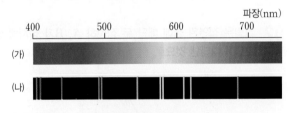

(가), (나)의 스펙트럼의 종류를 쓰시오.

10 (서술형) 그림은 수소 기체 방전관에서 방출된 빛을 분광기로 관찰한 것을 나타낸 것이다.

이 스펙트럼의 종류를 쓰고, 이러한 스펙트럼이 나타나는 까닭을 설명하시오.

❸ 에너지 준위와 전자의 전이

11 그림은 보어의 수소 원자 모형을 나타낸 것이다.

이에 대한 설명으로 옳지 <u>않은</u> 것은?(단, n은 양자수이다.)

① 전자가 $n=1$인 궤도에 있을 때 가장 안정하다.

② 원자핵과 전자 사이에는 쿨롱 법칙을 따르는 힘이 작용한다.

③ 전자는 $n=2$인 궤도와 $n=3$인 궤도 사이에 있을 수 있다.

④ 전자가 갖는 에너지는 $n=3$에서보다 $n=4$에서 더 크다.

⑤ 전자가 높은 에너지 준위에서 낮은 에너지 준위로 전이할 때 에너지를 방출한다.

12 그림 (가), (나)는 수소 원자 내에서 전자가 전이하는 것을 나타낸 것이다.

이에 대한 설명으로 옳은 것만을 〈보기〉에서 있는 대로 고른 것은?(단, n은 양자수이다.)

┤ 보기 ├

ㄱ. (가)에서 빛이 방출된다.

ㄴ. (나)에서 전자의 에너지는 감소한다.

ㄷ. 전자가 전이하면서 흡수 또는 방출하는 광자 1개의 에너지는 (가)와 (나)에서 같다.

① ㄱ   ② ㄴ   ③ ㄱ, ㄷ

④ ㄴ, ㄷ   ⑤ ㄱ, ㄴ, ㄷ

13 그림은 보어의 수소 원자 모형에서 양자수 n에 따른 전자의 에너지 준위를 나타낸 것이다.

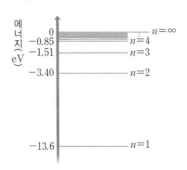

이에 대한 설명으로 옳은 것은?

① 전자는 연속된 에너지 값을 갖는다.

② 전자의 에너지 준위는 양자수가 클수록 작다.

③ 양자수가 클수록 원자핵으로부터 떨어진 거리가 가깝다.

④ 수소 원자는 모든 파장의 빛을 방출할 수 있다.

⑤ 전자가 $n=3$인 상태에서 $n=2$인 상태로 전이할 때 $1.89\,\mathrm{eV}$만큼의 에너지를 방출한다.

ⓟ중요

14 그림은 수소 원자에서 전자가 전이할 때 빛 a, b, c를 흡수하거나 방출하는 것을 나타낸 것이다. 표는 a, b, c의 광자 1개의 에너지와 진동수를 나타낸 것이다.

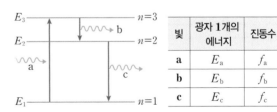

빛	광자 1개의 에너지	진동수
a	E_a	f_a
b	E_b	f_b
c	E_c	f_c

이에 대한 설명으로 옳은 것만을 〈보기〉에서 있는 대로 고른 것은?(단, n은 양자수이다.)

┤ 보기 ├

ㄱ. a의 파장은 c의 파장보다 길다.

ㄴ. $E_a = E_1 + E_2 + E_3$이다.

ㄷ. $f_a = f_b + f_c$이다.

① ㄱ   ② ㄷ   ③ ㄱ, ㄴ

④ ㄱ, ㄷ   ⑤ ㄴ, ㄷ

실력을 올리는 실전 문제와
함께 보면 더 좋아요!

A 두 점전하로부터 받는 전기력이 0인 지점 찾기

CASE 1 두 점전하 A, B의 전하량이 각각 $+q_A$, $+q_B$로 서로 같은 종류의 전하를 띠는 경우

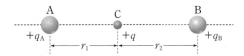

① A와 B 사이에 전하량이 $+q$인 점전하 C가 있을 때 C에 작용하는 전기력 구하기

• A와 C 사이에 작용하는 전기력: C에는 오른쪽 방향으로 크기가 $k\dfrac{q_A q}{r_1^2}$인 전기력이 작용한다.

• B와 C 사이에 작용하는 전기력: C에는 왼쪽 방향으로 크기가 $k\dfrac{q_B q}{r_2^2}$인 전기력이 작용한다.

② A와 B의 전하량에 따라 C에 작용하는 전기력이 0인 지점 찾기

C에 작용하는 전기력이 0이므로 $k\dfrac{q_A q}{r_1^2}=k\dfrac{q_B q}{r_2^2}$이다.	❶ $q_A=q_B$	$r_1=r_2$	
	❷ $q_A>q_B$	$r_1>r_2$	
	❸ $q_A<q_B$	$r_1<r_2$	

❶ A와 B의 전하량의 크기가 같으면, A, B의 중간 지점에 전기력이 0인 지점이 있다.

❷ 전하량의 크기가 A가 B보다 크면, 전하량이 작은 B에 가까운 지점에 전기력이 0인 지점이 있다.

❸ 전하량의 크기가 A가 B보다 작으면, 전하량이 작은 A에 가까운 지점에 전기력이 0인 지점이 있다.

TIP
두 점전하의 종류가 같은 경우에는 두 점전하 사이에 전기력이 0인 지점이 있으며, 전하량의 크기가 작은 전하에 더 가까이 있다.

CASE 2 두 점전하 A, B의 전하량이 각각 $+q_A$, $-q_B$로 서로 다른 종류의 전하를 띠는 경우

$q_A>q_B$일 때 전기력이 0인 지점 찾기

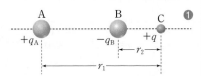

• B의 오른쪽에 전하량이 $+q$인 점전하 C가 있다고 하면, C에는 A에 의해 오른쪽 방향으로 크기가 $k\dfrac{q_A q}{r_1^2}$인 전기력이 작용하고, B에 의해 왼쪽 방향으로 크기가 $k\dfrac{q_B q}{r_2^2}$인 전기력이 작용한다.

• C에 작용하는 전기력이 0이므로 $k\dfrac{q_A q}{r_1^2}=k\dfrac{q_B q}{r_2^2}$이다. 그런데 $q_A>q_B$이므로 $r_1>r_2$이다.

$q_A<q_B$일 때 전기력이 0인 지점 찾기

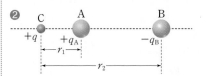

• A의 왼쪽에 전하량이 $+q$인 점전하 C가 있다고 하면, C에는 A에 의해 왼쪽 방향으로 크기가 $k\dfrac{q_A q}{r_1^2}$인 전기력이 작용하고, B에 의해 오른쪽 방향으로 크기가 $k\dfrac{q_B q}{r_2^2}$인 전기력이 작용한다.

• C에 작용하는 전기력이 0이므로 $k\dfrac{q_A q}{r_1^2}=k\dfrac{q_B q}{r_2^2}$이다. 그런데 $q_A<q_B$이므로 $r_1<r_2$이다.

❶ 전하량의 크기가 A가 B보다 크면, 전하량이 작은 B에 가까운 지점(B의 오른쪽)에 전기력이 0인 지점이 있다.

❷ 전하량의 크기가 A가 B보다 작으면, 전하량이 작은 A에 가까운 지점(A의 왼쪽)에 전기력이 0인 지점이 있다.

TIP
두 점전하로부터 받는 전기력이 0인 지점을 기준으로 왼쪽과 오른쪽에서는 전기력의 방향이 서로 반대이다.

실력을 올리는 실전 문제 찾아가기

• 두 전하가 같은 종류의 전하를 띨 때 전기력이 0인 지점을 찾는 문제_02, 14
• 두 전하가 다른 종류의 전하를 띨 때 전기력이 0인 지점을 찾는 문제_04

B 수소 원자의 선 스펙트럼 계열

<label>CASE 1</label> 보어의 수소 원자 모형에서 전자가 전이할 때 방출하는 광자 1개의 에너지 계산하기

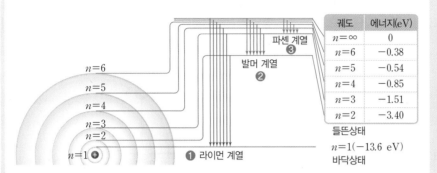

궤도	에너지(eV)
$n=\infty$	0
$n=6$	-0.38
$n=5$	-0.54
$n=4$	-0.85
$n=3$	-1.51
$n=2$	-3.40

들뜬상태

$n=1(-13.6 \text{ eV})$
바닥상태

❶ $n=1$인 궤도로 전이할 때 자외선 영역의 전자기파가 방출된다.

❷ $n=2$인 궤도로 전이할 때 주로 가시광선 영역의 전자기파가 방출된다.

❸ $n=3$인 궤도로 전이할 때 적외선 영역의 전자기파가 방출된다.

TIP
양자수가 클수록 전자의 에너지 준위는 0으로 가지만, 음수값이기 때문에 에너지 준위가 높아지며, 전자가 에너지 준위가 높은 곳에서 낮은 곳으로 전이하면 빛을 방출한다.

• 라이먼 계열은 전자가 $n \geq 2$인 궤도에서 $n=1$인 궤도로 전이할 때이다.

전자의 전이	광자 1개의 에너지
$n=2 \to n=1$	$-3.40 \text{ eV} - (-13.6 \text{ eV}) = 10.2 \text{ eV}$
$n=3 \to n=1$	$-1.51 \text{ eV} - (-13.6 \text{ eV}) = 12.09 \text{ eV}$
$n=4 \to n=1$	$-0.85 \text{ eV} - (-13.6 \text{ eV}) = 12.75 \text{ eV}$

→ 파장이 가장 긴 빛이 방출될 때는 전자가 $n=2$에서 $n=1$인 궤도로 전이할 때이다.

• 발머 계열은 전자가 $n \geq 3$인 궤도에서 $n=2$인 궤도로 전이할 때이다.

전자의 전이	광자 1개의 에너지
$n=3 \to n=2$	$-1.51 \text{ eV} - (-3.40 \text{ eV}) = 1.89 \text{ eV}$
$n=4 \to n=2$	$-0.85 \text{ eV} - (-3.40 \text{ eV}) = 2.55 \text{ eV}$
$n=5 \to n=2$	$-0.54 \text{ eV} - (-3.40 \text{ eV}) = 2.86 \text{ eV}$

→ 파장이 가장 긴 빛이 방출될 때는 전자가 $n=3$에서 $n=2$인 궤도로 전이할 때이다.

• 파셴 계열은 전자가 $n \geq 4$인 궤도에서 $n=3$인 궤도로 전이할 때이다.

전자의 전이	광자 1개의 에너지
$n=4 \to n=3$	$-0.85 \text{ eV} - (-1.51 \text{ eV}) = 0.66 \text{ eV}$
$n=5 \to n=3$	$-0.54 \text{ eV} - (-1.51 \text{ eV}) = 0.97 \text{ eV}$
$n=6 \to n=3$	$-0.38 \text{ eV} - (-1.51 \text{ eV}) = 1.13 \text{ eV}$

→ 파장이 가장 긴 빛이 방출될 때는 전자가 $n=4$에서 $n=3$인 궤도로 전이할 때이다.

<label>CASE 2</label> 수소 원자에서 방출하는 빛의 선 스펙트럼 분석하기

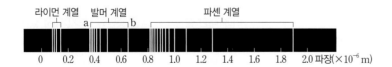

① 전자가 전이할 때 방출하는 광자 1개의 에너지가 클수록 빛의 파장이 짧아진다. ❶
• 에너지(진동수)는 라이먼 계열 > 발머 계열 > 파셴 계열 순이다.
• 파장은 파셴 계열 > 발머 계열 > 라이먼 계열 순이다.
② 발머 계열에서 방출하는 광자 1개의 에너지는 a에서가 b에서보다 크다. ❷
• a는 파장이 가장 짧은 빛이므로 $n=\infty$에서 $n=2$로 전이할 때 방출하는 빛이다.
• b는 파장이 가장 긴 빛이므로 $n=3$에서 $n=2$로 전이할 때 방출하는 빛이다.

❶ $E = hf = \dfrac{hc}{\lambda}$이므로 방출되는 빛의 에너지가 클수록 진동수가 크고, 파장이 짧다.

❷ 전이하는 전자의 양자수가 클수록 스펙트럼선의 간격은 점점 좁아진다.

<label>실력을 올리는 실전 문제</label> <label>찾아가기</label>

• 광자의 에너지와 진동수, 파장을 비교하는 문제_08, 09, 12

01 그림 (가)는 크기가 같은 도체구 A, B가 고정되어 있는 것을 나타낸 것이다. A, B 사이의 거리는 r이고, A, B의 전하량은 각각 $+q$, $-3q$이다. 그림 (나)는 (가)에서 A와 B를 서로 접촉시켰다가 떼어낸 후 고정한 것을 나타낸 것으로, A, B 사이의 거리는 $2r$이다.

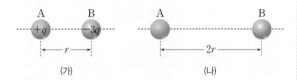

(가)에서 A에 작용하는 전기력의 크기가 F일 때, (나)에서 A에 작용하는 전기력의 크기는?

① $\dfrac{1}{12}F$ ② $\dfrac{1}{8}F$ ③ $\dfrac{1}{6}F$

④ $\dfrac{1}{4}F$ ⑤ $\dfrac{1}{2}F$

02 그림과 같이 절연된 실에 매달린 대전된 도체구 A, B, C가 정지해 있다. A, B, C에 연결된 실이 연직선과 이루는 각은 θ_1, $0°$, θ_2이고, $\theta_1 < \theta_2$이다. A, B 사이의 거리와 B, C 사이의 거리는 같고, A, B, C는 동일한 직선상에 있다.

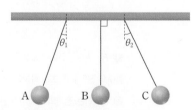

이에 대한 설명으로 옳은 것만을 〈보기〉에서 있는 대로 고른 것은?(단, A, B, C의 크기는 무시한다.)

┌ 보기 ├
ㄱ. B에 작용하는 전기력의 합력은 0이다.
ㄴ. A와 C는 같은 종류의 전하를 띠고 있다.
ㄷ. 질량은 A가 C보다 크다.

① ㄱ ② ㄴ ③ ㄱ, ㄷ
④ ㄴ, ㄷ ⑤ ㄱ, ㄴ, ㄷ

03 그림과 같이 xy 평면에 세 점전하가 고정되어 있다. 원점에 고정된 (+)전하가 $y=2d$에 고정된 점전하 A로부터 받는 전기력은 $+y$ 방향으로 크기가 F이고, $x=d$에 고정된 점전하 B로부터 받는 전기력은 $-x$ 방향으로 크기가 F이다.

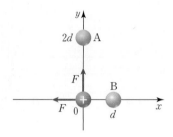

이에 대한 설명으로 옳은 것만을 〈보기〉에서 있는 대로 고른 것은?

┌ 보기 ├
ㄱ. A는 (−)전하이다.
ㄴ. A와 B 사이에는 서로 밀어내는 전기력이 작용한다.
ㄷ. 전하량의 크기는 A가 B의 4배이다.

① ㄱ ② ㄴ ③ ㄷ
④ ㄱ, ㄴ ⑤ ㄱ, ㄷ

➔ 수능모의평가기출 변형

04 그림은 x축에 점전하 A, B가 고정되어 있는 것을 나타낸 것이다. 표는 x축상의 점 p, q에서 $+1$ C의 전하가 받는 전기력의 방향을 나타낸 것이다.

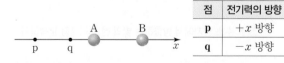

점	전기력의 방향
p	$+x$ 방향
q	$-x$ 방향

이에 대한 설명으로 옳은 것만을 〈보기〉에서 있는 대로 고른 것은?

┌ 보기 ├
ㄱ. 전하량의 크기는 B가 A보다 크다.
ㄴ. A와 B 사이에는 서로 끌어당기는 전기력이 작용한다.
ㄷ. A는 (−)전하이다.

① ㄱ ② ㄴ ③ ㄷ
④ ㄱ, ㄴ ⑤ ㄱ, ㄷ

05 그림과 같이 x축에 점전하 A를 고정하고 점전하 B를 x축 상에 가만히 놓았더니, B는 $+x$ 방향으로 운동한다.

이에 대한 설명으로 옳은 것만을 〈보기〉에서 있는 대로 고른 것은?

┤ 보기 ├

ㄱ. A와 B는 같은 종류의 전하를 띤다.

ㄴ. B에 작용하는 전기력의 크기는 점점 작아진다.

ㄷ. B의 속력은 점점 빨라진다.

① ㄱ   ② ㄴ   ③ ㄷ

④ ㄱ, ㄴ   ⑤ ㄱ, ㄴ, ㄷ

06 그림 (가)는 음극선 실험을 나타낸 것이고, (나)는 알파(α) 입자 산란 실험을 나타낸 것이다. (가)에서 음극선은 전기 장에 의해 휘어져 진행하고, (나)에서 알파(α) 입자는 극히 일부만 큰 각도로 튕겨 나온다.

이에 대한 설명으로 옳은 것만을 〈보기〉에서 있는 대로 고른 것은?

┤ 보기 ├

ㄱ. (가)에서 음극선은 (+)전하를 띤다.

ㄴ. (나)의 실험으로 원자핵을 발견하였다.

ㄷ. (나)에서 발견한 입자는 원자 대부분의 부피를 차지한다.

① ㄱ   ② ㄴ   ③ ㄷ

④ ㄱ, ㄴ   ⑤ ㄴ, ㄷ

07 다음은 빛의 스펙트럼을 관찰하는 실험이다.

[실험 과정]

(가) 그림과 같이 분광기를 이용하여 백열등에서 방 출되는 빛의 스펙트럼을 관찰한다.

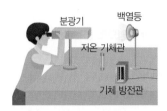

(나) 기체 방전관에서 방출되는 빛의 스펙트럼을 관 찰한다.

(다) 저온 기체관을 통과한 백열등 빛의 스펙트럼을 관찰한다.

[실험 결과]

A, B, C는 (가), (나), (다)의 결과 중 하나이다.

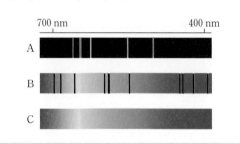

이에 대한 설명으로 옳은 것만을 〈보기〉에서 있는 대로 고른 것은?(단, 저온 기체관과 기체 방전관에는 각각 한 종류의 기 체만 들어 있다.)

┤ 보기 ├

ㄱ. A는 (나)의 결과이다.

ㄴ. 기체 원자의 에너지는 불연속적이다.

ㄷ. 기체 방전관에 들어 있는 기체와 저온 기체관에 들어 있는 기체는 같은 원소이다.

① ㄱ   ② ㄷ   ③ ㄱ, ㄴ

④ ㄴ, ㄷ   ⑤ ㄱ, ㄴ, ㄷ

08 그림은 가열된 기체 원자에서 방출된 빛의 스펙트럼을 나타낸 것이다. a, b, c는 스펙트럼선이다.

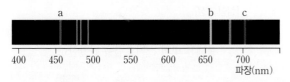

이에 대한 설명으로 옳은 것만을 〈보기〉에서 있는 대로 고른 것은?

┌─ 보기 ├─
ㄱ. 원자의 에너지는 양자화되어 있다.
ㄴ. 광자 1개의 에너지는 a가 b보다 크다.
ㄷ. 전자의 에너지 준위 차는 c가 방출될 때가 b가 방출될 때보다 크다.

① ㄴ   ② ㄷ   ③ ㄱ, ㄴ
④ ㄱ, ㄷ   ⑤ ㄱ, ㄴ, ㄷ

➔ 수능기출 변형

09 그림은 가시광선 영역에서 수소의 방출 스펙트럼과 흡수 스펙트럼을 나타낸 것이다. 스펙트럼선 b는 가시광선 중에서 파장이 가장 긴 빛이다. 표는 보어의 수소 원자 모형에서 양자수 n에 따른 전자의 에너지 준위를 나타낸 것이다.

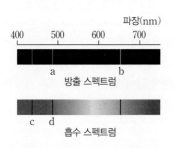

양자수(n)	에너지 준위
1	$-13.6\ eV$
2	$-3.40\ eV$
3	$-1.51\ eV$
4	$-0.85\ eV$
5	$-0.54\ eV$

이에 대한 설명으로 옳은 것만을 〈보기〉에서 있는 대로 고른 것은?

┌─ 보기 ├─
ㄱ. a와 d에서 광자의 진동수는 서로 같다.
ㄴ. b의 광자 1개의 에너지는 $1.89\ eV$이다.
ㄷ. c는 전자가 $n=2$에서 $n=4$로 전이할 때 흡수한 빛이다.

① ㄱ   ② ㄴ   ③ ㄷ
④ ㄱ, ㄴ   ⑤ ㄴ, ㄷ

10 그림은 보어의 수소 원자 모형에서 전자가 에너지 준위 E_3에서 E_1로, E_2에서 E_1로 전이할 때 파장이 각각 λ_1, λ_2인 빛을 방출하는 것을 나타낸 것이다.

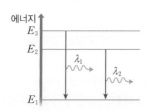

이에 대한 설명으로 옳은 것만을 〈보기〉에서 있는 대로 고른 것은?

┌─ 보기 ├─
ㄱ. 전자가 E_3에서 E_1로 전이할 때 전자의 에너지는 증가한다.
ㄴ. $\lambda_1 < \lambda_2$이다.
ㄷ. E_3에서 E_2로 전이할 때 방출하는 빛의 파장은 $\lambda_1 + \lambda_2$이다.

① ㄱ   ② ㄴ   ③ ㄱ, ㄷ
④ ㄴ, ㄷ   ⑤ ㄱ, ㄴ, ㄷ

➔ 수능모의평가기출 변형

11 그림은 보어의 수소 원자 모형에서 양자수 n에 따른 전자의 궤도를 나타낸 것이다. 전자는 $n=2$인 궤도에 있다.

이에 대한 설명으로 옳은 것만을 〈보기〉에서 있는 대로 고른 것은?

┌─ 보기 ├─
ㄱ. 전자에 작용하는 전기력의 크기는 $n=2$인 궤도에서가 $n=1$인 궤도에서보다 크다.
ㄴ. 전자가 $n=2$에서 $n=1$인 궤도로 전이할 때 에너지를 방출한다.
ㄷ. 전자의 에너지는 $n=3$인 궤도에서가 $n=1$인 궤도에서보다 크다.

① ㄱ   ② ㄷ   ③ ㄱ, ㄴ
④ ㄱ, ㄷ   ⑤ ㄴ, ㄷ

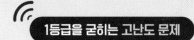

12 그림은 수소 원자에서 방출하는 발머 계열과 파셴 계열의 선 스펙트럼을 나타낸 것이다. a는 발머 계열에서 파장이 가장 긴 빛이고, b는 파셴 계열에서 파장이 가장 긴 빛이다.

이에 대한 설명으로 옳은 것만을 〈보기〉에서 있는 대로 고른 것은?

┤ 보기 ├
ㄱ. 빛의 파장은 a가 b보다 길다.
ㄴ. b는 전자가 양자수 $n=4$인 궤도에서 $n=3$인 궤도로 전이할 때 방출된 빛이다.
ㄷ. 양자수가 클수록 수소 원자의 에너지 준위 간격은 넓어진다.

① ㄱ   ② ㄴ   ③ ㄱ, ㄴ
④ ㄱ, ㄷ   ⑤ ㄴ, ㄷ

13 그림은 보어의 원자 모형에 대해 학생 A, B, C가 대화하는 모습을 나타낸 것이다.

제시한 내용이 옳은 학생만을 있는 대로 고른 것은?

① A   ② B   ③ A, B
④ A, C   ⑤ B, C

14 그림과 같이 xy 평면에 점전하 A, B, C, D가 각각 $y=2d$, $x=-2d$, $y=-d$, 원점에 고정되어 있을 때, $(-)$전하를 띠는 D에 작용하는 전기력의 방향은 $+x$ 방향이다.

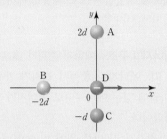

이에 대한 설명으로 옳은 것만을 〈보기〉에서 있는 대로 고른 것은?

┤ 보기 ├
ㄱ. B는 $(+)$전하를 띤다.
ㄴ. A와 C 사이에는 밀어내는 전기력이 작용한다.
ㄷ. 전하량의 크기는 A가 C의 2배이다.

① ㄴ   ② ㄷ   ③ ㄱ, ㄴ
④ ㄱ, ㄷ   ⑤ ㄴ, ㄷ

15 그림은 보어의 수소 원자 모형에서 양자수 n에 따른 전자의 에너지 준위와 전자의 전이 a, b, c를 나타낸 것이다. a, b, c에서 흡수하거나 방출하는 빛의 진동수는 각각 f_a, f_b, f_c이다.

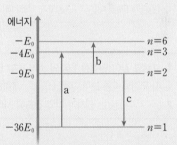

이에 대한 설명으로 옳은 것만을 〈보기〉에서 있는 대로 고른 것은?

┤ 보기 ├
ㄱ. $f_a=4f_b$이다.
ㄴ. 플랑크 상수 $h=\dfrac{27E_0}{f_c}$이다.
ㄷ. $n=2$인 궤도에 있는 전자는 진동수가 f_a-f_c인 빛을 흡수할 수 있다.

① ㄴ   ② ㄷ   ③ ㄱ, ㄴ
④ ㄱ, ㄷ   ⑤ ㄱ, ㄴ, ㄷ

10 에너지띠

1 고체의 에너지띠

기체는 원자들이 서로 멀리 떨어져 있어 원자들은 서로 영향을 주지 않기 때문에 같은 종류의 원자는 모두 전자의 에너지 준위 분포가 동일하다.

1 고체 원자의 에너지 준위 고체는 많은 수의 원자들이 매우 가까이 있어 인접한 원자들이 전자의 궤도에 영향을 주므로 파울리 배타 원리에 따라 전자의 에너지 준위가 미세한 차이로 나누어지게 된다.[1]

2 고체의 에너지띠 구조 에너지 준위가 매우 가깝게 존재하여 연속적인 띠 모양을 이룬다.

① 원자가 띠: 에너지띠 중에서 전자가 채워져 있는 가장 바깥에 있는 에너지띠로 에너지가 가장 높은 에너지띠이다.[2]

② 전도띠: 원자가 띠 바로 위에 있는 에너지띠로 전자가 채워져 있지 않은 에너지띠이다.

③ 띠 간격(띠틈): 원자가 띠와 전도띠 사이에 전자가 존재할 수 없는 에너지 영역이다. → 금지된 띠[3]

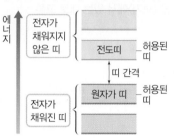

▲ 고체의 에너지띠 구조

인접한 원자 수에 따른 에너지 준위

원자가 1개일 때는 인접한 원자에 영향을 받지 않기 때문에 기체 원자의 에너지 준위처럼 명확한 선으로 구분되지만, 인접한 원자의 수가 2개, 3개, …로 많아지면 에너지 준위가 미세한 차이를 가지면서 2개, 3개, …로 나누어지게 된다. 고체처럼 인접한 원자의 수가 매우 많으면 에너지 준위가 미세하게 갈라져 거의 연속적인 띠 모양을 이루게 되는데, 이를 에너지띠라고 한다.

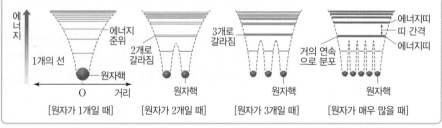

[원자가 1개일 때]　[원자가 2개일 때]　[원자가 3개일 때]　[원자가 매우 많을 때]

확인문제 1

1 고체와 같이 인접한 원자의 수가 매우 많으면 원자 내 전자의 에너지 준위는 거의 연속적인 띠 모양을 이루는데, 이를 (　　　　)(이)라고 한다.

2 (　　　　)은/는 원자가 띠와 전도띠 사이에 전자가 존재할 수 없는 에너지 영역이다.

2 고체의 전기 전도성

자료 분석 특강 108쪽 A, B

전기 전도성이 작으면 전기가 잘 통하지 않고, 전기 전도성이 크면 전기가 잘 통한다.

1 전기 전도성 물질의 전기적인 성질을 나타내는 것으로 전기가 통하는 정도를 전기 전도성이라고 한다. 고체는 전기 전도성에 따라 도체, 반도체, 절연체로 분류한다.[4][5]

- 기체와 고체의 에너지 준위 차이 이해하기
- 띠 간격의 크기에 따른 물질의 전기 전도성 비교하기

핵심 개념
고체의 에너지띠, 고체의 전기 전도성, 도체, 반도체, 절연체

plus 개념

❶ 파울리 배타 원리
한 원자에서 같은 양자 상태에 두 개 이상의 전자들이 함께 존재할 수 없다. 즉, 각각의 전자는 모두 다른 양자수 조합을 갖는다.

❷ 원자가 띠
절대 온도 0 K에서 원자 내 전자는 에너지가 가장 낮은 부분부터 채워진다. 에너지띠 중에서 가장 바깥쪽의 최외각 전자가 있는 에너지띠를 원자가 띠 또는 가전자 띠라고 한다.

❸ 허용된 띠와 금지된 띠
고체 내의 전자들이 존재할 수 있는 에너지띠를 허용된 띠, 허용된 띠 사이에 전자가 존재할 수 없는 에너지 영역을 금지된 띠라고 한다.

오해하지마!

고체의 에너지띠 구조
고체 내 전자들의 에너지 준위가 미세하게 갈라져 분포하기 때문에 같은 에너지띠에 있는 전자들이 갖는 에너지는 모두 다르다.

❹ 전기 전도성
외부 전기장의 작용으로 고체에서 전자가 자유로이 이동할 수 있는 정도를 전기 전도성이라고 하며, 전기 전도성을 정량적으로 나타내는 물리량을 전기 전도도라고 한다. 전기 전도도가 클수록 전류가 잘 흐른다.

❺ 도체, 반도체, 절연체
- 도체: 전기 저항이 매우 작아 전기가 잘 통하는 물질
- 절연체: 전기 저항이 매우 커 전기가 잘 통하지 않는 물질
- 반도체: 전기를 통하는 정도가 도체와 절연체의 중간 정도인 물질

2 여러 가지 고체의 전기 전도성 비교하기

탐구 활동

과정 》

❶ 여러 종류의 도체와 절연체가 배열되어 있는 고체 판과 전도 체커를 준비한다.

❷ 오른쪽 그림과 같이 고체 판에 전도 체커를 갖다 대고 전도 체커에 불이 켜지는지 관찰한다.

전도 체커 고체 판

결과 및 정리 》

1. 전도 체커에 불이 켜지는 고체와 켜지지 않는 고체를 찾아 구분하여 정리한다.

전도 체커에 불이 켜지는 고체	전도 체커에 불이 켜지지 않는 고체
구리, 황동, 알루미늄, 철, 아연, 납, 주석, 흑연	유리, 나무, 플라스틱, 가죽, 고무, 면

2. 전도 체커에 불이 켜지는 고체는 전기 전도성이 큰 물질로 대부분 금속이다.

3 에너지띠와 전기 전도성 자유 전자와 양공이 많을수록 전류가 잘 흐른다.

① **자유 전자**: 원자가 띠에 있는 전자가 전도띠로 전이할 수 있을 만큼 충분한 에너지, 즉 띠 간격 이상의 에너지를 얻으면 전도띠로 이동하여 자유롭게 움직이는 자유 전자가 된다.

② **양공**: 전자가 전도띠로 이동하면 원자가 띠에는 전자가 부족한 부분이 생기는데, 이곳을 양공이라고 하며, (+)전하의 성질을 띤다.❻

③ **도체, 절연체, 반도체의 에너지띠 구조**

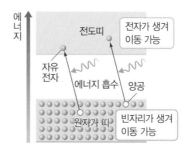
에너지
전도띠
자유전자
에너지 흡수
전자가 생겨 이동 가능
양공
원자가 띠
빈자리가 생겨 이동 가능

온도가 높을수록 전기 전도성이 커진다.

구분	도체	절연체	반도체
구조	전도띠 / 원자가 띠 / 띠 간격(없다)	전도띠 / 띠 간격(넓다) / 원자가 띠	전자 / 양공 / 전도띠 / 원자가 띠 / 띠 간격(좁다)
전류의 흐름	원자가 띠와 전도띠 사이에 띠 간격이 없어 전자가 약간의 에너지만 흡수해도 전도띠로 이동하여 전류가 잘 흐른다.	원자가 띠와 전도띠 사이에 띠 간격이 매우 넓어 전도띠로 전자가 이동하기 어렵기 때문에 전류가 거의 흐르지 않는다.	원자가 띠와 전도띠 사이에 띠 간격이 좁아 적당한 에너지를 흡수하면 전자가 전도띠로 이동할 수 있어 전류가 흐를 수 있다.
전기 전도성	전기 전도성이 크다.	전기 전도성이 매우 작다.	전기 전도성이 도체와 절연체의 중간 정도이다.
이용	전선, 회로 연결 재료, 고압선 재료 등에 이용된다. ⓔ 구리, 은, 철, 알루미늄 등	전선의 피복, 전기 제품의 손잡이 등 절연 용도로 이용된다. ⓔ 다이아몬드, 석영, 고무, 유리, 나무 등	정보 저장 장치, 발광 다이오드, 태양 전지 등에 이용된다. ⓔ 규소, 저마늄 등

확인 문제 ②

3 고체는 전기 전도성에 따라 ( ), ( ), ( )(으)로 구분한다.

4 원자가 띠에 있는 전자가 에너지를 ( )하여 전도띠로 이동하면 원자가 띠에는 전자가 부족한 곳이 생기는데, 이곳을 ( )(이)라고 한다.

---

plus 개념

또 다른 탐구

과정 》

그림과 같이 전구와 전선으로 회로를 꾸미고 고체를 회로에 연결한 후 전구에 불이 켜지는지 확인한다.

전구 스위치
전지

결과 및 정리 》

재질	전구 발광 여부
나무	×
알루미늄	○
고무	×
철	○

• 불이 켜지는 물질은 도체, 불이 켜지지 않는 물질은 절연체이다.

❻ 양공의 이동 방향

전자가 양공을 채우면 전자가 빠져나간 자리가 다시 양공이 된다. 따라서 양공의 이동 방향은 전자의 이동 방향과 반대이다.

궁금하지?

Q. 반도체는 왜 온도가 높을수록 전기 전도성이 커지는 것일까?

A. 온도가 높을수록 원자가 띠에 있는 전자가 전도띠로 더 많이 전이하게 되어 양공과 자유 전자가 많아져 전기 전도성이 커진다.

용어 돋보기

• **도체**(통할 導, 몸 體): 전기 전도도가 높아서 전기가 잘 통하는 물질을 의미한다.

• **절연체**(끊을 絶, 연분 緣, 몸 體): 전기나 열을 전달하기 어려운 성질을 가진 물질로 부도체라고도 한다.

1 고체의 에너지띠

01 고체의 에너지띠에 대한 설명으로 옳은 것은?

① 고체는 전자의 에너지 준위가 거의 연속적인 띠 모양을 이룬다.

② 에너지띠 중에서 전자가 채워져 있는 가장 바깥쪽 띠를 전도띠라고 한다.

③ 절대 온도 0 K에서 원자 내 전자는 에너지가 높은 곳부터 채워지게 된다.

④ 전자는 허용된 띠와 허용된 띠 사이의 띠 간격에 존재할 수 있다.

⑤ 고체를 이루는 원자들은 매우 가까이 있으므로 에너지 준위가 모두 동일하다.

02 그림 (가), (나)는 기체 원자의 에너지 준위와 고체 원자의 에너지 준위를 순서 없이 나타낸 것이다.

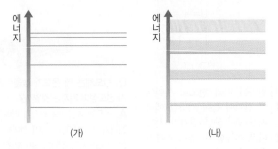

(가)   (나)

이에 대한 설명으로 옳은 것만을 〈보기〉에서 있는 대로 고른 것은?

┌ 보기 ├

ㄱ. (가)는 기체 원자의 에너지 준위이다.

ㄴ. (나)에서 전자의 에너지 준위는 미세한 차이로 갈라져 있다.

ㄷ. 원자가 가까이 있을 때 각 원자의 에너지 준위가 서로 영향을 준다.

① ㄱ   ② ㄷ   ③ ㄱ, ㄴ

④ ㄴ, ㄷ   ⑤ ㄱ, ㄴ, ㄷ

03 고체 원자의 에너지 준위가 띠와 같은 모양으로 나타나는 까닭을 설명하시오.

04 오른쪽 그림은 고체의 에너지띠 구조를 나타낸 것이다. P는 원자의 가장 바깥에 있는 전자가 차지하는 에너지띠이고, Q는 P 바로 위에 있는 에너지띠이다.

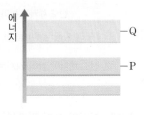

이에 대한 설명으로 옳은 것만을 〈보기〉에서 있는 대로 고른 것은?

┌ 보기 ├

ㄱ. Q는 전도띠이다.

ㄴ. P에 있는 전자들은 모두 같은 에너지를 갖는다.

ㄷ. P에 있는 전자가 Q로 전이하려면 에너지를 흡수해야 한다.

① ㄱ   ② ㄴ   ③ ㄱ, ㄴ

④ ㄱ, ㄷ   ⑤ ㄴ, ㄷ

05 오른쪽 그림은 고체의 에너지띠 구조를 나타낸 것이다. A는 원자가 띠와 전도띠 사이의 에너지 간격이다. 이에 대한 설명으로 옳은 것만을 〈보기〉에서 있는 대로 고른 것은?

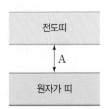

┌ 보기 ├

ㄱ. 에너지 준위는 전도띠가 원자가 띠보다 높다.

ㄴ. A는 띠 간격이다.

ㄷ. A는 전자가 존재하지 않는 에너지 준위의 영역이다.

① ㄱ   ② ㄷ   ③ ㄱ, ㄴ

④ ㄴ, ㄷ   ⑤ ㄱ, ㄴ, ㄷ

2 고체의 전기 전도성

[06~07] 그림은 고체의 에너지띠 구조를 나타낸 것이다. A, B, C 는 도체, 반도체, 절연체 중 하나이다. 물음에 답하시오.

06 A, B, C를 옳게 짝 지은 것은?

	A	B	C
①	도체	반도체	절연체
②	도체	절연체	반도체
③	절연체	반도체	도체
④	절연체	도체	반도체
⑤	반도체	절연체	도체

✎서술형

07 A, B, C 중 전기가 가장 잘 통하는 물질을 고르고, 그 까닭을 설명하시오.

08 고체의 전기적 성질에 대한 설명으로 옳지 <u>않은</u> 것은?

① 도체는 자유 전자가 많다.
② 절연체는 전도띠에 전자가 모두 채워져 있다.
③ 반도체는 절연체보다 전기 전도성이 크다.
④ 전기 전도성이 클수록 전기가 잘 통한다.
⑤ 은, 구리, 철과 같은 금속은 전기 전도성이 크다.

09 다음에서 설명하는 물질에 해당하는 것은?

> 전자가 모두 채워져 있는 원자가 띠와 비어 있는 전도띠 사이의 띠 간격이 좁아서 적당한 에너지를 흡수하면 전자가 전도띠로 이동하여 전류가 흐를 수 있다.

① 구리   ② 고무   ③ 유리
④ 규소   ⑤ 알루미늄

✎중요

10 그림은 고체 A, B의 에너지띠 구조를 나타낸 것이다.

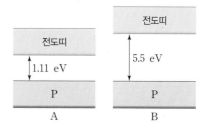

이에 대한 설명으로 옳은 것만을 〈보기〉에서 있는 대로 고른 것은?

> ┤ 보기 ├
> ㄱ. P는 원자가 띠이다.
> ㄴ. 전기 전도성은 A가 B보다 크다.
> ㄷ. P에 있는 전자가 전도띠로 전이할 때 흡수하는 에너지는 A가 B보다 크다.

① ㄱ   ② ㄴ   ③ ㄱ, ㄴ
④ ㄱ, ㄷ   ⑤ ㄴ, ㄷ

11 그림은 일상생활에서 이용되는 고체에 대해 학생 A, B, C 가 대화하고 있는 모습을 나타낸 것이다.

제시한 내용이 옳은 학생만을 있는 대로 고른 것은?

① B   ② C   ③ A, B
④ A, C   ⑤ B, C

A 여러 고체의 에너지띠 구조와 전기 전도성

① 도체: 원자가 띠의 일부분만 전자가 채워져 있어 전자가 자유롭게 이동할 수 있으며, 원자가 띠와 전도띠가 겹쳐 있어 약간의 에너지만 흡수하여도 전자는 쉽게 전도띠로 이동할 수 있어 전류가 잘 흐른다. → 전기 전도성이 크다.

② 절연체: 원자가 띠에 전자가 모두 채워져 있어 원자가 띠에 있는 전자는 자유롭게 이동할 수 없으며, 띠 간격이 매우 넓어 원자가 띠에 있는 전자가 전도띠로 이동하는 것이 매우 어렵기 때문에 전류가 거의 흐르지 않는다. → 전기 전도성이 매우 작다.

③ 반도체: 띠 간격이 비교적 좁아 상온에서 원자가 띠에 있는 전자가 전도띠로 이동할 수 있으므로 전류가 흐른다. → 전기 전도성은 도체보다는 작고, 절연체보다는 크다.

❶ 원자가 띠와 전도띠 사이의 띠 간격이 아예 없거나 일부가 겹쳐져 있다.
예 주석 0.1 eV

❷ 원자가 띠가 모두 전자로 채워져 있고, 원자가 띠와 전도띠 사이의 띠 간격이 매우 크다.
예 다이아몬드 5.5 eV

❸ 원자가 띠가 모두 전자로 채워져 있고, 원자가 띠와 전도띠 사이의 띠 간격이 도체보다 크고 절연체보다 작다.
예 규소 1.14 eV, 저마늄 0.67 eV

실력을 올리는 실전 문제 찾아가기
• 띠 간격에 따른 전기 전도성을 비교하는 문제_03, 04, 08

B 물질의 비저항과 전기 전도도

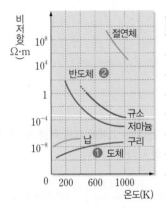

물질	전기 전도도($\Omega^{-1} \cdot m^{-1}$) ❸	전기적 성질
은	6.30×10^7	도체
구리	5.96×10^7	
철	1.00×10^7	
저마늄	2.17	반도체
규소	1.56×10^{-3}	
유리	10^{-12}	절연체
고무	10^{-14}	

❶ 물질의 비저항(ρ)
• 물질의 단위길이당, 단위 면적당 저항이다. 길이가 l, 단면적이 S인 물질의 저항은 $R = \rho \dfrac{l}{S}$이므로 비저항 ρ는 다음과 같다.

$$\rho = \frac{S}{l}R \text{ (단위: } \Omega \cdot m)$$

• 비저항은 물질의 온도에 따라 변하는 물질의 특성이다. → 도체는 온도가 높아지면 비저항이 증가하고, 반도체와 절연체는 온도가 높아지면 비저항이 감소한다.

❷ 물질의 전기 전도도(σ)
• 물질에서 전류가 잘 흐르는 정도를 나타내는 물리량으로, 비저항의 역수($\dfrac{1}{\rho}$)이다.
• 도체의 전기 전도도는 매우 크고, 절연체의 전기 전도도는 매우 작다.
• 반도체의 전기 전도도는 도체와 절연체의 중간 정도이다.

❶ 도체는 온도가 높아지면 원자들의 진동이 활발해져 자유 전자와 충돌 횟수가 증가하므로 비저항이 증가한다.

❷ 반도체와 절연체는 온도가 높아지면 자유 전자의 수가 증가하여 비저항이 감소한다.

❸ 고체의 전기 전도도는 원자의 종류, 결정의 구조, 주변 온도, 불순물 포함 정도에 영향을 받는다.

실력을 올리는 실전 문제 찾아가기
• 여러 가지 고체의 전기 전도도를 비교하는 문제_05, 06, 07, 10

01 그림 (가)는 기체 원자의 에너지 준위를 나타낸 것이고, (나)는 (가)의 원자로 이루어진 고체의 에너지 준위를 나타낸 것이다.

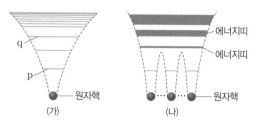

이에 대한 설명으로 옳은 것만을 〈보기〉에서 있는 대로 고른 것은?

┤ 보기 ├
ㄱ. (가)에서 전자의 에너지는 q에서가 p에서보다 크다.
ㄴ. (나)의 각 에너지띠에 있는 전자들의 에너지 준위는 모두 동일하다.
ㄷ. (나)에서 에너지띠와 에너지띠 사이에는 전자가 존재할 수 없다.

① ㄱ   ② ㄴ   ③ ㄷ
④ ㄱ, ㄴ   ⑤ ㄱ, ㄷ

02 그림은 상온에서 어떤 고체의 에너지띠 구조를 나타낸 것으로, 원자가 띠에 있는 a는 전자가 전이하여 생긴 빈자리이다.

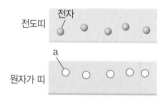

이에 대한 설명으로 옳은 것만을 〈보기〉에서 있는 대로 고른 것은?

┤ 보기 ├
ㄱ. 도체의 에너지띠를 나타낸 것이다.
ㄴ. 전자의 에너지는 전도띠에 있을 때가 원자가 띠에 있을 때보다 크다.
ㄷ. 이 고체에 전류가 흐를 때 a는 전자와 같은 방향으로 운동한다.

① ㄱ   ② ㄴ   ③ ㄷ
④ ㄱ, ㄴ   ⑤ ㄱ, ㄴ, ㄷ

03 그림은 고체의 에너지띠 구조를 나타낸 것으로, **p**는 원자가 띠와 전도띠 사이의 에너지 간격이다. 표는 고체 A, B, C에서 원자가 띠의 전자가 전도띠로 전이할 때 필요한 최소의 에너지이다. A, B, C는 도체, 반도체, 절연체 중 하나이다.

고체	에너지(eV)
A	0.1
B	5.5
C	1.14

이에 대한 설명으로 옳은 것만을 〈보기〉에서 있는 대로 고른 것은?

┤ 보기 ├
ㄱ. p는 A가 B보다 크다.
ㄴ. B는 C보다 전기 전도성이 크다.
ㄷ. C는 온도가 높을수록 원자가 띠에 양공이 많아진다.

① ㄱ   ② ㄴ   ③ ㄷ
④ ㄱ, ㄷ   ⑤ ㄴ, ㄷ

➔ 수능모의평가기출 변형

04 그림은 고체 A, B의 에너지띠 구조를 나타낸 것이다. 색칠한 부분은 에너지띠에 전자가 차 있는 것을 나타낸다.

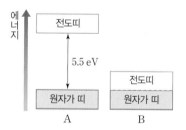

이에 대한 설명으로 옳은 것만을 〈보기〉에서 있는 대로 고른 것은?

┤ 보기 ├
ㄱ. 전기 전도성은 A가 B보다 크다.
ㄴ. A에서 원자가 띠의 전자가 전도띠로 전이하려면 5.5 eV 이상의 에너지를 흡수해야 한다.
ㄷ. 상온에서 B에는 자유 전자가 많다.

① ㄱ   ② ㄴ   ③ ㄷ
④ ㄱ, ㄷ   ⑤ ㄴ, ㄷ

05 그림은 세 물질 A, B, C의 비저항을 온도에 따라 나타낸 것이다. A, B, C는 각각 도체, 반도체, 절연체 중 하나이다.

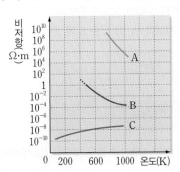

이에 대한 설명으로 옳은 것만을 〈보기〉에서 있는 대로 고른 것은?

보기
ㄱ. B는 반도체이다.
ㄴ. 전기 전도성은 A가 C보다 작다.
ㄷ. 띠 간격은 B가 A보다 크다.

① ㄱ   ② ㄴ   ③ ㄷ
④ ㄱ, ㄴ   ⑤ ㄱ, ㄴ, ㄷ

06 그림은 고체를 전기 전도도의 크기에 따라 분류하여 나타낸 것이다.

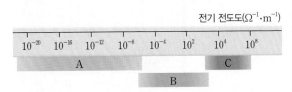

이에 대한 설명으로 옳은 것만을 〈보기〉에서 있는 대로 고른 것은?

보기
ㄱ. A에 속하는 물질은 띠 간격이 없다.
ㄴ. 전선으로 이용되는 물질은 C에 속한다.
ㄷ. 다이아몬드는 B에 속하는 물질보다 띠 간격이 크다.

① ㄱ   ② ㄴ   ③ ㄷ
④ ㄱ, ㄴ   ⑤ ㄴ, ㄷ

07 다음은 고체의 전기 전도성을 비교하는 실험이다.

[실험 과정]
(가) 오른쪽 그림과 같이 여러 고체가 배열되어 있는 고체 판에 전도 체커를 갖다 대고 전도 체커에 불이 켜지는지 관찰한다.

(나) 전도 체커에 불이 켜지는 여부에 따라 고체를 A, B로 구분하여 정리한다.

[실험 결과]

A	B
구리, 은, 알루미늄, 주석	유리, 나무, 플라스틱, 고무

이에 대한 설명으로 옳은 것만을 〈보기〉에서 있는 대로 고른 것은?

보기
ㄱ. A에 속하는 고체들은 전도 체커에 불이 켜진다.
ㄴ. 전기 전도성은 구리가 유리보다 크다.
ㄷ. 철은 A에 속한다.

① ㄱ   ② ㄷ   ③ ㄱ, ㄴ
④ ㄴ, ㄷ   ⑤ ㄱ, ㄴ, ㄷ

08 그림은 고체 A, B, C의 에너지띠 구조를 나타낸 것이다.

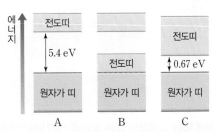

이에 대한 설명으로 옳은 것만을 〈보기〉에서 있는 대로 고른 것은?

보기
ㄱ. 띠 간격은 A가 C보다 크다.
ㄴ. B는 C보다 전기가 잘 통한다.
ㄷ. C에서 전자가 원자가 띠에서 전도띠로 전이하면 양공이 생긴다.

① ㄴ   ② ㄷ   ③ ㄱ, ㄴ
④ ㄱ, ㄷ   ⑤ ㄱ, ㄴ, ㄷ

09 그림과 같이 고체 막대 A, B, C와 전구를 전지에 연결하고 전구의 밝기를 측정한다. 표는 스위치가 열렸을 때와 닫혔을 때 전구의 밝기를 나타낸 것이다. A, B, C는 각각 도체, 절연체 중 하나이다.

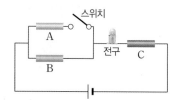

스위치	전구의 밝기
열렸을 때	켜지지 않음.
닫혔을 때	밝음.

이에 대한 설명으로 옳은 것만을 〈보기〉에서 있는 대로 고른 것은?

| 보기 |
ㄱ. A는 도체이다.
ㄴ. 비저항은 B가 C보다 크다.
ㄷ. 스위치가 닫혔을 때, B에 흐르는 전류의 세기와 A에 흐르는 전류의 세기는 같다.

① ㄱ ② ㄴ ③ ㄱ, ㄴ
④ ㄱ, ㄷ ⑤ ㄴ, ㄷ

10 표는 고체 A, B, C, D의 전기 전도도와 전기적 성질을 나타낸 것이다.

고체	전기 전도도($\Omega^{-1} \cdot m^{-1}$)	전기적 성질
A	3.50×10^7	도체
B	10^{-12}	㉠
C	6.30×10^7	㉡
D	1.56×10^3	반도체

이에 대한 설명으로 옳은 것만을 〈보기〉에서 있는 대로 고른 것은?

| 보기 |
ㄱ. ㉠은 절연체, ㉡은 도체이다.
ㄴ. 비저항은 A가 C보다 크다.
ㄷ. D는 온도가 높을수록 전기 전도도가 작아진다.

① ㄴ ② ㄷ ③ ㄱ, ㄴ
④ ㄱ, ㄷ ⑤ ㄱ, ㄴ, ㄷ

11 그림은 어떤 원자의 에너지 준위를 나타낸 것이다. A, B는 각각 기체일 때와 고체일 때를 순서 없이 나타낸 것이다.

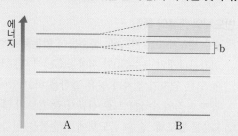

이에 대한 설명으로 옳은 것만을 〈보기〉에서 있는 대로 고른 것은?

| 보기 |
ㄱ. 원자 사이의 간격은 A가 B보다 작다.
ㄴ. A에서 방출되는 빛은 선 스펙트럼을 나타낸다.
ㄷ. B의 b에 있는 전자들의 에너지 준위는 미세하게 갈라져 있다.

① ㄱ ② ㄴ ③ ㄱ, ㄴ
④ ㄱ, ㄷ ⑤ ㄴ, ㄷ

12 그림은 어떤 고체의 에너지띠 구조를 나타낸 것이다. A, B, C는 에너지띠이고, 색칠한 부분은 전자가 채워져 있다.

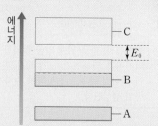

이 고체에 대한 설명으로 옳은 것만을 〈보기〉에서 있는 대로 고른 것은?

| 보기 |
ㄱ. 전기가 잘 통하는 물질이다.
ㄴ. A에 있는 전자는 여러 원자 사이를 자유롭게 이동할 수 있다.
ㄷ. B에 있는 전자가 C로 전이할 때 흡수하는 최소 에너지는 E_0보다 작다.

① ㄱ ② ㄷ ③ ㄱ, ㄴ
④ ㄱ, ㄷ ⑤ ㄴ, ㄷ

11 반도체와 다이오드

- p형 반도체와 n형 반도체의 특성 이해하기
- 다이오드의 원리 이해하기

핵심 개념

반도체, p형 반도체, n형 반도체,
p-n 접합 다이오드, 정류 작용

plus 개념

1 반도체

1 반도체의 종류와 특징

① 순수 반도체(고유 반도체): 불순물이 없는 순수한 반도체로, 원자가 전자가 4개인 규소(Si)와 저마늄(Ge)이 대표적인 물질이다.❶
→ 모든 원자가 전자가 공유 결합을 하고 있어 고체 내에서 자유롭게 움직일 수 없으므로 전류가 잘 흐르지 않는다.

② 불순물 반도체: 순수 반도체에 불순물을 첨가(도핑)한 반도체로, p형 반도체와 n형 반도체가 있다.❷ → 불순물 첨가로 남는 전자나 양공이 생겨 순수 반도체보다 전기 전도성이 크다.

▲ 규소(Si)의 구조

❶ 원자가 전자
원자의 가장 바깥쪽 궤도에 있는 전자로, 원자의 화학적 성질을 결정하는 중요한 역할을 한다.

❷ 도핑(doping)
순수 반도체에 불순물을 첨가하는 과정을 말한다.

2 p형 반도체와 n형 반도체

구분	p형 반도체❸	n형 반도체❹
불순물	원자가 전자가 3개인 원소로, 알루미늄(Al), 붕소(B), 인듐(In), 갈륨(Ga) 등	원자가 전자가 5개인 원소로, 인(P), 비소(As), 안티모니(Sb), 비스무트(Bi) 등
원리	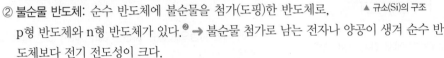 원자가 전자가 4개인 규소(Si)에 원자가 전자가 3개인 붕소(B)를 첨가하면 원자 사이의 결합에 전자 1개가 부족하게 되어 빈자리인 양공이 생긴다.	원자가 전자가 4개인 규소(Si)에 원자가 전자가 5개인 인(P)을 첨가하면 공유 결합에 참여하지 않은 남는 전자가 생긴다.
전하 운반자의 에너지 준위	원자가 띠 바로 위에 양공에 의한 새로운 에너지띠가 만들어지며, 원자가 띠의 전자가 이 에너지 준위로 전이하여 원자가 띠에 양공이 생성된다.	남는 전자에 의한 새로운 에너지띠가 전도띠 바로 아래에 만들어지며, 남는 전자들이 쉽게 전도띠로 올라가 전류가 흐를 수 있게 된다.

전도띠 / 양공이 갖는 에너지 준위 / 원자가 띠

전도띠 / 남는 전자가 갖는 에너지 준위 / 원자가 띠

❸ p형 반도체 (positive semiconductor)
(+)전하를 가지는 양공이 주된 전하 운반자이므로 'positive'의 머리글자를 사용해서 p형 반도체라고 한다.

❹ n형 반도체 (negative semiconductor)
(−)전하를 가지는 남는 전자가 주된 전하 운반자이므로 'negative'의 머리글자를 사용해서 n형 반도체라고 한다.

오해하지마!

확인 문제 ❶
1 순수한 규소나 저마늄에 원자가 전자가 3개인 원소를 도핑한 반도체를 ( )(이)라 하고, 원자가 전자가 5개인 원소를 도핑한 반도체를 ( )(이)라고 한다.
2 p형 반도체에서 전하를 주로 운반하는 것은 ( )이고, n형 반도체에서 전하를 주로 운반하는 것은 ( )이다.

불순물 반도체
순수한 반도체에 불순물을 첨가하여 p형 반도체나 n형 반도체가 되어도 (+)전하나 (−)전하를 띠는 것은 아니며, 불순물 반도체는 전기적으로 중성이다.

2 다이오드   자료 분석 특강 116쪽 A. B

1 p-n 접합 다이오드
p형 반도체와 n형 반도체를 접합하여 만든 반도체 소자로, 한쪽 방향으로만 전류를 흐르게 하는 정류 작용을 한다.❺ → 교류를 직류로 변환하는 충전기에 이용된다.

모양: 구조: p n   회로 기호:

❺ 정류 작용
p-n 접합 다이오드는 한쪽 방향으로는 전류를 흐르게 하지만 반대 방향으로는 전류를 흐르지 못하게 한다. 이처럼 한쪽 방향으로만 전류를 흐르게 하는 작용을 정류 작용이라고 한다.

① p-n 접합 다이오드의 특징 알아보기

탐구 활동

과정 》

❶ p-n 접합 다이오드를 회로에 연결하고 스위치를 닫아 전구에 불이 켜지는지 관찰한다.

❷ 다이오드의 단자를 과정 ❶과 반대로 연결한 후 스위치를 닫아 전구에 불이 켜지는지 관찰한다.

결과 및 정리 》

과정 ❶: 불이 켜지지 않는다.   과정 ❷: 불이 켜진다.

다이오드의 회로 기호는 전류가 화살표 방향으로 흐른다는 것을 나타낸다.

1. 다이오드의 p형 반도체 쪽은 (+)극에, n형 반도체 쪽은 (−)극에 연결할 때만 전구에 불이 켜진다.

2. 다이오드는 회로에 전류가 한쪽 방향으로만 흐르게 한다.

② 순방향 전압과 역방향 전압

순방향 전압	역방향 전압
p형 반도체 쪽은 (+)극에, n형 반도체 쪽은 (−)극에 연결하면 전자와 양공이 p-n 접합면으로 이동하여 전류가 잘 흐른다.	p형 반도체 쪽은 (−)극에, n형 반도체 쪽은 (+)극에 연결하면 전자와 양공이 p-n 접합면에서 멀어지므로 전류가 흐르지 않는다.

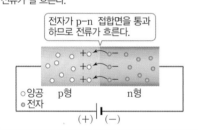

전자가 p-n 접합면을 통과하므로 전류가 흐른다.

○양공 ●전자

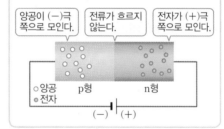

양공이 (−)극 쪽으로 모인다. 전류가 흐르지 않는다. 전자가 (+)극 쪽으로 모인다.

○양공 ●전자

2 발광 다이오드(LED) 전류가 흐를 때 빛을 방출하는 반도체 소자이다.

① 원리: 순방향 전압을 걸어 주면 전도띠에 있던 전자가 원자가 띠의 양공으로 전이하면서 띠 간격에 해당하는 만큼의 에너지를 가진 빛이 방출된다. 띠 간격이 클수록 방출되는 빛의 에너지가 크다.

② 특징: 반도체의 띠 간격에 따라 방출되는 빛의 색이 다르다.

③ 이용: 에너지 효율이 높고 수명이 길어 조명 장치, 신호등, 영상 표현 장치 등에 이용된다.

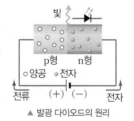

▲ 발광 다이오드의 원리

3 광 다이오드(PD: Photo Diode) 빛을 비출 때 빛 신호를 전기 신호로 변환하는 반도체 소자이다. ➡ 광센서, 화재 감지기, 조도계, 광통신 등에 이용된다.

확인 문제 ②

3 p-n 접합 다이오드는 한쪽 방향으로만 전류를 흐르게 하는 (   )을/를 한다.

4 다이오드의 p형 반도체를 (   )극에, n형 반도체를 (   )극에 연결하였을 때 다이오드에 전류가 흐르게 되며, 이때 걸어 준 전압을 (   ) 전압이라고 한다.

5 발광 다이오드에서 띠 간격이 클수록 방출되는 빛의 에너지가 (   ).

---

plus 개념

또 다른 탐구

과정 》

① 그림과 같이 전지에 발광 다이오드와 전구를 병렬로 연결하고 스위치를 닫고 불이 켜지는지 관찰한다.

② 전지의 (+)극과 (−)극을 바꾸어 연결하고 불이 켜지는지 관찰한다.

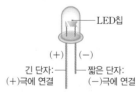

결과 및 정리 》

전구는 전지의 극에 관계없이 켜지지만, 발광 다이오드는 전지의 극에 따라 켜지기도 하고 켜지지 않기도 한다.

꼭 기억해!

순방향 전압

p-n 접합 다이오드에서 p형 반도체를 전원의 (+)극에, n형 반도체를 전원의 (−)극에 연결하였을 때 다이오드에 전류가 흐를 수 있으며, 이때를 순방향 전압이라고 한다.

❻ 발광 다이오드

LED(Light Emitting Diode)라는 약어를 사용하는데, 규소나 저마늄이 아닌 화합물을 반도체 재료로 사용하여 반도체 재료에 따라 다양한 색깔의 빛을 방출한다.

LED칩

(+)   (−)

긴 단자: 짧은 단자:
(+)극에 연결   (−)극에 연결

용어 돋보기

• **발광**(쏠 發, 빛 光): 원자 속의 전자가 에너지가 높은 상태에서 낮은 상태로 전이할 때 빛을 내보내는 현상을 말한다.

• **다이오드**(Diode)(둘 Di−, 전극 −ode): 두 개의 전극을 갖는 소자를 말하며, 이극관이라고도 한다.

1 반도체

01 반도체에 대한 설명으로 옳지 않은 것은?

① 절연체보다 띠 간격이 좁다.
② 순수 반도체를 구성하는 원자들은 공유 결합을 하고 있다.
③ 순수 반도체에 불순물을 첨가하면 전기 전도성이 작아진다.
④ p형 반도체는 양공이 주로 전류를 흐르게 한다.
⑤ n형 반도체는 전자가 주로 전류를 흐르게 한다.

중요

02 다음은 어떤 불순물 반도체에 대한 설명이다.

(㉠) 반도체는 원자가 전자가 4개인 순수 반도체에 원자가 전자가 (㉡)개인 원소를 도핑하여 양공이 많아지도록 한 것이다.

( ) 안에 들어갈 알맞은 말을 옳게 짝 지은 것은?

	㉠	㉡		㉠	㉡
①	p형	3	②	p형	4
③	p형	5	④	n형	3
⑤	n형	5			

03 오른쪽 그림은 규소(Si)에 불순물 원소 a를 첨가하였을 때 원자 주변의 전자 배열을 나타낸 것이다. 이에 대한 설명으로 옳은 것만을 〈보기〉에서 있는 대로 고른 것은?

┤ 보기 ├
ㄱ. p형 반도체이다.
ㄴ. 원자가 전자는 a가 규소(Si)보다 많다.
ㄷ. 순수 반도체보다 전기 전도성이 작다.

① ㄱ　　　② ㄴ　　　③ ㄷ
④ ㄱ, ㄴ　　　⑤ ㄱ, ㄷ

04 그림은 규소(Si)에 붕소(B)를 도핑하였을 때 원자 주변의 전자 배열을 나타낸 것이다. a는 전자가 채워져 있지 않은 빈자리이다.

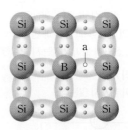

이에 대한 설명으로 옳은 것만을 〈보기〉에서 있는 대로 고른 것은?

┤ 보기 ├
ㄱ. p형 반도체이다.
ㄴ. 붕소(B)의 원자가 전자는 3개이다.
ㄷ. 이 반도체에 전류가 흐를 때 a는 전류의 방향으로 이동한다.

① ㄴ　　　② ㄷ　　　③ ㄱ, ㄴ
④ ㄱ, ㄷ　　　⑤ ㄱ, ㄴ, ㄷ

05 그림 (가), (나)는 불순물 반도체의 에너지띠 구조를 나타낸 것이다.

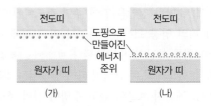

(가), (나)에서 전하 운반자 역할을 하는 것을 각각 쓰시오.

서술형

06 불순물 반도체의 전기 전도성이 순수 반도체보다 큰 까닭을 설명하시오.

2 다이오드

07 p-n 접합 다이오드에 대한 설명으로 옳지 <u>않은</u> 것은?

① p형 반도체와 n형 반도체를 접합하여 만든 반도체 소자이다.

② 한쪽 방향으로만 전류를 흐르게 하는 정류 작용을 할 수 있다.

③ 순방향 전압을 걸어 주면 전류가 흐른다.

④ 순방향 전압일 때 다이오드 내에서 전자는 n형 반도체에서 p형 반도체로 이동한다.

⑤ 역방향 전압을 걸어 주면 다이오드 내에서 양공은 p-n 접합면으로 이동한다.

08 p-n 접합 다이오드에 순방향 전압을 걸어 준다는 것은 다이오드를 전원에 어떻게 연결하는 것인지 설명하시오.

09 그림은 p-n 접합 다이오드와 전구를 전지에 연결하고 스위치 S를 a에 연결했을 때 전구에 불이 켜진 것을 나타낸 것이다. 다이오드의 A, B는 각각 p형 반도체와 n형 반도체 중 하나이다.

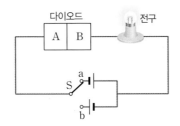

이에 대한 설명으로 옳은 것만을 〈보기〉에서 있는 대로 고른 것은?

보기
ㄱ. A는 n형 반도체이다.
ㄴ. B의 주된 전하 운반자는 전자이다.
ㄷ. S를 b에 연결하면 전구에 불이 켜진다.

① ㄱ   ② ㄴ   ③ ㄱ, ㄴ
④ ㄱ, ㄷ   ⑤ ㄴ, ㄷ

10 그림은 발광 다이오드를 전지에 연결하고 스위치를 닫았을 때 발광 다이오드에 불이 켜진 것을 나타낸 것이다. 집게 a, b는 각각 발광 다이오드의 다리가 긴 단자와 짧은 단자에 연결되어 있다.

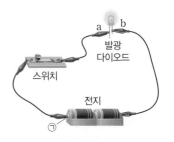

이에 대한 설명으로 옳은 것만을 〈보기〉에서 있는 대로 고른 것은?

보기
ㄱ. 발광 다이오드에는 순방향 전압이 걸린다.
ㄴ. 전지의 단자 ㉠은 (−)극이다.
ㄷ. 집게 a, b를 서로 바꾸어 연결하면 발광 다이오드에 불이 켜지지 않는다.

① ㄱ   ② ㄴ   ③ ㄱ, ㄴ
④ ㄱ, ㄷ   ⑤ ㄴ, ㄷ

11 그림은 p형 반도체와 n형 반도체를 이용하여 만든 소자들이다.

다이오드   광 다이오드   발광 다이오드

이에 대한 설명으로 옳은 것만을 〈보기〉에서 있는 대로 고른 것은?

보기
ㄱ. 다이오드를 이용하여 교류를 직류로 전환할 수 있다.
ㄴ. 광 다이오드는 빛 신호를 전기 신호로 전환한다.
ㄷ. 발광 다이오드에 역방향 전압을 걸어 주면 빛이 방출된다.

① ㄱ   ② ㄷ   ③ ㄱ, ㄴ
④ ㄱ, ㄷ   ⑤ ㄴ, ㄷ

A 다이오드를 이용한 정류 회로

그림과 같이 교류 전원에 동일한 p-n 접합 다이오드 A, B, C, D와 저항 R를 연결하였다.

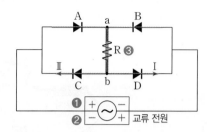

① 교류 전원의 왼쪽이 (+)극, 오른쪽이 (−)극인 경우 회로에 흐르는 전류의 방향 찾기
- 다이오드에는 p형 반도체에서 n형 반도체 방향으로만 전류가 흐를 수 있으므로 A와 D에는 순방향 전압이 걸리고, B와 C에는 역방향 전압이 걸린다.
- A와 D에는 전류가 흐르고 B와 C에는 전류가 흐르지 않는다.
- 저항 R에 흐르는 전류의 방향은 a → R → b 방향이다.
② 교류 전원의 왼쪽이 (−)극, 오른쪽이 (+)극인 경우 회로에 흐르는 전류의 방향 찾기
- 다이오드에는 p형 반도체에서 n형 반도체 방향으로만 전류가 흐를 수 있으므로 B와 C에는 순방향 전압이 걸리고, A와 D에는 역방향 전압이 걸린다.
- B와 C에는 전류가 흐르고 A와 D에는 전류가 흐르지 않는다.
- 저항 R에 흐르는 전류의 방향은 a → R → b 방향이다.
③ 다이오드의 정류 작용 이해하기
- 회로에는 방향이 주기적으로 바뀌는 교류가 흐르나 저항 R에는 한 방향으로 전류가 흐른다.

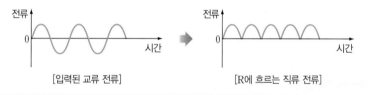

[입력된 교류 전류] [R에 흐르는 직류 전류]

❶ p-n 접합 다이오드에 순방향 전압이 걸리면 전류가 흐르지만, 역방향 전압이 걸리면 전류가 흐르지 않으므로 전류의 방향이 Ⅰ일 때 순방향 전압이 걸리는 다이오드를 찾는다.

❷ 전류의 방향이 Ⅱ일 때 순방향 전압이 걸리는 다이오드를 찾는다.

❸ 두 경우 저항 R에 흐르는 전류의 방향을 표시한다.

TIP
p-n 접합 다이오드는 그림과 같이 기호로 나타내고, 회로 기호에서 전류는 화살표 방향으로만 흐를 수 있다.

전류 방향

실력을 올리는 실전 문제 찾아가기
- 다이오드의 정류 작용에 대해 묻는 문제_07, 10

B 발광 다이오드의 발광 원리

그림은 순방향 전압을 걸어 줄 때 발광 다이오드에서 빛이 방출되는 모습을 나타낸 것이다.

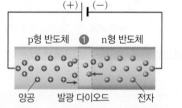

양공 발광 다이오드 전자

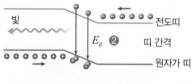

[발광 다이오드에서 전자의 전이]

① 발광 다이오드에 순방향 전압을 걸어 줄 때 전자의 이동
- 발광 다이오드의 p형 반도체에 전지의 (+)극, n형 반도체에 (−)극을 연결하면, 전자들이 p형 반도체 쪽으로 이동하다가 p-n 접합면에서 에너지를 잃고 양공과 결합한다.
② 발광 다이오드에서 전자의 전이
- 다이오드에 전류가 흐르면 p-n 접합면에서 전도띠에 있는 전자가 원자가 띠로 전이하면서 띠 간격(E_g)에 해당하는 만큼의 에너지를 빛으로 방출한다. → 빛에너지 $E = hf \simeq E_g$
- 띠 간격이 클수록 방출되는 빛의 진동수가 크고, 파장은 짧다.

❶ p-n 접합면에서 전자와 양공이 결합하면서 빛이 방출된다.

❷ 발광 다이오드는 화합물의 재료에 따라 p형 반도체와 n형 반도체 사이의 에너지 차를 다양하게 만들 수 있고, 이 에너지 차에 따라 전자가 전이할 때 방출하는 빛의 색깔이 달라진다.

실력을 올리는 실전 문제 찾아가기
- 발광 다이오드의 원리를 묻는 문제_06, 08, 12

01 그림은 각각 순수한 저마늄(Ge) 반도체 A와 저마늄에 인듐(In)을 첨가한 반도체 B의 원자 주변의 전자 배열을 나타낸 것이다.

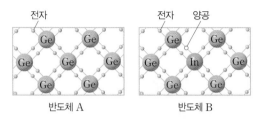

이에 대한 설명으로 옳은 것만을 〈보기〉에서 있는 대로 고른 것은?

┤ 보기 ├
ㄱ. 원자가 전자의 수는 인듐(In)이 저마늄(Ge)보다 적다.
ㄴ. 전기 전도성은 A가 B보다 크다.
ㄷ. B는 p형 반도체이다.

① ㄱ   ② ㄴ   ③ ㄱ, ㄴ
④ ㄱ, ㄷ   ⑤ ㄴ, ㄷ

02 그림 (가)는 규소(Si)에 불순물 원소 A를 첨가한 반도체의 에너지띠 구조를, (나)는 규소(Si)에 불순물 원소 B를 첨가한 반도체의 에너지띠 구조를 나타낸 것이다.

이에 대한 설명으로 옳은 것만을 〈보기〉에서 있는 대로 고른 것은?

┤ 보기 ├
ㄱ. (가)는 p형 반도체이다.
ㄴ. 원자가 전자의 수는 B가 A보다 많다.
ㄷ. (가)와 (나)를 접합한 반도체 소자는 정류 작용을 할 수 있다.

① ㄱ   ② ㄴ   ③ ㄷ
④ ㄱ, ㄴ   ⑤ ㄴ, ㄷ

03 그림과 같이 전지에 p-n 접합 다이오드와 전구를 직렬 연결하고 전압계로 전압을 측정한다. 표는 스위치 S를 a, b에 연결했을 때 전압계에서 측정한 전압이다. X, Y는 각각 p형 반도체와 n형 반도체 중 하나이다.

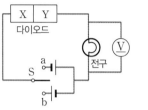

스위치 S	전압(V)
a에 연결	0
b에 연결	3

이에 대한 설명으로 옳은 것만을 〈보기〉에서 있는 대로 고른 것은?

┤ 보기 ├
ㄱ. 다이오드에 흐르는 전류의 세기는 S를 b에 연결했을 때가 a에 연결했을 때보다 크다.
ㄴ. X의 주된 전하 운반자는 양공이다.
ㄷ. S를 b에 연결했을 때, Y에 있는 전자는 p-n 접합면에서 멀어진다.

① ㄱ   ② ㄷ   ③ ㄱ, ㄴ
④ ㄴ, ㄷ   ⑤ ㄱ, ㄴ, ㄷ

04 그림은 불순물 반도체 X, Y를 접합하여 만든 발광 다이오드를 전지에 연결하였을 때 빛이 방출되는 것을 나타낸 것이다. X, Y는 각각 p형 반도체와 n형 반도체 중 하나이다.

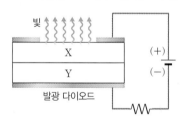

이에 대한 설명으로 옳은 것만을 〈보기〉에서 있는 대로 고른 것은?

┤ 보기 ├
ㄱ. 발광 다이오드에는 순방향 전압이 걸린다.
ㄴ. X는 양공이 많아지도록 도핑되어 있다.
ㄷ. 발광 다이오드 내부에서 전자는 X → Y 방향으로 이동한다.

① ㄱ   ② ㄴ   ③ ㄷ
④ ㄱ, ㄴ   ⑤ ㄱ, ㄷ

→ 수능기출 변형

05 그림 (가)는 규소(Si)에 비소(As)를 첨가한 반도체 X와 규소(Si)에 붕소(B)를 첨가한 반도체 Y를, (나)는 X, Y를 접합하여 만든 다이오드와 저항을 직류 전원에 연결한 것을 나타낸 것이다. 저항에는 전류가 흐른다.

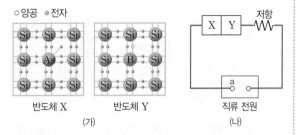

○양공 ●전자

반도체 X   반도체 Y   직류 전원
(가)

이에 대한 설명으로 옳은 것만을 〈보기〉에서 있는 대로 고른 것은?

┤ 보기 ├
ㄱ. X는 n형 반도체이다.
ㄴ. 전원의 단자 a는 (＋)극이다.
ㄷ. Y에 있는 양공은 X, Y의 접합면으로 이동한다.

① ㄱ   ② ㄴ   ③ ㄱ, ㄴ
④ ㄱ, ㄷ   ⑤ ㄴ, ㄷ

06 그림은 불순물 반도체 A, B를 접합하여 만든 발광 다이오드를 전원 장치에 연결한 것으로, A에 있는 양공과 B에 있는 전자가 p-n 접합면으로 이동하여 결합할 때 빛이 방출되는 것을 나타낸 것이다.

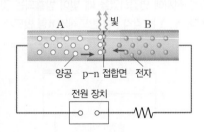

빛
A   B

양공   p-n 접합면   전자

전원 장치

이에 대한 설명으로 옳은 것만을 〈보기〉에서 있는 대로 고른 것은?

┤ 보기 ├
ㄱ. A는 전원 장치의 (＋)극에 연결되어 있다.
ㄴ. 에너지 준위는 A에 있는 양공이 B에 있는 전자보다 크다.
ㄷ. 전자와 양공이 결합할 때 전자의 에너지는 감소한다.

① ㄴ   ② ㄷ   ③ ㄱ, ㄴ
④ ㄱ, ㄷ   ⑤ ㄴ, ㄷ

07 그림 (가)는 4개의 다이오드 A, B, C, D와 저항을 교류 전원에 연결한 것을 나타낸 것이다. 그림 (나)는 회로의 점 p에 흐르는 전류를 시간에 따라 나타낸 것으로, p에 흐르는 전류의 방향이 오른쪽일 때 전류는 (＋)이다.

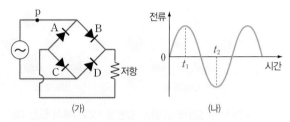

전류
(가)   (나)

이에 대한 설명으로 옳은 것만을 〈보기〉에서 있는 대로 고른 것은?

┤ 보기 ├
ㄱ. 시간 t_1일 때 B에는 순방향 전압이 걸린다.
ㄴ. A에 전류가 흐를 때 D에도 전류가 흐른다.
ㄷ. 저항에 흐르는 전류의 방향은 시간 t_1일 때와 t_2일 때가 서로 같다.

① ㄱ   ② ㄴ   ③ ㄷ
④ ㄱ, ㄴ   ⑤ ㄱ, ㄴ, ㄷ

08 그림과 같이 전지에 p-n 접합 다이오드 A, B와 발광 다이오드(LED)를 연결하고 스위치를 닫았을 때 LED에서 빛이 방출된다. LED의 X, Y는 각각 p형 반도체와 n형 반도체 중 하나이다.

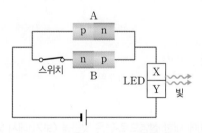

A
p n

스위치   p n
B

LED   X
      Y   빛

이에 대한 설명으로 옳은 것만을 〈보기〉에서 있는 대로 고른 것은?

┤ 보기 ├
ㄱ. X는 p형 반도체이다.
ㄴ. B에는 순방향 전압이 걸린다.
ㄷ. 스위치를 열어도 LED에서 빛이 방출된다.

① ㄴ   ② ㄷ   ③ ㄱ, ㄴ
④ ㄱ, ㄷ   ⑤ ㄴ, ㄷ

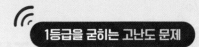
09 그림 (가)는 p-n 접합 다이오드를 저항과 전지에 연결한 것을, (나)는 p형 반도체와 n형 반도체 중 하나의 에너지띠 구조를 나타낸 것이다.

이에 대한 설명으로 옳은 것만을 〈보기〉에서 있는 대로 고른 것은?

| 보기 |
ㄱ. (가)의 저항에는 전류가 흐른다.
ㄴ. (가)에서 p형 반도체에 있는 양공은 접합면에서 멀어진다.
ㄷ. (나)는 n형 반도체의 에너지띠 구조이다.

① ㄱ   ② ㄴ   ③ ㄱ, ㄴ
④ ㄱ, ㄷ   ⑤ ㄴ, ㄷ

➔ 수능모의평가기출 변형

10 그림은 동일한 p-n 접합 발광 다이오드 A, B, C, D와 저항 R를 전원에 연결한 것을 나타낸 것이다. 스위치를 각각 S_1, S_2에 연결했을 때 R에 흐르는 전류의 방향은 a → R → b 방향으로 같다. X는 p형 반도체와 n형 반도체 중 하나이다.

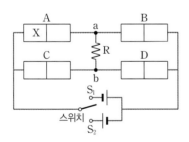

이에 대한 설명으로 옳은 것만을 〈보기〉에서 있는 대로 고른 것은?

| 보기 |
ㄱ. X는 n형 반도체이다.
ㄴ. 스위치를 S_1에 연결했을 때 C에는 순방향 전압이 걸린다.
ㄷ. 스위치를 S_2에 연결했을 때 전류의 세기는 A에서가 D에서보다 크다.

① ㄱ   ② ㄴ   ③ ㄱ, ㄴ
④ ㄱ, ㄷ   ⑤ ㄴ, ㄷ

11 그림은 불순물을 첨가한 반도체 X, Y를 접합하여 만든 p-n 접합 다이오드를 각각 동일한 저항 A, B에 직렬 연결하고 전지에 연결한 것을 나타낸 것이다. 표는 X, Y에 첨가한 불순물 원소의 원자가 전자의 수이다.

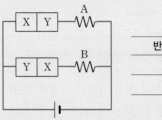

반도체	원자가 전자 수
X	5
Y	3

이에 대한 설명으로 옳은 것만을 〈보기〉에서 있는 대로 고른 것은?

| 보기 |
ㄱ. X는 p형 반도체이다.
ㄴ. Y는 주로 전자가 전류를 흐르게 한다.
ㄷ. B의 양단에 걸리는 전압은 A의 양단에 걸리는 전압보다 크다.

① ㄱ   ② ㄷ   ③ ㄱ, ㄴ
④ ㄱ, ㄷ   ⑤ ㄴ, ㄷ

12 그림과 같이 전원 장치에 p-n 접합 발광 다이오드(LED) A, B를 연결하였을 때 A, B에서 빛이 방출된다. 표는 A, B의 띠 간격을 나타낸 것이다. B의 X는 p형 반도체와 n형 반도체 중 하나이다.

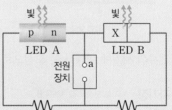

LED	띠 간격
A	1.4 eV
B	3.4 eV

이에 대한 설명으로 옳은 것만을 〈보기〉에서 있는 대로 고른 것은?

| 보기 |
ㄱ. 전원 장치의 a는 (−)극이다.
ㄴ. X 내부에서 전자는 접합면에서 멀어진다.
ㄷ. A에서 방출되는 빛의 파장은 B에서 방출되는 빛의 파장보다 길다.

① ㄱ   ② ㄴ   ③ ㄱ, ㄴ
④ ㄱ, ㄷ   ⑤ ㄴ, ㄷ

12 전류의 자기 작용

한눈에 👀
정리하는 출제 경향

• 여러 모양의 전류에 의한 자기장 의 세기와 방향 이해하기
• 전류의 자기 작용을 적용한 예를 찾아 원리 설명하기

핵심 개념
전류에 의한 자기장(직선 전류, 원형 전류, 솔레노이드), 전류에 의한 자기장의 이용

plus+ 개념

1 자기장

1 자기장 자석이나 전류 주위에 자기력이 작용하는 공간❶
① 자기장의 방향: 자기장 내의 한 점에 놓은 나침반 자침의 N극이 가리키는 방향이 그 위치에서 자기장의 방향이다.
② 자기장의 세기: 자석 주위의 자기장의 세기는 자극에 가까울수록 세고, 자극에서 멀어질수록 약해진다.

2 자기력선 자기장 속에 놓은 나침반 자침의 N극이 가리키는 방향을 따라 연속적으로 이어 놓은 선❷

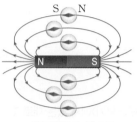
▲ 자석 주위의 자기장 모양

확인 문제 1
1 자석이나 전류가 흐르는 도선 주위에 자기력이 작용하는 공간을 (   )(이)라고 한다.
2 자기장의 방향은 그 점에 놓인 나침반 자침의 (   )극이 가리키는 방향이다.
3 자기장 속에 놓은 나침반 자침의 N극이 가리키는 방향을 연속적으로 이어 놓은 선을 (   )(이)라고 한다.

2 전류에 의한 자기장

1 직선 전류에 의한 자기장 [자료 분석 특강] 126쪽 **A**, 127쪽 **C**
① 자기장의 방향: 오른손 엄지손가락이 전류의 방향을 향하게 하고 네 손가락으로 도선을 감아쥘 때 네 손가락이 가리키는 방향이다. → 오른손 법칙 또는 오른나사 법칙❸❹

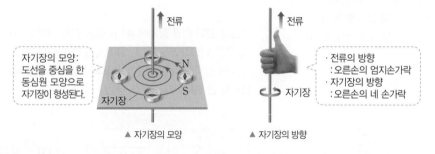

자기장의 모양: 도선을 중심으로 한 동심원 모양으로 자기장이 형성된다.

· 전류의 방향 : 오른손의 엄지손가락
· 자기장의 방향 : 오른손의 네 손가락

▲ 자기장의 모양   ▲ 자기장의 방향

② 자기장의 세기: 전류의 세기에 비례하고, 도선으로부터 떨어진 거리에 반비례한다.

2 원형 전류에 의한 자기장 [자료 분석 특강] 126쪽 **B**
① 자기장의 방향: 오른손으로 도선을 감아쥐고 엄지손가락이 전류의 방향을 향하게 할 때, 네 손가락이 돌아가는 방향이 자기장의 방향이다.

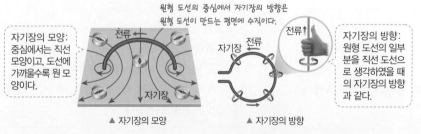

원형 도선의 중심에서 자기장의 방향은 원형 도선이 만드는 평면에 수직이다.

자기장의 모양: 중심에서는 직선 모양이고, 도선에 가까울수록 원 모양이다.

자기장의 방향: 원형 도선의 일부분을 직선 도선으로 생각하였을 때의 자기장의 방향과 같다.

▲ 자기장의 모양   ▲ 자기장의 방향

② 자기장의 세기: 원형 도선의 중심에서 자기장의 세기는 전류의 세기에 비례하고, 원형 도선의 반지름에 반비례한다.

---

❶ 자기력
자석과 자석 사이에 작용하는 힘이다. 같은 극끼리는 밀어내는 자기력이 작용하고, 다른 극끼리는 당기는 자기력이 작용한다.

❷ 자기력선의 특징
• N극에서 나와서 S극으로 들어가는 폐곡선이다.
• 자기력선상의 한 점에서 그은 접선 방향이 그 지점에서 자기장의 방향이다.
• 자기력선은 도중에 교차하거나 나누어지지 않는다.
• 자기력선이 조밀할수록 자기장의 세기가 세다.

❸ 오른나사 법칙
오른나사를 돌릴 때 나사가 진행하는 방향이 전류의 방향이고, 나사가 회전하는 방향이 자기장의 방향이다.

나사의 진행 방향 (전류의 방향)
나사의 회전 방향 (자기장의 방향)
오른나사

❹ 전류가 흐르는 직선 도선 주위의 자기장
전류가 흐르는 직선 도선 아래에 나침반을 놓으면 왼쪽으로 향하는 자기장의 영향으로 나침반 바늘은 시계 반대 방향으로 회전하고, 도선 위에 놓은 나침반은 오른쪽으로 향하는 자기장의 영향으로 시계 방향으로 회전한다.

전류에 의한 자기장

3 솔레노이드에 의한 자기장

① 자기장의 방향(내부): 오른손 네 손가락이 전류의 방향을 가리키도록 감아질 때 엄지손가락이 가리키는 방향이다.

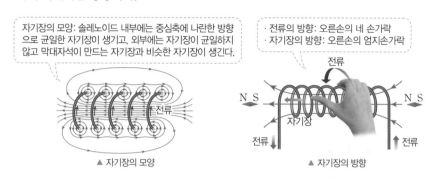

자기장의 모양: 솔레노이드 내부에는 중심축에 나란한 방향으로 균일한 자기장이 생기고, 외부에는 자기장이 균일하지 않고 막대자석이 만드는 자기장과 비슷한 자기장이 생긴다.

・전류의 방향: 오른손의 네 손가락
・자기장의 방향: 오른손의 엄지손가락

▲ 자기장의 모양

▲ 자기장의 방향

② 자기장의 세기(내부): 전류의 세기에 비례하고, 단위길이당 도선의 감은 수에 비례한다.

4 직선 전류가 흐르는 도선이 만드는 자기장

탐구 / 활동

과정 >>

❶ 그림과 같이 직선 도선을 종이에 수직으로 꽂고 전류계, 가변 저항기, 직류 전원 장치를 연결한다.

❷ 직선 도선에 흐르는 전류의 세기를 변화시키면서 나침반 자침의 회전각을 관찰한다.

❸ 전류의 세기는 일정하게 하고 도선과 나침반 사이의 거리를 변화시키면서 나침반 자침의 회전각을 관찰한다.

❹ 도선에 흐르는 전류의 방향을 반대로 하여 과정 ❷, ❸을 반복한다.

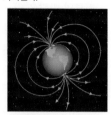

전원 장치

직선 도선

가변 저항기

결과 및 정리 >>

1. 전류의 세기가 증가할수록 자기장의 세기가 세지므로 나침반 자침의 회전각이 증가한다.

2. 도선과 나침반 사이의 거리가 증가할수록 자기장의 세기가 약해지므로 나침반 자침의 회전각이 감소한다.

3. 전류의 방향이 반대로 바뀌면 자기장의 방향도 반대로 바뀌므로 나침반 자침의 회전 방향이 반대로 바뀐다.

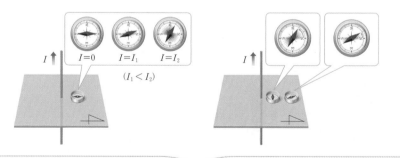

$I=0$ $I=I_1$ $I=I_2$

$(I_1 < I_2)$

확인 문제
②

4 직선 도선에 흐르는 전류에 의한 자기장의 세기는 직선 도선에 흐르는 전류의 세기에 (   )하고, 도선으로부터 떨어진 거리에 (   )한다.

5 원형 도선의 중심에서 전류에 의한 자기장의 세기는 도선에 흐르는 전류의 세기에 (   )하고, 원형 도선의 반지름에 (   )한다.

6 솔레노이드 내부에서 자기장의 세기는 도선에 흐르는 전류의 세기에 (   )하고, 단위 길이당 도선의 감은 수에 (   )한다.

12 전류의 자기 작용

3 전류에 의한 자기 작용의 이용

plus 개념

1 전자석 코일 속에 철심을 넣은 것⑤

① 전자석의 특징

- 전류가 흐르는 동안에만 자석의 성질을 갖는다.
- 전류의 방향을 바꾸어 전자석의 극을 바꿀 수 있다.
- 코일에 흐르는 전류의 세기와 코일의 감은 수로 전자석의 세기를 조절할 수 있다. → 전자석의 세기는 코일에 흐르는 전류의 세기가 셀수록, 코일을 더 촘촘하게 감을수록 세다.

② 전자석의 이용

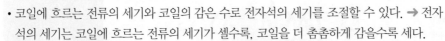

전자석 기중기	스피커	자기 부상 열차
	자석, 코일	차량, 모터, 레일, 센서, 침목, 전자석
코일에 전류를 흐르게 하여 전자석에 고철이 붙도록 하여 고철을 옮긴다.	전류의 방향에 따라 자석에 의해 코일이 밀리거나 끌려가 진동판이 진동하여 소리가 발생한다.	코일에 전류를 흐르게 하면 전자석이 레일의 자석과 서로 밀거나 끌어당겨 차량이 뜨도록 한다.

2 전동기 자석 사이에 있는 코일에 전류가 흐를 때 코일이 자기력을 받아 회전하게 만든 장치⑥

전동기의 원리

- 원리: 전류가 흐르는 코일이 영구 자석과 밀거나 끌어당기는 자기력이 작용하여 코일이 회전한다.⑦
- 자기력의 크기: 코일의 감은 수가 많을수록, 코일에 흐르는 전류의 세기가 셀수록 코일이 큰 힘을 받는다.
- 이용: 무인 조정 비행기, 전동 휠 등에 사용된다.
  코일이 반 바퀴 회전하면 정류자에 의해 코일에 흐르는 전류의 방향이 바뀌므로 코일은 계속 시계 방향으로 회전한다.

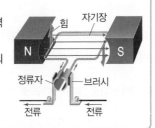
힘, 자기장, N, S, 정류자, 브러시, 전류, 전류

3 전류의 자기 작용을 이용한 다양한 예

자기 공명 영상(MRI) 장치	하드 디스크(HDD)	토카막(Tokamak)
코일에 전류가 흐를 때 생기는 강한 자기장을 이용하여 인체 내부의 영상을 얻는다.	헤드의 코일에 전류가 흐를 때 생기는 자기장을 이용하여 플래터에 정보를 기록한다.	도넛 모양의 장치로 강한 자기장을 만들어 플라스마를 가두어 둔다.

확인 문제 ③

7 전자석의 세기를 세게 하려면 전자석을 만들 때 코일을 더 ( )하게 감고, 코일에 흐르는 전류의 세기를 ( ) 한다.

8 전동기는 전류의 ( )을 이용한 장치로, 전기 에너지를 ( )로 전환한다.

---

⑤ **전자석의 철심**
코일 속에 넣는 철로 된 막대로, 철심을 넣으면 내부의 자기장이 철심이 없을 때보다 약 1000배 이상 세진다.

⑥ **전동기를 이용하는 전기 제품들**
전동기는 전기 에너지를 운동 에너지로 전환하는 장치이다. 가정에서 사용하는 청소기, 세탁기, 선풍기, 에어컨 등이 모두 전동기를 이용한다. 이외에도 전기 자동차, 무인 비행 장치(드론), 전동 휠 등이 있다.

⑦ **전류가 흐르는 도선이 자기장 속에서 받는 힘**
전류가 흐르는 도선이 자기장 속에서 받는 힘을 자기력이라고 한다. 그림과 같이 플레밍의 왼손 법칙을 이용하여 힘의 방향을 찾을 수 있다. 자기장의 방향, 전류의 방향, 힘의 방향은 모두 서로 수직이다.

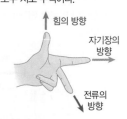
힘의 방향, 자기장의 방향, 전류의 방향

용어 돋보기

- **전자석**(번개 電, 자석 磁, 돌 石): 전류가 흐르는 동안 자기장이 형성되어 자석의 성질을 갖는다.
- **전동기**(번개 電, 움직일 動, 기계 機): 전류가 흐르는 코일이 자석 속에서 자기력을 받아 회전하는 장치이다.

1 자기장

01 자기장에 대한 설명으로 옳지 <u>않은</u> 것은?

① 자기력이 작용하는 공간이다.
② 지구 자기장의 방향은 북쪽이다.
③ 자기력선이 조밀할수록 자기장의 세기가 세다.
④ 자기장의 방향은 나침반 자침의 S극이 가리키는 방향이다.
⑤ 막대자석이나 전류가 흐르는 도선 주위에 자기장이 형성된다.

02 그림은 막대자석이 만드는 자기장을 자기력선으로 나타낸 것이다. A는 막대자석의 N극과 S극 중 하나이다.

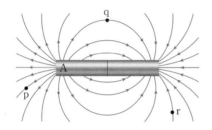

이에 대한 설명으로 옳은 것만을 〈보기〉에서 있는 대로 고른 것은?

보기
ㄱ. A는 N극이다.
ㄴ. 자기장의 방향은 p와 q에서 서로 같다.
ㄷ. 자기장의 세기는 p에서가 r에서보다 크다.

① ㄱ ② ㄴ ③ ㄱ, ㄴ
④ ㄱ, ㄷ ⑤ ㄴ, ㄷ

2 전류에 의한 자기장

03 전류가 흐르는 도선이 만드는 자기장에 대한 설명으로 옳지 <u>않은</u> 것은?

① 자기장의 세기는 전류의 세기에 비례한다.
② 원형 전류에 의한 자기장의 세기는 균일하다.
③ 직선 도선에 가까울수록 자기장의 세기가 세다.
④ 직선 전류에 의한 자기장의 방향은 전류의 방향과 수직이다.
⑤ 솔레노이드 내부에서 자기장의 세기는 단위길이당 도선의 감은 수에 비례한다.

04 그림과 같이 종이면에 놓인 무한히 긴 직선 도선에 화살표 방향으로 세기가 I인 전류가 흐르고 있다. 점 p, q는 종이면 위에 있고, 모눈의 간격은 일정하다.

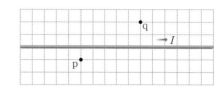

p, q에서 자기장의 세기를 각각 B_p, B_q라고 할 때, p에서 자기장의 방향과 p, q에서 자기장의 세기를 옳게 짝 지은 것은?

	p에서 자기장의 방향	p, q에서 자기장의 세기
①	종이면에서 나오는 방향	$B_p > B_q$
②	종이면에서 나오는 방향	$B_p < B_q$
③	종이면에 들어가는 방향	$B_p > B_q$
④	종이면에 들어가는 방향	$B_p = B_q$
⑤	종이면에 들어가는 방향	$B_p < B_q$

[05~06] 그림은 종이판에 수직으로 꽂은 무한히 긴 직선 도선에 일정한 세기의 전류가 흐를 때 북쪽에 있는 P 지점에 놓인 나침반의 모습을 나타낸 것이다. P, Q, R는 남북을 잇는 직선 위의 지점이다. 물음에 답하시오.

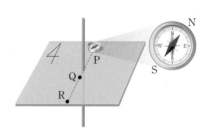

05 나침반을 R 지점으로 옮겨 놓았을 때, 나침반 자침의 N극이 가리키는 방향을 쓰시오.

서술형
06 R 지점에 있던 나침반을 서서히 Q 지점으로 이동시키면서 관찰했을 때, 자기장의 세기와 나침반 자침의 변화를 설명하시오.

07 오른쪽 그림은 전류가 흐르는 무한히 긴 직선 도선 주위의 자기장 모양을 자기력선으로 나타낸 것이다. 이에 대한 설명으로 옳은 것만을 〈보기〉에서 있는 대로 고른 것은?

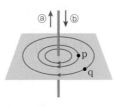

┤ 보기 ├
ㄱ. 도선에 흐르는 전류의 방향은 ⓐ 방향이다.
ㄴ. 자기장의 세기는 p에서가 q에서보다 크다.
ㄷ. 도선에 흐르는 전류의 세기가 증가하면 p에서 자기장의 세기는 감소한다.

① ㄱ   ② ㄴ   ③ ㄷ
④ ㄱ, ㄴ   ⑤ ㄴ, ㄷ

(ρ)중요

08 그림과 같이 종이면에 무한히 긴 직선 도선 A, B가 나란하게 고정되어 있다. A에는 화살표 방향으로 세기가 I_0인 전류가 흐르고, q에서 자기장은 0이다. p, A, q, B, r 사이의 간격은 모두 d로 같다.

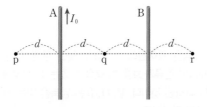

이에 대한 설명으로 옳은 것만을 〈보기〉에서 있는 대로 고른 것은?

┤ 보기 ├
ㄱ. B에 흐르는 전류의 방향은 A에 흐르는 전류의 방향과 같다.
ㄴ. 자기장의 세기는 p에서가 r에서보다 크다.
ㄷ. r에서 자기장의 방향은 종이면에서 나오는 방향이다.

① ㄱ   ② ㄷ   ③ ㄱ, ㄴ
④ ㄱ, ㄷ   ⑤ ㄴ, ㄷ

09 어떤 원형 도선에 흐르는 전류의 세기가 I일 때 중심에서 자기장의 세기가 B였다. 도선의 모양을 변화시키지 않고 $5I$의 전류를 흐르게 할 때, 원형 도선 중심에서 자기장의 세기를 쓰시오.

(ρ)중요

10 그림 (가), (나)는 각각 일정한 세기의 전류가 흐르는 원형 도선 P, Q의 중심축을 동서 방향으로 하고 P, Q의 중심에 나침반을 놓았을 때 나침반의 모습을 나타낸 것으로, 나침반 자침의 N극이 북쪽과 이루는 각은 같다. 원형 도선의 반지름은 Q가 P보다 크다.

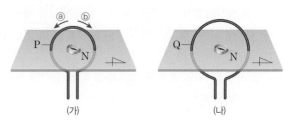

이에 대한 설명으로 옳지 않은 것은?

① P에 흐르는 전류의 방향은 ⓐ 방향이다.
② Q에 흐르는 전류의 방향은 P에 흐르는 전류의 방향과 같다.
③ 원형 도선 중심에서 자기장의 세기는 (가)에서가 (나)에서보다 크다.
④ 전류의 세기는 Q에서가 P에서보다 크다.
⑤ P에 흐르는 전류의 세기가 증가하면 나침반 자침의 회전각도 증가한다.

11 그림 (가)는 종이면에 고정된 원형 도선에 세기 I인 전류가 흐르는 것을 나타낸 것이다. 그림 (나), (다)는 각각 (가)에서 세기가 I인 전류가 흐르는 무한히 긴 직선 도선을 종이면에 고정한 것을 나타낸 것이다. p점은 원형 도선의 중심이며, (나)와 (다)에서 p는 도선으로부터 떨어진 거리가 같다.

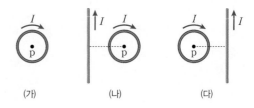

이에 대한 설명으로 옳은 것만을 〈보기〉에서 있는 대로 고른 것은?

┤ 보기 ├
ㄱ. (가)의 p에서 자기장의 방향은 종이면에 들어가는 방향이다.
ㄴ. 자기장의 세기는 (가)의 p에서가 (나)의 p에서보다 크다.
ㄷ. (다)의 p에서 자기장의 세기는 0이다.

① ㄱ   ② ㄴ   ③ ㄱ, ㄴ
④ ㄱ, ㄷ   ⑤ ㄴ, ㄷ

12 그림 (가), (나), (다)는 코일의 감은 수가 같은 솔레노이드에 전류가 각각 2 A, 1 A, 2 A가 흐르는 것을 나타낸 것이다. 솔레노이드의 길이는 각각 10 cm, 20 cm, 20 cm이다.

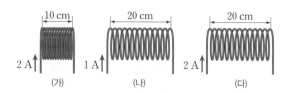

(가), (나), (다)의 솔레노이드의 내부에서 자기장의 세기를 각각 $B_{(가)}$, $B_{(나)}$, $B_{(다)}$라고 할 때, $B_{(가)}$, $B_{(나)}$, $B_{(다)}$를 옳게 비교한 것은?(단, 지구 자기장은 무시한다.)

① $B_{(가)} > B_{(나)} > B_{(다)}$　　② $B_{(가)} > B_{(다)} > B_{(나)}$

③ $B_{(나)} > B_{(가)} > B_{(다)}$　　④ $B_{(다)} > B_{(가)} > B_{(나)}$

⑤ $B_{(다)} > B_{(나)} > B_{(가)}$

중요

13 그림과 같이 전원 장치, 솔레노이드, 가변 저항기를 연결하고 스위치를 닫았을 때 솔레노이드 내부 중심축에 놓인 나침반 자침의 N극이 북쪽과 이루는 각은 θ이다.

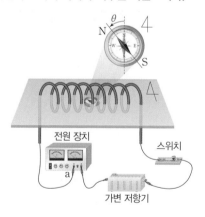

이에 대한 설명으로 옳은 것만을 〈보기〉에서 있는 대로 고른 것은?(단, 솔레노이드의 중심축은 동서 방향과 나란하다.)

┤ 보기 ├
ㄱ. 솔레노이드의 내부 중심축에서 전류에 의한 자기장의 방향은 서쪽이다.
ㄴ. 전원 장치의 단자 a는 (+)극이다.
ㄷ. 가변 저항기의 저항값을 감소시키면 θ는 감소한다.

① ㄱ　　　② ㄴ　　　③ ㄷ
④ ㄱ, ㄴ　　⑤ ㄱ, ㄷ

3 전류에 의한 자기 작용의 이용

14 오른쪽 그림은 전자석을 이용한 기중기를 이용하여 고철을 옮기는 모습을 나타낸 것이다. 이에 대한 설명으로 옳지 않은 것은?

① 고철과 전자석 사이에는 서로 당기는 전기력이 작용한다.
② 전자석은 코일에 전류가 흐를 때 생기는 자기장을 이용한다.
③ 전류의 세기가 셀수록 전자석이 만드는 자기장의 세기가 세다.
④ 전자석에 흐르는 전류를 끊으면 고철이 전자석에서 떨어진다.
⑤ 전자석에 흐르는 전류의 방향을 반대로 하더라도 고철이 전자석에 붙는다.

[15~16] 그림은 코일과 영구 자석으로 구성된 전동기의 구조를 나타낸 것이다. 물음에 답하시오.

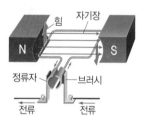

15 다음은 전동기에 대한 설명이다. (　　) 안에 공통으로 들어갈 알맞은 말을 쓰시오.

┌─────────────────────────────┐
│ 자석 사이에 들어 있는 코일에 전류가 흐를 때 코일이 (　　)을/를 받아 회전하게 만든 장치로, 전류가 흐르는 코일이 영구 자석과 밀거나 끌어당기는 (　　)이/가 작용하여 코일이 회전한다. │
└─────────────────────────────┘

서술형

16 자기장 속에서 코일이 더 빠르게 회전할 수 있는 방법 3가지에 대해 설명하시오.

실력을 올리는 실전 문제와 함께 보면 더 좋아요!

A 직선 전류에 의한 자기장

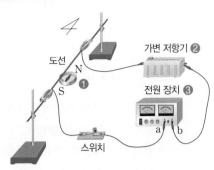

① 지구 자기장의 방향 찾기
• 지구 자기장의 방향은 [남 → 북] 방향이고, 같은 장소에서 지구 자기장의 세기는 동일하다.
• 직선 도선을 지구 자기장의 방향과 같게 놓아 도선에 흐르는 전류에 의한 자기장의 방향이 동서 방향이 되도록 한다.

② 도선에 흐르는 전류에 의한 자기장의 방향 찾기 ❹
• 집게 a가 (+)극, b가 (−)극에 연결된 경우: 전류의 방향 [남 → 북] 방향이므로 전류에 의한 자기장의 방향은 서쪽이다. → 나침반 자침의 N극은 북서쪽을 가리킨다.
• 집게 a가 (−)극, b가 (+)극에 연결된 경우: 전류의 방향 [북 → 남] 방향이므로 전류에 의한 자기장의 방향은 동쪽이다. → 나침반 자침의 N극은 북동쪽을 가리킨다.

③ 도선에 흐르는 전류에 의한 자기장의 세기 구하기

거리의 변화	전류의 세기 변화
도선과 나침반 사이의 거리가 증가하는 경우: 전류에 의한 자기장의 세기가 감소하여 나침반 자침의 N극과 북쪽이 이루는 각은 점점 작아진다.	• 가변 저항기의 저항값을 감소시키는 경우: 전류에 의한 자기장의 세기가 증가하여 나침반 자침의 N극과 북쪽이 이루는 각은 점점 커진다. • 전원 장치의 전압을 증가시키는 경우: 전류에 의한 자기장의 세기가 증가하여 나침반 자침의 N극과 북쪽이 이루는 각은 점점 커진다.

❶ 스위치가 열려 있을 때 나침반 자침의 N극은 북쪽을 가리킨다.

❷ 가변 저항기의 저항값을 감소시키면 도선에 흐르는 전류의 세기가 세진다.

❸ 전원 장치의 전압이 클수록 도선에 흐르는 전류의 세기가 크고, 집게 a, b를 바꾸어 연결하면 도선에 흐르는 전류의 방향이 반대로 바뀐다.

❹ 도선 주위에 놓은 나침반 자침의 N극이 가리키는 방향은 전류에 의한 자기장과 지구의 자기장을 합성한 방향이다.

실력을 올리는 실전 문제 찾아가기
• 전류에 의한 자기장의 방향과 세기에 영향을 주는 요인을 찾는 문제_ 03, 08, 10

B 두 원형 전류에 의한 자기장

CASE 1 두 원형 도선에 흐르는 전류의 방향이 같은 경우

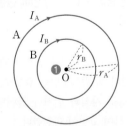

① O에서 자기장의 방향: A, B에 흐르는 전류에 의한 자기장의 방향은 모두 종이면에 수직으로 들어가는 방향으로 같다.
② O에서 자기장의 세기: A, B에 흐르는 전류에 의한 자기장의 세기의 합이다.

CASE 2 두 원형 도선에 흐르는 전류의 방향이 반대인 경우

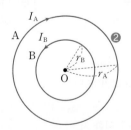

① O에서 자기장의 방향: A에 흐르는 전류에 의한 자기장의 방향은 종이면에 수직으로 들어가는 방향이고, B에 흐르는 전류에 의한 자기장의 방향은 종이면에서 수직으로 나오는 방향이다. 즉, 서로 반대 방향이다.
② O에서 자기장의 세기: A, B에 흐르는 전류에 의한 자기장의 세기의 차이다.

❶ 원형 도선 중심에서 자기장의 방향은 오른손으로 도선을 감아쥐고 엄지손가락이 전류의 방향을 향하게 할 때 네 손가락이 돌아가는 방향이다.

❷ A, B에 흐르는 전류의 세기에 따라 O에서 자기장의 방향이 달라진다.

TIP
두 원형 도선에 흐르는 전류의 방향이 반대이고, O에서 A, B에 흐르는 전류에 의한 자기장의 세기가 같을 때, O에서 자기장은 0이다.

실력을 올리는 실전 문제 찾아가기
• 두 원형 전류에 의한 자기장을 비교하는 문제 _09

C 전류에 의한 자기장이 0인 지점 찾기

CASE 1 두 직선 도선 A, B에 흐르는 전류의 방향이 같은 경우(단, O는 A와 B의 가운데 지점) ❶

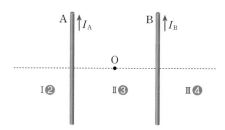

① 영역 Ⅰ에서 A, B에 흐르는 전류에 의한 자기장 분석하기
· A, B에 흐르는 전류에 의한 자기장의 방향은 모두 종이면에서 수직으로 나오는 방향이다.
· 자기장의 세기는 A, B에 흐르는 전류에 의한 자기장의 세기의 합이다.
② 영역 Ⅱ에서 A, B에 흐르는 전류에 의한 자기장 분석하기
· A에 흐르는 전류에 의한 자기장 방향은 종이면에 수직으로 들어가는 방향, B에 흐르는 전류에 의한 자기장의 방향은 종이면에서 수직으로 나오는 방향이므로 자기장이 0인 곳이 있다.
· 자기장의 세기는 A, B에 흐르는 전류에 의한 자기장의 세기의 차이다.

$I_A = I_B$일 때	$I_A > I_B$일 때	$I_A < I_B$일 때
A, B에 흐르는 전류의 세기가 같으므로 A, B로부터 떨어진 거리가 같은 지점에서 자기장이 0이다.	자기장의 세기는 전류의 세기에 비례한다. 전류의 세기는 A가 B보다 크므로 자기장이 0이 되는 지점은 O와 B 사이에 있다.	자기장의 세기는 전류의 세기에 비례한다. 전류의 세기는 B가 A보다 크므로 자기장이 0이 되는 지점은 O와 A 사이에 있다.

③ 영역 Ⅲ에서 A, B에 흐르는 전류에 의한 자기장 분석하기
· A, B에 흐르는 전류에 의한 자기장의 방향은 모두 종이면에 수직으로 들어가는 방향이다.
· 자기장의 세기는 A, B에 흐르는 전류에 의한 자기장의 세기의 합이다.

CASE 2 두 직선 도선에 흐르는 전류의 방향이 반대 방향인 경우(단, O는 A와 B의 가운데 지점)

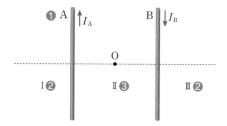

① 영역 Ⅰ에서 A, B에 흐르는 전류에 의한 자기장 분석하기
· 영역 Ⅰ에서 A에 흐르는 전류에 의한 자기장 방향은 종이면에서 수직으로 나오는 방향, B에 흐르는 전류에 의한 자기장의 방향은 종이면에 수직으로 들어가는 방향이다.
· $I_A < I_B$일 때 영역 Ⅰ에 자기장이 0인 곳이 있다.
② 영역 Ⅱ에서 A, B에 흐르는 전류에 의한 자기장 분석하기
· A, B에 흐르는 전류에 의한 자기장의 방향은 모두 종이면에 수직으로 들어가는 방향이다.
· 자기장의 세기는 A, B에 흐르는 전류에 의한 자기장의 세기의 합이다.
③ 영역 Ⅲ에서 A, B에 흐르는 전류에 의한 자기장 분석하기
· 영역 Ⅲ에서 A에 흐르는 전류에 의한 자기장 방향은 종이면에 수직으로 들어가는 방향, B에 흐르는 전류에 의한 자기장의 방향은 종이면에서 수직으로 나오는 방향이다.
· $I_A > I_B$일 때 영역 Ⅲ에 자기장이 0인 곳이 있다.

❶ 직선 전류에 의한 자기장의 방향은 오른손을 이용하여 찾는다.

❷ 영역 Ⅰ에서 A, B에 흐르는 전류에 의한 자기장의 방향은 같다.

❸ 영역 Ⅱ에서 A, B에 흐르는 전류에 의한 자기장의 방향은 서로 반대이다.

❹ 영역 Ⅲ에서 A, B에 흐르는 전류에 의한 자기장의 방향은 같다.

TIP
두 직선 도선에 흐르는 전류의 방향이 같은 경우에 자기장이 0인 지점은 두 직선 도선의 안쪽에 있다.

❶ A, B에 흐르는 전류에 의한 자기장의 방향은 다음과 같다.

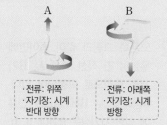

❷ 영역 Ⅰ, Ⅲ에서 A, B에 흐르는 전류에 의한 자기장의 방향은 서로 반대 방향이다.

❸ 영역 Ⅱ에서 A, B에 흐르는 전류에 의한 자기장의 방향은 같다.

TIP
전류의 방향이 반대 방향인 경우에 자기장이 0인 지점은 두 도선의 바깥쪽에 있다.

실력을 올리는 실전 문제 **찾아가기**
· 두 직선 도선에 흐르는 전류에 의한 자기장의 합을 구하는 문제_01, 05, 06, 16

01 그림 (가)는 xy 평면에 세기 I_0인 전류가 $+y$ 방향으로 흐르는 무한히 긴 직선 도선 A를 $x=0$에 y축과 나란하게 고정한 것을 나타낸 것이고, (나)는 (가)에서 전류가 흐르는 무한히 긴 직선 도선 B를 $x=3d$에 y축과 나란하게 고정한 것을 나타낸 것이다. (가)와 (나)의 $x=d$에서 자기장의 세기는 서로 같다.

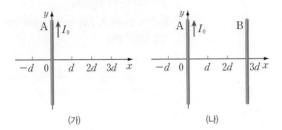

(가)   (나)

이에 대한 설명으로 옳은 것만을 〈보기〉에서 있는 대로 고른 것은?

┌─ 보기 ┐
ㄱ. B에 흐르는 전류의 방향은 $+y$ 방향이다.
ㄴ. B에 흐르는 전류의 세기는 $2I_0$이다.
ㄷ. $x=2d$에서 자기장의 세기는 (나)에서가 (가)에서보다 크다.
└────────┘

① ㄱ   ② ㄴ   ③ ㄱ, ㄴ
④ ㄱ, ㄷ   ⑤ ㄴ, ㄷ

02 오른쪽 그림과 같이 종이면에 무한히 긴 직선 도선 A, B가 서로 수직으로 고정되어 있다. b점에서 A, B에 흐르는 전류에 의한 자기장은 0이다. a, b, c, d는 종이면에 있는 지점이다. 이에 대한 설명으로 옳은 것만을 〈보기〉에서 있는 대로 고른 것은?

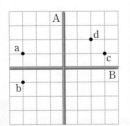

┌─ 보기 ┐
ㄱ. 도선에 흐르는 전류의 세기는 A가 B보다 크다.
ㄴ. c에서 자기장은 0이다.
ㄷ. a와 d에서 자기장의 방향은 서로 반대 방향이다.
└────────┘

① ㄱ   ② ㄴ   ③ ㄱ, ㄷ
④ ㄴ, ㄷ   ⑤ ㄱ, ㄴ, ㄷ

03 그림 (가)와 같이 직선 도선을 나침반 위에 나침반의 자침과 나란하게 올려놓는다. 그림 (나)는 (가)에서 직선 도선에 흐르는 전류의 세기가 I일 때 나침반의 모습을 나타낸 것이다.

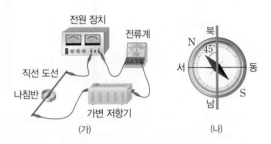

(가)   (나)

이에 대한 설명으로 옳은 것만을 〈보기〉에서 있는 대로 고른 것은?

┌─ 보기 ┐
ㄱ. 직선 도선에 흐르는 전류의 방향은 북쪽이다.
ㄴ. (가)에서 가변 저항기의 저항값을 감소시키면 나침반 자침의 N극이 북쪽과 이루는 각은 45°보다 크다.
ㄷ. (가)에서 전원 장치의 단자 a, b를 서로 바꾸어 연결하면 나침반 자침의 N극은 남동쪽을 가리킨다.
└────────┘

① ㄴ   ② ㄷ   ③ ㄱ, ㄴ
④ ㄱ, ㄷ   ⑤ ㄱ, ㄴ, ㄷ

04 그림과 같이 종이면에 세기 I인 일정한 전류가 흐르는 무한히 긴 직선 도선 A와 원형 도선 B가 고정되어 있다. 표는 B에 흐르는 전류의 세기가 각각 $2I_0$, I_0일 때, B의 중심 O에서 A, B에 흐르는 전류에 의한 자기장을 나타낸 것이다. 자기장은 종이면에서 나오는 방향일 때 (+)이다.

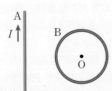

B에 흐르는 전류의 세기	O에서 자기장
$2I_0$	$+B_0$
I_0	$-B_0$

O에서 A에 흐르는 전류에 의한 자기장의 세기는?

① B_0 ② $2B_0$ ③ $3B_0$
④ $4B_0$ ⑤ $5B_0$

05 그림과 같이 종이면에 무한히 긴 직선 도선 A, B가 서로 나란하게 고정되어 있다. p, q, r는 종이면에 있는 점이다. 표는 p, q에서 A, B에 흐르는 전류에 의한 자기장의 세기와 방향을 나타낸 것이다.

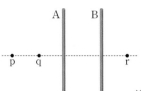

	자기장	
	세기	방향
p	B_0	×
q	$2B_0$	⊙

×: 종이면에 수직으로 들어가는 방향
⊙: 종이면에서 수직으로 나오는 방향

이에 대한 설명으로 옳은 것만을 〈보기〉에서 있는 대로 고른 것은?

┤ 보기 ├
ㄱ. A와 B에 흐르는 전류의 방향은 서로 같다.
ㄴ. 전류의 세기는 B가 A보다 크다.
ㄷ. r에서 자기장의 방향은 종이면에 수직으로 들어가는 방향이다.

① ㄴ ② ㄷ ③ ㄱ, ㄴ
④ ㄱ, ㄷ ⑤ ㄱ, ㄴ, ㄷ

→ 수능모의평가기출 변형

06 그림과 같이 무한히 긴 직선 도선 A, B가 종이면에 수직으로 고정되어 있다. p, A, q, r, B 사이의 간격은 모두 d로 같고, p, q에서 A, B에 흐르는 전류에 의한 자기장의 방향은 화살표 방향이다.

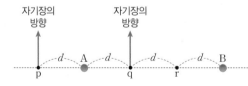

이에 대한 설명으로 옳은 것만을 〈보기〉에서 있는 대로 고른 것은?

┤ 보기 ├
ㄱ. B에 흐르는 전류의 방향은 종이면에 들어가는 방향이다.
ㄴ. 전류의 세기는 B가 A보다 크다.
ㄷ. r에서 자기장의 방향은 p에서 자기장의 방향과 같다.

① ㄴ ② ㄷ ③ ㄱ, ㄴ
④ ㄱ, ㄷ ⑤ ㄱ, ㄴ, ㄷ

07 오른쪽 그림과 같이 xy 평면에 세기가 B_0이고 수직으로 들어가는 균일한 자기장 영역에 무한히 긴 직선 도선 A가 y축과 나란하게 고정되어 있다. P, Q는 xy 평면에 있는 지점이며, A로부터 떨어진 거리가 d로 같다. P에서 자기장은 0이다. 이에 대한 설명으로 옳은 것만을 〈보기〉에서 있는 대로 고른 것은?

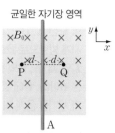

┤ 보기 ├
ㄱ. A에 흐르는 전류의 방향은 $-y$ 방향이다.
ㄴ. Q에서 자기장의 세기는 $2B_0$이다.
ㄷ. A를 y축과 나란하게 Q에 고정하면, P에서 자기장의 세기는 B_0이다.

① ㄴ ② ㄷ ③ ㄱ, ㄴ
④ ㄱ, ㄷ ⑤ ㄴ, ㄷ

08 그림과 같이 전원 장치, 가변 저항기, 스위치, 원형 도선을 연결하고, 원형 도선의 중심에 나침반을 놓았다. 스위치를 닫고 나침반 자침의 N극이 북쪽과 이루는 각 θ를 측정한다.

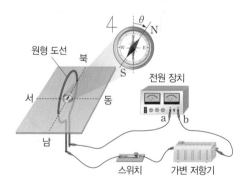

θ를 증가시킬 수 있는 방법만을 〈보기〉에서 있는 대로 고른 것은?

┤ 보기 ├
ㄱ. 가변 저항기의 저항값을 증가시킨다.
ㄴ. 전원 장치의 전압을 증가시킨다.
ㄷ. 전원 장치의 집게 a, b를 서로 바꾸어 연결한다.

① ㄴ ② ㄷ ③ ㄱ, ㄴ
④ ㄱ, ㄷ ⑤ ㄴ, ㄷ

09 오른쪽 그림과 같이 종이면에 두 원형 도선 A, B가 고정되어 있다. A에 시계 방향으로 흐르는 전류의 세기가 I_0일 때, A, B의 중심 O에서 자기장은 0이다. B에 흐르는 전류의 방향과 세기를 옳게 짝 지은 것은?

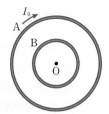

	전류의 방향	전류의 세기
①	시계 방향	I_0보다 크다.
②	시계 방향	I_0보다 작다.
③	시계 반대 방향	I_0보다 크다.
④	시계 반대 방향	I_0과 같다.
⑤	시계 반대 방향	I_0보다 작다.

10 다음은 전류에 의한 자기장에 관한 실험이다.

[실험 과정]
(가) 그림과 같이 솔레노이드 축을 동서 방향으로 놓고 실험 장치를 구성한다.
(나) 스위치를 닫고 나침반 자침의 방향을 관찰한다.
(다) (가)의 상태에서 전류의 방향이 반대가 되도록 바꾸고 (나)를 반복한다.
(라) (가)의 상태에서 가변 저항기의 저항값을 2배로 하고 (나)를 반복한다.

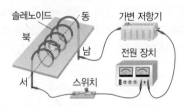

[실험 결과]
A, B, C는 실험 결과를 순서 없이 나타낸 것이다.

이에 대한 설명으로 옳은 것만을 〈보기〉에서 있는 대로 고른 것은?

┤ 보기 ├
ㄱ. (나)의 솔레노이드 내부에서 솔레노이드에 흐르는 전류에 의한 자기장의 방향은 서쪽이다.
ㄴ. (라)의 결과는 B이다.
ㄷ. 나침반이 놓인 곳에서 자기장의 세기는 (다)에서가 (라)에서보다 작다.

① ㄱ   ② ㄷ   ③ ㄱ, ㄴ ④ ㄱ, ㄷ ⑤ ㄴ, ㄷ

11 그림은 길이가 같은 솔레노이드 A, B에 각각 세기가 I, $2I$인 전류가 흐르는 것을 나타낸 것이다. A, B의 코일의 감은 수는 각각 N, $2N$이고, p는 A, B의 중심축상의 지점이다.

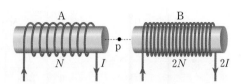

이에 대한 설명으로 옳은 것만을 〈보기〉에서 있는 대로 고른 것은?

┤ 보기 ├
ㄱ. 솔레노이드 내부에서 자기장의 세기는 B가 A보다 크다.
ㄴ. p에서 자기장의 방향은 오른쪽이다.
ㄷ. A와 B 사이에는 서로 당기는 자기력이 작용한다.

① ㄱ   ② ㄴ   ③ ㄱ, ㄴ
④ ㄱ, ㄷ   ⑤ ㄴ, ㄷ

12 그림과 같이 전원에 연결된 솔레노이드의 중심축 위에 막대자석이 고정되어 있다. p, q는 중심축 위의 지점이며, 솔레노이드로부터 떨어진 거리가 같다.

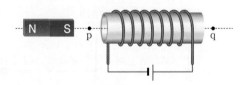

이에 대한 설명으로 옳은 것만을 〈보기〉에서 있는 대로 고른 것은?

┤ 보기 ├
ㄱ. 솔레노이드 내부에서 자기장의 방향은 q→p 방향이다.
ㄴ. 자기장의 세기는 p에서가 q에서보다 크다.
ㄷ. 막대자석과 솔레노이드 사이에는 당기는 자기력이 작용한다.

① ㄱ   ② ㄷ   ③ ㄱ, ㄴ
④ ㄴ, ㄷ   ⑤ ㄱ, ㄴ, ㄷ

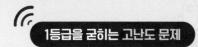

13 그림은 영구 자석과 코일로 구성된 전동기를 나타낸 것이다. a, b는 코일 위의 점이며, 코일에는 화살표 방향으로 세기가 I인 전류가 흐른다.

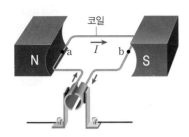

이에 대한 설명으로 옳은 것만을 〈보기〉에서 있는 대로 고른 것은?

| 보기 |

ㄱ. 코일에 작용하는 자기력의 방향은 a에서와 b에서 서로 반대 방향이다.

ㄴ. 코일에 흐르는 전류의 세기가 셀수록 a에 작용하는 자기력의 크기가 크다.

ㄷ. 코일은 시계 방향으로 회전한다.

① ㄱ
② ㄷ
③ ㄱ, ㄴ
④ ㄴ, ㄷ
⑤ ㄱ, ㄴ, ㄷ

14 그림은 자석, 코일, 진동판으로 구성된 스피커의 구조를 나타낸 것이다. 이 순간 코일에는 화살표 방향으로 전류가 흐른다.

이에 대한 설명으로 옳은 것만을 〈보기〉에서 있는 대로 고른 것은?

| 보기 |

ㄱ. 스피커는 전류의 자기 작용을 이용한다.

ㄴ. 이 순간 코일과 자석 사이에는 밀어내는 자기력이 작용한다.

ㄷ. 코일에 흐르는 전류의 세기가 셀수록 큰 소리가 발생한다.

① ㄱ
② ㄴ
③ ㄷ
④ ㄱ, ㄴ
⑤ ㄱ, ㄴ, ㄷ

15 그림과 같이 xy 평면에 무한히 긴 직선 도선 A, B가 각각 $x=-d$, $x=2d$에 수직으로 고정되어 있고, 원형 도선 C는 xy 평면에 고정되어 있다. C의 중심은 $x=d$인 p 지점이며, p에서 A, B, C에 흐르는 전류에 의한 자기장의 방향은 xy 평면에서 수직으로 나오는 방향이다.

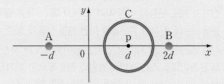

이에 대한 설명으로 옳은 것만을 〈보기〉에서 있는 대로 고른 것은?

| 보기 |

ㄱ. C에 흐르는 전류의 방향은 시계 반대 방향이다.

ㄴ. A와 B에 흐르는 전류의 방향은 서로 반대 방향이다.

ㄷ. 전류의 세기는 A가 B의 2배이다.

① ㄴ
② ㄷ
③ ㄱ, ㄴ
④ ㄱ, ㄷ
⑤ ㄴ, ㄷ

16 오른쪽 그림은 xy 평면에 무한히 긴 직선 도선 P, Q가 각각 y축상의 $y=d$, x축상의 $x=d$에 수직으로 고정되어 있을 때 원점에서 P, Q에 흐르는 전류에 의한 자기장을 순서 없이 각각 화살표로 나타낸 것이다. $-x$ 방향의 자기장 세기는 B_0이고, $-y$ 방향의 자기장 세기는 $2B_0$이다. 이에 대한 설명으로 옳은 것만을 〈보기〉에서 있는 대로 고른 것은?

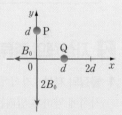

| 보기 |

ㄱ. P에 흐르는 전류의 방향은 xy 평면에 수직으로 들어가는 방향이다.

ㄴ. 전류의 세기는 Q가 P보다 크다.

ㄷ. P를 x축상의 $x=2d$에 고정하면 원점에서 P, Q에 흐르는 전류에 의한 자기장의 세기는 $\frac{3}{2}B_0$이다.

① ㄱ
② ㄴ
③ ㄱ, ㄴ
④ ㄱ, ㄷ
⑤ ㄱ, ㄴ, ㄷ

13 물질의 자성

1 물질의 자성

1 자성 물질이 자석에 반응하는 성질 → 자성을 가지는 물체를 자성체라고 한다.

> **자성의 원인**
> • **전자의 궤도 운동에 의한 자기장**: 원자 내 (−)전하를 띠는 전자는 원자핵을 중심으로 원 궤도를 따라 운동하는데, 전자가 원운동을 하면 원형 전류가 흐르는 것과 같은 효과로 자기장이 형성된다.❶
> • **전자 스핀에 의한 자기장**: 전자는 팽이처럼 도는 자전을 하는데, 전자의 자전은 (−)전하를 띠는 입자의 운동이므로 스핀과 반대 방향의 전류에 의한 자기장을 형성한다.

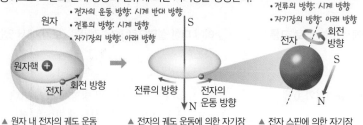

▲ 원자 내 전자의 궤도 운동 　▲ 전자의 궤도 운동에 의한 자기장 　▲ 전자 스핀에 의한 자기장

2 원자 자석 전자의 궤도 운동과 스핀으로 자기장을 형성하여 원자가 자석의 역할을 한다.
① 대부분의 물질은 전자 스핀에 의한 자기장 효과가 궤도 운동에 의한 자기장 효과보다 크다.
② 전자들의 스핀 방향이 같으면 강한 자기장을 만들고, 반대이면 자기장이 상쇄되어 약해진다.
③ 원자 자석이 외부 자기장에 의해 일정한 방향으로 정렬되는 현상을 자기화(자화)라 한다.

> **확인문제** ❶
> **1** 물체가 자기장을 갖는 것은 원자 내 전자의 (　　　) 운동과 (　　　) 때문이다.
> **2** 외부 자기장의 영향으로 원자 자석들이 일정한 방향으로 정렬되는 현상을 (　　　　　)(이)라고 한다.

2 자성체의 종류와 특징

1 물질의 자성 자석에 강하게 끌리는 성질을 강자성, 자석에 약하게 끌리는 성질을 상자성, 자석에 약하게 밀리는 성질을 반자성이라고 한다.

2 여러 가지 물질의 자성 비교하기 　자료 분석 특강 136쪽 A

탐구 활동

> **과정 ≫**
> ❶ 철, 알루미늄, 구리, 유리 및 기타 여러 가지 막대를 각각 유리 막대 위에 중심을 맞추어 올려놓고 자석을 막대의 한쪽 끝에 가까이 가져가 본다.
> ❷ 과정 ❶에서 자석에 끌려오는 막대의 한쪽 끝에 자석의 N극을 접촉시켰다가 잠시 후에 떼어낸 다음, 막대의 다른 쪽 끝을 클립에 가까이 가져가 본다.
>
> **결과 및 정리 ≫**
> 1. 과정 ❶에서 철 막대는 강하게, 알루미늄 막대는 약하게 끌려오고, 구리 막대와 유리 막대는 약하게 밀려난다.
> 2. 과정 ❷에서 철 막대에는 클립이 달라붙어 있으나 알루미늄 막대에는 클립이 붙지 않는다.
> 3. 자석에 강하게 끌리면 강자성, 약하게 끌리면 상자성, 약하게 밀려나면 반자성으로 구분할 수 있다.

plus 개념

❶ 전자의 궤도 운동
전자는 (−)전하를 띠고 있으므로 전자의 궤도 운동 방향이 시계 반대 방향이면 전자의 궤도 운동에 의한 전류의 방향은 시계 방향이다.

전자의 궤도 운동과 스핀에 의한 자기장의 방향을 찾을 때 오른나사 법칙(오른손 법칙)을 이용한다.

오해하지마!

전자 스핀
전자가 팽이처럼 자신의 축을 기준으로 자전하는 것은 아니다. 전자는 공간적인 구조를 갖지 않는 점입자이므로 전자의 스핀은 전자의 고유 성질이다.

또 다른 탐구

과정 ≫
① 그림과 같이 전자저울 위에 네오디뮴 자석을 끼운 아크릴 관을 올려놓고 무게를 측정한다.
② 네오디뮴 자석 가까이에 물체를 접근시키고 무게를 측정한다.

물체
자석
아크릴 관
전자저울

결과 및 정리 ≫
물체를 접근시켰을 때 무게가 감소하면 물체는 강자성 또는 상자성을 나타내고, 무게가 증가하면 물체는 반자성을 나타낸다.

3 자성체의 종류와 특징 　자료 분석 특강 136쪽 B

① 자성체의 종류

강자성체	철과 같이 자석에 잘 달라붙는 물체 ⓔ 철, 니켈, 코발트 등
상자성체	자석을 가까이 했을 때 약하게 끌려오는 물체 ⓔ 알루미늄, 마그네슘, 종이, 산소 등
반자성체	자석을 가까이 했을 때 약하게 밀려나는 물체 ⓔ 구리, 금, 유리, 물, 수소 등

② 자성체의 특징

구분	외부 자기장이 없을 때	외부 자기장을 걸어 줄 때	외부 자기장을 제거했을 때
강자성체	자기 구역의 자기장이 다양하게 분포한다.❷	자기 구역이 외부 자기장과 같은 방향으로 강하게 자기화된다.	자기화된 상태를 오래 유지한다.
상자성체	원자들의 자기장 방향이 불규칙하게 분포되어 자성을 나타내지 않는다.	원자들의 자기장 방향이 외부 자기장과 같은 방향으로 약하게 자기화된다.	원자들의 자기장 방향이 흐트러져 자기화된 상태가 바로 사라진다.
반자성체	자기장을 갖는 원자가 없어 자기장을 갖지 않는다.	외부 자기장과 반대 방향으로 약하게 자기화된다. *자기장 속에 있는 반자성체는 왼쪽이 N극, 오른쪽은 S극으로 자기화된다.*	자기화된 상태가 바로 사라진다.

3 자성체의 이용

고무 자석 — 강자성체 분말을 고무에 섞어 만든 고무 자석은 메모지 고정, 냉장고 문, 광고 전단지 등에 이용된다.

하드 디스크 — 강자성체인 산화철이 입혀져 있는 플래터 표면을 자기화시켜 정보를 저장한다.

자성 잉크 — 액체 자석을 넣은 잉크를 사용한 지폐, MRI 조영제, 치료약, 페인트 등에 이용된다.❸

확인문제 ❷❸

3 (　　　)은/는 외부 자기장을 제거하여도 자기화된 상태를 오래 유지한다.

4 (　　　)은/는 외부 자기장의 방향으로 약하게 자기화되고, (　　　)은/는 외부 자기장과 반대 방향으로 약하게 자기화된다.

5 (　　　)은/는 산화철이 입혀진 플래터 표면을 자기화시켜 정보를 기록한다.

---

plus 개념

❷ 자기 구역

물체 내에서 자기장 방향이 같은 원자들이 모여 있는 구역을 자기 구역이라고 한다. 이웃한 자기 구역의 자기장 방향은 서로 다르며, 구역의 크기는 다양하다.

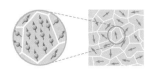

궁금하지?

Q. 반자성체는 왜 원자가 자기장을 갖지 않는 것일까?

A. 원자 내 전자들이 모두 짝을 이루어 전자의 궤도 운동과 스핀에 의한 자기장이 완전히 상쇄되기 때문이다.

❋ 전자석의 철심

강자성체인 철심을 넣어 자기력을 세게 만든 전자석은 강자성체를 이용하는 대표적인 예이다.

❸ 액체 자석

자석 — 액체 자석

강자성체 분말을 매우 작게 만들어 액체 속에 넣어 자성을 띠게 만든다.

용어 돋보기

• 자기화(자석 磁 기운 氣 될 化): 물체에 자석을 가까이 했을 때 물체가 자기적 성질을 띠게 되는 것을 말한다.

• 강자성체(셀 強, 자석 磁, 성품 性, 몸 體): 외부 자기장에 의해 자기화되는 비율이 높은 물로 자석에 강하게 끌린다.

1 물질의 자성

01 오른쪽 그림은 PQ축을 중심으로 반지름 r인 궤도를 따라 운동하는 전자의 모습을 나타낸 것이다. 이에 대한 설명으로 옳은 것은?

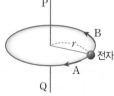

① 전자가 회전 운동을 하면 전류도 같은 방향으로 흐른다.
② 전자의 원운동으로 인해 원형 전류가 흐르는 것과 같은 전기장이 형성된다.
③ 전자가 A 방향으로 회전하면 자기장의 방향은 P에서 Q를 향한다.
④ 전자가 B 방향으로 회전하면 Q 부분이 N극이 된다.
⑤ 반지름 r가 커지면 중심축에서 자기장의 세기가 세진다.

중요

02 그림은 물질의 자성에 대해 학생 A, B, C가 대화하고 있는 모습을 나타낸 것이다.

제시한 내용이 옳은 학생만을 있는 대로 고른 것은?

① A   ② B   ③ A, B
④ A, C   ⑤ B, C

2 자성체의 종류와 특징

03 표는 물질 A, B, C의 자성을 분류한 것이다. A, B, C는 강자성, 상자성, 반자성 중 하나이다.

분류 기준	예	아니요
강한 자석이 가까이 접근하면 끌려오는가?	A, C	B
자석을 제거해도 자기화된 상태를 오래 유지하는가?	C	A, B

A, B, C의 자성을 옳게 짝 지은 것은?

	A	B	C
①	강자성	반자성	상자성
②	상자성	강자성	반자성
③	상자성	반자성	강자성
④	반자성	강자성	상자성
⑤	반자성	상자성	강자성

04 자성체에 대한 설명으로 옳은 것만을 〈보기〉에서 있는 대로 고른 것은?

보기
ㄱ. 철, 니켈, 코발트는 강자성체이다.
ㄴ. 상자성체는 물질 내 원자 자석이 외부 자기장의 방향과 반대 방향으로 정렬한다.
ㄷ. 반자성체는 외부 자기장을 제거해도 자석의 효과를 오랫동안 유지한다.

① ㄱ   ② ㄴ   ③ ㄱ, ㄴ
④ ㄱ, ㄷ   ⑤ ㄴ, ㄷ

서술형

05 다음은 상자성체와 반자성체에 대한 설명이다.

A는 외부 자기장의 방향과 같은 방향으로 자기화되어 자석에 약하게 끌리는 성질을 갖고, B는 외부 자기장과 반대 방향으로 자기화되어 자석에 약하게 밀려나는 성질이 있다.

(1) A, B에 해당하는 것을 각각 쓰시오.

(2) 상자성체와 반자성체의 공통점에 대해 간략하게 설명하시오.

06 그림 (가)와 같이 A와 B를 막대자석의 두 극에 가까이 하였더니 A, B 모두 오른쪽으로 힘을 받았다. 그림 (나)와 같이 막대자석을 치우고 A와 B를 가까이 하였더니 B는 A로부터 힘을 받아 움직였다.

(가)　　　　　　　　　(나)

(나)에서 B가 받는 힘의 방향을 쓰시오.

⊘중요

07 오른쪽 그림과 같이 실에 매달린 막대자석 A 아래에 자기화되지 않은 강자성체 B가 지면에 놓여 있다. 이에 대한 설명으로 옳은 것만을 〈보기〉에서 있는 대로 고른 것은?

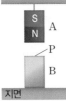

┤ 보기 ├
ㄱ. B의 P면은 S극으로 자기화된다.
ㄴ. A와 B 사이에는 당기는 자기력이 작용한다.
ㄷ. 지면이 B를 떠받치는 힘의 크기는 B의 무게보다 작다.

① ㄴ　② ㄷ　③ ㄱ, ㄴ　④ ㄱ, ㄷ　⑤ ㄱ, ㄴ, ㄷ

⊘중요

08 그림 (가)는 자기화되지 않은 금속 가루가 들어 있는 시험관을 막대자석으로 문질러 자기화시키는 것을 나타낸 것이다. 그림 (나)는 (가)에서 막대자석으로 문지른 시험관에 자기화되지 않은 못이 붙어 있는 것을 나타낸 것이다.

(가)　　　　　　　　　(나)

이에 대한 설명으로 옳은 것만을 〈보기〉에서 있는 대로 고른 것은?

┤ 보기 ├
ㄱ. (가)에서 금속 가루와 막대자석 사이에는 밀어내는 자기력이 작용한다.
ㄴ. 이 금속은 강자성체이다.
ㄷ. (나)에서 못은 외부 자기장과 반대 방향으로 자기화되어 있다.

① ㄱ　② ㄴ　③ ㄱ, ㄴ　④ ㄱ, ㄷ　⑤ ㄴ, ㄷ

③ 자성체의 이용

09 그림 (가)는 자성 잉크를 사용한 지폐에 자석을 가까이 했을 때 지폐가 자석에 달라붙은 것을, (나)는 극저온의 초전도체 위에 자석이 떠 정지해 있는 것을 나타낸 것이다.

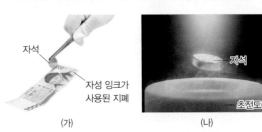

(가)　　　　　　　　　(나)

이에 대한 설명으로 옳은 것만을 〈보기〉에서 있는 대로 고른 것은?

┤ 보기 ├
ㄱ. 자성 잉크는 자석에 의한 자기장과 같은 방향으로 자기화되는 성질이 있다.
ㄴ. 초전도체는 반자성을 나타낸다.
ㄷ. (나)는 마이스너 효과에 의한 현상으로 설명할 수 있다.

① ㄱ　② ㄷ　③ ㄱ, ㄴ
④ ㄴ, ㄷ　⑤ ㄱ, ㄴ, ㄷ

10 그림은 자석이 만드는 자기장 속에 자기화되지 않은 물체 A를 놓았을 때, A의 원자 자석이 배열한 모습을 모식적으로 나타낸 것이다.

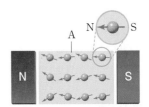

이에 대한 설명으로 옳은 것만을 〈보기〉에서 있는 대로 고른 것은?

┤ 보기 ├
ㄱ. A는 반자성을 나타낸다.
ㄴ. 자석을 제거해도 A의 원자 자석이 그대로 유지된다.
ㄷ. A는 하드 디스크에서 정보를 저장하는 물질로 사용될 수 있다.

① ㄱ　② ㄴ　③ ㄱ, ㄴ
④ ㄱ, ㄷ　⑤ ㄴ, ㄷ

실력을 올리는 실전 문제와 함께 보면 더 좋아요!

A 물질의 자성 비교하기

CASE 1 물체에 자석을 가까이 접근하여 회전하는 방향으로 구분하기

자석에 약하게 끌림. / 네오디뮴 자석 (가)

자석에 강하게 끌림. / 네오디뮴 자석 (나)

❶ 자석에서 밀려남. / 네오디뮴 자석 (다)

① 강자성체와 상자성체 비교하기
- 강자성체와 상자성체는 자석에 의한 자기장과 같은 방향으로 자기화되므로 자석에 끌린다.
  ➜ (가) 또는 (나)
- 강자성체는 자기화되는 비율이 높아 자석에 강하게 끌리며, 상자성체는 자기화되는 비율이 낮아 매우 약하게 끌리게 된다. ➜ (가): 상자성체, (나): 강자성체
② 반자성체 찾기: 반자성체는 자석에 의한 자기장과 반대 방향으로 자기화되며, 자기화되는 비율이 낮아 매우 약하게 자석에서 밀려난다. ➜ (다): 반자성체

CASE 2 전자저울에 올려놓은 자석의 무게 변화를 이용하는 경우

물체 / 자석 / 전자 저울

물체	저울 측정값 ❶ ❷
A	$0.3w$
B	$1.001w$
C	$0.998w$
물체가 없을 때	w

① 강자성체와 상자성체 비교하기
- 강자성체와 상자성체는 물체와 자석 사이에 당기는 자기력이 작용하므로 물체가 없을 때보다 저울 측정값은 작다. ➜ A 또는 C
- 강자성체는 자석에 강하게 끌리고, 상자성체는 약하게 끌리므로 저울 측정값은 강자성체일 때가 상자성체일 때보다 훨씬 작다. ➜ A: 강자성체, C: 상자성체
② 반자성체 찾기: 물체와 자석 사이에는 밀어내는 자기력이 작용하여 물체가 없을 때보다 저울 측정값은 더 크다. ➜ B: 반자성체

B 자성체의 자기화

오른쪽 그림은 자기장의 방향이 오른쪽 방향인 자기장 영역에 넣은 물체 A, B, C가 자기화된 모습을 나타낸 것이고, 자기장 영역에서 빼냈을 때 B는 자기화된 상태를 유지하고, C는 자기화된 상태가 곧바로 사라졌다.

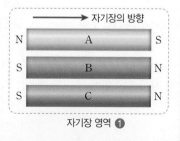

자기장의 방향

N A S
S B N
S C N

자기장 영역 ❶

① A의 자성 알아보기: 자기장의 방향과 반대 방향으로 자기화되어 왼쪽은 N극, 오른쪽은 S극으로 자기화된다. 즉, A는 반자성체이다.
② B, C의 자성 알아보기
- 자기장의 방향과 같은 방향으로 자기화되어 왼쪽은 S극, 오른쪽은 N극으로 자기화된다.
- 자기장 영역에서 빼냈을 때 B는 자기화된 상태를 유지하므로 강자성체이고, C는 자기화된 상태가 곧바로 사라지므로 상자성체이다.

---

❶ 네오디뮴 자석의 S극을 접근시켜도 반자성체는 자석에서 약하게 밀려난다.

❶ 강자성체, 상자성체와 자석 사이에는 서로 잡아당기는 자기력이 작용한다.

❷ 반자성체와 자석 사이에는 서로 밀어내는 자기력이 작용한다.

실력을 올리는 실전 문제 **찾아가기**
- 자석과 전자석을 이용해 자성체를 구분하는 문제_ **01, 02, 11**

❶ 자기장 영역의 왼쪽에 N극, 오른쪽에 S극이 있는 것과 같다.

실력을 올리는 실전 문제 **찾아가기**
- 솔레노이드에 의한 자기화를 이용해 자성체를 비교하는 문제_**04, 10**
- 자기장 영역에서의 자기화를 이용해 자성체를 비교하는 문제_**03, 06**

01 그림과 같이 자기화되지 않은 물체 A, B 사이에 막대자석을 놓았을 때 실에 매단 A, B가 기울어져 정지해 있다.

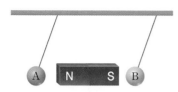

이에 대한 설명으로 옳은 것만을 〈보기〉에서 있는 대로 고른 것은?

보기
ㄱ. A는 자석에 의한 자기장과 반대 방향으로 자기화된다.
ㄴ. B는 반자성체이다.
ㄷ. 자석을 제거하면 A와 B 사이에는 당기는 자기력이 작용한다.

① ㄱ   ② ㄴ   ③ ㄷ
④ ㄱ, ㄴ   ⑤ ㄱ, ㄷ

02 그림은 철심에 코일을 감은 전자석 가까이에 자기화되지 않은 물체를 가만히 놓았더니 물체가 오른쪽으로 운동하는 것을 나타낸 것이다. P, Q, R는 철심의 중심축상의 지점이고, a는 물체의 표면의 점이다.

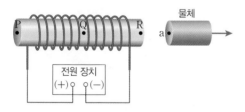

이에 대한 설명으로 옳은 것만을 〈보기〉에서 있는 대로 고른 것은?

보기
ㄱ. Q에서 자기장의 방향은 R → Q → P 방향이다.
ㄴ. 물체의 a는 N극으로 자기화되어 있다.
ㄷ. 물체는 외부 자기장과 같은 방향으로 자기화되는 성질을 가지고 있다.

① ㄱ   ② ㄴ   ③ ㄷ
④ ㄱ, ㄷ   ⑤ ㄴ, ㄷ

03 그림 (가)는 균일한 자기장 영역에 자기화되지 않은 상자성체 A와 강자성체 B를 넣었을 때 A, B의 원자 자석의 모습을 모식적으로 나타낸 것이고, (나)는 (가)에서 균일한 자기장 영역의 자기장을 제거한 후의 모습을 나타낸 것이다.

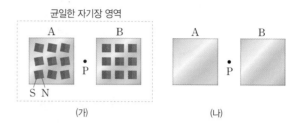

이에 대한 설명으로 옳은 것만을 〈보기〉에서 있는 대로 고른 것은?

보기
ㄱ. (가)에서 균일한 자기장 영역의 자기장의 방향은 왼쪽이다.
ㄴ. (나)에서 A와 B 사이에는 밀어내는 자기력이 작용한다.
ㄷ. P에서 자기장의 세기는 (가)에서가 (나)에서보다 크다.

① ㄴ   ② ㄷ   ③ ㄱ, ㄴ   ④ ㄱ, ㄷ   ⑤ ㄴ, ㄷ

04 그림은 솔레노이드 내부에 자기화되지 않은 상자성 막대 P, 반자성 막대 Q를 넣고 고정한 후, 스위치를 닫아 자기화시키는 것을 나타낸 것이다.

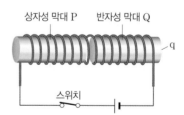

이에 대한 설명으로 옳은 것만을 〈보기〉에서 있는 대로 고른 것은?

보기
ㄱ. P는 솔레노이드가 만드는 자기장과 같은 방향으로 자기화된다.
ㄴ. Q의 q면은 N극으로 자기화된다.
ㄷ. 스위치를 열면, P와 Q 사이에는 밀어내는 자기력이 작용한다.

① ㄱ   ② ㄴ   ③ ㄱ, ㄴ   ④ ㄱ, ㄷ   ⑤ ㄴ, ㄷ

05 그림 (가)는 전류가 흐르는 원형 도선의 중심에 자기화되지 않은 물체 **A**를 실로 매달아 놓은 것을, (나)는 (가)에서 자기화된 **A**의 **P**면 옆에 나침반을 놓은 모습을 나타낸 것이다.

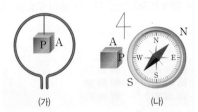

(가)   (나)

이에 대한 설명으로 옳은 것만을 〈보기〉에서 있는 대로 고른 것은?

| 보기 |
ㄱ. A는 상자성체이다.
ㄴ. A의 P면은 N극으로 자기화되어 있다.
ㄷ. (가)에서 원형 도선에 흐르는 전류의 방향은 시계 방향이다.

① ㄱ   ② ㄴ   ③ ㄱ, ㄴ ④ ㄱ, ㄷ ⑤ ㄴ, ㄷ

➔ 수능기출 변형

06 다음은 물질의 자성을 알아보기 위한 실험이다.

[실험 과정]
(가) 물체 A, B, C를 차례로 연직 방향의 강한 외부 자기장이 있는 영역에 넣어 자기화시킨다. A, B, C는 각각 강자성체, 상자성체, 반자성체 중 하나이다.
(나) 과정 (가)를 거친 A와 B, B와 C, A와 C를 가까이 하여 물체 사이의 자기력을 측정한다.

(가) 균일한 자기장   (나)

[실험 결과] (나)의 결과

물체	A, B	B, C	A, C
작용하는 자기력	없음.	㉠	척력

이에 대한 설명으로 옳은 것만을 〈보기〉에서 있는 대로 고른 것은?

| 보기 |
ㄱ. ㉠은 인력이다.
ㄴ. (가)에서 A의 윗면은 S극으로 자기화된다.
ㄷ. B는 외부 자기장과 같은 방향으로 자기화된다.

① ㄱ ② ㄷ ③ ㄱ, ㄴ ④ ㄴ, ㄷ ⑤ ㄱ, ㄴ, ㄷ

07 그림은 자기화되지 않은 강자성체에 코일을 감고 전원 장치에 연결하여 스위치를 닫아 코일에 전류가 흐를 때 **P** 지점에 놓은 나침반 자침의 N극이 오른쪽을 가리키는 것을 나타낸 것이다.

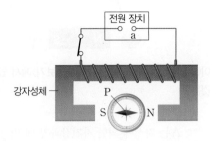

이에 대한 설명으로 옳은 것만을 〈보기〉에서 있는 대로 고른 것은?(단, 지구 자기장은 무시한다.)

| 보기 |
ㄱ. P에서 자기장의 방향은 오른쪽이다.
ㄴ. 전원 장치의 단자 a는 (+)극이다.
ㄷ. 스위치를 열면 P에서 자기장은 0이 된다.

① ㄴ   ② ㄷ   ③ ㄱ, ㄴ
④ ㄱ, ㄷ   ⑤ ㄴ, ㄷ

08 그림은 물질 **A**가 입혀진 테이프를 전류가 흐르는 코일이 감긴 헤드를 이용하여 **A**를 자기화시켜 정보를 기록하는 것을 나타낸 것이다. 테이프의 화살표 **a, b**는 자기화 방향을 나타낸다.

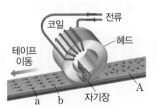

이에 대한 설명으로 옳은 것만을 〈보기〉에서 있는 대로 고른 것은?

| 보기 |
ㄱ. A는 강자성체이다.
ㄴ. A는 전류가 만드는 자기장과 같은 방향으로 자기화된다.
ㄷ. 테이프에 a가 기록될 때와 b가 기록될 때 코일에 흐르는 전류의 방향은 같다.

① ㄱ   ② ㄴ   ③ ㄱ, ㄴ
④ ㄱ, ㄷ   ⑤ ㄴ, ㄷ

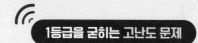

09 다음은 물질의 자성을 이용한 의학 분야에 관한 설명이다.

표적 지향 자성 나노 약물 전달 캡슐은 환자의 특정 부위에 약물을 전달하기 위해서 자성 입자와 약물을 혼합한 캡슐을 투여하고 외부에서 자기장을 이용하여 캡슐을 원하는 조직이나 환부에 전달되도록 하는 시스템이다.

약물
자성 입자
자석
약물 전달 캡슐

이에 대한 설명으로 옳은 것만을 〈보기〉에서 있는 대로 고른 것은?

┤ 보기 ├
ㄱ. 자성 입자는 반자성을 갖는 물질이다.
ㄴ. 자석과 캡슐 사이에는 당기는 자기력이 작용한다.
ㄷ. 자성 입자는 외부 자기장과 같은 방향으로 자기화되는 성질이 있다.

① ㄱ   ② ㄴ   ③ ㄱ, ㄴ
④ ㄱ, ㄷ   ⑤ ㄴ, ㄷ

10 그림은 하드 디스크에 정보가 기록되는 것을 나타낸 것이다. 플래터의 알루미늄 판 위에 입혀진 자성 물질 A가 헤드가 만드는 자기장에 의해 자기화되어 정보가 기록된다.

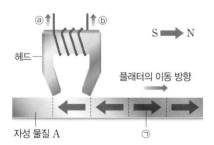

헤드
S ➡ N
플래터의 이동 방향
자성 물질 A
㉠

A의 자성과 ㉠이 기록될 때 헤드의 코일에 흐르는 전류의 방향으로 옳은 것은?

	A의 자성	전류의 방향
①	강자성	ⓐ 방향
②	강자성	ⓑ 방향
③	상자성	ⓐ 방향
④	반자성	ⓐ 방향
⑤	반자성	ⓑ 방향

11 그림 (가)와 같이 코일에 자기화되지 않은 막대 A를 넣고 스위치 S를 a에 연결한 후 자기화되지 않은 물체 B를 매단 용수철저울의 눈금값을 측정한다. 그림 (나)는 (가)의 실험 후 S를 b에 연결하고 용수철저울의 눈금값을 측정하는 것을 나타낸 것이다. 표는 (가)와 (나)에서 측정한 용수철저울의 눈금값이다. B의 무게는 W_0이다.

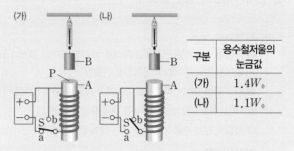

(가)   (나)

구분	용수철저울의 눈금값
(가)	$1.4W_0$
(나)	$1.1W_0$

이에 대한 설명으로 옳은 것만을 〈보기〉에서 있는 대로 고른 것은?

┤ 보기 ├
ㄱ. (가)에서 A의 P면은 S극으로 자기화되어 있다.
ㄴ. B는 외부 자기장과 같은 방향으로 자기화된다.
ㄷ. A의 내부에서 자기장의 세기는 (가)에서가 (나)에서보다 크다.

① ㄱ   ② ㄷ   ③ ㄱ, ㄴ   ④ ㄴ, ㄷ   ⑤ ㄱ, ㄴ, ㄷ

12 그림 (가)와 같이 자기화되지 않은 막대를 솔레노이드에 넣고 직류 전원 장치의 전압을 V_0에서부터 서서히 감소시켜 0이 될 때까지 솔레노이드의 중심축상의 a 지점에서 자기장의 세기를 측정한다. 그림 (나)는 전압에 따른 a에서의 자기장의 세기를 나타낸 것이다.

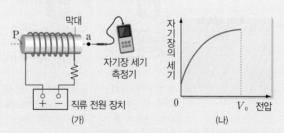

막대
P
a
자기장 세기 측정기
직류 전원 장치
(가)

자기장의 세기
0 V_0 전압
(나)

이에 대한 설명으로 옳은 것만을 〈보기〉에서 있는 대로 고른 것은?(단, 지구 자기장은 무시한다.)

┤ 보기 ├
ㄱ. 전압이 V_0일 때 a에서 자기장의 방향은 왼쪽이다.
ㄴ. 막대는 강자성체이다.
ㄷ. 전압이 0일 때 막대의 P면은 S극으로 자기화되어 있다.

① ㄱ   ② ㄴ   ③ ㄱ, ㄴ   ④ ㄱ, ㄷ   ⑤ ㄴ, ㄷ

ㅣ└ 전자기 유도

1 전자기 유도　자료 분석 특강 146쪽 A, 147쪽 B

1 전자기 유도　코일과 자석의 상대적인 운동에 의해 코일 내부를 통과하는 자기 선속이 변할 때 코일에 전류가 유도되는 현상[1]

2 전자기 유도 현상 관찰하기

> 탐구 / 활동

과정 >>
❶ 코일에 검류계를 연결하고 자석을 코일에 가까이 하거나 멀리 하면서 검류계 바늘의 움직임을 관찰한다.
❷ 자석을 움직이는 빠르기를 다르게 하여 과정 ❶을 반복한다.
❸ 세기가 다른 자석을 이용하여 과정 ❶을 반복한다.
❹ 코일의 감은 수를 달리하여 과정 ❶을 반복한다.

― 막대자석
검류계
코일

결과 및 정리 >>
1. 자석을 코일에 가까이 할 때와 멀리 할 때 검류계의 바늘이 움직이는 방향이 서로 반대이다.
　→ 유도되는 전류의 방향이 반대이다.
2. 자석을 빠르게 움직일수록 유도되는 전류의 세기가 세진다.
3. 자석의 세기가 셀수록 유도되는 전류의 세기가 세진다.
4. 코일의 감은 수가 많을수록 유도되는 전류의 세기가 세진다.

3 유도 전류　전자기 유도에서 유도 기전력에 의해 코일에 흐르는 전류
① 유도 전류의 방향: 코일에 흐르는 유도 전류는 코일을 통과하는 자기 선속의 변화를 방해하는 방향으로 흐른다. → 렌츠 법칙

구분	N극이 접근할 때	N극이 멀어질 때	S극이 접근할 때	S극이 멀어질 때
자기 선속의 변화	코일 속을 ↓방향으로 지나는 자기 선속이 증가함. 가까이 한다. ↑방향의 자기 선속이 만들어지도록 유도 전류가 흐름.	코일 속을 ↓방향으로 지나는 자기 선속이 감소함. 멀리 한다. ↓방향의 자기 선속이 만들어지도록 유도 전류가 흐름.	코일 속을 ↑방향으로 지나는 자기 선속이 증가함. 가까이 한다. ↓방향의 자기 선속이 만들어지도록 유도 전류가 흐름.	코일 속을 ↑방향으로 지나는 자기 선속이 감소함. 멀리 한다. ↑방향의 자기 선속이 만들어지도록 유도 전류가 흐름.
코일에 유도되는 자기장 (자기장)	위: N극, 아래: S극	위: S극, 아래: N극	위: S극, 아래: N극	위: N극, 아래: S극
코일에 유도되는 자기장 (자기력)	밀어냄.	당김.	밀어냄.	당김.
유도 전류의 방향	B → ⓖ → A	A → ⓖ → B	A → ⓖ → B	B → ⓖ → A

② 유도 전류의 세기
- **유도 기전력**: 코일을 통과하는 자기 선속이 변할 때 코일의 양단에 유도되는 전압이다.
　→ 유도 전류를 흐르게 하는 원인[2]
- **유도 전류의 세기**: 코일에 흐르는 유도 전류는 코일을 지나는 자기 선속이 빠르게 변할수록, 코일의 감은 수가 많을수록 세진다. → 패러데이 법칙[3]
　└ =자석을 빠르게 움직여 자기장이 빠르게 변하거나 센 자석을 사용하여 자기장의 세기가 셀 때

한눈에 🌐
정리하는 출제 경향

- 자기 선속의 변화에 따른 유도 전류의 세기와 방향 이해하기
- 전자기 유도 현상을 이용한 예를 찾아 원리 설명하기

핵심 개념
유도 전류, 전자기 유도,
전자기 유도의 이용

plus⊕개념

❶ 자기 선속(자기력선속)
자기장에 수직인 단면을 통과하는 자기력선의 다발을 자기 선속 또는 자기력선속이라고 한다. 자기장 세기가 B이고, 자기력선이 통과하는 면적이 S이면, 자기 선속은 $\Phi = BS$이다.

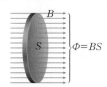
$$\Phi = BS$$

✖ 전자기 유도에서 에너지 전환
자석이 코일에 접근하거나 멀어질 때, 자석은 운동하는 반대 방향으로 자기력을 받는다. 이 과정에서 자석의 운동 에너지는 코일에서의 전기 에너지로 전환되는 것이다.

꼭 기억해!

자기력의 방향
유도 전류의 방향이 자기 선속의 변화를 방해하는 방향이기 때문에 자석에는 운동하는 반대 방향으로 자기력이 작용한다.

❷ 기전력
두 지점 사이에 전류를 흐르게 하는 전압(전위차)을 말한다. 전지의 단자 사이에 발생하는 전압을 전지의 기전력이라고 한다.

❸ 패러데이 법칙(전자기 유도 법칙)
유도 기전력은 코일을 통과하는 자기 선속(Φ)의 시간(t)적 변화율에 비례하고, 코일의 감은 수(N)에 비례한다.
$$V = -N\frac{\Delta\Phi}{\Delta t} \quad [\text{단위: V(볼트)}]$$
$(-)$부호는 렌츠 법칙을 의미한다.

균일한 자기장 영역을 일정한 속력으로 통과하는 도선 개념 심화

균일한 자기장 영역은 자기장의 세기와 방향이 모두 일정한 영역이다.

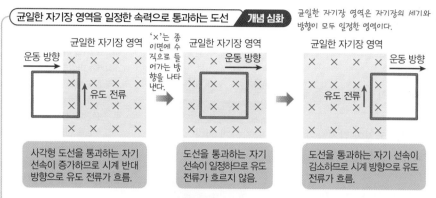

| 사각형 도선을 통과하는 자기 선속이 증가하므로 시계 반대 방향으로 유도 전류가 흐름. | 도선을 통과하는 자기 선속이 일정하므로 유도 전류가 흐르지 않음. | 도선을 통과하는 자기 선속이 감소하므로 시계 방향으로 유도 전류가 흐름. |

- 도선이 자기장 영역을 들어갈 때와 빠져나올 때 유도 전류의 방향은 서로 반대 방향이다.
- 도선이 운동하는 속력이 빠를수록, 자기장 영역의 자기장 세기가 셀수록 유도 전류의 세기가 세다.

확인 문제 1

1 자석과 코일의 상대적인 운동으로 코일에 전류가 유도되는 현상을 (　　　　)(이)라고 한다.

2 코일에 유도되는 전류의 방향은 자석에 의한 자기 선속의 변화를 (　　　　)하는 방향으로 흐른다.

3 유도 전류의 세기는 코일을 통과하는 자기 선속이 빠르게 변할수록, 코일의 감은 수가 많을수록 (　　　)진다.

4 사각형 모양의 도선이 균일한 자기장 영역으로 들어갈 때와 빠져나올 때 도선에 흐르는 전류의 방향은 (　　　) 방향이다.

2 전자기 유도의 이용

1 발전기 전자기 유도 현상을 이용하여 전류를 발생시키는 장치 　자료 분석 특강 147쪽 **C**

① 발전기의 원리: 자석 사이에 놓인 코일을 회전시킬 때 코일면을 통과하는 자기 선속이 시간에 따라 변하면서 패러데이 법칙에 의해 코일에 유도 전류가 흐른다.

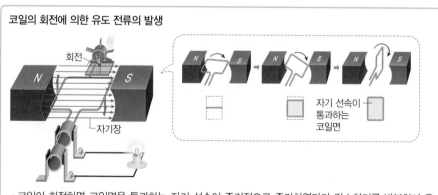

코일의 회전에 의한 유도 전류의 발생

자기 선속이 통과하는 코일면

- 코일이 회전하면 코일면을 통과하는 자기 선속이 주기적으로 증가하였다가 감소하기를 반복하며 유도 전류가 흐른다.
- 코일에 흐르는 유도 전류의 세기와 방향은 주기적으로 변한다.[4]

② 발전기에서의 에너지 전환: 코일을 회전시키는 역학적 에너지가 전자기 유도 현상에 의해 전기 에너지로 전환된다.

---

plus 개념

※ 플레밍의 오른손 법칙

자기장 속에서 운동하는 도체 막대에 흐르는 유도 전류의 방향은 오른손을 이용하여 찾는다. 오른손의 엄지, 검지, 중지를 서로 수직이 되도록 한다. 엄지는 도체 막대가 운동하는 방향, 검지는 자기장 방향으로 하면, 중지가 가리키는 방향이 도체 막대에 흐르는 유도 전류의 방향이다.

④ 코일에 흐르는 유도 전류

코일에 흐르는 유도 전류의 방향과 세기는 주기적으로 변한다. 이와 같은 전류를 교류라고 한다.

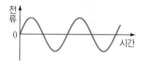

용어 돋보기

- **전자기 유도**(번개 電, 자석 磁 기운 氣, 꾈 誘, 이끌 導): 자기장이 변하는 곳에 있는 도체에 전위차(전압)가 발생하는 현상을 말한다.
- **유도 전류**(꾈 誘, 이끌 導, 번개 電, 흐를 流): 전자기 유도 현상에 의해 회로에 흐르는 전류이다.
- **기전력**(일어날 起, 번개 電, 힘 力): 회로에 전류를 흐르게 하는 원동력이 되는 전압이다.

14 전자기 유도

2 전자기 유도의 이용 예

① 금속 탐지기: 자기장을 발생시키는 전송 코일과 자기장의 변화를 감지하는 검출 코일로 되어 있다.
- 전송 코일에 흐르는 전류에 의한 자기장이 변하여 금속에 유도 전류가 흐르게 된다.
- 유도 전류에 의한 자기장의 변화를 검출 코일이 감지하여 금속을 탐지하게 된다.

② 마이크: 진동판과 함께 진동하는 코일과 고정된 영구 자석으로 구성되어 있다.[5]
- 소리에 의해 진동판이 진동하면 코일이 진동하고, 코일을 통과하는 자기 선속이 변하여 유도 전류가 흐른다.
- 소리가 클수록 코일이 크게 진동하므로 전류의 세기가 세다.

③ 자이로드롭: 기둥이 금속으로 되어 있고, 좌석 아래에 영구 자석이 부착되어 있다.
- 좌석이 아래로 낙하하면 금속으로 된 기둥에 자기 선속의 변화가 생겨 유도 전류가 흐른다.
- 기둥과 좌석 사이에 당기는 자기력이 작용하여 좌석의 속력이 점점 감소하여 정지한다.

④ 교통 카드와 무선 충전기

교통 카드의 원리	무선 충전기의 원리
④ 전자기 유도 방식으로 단말기에 정보 전달 ③ IC칩에 내장된 정보를 읽고 쓰기 유도 전류 ① 카드 단말기에서 자기장 발생 ② 전자기 유도로 전류 발생	전력 수신기(2차 코일) ② 1차 코일에서 발생한 자기장에 의해 2차 코일에 유도 전류 발생(배터리 충전) 충전 패드(1차 코일) ① 코일에 흐르는 전류로 자기장 발생

⑤ 그 밖의 전자기 유도 현상을 이용한 예

도난 방지 장치	발광 킥보드	전기 기타[6]
물건에 붙어 있는 작은 자석이 코일이 들어 있는 도난 방지 장치를 지나가면 코일에 유도 전류가 흘러 경보음을 울린다.	코일을 감은 철심이 바퀴의 축에 고정된 영구 자석 주위를 회전하면 코일에 유도 전류가 흐르게 되어 발광 다이오드가 켜진다.	영구 자석에 의해 자기화된 기타 줄이 진동하면 코일을 통과하는 자기 선속이 변하여 코일에 전류가 유도되어 전기 신호가 발생한다.

발광 다이오드 / 영구 자석 / 코일을 감은 철심 / 투명한 바퀴(플라스틱)
N / S / 기타 줄 / 코일 / 증폭기 / 픽업 장치

확인 문제 [2]
5 발전기는 전자기 유도 현상을 이용해 (　　　) 에너지를 (　　　) 에너지로 전환하는 장치이다.
6 다음 중 전자기 유도 현상을 이용한 예를 고르시오.
　스피커, 발전기, 전동기, 마이크, 무선 충전기, 자기 부상 열차

---

plus 개념

⑤ 스피커와 마이크
스피커와 마이크는 모두 영구 자석과 코일로 구성되어 있다. 스피커에서는 코일에 흐르는 전류에 의한 자기장으로 진동판이 진동하여 전기 신호가 소리 신호로 전환된다. 마이크에서는 소리에 의해 진동판이 진동하면 코일에 유도 전류가 흐르게 되어 소리 신호가 전기 신호로 전환된다.

※ 자기 브레이크
자석이 금속통 속으로 떨어질 때, 자석이 가까워지고 멀어짐에 따라 금속통의 위쪽과 아래쪽에 유도 전류가 흐르게 된다. 이 유도 전류에 의한 자기장으로 자석은 운동하는 반대 방향으로 자기력을 받게 되어 속력이 느려지게 된다. 자기 브레이크는 속도가 빠를수록 강한 제동력이 작용하는 장점도 있어 자이로드롭 외에도 엘리베이터, 기차의 브레이크로도 사용된다.

S극이 멀어져서 유도 전류 생성
N극이 가까워져서 유도 전류 생성

⑥ 전기 기타
전기 기타에서 픽업 장치에 있는 영구 자석에 의해 기타 줄이 자기화되어야 하고 자기화된 상태를 오래 유지해야 하므로 기타 줄은 강자성체를 이용한다.

용어 돋보기
• 영구 자석(길 永, 오랠 久, 자석 磁, 돌 石): 자기화된 상태가 오래 유지되는 자석이다.

1 전자기 유도

01 그림은 막대자석과 코일을 이용한 전자기 유도 실험을 나타낸 것이다.

이에 대한 설명으로 옳은 것은?

① 막대자석을 천천히 움직일 때가 빠르게 움직일 때보다 유도 전류의 세기가 더 세다.
② 막대자석을 코일 속에 넣을 때와 뺄 때 검류계 바늘의 회전 방향은 반대이다.
③ 막대자석을 코일 속에 넣고 가만히 있는 동안 검류계의 바늘이 가장 크게 움직인다.
④ 코일의 감은 수를 증가시키면 유도되는 전류의 세기가 약해진다.
⑤ 막대자석은 가만히 있고, 코일을 움직이면 유도 전류가 흐르지 않는다.

02 그림은 막대자석을 저항이 연결된 코일에 접근시키는 모습을 나타낸 것이다.

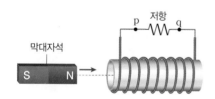

이에 대한 설명으로 옳은 것만을 〈보기〉에서 있는 대로 고른 것은?

┌ 보기 ┐
ㄱ. 코일을 통과하는 자기 선속은 감소한다.
ㄴ. 저항에는 p → 저항 → q 방향으로 전류가 흐른다.
ㄷ. 자석과 코일 사이에는 밀어내는 자기력이 작용한다.
└────┘

① ㄱ   ② ㄴ   ③ ㄷ
④ ㄱ, ㄴ   ⑤ ㄴ, ㄷ

서술형
03 코일과 자석을 이용한 전자기 유도 실험에서 코일에 유도되는 기전력의 크기를 크게 할 수 있는 방법 3가지를 설명하시오.

04 다음은 전자기 유도 현상에 대한 설명이다.

> 코일과 자석의 상대적인 운동에 의해 코일에 발생하는 유도 기전력의 크기는 자기 선속의 시간적 변화율에 (㉠)하고, 코일의 감은 수에 (㉡)한다.

( ) 안에 들어갈 알맞은 말을 옳게 짝 지은 것은?

	㉠	㉡			㉠	㉡
①	일정	비례		②	비례	비례
③	비례	반비례		④	반비례	비례
⑤	반비례	반비례				

중요
05 그림 (가)는 코일의 중심축을 따라 막대자석을 운동시키는 것을 나타낸 것이고, (나)는 코일과 막대자석 사이의 거리를 시간에 따라 나타낸 것이다.

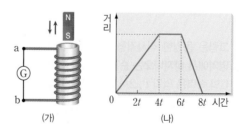

이에 대한 설명으로 옳지 않은 것은?

① 2t일 때 코일 위쪽에는 N극이 유도된다.
② 2t일 때 코일에는 a → Ⓖ → b 방향으로 유도 전류가 흐른다.
③ 4t에서 6t까지 코일에 흐르는 유도 전류의 세기는 일정하다.
④ 코일에 흐르는 유도 전류의 세기는 7t일 때가 2t일 때보다 크다.
⑤ 코일에 흐르는 유도 전류의 방향은 7t일 때와 2t일 때가 서로 반대이다.

06 그림 (가)는 원형 도선 속으로 자석이 낙하하는 모습을 나타낸 것이고, (나)는 원형 도선에 흐르는 전류 I를 시간 t에 따라 나타낸 것이다.

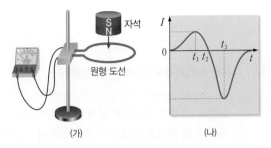

(가)   (나)

이에 대한 설명으로 옳은 것만을 〈보기〉에서 있는 대로 고른 것은?(단, 자석의 크기는 무시한다.)

| 보기 |

ㄱ. 0에서 t_2까지 원형 도선을 통과하는 자기 선속은 증가한다.

ㄴ. 유도 기전력의 크기는 t_3일 때가 t_1일 때보다 크다.

ㄷ. 자석에 작용하는 자기력의 방향은 t_1일 때와 t_3일 때가 같다.

① ㄱ   ② ㄷ   ③ ㄱ, ㄴ
④ ㄴ, ㄷ   ⑤ ㄱ, ㄴ, ㄷ

07 그림은 동일한 직사각형 도선 A, B, C가 균일한 자기장 영역에서 빠져나오는 순간의 모습을 나타낸 것이다. A, B, C의 속력은 각각 v, $2v$, $2v$로 일정하다.

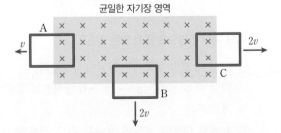

이 순간 A, B, C에 유도 되는 기전력의 크기를 각각 V_A, V_B, V_C라고 할 때, V_A, V_B, V_C를 옳게 비교한 것은?

① $V_A>V_B>V_C$ ② $V_A>V_C>V_B$
③ $V_B>V_A>V_C$ ④ $V_B>V_C>V_A$
⑤ $V_C>V_B>V_A$

08 그림과 같이 균일한 자기장 영역에서 사각형 도선이 일정한 속력으로 운동한다. A, B, C는 각각 도선이 자기장 영역으로 들어가는 순간, 자기장 영역 속에서 운동하는 순간, 자기장 영역을 빠져나오는 순간을 나타낸 것이다.

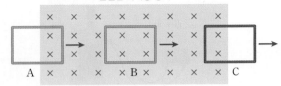

이에 대한 설명으로 옳은 것은?

① A일 때 사각형 도선에는 시계 반대 방향으로 유도 전류가 흐른다.

② 도선에 흐르는 유도 전류의 세기는 B일 때가 C일 때보다 크다.

③ 도선에 흐르는 유도 전류의 방향은 A일 때와 C일 때가 서로 같다.

④ 도선에 작용하는 자기력의 크기는 B일 때 가장 크다.

⑤ 도선에 작용하는 자기력의 방향은 A일 때와 C일 때가 서로 반대이다.

09 그림과 같이 종이면에 수직으로 들어가는 방향의 균일한 자기장 영역 속에 놓인 ㄷ자형 레일 위에서 금속 막대가 속력 v로 운동한다.

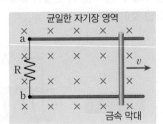

이에 대한 설명으로 옳은 것만을 〈보기〉에서 있는 대로 고른 것은?

| 보기 |

ㄱ. 레일과 금속 막대가 이루는 면을 통과하는 자기 선속은 감소한다.

ㄴ. 전류는 a → R → b 방향으로 흐른다.

ㄷ. 금속 막대의 속력이 빠를수록 유도 전류의 세기는 세다.

① ㄴ   ② ㄷ   ③ ㄱ, ㄴ
④ ㄱ, ㄷ   ⑤ ㄴ, ㄷ

10 그림은 전구가 연결된 코일 근처에서 막대자석이 회전축을 중심으로 시계 방향으로 일정한 속력으로 회전하는 모습을 나타낸 것이다. 이 순간 코일에 연결된 전구에는 불이 켜졌다.

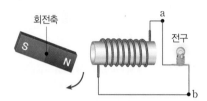

이에 대한 설명으로 옳은 것만을 〈보기〉에서 있는 대로 고른 것은?

┌─ 보기 ┐
ㄱ. 코일을 통과하는 자기 선속은 변한다.
ㄴ. 자석이 1회전하는 동안 전구에 흐르는 전류의 세기는 일정하다.
ㄷ. 이 순간 전구에 흐르는 전류의 방향은 a → 전구 → b 방향이다.
└──────┘

① ㄱ   ② ㄷ   ③ ㄱ, ㄴ
④ ㄱ, ㄷ   ⑤ ㄴ, ㄷ

② 전자기 유도의 이용

11 전자기 유도를 이용한 기구를 〈보기〉에서 있는 대로 고르시오.

┌─ 보기 ┐
ㄱ. 마이크   ㄴ. 변압기   ㄷ. 발전기
ㄹ. 스피커   ㅁ. 전기 기타   ㅂ. 금속 탐지기
└──────┘

서술형

12 그림은 코일과 자석으로 구성된 마이크의 구조를 나타낸 것이다. 코일은 진동판에 고정되어 있다.

마이크에서 소리 신호가 전기 신호로 전환되는 과정을 설명하시오.

13 다음은 자전거의 속력을 측정하는 장치에 대한 설명이다.

그림과 같이 자전거의 바퀴살에는 자석이 고정되어 있고, 자전거의 몸체에는 코일이 고정되어 있다. 바퀴가 회전하면서 자석이 코일을 지날 때마다 코일에는 유도 전류가 흐르게 된다. 이 유도 전류를 이용하여 자전거의 속력을 측정한다.

이에 대한 설명으로 옳은 것만을 〈보기〉에서 있는 대로 고른 것은?

┌─ 보기 ┐
ㄱ. 전자기 유도 현상을 이용한다.
ㄴ. 자석이 코일을 지나는 동안 코일에 흐르는 유도 전류의 세기는 일정하다.
ㄷ. 자전거의 속력이 빠를수록 코일에 흐르는 유도 전류의 최댓값은 커진다.
└──────┘

① ㄱ   ② ㄴ   ③ ㄷ   ④ ㄱ, ㄷ   ⑤ ㄴ, ㄷ

14 그림은 무선 충전 장치 위에 스마트폰을 올려놓고 충전하는 것을 나타낸 것이다. 충전 패드 속에는 1차 코일이 들어 있고, 스마트폰 속에는 2차 코일이 들어 있다.

이에 대한 설명으로 옳은 것만을 〈보기〉에서 있는 대로 고른 것은?

┌─ 보기 ┐
ㄱ. 1차 코일에는 일정한 세기의 전류가 흐른다.
ㄴ. 2차 코일을 통과하는 자기 선속은 변한다.
ㄷ. 2차 코일에 흐르는 유도 전류의 세기는 충전 패드와 스마트폰 사이의 거리에 따라 달라진다.
└──────┘

① ㄱ   ② ㄷ   ③ ㄱ, ㄴ   ④ ㄱ, ㄷ   ⑤ ㄴ, ㄷ

A 다양한 자기 선속의 변화

CASE 1 도선을 통과하는 자기장 세기의 변화

그림 (가)는 자기장 영역에 놓인 면적이 S인 도선을, (나)는 자기장 영역의 자기장의 세기를 시간에 따라 나타낸 것이다.

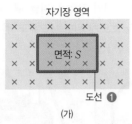 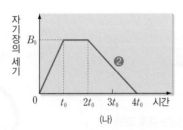

(가)　(나)

$0 \sim t_0$	$t_0 \sim 2t_0$	$2t_0 \sim 4t_0$
도선을 통과하는 자기 선속의 시간적 변화율은 $\dfrac{B_0 S}{t_0}$이다. → 도선을 통과하는 자기 선속은 증가하므로 유도 전류는 시계 반대 방향으로 흐른다.	자기장 세기가 일정하므로 도선을 통과하는 자기 선속의 시간적 변화율은 0이다. → 유도 전류가 흐르지 않는다.	도선을 통과하는 자기 선속의 시간적 변화율은 $\dfrac{B_0 S}{2t_0}$이다. → 도선을 통과하는 자기 선속은 감소하므로 유도 전류는 시계 방향으로 흐른다.

CASE 2 도선이 자기장의 세기가 다른 영역을 지나는 경우

그림 (가)는 자기장의 세기가 B_0, $2B_0$인 자기장 영역 Ⅰ, Ⅱ를, (나)는 자기장의 세기가 B_0, $2B_0$인 Ⅰ, Ⅲ을 지나는 모습을 나타낸 것이다. Ⅰ, Ⅱ는 종이면에 수직으로 들어가는 방향, Ⅲ은 종이면에서 수직으로 나오는 방향이고, 시간에 따른 자기장이 통과하는 면적의 변화율$\left(\dfrac{\Delta S}{\Delta t}\right)$은 Ⅰ에서와 Ⅱ에서가 같다.

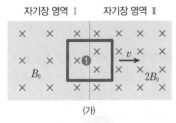 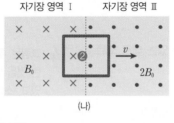

(가)　(나)

① 그림 (가)와 같이 자기장 영역 Ⅰ, Ⅱ의 방향이 같은 경우

Ⅰ에서 자기 선속의 변화율	Ⅱ에서 자기 선속의 변화율
$-B_0\left(\dfrac{\Delta S}{\Delta t}\right)$ [들어가는 방향, 감소]	$2B_0\left(\dfrac{\Delta S}{\Delta t}\right)$ [들어가는 방향, 증가]

→ 도선을 통과하는 자기 선속의 시간적 변화율은 $-B_0\left(\dfrac{\Delta S}{\Delta t}\right)+2B_0\left(\dfrac{\Delta S}{\Delta t}\right)=B_0\left(\dfrac{\Delta S}{\Delta t}\right)$[들어가는 방향, 증가]이므로, 유도 전류의 방향은 시계 반대 방향이다.

② 그림 (나)와 같이 자기장 영역 Ⅰ, Ⅲ의 방향이 반대인 경우

Ⅰ에서 자기 선속의 변화율	Ⅲ에서 자기 선속의 변화율
$-B_0\left(\dfrac{\Delta S}{\Delta t}\right)$ [들어가는 방향, 감소]	$-2B_0\left(\dfrac{\Delta S}{\Delta t}\right)$ [나오는 방향, 증가]

→ 도선을 통과하는 자기 선속의 시간적 변화율은 $-B_0\left(\dfrac{\Delta S}{\Delta t}\right)-2B_0\left(\dfrac{\Delta S}{\Delta t}\right)=-3B_0\left(\dfrac{\Delta S}{\Delta t}\right)$[들어가는 방향, 감소]이므로 유도 전류의 방향은 시계 방향이다. 유도 전류의 세기는 (나)에서가 (가)에서의 3배이다.

❶ 자기장 세기가 B일 때 도선을 통과하는 자기 선속은 $\Phi=BS$이다.

❷ 자기 선속의 시간적 변화율은 $\dfrac{\Delta\Phi}{\Delta t}=\dfrac{S\Delta B}{\Delta t}$이므로 그래프의 기울기가 자기 선속의 시간적 변화율에 비례한다.

TIP
자기장-시간 그래프에서 그래프의 기울기를 구하여 자기 선속의 시간적 변화율을 구한다. 기울기가 클수록 자기 선속의 시간적 변화율이 크고, 유도 전류의 세기도 세다.

❶ 자기 선속의 시간적 변화율은 두 영역에서의 자기장 세기의 차에 비례한다.

❷ 자기 선속의 시간적 변화율은 두 영역에서의 자기장 세기의 합에 비례한다.

실력을 올리는 실전 문제 찾아가기
• 도선을 통과하는 자기장 세기의 변화를 비교하는 문제_09, 12
• 자기장 영역에서 운동하는 도선에 유도되는 전류를 비교하는 문제_16

B 전자기 유도와 자기력

그림 (가), (나)와 같이 가만히 놓은 자석이 코일의 중심축을 따라 낙하한다.

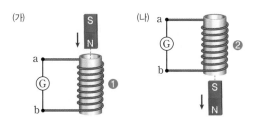

❶ 코일의 윗면은 N극, 아랫면은 S극이 되는 유도 전류가 흐른다.

❷ 코일의 윗면은 S극, 아랫면은 N극이 되는 유도 전류가 흐른다.

TIP
자석에 작용하는 자기력의 방향은 자석의 운동 방향과 반대 방향이 된다. (가)와 (나)에서 자석은 아래 방향으로 운동하므로 자기력의 방향은 위 방향이 된다.

① (가) 자석이 코일 속으로 들어가기 전: 자석과 코일 사이에는 밀어내는 자기력이 작용하므로 자석에는 위 방향으로 자기력이 작용한다.

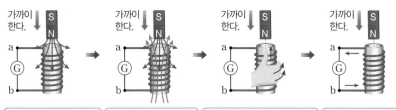

| N극을 코일에 가까이 하면 코일을 통과하는 자기 선속은 증가한다. | 유도 전류에 의한 자기장의 방향은 위 방향이다. | 자기장의 방향으로 오른손 엄지손가락을 향하고 네 손가락으로 코일을 감아쥔다. | 전류는 a → ⓖ → b 방향으로 흐른다. |

② (나) 자석이 코일에서 빠져나온 후: 자석과 코일 사이에는 당기는 자기력이 작용하므로 자석에는 위 방향으로 자기력이 작용한다.

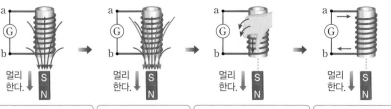

| S극을 코일에서 멀리 하면 코일을 통과하는 자기 선속은 감소한다. | 유도 전류에 의한 자기장의 방향은 아래 방향이다. | 자기장의 방향으로 오른손 엄지손가락을 향하고 네 손가락으로 코일을 감아쥔다. | 전류는 b → ⓖ → a 방향으로 흐른다. |

실력을 올리는 실전 문제 찾아가기

· 위 방향 또는 아래 방향으로 운동하는 자석에 의해 유도되는 전류를 비교하는 문제_02, 03, 15
· 수평 방향으로 운동하는 자석에 의해 유도되는 전류를 비교하는 문제_07

C 자기장 속에서 회전하는 도선

그림과 같이 균일한 자기장 속에서 사각형 도선이 일정한 속력으로 회전한다.

❶ $\theta=90°$, 270°일 때 도선을 통과하는 자기 선속은 최대이고, 이 순간을 전후로 도선에 흐르는 전류의 방향이 바뀌므로 $\theta=90°$, 270°일 때 도선에 흐르는 전류의 세기는 0이다.

❷ 회전하는 동안 a점에 흐르는 전류의 세기는 다음 그림과 같다.

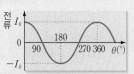

0<θ<90°인 경우	90°<θ<180°인 경우
· 도선을 오른쪽 방향으로 통과하는 자기 선속은 증가한다.	· 도선을 오른쪽 방향으로 통과하는 자기 선속은 감소한다.
· 유도 전류에 의한 자기장의 방향은 왼쪽 방향이다.	· 유도 전류에 의한 자기장의 방향은 오른쪽 방향이다.
· 전류는 a → b → c 방향으로 흐른다.	· 전류는 c → b → a 방향으로 흐른다.

실력을 올리는 실전 문제 찾아가기

· 자기장 속에서 회전하는 도선에 의해 유도되는 전류를 비교하는 문제_05

01 그림은 종이면에 고정된 무한히 긴 직선 도선에 일정한 세기의 전류가 화살표 방향으로 흐르는 것을 나타낸 것이다.

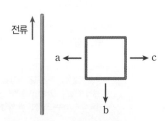

전류

종이면에 놓인 사각형 도선을 각각 **a**, **b**, **c** 방향으로 움직이는 순간, 사각형 도선에 유도 전류가 흐르는 경우만을 있는 대로 고른 것은?(단, **b** 방향은 직선 도선과 나란한 방향이다.)

① a ② c ③ a, c
④ b, c ⑤ a, b, c

02 그림과 같이 용수철에 매달린 자석이 수평면에 고정된 원형 구리 도선의 중심축을 따라 진동하고 있다.

구리 도선

이에 대한 설명으로 옳은 것만을 〈보기〉에서 있는 대로 고른 것은?(단, 모든 마찰과 공기 저항은 무시한다.)

┤ 보기 ├
ㄱ. 자석이 아래 방향으로 운동하는 동안 구리 도선에는 ⓐ 방향으로 유도 전류가 흐른다.
ㄴ. 자석이 구리 도선에 가장 가까운 순간 구리 도선에 흐르는 전류의 세기는 최대이다.
ㄷ. 자석이 진동할수록 진동하는 폭은 점점 감소한다.

① ㄱ ② ㄴ ③ ㄷ
④ ㄱ, ㄴ ⑤ ㄱ, ㄷ

03 오른쪽 그림은 연직으로 세워진 플라스틱 관에 동일한 원형 고리 도선 A, B를 고정하고 관의 입구에 자석을 가만히 놓았을 때, 자석이 관을 통과하여 낙하하는 모습을 나타낸 것이다. 점 P, Q, R는 중심축상의 지점이다. 이에 대한 설명으로 옳은 것만을 〈보기〉에서 있는 대로 고른 것은?(단, A, B 사이의 상호 작용은 무시한다.)

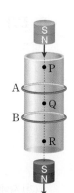

┤ 보기 ├
ㄱ. 자석이 P를 지날 때 A, B에 흐르는 전류의 방향은 같다.
ㄴ. 자석이 R를 지날 때 유도 전류의 세기는 B에서가 A에서보다 크다.
ㄷ. 자석의 역학적 에너지는 Q와 R에서 서로 같다.

① ㄱ ② ㄴ ③ ㄷ
④ ㄱ, ㄴ ⑤ ㄱ, ㄴ, ㄷ

04 그림 (가)는 사각형 도선이 균일한 자기장 영역으로 직선 운동하는 것을, (나)는 사각형 도선이 자기장 영역에서 운동하는 동안 도선에 흐르는 전류의 세기를 시간에 따라 나타낸 것이다. 전류는 시계 방향일 때가 (+)이다.

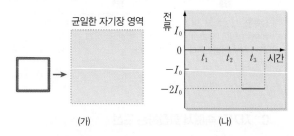

(가) (나)

이에 대한 설명으로 옳은 것만을 〈보기〉에서 있는 대로 고른 것은?(단, 자기장 영역에서 자기장의 방향은 종이면에 수직이다.)

┤ 보기 ├
ㄱ. 균일한 자기장 영역의 자기장의 방향은 종이면에서 수직으로 나오는 방향이다.
ㄴ. 도선을 통과하는 자기 선속은 t_2일 때가 t_1일 때보다 크다.
ㄷ. 도선의 속력은 t_1일 때와 t_3일 때가 서로 같다.

① ㄱ ② ㄷ ③ ㄱ, ㄴ
④ ㄱ, ㄷ ⑤ ㄴ, ㄷ

바른답·알찬풀이 62쪽

→ 수능기출 변형

05 그림 (가)와 같이 균일한 자기장 속에서 사각형 도선이 일정한 속력으로 회전하고 있다. θ는 자기장의 방향과 도선이 이루는 면 사이의 각이다. 그림 (나)는 도선의 b점에 흐르는 전류를 시간에 따라 나타낸 것이다. 전류는 a → b → c 방향으로 흐를 때가 (+)이다.

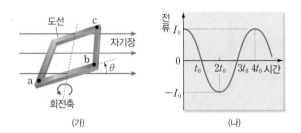

(가)   (나)

이에 대한 설명으로 옳은 것만을 〈보기〉에서 있는 대로 고른 것은?

┤ 보기 ├
ㄱ. 0에서 t_0까지 도선을 통과하는 자기 선속은 증가한다.
ㄴ. t_0일 때 $\theta = 180°$이다.
ㄷ. 0에서 $4t_0$까지 b와 c 사이의 도선에 작용하는 자기력의 크기는 일정하다.

① ㄱ   ② ㄴ   ③ ㄱ, ㄴ
④ ㄱ, ㄷ   ⑤ ㄴ, ㄷ

06 그림과 같이 종이면에 수직으로 들어가는 균일한 자기장 영역 속에서 원형 도선을 양쪽에서 같은 크기의 힘으로 잡아당겨 모양을 변화시킨다. O는 도선의 중심이다.

균일한 자기장 영역

원형 도선

원형 도선을 양쪽에서 잡아당겨 모양을 변화시키는 동안 도선을 통과하는 자기 선속의 변화와 도선에 흐르는 전류의 방향을 옳게 짝 지은 것은?(단, 도선의 길이와 중심은 변하지 않는다.)

	자기 선속	전류의 방향
①	일정	흐르지 않음.
②	증가	시계 방향
③	증가	시계 반대 방향
④	감소	시계 방향
⑤	감소	시계 반대 방향

07 그림은 경사진 레일에 가만히 놓은 막대자석이 수평한 레일에 고정된 코일을 통과하여 레일 위의 q점을 지나는 순간 저항에 화살표 방향으로 세기가 I_0인 전류가 흐르는 것을 나타낸 것이다. p는 레일 위의 지점이고, 막대자석의 ㉠은 N극과 S극 중 하나이다.

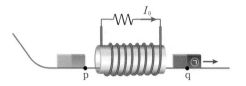

이에 대한 설명으로 옳은 것만을 〈보기〉에서 있는 대로 고른 것은?(단, 모든 마찰과 공기 저항은 무시한다.)

┤ 보기 ├
ㄱ. 막대자석의 ㉠은 N극이다.
ㄴ. p를 지날 때 저항에 흐르는 전류의 세기는 I_0보다 작다.
ㄷ. 막대자석의 속력은 p를 지날 때가 q를 지날 때보다 크다.

① ㄱ   ② ㄴ   ③ ㄷ   ④ ㄱ, ㄴ   ⑤ ㄱ, ㄷ

08 그림은 균일한 자기장 영역에 놓인 ㄷ자형 도선 위에 놓인 금속 막대가 오른쪽으로 일정한 속력으로 운동할 때, p-n 접합 발광 다이오드(LED)에서 빛이 방출되는 것을 나타낸 것이다.

균일한 자기장 영역

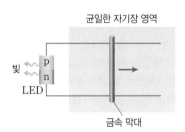

금속 막대

이에 대한 설명으로 옳은 것만을 〈보기〉에서 있는 대로 고른 것은?

┤ 보기 ├
ㄱ. 균일한 자기장 영역의 자기장 방향은 종이면에 수직으로 들어가는 방향이다.
ㄴ. 금속 막대에 작용하는 자기력의 방향은 왼쪽이다.
ㄷ. 금속 막대의 속력이 빠를수록 금속 막대에 유도되는 기전력이 크다.

① ㄱ   ② ㄷ   ③ ㄱ, ㄴ
④ ㄴ, ㄷ   ⑤ ㄱ, ㄴ, ㄷ

09 그림 (가)와 같이 종이면에 수직으로 들어가는 자기장 영역에 원형 고리 도선이 고정되어 있다. 그림 (나)는 자기장 영역의 자기장 세기를 시간에 따라 나타낸 것이다.

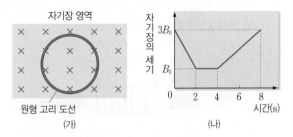

(가) 자기장 영역 / 원형 고리 도선
(나)

이에 대한 설명으로 옳은 것만을 〈보기〉에서 있는 대로 고른 것은?

┌─ 보기 ┐
ㄱ. 1초일 때 도선에 흐르는 전류의 방향은 시계 방향이다.
ㄴ. 3초일 때 도선에는 전류가 흐르지 않는다.
ㄷ. 도선에 흐르는 전류의 세기는 1초일 때가 6초일 때의 2배이다.
└─────┘

① ㄴ   ② ㄷ   ③ ㄱ, ㄴ
④ ㄱ, ㄷ   ⑤ ㄱ, ㄴ, ㄷ

10 오른쪽 그림은 저항 R가 연결된 코일 위에서 자석을 옆으로 당겼다가 가만히 놓았을 때 자석이 운동하는 모습을 나타낸 것이다. 이에 대한 설명으로 옳은 것만을 〈보기〉에서 있는 대로 고른 것은?(단, 공기 저항과 모든 마찰은 무시한다.)

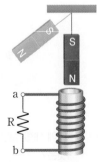

┌─ 보기 ┐
ㄱ. 자석이 코일에 가까워지는 동안 R에 흐르는 전류의 방향은 b → R → a 방향이다.
ㄴ. 자석이 코일에 접근하는 동안 자석과 코일 사이에는 밀어내는 자기력이 작용한다.
ㄷ. 자석의 역학적 에너지는 일정하다.
└─────┘

① ㄱ   ② ㄴ   ③ ㄷ
④ ㄱ, ㄴ   ⑤ ㄴ, ㄷ

11 그림 (가)와 같이 길이가 같은 관 A, B의 같은 높이에서 동일한 자석을 가만히 놓아 관 속으로 낙하시킨다. 그림 (나)는 A, B의 에너지띠 구조를 나타낸 것으로, 색칠한 부분은 전자가 채워져 있다. A, B는 도체와 절연체 중 하나이다.

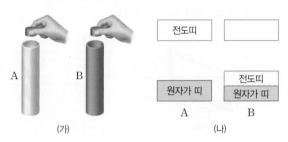

(가) A / B   (나) A 전도띠·원자가 띠 / B 전도띠·원자가 띠

이에 대한 설명으로 옳은 것만을 〈보기〉에서 있는 대로 고른 것은?(단, 모든 마찰과 공기 저항은 무시한다.)

┌─ 보기 ┐
ㄱ. 자석이 관을 빠져나올 때까지 걸린 시간은 B에서가 A에서보다 크다.
ㄴ. 관 속에서 운동하는 동안 자석에 작용하는 자기력의 크기는 A에서가 B에서보다 크다.
ㄷ. 관을 빠져나오는 순간, 자석의 속력은 A에서가 B에서보다 크다.
└─────┘

① ㄱ   ② ㄷ   ③ ㄱ, ㄴ   ④ ㄱ, ㄷ   ⑤ ㄴ, ㄷ

➔ 수능모의평가기출 변형

12 그림 (가)는 고정된 도선의 일부가 균일한 자기장 영역 Ⅰ, Ⅱ에 놓여 있는 모습을 나타낸 것이다. Ⅰ, Ⅱ에서 자기장의 방향은 각각 종이면에 수직으로 들어가는 방향, 종이면에서 수직으로 나오는 방향이다. 도선이 Ⅰ, Ⅱ에 걸친 면적은 S로 같다. 그림 (나)는 Ⅰ, Ⅱ에서의 자기장 세기를 시간에 따라 나타낸 것이다.

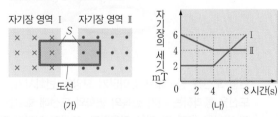

(가) 자기장 영역 Ⅰ / 자기장 영역 Ⅱ / 도선
(나)

이에 대한 설명으로 옳은 것만을 〈보기〉에서 있는 대로 고른 것은?

┌─ 보기 ┐
ㄱ. 2초일 때 전류는 시계 방향으로 흐른다.
ㄴ. 전류의 방향은 2초일 때와 6초일 때가 서로 같다.
ㄷ. 전류의 세기는 2초일 때가 6초일 때보다 작다.
└─────┘

① ㄱ   ② ㄴ   ③ ㄱ, ㄴ   ④ ㄱ, ㄷ   ⑤ ㄴ, ㄷ

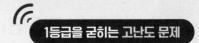

13 그림은 전기 기타에서 기타 줄의 진동을 전기 신호로 바꾸는 픽업 장치를 나타낸 것이다. 기타 줄은 자석에 의해 자기화된 상태를 유지한다.

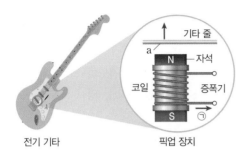

전기 기타　　　　픽업 장치

이에 대한 설명으로 옳은 것만을 〈보기〉에서 있는 대로 고른 것은?

┤ 보기 ├
ㄱ. 기타 줄의 a 부분은 S극으로 자기화되어 있다.
ㄴ. 기타 줄이 진동하는 동안 코일에 흐르는 전류의 세기는 일정하다.
ㄷ. 기타 줄이 자석에서 화살표 방향으로 멀어지는 순간, 코일에 흐르는 전류의 방향은 ㉠ 방향이다.

① ㄱ　　② ㄷ　　③ ㄱ, ㄴ　　④ ㄱ, ㄷ　　⑤ ㄴ, ㄷ

14 다음은 금속 탐지기의 원리에 대해 설명한 것이다.

그림과 같이 금속 탐지기는 전송 코일과 수신 코일이 서로 수직으로 되어 있다. 전송 코일에 전류가 흐를 때, 탐지기를 금속 가까이 가만히 두어도 금속에 유도 전류가 흐르게 된다. 금속에 흐르는 ㉠유도 전류에 의한 자기장으로 수신 코일에 ㉡유도 전류가 흐르게 되어 금속을 탐지한다.

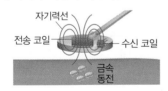

자기력선
전송 코일　　수신 코일
금속
동전

이에 대한 설명으로 옳은 것만을 〈보기〉에서 있는 대로 고른 것은?

┤ 보기 ├
ㄱ. 전송 코일에 흐르는 전류의 세기는 일정하다.
ㄴ. ㉠의 방향은 일정하다.
ㄷ. ㉡은 교류 전류이다.

① ㄱ　　② ㄴ　　③ ㄷ　　④ ㄱ, ㄴ　　⑤ ㄴ, ㄷ

15 오른쪽 그림은 연직 위로 던져진 자석이 p-n 접합 다이오드가 연결된 코일의 중심축을 따라 연직 위로 운동하여 정지한 순간의 모습을 나타낸 것이다. a, b는 중심축상의 지점이다. 이에 대한 설명으로 옳은 것만을 〈보기〉에서 있는 대로 고른 것은?(단, 자석의 크기와 공기 저항은 무시한다.)

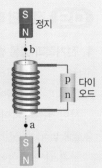

┤ 보기 ├
ㄱ. 자석이 올라가는 동안 코일에 흐르는 전류의 세기는 a를 지날 때가 b를 지날 때보다 크다.
ㄴ. 자석이 b로 다시 내려올 때 다이오드에 순방향 전압이 걸린다.
ㄷ. a에서 자석의 속력은 올라갈 때가 내려올 때보다 크다.

① ㄱ　　② ㄴ　　③ ㄷ　　④ ㄱ, ㄷ　　⑤ ㄴ, ㄷ

16 그림과 같이 가로 길이가 $2d$인 직사각형 도선이 $+x$ 방향으로 일정한 속력 $\dfrac{d}{t_0}$로 직선 운동 한다. 시간 $t=0$일 때 도선의 p점은 $x=0$을 지난다. 균일한 자기장 영역 Ⅰ, Ⅱ에서 자기장의 세기는 각각 B_0, $2B_0$이고, 자기장의 방향은 각각 종이면에 수직으로 들어가는 방향, 종이면에서 수직으로 나오는 방향이다.

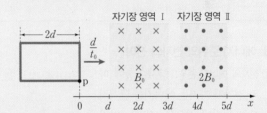

이에 대한 설명으로 옳은 것만을 〈보기〉에서 있는 대로 고른 것은?

┤ 보기 ├
ㄱ. $t=2t_0$일 때 도선에 흐르는 전류의 방향은 시계 반대 방향이다.
ㄴ. 도선에 흐르는 전류의 방향은 $t=2t_0$일 때와 $t=4t_0$일 때가 같다.
ㄷ. 도선에 흐르는 전류의 세기는 $t=4t_0$일 때가 $t=6t_0$일 때의 2배이다.

① ㄱ　　② ㄴ　　③ ㄱ, ㄴ　④ ㄱ, ㄷ　⑤ ㄴ, ㄷ

14. 전자기 유도　**151**

핵심 정리 **Ⅱ 단원 마무리**

09 전자의 에너지 준위

1. 전기력과 쿨롱 법칙

① (**1**): 전하를 띤 물체 사이에 작용하는 힘으로, 같은 종류의 전하 사이에는 척력이 작용하고, 다른 종류의 전하 사이에는 인력이 작용한다.

② 쿨롱 법칙: 두 전하 사이에 작용하는 전기력의 크기는 전하량의 곱에 비례하고, 떨어진 거리의 제곱에 반비례한다.

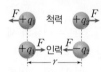

$$F = k\frac{q_1 q_2}{r^2}$$

(쿨롱 상수 $k = 9.0 \times 10^9$ N·m²/C²)

2. 원자의 구조와 스펙트럼

① 원자의 구조: 원자는 (+)전하를 띠는 (**2**)과/와 (−)전하를 띠는 (**3**)(으)로 구성되어 있으며, 전자는 원자핵으로부터 받는 전기력에 의해 구속되어 있다.

② 스펙트럼: 빛이 파장에 따라 나누어져 나타나는 색의 띠이다.

연속 스펙트럼	연속된 파장의 빛 예 가열된 고체, 백열등
(**4**) 방출 스펙트럼	불연속적인 파장의 빛 예 가열된 기체
흡수 스펙트럼	특정한 파장의 빛이 저온의 기체에 흡수되어 나타난 검은 흡수 선

3. 에너지 준위와 전자의 전이

① 전자의 에너지 준위: 양자수 n에 따라 전자가 가지는 에너지를 단계적으로 나타낸 것으로, 전자는 양자수에 해당하는 에너지 값만을 가진다. 이를 에너지 (**5**)(이)라고 한다.

전자가 존재할 수 있는 궤도

궤도와 궤도 사이에는 전자가 존재할 수 없다.

$n=1$
$n=2$
$n=3$

② 전자의 전이: 전자가 궤도 사이를 이동할 때에는 두 궤도의 에너지 준위 차에 해당하는 빛을 흡수하거나 방출한다.

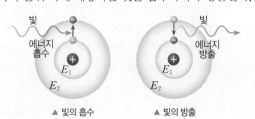

▲ 빛의 흡수   ▲ 빛의 방출

10 에너지띠

1. 고체의 에너지띠

① 고체의 에너지띠 구조: 에너지 준위가 매우 가깝게 존재하여 거의 연속적인 띠 모양을 이룬다.

② (**6**): 원자가 띠와 전도띠 사이에 전자가 존재할 수 없는 영역이다.

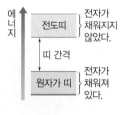

에너지

전도띠 — 전자가 채워지지 않았다.
띠 간격
원자가 띠 — 전자가 채워져 있다.

2. 고체의 전기 전도성

① 에너지띠와 전기 전도성: 고체의 전기 전도성은 에너지띠 구조에서 띠 간격이 작을수록 크다.

② 도체, 절연체, 반도체의 에너지띠 구조

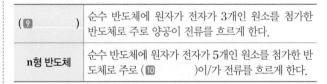

도체	(**7**)	(**8**)
전도띠 / 원자가 띠 / 띠 간격 (없다)	전도띠 ↑띠 간격↓(넓다) / 원자가 띠	전도띠 / 원자가 띠 / 띠 간격 (좁다) / 전자, 양공
예 구리, 철, 알루미늄	예 고무, 유리, 나무 등	예 규소, 저마늄

11 반도체와 다이오드

1. 반도체

① 순수 반도체: 불순물이 없는 순수한 반도체로 원자가 전자가 4개인 규소(Si)와 저마늄(Ge)이 있다.

② 불순물 반도체의 종류

(**9**)	순수 반도체에 원자가 전자가 3개인 원소를 첨가한 반도체로 주로 양공이 전류를 흐르게 한다.
n형 반도체	순수 반도체에 원자가 전자가 5개인 원소를 첨가한 반도체로 주로 (**10**)이/가 전류를 흐르게 한다.

2. p-n 접합 다이오드

p형 반도체와 n형 반도체를 접합하여 만든 소자로 (**11**) 작용을 한다.

① 순방향 전압과 역방향 전압

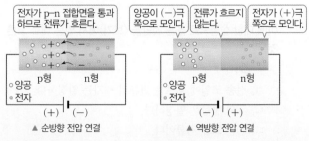

전자가 p-n 접합면을 통과하므로 전류가 흐른다.   양공이 (−)극 쪽으로 모인다.   전류가 흐르지 않는다.   전자가 (+)극 쪽으로 모인다.

○ 양공   p형   n형
● 전자

(+) ┤├ (−)
▲ 순방향 전압 연결

○ 양공   p형   n형
● 전자

(−) ┤├ (+)
▲ 역방향 전압 연결

② 발광 다이오드(LED): p-n 접합 다이오드에 순방향 전압을 걸어 줄 때 빛을 방출하는 반도체 소자이다.

12 전류의 자기 작용

1. 자기장

① (⑫): 자석이나 전류 주위에 자기력이 작용하는 공간
② 자기장의 방향: 자기장 내의 한 점에 놓은 나침반 자침의 (⑬)극이 가리키는 방향이다.
③ 자기력선: 자기장 속에 놓은 나침반 자침의 N극이 가리키는 방향을 따라 연속적으로 이은 선으로, 자기력선이 조밀할수록 자기장의 세기가 세다.

2. 전류에 의한 자기장

① 오른나사 법칙: 오른나사를 돌릴 때 나사가 진행하는 방향이 전류의 방향이고, 나사가 회전하는 방향이 자기장의 방향이다.

나사의 진행 방향 (전류의 방향)
나사의 회전 방향 (자기장의 방향)
오른나사

② 전류에 의한 자기장: 자기장의 세기는 (⑭)의 세기에 비례한다.

직선 전류	원형 전류	솔레노이드
자기장의 세기는 도선으로부터 떨어진 거리에 반비례한다.	중심에서 자기장의 세기는 원형 도선의 반지름에 반비례한다.	자기장의 세기는 단위길이당 도선의 감은 수에 (⑮)한다.

3. 전류에 의한 자기 작용의 이용

① 전자석: 코일 안에 철심을 넣어 강한 자기장을 만든다. 전류의 세기와 코일의 감은 수로 전자석의 세기를 조절할 수 있다. ⓔ 전자석 기중기, 스피커, 자기 부상 열차 등
② 전동기: 자석 사이에 들어 있는 코일에 전류가 흐를 때 코일이 자기력을 받아 회전하도록 만든 장치이다. 코일의 감은 수가 많고, 전류의 세기가 셀수록 코일이 받는 힘이 크다.

13 물질의 자성

1. 물질의 자성

① (⑯): 물질이 자석에 반응하는 성질로, 강자성, 상자성, 반자성으로 구분한다.
② 자성의 원인: 물질의 자성은 원자 내 전자의 궤도 운동과 스핀에 의해 나타나며, 궤도 운동에 의한 자기장보다 스핀에 의한 자기장의 효과가 크다.

2. 자성체의 종류와 특징

(⑰)	자기 구역이 외부 자기장의 방향으로 정렬되어 강하게 자기화된다. 자석에 강하게 끌리며, 외부 자기장을 제거하여도 자기화된 상태를 오래 유지한다. ⓔ 철, 니켈, 코발트
상자성체	자기 구역이 없으며, 외부 자기장의 방향으로 약하게 자기화되어 자석에 약하게 끌린다. ⓔ 알루미늄, 종이, 산소
반자성체	외부 자기장의 방향과 반대 방향으로 약하게 자기화되어 자석에 약하게 밀려난다. ⓔ 구리, 물, 유리

3. 자성체의 이용

(⑱)	강자성체인 산화철이 입혀진 플래터의 표면을 자기화시켜 정보를 저장한다.
고무 자석	강자성체 분말을 고무에 섞어 만든다. ⓔ 메모지 고정, 냉장고 문, 광고 전단지 등
액체 자석	강자성체 분말을 매우 작게 만들어 액체 속에 넣어 자성을 띠게 만든다. ⓔ 액체 자석을 넣은 잉크를 사용한 지폐, MRI 조영제, 치료약, 페인트 등

14 전자기 유도

1. 전자기 유도

① 전자기 유도: 코일과 자석의 상대적인 운동으로 코일을 통과하는 (⑲)이/가 변할 때 코일에 전류가 유도되는 현상이다.
② (⑳): 유도 기전력의 크기는 코일을 통과하는 자기 선속의 시간적 변화율$\left(\dfrac{\Delta\phi}{\Delta t}\right)$에 비례하고, 코일의 감은 수($N$)에 비례한다.
③ (㉑): 코일에 흐르는 유도 전류는 코일을 통과하는 자기 선속의 변화를 방해하는 방향으로 흐른다.

2. 전자기 유도의 이용

금속 탐지기	전송 코일에 흐르는 전류에 의한 자기장의 변화로 금속에 흐르는 유도 전류를 검출 코일이 감지하여 금속을 탐지한다.
(㉒)	소리에 의해 진동판의 코일에 유도 전류가 흘러 소리 신호가 전기 신호로 전환된다.
자이로드롭	금속 기둥에 유도 전류가 흘러 빠르게 낙하하는 자이로드롭의 속력을 감소시킨다.
도난 방지 장치	물건에 부착된 자석이 코일이 들어 있는 도난 방지 장치를 지날 때 유도 전류가 흘러 경고음을 울린다.

Ⅱ단원 평가 문제

∞ 09. 전자의 에너지 준위 92쪽

01 그림 (가)는 대전체 A 옆에 (+)전하로 대전된 전하 B가 기울어져 정지해 있는 모습을 나타낸 것이고, (나)는 (가)에서 대전체 C를 A 옆에 나란히 놓았을 때 B가 기울어져 있는 모습을 나타낸 것이다.

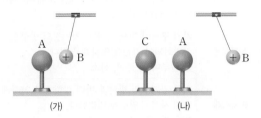

(가)　　　　　　(나)

이에 대한 설명으로 옳은 것만을 〈보기〉에서 있는 대로 고른 것은?

┤ 보기 ├

ㄱ. A는 (−)전하를 띤다.

ㄴ. (나)에서 A와 C 사이에는 밀어내는 전기력이 작용한다.

ㄷ. 전하량의 크기는 C가 A보다 크다.

① ㄱ　　　　　② ㄷ　　　　　③ ㄱ, ㄴ

④ ㄱ, ㄷ　　　　⑤ ㄴ, ㄷ

∞ 09. 전자의 에너지 준위 92쪽

02 그림은 보어의 원자 모형에 대해 학생 A, B, C가 대화하는 모습을 나타낸 것이다.

제시한 내용이 옳은 학생만을 있는 대로 고른 것은?

① A　　　　　② B　　　　　③ C

④ A, B　　　　⑤ B, C

∞ 09. 전자의 에너지 준위 92쪽

03 그림은 기체 방전관 A, B에서 방출된 빛을 분광기로 관찰한 것을 나타낸 것이다.

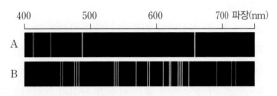

이에 대한 설명으로 옳은 것만을 〈보기〉에서 있는 대로 고른 것은?

┤ 보기 ├

ㄱ. A, B는 연속 스펙트럼이다.

ㄴ. 기체 원자의 에너지 준위는 양자화되어 있다.

ㄷ. A와 B에는 같은 원소가 들어 있다.

① ㄱ　　　　　② ㄴ　　　　　③ ㄱ, ㄴ

④ ㄱ, ㄷ　　　　⑤ ㄴ, ㄷ

∞ 09. 전자의 에너지 준위 92쪽

04 그림은 수소 원자에서 양자수 n에 따른 전자의 에너지 준위와 전자의 전이 a, b, c를 나타낸 것이다. a, b, c에서 방출되는 빛의 진동수는 각각 f_a, f_b, f_c이다.

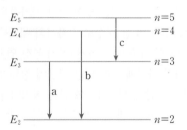

이에 대한 설명으로 옳은 것만을 〈보기〉에서 있는 대로 고른 것은?

┤ 보기 ├

ㄱ. $f_a < f_b$이다.

ㄴ. c에서 방출되는 광자의 에너지는 $E_5 - E_3$이다.

ㄷ. $n=5$에서 $n=4$로 전이할 때 방출하는 광자의 진동수는 $f_b - f_c$이다.

① ㄱ　　　　　② ㄷ　　　　　③ ㄱ, ㄴ

④ ㄴ, ㄷ　　　　⑤ ㄱ, ㄴ, ㄷ

05 오른쪽 그림은 고체의 에너지띠 구조를 나타낸 것이다. 색칠한 부분에는 전자가 채워져 있다. 이에 대한 설명으로 옳은 것만을 〈보기〉에서 있는 대로 고른 것은?

∞ 10. 에너지띠 104쪽

A

B

| 보기 |

ㄱ. B는 원자가 전자가 차지하고 있는 에너지띠이다.
ㄴ. B에 있는 전자가 A로 이동하기 위해서는 에너지를 흡수해야 한다.
ㄷ. A와 B 사이의 에너지 간격이 클수록 전기 전도성이 크다.

① ㄱ   ② ㄷ   ③ ㄱ, ㄴ
④ ㄴ, ㄷ   ⑤ ㄱ, ㄴ, ㄷ

06 그림과 같이 동일한 자석을 기준선 P에서 가만히 놓아 기준선 Q를 통과할 때까지 걸린 시간을 측정한다. Ⅰ은 자석을 공중에서 가만히 놓은 경우이고, Ⅱ, Ⅲ은 각각 물질 A, B로 된 관 위에서 자석을 가만히 놓은 경우이다. 표는 Ⅰ, Ⅱ, Ⅲ에서 자석이 P에서 Q까지 이동하는 데 걸린 시간이다.

∞ 10. 에너지띠 104쪽

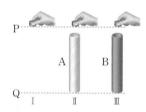

실험	걸린 시간
Ⅰ	0.5초
Ⅱ	1.2초
Ⅲ	0.5초

이에 대한 설명으로 옳은 것만을 〈보기〉에서 있는 대로 고른 것은?(단, 모든 마찰과 공기 저항은 무시한다.)

| 보기 |

ㄱ. 전기 전도성은 A가 B보다 크다.
ㄴ. 관이 A를 통과하는 동안 A에는 유도 전류가 흐른다.
ㄷ. Q를 통과하는 자석의 속력은 Ⅲ에서가 Ⅱ에서보다 크다.

① ㄱ   ② ㄷ   ③ ㄱ, ㄴ
④ ㄴ, ㄷ   ⑤ ㄱ, ㄴ, ㄷ

07 오른쪽 그림은 순수한 저마늄(Ge)에 비소(As)를 도핑했을 때 원자 주변의 전자 배열을 나타낸 것이다. 이에 대한 설명으로 옳은 것만을 〈보기〉에서 있는 대로 고른 것은?

∞ 11. 반도체와 다이오드 112쪽

| 보기 |

ㄱ. p형 반도체이다.
ㄴ. 원자가 전자는 비소가 저마늄보다 많다.
ㄷ. 순수한 저마늄보다 전기 전도성이 크다.

① ㄴ   ② ㄷ   ③ ㄱ, ㄴ
④ ㄱ, ㄷ   ⑤ ㄴ, ㄷ

08 그림 (가)는 p-n 접합 다이오드와 저항 R를 교류 전원에 연결한 것을 나타낸 것이고, (나)는 R에 흐르는 전류를 시간에 따라 나타낸 것이다. X, Y는 n형 반도체와 p형 반도체 중 하나이고, 전류는 a → R → b 방향으로 흐를 때 (+)이다.

∞ 11. 반도체와 다이오드 112쪽

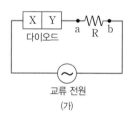

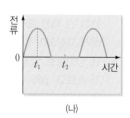

이에 대한 설명으로 옳은 것만을 〈보기〉에서 있는 대로 고른 것은?

| 보기 |

ㄱ. X는 n형 반도체이다.
ㄴ. 시간 t_1일 때 다이오드 내에서 Y에 있는 주된 전하 운반자는 Y에서 X로 이동한다.
ㄷ. 시간 t_2일 때 다이오드에는 역방향 전압이 걸린다.

① ㄱ   ② ㄴ   ③ ㄷ
④ ㄱ, ㄷ   ⑤ ㄴ, ㄷ

∞ 12. 전류의 자기 작용 120쪽

09 그림과 같이 종이판에 전류가 흐르는 긴 직선 도선을 수직으로 고정하고 북쪽에 놓인 나침반의 자침을 관찰하였더니 자침의 N극이 북서쪽을 가리킨다. θ는 자침의 N극이 북쪽과 이루는 각이다.

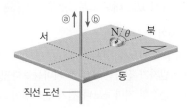

이에 대한 설명으로 옳은 것만을 〈보기〉에서 있는 대로 고른 것은?

┌─ 보기 ├─
ㄱ. 도선에 흐르는 전류의 방향은 ⓐ 방향이다.
ㄴ. 나침반이 놓인 곳에서 전류에 의한 자기장의 방향은 서쪽이다.
ㄷ. 나침반을 남 → 북 방향으로 이동시키면 θ는 감소한다.

① ㄱ　　　　② ㄷ　　　　③ ㄱ, ㄴ
④ ㄴ, ㄷ　　　⑤ ㄱ, ㄴ, ㄷ

∞ 12. 전류의 자기 작용 120쪽

10 오른쪽 그림과 같이 종이면에 무한히 긴 직선 도선 A, B가 평행하게 고정되어 있다. A에는 화살표 방향으로 일정한 세기의 전류가 흐르고, p와 q에서 전류에 의한 자기장의 방향은 서로 반대 방향이다. p는 A, B로부터 떨어진 거리가 같다. 이에 대한 설명으로 옳은 것만을 〈보기〉에서 있는 대로 고른 것은?

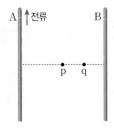

┌─ 보기 ├─
ㄱ. 전류의 방향은 A와 B가 서로 반대 방향이다.
ㄴ. 전류의 세기는 A가 B보다 크다.
ㄷ. q에서 전류에 의한 자기장의 방향은 종이면에서 나오는 방향이다.

① ㄱ　　　　② ㄷ　　　　③ ㄱ, ㄴ
④ ㄴ, ㄷ　　　⑤ ㄱ, ㄴ, ㄷ

∞ 12. 전류의 자기 작용 120쪽

11 그림과 같이 xy 평면에 수직으로 들어가는 균일한 자기장 영역에 시계 방향으로 세기가 I_0인 전류가 흐르는 원형 도선 A와 무한히 긴 직선 도선 B가 고정되어 있다. B는 y축과 나란하며 A의 중심 O에서 자기장은 0이다.

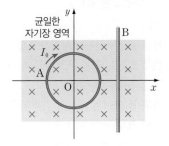

B에 흐르는 전류의 방향과 세기를 옳게 짝 지은 것은?(단, 지구 자기장은 무시한다.)

	전류의 방향	전류의 세기
①	$+y$ 방향	I_0보다 크다.
②	$+y$ 방향	I_0
③	$+y$ 방향	I_0보다 작다.
④	$-y$ 방향	I_0보다 크다.
⑤	$-y$ 방향	I_0보다 작다.

∞ 13. 물질의 자성 132쪽

12 그림은 자기화되지 않은 강자성체를 자석의 윗면에 올려놓은 것을 보면서 학생 A, B, C가 대화하고 있는 모습을 나타낸 것이다.

제시한 내용이 옳은 학생만을 있는 대로 고른 것은?

① A　　　　② B　　　　③ C
④ A, B　　　⑤ A, B, C

13 그림은 자석과 코일로 된 발전기의 구조를 모식적으로 나타낸 것이다. 코일은 자석이 만드는 자기장 속에서 회전한다.

∞ 14. 전자기 유도 140쪽

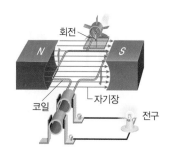

이에 대한 설명으로 옳은 것만을 〈보기〉에서 있는 대로 고른 것은?

| 보기 |

ㄱ. 코일이 회전하는 동안 코일을 통과하는 자기 선속은 일정하다.
ㄴ. 전구에는 교류가 흐른다.
ㄷ. 코일이 회전하는 속력이 빠를수록 코일에 유도되는 기전력의 크기가 크다.

① ㄱ   ② ㄴ   ③ ㄱ, ㄷ
④ ㄴ, ㄷ   ⑤ ㄱ, ㄴ, ㄷ

∞ 14. 전자기 유도 140쪽

14 그림은 빗면 위에서 가만히 놓은 자석이 솔레노이드의 중심축을 따라 빗면 아래로 운동하는 것을 나타낸 것이다.

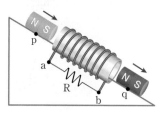

이에 대한 설명으로 옳은 것만을 〈보기〉에서 있는 대로 고른 것은?(단, 모든 마찰과 공기 저항은 무시한다.)

| 보기 |

ㄱ. 자석이 p를 지날 때, 솔레노이드에 흐르는 전류의 방향은 a → R → b 방향이다.
ㄴ. 자석이 q를 지날 때, 자석과 솔레노이드 사이에는 밀어내는 자기력이 작용한다.
ㄷ. 자석의 역학적 에너지는 p를 지날 때가 q를 지날 때보다 크다.

① ㄱ   ② ㄴ   ③ ㄱ, ㄷ
④ ㄴ, ㄷ   ⑤ ㄱ, ㄴ, ㄷ

1등급을 완성하는 서술형 문제

∞ 09. 전자의 에너지 준위 92쪽

15 그림과 같이 x축상에 전하량의 크기가 q_0이고 (＋)전하인 A와 점전하 B가 거리 r만큼 떨어져 고정되어 있다. B로부터 $2r$만큼 떨어진 x축상의 지점에 점전하 C를 가만히 놓았더니 C가 정지해 있다.

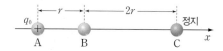

B가 띠고 있는 전하의 종류와 전하량의 크기에 대해 설명하시오.

∞ 12. 전류의 자기 작용 120쪽

16 전류가 흐르는 코일 안에 아무 것도 넣지 않았을 때보다 철심을 넣었을 때 더 강한 자기장을 만들 수 있는 까닭을 설명하시오.

∞ 14. 전자기 유도 140쪽

17 그림 (가)와 같이 연직 위 방향의 균일한 자기장에서 강자성 막대 A를 자기화시킨다. 그림 (나)는 (가)에서 자기화된 A를 코일에 가까이 접근시키는 모습을 나타낸 것이다.

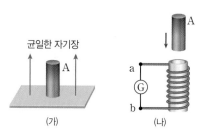

(나)에서 A가 코일에 접근하는 동안 코일을 통과하는 자기 선속의 변화와 유도 전류의 방향을 설명하시오.

뒤로는 가지 않는 링컨

내가 가는 길은 험하고 미끄러웠다.
나는 자꾸만 미끄러져 길바닥 위에 넘어지고는 했다.
그러나 나는 곧 기운을 차리고 내 자신에게 말했다.

"괜찮아. 길이 약간 미끄럽긴 하지만 낭떠러지는 아니야."

나는 천천히 걸어가는 사람이다.
그러나 뒤로는 가지 않는다.
– 링컨(미국의 제16대 대통령, 재임 1861 ～ 1865)

23세 사업에 실패, 24세 주 의회 선거에서 낙선, 25세 사업 파산, 26세 사랑하는 약혼자의 사망, 28세 신경 쇠약으로 입원, 30세 주 의회 선거에서 패배, 이후 거듭되는 선거에서의 낙선……. 링컨은 한때 실패를 대표하는 인물이었습니다. 그러나 실패를 약간 미끄러졌을 뿐이라고 생각하는 링컨의 긍정적인 정신이 링컨을 미국의 위대한 대통령으로 만들었습니다.

Ⅲ

파동과 정보 통신

중요한 부분은
밑줄 쫙~!

이 단원에서는 현대 사회의 정보 통신 과정을 파동과 연관 지어 알아봄으로써 파동의 여러 가지 특성을 파악한다. 또, 빛과 물질의 이중성 사례를 이용하여 현대 물리학의 성과와 정보 통신의 관련성을 알아본다.

1. 파동과 통신

15 파동과 전반사

16 전자기파

17 파동의 간섭

2. 빛과 물질의 이중성

18 빛과 물질의 이중성

15 파동과 전반사

1 파동의 성질 자료 분석 특강 166쪽 A

1 파동 한 곳에서 생긴 진동이 물질을 따라 주변으로 퍼져 나가는 것
① 파원과 매질: 파동이 발생한 곳을 파원, 파동을 전달하는 물질을 매질이라고 한다.
② 파동의 전파: 파동은 에너지와 정보를 전달하며, 이때 물질은 제자리에서 진동할 뿐 이동하지 않는다.
③ 파동의 종류: 매질의 진동 방향과 파동의 진행 방향이 수직인 파동을 횡파, 매질의 진동 방향과 파동의 진행 방향이 나란한 파동을 종파라고 한다.❶

2 파동의 표시

변위는 매질의 한 점이 진동 중심으로부터 진동 방향으로 이동한 정도를 나타낸다.

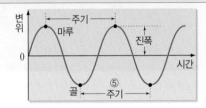

(가) 어느 순간 위치에 따른 파동의 모습	(나) 매질의 한 점 P가 시간에 따라 이동한 변위
① 진폭: 진동 중심으로부터 매질의 최대 변위 ② 마루: 진동 중심에서 가장 높은 곳 ③ 골: 진동 중심에서 가장 낮은 곳 ④ 파장(λ): 마루와 이웃한 마루 또는 골과 이웃한 골 사이의 거리	⑤ 주기(T): 매질의 한 점이 한 번 진동하는 데 걸리는 시간[단위: s(초)] ⑥ 진동수(f): 매질의 한 점이 1초 동안 진동하는 횟수[단위: Hz(헤르츠)] → 주기(T)와 진동수(f)는 서로 역수 관계이다. $T=\dfrac{1}{f}$

3 파동의 속력 파동이 단위 시간 동안 이동한 거리로, 파장을 주기로 나누어 구한다.❷

$$속력=\dfrac{파장}{주기}=진동수×파장, \quad v=\dfrac{\lambda}{T}=f\lambda \text{ (단위: m/s)}$$

파동의 속력 구하기

그림은 파동의 진행 모습을 시간에 따라 나타낸 것이다.

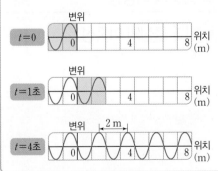

① 파장: 마루와 이웃한 마루 사이의 거리이므로 2 m이다.
② 주기: 매질의 한 점이 한 번 진동하는 데 걸리는 시간이므로 1초이다.

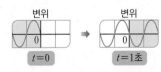

③ 속력: 파동의 속력은 파장을 주기로 나누어 구한다. 즉, $v=\dfrac{\lambda}{T}=\dfrac{2\text{ m}}{1\text{ s}}=2$ m/s이다.

확인 문제 1
1 파동이 발생한 곳을 (   ), 파동을 전달하는 물질을 (   )(이)라고 한다.
2 매질의 한 점이 한 번 진행하는 데 걸리는 시간을 (   )(이)라고 한다.
3 파장이 2 m이고, 진동수가 10 Hz인 파동의 속력은 몇 m/s인지 구하시오.

정리하는 출제 경향

• 그래프를 보고 파동의 진동수, 주기, 파장, 속력 구하기
• 파동의 굴절, 전반사와 관련된 다양한 현상 설명하기

핵심 개념
파동의 표시, 파동의 굴절, 굴절률, 굴절의 이용, 전반사, 임계각, 광섬유, 광통신

plus 개념

❶ 횡파와 종파
• 횡파: 전파, 빛, 지진파의 S파 등
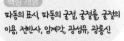

• 종파: 음파, 지진파의 P파 등

파동의 표시
어느 순간 파동의 모습을 나타낸 그래프에서는 파동의 파장을 구할 수 있고, 매질의 한 점이 시간에 따라 이동한 변위를 나타낸 그래프에서는 파동의 주기와 진동수를 구할 수 있다.

❷ 파장과 진동수, 속력의 관계
• 파장과 진동수의 관계: 파동의 속력이 일정할 때에는 진동수가 클수록 파장이 짧다.
  예 줄을 천천히 흔들 때보다 빨리 흔들 때 파장이 더 짧다.
• 파장과 속력의 관계: 파동의 진동수가 일정할 때에는 파동의 속력이 클수록 파장이 길다.
  예 굵은 줄보다 가는 줄을 흔들 때 파장이 더 길다.
  파동의 속력은 매질에 따라 다르며, 굵은 줄보다 가는 줄에서 더 빠르다.

2 파동의 굴절 자료 분석 특강 166쪽 **B**

$v = f\lambda$에서 진동수는 변하지 않고 파동의 속력이 변하면 파장이 달라진다.

1 파동의 굴절 파동이 한 매질에서 다른 매질로 진행할 때 파동의 속력이 달라져 진행 방향이 바뀌는 현상 ➡ 파동의 속력이 변하여 파장이 달라지므로 파동의 진행 방향이 바뀐다.❸
① 물결파의 속력: 물의 깊이가 얕은 곳보다 깊은 곳에서 더 빠르다.
② 음파의 속력: 고체 > 액체 > 기체 순이고, 공기 중에서는 온도가 높을수록 빠르다.

2 물결파의 진행 방향 관찰하기

탐구 / 활동

과정 ≫
❶ 물결파 발생 장치를 설치하고 물결 통에 물을 1 cm 깊이로 채운다.
❷ 오른쪽 그림과 같이 유리판을 물속에 잠기도록 놓고 물결파를 발생시켜 투영 판에 나타난 물결파의 진행 모습을 관찰한다.

결과 및 정리 ≫
1. 물결파의 진동수는 매질에 관계없이 변하지 않는다.
2. 물결파의 파장이 짧아졌으므로 물결파의 속력이 느려졌음을 알 수 있다.
3. 물의 깊이가 깊은 곳에서 얕은 곳으로 진행할 때, 경계면에서 물결파의 진행 방향이 물의 깊이가 얕은 쪽으로 꺾인다.

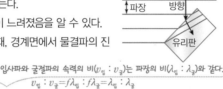
입사파와 굴절파의 속력의 비($v_{입} : v_{굴}$)는 파장의 비($\lambda_{입} : \lambda_{굴}$)와 같다.
$$v_{입} : v_{굴} = f\lambda_{입} : f\lambda_{굴} = \lambda_{입} : \lambda_{굴}$$

3 굴절 법칙 빛이 매질 1에서 매질 2로 입사할 때, 입사각 i와 굴절각 r, 속력 v, 파장 λ 사이의 관계는 다음과 같다.

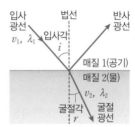

$$\frac{\sin i}{\sin r} = \frac{v_1}{v_2} = \frac{\lambda_1}{\lambda_2} = n_{12} = \frac{n_2}{n_1} = 일정$$

(• v_1, v_2: 매질 1, 2에서의 속력 • λ_1, λ_2: 매질 1, 2에서의 파장
• n_{12}: 매질 1에 대한 매질 2의 굴절률$\left(\frac{n_2}{n_1}\right)$❹)

• 빛이 공기에서 물로 진행하면 빛의 속력이 느려져서 입사각이 굴절각보다 크다.❺
빛의 속력: $v_{공기} > v_물$, 빛의 파장: $\lambda_{공기} > \lambda_물$, 빛의 진동수: $f_{공기} = f_물$

4 굴절 현상 실제 빛은 굴절하며 진행하더라도 사람은 빛이 직진하는 것으로 인식한다.

물속의 물고기가 실제보다 더 얕은 곳에 있는 것처럼 보인다.

매질	빛의 속력
공기	빠르다.
물	느리다.

사막에서 물체가 실제 위치가 아닌 곳에 보인다(신기루).

위치	온도	빛의 속력
하늘 쪽	낮다.	느리다.
지면 쪽	높다.	빠르다.

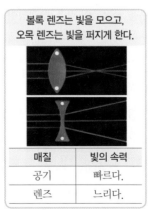

볼록 렌즈는 빛을 모으고, 오목 렌즈는 빛을 퍼지게 한다.

매질	빛의 속력
공기	빠르다.
렌즈	느리다.

확인 문제 ❷

4 파동이 한 매질에서 다른 매질로 진행할 때 파동의 진행 방향이 바뀌는 현상을 (   )(이)라고 한다.

5 물결파의 속력은 물의 깊이가 얕을수록 (   ).

6 빛이 공기에서 물로 진행하면 빛의 속력이 (빨라져서, 느려져서) 입사각이 굴절각보다 크다.

7 물속에 있는 물고기는 실제 위치보다 더 (깊은, 얕은) 곳에 있는 것처럼 보인다.

plus 개념

오해하지마!

파동의 진동수
진동수와 주기는 파원에 의해 결정된다. 따라서 파원의 진동이 변하지 않는 한 매질이 달라져도 바뀌지 않는다.

❸ 굴절의 비유

장난감 자동차가 포장도로에서 잔디밭으로 비스듬히 진행할 때 포장도로에 있는 바퀴의 속력은 변하지 않지만, 잔디밭으로 먼저 들어간 바퀴의 속력은 느려져서 자동차의 진행 방향이 바뀐다.

❹ 굴절률(n)
매질에서 빛의 속력 v에 대한 진공에서 빛의 속력 c의 비를 그 매질에서의 굴절률이라고 한다.

$$n = \frac{c}{v}$$

❺ 여러 가지 매질에서의 빛의 굴절

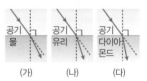

(가)   (나)   (다)

• (가), (나), (다) 모두 입사각이 굴절각보다 크다.
• (다)에서 빛이 가장 크게 굴절한다.
➡ 빛의 속력: 공기 > 물 > 유리 > 다이아몬드

용어 돋보기

• **법선**(법 法, 줄 線): 평면상의 곡선 위에 있는 임의의 점의 접선에 수직이 되는 직선이다.
• **입사각**(들 入, 궁술 射, 뿔 角): 입사한 광선과 법선이 이루는 각이다.
• **굴절각**(굽을 屈, 꺾을 折, 뿔 角): 굴절한 광선과 법선이 이루는 각이다.

15 파동과 전반사

3 전반사와 광통신   자료 분석 특강 167쪽 C, D

1 전반사   빛이 매질의 경계면에서 굴절하지 못하고 모두 반사하는 현상[6]
  • 임계각(i_c): 굴절각이 90°가 될 때의 입사각[7]

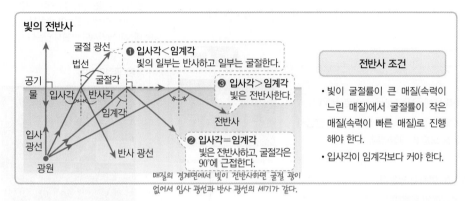

빛의 전반사

❶ 입사각<임계각
빛의 일부는 반사하고 일부는 굴절한다.

❸ 입사각>임계각
빛은 전반사한다.

❷ 입사각=임계각
빛은 전반사하고, 굴절각은 90°에 근접한다.

매질의 경계면에서 빛이 전반사하면 굴절 광선이 없어서 입사 광선과 반사 광선의 세기가 같다.

전반사 조건
• 빛이 굴절률이 큰 매질(속력이 느린 매질)에서 굴절률이 작은 매질(속력이 빠른 매질)로 진행해야 한다.
• 입사각이 임계각보다 커야 한다.

2 전반사 현상 관찰하기   탐구/활동

과정 ≫
❶ 각도기 판 위에 물이 든 반원 통을 올려놓고 반원 통의 경계면이 기준선과 일치하도록 수평을 맞춘다.
❷ 물에서 공기 방향으로 레이저를 비추고, 입사각을 0°에서부터 점점 크게 하며 입사각과 굴절각을 측정한다.   빛의 입사각이 임계각보다 클 때 전반사가 일어난다.
❸ 과정 ❷에서 입사한 빛과 반사한 빛의 밝기를 비교한다.

결과 및 정리 ≫
1. 입사각보다 굴절각이 크며, 입사각이 임계각보다 커지면 굴절이 일어나지 않고 모든 빛이 반사한다.
2. 입사각의 크기가 증가할수록 반사된 빛은 점점 밝아진다.

3 광섬유와 광통신

① 광섬유: 전반사 원리를 이용하여 빛을 멀리까지 전송시킬 수 있는 섬유 모양의 관으로, 굴절률이 큰 중앙의 코어 부분을 굴절률이 작은 클래딩이 감싸고 있는 구조이다.

2차 코팅 1차 코팅 코어
완충층 클래딩

클래딩 빛
코어

빛이 코어 속으로 들어가면 코어와 클래딩의 경계면에서 전반사하며 진행한다.

② 광통신: 정보를 담은 전기 신호를 빛으로 전환한 후 정보를 주고받는 통신 방식[8]

송신부	정보 채널	수신부
전송하고자 하는 정보를 담은 전기 신호를 빛 신호에 첨가한다.	광선유를 통해 빛 신호를 전송한다.	광 검출기를 이용해 수신된 빛 신호에서 정보를 담은 전기 신호를 분리한다.

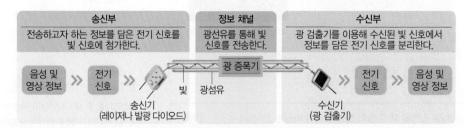

음성 및 영상 정보 ≫ 전기 신호 ≫ 송신기 (레이저나 발광 다이오드) 빛 광섬유 광 증폭기 수신기 (광 검출기) ≫ 전기 신호 ≫ 음성 및 영상 정보

확인 문제 3
8 전반사가 일어나기 위해서는 빛이 굴절률이 (   ) 매질에서 (   ) 매질로 진행하고, 입사각이 임계각보다 (커야, 작아야) 한다.
9 정보를 담은 전기 신호를 빛 신호로 전환한 후 전달하는 통신 방식을 쓰시오.

---

plus+ 개념

⑥ 전반사의 이용
전반사가 일어날 때는 빛을 손실 없이 멀리 보낼 수 있다. 예 쌍안경과 잠망경 속의 프리즘, 다이아몬드, 내시경, 장식품에 이용되는 광섬유 등

⑦ 굴절률에 따른 임계각

공기 / 유리 / 임계각 (약 42°)

공기 / 물 / 임계각 (약 48°)

• 굴절률: 유리>물>공기
• 임계각: (유리 → 공기)<(물 → 공기) ➡ 두 매질의 굴절률 차이가 클수록 임계각이 작다.

또 다른 탐구
과정 ≫
① 우레탄 봉에 레이저 포인터를 비스듬히 비춘다.

② 투명 아크릴 통에 물과 식용유를 차례로 넣고 식용유에서 공기 쪽으로 레이저 포인터를 비춘다.

결과 및 정리 ≫
매질의 경계에서 전반사가 일어나므로 과정 ①에서는 레이저가 우레탄 봉 내부에서만 진행하고, 과정 ②에서는 레이저가 식용유 속에서만 진행한다.

⑧ 광통신의 장단점
• 장점: 많은 양의 정보를 전송할 수 있고, 외부 전파에 의한 간섭이나 혼선이 없어 도청이 어렵다.
• 단점: 광섬유 연결 부위의 작은 먼지나 틈에 의해 광통신이 불가능해질 수 있고, 한번 끊어지면 연결하기 어렵다.

용어 돋보기
• **전반사**(전부 全, 되돌릴 反, 쏠 射): 빛이 굴절률이 큰 매질에서 작은 매질로 입사할 때 입사각이 임계각보다 크면 굴절하지 않고 전부 반사되는 현상이다.

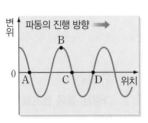
1 파동의 성질

01 파동에 대한 설명으로 옳지 <u>않은</u> 것은?

① 파동은 에너지와 정보를 전달한다.
② 파동이 발생한 곳을 파원이라고 한다.
③ 주기가 긴 파동일수록 진동수가 크다.
④ 파동을 전달하는 물질을 매질이라고 한다.
⑤ 파동이 전파될 때 매질은 제자리에서 진동할 뿐 이동하지 않는다.

02 오른쪽 그림은 오른쪽 방향으로 진행하는 파동의 어느 순간 모습을 나타낸 것으로, 점 A~D는 매질 위에 있다. A~D에 대한 설명으로 옳지 <u>않은</u> 것은?

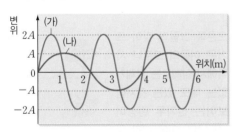

① B는 마루에 해당한다.
② A는 다음 순간 위로 움직인다.
③ A와 C 사이의 거리는 파장이다.
④ C와 D는 매 순간 변위가 같다.
⑤ A와 D의 진동 방향은 항상 반대이다.

⟨중요⟩
03 그림은 진동수가 10 Hz로 동일한 두 파동 (가), (나)의 어느 한 순간의 모습을 나타낸 것이다.

이에 대한 설명으로 옳은 것만을 ⟨보기⟩에서 있는 대로 고른 것은?

┌─ 보기 ┐
ㄱ. 진폭은 (가)가 (나)의 2배이다.
ㄴ. 파장은 (가)가 (나)의 2배이다.
ㄷ. 파동의 속력은 (가)가 (나)의 2배이다.
└────────┘

① ㄱ   ② ㄷ   ③ ㄱ, ㄴ
④ ㄴ, ㄷ   ⑤ ㄱ, ㄴ, ㄷ

[04~06] 그림 (가)는 줄을 따라 진행하는 파동의 어느 한 순간의 모습을 나타낸 것이고, (나)는 매질 위의 한 점 A의 변위가 (가)의 순간 이후에 시간에 따라 어떻게 변하는지를 나타낸 것이다. 물음에 답하시오.

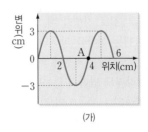
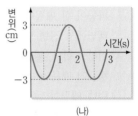

04 파동의 진폭은?

① 2 cm   ② 3 cm   ③ 4 cm
④ 5 cm   ⑤ 6 cm

05 파동의 진동수는?

① 0.1 Hz   ② 0.25 Hz   ③ 0.5 Hz
④ 1 Hz   ⑤ 2 Hz

⟨중요⟩
06 파동이 전달되는 속력은 몇 cm/s인지 구하시오.

07 1초에 5번 진동하는 파동의 전파 속력이 2 m/s일 때, 이 파동의 파장은?

① 0.1 m   ② 0.2 m   ③ 0.3 m
④ 0.4 m   ⑤ 0.5 m

❷ 파동의 굴절

08 다음은 파동의 굴절이 일어나는 까닭에 대한 설명이다. (　　) 안에 들어갈 알맞은 말을 쓰시오.

> 파동이 한 매질에서 다른 매질로 진행할 때, 그 경계면에서 진행 방향이 바뀌는 현상을 파동의 굴절이라고 한다. 파동의 (㉠)은/는 파원에 의해 결정되기 때문에 매질이 달라져도 변하지 않는다. 그런데 매질이 달라지면 파동의 (㉡)이/가 달라지기 때문에 파동의 (㉢)도 달라진다. 따라서 파동이 경계면에 비스듬하게 입사하는 경우 파동의 진행 방향이 바뀌어 꺾이게 된다. ㉠, ㉡, ㉢ 사이에는 (㉣)의 관계가 성립한다.

09 (중요) 그림은 물결파 발생 장치 내부에 유리판을 넣고 유리판이 잠길 정도로 물을 채운 뒤, 물결파의 진행 모습을 관찰한 것이다. A는 유리판이 없는 곳, B는 유리판이 있는 곳을 나타낸다.

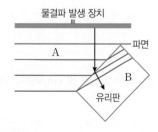

이에 대한 설명으로 옳은 것만을 〈보기〉에서 있는 대로 고른 것은?

> **보기**
> ㄱ. 물의 깊이는 A가 B보다 깊다.
> ㄴ. 물결파의 속력은 A에서가 B에서보다 빠르다.
> ㄷ. 물결파의 주기는 A에서가 B에서보다 길다.

① ㄱ　　　② ㄷ　　　③ ㄱ, ㄴ
④ ㄴ, ㄷ　　　⑤ ㄱ, ㄴ, ㄷ

10 그림은 여러 가지 매질에서 빛이 진행하는 모습을 나타낸 것이다.

매질 1, 2, 3의 굴절률 n_1, n_2, n_3을 옳게 비교한 것은?(단, 공기에서 각 매질로 입사하는 입사각은 동일하다.)

① $n_1 > n_2 > n_3$　② $n_2 > n_1 > n_3$　③ $n_2 > n_3 > n_1$
④ $n_3 > n_1 > n_2$　⑤ $n_3 > n_2 > n_1$

11 (✎서술형) 그림은 볼록 렌즈를 향해 입사하는 빛의 경로를 나타낸 것이다.

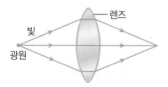

공기에서와 렌즈에서의 빛의 굴절률, 속력, 파장, 진동수를 비교하여 설명하시오.

12 (중요) 오른쪽 그림과 같이 뜨거운 여름의 도로나 사막에서 실제로는 물체가 없는 데도 있는 것처럼 보이는 신기루 현상이 나타난다. 이에 대한 설명으로 옳은 것만을 〈보기〉에서 있는 대로 고른 것은?

> **보기**
> ㄱ. 빛의 굴절에 의해 나타난 현상이다.
> ㄴ. 바닥에서 먼 곳일수록 공기의 온도가 높다.
> ㄷ. 빛은 휘어져 진행하지만 눈은 빛이 직진했다고 인식한다.

① ㄱ　　　② ㄴ　　　③ ㄱ, ㄷ
④ ㄴ, ㄷ　　　⑤ ㄱ, ㄴ, ㄷ

❸ 전반사와 광통신

13 그림 (가)는 레이저 빛이 공기에서 물로 진행할 때, (나)는 물에서 공기로 진행할 때 빛의 진행 경로를 관찰한 실험을 나타낸 것이다.

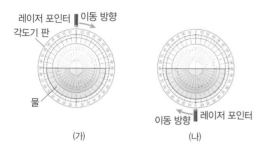

레이저 포인터 ■이동 방향
각도기 판

물

이동 방향 ■레이저 포인터

(가)   (나)

실험 (가), (나)에서 관찰되는 결과로 옳은 것만을 〈보기〉에서 있는 대로 고르시오.

> **보기**
> ㄱ. 굴절이 일어날 때 입사각이 굴절각보다 크다.
> ㄴ. 굴절이 일어날 때 입사각이 굴절각보다 작다.
> ㄷ. 입사각이 0°보다 크면 항상 굴절과 반사가 함께 일어난다.
> ㄹ. 입사각이 특정한 각도 이상이 되면 굴절이 일어나지 않는다.
> ㅁ. 입사각이 특정한 각도 이상이 되면 반사가 일어나지 않는다.

14 오른쪽 그림은 투명 아크릴 통에 물과 식용유를 차례로 넣고 식용유에서 공기 쪽으로 레이저 포인터를 비추었을 때 붉은색 레이저가 진행하는 모습을 나타낸 것이다.

공기
식용유
물

이에 대한 설명으로 옳은 것만을 〈보기〉에서 있는 대로 고른 것은?

> **보기**
> ㄱ. 식용유와 공기의 경계면에서 굴절이 일어난다.
> ㄴ. 식용유에서 공기로 입사할 때 입사각은 임계각보다 작다.
> ㄷ. 굴절률은 식용유가 물보다 크다.

① ㄱ   ② ㄷ   ③ ㄱ, ㄴ
④ ㄴ, ㄷ   ⑤ ㄱ, ㄴ, ㄷ

15 다음은 광섬유에 대한 설명이다.

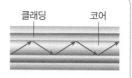

광섬유는 (㉠) 원리를 이용하여 빛을 멀리까지 전송시킬 수 있는 섬유 모양의 관이다. 광섬유는 중심 부분의 코어와 이를 감싼 클래딩의 이중 구조로 되어 있다. 굴절률은 코어가 클래딩보다 (㉡)다. 그래서 코어 내부로 입사한 빛이 코어와 클래딩의 경계면에 닿을 때, 입사각이 임계각보다 (㉢)면, 클래딩으로 빠져나가지 않고 코어 내부에서만 진행할 수 있다.

클래딩   코어

( ) 안에 들어갈 알맞은 말을 옳게 짝 지은 것은?

	㉠	㉡	㉢
①	간섭	크	크
②	간섭	작	작으
③	전반사	크	크
④	굴절	크	작으
⑤	전반사	작	크

16 전반사의 원리로 설명할 수 있는 현상이 **아닌** 것은?

①

쌍안경 속의 직각 프리즘에 의해 빛의 진행 방향이 바뀐다.

②

레이저가 물줄기를 따라 진행한다.

③

다이아몬드는 다른 보석보다 밝게 빛난다.

④

물에 잠긴 빨대가 꺾여 보인다.

⑤

광섬유 한쪽 끝에 레이저 포인터를 비추면 다른 끝에 빛이 보인다.

자료 분석 특강

실력을 올리는 실전 문제와
함께 보면 더 좋아요!

A 파동의 속력과 진행 방향

그림 (가)는 $t=0$인 순간의 파동의 모습을 나타낸 것이고, (나)는 매질 위의 한 점 P가 시간에 따라 진동하는 모습을 나타낸 것이다.

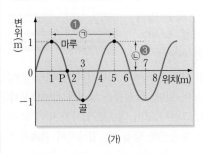

(가)

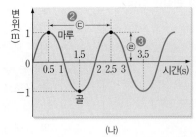

(나)

① 변위-위치 그래프 분석하기
• ㉠은 마루와 이웃한 마루 사이의 거리로, 이 파동의 파장(λ)이다. 즉, λ는 4 m이다.
• ㉡은 진동 중심으로부터 매질의 최대 변위로, 이 파동의 진폭(A)이다. 즉, A는 1 m이다.

② 변위-시간 그래프 분석하기
• ㉢은 매질 위의 한 점이 마루 상태에서 다시 마루 상태가 될 때까지 걸리는 시간으로, 이 파동의 주기(T)이다. 즉, T는 2초이고, 진동수 f는 0.5 Hz이다.
• ㉣은 진동 중심으로부터 매질의 최대 변위로, 이 파동의 진폭(A)이다. 즉, A는 1 m이다.

③ 파동의 속력 구하기: 파장(㉠)을 주기(㉢)로 나누어 구한다. 즉, 속력은 $\frac{4\ \text{m}}{2\ \text{s}}=2$ m/s이다.

④ 파동의 진행 방향 구하기: 변위-시간 그래프에서 $t=0$인 순간 이후에 P점의 변위가 (+)방향으로 올라갔으므로 변위-위치 그래프에 다음 순간 파동을 그렸을 때 P점이 (+)방향이 되어야한다. → 파동의 진행 방향은 오른쪽이다.

❶ 특정한 순간 파동의 변위를 나타낸 변위-위치그래프에서 파장을 구한다.

❷ 매질 위의 한 점의 변위를 시간에 따라 나타낸변위-시간 그래프에서 주기를 구한다.

❸ 진폭은 변위-위치 그래프와 변위-시간 그래프에서 모두 구할 수 있다.

TIP
• 파동의 주기와 진동수는 서로 역수 관계이다.
$$f=\frac{1}{T}$$
• 파동의 속력은 파장과 진동수의 곱, 또는 파장을 주기로 나눈 값과 같다.
$$v=\lambda\times f=\lambda\times\frac{1}{T}$$

실력을 올리는 실전 문제 찾아가기

• 파동의 순간적인 모습을 나타내는 그래프를 해석하는 문제_02, 03, 04

B 빛의 굴절 현상과 전반사 현상

CASE 1 공기에서 물로 빛이 입사하는 경우(빛의 굴절)

입사각(i)	굴절각(r)	$\dfrac{\sin i}{\sin r}$
30°	22.1°	1.33
45°	32.1°	1.33
60°	40.6°	1.33

• 입사각＞굴절각
• 입사각을 증가시키면 굴절각도 증가한다.
• 입사각과 굴절각의 사인값의 비는 일정하다.❶
• 항상 굴절 광선과 반사 광선을 모두 관찰할 수 있다.

CASE 2 물에서 공기로 빛이 입사하는 경우(빛의 굴절과 전반사)

입사각(i)	굴절각(r)	$\dfrac{\sin i}{\sin r}$
30°	41.7°	0.75
45°	70.1°	0.75
48.8°❷	90°	0.75
60°	굴절 광선이 나타나지 않음.	

• 입사각＜굴절각
• 입사각을 증가시키면 굴절각도 증가한다.
• 입사각과 굴절각의 사인값의 비는 일정하다.
• 입사각이 임계각보다 커지면 굴절이 일어나지 않고 모두 반사만 하게 된다(전반사).

❶ 빛이 굴절할 때 굴절 법칙을 만족한다.

$$\frac{\sin i}{\sin r}=\frac{v_1}{v_2}=\frac{\lambda_1}{\lambda_2}=\frac{n_2}{n_1}=\text{일정}$$

• v_1, v_2: 매질 1, 2에서의 속력
• λ_1, λ_2: 매질 1, 2에서의 파장
• n_1, n_2: 매질 1, 2의 굴절률

TIP
물의 굴절률은 공기의 굴절률보다 크고, 매질의 굴절률이 클수록 빛의 속력이 느리고 파장이 짧다.

❷ 임계각은 굴절각이 90°가 될 때의 입사각으로, 입사각이 임계각과 같거나 클 때 빛은 공기 중으로 진행하지 못한다.

TIP
두 매질의 굴절률 차이가 클수록 임계각이 작아서 전반사가 잘 일어난다.

실력을 올리는 실전 문제 찾아가기

• 굴절이 일어날 때 속력, 굴절률, 파장 등을 비교하는 문제_06
• 물속에 있는 동전을 바라보는 상황에 적용시키는 문제_09
• 임계각을 구하는 과정에 대한 문제_11

C 여러 층의 매질에서 빛의 경로

그림 (가)는 굴절률이 n_A, n_B, n_C인 매질 A, B, C에서 빛이 진행하는 경로를 나타낸 것이고, (나)는 광섬유 안에서 빛이 전반사하는 모습을 나타낸 것이다.

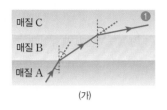
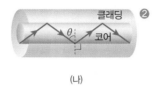

(가)   (나)

① (가)에서 매질의 굴절률 비교하기
- 빛이 A에서 B로 입사하는 경우 입사각이 굴절각보다 작으므로 $n_A > n_B$이다.
- 빛이 B에서 C로 입사하는 경우 입사각이 굴절각보다 작으므로 $n_B > n_C$이다.
- 매질의 굴절률: $n_A > n_B > n_C$

② (나)에서 클래딩과 코어에 사용하는 매질 예상하기
- 코어에 매질 A가 사용되면 클래딩에는 매질 B, C를 모두 사용할 수 있다.
- 코어에 매질 B가 사용되면 클래딩에는 매질 C만 사용할 수 있다.

❶ 입사각과 굴절각의 크기를 비교하면 매질의 굴절률을 비교할 수 있다.
- 굴절률이 작은 물질에서 큰 물질로 빛이 입사하는 경우 입사각이 굴절각보다 크다.
- 굴절률이 큰 물질에서 굴절률이 작은 물질로 빛이 입사하는 경우 입사각이 굴절각보다 작다.

❷ 광섬유 내부에서 전반사가 일어나기 위해서는 코어의 굴절률이 클래딩의 굴절률보다 커야 한다.

실력을 올리는 실전 문제 **찾아가기**
- 매질의 굴절률 비교를 바탕으로 파장, 속력을 비교하는 문제_08
- 광섬유에 이용되는 물질들의 굴절률을 비교하는 문제_12
- 매질의 굴절률을 비교하고 광섬유의 구조와 연결하는 문제_16

D 광섬유 안에서 빛의 경로

그림 (가)는 매질 A에서 B와 C로 만든 광섬유를 넣고 단색광 a를 입사각 θ로 입사시킬 때 전반사가 일어나는 모습을, (나)는 (가)에서 A 대신 매질 D로 바꾼 뒤 (가)와 동일하게 a를 입사시켰더니 전반사가 일어나지 않는 모습을 나타낸 것이다.

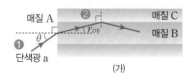
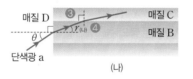

(가)   (나)

① A와 B의 굴절률과 B와 D의 굴절률 비교하기
- (가)에서 빛이 A에서 B로 입사하는 경우 입사각 θ가 굴절각 $r_{(가)}$보다 크므로 $n_A < n_B$이다.
- (나)에서 빛이 D에서 B로 입사하는 경우 입사각 θ가 굴절각 $r_{(나)}$보다 크므로 $n_D < n_B$이다.

② B와 C의 굴절률 비교하기
- (가)에서 빛이 B에서 C로 입사하는 경우 전반사가 일어나므로 $n_B > n_C$이고, 이때의 입사각이 임계각보다 크다.
- (나)에서 빛이 B에서 C로 입사하는 경우 $n_B > n_C$이지만, 전반사가 일어나지 않으므로 이때의 입사각이 임계각보다 작다.

③ A와 D의 굴절률 비교하기
- (가)에서 빛이 A에서 B로 입사하는 경우 $\dfrac{\sin \theta}{\sin r_{(가)}} = \dfrac{n_B}{n_A}$ → $\sin r_{(가)} = \sin \theta \times \dfrac{n_A}{n_B}$이다.
- (나)에서 빛이 D에서 B로 입사하는 경우 $\dfrac{\sin \theta}{\sin r_{(나)}} = \dfrac{n_B}{n_D}$ → $\sin r_{(나)} = \sin \theta \times \dfrac{n_D}{n_B}$이다.
  → 빛이 B에서 C로 입사할 때의 입사각은 (가)에서가 (나)에서보다 크므로 $r_{(가)} < r_{(나)}$이다.
  즉, $n_A < n_D$이다.

❶ 빛이 굴절률이 작은 매질에서 굴절률이 큰 매질로 입사할 때 입사각이 굴절률보다 크다.

❷ 빛이 굴절률이 큰 매질에서 굴절률이 작은 매질로 입사할 때 입사각이 임계각보다 크면 빛은 전반사한다.

❸ 빛이 굴절률이 큰 매질에서 굴절률이 작은 매질로 입사해도 입사각이 임계각보다 작으면 전반사가 일어나지 않는다.

❹ 빛이 B에서 C로 입사할 때 (가)의 입사각은 임계각보다 크고, (나)의 입사각은 임계각보다 작다. 따라서 빛의 입사각은 (나)에서가 (가)에서보다 작다.

TIP
삼각형의 내각의 합은 180°이므로 a가 작아지면 b가 커진다.

실력을 올리는 실전 문제 **찾아가기**
- 광섬유 안에서 빛의 경로를 분석하여 빛의 속력과 매질의 굴절률을 비교하는 문제_15

01 그림 (가)는 소리굽쇠 주위에서 전파되는 음파의 모습을, (나)는 용수철을 진동시켜 만든 파동의 모습을 나타낸 것이다.

(가)   (나)

이에 대한 설명으로 옳은 것만을 〈보기〉에서 있는 대로 고른 것은?

┌─ 보기 ┐
ㄱ. (가)와 (나)는 모두 종파이다.
ㄴ. (가)에서 소리굽쇠와 음파의 진동수는 같다.
ㄷ. (나)에서 용수철은 점점 오른쪽으로 이동한다.
└──────┘

① ㄱ   ② ㄷ   ③ ㄱ, ㄴ
④ ㄴ, ㄷ   ⑤ ㄱ, ㄴ, ㄷ

02 그림은 1초에 60번 진동하는 물결파 발생 장치에 의해 만들어진 물결파의 순간적인 모습을 나타낸 것이다. A, B는 물의 높이가 가장 높은 점들 중 이웃한 두 점, C는 물의 높이가 가장 낮은 점이다.

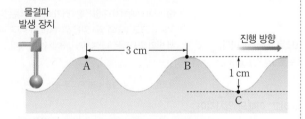

이 물결파에 대한 설명으로 옳은 것만을 〈보기〉에서 있는 대로 고른 것은?(단, 공기 저항은 무시한다.)

┌─ 보기 ┐
ㄱ. 진폭은 1 cm이다.
ㄴ. 진동수는 30 Hz이다.
ㄷ. 속력은 1.8 m/s이다.
└──────┘

① ㄱ   ② ㄷ   ③ ㄱ, ㄴ
④ ㄴ, ㄷ   ⑤ ㄱ, ㄴ, ㄷ

03 그림 (가)는 줄을 1초에 2번씩 흔들어 발생시킨 파동 A의 어느 순간 모습을, (나)는 줄을 1초에 3번씩 흔들어 발생시킨 파동 B의 어느 한 순간의 모습을 나타낸 것이다.

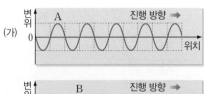

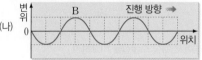

A의 속력은 B의 몇 배인가?

① $\frac{1}{3}$ 배   ② $\frac{1}{2}$ 배   ③ $\frac{2}{3}$ 배

④ $\frac{3}{2}$ 배   ⑤ 2배

04 그림은 오른쪽 방향으로 진행하는 어떤 파동의 $t=0$인 순간과 $t=1.2$초인 순간의 모습을 나타낸 것이다. 점 P는 4 m 지점에 위치하는 매질 위의 점이다.

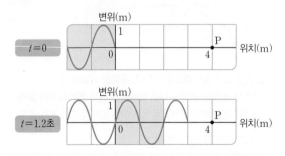

이에 대한 설명으로 옳은 것만을 〈보기〉에서 있는 대로 고른 것은?(단, 이 파동은 파원에서 계속 발생하며, 사인파 형태로 전달된다.)

┌─ 보기 ┐
ㄱ. 파동의 파장은 2 m이다.
ㄴ. 파동의 속력은 2.5 m/s이다.
ㄷ. $t=2$초일 때 P의 변위는 -1 m이다.
└──────┘

① ㄱ   ② ㄱ, ㄴ   ③ ㄱ, ㄷ
④ ㄴ, ㄷ   ⑤ ㄱ, ㄴ, ㄷ

05 그림은 물의 깊이가 다른 두 매질에서 물결파가 진행하는 모습을 나타낸 것이다. 물결파의 파장은 매질 1에서 10 cm, 매질 2에서 8 cm이며, 점 P, Q는 각 매질 위의 한 점을 나타낸다. P에는 현재 파동의 마루가 위치하고, 다음 마루가 올 때까지 2초가 걸렸다.

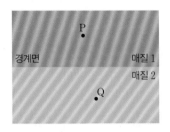

이에 대한 설명으로 옳은 것만을 〈보기〉에서 있는 대로 고른 것은?

| 보기 |
ㄱ. 물의 깊이는 매질 1이 매질 2보다 깊다.
ㄴ. Q가 한 번 진동하는 데 걸리는 시간은 1.6초이다.
ㄷ. 매질 2에서 물결파의 속력은 4 cm/s이다.

① ㄴ   ② ㄷ   ③ ㄱ, ㄴ
④ ㄱ, ㄷ   ⑤ ㄱ, ㄴ, ㄷ

06 그림은 매질 1에서 매질 2를 향하여 입사각 i로 입사한 빛이 굴절각 r로 굴절하여 진행하는 모습을 나타낸 것이다. 각 매질에서의 빛의 파장은 λ_1, λ_2이고, $2\lambda_1 = 3\lambda_2$이다.

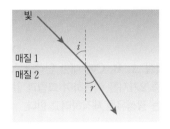

이에 대한 설명으로 옳은 것만을 〈보기〉에서 있는 대로 고른 것은?

| 보기 |
ㄱ. 입사각 i를 증가시키면 굴절각 r는 감소한다.
ㄴ. 빛의 속력은 매질 1에서가 매질 2에서의 1.5배이다.
ㄷ. 매질 1에 대한 매질 2의 굴절률은 $\dfrac{2}{3}$이다.

① ㄴ   ② ㄷ   ③ ㄱ, ㄴ
④ ㄱ, ㄷ   ⑤ ㄱ, ㄴ, ㄷ

07 그림은 빛의 굴절을 이용한 사례에 대해 학생 A, B, C가 대화하는 모습을 나타낸 것이다.

제시한 내용이 옳은 학생만을 있는 대로 고른 것은?

① A   ② C   ③ A, B
④ A, C   ⑤ B, C

→ **수능모의평가기출 변형**

08 그림과 같이 단색광이 공기에서 반원형 매질 A로 입사하여 2개의 경계면에서 굴절한 뒤 공기로 진행한다. 단색광이 매질 A에서 매질 B로 입사할 때 입사각은 θ_1이고, B에서 공기로 굴절할 때 굴절각은 θ_2이다.

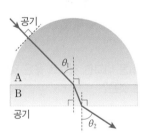

이에 대한 설명으로 옳은 것만을 〈보기〉에서 있는 대로 고른 것은?(단, $\theta_1 < \theta_2$이고, 공기의 굴절률은 1이다.)

| 보기 |
ㄱ. 단색광의 속력은 공기와 A에서가 같다.
ㄴ. 단색광의 파장은 B에서가 A에서보다 길다.
ㄷ. A의 굴절률은 $\dfrac{\sin \theta_2}{\sin \theta_1}$이다.

① ㄴ   ② ㄷ   ③ ㄱ, ㄴ
④ ㄱ, ㄷ   ⑤ ㄱ, ㄴ, ㄷ

09 그림은 물속의 동전을 공기 중에서 바라보는 모습을 나타낸 것이다. (가) 위치에서 바라보았을 때 동전은 a 위치에 있는 것처럼 보였다. (가) 위치에서 오른쪽으로 이동하며 관찰하였더니 (다) 위치부터 동전의 모습이 보이지 않았다.

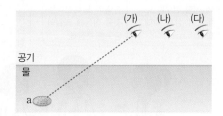

이에 대한 설명으로 옳은 것만을 〈보기〉에서 있는 대로 고른 것은?

┤ 보기 ├
ㄱ. 동전의 실제 위치는 a보다 위쪽이다.
ㄴ. (나)에서 바라보면 동전이 a보다 위에 있는 것처럼 보인다.
ㄷ. (다)에서 동전이 보이지 않는 까닭은 물과 공기의 경계면에서 굴절이 일어나기 때문이다.

① ㄱ   ② ㄴ   ③ ㄷ
④ ㄱ, ㄷ   ⑤ ㄴ, ㄷ

10 그림 (가)와 (나)는 사막과 바다에서 관찰되는 신기루 현상을 나타낸 것이다.

(가)   (나)

(가)와 (나)를 비교한 것으로 옳은 것만을 〈보기〉에서 있는 대로 고른 것은?

┤ 보기 ├
ㄱ. (가)는 빛의 굴절, (나)는 빛의 전반사에 의한 현상이다.
ㄴ. (가)에서는 지면에 가까운 공기의 온도가 높지만, (나)에서는 해수면에서 멀리 있는 공기의 온도가 높다.
ㄷ. (가)에서는 높이에 따라 빛의 속력이 다르지만, (나)에서는 높이에 관계없이 빛의 속력이 일정하다.

① ㄴ   ② ㄷ   ③ ㄱ, ㄴ
④ ㄱ, ㄷ   ⑤ ㄱ, ㄴ, ㄷ

11 다음은 전반사의 임계각에 대한 설명이다.

> 빛이 물에서 공기로 입사할 때 입사각이 굴절각보다 (㉠). 입사각을 서서히 증가시키면 어느 순간 굴절은 일어나지 않고 모두 반사하는 전반사 현상이 일어난다. 이때의 입사각을 임계각(θ_c)이라고 한다. 즉, 임계각은 굴절각이 (㉡)가 될 때의 입사각이다.
>
> 굴절 법칙에 따르면 빛이 매질 1에서 매질 2로 입사할 때, 입사각 i와 굴절각 r, 각 매질의 굴절률 n_1, n_2 사이에는 (㉢)$=\dfrac{n_2}{n_1}$와 같은 관계가 성립한다.
>
> 이 식에 임계각의 조건을 대입하면 $\dfrac{\sin \theta_c}{\sin 90°}=\sin\theta_c$ $=\dfrac{n_2}{n_1}$이다. 공기의 굴절률이 1, 물의 굴절률이 1.33이면 $\sin\theta_c=\dfrac{1}{1.33}$이므로 임계각은 $\theta_c≒48.8°$이다.

( ) 안에 들어갈 알맞은 말을 옳게 짝 지은 것은?

	㉠	㉡	㉢		㉠	㉡	㉢
①	작다	0°	$\dfrac{\sin r}{\sin i}$	②	크다	45°	$\dfrac{\sin r}{\sin i}$
③	작다	45°	$\dfrac{\sin r}{\sin i}$	④	크다	90°	$\dfrac{\sin i}{\sin r}$
⑤	작다	90°	$\dfrac{\sin i}{\sin r}$				

➔ 수능모의평가기출 변형

12 표는 매질 A, B, C에 대한 단색광 X의 굴절률이다. A, B, C 중 2가지를 이용하여 그림과 같이 X가 전반사하며 진행하는 광섬유를 제작하려고 한다.

매질	굴절률
A	1.12
B	1.56
C	1.49

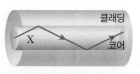

코어와 클래딩 사이의 임계각을 최소로 하기 위해서는 코어와 클래딩에 각각 어떤 매질을 이용해야 하는가?

	코어	클래딩		코어	클래딩
①	A	B	②	A	C
③	B	A	④	B	C
⑤	C	A			

13 전반사 현상을 이용하는 예로 옳지 <u>않은</u> 것은?

①
볼록 렌즈를 이용한 그림

②
광케이블을 이용한 자연 채광

③
내시경

④
광섬유를 이용한 장식품

⑤
다이아몬드

14 그림은 광통신 과정을 나타낸 것이다.

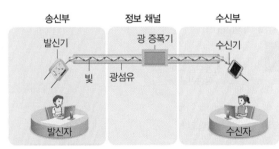

광통신의 구성 요소들에 대한 설명으로 옳은 것만을 〈보기〉에서 있는 대로 고른 것은?

┤ 보기 ├
ㄱ. 송신부에서는 발신자가 전송하려고 하는 정보를 담은 빛 신호를 전기 신호로 변환한다.
ㄴ. 광섬유 내부에서 빛은 전반사한다.
ㄷ. 광 증폭기는 전기 신호를 증폭시킨다.

① ㄱ   ② ㄴ   ③ ㄷ
④ ㄱ, ㄷ   ⑤ ㄴ, ㄷ

→ 수능모의평가기출 변형

15 그림 (가)는 공기 중에서 매질 A와 B로 만든 광섬유에 단색광 a를 입사각 θ로 B에 입사시켰을 때, A와 B의 경계면에서 a가 전반사하는 모습을 나타낸 것이다. 그림 (나)는 매질 B와 C로 만든 광섬유에서 같은 실험을 하였을 때 a가 B와 C의 경계면에서 굴절하는 모습을 나타낸 것이다.

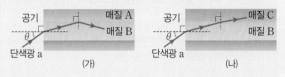

이에 대한 설명으로 옳은 것만을 〈보기〉에서 있는 대로 고른 것은?

┤ 보기 ├
ㄱ. a의 속력은 A에서보다 B에서 더 빠르다.
ㄴ. 굴절률은 C가 A보다 크다.
ㄷ. (나)에서 B와 C의 경계면에서 전반사가 일어나게 하려면 θ보다 큰 입사각으로 a를 B에 입사시켜야 한다.

① ㄴ   ② ㄷ   ③ ㄱ, ㄴ
④ ㄱ, ㄷ   ⑤ ㄱ, ㄴ, ㄷ

→ 수능모의평가기출 변형

16 그림 (가)는 빛이 매질 A, B, C에서 진행하는 모습을 나타낸 것이다. A에서 B로 진행할 때의 입사각은 θ_1, B에서 C로 진행할 때의 굴절각은 θ_2이고, $\theta_1 < \theta_2$이다. 그림 (나)는 A와 C로 제작한 광섬유의 구조를 나타낸 것이다.

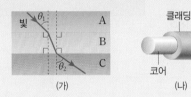

이에 대한 설명으로 옳은 것만을 〈보기〉에서 있는 대로 고른 것은?

┤ 보기 ├
ㄱ. 빛의 속력은 A에서가 B에서보다 빠르다.
ㄴ. A에서 B로 진행할 때의 굴절각은 B에서 C로 진행할 때의 입사각과 같다.
ㄷ. (나)에서 A는 클래딩, C는 코어에 이용된다.

① ㄱ   ② ㄷ   ③ ㄱ, ㄴ
④ ㄴ, ㄷ   ⑤ ㄱ, ㄴ, ㄷ

III. 파동과 정보 통신

16 전자기파

1 전자기파 자료 분석 특강 176쪽 A

전자기파의 진행 방향, 전기장의 진동 방향, 자기장의 진동 방향은 각각이 서로에게 수직이다.

1 전자기파 변하는 전기장과 자기장이 서로를 유도하면서 주기적으로 진동하여 공간을 퍼져 나가는 파동❶

① **전자기파의 발견**: 1865년 맥스웰이 주장한 전자기파의 존재는 1886년 헤르츠가 실험으로 확인하였다.

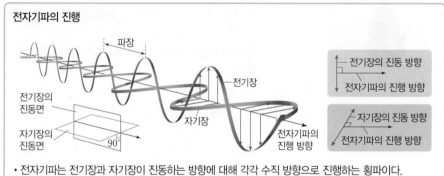

전자기파의 진행

- 전자기파는 전기장과 자기장이 진동하는 방향에 대해 각각 수직 방향으로 진행하는 횡파이다.
- 전자기파의 전기장이 진동하는 면과 자기장이 진동하는 면은 서로 직각을 이룬다.

빛은 전자기파의 일종이다.

② **전자기파의 속력**: 진공 중에서의 속력은 약 30만 km/s로 빛의 속력과 같다.

③ **전자기파의 특징**

- 반사, 굴절 등의 성질을 나타내며, 파동의 형태로 에너지를 전달한다.
- 다른 파동과 달리 매질이 없어도 진행할 수 있다. 전자기파를 제외한 대부분의 파동은 매질을 통해 전달된다.

④ **전자기파의 에너지**: 진동수가 클수록(파장이 짧을수록) 에너지가 크다.❷

2 전자기파의 종류 전자기파는 진공에서의 파장(또는 진동수)에 따라 파동의 성질이 다르다. 따라서 비슷한 성질을 가진 파장(또는 진동수)의 구간을 정하여 감마(γ)선, X선, 자외선, 가시광선, 적외선, 마이크로파, 라디오파로 구분한다.

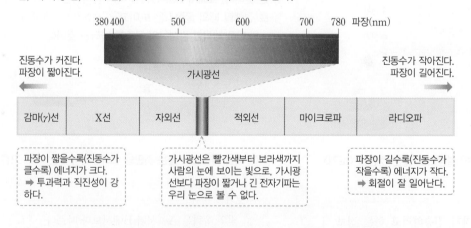

| 380 400 | | 500 | 600 | 700 | 780 파장(nm) |

진동수가 커진다.
파장이 짧아진다.

진동수가 작아진다.
파장이 길어진다.

가시광선

| 감마(γ)선 | X선 | 자외선 | 적외선 | 마이크로파 | 라디오파 |

파장이 짧을수록(진동수가 클수록) 에너지가 크다.
➡ 투과력과 직진성이 강하다.

가시광선은 빨간색부터 보라색까지 사람의 눈에 보이는 빛으로, 가시광선보다 파장이 짧거나 긴 전자기파는 우리 눈으로 볼 수 없다.

파장이 길수록(진동수가 작을수록) 에너지가 작다.
➡ 회절이 잘 일어난다.

확인 문제
①

1 변하는 전기장과 자기장이 서로를 유도하면서 주기적으로 진동하는 파동의 형태로 공간을 퍼져 나가는 것을 (   )(이)라고 한다.

2 전자기파의 진행 방향은 전기장 및 자기장의 진동 방향과 (   )이다.

3 다음 중 가시광선보다 파장이 긴 전자기파를 있는 대로 고르시오.

감마(γ)선   마이크로파   적외선   X선   자외선   라디오파

한눈에
정리하는 출제 경향

- 전자기파의 종류를 스펙트럼에 따라 구분하고 특징 설명하기
- 각 파장별 전자기파의 다양한 활용 사례 설명하기

핵심 개념
전자기파, 감마선, X선, 자외선, 가시광선, 적외선, 마이크로파, 라디오파

plus 개념

❶ **전기장과 자기장의 상호 작용**
공간의 한 곳에서 전기장의 변화가 일어나면 자기장이 발생한다. 반대로 공간의 한 곳에서 자기장의 변화가 일어나면 전기장이 발생한다. 전자기파는 전기장과 자기장이 서로를 유도하는 과정이 끊임없이 반복되며 진행하는 파동이다.

꼭 기억해!

진공 중에서 빛의 속력
진공 중에서 빛의 속력은 파장에 관계없이 3×10^8 m/s로 동일하다.

❷ **전자기파의 에너지**
같은 매질에서 전자기파의 속력(v)은 일정하고, 속력은 진동수(f)와 파장(λ)의 곱으로 $v = f\lambda$이므로 전자기파의 파장이 짧을수록 진동수가 커서 에너지가 크다.

2 전자기파의 이용

자료 분석 특강 176쪽 **B**

종류		특징	이용
감마(γ)선		• 파장: 약 0.01 nm 이하 • 원자핵이 방사성 붕괴하는 과정에서 발생한다. • 파장이 가장 짧고, 진동수와 에너지가 가장 크다. • 전자기파 중 투과력이 가장 강하다.	항암 치료, 우주 관찰용 망원경 등❸
X선		• 파장: 약 0.01 nm~10 nm • 고속의 전자가 금속에 충돌할 때 발생한다(뢴트겐이 발견). • 감마(γ)선 다음으로 파장이 짧고 진동수와 에너지가 크다. • 투과력이 강하여 인체 내부 또는 물질 내부를 파악할 수 있다.	인체 내부 이상 발견용(X선 사진, 컴퓨터 단층 사진(CT)), 공항의 수하물 검색, 구조물 내부 검사, 예술 사진 등
자외선		• 파장: 약 10 nm~380 nm • 들뜬상태에 있던 전자가 에너지 준위가 낮은 궤도로 이동하면서 발생한다. • 물질의 화학 반응을 일으킬 수 있는 정도의 에너지를 가지고 있어 화학 작용이 강하다. • 피부 속에서 비타민 D를 합성한다. • 미생물을 제거할 수 있다(살균 작용을 한다.). • 형광 물질에 흡수되면 가시광선을 방출한다.	자외선 살균기, 위조지폐 감별 등❹
가시광선		• 파장: 약 380 nm~780 nm • 들뜬상태에 있던 전자가 에너지 준위가 낮은 궤도로 이동하면서 발생한다. • 사람의 눈으로 감지할 수 있다. • 파장에 따라 다른 색으로 보인다.	영상 장치, 광통신 등
적외선		• 파장: 약 780 nm~100 μm • 들뜬상태에 있던 전자가 에너지 준위가 낮은 궤도로 이동하면서 발생한다. • 열을 내는 물체에서 주로 발생한다.❺ • 강한 열작용을 하여 열선이라고도 한다.	적외선 온도계, 열화상 카메라, 리모컨 등
전파	마이크로파	• 파장: 약 1 mm~300 mm • 전기 기구에서 전자의 진동으로 발생한다. • 라디오파보다 많은 양의 정보 전달이 가능하다. • 물 분자를 진동시켜 음식물을 가열한다.	전자레인지, 단거리 무선 통신(무선 랜과 무선 전화), 레이더와 위성 통신 등
	라디오파	• 파장: 약 0.01 m 이상 • 도선 속에서 가속되는 전하에 의해 발생한다. • 마이크로파보다 넓은 방향으로 멀리까지 정보 전송이 가능하다.	라디오 방송, TV 방송, 휴대 전화 등

---

plus ➕ 개념

❸ **항암 치료에 이용되는 감마(γ)선**
환자의 머리를 열지 않고 외부에서 감마(γ)선을 조사하여 뇌질환을 치료할 수 있다.

❹ **위조지폐 감별에 이용되는 자외선**
자외선은 여러 물질 속에 포함된 형광 물질에 흡수되면 가시광선을 방출하기 때문에 위조지폐 감별에 이용된다.

❺ **물체의 온도를 알려 주는 적외선**
모든 물체는 표면에서 온도에 따라 다른 전자기파를 방출한다. 적외선 온도계와 열화상 카메라는 적외선을 측정하여 접촉하지 않고도 물체의 온도를 측정할 수 있다.

궁금하지?

Q. 전자레인지는 어떻게 음식물을 데울까?
A. 물 분자의 고유 진동수와 같은 진동수를 갖는 마이크로파를 수분이 있는 음식에 쪼이면, 물 분자가 같이 진동하면서 열이 발생하여 음식물을 데울 수 있다.

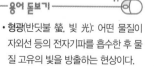

용어 돋보기
• **형광**(반딧불 螢, 빛 光): 어떤 물질이 자외선 등의 전자기파를 흡수한 후 물질 고유의 빛을 방출하는 현상이다.
• **가시광선**(옳을 可, 볼 視, 빛 光, 줄 線): 인간의 눈으로 지각할 수 있는 보통의 광선 또는 빛이다.

확인 문제 ②

4 리모컨 온도계, 열화상 카메라 등에 이용되는 전자기파는 (   )이다.
5 원자핵이 붕괴하는 과정에서 방출하는 전자기파는 (   )(으)로, 전자기파 중 투과력이 가장 강하다.
6 (   )은/는 물 분자를 진동시켜 열을 발생시킨다.

1 전자기파

01 전자기파에 대한 설명으로 옳은 것만을 〈보기〉에서 있는 대로 고른 것은?

┌ 보기 ├
ㄱ. 전기장과 자기장은 서로 독립적으로 진행한다.
ㄴ. 전자기파의 속력은 빛의 속력과 같다.
ㄷ. 전자기파의 진행 방향과 진동 방향은 수직이다.
ㄹ. 전자기파는 매질이 없으면 전달되지 않는다.

① ㄱ, ㄷ   ② ㄱ, ㄹ   ③ ㄴ, ㄷ
④ ㄱ, ㄴ, ㄹ   ⑤ ㄴ, ㄷ, ㄹ

02 전자기파의 스펙트럼을 진동수가 큰 순서대로 옳게 나열한 것은?

① 마이크로파＞적외선＞X선＞감마(γ)선
② 라디오파＞마이크로파＞감마(γ)선＞가시광선
③ X선＞가시광선＞리디오파＞마이크로파
④ 감마(γ)선＞자외선＞마이크로파＞라디오파
⑤ 적외선＞라디오파＞자외선＞X선

03 가시광선에 대한 설명으로 옳지 <u>않은</u> 것은?

① 파장이 약 380 nm～780 nm인 영역의 전자기파이다.
② 빨간색이 보라색보다 파장이 길다.
③ 진공에서 가시광선의 속력은 자외선보다 느리다.
④ 가시광선보다 파장이 짧은 빛은 눈에 보이지 않는다.
⑤ 태양 빛을 프리즘에 입사시키면 무지갯빛으로 분산된다.

[04~05] 그림은 전자기파를 파장에 따라 분류하여 나타낸 것이다. 물음에 답하시오.

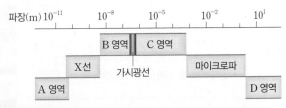

04 A~D의 특징을 비교한 것으로 옳은 것만을 〈보기〉에서 있는 대로 고른 것은?

┌ 보기 ├
ㄱ. A는 C보다 직진성이 강하다.
ㄴ. B는 눈으로 감지할 수 있다.
ㄷ. 진공에서의 속력은 B가 C보다 빠르다.
ㄹ. D는 마이크로파와 함께 전파로 분류된다.

① ㄱ, ㄷ   ② ㄱ, ㄹ   ③ ㄴ, ㄷ
④ ㄱ, ㄴ, ㄹ   ⑤ ㄴ, ㄷ, ㄹ

05 A~D의 발생 원리를 옳게 설명한 것은?

① A - 전기 기구에서 전자의 진동
② B - 들뜬상태의 전자가 낮은 에너지 준위로 전이
③ C - 도선 속에서 가속되는 전하
④ D - 고속의 전자가 금속에 충돌
⑤ B - 도선 속에서 가속되는 전하

06 다음에서 설명하는 전자기파의 종류를 쓰시오.

- 투과력이 매우 강하다.
- 전자기파 중 파장이 가장 짧다.
- 핵반응 중에 나오는 방사선의 일종이다.

2 전자기파의 이용

07 그림은 전자기파를 이용하여 식기를 살균하는 기계이다.

이 기계에 사용되는 전자기파의 종류는?

① 자외선   ② 감마(γ)선   ③ 라디오파

④ 적외선   ⑤ 마이크로파

08 표는 전자기파 A, B, C의 파장과 이용 분야를 나타낸 것이다.

구분	A	B	C
파장	0.01 m 이상	0.01 nm 이하	0.7 μm~0.1 nm
이용 분야	라디오, TV 방송	방사선 치료	TV 리모컨

A~C에 대한 설명으로 옳은 것은?

① A는 적외선보다 파장이 짧다.

② B는 X선보다 진동수가 크다.

③ C는 광학 현미경에 사용된다.

④ A는 형광 작용을 한다.

⑤ C는 유전자 변형을 일으킬 수 있다.

(p)중요

09 그림은 감염병 예방을 위해 공항 입국장에서 여행객들의 열을 감지하는 모습이다.

열감지기에 이용되는 전자기파의 종류는?

① 자외선   ② 가시광선   ③ X선

④ 적외선   ⑤ 마이크로파

10 그림 (가), (나), (다)는 전자기파가 이용되는 사례를 나타낸 것이다.

(가) 공항 검색대   (나) 전자레인지   (다) 위조지폐 감별

이에 대한 설명으로 옳은 것만을 〈보기〉에서 있는 대로 고른 것은?

┤ 보기 ├

ㄱ. (가)에서 이용되는 전자기파는 X선이다.

ㄴ. (다)에서 이용되는 전자기파는 물질 속에 포함된 형광 물질에 흡수되면 가시광선을 방출한다.

ㄷ. (가)~(다)에서 이용되는 전자기파의 진동수는 (가)<(다)<(나) 순이다.

① ㄱ   ② ㄴ   ③ ㄱ, ㄴ

④ ㄱ, ㄷ   ⑤ ㄴ, ㄷ

[11~12] 다음은 '전자기파의 종류와 이용 사례'에 대해 어떤 학생이 작성한 보고서의 일부이다. 물음에 답하시오.

전자기파는 파장에 따라 영역을 구분하여 분류한다.

① 적외선: 마이크로파와 발생 원리가 같다. 열작용이 강하여 (㉠)에 이용된다.

② 자외선: 햇볕에 피부가 타는 원인이 되는 전자기파이다.

③ 감마(γ)선: 공항에서 수하물 내부를 검색할 때 이용된다.

④ X선: 음식물을 데우거나 인공위성과의 통신에 이용된다.

⑤ 가시광선: 인간의 눈에 보이는 빛이다.

\# 전자기파 중 에너지가 가장 큰 것은 X선이다.

11 보고서의 ㉠에 들어갈 적절한 단어를 쓰시오.

(✎)서술형

12 보고서의 내용 중 틀린 부분은 모두 몇 개인지 쓰고, 옳게 수정하시오.

A 전자기파 스펙트럼

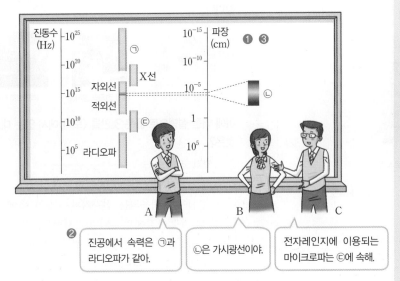

A: 진공에서 속력은 ㉠과 라디오파가 같아.

B: ㉡은 가시광선이야.

C: 전자레인지에 이용되는 마이크로파는 ㉢에 속해.

- 전자기파의 진동수 비교: 감마(γ)선 > X선 > 자외선 > 가시광선 > 적외선 > 마이크로파 > 라디오파
- 전자기파의 파장 비교: 감마(γ)선 < X선 < 자외선 < 가시광선 < 적외선 < 마이크로파 < 라디오파
- ㉠은 감마(γ)선, ㉡은 가시광선, ㉢은 마이크로파이다.
- 진공에서 전자기파의 속력은 파장에 관계없이 동일하다.

❶ 파동의 속력은 진동수와 파장의 곱이다.
$$v = f\lambda$$

❷ 진공에서 전자기파의 속력은 전자기파의 파장에 관계없이 $c = 3 \times 10^8$ m/s로 동일하다.

❸ 따라서 전자기파의 진동수가 클수록 파장이 짧다.

실력을 올리는 실전 문제 찾아가기
- 전자기파 스펙트럼과 전자기파의 특징을 연결하는 문제_05, 08, 09

B 전자기파의 이용 분야

(가) 공항에서 이용객의 체온을 측정한다.

(나) 라디오를 청취한다.

(다) TV를 시청한다.

(라) 방사선 치료를 통해 암세포를 제거한다.

(마) 식기를 소독한다.

(바) 음식물을 데운다.

(사) 물체의 내부를 검색한다.

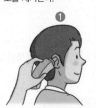
(아) 체온을 측정한다.

기호	(가), (아)	(나)	(다)	(라)	(마)	(바)	(사)
전자기파의 종류	적외선	라디오파	가시광선	감마(γ)선	자외선	마이크로파	X선
이용 분야	열화상 카메라, 온도계	라디오	TV 화면	암 치료	식기 소독, 위조지폐 감별	전자레인지, 위성 안테나	공항 검색대, X선 촬영

❶ 열화상 카메라와 적외선 온도계는 몸의 온도에 따라 다르게 방출되는 적외선을 측정하여 체온을 측정한다.

❷ 마이크로파는 물 분자를 진동시켜 음식물을 가열시키기 때문에 전자레인지에 이용된다.

❸ X선은 투과력이 강하여 인체 내부 또는 물질의 내부를 파악할 수 있다.

실력을 올리는 실전 문제 찾아가기
- 전자기파를 방출하는 물체와 전자기파의 특징을 연결하는 문제_03
- 주어진 분야에 이용되는 전자기파의 특징을 물어보는 문제_06, 10, 11

01 그림은 진공 중에서 진행하는 전자기파의 어느 순간의 모습을 나타낸 것이다.

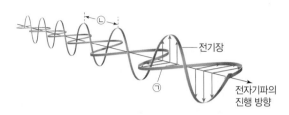

이에 대한 설명으로 옳은 것만을 〈보기〉에서 있는 대로 고른 것은?

┤ 보기 ├
ㄱ. ㉠은 자기장이다.
ㄴ. ㉠과 전기장의 진동면은 90°를 이룬다.
ㄷ. ㉡은 X선이 감마(γ)선보다 짧다.

① ㄱ   ② ㄷ   ③ ㄱ, ㄴ
④ ㄴ, ㄷ   ⑤ ㄱ, ㄴ, ㄷ

02 그림은 전자기파에 대해 학생 A, B, C가 대화하는 모습을 나타낸 것이다.

(가)는 실험을 통해 전자기파를 발견하기 전 전자기파의 존재를 예측한 과학자야.

전자기파는 매질이 없어도 진행할 수 있는 파동이지.

(나)보다 파장이 짧거나 긴 전자기파는 사람의 눈으로 볼 수 없어.

이에 대한 설명으로 옳은 것만을 〈보기〉에서 있는 대로 고른 것은?

┤ 보기 ├
ㄱ. (가)는 헤르츠이다.
ㄴ. 마이크로파는 (나)보다 파장이 길다.
ㄷ. 매질의 종류에 관계없이 (나)의 속력은 일정하다.

① ㄱ   ② ㄴ   ③ ㄷ
④ ㄱ, ㄴ   ⑤ ㄴ, ㄷ

03 표는 서로 다른 네 가지 전자기파 a~d에 대하여 정리한 것이다.

전자기파	a	b	c	d
전자기파를 방출하는 물체	전열 기구	라디오	태양	백열전구
이용 분야	리모컨	라디오 방송	위조지폐 감별	광통신

이에 대한 설명으로 옳은 것만을 〈보기〉에서 있는 대로 고른 것은?

┤ 보기 ├
ㄱ. a를 분석하면 물체의 온도를 알 수 있다.
ㄴ. b는 물 분자를 진동시켜 음식물을 가열한다.
ㄷ. c는 살균 작용을 한다.
ㄹ. d는 파장이 약 380 nm~780 nm인 영역이다.

① ㄱ, ㄴ, ㄷ   ② ㄱ, ㄴ, ㄹ   ③ ㄱ, ㄷ, ㄹ
④ ㄴ, ㄷ, ㄹ   ⑤ ㄱ, ㄴ, ㄷ, ㄹ

04 그림은 우라늄 원자핵이 분열되는 과정에서 나오는 입자들과 전자기파 A를 나타낸 것이다.

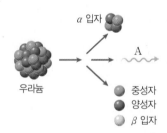

A에 대한 설명으로 옳은 것만을 〈보기〉에서 있는 대로 고른 것은?

┤ 보기 ├
ㄱ. (−)전하를 띠고 있다.
ㄴ. 전자기파 중 에너지가 가장 크다.
ㄷ. 우주 관찰용 망원경에 이용된다.

① ㄱ   ② ㄴ   ③ ㄷ
④ ㄱ, ㄴ   ⑤ ㄴ, ㄷ

➔ 수능모의평가기출 변형

05 그림은 전자기파 A에 대해 설명하는 모습을 나타낸 것이다.

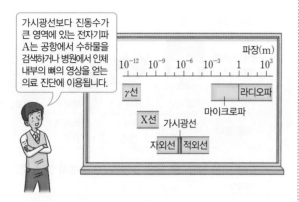

> 가시광선보다 진동수가 큰 영역에 있는 전자기파 A는 공항에서 수하물을 검색하거나 병원에서 인체 내부의 뼈의 영상을 얻는 의료 진단에 이용됩니다.

A로 옳은 것은?

① X선   ② 자외선   ③ 적외선

④ 마이크로파   ⑤ 라디오파

07 다음은 어떤 전자기파에 대한 설명이다.

> 일반적으로 파장이 0.01 m보다 긴 전자기파를 통틀어 (㉠)(이)라고 부른다. (㉠)은/는 일상생활 속에서 휴대 전화, 내비게이션 등 다양한 통신 기기들에 사용되는 친숙한 전자기파이다. 빛은 파장이 길수록 에너지가 (㉡)고, 장애물을 피해 잘 돌아가는 성질이 있다. 그렇기 때문에 통신 기기에 파장이 긴 (㉠)을/를 이용하면 장애물을 피해 먼 곳까지 잘 전달될 수 있다.
> 만약 (㉠)을/를 (㉢)에 사용하면 성간 먼지로 가려진 지역을 관측하기에 유용하다.

( ) 안에 들어갈 알맞은 말을 옳게 짝 지은 것은?

	㉠	㉡	㉢
①	적외선	크	망원경
②	적외선	작	광통신
③	적외선	크	광통신
④	라디오파	작	망원경
⑤	라디오파	크	광통신

06 그림은 가정에서 사용되는 가전제품과 관련된 전자기파 A, B를 나타낸 것이다. A는 B보다 파장이 길다.

A와 B에 대한 설명으로 옳은 것만을 〈보기〉에서 있는 대로 고른 것은?

┌ 보기 ├
ㄱ. 사람의 눈은 A를 감지하기 때문에 TV의 영상을 볼 수 있다.
ㄴ. B는 전자레인지 내부에 있는 전자의 진동으로 발생한다.
ㄷ. A는 안테나 속의 전자를 가속시킨다.

① ㄱ   ② ㄷ   ③ ㄱ, ㄴ

④ ㄴ, ㄷ   ⑤ ㄱ, ㄴ, ㄷ

➔ 수능기출 변형

08 그림은 전자기파의 스펙트럼에 대해 학생 A, B, C가 대화하는 모습을 나타낸 것이다.

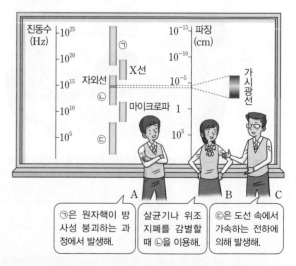

> ㉠은 원자핵이 방사성 붕괴하는 과정에서 발생해.
>
> 살균기나 위조지폐를 감별할 때 ㉡을 이용해.
>
> ㉢은 도선 속에서 가속하는 전하에 의해 발생해.

제시한 내용이 옳은 학생만을 있는 대로 고른 것은?

① B   ② C   ③ A, B

④ A, C   ⑤ B, C

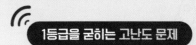

09 다음은 한 학생이 전자기파에 대해 조사하여 작성한 보고서의 일부이다.

↪ 수능기출 변형

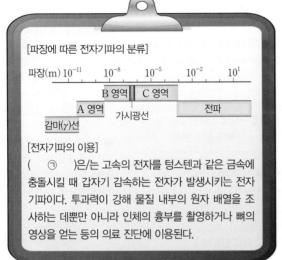

[파장에 따른 전자기파의 분류]

파장(m) 10^{-11}　　10^{-8}　　10^{-5}　　10^{-2}　　10^1

B 영역　C 영역

A 영역　가시광선　　전파

감마(γ)선

[전자기파의 이용]

(⊙)은/는 고속의 전자를 텅스텐과 같은 금속에 충돌시킬 때 갑자기 감속하는 전자가 발생시키는 전자기파이다. 투과력이 강해 물질 내부의 원자 배열을 조사하는 데뿐만 아니라 인체의 흉부를 촬영하거나 뼈의 영상을 얻는 등의 의료 진단에 이용된다.

이에 대한 설명으로 옳은 것만을 〈보기〉에서 있는 대로 고른 것은?

┤ 보기 ├

ㄱ. ⊙은 A 영역의 전자기파이다.

ㄴ. 진동수는 B 영역의 전자기파가 C 영역의 전자기파보다 크다.

ㄷ. C 영역의 전자기파는 리모컨에 이용된다.

① ㄱ　　　　② ㄴ　　　　③ ㄷ

④ ㄱ, ㄴ　　　⑤ ㄱ, ㄴ, ㄷ

10 그림 (가)와 (나)는 각각 공항에서 전자기파 A, B가 이용되는 상황을 나타낸 것이다.

(가) 물체 내부 검색　　　(나) 체온 측정

(가)와 (나)에 이용되는 전자기파에 대한 설명으로 옳은 것만을 〈보기〉에서 있는 대로 고른 것은?

┤ 보기 ├

ㄱ. 전자기파의 파장은 A가 B보다 짧다.

ㄴ. A는 B보다 직진성이 강하다.

ㄷ. A와 B는 모두 인체 내부의 모습을 보여 준다.

① ㄴ　　　　② ㄷ　　　　③ ㄱ, ㄴ

④ ㄱ, ㄷ　　　⑤ ㄴ, ㄷ

11 그림 (가)와 (나)는 같은 상황을 두 가지 카메라 A, B로 각각 촬영한 사진이다.

(가)　　　　　　　(나)

이에 대한 설명으로 옳은 것만을 〈보기〉에서 있는 대로 고른 것은?

┤ 보기 ├

ㄱ. 사용된 전자기파의 진동수는 A가 B보다 크다.

ㄴ. 깜깜한 밤에는 A를 이용하여 촬영하면 사물과 사람을 구별하기 쉽다.

ㄷ. B는 물체에서 반사되는 가시광선의 색깔을 감지한다.

① ㄱ　　　　② ㄴ　　　　③ ㄱ, ㄷ

④ ㄴ, ㄷ　　　⑤ ㄱ, ㄴ, ㄷ

12 다음은 전자기파의 물리량 A의 대소 관계를 비교한 것이다.

(가) > 마이크로파 > 적외선 > 가시광선 > (나) > X선

이에 대한 설명으로 옳은 것만을 〈보기〉에서 있는 대로 고른 것은?

┤ 보기 ├

ㄱ. A에는 진동수와 에너지가 가능하다.

ㄴ. (가)는 (나)보다 파장이 짧다.

ㄷ. (나)는 피부 속에서 비타민 D를 합성한다.

① ㄴ　　　　② ㄷ　　　　③ ㄱ, ㄴ

④ ㄴ, ㄷ　　　⑤ ㄱ, ㄴ, ㄷ

17 파동의 간섭

1 파동의 간섭 자료 분석 특강 184쪽 A

1 파동의 중첩과 독립성[1]

① 중첩 원리: 두 파동이 겹쳐질 때 만들어진 파동의 변위는 각 파동의 변위를 합한 것과 같다.

　　　　　　　　　　　　합성파

② 파동의 독립성: 두 파동이 겹쳐지고 난 후 서로 다른 파동에 아무런 영향을 주지 않고 본래의 파형을 그대로 유지하면서 진행하는 성질이다.

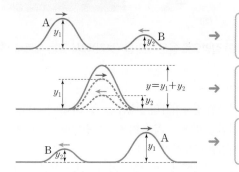

	파동 A, B가 서로 마주보며 진행한다. (y_1은 A의 최대 변위, y_2는 B의 최대 변위)
	두 파동이 겹쳐졌을 때의 최대 변위는 $y=y_1+y_2$이다.
	겹쳐진 후 분리된 A, B는 원래의 파형으로 각각 진행한다.

2 파동의 간섭 두 개 이상의 파동이 서로 중첩되어 파동의 진폭이 커지거나 작아지는 현상[2]

보강 간섭	상쇄 간섭
중첩되는 두 파동의 변위의 방향이 같아서(같은 위상) 합성파의 진폭이 커지는 간섭[3]	중첩되는 두 파동의 변위의 방향이 반대이어서(반대 위상) 합성파의 진폭이 작아지는 간섭
변위가 같은 방향인 두 파동이 만난다.	변위가 반대 방향인 두 파동이 만난다.
마루와 마루(또는 골과 골)가 만나 중첩된다.	마루와 골(또는 골과 마루)이 만나 중첩된다.
합성파의 진폭이 커진다.	합성파의 진폭이 작아진다.

3 두 개의 스피커를 이용한 보강·상쇄 간섭 실험

탐구 활동

과정 ≫

❶ 스피커 A, B를 일직선상에 1 m 간격으로 놓고, 1000 Hz의 소리를 발생시킨다.

❷ 그림과 같이 스피커가 배열된 방향과 나란한 방향으로 이동하면서 소리의 크기를 측정한다.

❸ 소리의 크기가 최대인 지점과 그 점과 가장 가까운 크기가 최소인 지점 사이의 거리(D)를 측정한다.

❹ 소리의 진동수를 2000 Hz, 4000 Hz로 바꾸어 D를 측정한다.

결과 및 정리 ≫

1. 과정 ❷에서 위치에 따라 소리의 크기가 커지거나 작아지는데, 소리의 크기가 최대인 지점은 보강 간섭이 일어나는 곳이고, 소리의 크기가 최소인 지점은 상쇄 간섭이 일어나는 곳이다.[4]

2. 소리의 진동수가 클수록 파장이 짧으므로, 소리의 크기가 최대인 지점과 이웃한 최소인 지점의 거리(D)가 짧아진다.
　→ 소리의 진동수가 클수록 소리의 크기가 변하는 간격(D)이 작아진다.

- 파동이 간섭할 때 나타나는 특징 이해하기
- 파동의 간섭을 활용한 예를 설명하기

핵심 개념

파동의 독립성, 중첩 원리, 파동의 간섭(보강, 상쇄), 파동의 간섭 이용(소음 제거 기술)

plus 개념

[1] 파동의 중첩 원리와 독립성
파동의 중첩 원리와 독립성은 입자가 충돌할 때와는 다른 현상으로 파동의 중요한 성질 중 하나이다.

오해하지마라!

파동의 중첩
두 파동이 만나 중첩되었다가 다시 분리될 때, 각 파동의 진폭뿐만 아니라 진행 방향도 바뀌지 않는다. 즉, 각 파동이 중첩 전후에 달라지는 점은 없다.

[2] 빛의 간섭
진동수가 같은 빛이 보강 간섭을 하는 지점은 진폭이 커져서 밝게 보이고, 상쇄 간섭을 하는 지점은 진폭이 작아져서 어둡게 보인다.

[3] 위상
매질의 위치와 운동 상태를 위상이라고 한다. 한 파동에 있는 마루는 위상이 서로 같고, 마루와 골은 위상이 서로 반대이다.

[4] 스피커에서 발생한 소리의 간섭

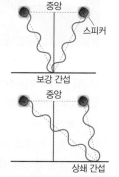

두 개의 스피커에서 나오는 두 파동의 위상이 같은 지점에서는 보강 간섭이 일어나 소리가 크게 들리고, 위상이 반대인 지점에서는 상쇄 간섭이 일어나 소리가 작게 들린다.

plus+개념

물결파의 간섭무늬⑤

두 개의 점파원에서 진동수와 진폭, 위상이 같은 물결파가 발생하면 두 물결파가 간섭하여 무늬가 나타난다.

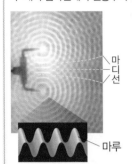

- 보강 간섭이 일어나는 부분
  → 마루와 마루, 골과 골이 중첩되어 진폭이 2배가 된다.
  → 수면의 높이가 크게 변하므로 밝고 어두움이 번갈아 나타난다.

마루 + 골 =

- 상쇄 간섭이 일어나는 부분
  → 마루와 골이 중첩되어 진폭이 0이 된다.
  → 수면의 높이가 일정하여 밝기에 변화가 없다(마디선).

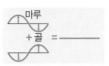
마루 + 골 =

마디선 / 마루

확인문제 1

1 두 파동이 겹쳐지는 동안 만들어지는 파동의 변위는 각 파동의 변위를 (　　　) 것과 같다.

2 두 파동의 마루와 골이 중첩하면 (　　　) 간섭이 일어난다.

3 진폭이 2 cm인 두 파동이 보강 간섭을 하여 만들어진 합성파의 진폭을 구하시오.

2 파동의 간섭의 이용 자료 분석 특강 184쪽 B

1 소리의 간섭을 이용한 소음 제거 기술

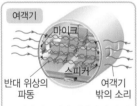

여객기

마이크 / 스피커 / 반대 위상의 파동 / 여객기 밖의 소리

여객기 내부에서 여객기 밖의 엔진에서 발생하는 소리와 진동수는 같지만 위상이 반대인 소리를 발생시켜 소음을 제거한다.

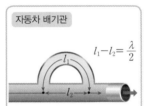

자동차 배기관

$l_1 - l_2 = \dfrac{\lambda}{2}$

자동차 엔진에서 발생하는 배기음은 두 개의 통로 l_1과 l_2를 통과한 후 합쳐질 때 상쇄 간섭이 일어나서 소음이 감소한다.

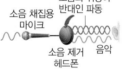

소음 제거 헤드폰

소음과 위상이 반대인 파동 / 소음 채집용 마이크 / 소음 제거 헤드폰 / 음악

소음 제거 헤드폰은 외부 소음을 마이크로 감지한 뒤 소음과 진동수는 같지만 위상이 반대인 소리를 발생시켜 소음을 제거한다.

2 빛의 간섭의 이용⑥

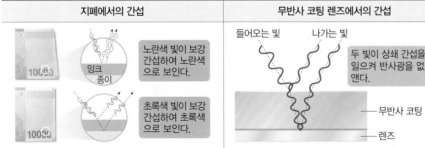

지폐에서의 간섭	무반사 코팅 렌즈에서의 간섭
잉크 / 종이	들어오는 빛 / 나가는 빛
노란색 빛이 보강 간섭하여 노란색으로 보인다.	두 빛이 상쇄 간섭을 일으켜 반사광을 없앤다.
초록색 빛이 보강 간섭하여 초록색으로 보인다.	무반사 코팅 / 렌즈
→ 숫자를 보는 각도에 따라 보강 간섭되는 빛의 파장이 달라진다.	→ 얇은 막의 위쪽과 아래쪽에서 반사하는 두 빛이 만드는 간섭 현상에 의해 나타난다.

확인문제 2

4 소리의 크기가 최대인 지점은 두 스피커에서 나온 소리가 (　　　) 간섭 하는 곳이고, 소리의 크기가 최소인 지점은 두 스피커에서 나온 소리가 (　　　) 간섭 하는 곳이다.

5 여객기 내부에서 외부의 소음과 위상이 (　　　)인 소리를 발생시켜 소음을 제거한다.

---

⑤ 물결파의 밝고 어두운 무늬

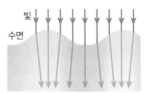

빛 / 수면 / 밝은 부분 / 어두운 부분 / 밝은 부분

물결파 위에서 불빛을 비추면 물결파의 위로 볼록한 물결은 볼록 렌즈 역할을 하여 빛을 모으고, 아래로 오목한 물결은 오목 렌즈 역할을 하여 빛을 퍼지게 하여 투영 판에 밝고 어두운 무늬를 만든다.

※ 충격파 쇄석술

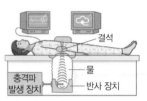

결석 / 물 / 충격파 발생 장치 / 반사 장치

초음파 발생 장치에서 발생한 초음파가 신장 결석이 있는 위치에서 보강 간섭하여 결석을 깨뜨린다. 초음파가 신체 내부의 다른 조직을 통과할 때는 파동의 세기가 약하므로 손상을 최소화할 수 있다.

⑥ 빛의 간섭에 의한 현상

- 비눗방울의 다양한 색
- 기름 막에 의한 무늬
- 벌새 깃털의 선명한 색

※ 공연 음향

- 각 악기의 울림통에서 보강 간섭이 일어나면 선명하고 일정한 음파가 발생한다.
- 공연장의 벽과 천장은 반사된 소리가 공연장 어느 곳에서도 상쇄 간섭이 일어나지 않도록 각도와 모양을 조절하여 설계한다.

용어 돋보기

- **위상**(자리 位, 서로 相): 진동이나 파동과 같은 주기적 현상에서, 진동의 과정 중의 어느 단계에 있는가를 나타내는 변수이다.

1 파동의 간섭

01 오른쪽 그림과 같이 동일한 두 개의 스피커에서 같은 소리를 발생시켰더니 학생 B와 D에게는 소리가 크게 들렸지만, A와 C에게는 작게 들렸다. 이 현상과 관계있는 파동의 성질은 무엇인가?

① 직진   ② 간섭   ③ 반사

④ 굴절   ⑤ 전반사

02 다음은 파동의 간섭에 대한 설명이다.

> 둘 이상의 파동이 서로 중첩될 때 중첩된 파동의 진폭이 커지거나 작아지는 현상을 파동의 간섭이라고 한다. 두 개의 물결파가 중첩되는 경우 만약 골과 골이 만나면 변위의 방향이 (㉠). 따라서 (㉡) 간섭을 한다. 만약 마루와 골이 만나면 (㉢) 간섭을 한다.

( ) 안에 들어갈 알맞은 말을 옳게 짝 지은 것은?

	㉠	㉡	㉢
①	같다	보강	상쇄
②	같다	상쇄	보강
③	반대이다	보강	보강
④	반대이다	보강	상쇄
⑤	반대이다	상쇄	보강

03 오른쪽 그림과 같이 파장이 같은 두 파동이 중첩되었을 때, 합성파의 진폭을 쓰시오.

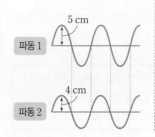

(P)중요

04 그림과 같이 변위의 최댓값이 2 cm인 파동 A는 오른쪽으로, 변위의 최댓값이 6 cm인 파동 B는 왼쪽으로 진행하고 있다.

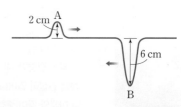

A, B가 중첩된 이후에 진행하는 모습으로 가장 적절한 것은?

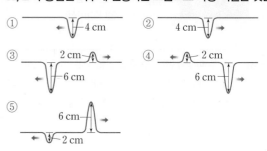

[05~06] 그림은 $t=0$인 순간 2 m/s의 동일한 속력으로 마주 보며 다가오는 두 사인파 파동 A, B의 모습을 나타낸 것이다. A, B의 파장과 진폭은 동일하고, $t=0$ 이후에도 연속적으로 진행한다. 물음에 답하시오.

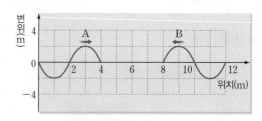

05 두 파동 A, B의 주기를 쓰시오.

(∅)서술형

06 $t=2$ s일 때 파동의 모습을 위의 그래프에 그리시오.

2 파동의 간섭의 이용

07 그림과 같이 비행기 외부는 엔진에서 발생하는 소음으로 시끄럽지만, 비행기 내부의 탑승자들은 소음 제거 기술로 인해 외부의 소음을 느끼지 못한다고 한다.

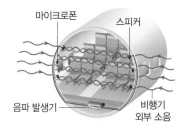

마이크로폰 | 스피커 | 음파 발생기 | 비행기 외부 소음

탑승자가 외부의 소음을 듣지 못하는 까닭은?

① 비행기 외벽이 매우 단단하여 소리가 투과하지 못하기 때문이다.

② 비행기 외부의 소음이 가청 주파수보다 높은 음파이기 때문이다.

③ 비행기 내부에 소음보다 더 큰 음악을 재생하기 때문에 상대적으로 소음이 작게 느껴진다.

④ 비행기 내부에 소음과 진동수와 위상이 동일한 음파를 발생시키기 때문이다.

⑤ 비행기 내부에 소음과 진동수는 같지만 위상이 반대인 음파를 발생시키기 때문이다.

08 다음은 공연 음향에 관한 설명이다. ㉠~㉢ 중 옳은 것만을 있는 대로 고르시오.

공연에서 사용하는 악기들은 진동을 통해 음파를 발생시킨다. ㉠ 현악기는 공기 기둥의 진동을, 관악기는 줄의 진동을 이용한다. ㉡ 각 악기의 울림통에서 보강 간섭이 일어나면 선명하고 일정한 음파가 발생한다. 무대 위의 악기에서 발생한 음파는 공연장 전체로 퍼져 나가며, 공연장의 벽과 천장에서 반사되어 다양한 경로로 청중들의 귀에 도달한다. 이때 ㉢ 공연장의 어느 곳에서도 보강 간섭이 일어나지 않도록 공연장의 구조를 설계하여야 한다.

09 충격파 쇄석술에 대한 설명으로 옳은 것만을 〈보기〉에서 있는 대로 고른 것은?

보기
ㄱ. 초음파를 이용해 신장 결석을 깨뜨리는 기술이다.
ㄴ. 초음파는 신장 결석이 있는 위치에서만 보강 간섭을 한다.
ㄷ. 초음파가 진행하는 동안 다른 신체 조직을 손상시킬 수 있다는 단점이 있다.

① ㄴ   ② ㄷ   ③ ㄱ, ㄴ
④ ㄱ, ㄷ   ⑤ ㄱ, ㄴ, ㄷ

( )중요

10 빛의 간섭과 관련된 현상으로 옳은 것만을 〈보기〉에서 있는 대로 고른 것은?

보기
ㄱ. 지폐에 사용되는 시변각 잉크는 보는 각도에 따라서 다른 색깔로 보인다.
ㄴ. 비눗방울과 기름 막에는 여러 가지 색깔로 이루어진 무늬가 보인다.
ㄷ. 태양 빛을 프리즘에 통과시켜 스크린에 비추면 여러 가지 색깔의 스펙트럼이 나타난다.

① ㄷ   ② ㄱ, ㄴ   ③ ㄱ, ㄷ
④ ㄴ, ㄷ   ⑤ ㄱ, ㄴ, ㄷ

( )서술형

11 다음은 두 파동이 중첩되어 진폭이 0인 합성파를 만드는 것을 나타낸 것이다.

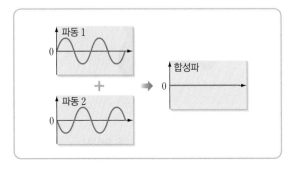

파동 1 | + | 파동 2 | 합성파

(1) 일상생활 속에서 소음 제거 기술이 이용되는 사례를 1가지만 쓰시오.

(2) 이와 같은 현상을 이용하여 소음을 제거하는 방법을 설명하시오.

A 물결파의 간섭

그림 (가)는 S_1, S_2에서 진폭, 주기, 파장, 위상이 같은 물결파가 발생했을 때 $t=0$인 순간의 모습을 나타낸 것이고, (나)는 P, Q, R 중 한 점의 시간에 따른 변위를 나타낸 것이다.

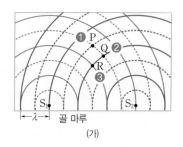

(가)

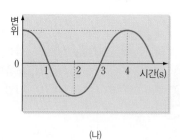

(나)

① 두 점파원 S_1, S_2에서 발생한 파동이 같은 위상으로 중첩되는 지점에서는 마루와 마루가 만나거나 골과 골이 만나는 보강 간섭이 일어난다.

② 두 점파원 S_1, S_2에서 발생한 파동이 반대 위상으로 중첩되는 지점에서는 마루와 골이 만나 상쇄 간섭이 일어난다.

TIP
(나)에서 $t=0$, 4초일 때 변위가 (+)방향으로 최대이고, $t=1$, 3초일 때 변위가 0, $t=2$초일 때 변위가 (−)방향으로 최대이다.

① $t=0$인 순간 점 P, Q, R에서 물결파의 간섭 알아보기

P	Q	R
골과 골이 만나 보강 간섭을 한다.	마루와 골이 만나 상쇄 간섭을 한다.	마루와 마루가 만나 보강 간섭을 한다.

② $t=0$인 순간 수면의 높이 구하기

P	Q	R
보강 간섭이 일어나 진폭이 커지므로 물결파의 높이는 가장 낮다.	물결파의 높이는 파동이 지나가지 않는 부분과 같으므로 P와 R의 중간이다.	보강 간섭이 일어나 진폭이 커지므로 물결파의 높이는 가장 높다.

③ (나) 그래프를 나타내는 점 찾기: (나)에서 $t=0$인 순간 물결파의 변위가 최대이므로, (나)는 $t=0$일 때 마루와 마루가 만나 보강 간섭을 일으킨 점 R의 그래프이다.

실력을 올리는 실전 문제 찾아가기
- 각 점에서 일어나는 간섭의 종류를 판단하고 진폭, 수면의 높이, 경로차를 분석하는 문제_03, 04
- 물결파의 속력과 연관지어 분석하는 문제_11
- 물결파 대신 스피커에서 나오는 음파의 중첩을 다루는 문제_05, 07

B 소음 제거 원리

① 소음 채집용 마이크에서 소음 ㉠을 채집한다.
② 소음 제거 헤드폰에서 ㉡과 ㉢을 발생시킨다.
- ㉡은 ㉠과 진폭과 파장이 같고 위상이 반대인 음파이다.
- ㉢은 기기에서 보내는 음악 소리이다.
③ 소음 제거 헤드폰을 쓴 사람의 귀에는 ㉢만 들린다.
- 헤드폰을 쓴 사람의 귀에는 ㉠, ㉡, ㉢이 모두 중첩된 소리가 들리지만, ㉠과 ㉡은 상쇄 간섭되어 사라지므로 음악 소리 ㉢만 귀에 들린다.

① 소음 ㉠과 음파 ㉡은 파장과 진폭이 같고 위상이 반대이기 때문에 상쇄 간섭을 한다.

TIP
파동이 겹쳐지는 동안 만들어지는 파동(합성파)의 변위는 각 파동의 변위를 합한 것과 같다.

실력을 올리는 실전 문제 찾아가기
- 소음 제거 이어폰에서의 파동의 중첩을 다루는 문제_09
- 자동차 배기음이 제거될 때의 파동의 중첩을 다루는 문제_12

01 그림 (가)는 파동 A와 B가 중첩하는 모습을, (나)는 A와 C가 중첩하는 모습을 나타낸 것이다. A, B, C는 모두 진폭이 동일한 파동이다.

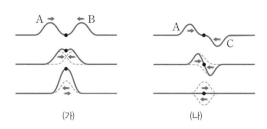

(가)   (나)

이에 대한 설명으로 옳은 것만을 〈보기〉에서 있는 대로 고른 것은?

┌─ 보기 ┐
ㄱ. (가)에서 A와 B는 보강 간섭을 한다.
ㄴ. (나)에서 합성파의 변위는 A의 변위와 C의 변위의 합과 같다.
ㄷ. (가)와 (나)에서 중첩된 이후 A는 원래의 진폭과 같은 진폭으로 왼쪽으로 진행한다.
└──────┘

① ㄱ   ② ㄷ   ③ ㄱ, ㄴ
④ ㄴ, ㄷ   ⑤ ㄱ, ㄴ, ㄷ

02 그림은 속력이 2 cm/s인 두 파동 A, B가 서로 마주보며 진행할 때 어느 순간의 x축 위치에 따른 변위를 나타낸 것이다.

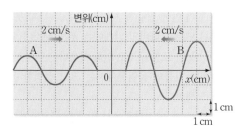

이에 대한 설명으로 옳은 것만을 〈보기〉에서 있는 대로 고른 것은?(단, 가로 세로 모눈은 1 cm 간격이다.)

┌─ 보기 ┐
ㄱ. A, B의 진동수는 0.5 Hz로 동일하다.
ㄴ. A와 B는 1초 후에 중첩되기 시작한다.
ㄷ. 1초 후 $x=1$ cm인 지점의 변위는 3 cm이다.
└──────┘

① ㄱ   ② ㄴ   ③ ㄱ, ㄷ
④ ㄴ, ㄷ   ⑤ ㄱ, ㄴ, ㄷ

03 오른쪽 그림은 두 점파원 S_1, S_2에서 발생한 동일한 위상의 두 물결파가 만드는 간섭무늬를 투영한 것이다. 두 물결파의 진폭은 3 cm, 진동수는 10 Hz로 동일하다. 시간이 지남에 따라 P점은 밝고 어두운 무늬가 번갈아 나타나는 반면, Q점은 밝기의 변화가 없다. 이에 대한 설명으로 옳은 것만을 〈보기〉에서 있는 대로 고른 것은?

┌─ 보기 ┐
ㄱ. P점의 진폭은 3 cm이다.
ㄴ. P점은 0.1초 간격으로 밝은 무늬가 나타난다.
ㄷ. Q점에서 두 파동의 변위의 방향이 같다.
└──────┘

① ㄱ   ② ㄴ   ③ ㄱ, ㄷ
④ ㄴ, ㄷ   ⑤ ㄱ, ㄴ, ㄷ

➔ 수능모의평가기출 변형
04 그림 (가)는 두 점 S_1, S_2에서 같은 진폭과 위상으로 발생시킨 두 물결파의 어느 순간의 모습이고, (나)는 (가)의 모습을 평면상에 모식적으로 나타낸 것이다. 두 물결파의 파장은 λ로 같고 속력은 일정하다. 실선과 점선은 각각 물결파의 마루와 골의 위치를, 점 p, q, r는 평면상에 고정된 지점을 나타낸 것이다.

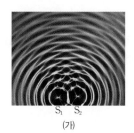
(가)

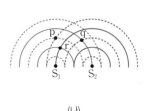
(나)

이에 대한 설명으로 옳은 것만을 〈보기〉에서 있는 대로 고른 것은?

┌─ 보기 ┐
ㄱ. p에서는 상쇄 간섭이 일어난다.
ㄴ. p와 r의 진폭은 같다.
ㄷ. p, q, r 중 수면의 높이가 가장 낮은 곳은 q이다.
└──────┘

① ㄱ   ② ㄴ   ③ ㄱ, ㄷ
④ ㄴ, ㄷ   ⑤ ㄱ, ㄴ, ㄷ

05 다음은 두 개의 스피커를 이용한 파동의 간섭 실험이다.

[실험 과정]

(가) 오른쪽 그림과 같이 두 스피커 S_1, S_2를 O점으로부터 같은 거리만큼 떨어져 있는 y축 위의 점에 놓고 위상과 파장이 같은 소리를 발생시킨다.

(나) x축 위의 점 A에서 y축 방향으로 이동하면서 소리의 크기를 측정한다.

(다) 소리의 크기가 최댓값이 되는 점들과 최솟값이 되는 점들의 y좌표를 기록한다.

[실험 결과]

소리의 크기가 최대인 점의 y좌표(cm)	−60	㉠	0	30
소리의 크기가 최소인 점의 y좌표(cm)	−45	−15	㉡	45

이에 대한 설명으로 옳은 것만을 〈보기〉에서 있는 대로 고른 것은?

보기

ㄱ. A에서 $+y$ 방향으로 이동함에 따라 소리의 크기가 점점 작아진다.

ㄴ. ㉠은 보강 간섭이 일어나는 곳이다.

ㄷ. ㉡은 15이다.

① ㄱ ② ㄷ ③ ㄱ, ㄴ ④ ㄱ, ㄷ ⑤ ㄴ, ㄷ

06 그림은 10000원짜리 지폐를 관찰하면서 학생 A, B, C가 대화하는 모습을 나타낸 것이다.

지폐의 숫자가 보는 각도에 따라 다르게 보이는 것은 위조지폐를 막기 위해서 사용하는 기술이구나.

정면에서 보면 초록색으로 보이는 까닭은 초록색 빛이 상쇄 간섭을 하기 때문이지.

잉크 안에 떠 있는 여러 층의 얇은 조각에서 반사된 빛들이 간섭을 일으키는 거야.

제시한 내용이 옳은 학생만을 있는 대로 고른 것은?

① A ② C ③ A, B ④ A, C ⑤ B, C

07 두 스피커 S_1, S_2는 매 순간 진폭과 진동수가 동일하고 변위의 방향이 같은 파장이 λ인 음파를 방출한다. 그림 (가)는 S_1, S_2에서 발생한 음파가 P점에 닿는 순간의 모습을, (나)는 Q점에 닿는 순간의 모습을 나타낸 것이다.

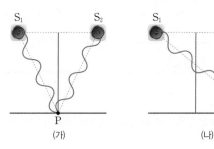

(가)   (나)

이에 대한 설명으로 옳은 것만을 〈보기〉에서 있는 대로 고른 것은?

보기

ㄱ. 각 스피커에서 P점에 도달하는 음파는 변위의 방향이 같다.

ㄴ. S_1에서 Q점까지의 거리는 S_2에서 Q점까지의 거리보다 $\frac{3}{2}\lambda$만큼 길다.

ㄷ. 소리의 크기는 P점에서가 Q점에서보다 크다.

① ㄱ ② ㄴ ③ ㄱ, ㄷ
④ ㄴ, ㄷ ⑤ ㄱ, ㄴ, ㄷ

08 다음은 파동의 간섭과 관련된 현상들이다.

(가) 여객기 외부는 엔진 소음으로 시끄럽지만 여객기 안에 탑승한 사람은 소음을 듣지 못한다.

(나) 모르포 나비의 날개에는 푸른 색소가 없지만 독특한 표면 구조로 인해 아름다운 푸른 빛을 낸다.

(다) 악기들의 울림통에서는 크고 선명한 음파가 발생한다.

(라) 두 개의 점파원에서 발생한 물결파가 중첩되면 물의 높이가 변하지 않는 마디선이 나타난다.

(가)~(라)를 같은 종류의 간섭끼리 옳게 분류한 것은?

	그룹 1	그룹 2
①	(가)	(나), (다), (라)
②	(가), (나)	(다), (라)
③	(가), (나), (다)	(라)
④	(나), (다)	(가), (라)
⑤	(나)	(가), (다), (라)

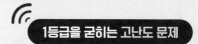

09 그림은 소음 제거 기술이 적용된 이어폰의 원리를 개략적으로 나타낸 것이다. 빨간색 선은 외부 소음(A)을, 파란색 선은 소음 제거 회로에서 발생시키는 신호(B)를, 초록색 선은 음악 신호(C)를 나타낸다.

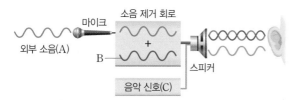

이에 대한 설명으로 옳은 것만을 〈보기〉에서 있는 대로 고른 것은?

| 보기 |

ㄱ. A와 B는 파장, 진폭, 변위의 방향이 동일하다.
ㄴ. C는 B와 상쇄 간섭을 한다.
ㄷ. 이어폰 사용자는 A, B, C가 모두 중첩된 소리를 듣는다.

① ㄱ   ② ㄷ   ③ ㄱ, ㄴ ④ ㄱ, ㄷ ⑤ ㄴ, ㄷ

10 다음은 충격파 쇄석술에 대한 설명이다.

충격파 쇄석술은 초음파 충격파가 신장 결석이 있는 위치에서 (가) 간섭을 하는 원리를 이용한 것이다. 타원 모양 반사 장치의 한 초점에 위치한 전극에서 A 충격파를 발생시킨다. 반사 장치에서 반사된 충격파들은 타원의 다른 초점에 위치한 신장 결석에 모인다. 이때 충격파들이 (나) 특정한 조건을 만족하면 B 합성파가 신장 결석을 깨뜨릴 수 있다.

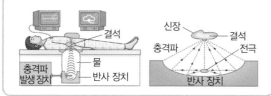

이에 대한 설명으로 옳은 것만을 〈보기〉에서 있는 대로 고른 것은?

| 보기 |

ㄱ. (가)는 상쇄 간섭이다.
ㄴ. (나)는 위상이 같아야 한다는 조건이다.
ㄷ. A와 B는 진폭이 같다.

① ㄱ   ② ㄴ   ③ ㄱ, ㄴ ④ ㄱ, ㄷ ⑤ ㄴ, ㄷ

11 그림은 두 점파원 S_1, S_2에서 발생시킨 위상, 진폭, 진동수가 동일한 물결파가 간섭하는 순간적인 모습을 모식적으로 나타낸 것이다. 실선은 물결파의 마루를, 점선은 골을 나타낸다. 물결파의 속력은 6 cm/s이고, 진동수는 10 Hz이다.

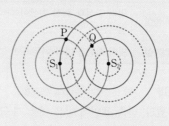

이에 대한 설명으로 옳은 것만을 〈보기〉에서 있는 대로 고른 것은?

| 보기 |

ㄱ. 물결파의 파장은 0.3 cm이다.
ㄴ. 두 점파원 사이의 거리는 1.2 cm이다.
ㄷ. Q점의 진폭은 0이다.

① ㄱ   ② ㄷ   ③ ㄱ, ㄴ
④ ㄱ, ㄷ   ⑤ ㄴ, ㄷ

12 그림 (가)는 자동차 엔진에서 발생하는 배기음을 제거하는 장치의 구조를 나타낸 것이다. P점에 도달한 배기음은 두 가지 경로 L_1, L_2로 나뉘어 진행한 뒤 Q점에서 만난다. 그림 (나)는 어느 순간 L_2 경로에 있는 공기 분자들의 변위를 나타낸 것이다.

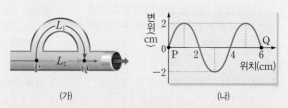

이에 대한 설명으로 옳은 것만을 〈보기〉에서 있는 대로 고른 것은?(단, L_1, L_2로 진행하는 음파의 속력과 진폭은 동일하다.)

| 보기 |

ㄱ. 배기음의 파장은 4 cm이다.
ㄴ. $L_1=8$ cm인 경우 배기음이 제거된다.
ㄷ. $L_1=10$ cm인 경우 Q점에서 보강 간섭을 한다.

① ㄱ   ② ㄴ   ③ ㄱ, ㄷ
④ ㄴ, ㄷ   ⑤ ㄱ, ㄴ, ㄷ

18 빛과 물질의 이중성

1 빛의 이중성

1 빛의 파동설과 입자설 [1]
빛의 직진성이나 반사, 굴절 현상은 파동설과 입자설로 모두 설명이 가능하다.

빛의 파동설	빛의 간섭과 회절 현상이 나타나며, 매질의 경계면에서 빛의 반사와 굴절이 동시에 일어난다. [2]
빛의 입자설	빛이 직선을 따라 이동하고, 그림자를 만든다.

2 광전 효과　자료 분석 특강 194쪽 A 195쪽 B

① 광전 효과: 금속 표면에 빛을 비출 때 금속 내부의 전자가 튀어 나오는 현상으로, 이때 튀어 나온 전자를 광전자라고 한다. 금속의 종류에 따라 전자를 붙잡고 있는 에너지가 다르기 때문에 문턱 진동수가 다르다.
- 문턱 진동수: 어떤 금속에서 광전자를 방출시킬 수 있는 빛의 최소 진동수 [3]

② 광전 효과 실험: 광전관의 왼쪽 극으로 입사하는 빛의 진동수와 세기를 조절하면서 회로에 흐르는 전류의 세기를 측정한다. 전류의 세기는 튀어 나온 광전자의 수에 비례한다.

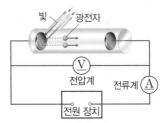
▲ 광전 효과 실험 장치

③ 광전 효과 실험 결과: 빛의 파동설로는 광전 효과의 실험 결과를 설명할 수 없다.

빛의 파동설로 실험 결과 예상	광전 효과 실험 결과	
빛의 세기만 충분히 세다면 빛의 진동수와 관계없이 광전자가 방출된다.	**결과 1** 특정한 진동수 미만의 빛을 비추면 빛의 세기가 아무리 강해도 광전자가 튀어 나오지 않는다.	불일치
빛의 세기가 약하면 광전자가 튀어 나올 수 있을 만큼의 에너지가 공급되기 위해 어느 정도 시간이 필요하다.	**결과 2** 특정한 진동수 이상의 빛을 비추면 빛의 세기가 아무리 약해도 광전자가 즉시 튀어 나온다.	불일치
빛의 세기가 셀수록 에너지가 크므로 방출되는 광전자의 최대 운동 에너지도 커져야 한다.	**결과 3** 튀어 나오는 광전자의 최대 운동 에너지는 빛의 진동수가 클수록 크고, 빛의 세기와는 관계가 없다.	불일치
빛의 세기가 세면 더 많은 전자에게 에너지를 나누어 줄 수 있으므로 튀어 나오는 광전자의 수가 많아진다.	**결과 4** 같은 진동수의 빛을 비추는 경우, 단위 시간당 튀어 나오는 광전자의 수는 빛의 세기에 비례한다.	일치

3 광양자설
광전 효과 실험 결과를 설명하기 위해 아인슈타인이 제안한 이론 ➡ 빛은 광자(광양자)라고 하는 불연속적인 에너지 입자들의 흐름이다.

아인슈타인의 광양자설	광양자설로 해석한 광전 효과
• 광자와 전자가 1 : 1로 충돌하여 에너지가 전달된다. • 광자 1개의 에너지(E)는 진동수(f)가 클수록 크다. 에너지는 광자의 개수에 따라 불연속적인 값을 갖는다. $$E = hf (h: 플랑크 상수)$$ • 광자의 개수가 많을수록 빛의 세기가 세다.	**결과 1, 2** 아무리 세기가 약한 빛도 진동수가 충분히 크면 광자 1개의 에너지가 충분히 커서 광전자가 즉시 튀어 나온다. **결과 3** 진동수가 큰 빛일수록 광자의 에너지가 크므로 튀어 나오는 광전자의 최대 운동 에너지도 크다. **결과 4** 빛의 세기가 셀수록 전자와 충돌하는 광자의 수가 많으므로 튀어 나오는 광전자의 수도 증가한다.

4 빛의 이중성
빛은 간섭, 회절 현상과 같은 파동성과 광전 효과와 같은 입자성을 모두 가지고 있다. 빛은 전자기파이면서 동시에 광자의 흐름으로 생각할 수 있다.

- 광전 효과 실험 결과 해석하기
- CCD의 원리 설명하기
- 데이비슨 · 거머 실험과 톰슨의 전자 회절 실험 분석하기

핵심 개념
빛의 이중성, 광전 효과, CCD, 물질의 이중성, 물질파, 전자 현미경

plus 개념

❶ **공기와 물의 경계면에서 빛의 굴절에 대한 뉴턴과 하위헌스의 주장**
- 뉴턴: 매질의 경계면과 수평한 방향의 속력은 공기 중에서와 물속에서가 같지만, 수직인 방향의 속력은 물과 빛 입자 사이에 인력이 작용해 공기 중에서보다 물속에서 빨라지기 때문에 빛이 굴절한다.
- 하위헌스: 공기 중에서보다 물속에서 파동의 속력이 느리므로 파장이 짧아져서 빛이 굴절한다.

❷ **빛의 간섭과 회절**
- 빛의 간섭: 두 개 이상의 파동이 한 점에서 만날 때 진폭이 서로 보강되거나 상쇄되어 밝고 어두운 무늬가 반복되어 나타나는 현상
- 빛의 회절: 빛이 진행할 때 슬릿과 같은 장애물을 만나면 빛의 일부분이 장애물 뒤까지 진행하는 현상

❸ **일함수(W)와 문턱 진동수(f_0)의 관계**
일함수는 금속에서 전자를 떼어 내는 데 필요한 최소한의 에너지로, 광자 1개의 에너지가 일함수보다 작을 때에는 전자가 금속에서 튀어 나오지 못한다. 광자의 진동수가 문턱 진동수와 같을 때 광자의 에너지는 금속의 일함수와 같다.

$$W = hf_0 (f_0: 문턱 진동수)$$

궁금하지?

Q. 빛은 파동성과 입자성을 동시에 나타낼 수 있을까?
A. 빛은 입자성과 파동성을 모두 가지고 있지만, 한 특성이 나타날 때 다른 특성은 나타나지 않는다. 즉, 입자성과 파동성을 동시에 나타낼 수 없다.

전하 결합 소자(CCD)의 구조와 원리

- **CCD**: 디지털카메라 등에 사용되는 영상 정보(빛 신호)를 전기 신호로 변환하여 기록하는 장치❹
- **구조**: 여러 개의 화소가 있으며, 각 화소는 p-n 접합 반도체, 절연층, 금속 전극으로 구성된다.
- **원리**: 광전 효과에 의해 빛의 세기에 비례하는 전기 신호를 만들어 낸다. 화소의 개수가 많을수록 해상도가 높아
  └ 광전 효과는 반도체에서도 일어난다. 고화질의 선명한 사진을 얻을 수 있다.

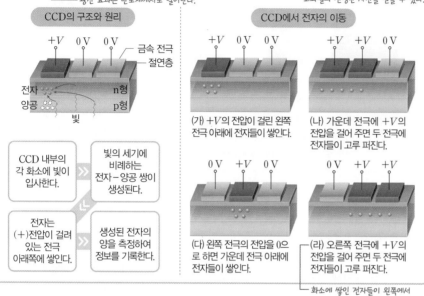

CCD의 구조와 원리

CCD 내부의 각 화소에 빛이 입사한다. ≫ 빛의 세기에 비례하는 전자-양공 쌍이 생성된다.

전자는 (+)전압이 걸려 있는 전극 아래쪽에 쌓인다. ≫ 생성된 전자의 양을 측정하여 정보를 기록한다.

CCD에서 전자의 이동

(가) +V의 전압이 걸린 왼쪽 전극 아래에 전자들이 쌓인다.

(나) 가운데 전극에 +V의 전압을 걸어 주면 두 전극에 전자들이 고루 퍼진다.

(다) 왼쪽 전극의 전압을 0으로 하면 가운데 전극 아래에 전자들이 쌓인다.

(라) 오른쪽 전극에 +V의 전압을 걸어 주면 두 전극에 전자들이 고루 퍼진다.

└ 화소에 쌓인 전자들이 왼쪽에서 오른쪽으로 이동한다.

확인 문제 ①

1 금속 표면에 빛을 비출 때 금속 내부의 전자가 에너지를 받아 튀어 나오는 현상을 (   )(이)라고 하며, 이때 튀어 나온 전자를 (   )(이)라고 한다.

2 광양자설에 의하면 광자 1개가 가지는 에너지는 빛의 (   )에 비례한다.

3 빛의 간섭, 회절 현상은 빛의 (   )(으)로, 광전 효과는 빛의 (   )(으)로 설명할 수 있다.

4 전하 결합 소자(CCD)는 (   )을/를 이용하여 영상 정보를 기록하는 장치이다.

2 물질의 이중성 자료 분석 특강 195쪽 C

1 물질의 이중성 물질도 빛과 마찬가지로 입자성과 파동성을 모두 가진다.
  ① 물질파(드브로이파): 입자가 파동성을 나타낼 때, 이 입자가 나타내는 파동
  ② 물질파 파장(드브로이 파장): 질량 m인 입자가 속력 v로 운동할 때, 물질파 파장 λ는 다음과 같다.❺

$$\lambda = \frac{h}{mv} = \frac{h}{p} \ (h: \text{플랑크 상수})❻ \quad h = 6.63 \times 10^{-34} \text{ J·s}$$

└ 물질파 파장은 입자의 운동량에 반비례한다 $(\lambda \propto \frac{1}{p})$.

2 물질파 확인 실험
  ① 데이비슨·거머 실험❼
  - **실험 결과**: 니켈 표면에 전자선을 입사시켰을 때, 특정한 각도를 이루는 곳에서 전자가 가장 많이 검출되었다.
  - **해석**: 니켈 표면에서 전자의 물질파가 반사되어 나올 때 특별한 각도에서 보강 간섭이 일어난다.
    → 전자의 파동성 증명

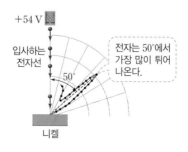

+54 V

입사하는 전자선

50°

전자는 50°에서 가장 많이 튀어 나온다.

니켈

---

plus 개념

❹ **컬러 영상을 만드는 원리**

CCD는 기본적으로 흑백 영상만 얻을 수 있어서 컬러 영상을 얻기 위해서는 RGB 컬러 필터를 전하 결합 소자 위에 설치한다. 이때 각 필터를 통과한 빛의 세기를 측정하여 그 지점의 색을 결정한다.

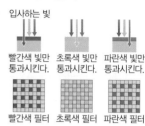

입사하는 빛

빨간색 빛만 통과시킨다. 초록색 빛만 통과시킨다. 파란색 빛만 통과시킨다.

빨간색 필터 초록색 필터 파란색 필터

❺ **일상생활에서 물질파를 관측할 수 없는 까닭**

각 물체가 갖는 운동량의 크기가 플랑크 상수에 비해 매우 커서 물질파 파장의 길이가 매우 짧아 파동성이 나타나지 않는다.

❻ **물질파 파장(λ)과 운동 에너지 (E_k)의 관계**

$$E_k = \frac{1}{2}mv^2 = \frac{p^2}{2m}$$

$$\lambda = \frac{h}{mv} = \frac{h}{\sqrt{2mE_k}}$$

운동 에너지가 클수록 물질파 파장이 짧다.

❼ **데이비슨·거머 실험 장치**

데이비슨과 거머는 그림과 같은 실험 장치에 전압을 걸어 전자를 가속시킨 뒤 니켈 표면에 전자선을 입사시켜 튀어 나온 전자의 수를 측정하였다.

유리 진공 용기

전압

필라멘트

전자선

검출기

니켈

용어 돋보기

- **반도체**(반 半, 이끌 導, 몸 體): 상온에서 전기 전도성이 도체와 절연체의 중간 정도인 물질이다.
- **광양자**(빛 光, 헤아릴 量, 아들 子): 빛을 입자의 모임이라고 볼 때의 입자이다.

18 빛과 물질의 이중성

② 톰슨의 전자 회절 실험

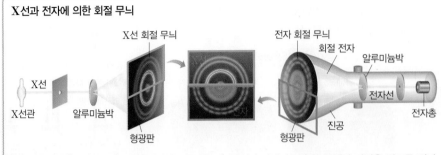

X선과 전자에 의한 회절 무늬

X선 회절 무늬 / 전자 회절 무늬 / 회절 전자 / 알루미늄박 / 전자선 / 전자총 / 진공 / 형광판 / 형광판 / X선 / X선관 / 알루미늄박

얇은 알루미늄박에 X선을 입사시키면 알루미늄 원자 배열에 의해 회절 무늬가 나타난다.

X선의 파장과 비슷한 물질파 파장을 갖도록 전자의 속도를 조절하여 입사시키면 X선과 유사한 회절 무늬가 나타난다. → 전자의 파동성 증명

3 전자 현미경 전자의 파동적 성질을 이용하여 물체를 확대시켜 볼 수 있는 현미경

① 분해능: 서로 떨어져 있는 두 물체를 구별할 수 있는 능력으로, 렌즈의 크기가 같을 때 사용하는 파동의 파장이 짧을수록 분해능이 우수하다.[8]
가시광선보다 파장이 짧은 전자선을 이용하면 분해능이 커진다.

② 광학 현미경과 전자 현미경

• 광학 현미경: 유리 렌즈를 이용하여 빛을 초점에 모으며, 가시광선의 파장보다 작은 물체를 관찰하기 어렵다.

• 전자 현미경: 자기렌즈로 전자선을 모으며, 전자의 속력을 조절하여 전자의 물질파 파장을 가시광선의 파장보다 짧게 만들 수 있어 물체의 구조를 더 자세히 볼 수 있다.[9]

Transmission Electron Microscope

투과 전자 현미경(TEM)

전자선을 가속시킨다. / 가속된 전자선을 집속한다. / 전자총 / 전자선 / 자기렌즈 / 시료 / 대물렌즈 — 상을 확대한다. / 투사 렌즈 / 확대한 상을 관찰한다. / 스크린

• 시료의 평면 영상을 관찰할 수 있다.
• 주사 전자 현미경보다 배율이 10배 정도 크다.
• 시료를 얇게 만들어야 한다. 전자가 시료를 통과하는 동안 속력이 느려지면 드브로이 파장이 증가하여 분해능이 떨어지기 때문이다.

Scanning Electron Microscope

주사 전자 현미경(SEM)

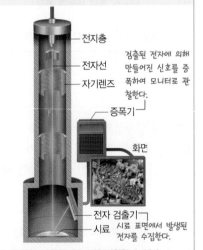

전자총 / 전자선 / 자기렌즈 / 검출된 전자에 의해 만들어진 신호를 증폭하여 모니터로 관찰한다. / 증폭기 / 화면 / 전자 검출기 / 시료 표면에서 발생된 전자를 수집한다. / 시료

• 시료 표면의 3차원적인 구조를 관찰할 수 있다.
• 시료 표면을 전기 전도성이 좋은 물질로 얇게 코팅해야 한다. 전기 전도성이 좋지 않으면 시료의 표면에 전자가 모여 상을 관찰하기 어렵다.

확인 문제 2

5 전자와 같은 입자가 파동성을 나타낼 때, 이 파동을 (   )(이)라고 부른다.

6 질량 m인 입자가 v의 속력으로 운동할 때 물질파 파장이 λ라면, 질량 $2m$인 입자가 $0.5v$의 속력으로 운동할 때의 물질파 파장은 얼마인지 구하시오.

7 전자의 물질파 파장은 가시광선의 파장보다 (   ) 때문에, 전자 현미경의 분해능은 광학 현미경보다 (   ).

---

plus 개념

8 현미경의 분해능

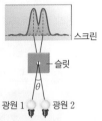

스크린 / 슬릿 / θ / 광원 1 광원 2

인접한 두 광원의 파동이 슬릿을 지나면서 각각 회절하여 스크린에 상이 맺힐 때, 파장이 짧을수록 두 상이 잘 구별된다.

궁금하지?

Q. 전자총은 어떻게 전자의 파장을 조절할까?

A. 전자총의 가속 전압(V)이 클수록 전자는 더 큰 에너지(eV)를 받는다. 그 에너지만큼 전자의 운동 에너지가 증가하므로 전자의 물질파 파장이 짧아진다.

9 자기렌즈

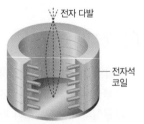

전자 다발 / 전자석 코일

코일이 감긴 원통형의 전자석으로, 전자가 자기장에 의해 진행 경로가 휘어지는 성질을 이용하여 전자를 초점에 모으는 역할을 한다.

용어 돋보기

• **분해능**(나눌 分, 풀 解, 능할 能): 망원경, 현미경 등으로 구분할 수 있는 두 점 사이의 최소 거리를 의미한다.

• **현미경**(나타날 顯, 작을 微, 거울 鏡): 눈으로는 볼 수 없는 작은 물체를 확대하여 보는 장치이다.

1 빛의 이중성

01 빛은 입자라는 주장을 뒷받침하는 현상만을 〈보기〉에서 있는 대로 고른 것은?

┤ 보기 ├

ㄱ. 빛은 직진하고 그림자를 만든다.
ㄴ. 좁은 슬릿을 통과한 빛은 밝고 어두운 무늬를 만든다.
ㄷ. 빛이 공기 중에서 물속으로 입사할 때 반사와 굴절이 동시에 일어난다.

① ㄱ   ② ㄴ   ③ ㄷ
④ ㄱ, ㄷ   ⑤ ㄴ, ㄷ

(P)중요

02 빛의 파동설로 설명할 수 있는 현상만을 〈보기〉에서 있는 대로 고르시오.

┤ 보기 ├

ㄱ. 빛의 반사   ㄴ. 빛의 회절
ㄷ. 빛의 간섭   ㄹ. 광전 효과

03 오른쪽 그림과 같이 빛이 공기 중에서 물속으로 진행할 때 굴절 현상이 나타난다. 이에 대한 뉴턴과 하위헌스의 주장을 〈보기〉에서 골라 옳게 짝 지은 것은?

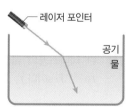

┤ 보기 ├

ㄱ. 빛은 입자이다.
ㄴ. 빛은 파동이다.
ㄷ. 빛의 속력은 공기 중에서와 물속에서가 같다.
ㄹ. 빛의 속력은 물속에서보다 공기 중에서 빠르다.
ㅁ. 빛의 속력은 공기 중에서보다 물속에서 빠르다.

	뉴턴	하위헌스		뉴턴	하위헌스
①	ㄱ, ㄷ	ㄴ, ㅁ	②	ㄱ, ㄹ	ㄴ, ㄷ
③	ㄱ, ㅁ	ㄴ, ㄹ	④	ㄴ, ㄷ	ㄱ, ㄹ
⑤	ㄴ, ㄹ	ㄱ, ㅁ			

04 그림과 같이 금속판에 빛을 비추었지만 금속 내부의 전자가 튀어 나오지 않았다.

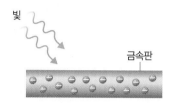

광전자가 튀어 나오게 하는 방법으로 가장 적절한 것은?

① 빛의 세기를 증가시킨다.
② 더 넓은 금속판을 사용한다.
③ 파장이 더 긴 빛을 사용한다.
④ 진동수가 더 큰 빛을 사용한다.
⑤ 빛을 비추는 시간을 증가시킨다.

(P)중요

05 그림은 광전 효과 실험을 나타낸 것이다.

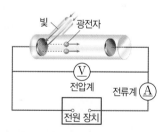

실험 결과에 대한 설명으로 옳은 것만을 〈보기〉에서 있는 대로 고른 것은?

┤ 보기 ├

ㄱ. 빛의 세기가 약하면 광전자가 튀어 나올 때까지 걸리는 시간이 증가한다.
ㄴ. 진동수가 큰 빛을 비출수록 튀어 나오는 광전자의 최대 운동 에너지가 증가한다.
ㄷ. 광전자가 튀어 나올 때 광전자의 수를 증가시키기 위해서는 빛의 세기를 증가시켜야 한다.

① ㄱ   ② ㄴ   ③ ㄷ
④ ㄴ, ㄷ   ⑤ ㄱ, ㄴ, ㄷ

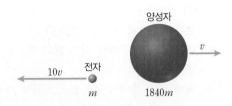

중요

06 아인슈타인의 광양자설에 대한 설명으로 옳은 것만을 〈보기〉에서 있는 대로 고른 것은?

┤ 보기 ├

ㄱ. 빛은 에너지가 연속적으로 전달되는 광자의 흐름이다.

ㄴ. 광자 1개의 에너지는 빛의 진동수에 비례한다.

ㄷ. 광자의 개수가 많을수록 빛의 세기가 세다.

① ㄱ　　② ㄷ　　③ ㄱ, ㄴ

④ ㄱ, ㄷ　　⑤ ㄴ, ㄷ

07 전하 결합 소자(CCD)에 대한 설명으로 옳지 <u>않은</u> 것은?

① 수많은 화소로 이루어져 있다.

② 빛 신호를 전기 신호로 변환한다.

③ 내부로 빛이 입사하면 광전 효과가 일어난다.

④ 컬러 필터를 사용하지 않으면 빛의 색깔을 구별할수 없다.

⑤ 전극 아래에 쌓인 전자의 양을 측정하면 빛의 진동수를 알 수 있다.

중요

08 그림은 전하 결합 소자(CCD)를 구성하는 화소의 구조를 나타낸 것이다. A는 전하를 띤 입자이고, 전극 1에는 $+V$, 전극 2와 3에는 0 V의 전압이 걸려 있다.

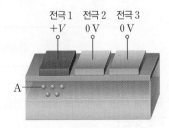

이에 대한 설명으로 옳은 것만을 〈보기〉에서 있는 대로 고른것은?

┤ 보기 ├

ㄱ. A는 양(+)전하를 띤다.

ㄴ. A는 광전 효과에 의해 발생한다.

ㄷ. 전극 2에 걸리는 전압을 $+V$로 바꾸면 전극 1과 전극 2의 아래쪽에 A가 골고루 퍼진다.

① ㄱ　　② ㄷ　　③ ㄱ, ㄴ

④ ㄴ, ㄷ　　⑤ ㄱ, ㄴ, ㄷ

2 물질의 이중성

09 그림과 같이 질량 m인 전자는 $10v$의 속력으로, 질량 $1840m$인 양성자는 v의 속력으로 서로 멀어지고 있다.

양성자

전자
$10v$　　v

m　　$1840m$

전자와 양성자의 물질파 파장을 옳게 비교한 것은?

① 전자가 양성자보다 1840배 길다.

② 전자가 양성자보다 184배 길다.

③ 양성자가 전자보다 10배 길다.

④ 양성자가 전자보다 184배 길다.

⑤ 양성자가 전자보다 1840배 길다.

[10~11] 그림과 같이 질량 50 g인 테니스공이 20 m/s의 속력으로 운동하고 있다. 물음에 답하시오.

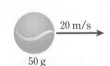

20 m/s

50 g

10 위 테니스공의 물질파 파장은?(단, 플랑크 상수는 $6 \times 10^{-34}\text{ J} \cdot \text{s}$이다.)

① $6 \times 10^{-37}\text{ m}$　　② $3 \times 10^{-35}\text{ m}$

③ $6 \times 10^{-34}\text{ m}$　　④ $3 \times 10^{-32}\text{ m}$

⑤ $1.2 \times 10^{-32}\text{ m}$

서술형

11 일상생활에서 테니스공과 같은 물체의 파동성을 관측하기 어려운 까닭을 설명하시오.

12 그림 (가)는 전자를 가속시켜 니켈 결정에 쏘아준 후 튀어 나오는 전자를 검출하는 데이비슨 · 거머 실험 장치를 나타낸 것이고, (나)는 검출기의 각도에 따라 튀어 나온 전자의 수를 나타낸 것이다.

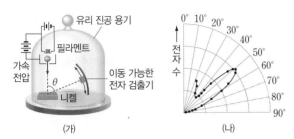

(가) 　　　　(나)

이에 대한 설명으로 옳은 것만을 〈보기〉에서 있는 대로 고른 것은?

┤ 보기 ├

ㄱ. $\theta = 90°$일 때 전자가 가장 많이 검출된다.

ㄴ. 니켈에서 전자는 모든 방향으로 균일하게 튀어 나온다.

ㄷ. 드브로이의 물질파 이론을 증명한 실험이다.

① ㄱ 　　　　② ㄷ 　　　　③ ㄱ, ㄴ

④ ㄱ, ㄷ 　　　　⑤ ㄴ, ㄷ

14 그림 (가)는 두 광원에서 나온 빛을 광학기기 A로 관찰한 영상이고, (나)는 (가)에서 A 대신 광학기기 B로 관찰한 영상이다.

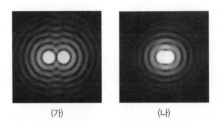

(가) 　　　　(나)

이에 대한 설명으로 옳은 것만을 〈보기〉에서 있는 대로 고른 것은?

┤ 보기 ├

ㄱ. 광원에서 나온 빛은 광학기기에 의해 회절 무늬를 만든다.

ㄴ. (나)는 (가)보다 두 광원을 구별하기 어렵다.

ㄷ. 분해능은 A가 B보다 더 좋다.

① ㄴ 　　　　② ㄷ 　　　　③ ㄱ, ㄴ

④ ㄱ, ㄷ 　　　　⑤ ㄱ, ㄴ, ㄷ

13 그림과 같이 톰슨은 X선을 알루미늄박에 입사시켜 동심원 모양의 무늬를 얻었다. 또한, X선 대신 전자선을 이용하여 비슷한 무늬를 얻을 수 있는지 실험하였다.

X선　X선관　알루미늄박　형광판

이에 대한 설명으로 옳은 것만을 〈보기〉에서 있는 대로 고른 것은?

┤ 보기 ├

ㄱ. X선은 알루미늄박에 의해 회절하였다.

ㄴ. X선 대신 전자선을 사용하면 어떤 조건에서도 동심원 무늬를 얻을 수 없다.

ㄷ. 이 실험을 통해 빛의 입자성이 증명되었다.

① ㄱ 　　　　② ㄴ 　　　　③ ㄱ, ㄷ

④ ㄴ, ㄷ 　　　　⑤ ㄱ, ㄴ, ㄷ

15 광학 현미경으로는 배율을 높여도 관찰할 수 없는 작은 물체를 전자 현미경으로는 관찰할 수 있는 까닭을 설명하시오.

16 오른쪽 그림은 어떤 전자 현미경의 구조를 나타낸 것이다. 이에 대한 설명으로 옳지 않은 것은?

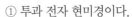

전자총

집속 렌즈

시료

대물렌즈

투사 렌즈

형광판

① 투과 전자 현미경이다.

② 전자총은 전자를 가속시킨다.

③ 시료 표면의 3차원적인 영상을 얻을 수 있다.

④ 시료를 투과한 전자가 형광판에 영상을 만든다.

⑤ 시료를 얇게 만들어야 뚜렷한 상을 얻을 수 있다.

A 광전 효과의 해석

CASE 1 광자의 에너지가 일함수보다 작은 경우

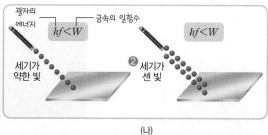

(가)　　　　　　　　　　　　(나)

① (가)에서 광자의 에너지가 금속의 일함수보다 작으면 전자는 금속 밖으로 튀어 나오지 않는다.

광자의 에너지 $E=hf$ (h: 플랑크 상수, f: 빛의 진동수)	금속의 일함수 $W=hf_0$ (f_0: 문턱 진동수)

→ $E<W$, 또는 $f<f_0$이면 전자가 금속 밖으로 튀어 나오지 않는다.

② (나)에서 진동수가 문턱 진동수보다 작은 빛은 광자 1개의 에너지가 금속의 일함수보다 작으므로 빛의 세기에 관계없이 광전자가 튀어 나오지 않는다.

CASE 2 광자의 에너지가 일함수보다 큰 경우

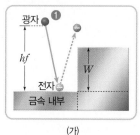
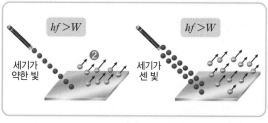

(가)　　　　　　　　　　　　(나)

① (가)에서 광자의 에너지가 금속의 일함수보다 크면 광자의 에너지를 흡수한 전자가 금속 밖으로 튀어 나온다.

광자의 에너지 $E=hf$ (h: 플랑크 상수, f: 빛의 진동수)	금속의 일함수 $W=hf_0$ (f_0: 문턱 진동수)

→ $E>W$, 또는 $f>f_0$이면 전자가 금속 밖으로 튀어 나온다.

② (나)에서 빛의 세기에 관계없이 빛을 비추는 즉시 전자가 금속 밖으로 튀어 나온다. 이때 빛의 세기가 셀수록 전자와 충돌하는 광자의 수 많으므로 튀어 나오는 광전자의 수도 증가하여 광전류의 세기가 증가한다.

빛의 세기 ∝ 광자의 수 ∝ 튀어 나오는 광전자의 수 ∝ 광전류의 세기 **③**

③ 광자의 에너지(E)의 일부는 전자를 금속판에서 떼어 내는 일(W)로 전환되고, 나머지 에너지는 광전자의 운동 에너지로 전환된다.

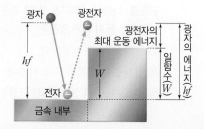

광전자의 최대 운동 에너지=광자의 에너지-일함수=$E-W=hf-hf_0$ **④**

→ 빛의 진동수가 클수록 광전자의 최대 운동 에너지는 커진다.

실력을 올리는 실전 문제와 함께 보면 더 좋아요!

❶ 일함수 W는 전자가 금속 밖으로 튀어 나오기 위해 필요한 최소한의 에너지로, 금속의 종류에 따라 일함수 및 문턱 진동수가 달라진다.

TIP
일함수가 크다는 것은 금속에서 전자를 빼 내는 것이 힘들다는 것을 의미한다.

❷ 아무리 센 빛을 비추어도 광전자가 튀어 나오지 않는다.

❶ 광자의 에너지가 일함수보다 크면 시간 지연 없이 즉시 광전자가 방출된다.

❷ 광자 1개가 금속에 충돌했을 때 전자 1개가 튀어 나오므로, 튀어 나오는 광전자의 수는 광자의 수에 비례한다.

❸ 광전류의 세기는 광자의 에너지와 무관하며, 빛의 세기와 관련이 있다.

❹ 광전자의 최대 운동 에너지는 빛의 세기와 무관하며, 빛의 진동수와 관련이 있다.

실력을 올리는 실전 문제 **찾아가기**

• 빛의 진동수와 광전자의 최대 운동 에너지의 관계_
05, 06, 15

B 광전 효과와 빛의 종류

그림 (가), (나)는 음(−)전하로 대전된 동일한 검전기 위의 아연판에 각각 형광등, 자외선등을 비추었을 때, (가)의 금속박은 변화가 없고 (나)의 금속박은 오므라들었다.

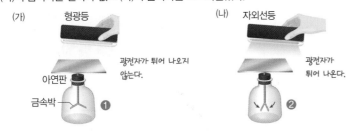

(가) 형광등
아연판
금속박 ❶
광전자가 튀어 나오지 않는다.

(나) 자외선등
광전자가 튀어 나온다. ❷

① 형광등과 자외선등의 진동수 비교하기(단, 아연판의 문턱 진동수는 f_0이다.)
- 형광등의 진동수($f_형$): 형광등을 비출 때 광전자가 튀어 나오지 않으므로, $f_형$은 f_0보다 작다.
- 자외선등의 진동수($f_자$): 자외선등을 비출 때 광전자가 튀어 나오므로, $f_자$는 f_0보다 크다.

$$f_형 < f_0 < f_자 \rightarrow f_형 < f_자$$

② 자외선등의 세기와 튀어 나오는 광전자 수의 관계 이해하기
- (나)에서 자외선등을 아연판에 가까이 하면 금속박이 더 많이 오므라든다.
- 진동수가 아연판의 문턱 진동수보다 큰 자외선등을 비출 때, 자외선등의 세기가 셀수록 튀어 나오는 광전자의 수가 증가한다.

③ 빛의 진동수와 튀어 나오는 광전자의 최대 운동 에너지의 관계 이해하기
- 아연판에서 튀어 나오는 광전자의 최대 운동 에너지는 빛의 진동수가 클수록 커진다.
- 아연판에 자외선등보다 진동수가 큰 빛을 비추면 튀어 나오는 광전자의 최대 운동 에너지는 (나)에서보다 크다.

❶ 광전 효과가 일어나지 않아서 금속박의 전하량이 변하지 않는다. 따라서 금속박 사이의 척력이 변하지 않으므로 금속박은 오므라들지 않는다.

❷ 광전 효과로 인해 아연판 표면에서 광전자가 튀어 나와 검전기의 음(−)전하량이 감소한다. 따라서 금속박 사이의 척력이 감소하여 금속박이 오므라든다.

자외선등
아연판
광전자 방출
금속박이 오므라든다.

실력을 올리는 실전 문제 찾아가기
- 알루미늄 캔을 이용한 광전 효과 실험을 해석하는 문제_04

C 운동하는 물체의 물질파 파장

그림 (가)~(다)는 전자, 야구공, 지구의 질량과 속력을 각각 나타낸 것이다(단, 플랑크 상수 $h = 6.6 \times 10^{-34}$ J·s이다.).

(가) 전자
질량: 9.1×10^{-31} kg
속력: 0.43×10^8 m/s

(나) 야구공
질량: 0.14 kg
속력: 44 m/s

(다) 지구
질량: 6×10^{24} kg
속력: 3×10^4 m/s

① 물질파 파장 구하기 ❶
- 전자의 물질파 파장: 1.69×10^{-11} m
- 야구공의 물질파 파장: 1.07×10^{-34} m ❷
- 지구의 물질파 파장: 3.67×10^{-63} m

② 전자와 야구공의 파동성 예측하기 ❸

전자	야구공
전자의 질량이 매우 작아 운동량이 작아서 물질파 파장이 전자의 크기에 비해 길다.	야구공의 운동량이 매우 커서 물질파 파장이 야구공의 크기에 비해 매우 짧다.
파동성을 관측하기 쉽다.	파동성을 관측하기 어렵다.
 전자	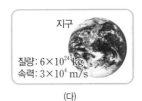 야구공

❶ 질량 m인 입자가 속력 v로 움직일 때 물질파 파장 $\lambda = \dfrac{h}{mv}$이다.

❷ 야구공의 물질파 파장은 야구공의 지름이 약 10 cm인 것에 비교하면 매우 짧다.

❸ 물질파 파장이 짧으면 입자성을, 물질파 파장이 길면 파동성을 관측할 수 있다.

TIP
입자성과 파동성의 성질은 동시에 관측될 수 없다.

실력을 올리는 실전 문제 찾아가기
운동하는 물체의 물질파 파장을 계산하는 문제_09

01 다음은 일상생활에서 나타나는 빛과 관련된 현상이다.

> (가) 비눗방울에는 다양한 색깔로 이루어진 무늬가
> 보인다.
> (나) 지폐의 몇몇 글자는 보는 각도에 따라 다른 색깔
> 로 보인다.
> (다) 디지털카메라의 렌즈를 통해 들어온 빛이 전기
> 신호로 변환된다.

빛의 입자성과 파동성에 관계되는 현상을 옳게 짝 지은 것은?

	입자성	파동성
①	(가)	(나), (다)
②	(가), (나)	(다)
③	(나)	(가), (다)
④	(나), (다)	(가)
⑤	(다)	(가), (나)

02 다음은 빛과 관련된 여러 물리학자들의 주장을 설명한 것이다.

> (가) 영은 두 개의 좁은 슬릿을 통과한 빛이 간섭무늬
> 를 만드는 것을 관측하였다.
> (나) 푸코는 빛의 속력이 진공 중에서보다 물속에서
> 더 느리다는 것을 밝혀내었다.
> (다) 톰슨은 얇은 알루미늄에 전자를 입사시켜 X선
> 회절 무늬와 매우 유사한 무늬를 얻어내었다.
> (라) 아인슈타인은 광전 효과 실험 결과를 해석하기
> 위해 빛이 불연속적인 에너지 덩어리라고 생각
> 하였다.

이에 대한 설명으로 옳은 것은?

① (가)와 (나)로 인해 빛의 파동설이 확립되었다.
② (나)는 빛의 굴절 현상에 대한 뉴턴의 주장을 뒷받침
하였다.
③ (다)는 빛이 입자성을 가지고 있음을 증명하였다.
④ (라)를 바탕으로 (가)의 현상을 설명할 수 있다.
⑤ (가)와 (다)는 빛의 파동설을, (나)와 (라)는 빛의 입
자설을 지지한다.

03 다음은 미래가 광합성에 대해 정리한 내용이다.

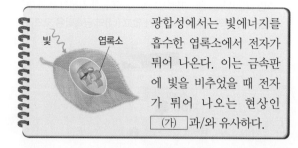

> 광합성에서는 빛에너지를
> 흡수한 엽록소에서 전자가
> 튀어 나온다. 이는 금속판
> 에 빛을 비추었을 때 전자
> 가 튀어 나오는 현상인
> ___(가)___ 과/와 유사하다.

(가)에 대한 설명으로 옳은 것만을 〈보기〉에서 있는 대로 고른
것은?

> **보기**
> ㄱ. 빛의 입자성으로 설명하는 현상이다.
> ㄴ. 특정한 진동수보다 진동수가 큰 빛을 비출 때만
> 전자가 튀어 나온다.
> ㄷ. 전자가 튀어 나올 때 빛의 세기가 셀수록 튀어
> 나오는 전자의 수가 증가한다.

① ㄱ   ② ㄷ   ③ ㄱ, ㄴ
④ ㄴ, ㄷ   ⑤ ㄱ, ㄴ, ㄷ

04 그림은 음(−)전하로 대전된 잘게 자른 알루미늄 포일을 붙
인 알루미늄 캔에 단색광 A 또는 B를 비추는 모습을, 표는
A, B를 비추었을 때 알루미늄 포일의 움직임을 나타낸 것
이다.

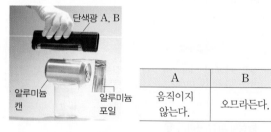

A	B
움직이지 않는다.	오므라든다.

이에 대한 설명으로 옳은 것만을 〈보기〉에서 있는 대로 고른
것은?

> **보기**
> ㄱ. A, B를 비추기 전 잘게 자른 알루미늄 포일들
> 사이는 벌어져 있다.
> ㄴ. 광전 효과는 A를 비출 때 일어나고, B를 비출
> 때는 일어나지 않는다.
> ㄷ. 진동수는 B가 A보다 크다.

① ㄴ   ② ㄷ   ③ ㄱ, ㄴ
④ ㄱ, ㄷ   ⑤ ㄱ, ㄴ, ㄷ

→ 수능기출 변형

05 그림 (가)는 금속판에 빛을 비추었을 때 광전자가 방출되는 모습을 나타낸 것이고, (나)는 (가)에서 방출된 광전자의 최대 운동 에너지를 빛의 진동수에 따라 나타낸 것이다. 진동수가 f_0이고, 세기가 I_0인 빛을 비추었을 때, 광자의 에너지는 E이다.

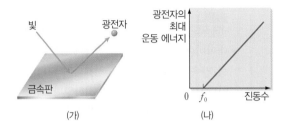

(가)　　　　(나)

이에 대한 설명으로 옳은 것만을 〈보기〉에서 있는 대로 고른 것은?(단, 플랑크 상수는 h이다.)

┤ 보기 ├
ㄱ. $E = hf_0$이다.
ㄴ. 진동수가 f_0이고 세기가 $2I_0$인 빛을 금속판에 비추면, 광자의 에너지는 $2E$이다.
ㄷ. 진동수가 $2f_0$이고 세기가 I_0인 빛을 금속판에 비추면, 광전자의 최대 운동 에너지는 E이다.

① ㄴ　　　　② ㄷ　　　　③ ㄱ, ㄴ
④ ㄱ, ㄷ　　　　⑤ ㄴ, ㄷ

06 다음은 금속 표면에 빛을 비출 때 전자가 튀어 나오는 광전 효과의 실험 결과를 정리한 것이다.

(가) 특정한 진동수 이상의 빛을 비추면 빛의 세기가 아무리 약해도 광전자가 즉시 튀어 나온다.
(나) 특정한 진동수 미만의 빛을 비추면 빛의 세기가 아무리 강해도 광전자가 튀어 나오지 않는다.
(다) 튀어 나오는 광전자의 최대 운동 에너지는 빛의 진동수가 클수록 크고, 빛의 세기와는 무관하다.

이에 대한 설명으로 옳은 것만을 〈보기〉에서 있는 대로 고른 것은?

┤ 보기 ├
ㄱ. (가)는 빛의 파동설로도 설명할 수 있다.
ㄴ. (가)와 (나)를 통해 광전자의 방출 여부는 빛의 진동수에 의해 결정됨을 알 수 있다.
ㄷ. (다)에서 광전자의 최대 운동 에너지는 광자의 에너지와 같다.

① ㄱ　　　　② ㄴ　　　　③ ㄱ, ㄷ
④ ㄴ, ㄷ　　　　⑤ ㄱ, ㄴ, ㄷ

07 그림은 디지털카메라의 구조와 핵심 부품인 전하 결합 소자(CCD)에 대해 학생 A, B, C가 대화하는 모습을 나타낸 것이다.

제시한 내용이 옳은 학생만을 있는 대로 고른 것은?

① A　　　　② B　　　　③ A, C
④ B, C　　　　⑤ A, B, C

08 그림 (가)~(라)는 전하 결합 소자(CCD)의 화소에 생성된 전자를 전하량 측정 장치로 이동시키는 과정을 순서대로 나타낸 것이고, 표는 전극 1, 2, 3에 전압을 거는 방법 A, B, C를 나타낸 것이다.

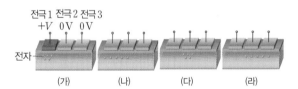

(가)　　(나)　　(다)　　(라)

구분	전극 1	전극 2	전극 3
A	0 V	$+V$	0 V
B	0 V	$+V$	$+V$
C	$+V$	$+V$	0 V

(나)~(라)에 적절한 방법을 옳게 짝 지은 것은?(단, (가)에서 각 전극에는 $+V$, 0 V, 0 V의 전압이 걸려 있다.)

(나)	(다)	(라)
① A	B	C
② B	A	C
③ B	C	A
④ C	A	B
⑤ C	B	A

09 표는 네 개의 입자 A, B, C, D의 질량과 운동 에너지를 나타낸 것이다. A와 D의 물질파 파장은 같다.

입자	A	B	C	D
질량	m	$2m$	m	㉠
운동 에너지	E	$2E$	$4E$	$0.5E$

이에 대한 설명으로 옳은 것만을 〈보기〉에서 있는 대로 고른 것은?

┤ 보기 ├
ㄱ. 입자의 속력은 B가 A의 2배이다.
ㄴ. B와 C의 물질파 파장은 같다.
ㄷ. ㉠은 $2m$이다.

① ㄱ   ② ㄴ   ③ ㄱ, ㄷ
④ ㄴ, ㄷ   ⑤ ㄱ, ㄴ, ㄷ

10 그림과 같이 질량 m인 전자가 평행판의 음극판에서 양극판을 향하여 v_0의 속력으로 출발하여 일정한 전압 V에 의해 등가속도 직선 운동을 하고 있다.

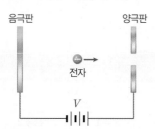

이에 대한 설명으로 옳은 것만을 〈보기〉에서 있는 대로 고른 것은?

┤ 보기 ├
ㄱ. 평행판 속에서 전자가 받는 힘의 크기는 일정하다.
ㄴ. 양극판에 도달할 때 전자의 물질파 파장은 $\dfrac{h}{mv_0}$ 이다.
ㄷ. V가 클수록 양극판에 도달했을 때의 전자의 운동량이 증가한다.

① ㄱ   ② ㄴ   ③ ㄱ, ㄷ
④ ㄴ, ㄷ   ⑤ ㄱ, ㄴ, ㄷ

11 다음은 철수가 데이비슨·거머 실험에 대해 정리한 것이다.

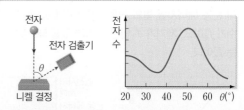

- 데이비슨과 거머는 니켈 결정에 54 V의 전압으로 가속된 전자선을 입사시켰더니 50°의 각으로 산란된 전자가 많은 것을 발견하였다.
- 이들은 X선이 결정면에서 반사하여 회절하는 것과 같이 전자도 회절한다고 생각하였다.
- 이들은 전자의 드브로이 파장을 구한 후 50°의 각으로 산란된 전자가 [(가)] 조건을 만족하는 것을 확인하여 드브로이의 [(나)] 이론을 검증하였다.

(가)와 (나)에 들어갈 것으로 옳은 것은?

	(가)	(나)		(가)	(나)
①	상쇄 간섭	정상파	②	상쇄 간섭	물질파
③	보강 간섭	정상파	④	보강 간섭	물질파
⑤	보강 간섭	전자기파			

12 그림 (가)는 알루미늄박에 X선을 입사시켰을 때 나타나는 회절 무늬를, (나)는 X선 대신 전자선을 입사시켰을 때 나타나는 무늬를 나타낸 것이다.

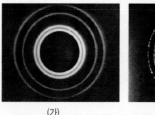 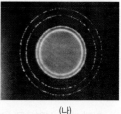

(가)   (나)

(나)에 대한 설명으로 옳은 것만을 〈보기〉에서 있는 대로 고른 것은?

┤ 보기 ├
ㄱ. 전자의 회절 무늬이다.
ㄴ. 전자가 파동의 성질을 갖기 때문에 나타난다.
ㄷ. 전자의 속력이 커지면 전자의 물질과 파장이 길어진다.

① ㄴ   ② ㄷ   ③ ㄱ, ㄴ
④ ㄱ, ㄷ   ⑤ ㄱ, ㄴ, ㄷ

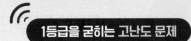

13 그림 (가), (나)는 광학 현미경으로 빨간색 빛과 파란색 빛을 사용하여 가까이 있는 두 점을 관찰한 모습을 나타낸 것이다.

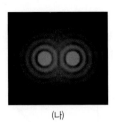

(가)   (나)

이에 대한 설명으로 옳은 것만을 〈보기〉에서 있는 대로 고른 것은?

┤ 보기 ├
ㄱ. 빛의 진동수는 빨간색 빛이 파란색 빛보다 크다.
ㄴ. 분해능은 (나)에서가 (가)에서보다 좋다.
ㄷ. (나)보다 파장이 짧은 빛을 사용하면 분해능이 더 좋아진다.

① ㄱ   ② ㄴ   ③ ㄷ
④ ㄴ, ㄷ   ⑤ ㄱ, ㄴ, ㄷ

14 그림 (가), (나)는 동일한 시료를 각각 같은 배율의 광학 현미경과 전자 현미경으로 관측한 모습으로, (가)보다 (나)에서 시료의 구조를 더 자세히 볼 수 있다.

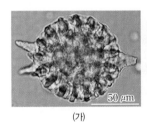

(가)   (나)

이에 대한 설명으로 옳은 것만을 〈보기〉에서 있는 대로 고른 것은?

┤ 보기 ├
ㄱ. 분해능은 (나)가 (가)보다 좋다.
ㄴ. (가)와 (나)는 모두 가시광선으로 관측한 영상이다.
ㄷ. 현미경에서 사용한 파동의 파장은 (가)에서가 (나)에서보다 길다.

① ㄱ   ② ㄴ   ③ ㄱ, ㄷ
④ ㄴ, ㄷ   ⑤ ㄱ, ㄴ, ㄷ

15 그림은 광전관의 금속판에 단색광 A, B, C를 비추는 모습을 나타낸 것이고, 표는 A, B, C를 켜거나(ON), 끄면서 (OFF) 광전자 방출 여부(○, ×)와 광전자의 최대 운동 에너지 E_{kmax}를 측정한 결과를 나타낸 것이다.

실험	단색광			광전자 방출	E_{kmax}
	A	B	C		
1	ON	OFF	OFF	×	–
2	ON	ON	OFF	○	E_0
3	OFF	OFF	ON	○	$2E_0$
4	ON	OFF	ON	○	㉠

이에 대한 설명으로 옳은 것만을 〈보기〉에서 있는 대로 고른 것은?

┤ 보기 ├
ㄱ. ㉠은 $2E_0$이다.
ㄴ. 단색광의 진동수는 C가 B의 2배이다.
ㄷ. 실험 1에서 A의 세기를 증가시키면 광전자가 방출된다.

① ㄱ   ② ㄷ   ③ ㄱ, ㄴ
④ ㄴ, ㄷ   ⑤ ㄱ, ㄴ, ㄷ

16 그림 (가), (나)는 문턱 진동수가 f_0인 동일한 금속판에 진동수가 각각 $2f_0$, $\frac{3}{2}f_0$인 단색광을 비출 때, 광전자 A, B가 최대 운동 에너지를 갖고 튀어 나오는 모습을 나타낸 것이다.

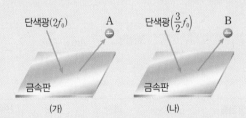

단색광($2f_0$)   A   단색광($\frac{3}{2}f_0$)   B

금속판   금속판
(가)   (나)

A의 물질파 파장을 λ_A, B의 물질파 파장을 λ_B라고 할 때, $\frac{\lambda_A}{\lambda_B}$는?

① $\frac{1}{2}$ ② $\frac{1}{\sqrt{2}}$ ③ 1
④ $\sqrt{2}$ ⑤ 2

III 단원 마무리

핵심 정리

🔟5️⃣ 파동과 전반사

1. 파동의 성질

① (**1**   ): 한 곳에서 생긴 진동이 매질을 따라 주변으로 퍼져 나가는 현상

횡파	종파
매질의 진동 방향과 파동의 진행 방향이 (**2**) 파동 📺 전파, 빛, 지진파의 S파 등	매질의 진동 방향과 파동의 진행 방향이 (**3**) 파동 📺 음파, 지진파의 P파 등

② 파동의 표시

변위-위치 그래프	변위-시간 그래프
![변위-위치 그래프]	![변위-시간 그래프]
• (**4**): 진동 중심으로부터 매질의 최대 변위 • 마루: 진동 중심에서 가장 높은 곳 • 골: 진동 중심에서 가장 낮은 곳 • 파장: 마루와 이웃한 마루, 골과 이웃한 골 사이의 거리	• (**5**): 매질의 한 점이 한 번 진동하는 데 걸린 시간 • 진동수: 매질의 각 점이 1초 동안 진동하는 횟수 • 진동수$=\dfrac{1}{주기}$ • 진폭, 주기, 진동수를 알 수 있다.

③ 파동의 속력: 파동의 속력$(v)=\dfrac{파장(\lambda)}{주기(T)}=파장(\lambda)\times($**6** $)$

2. 파동의 굴절

① 파동의 굴절: 파동의 진행 방향이 매질의 경계면에서 바뀌는 현상

② 굴절 법칙

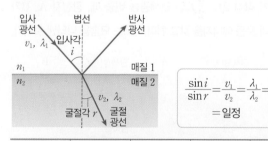

$$\frac{\sin i}{\sin r}=\frac{v_1}{v_2}=\frac{\lambda_1}{\lambda_2}=\frac{n_2}{n_1}=일정$$

굴절률	진동수	파장	속력	i와 r 비교
$n_1<n_2$	(**7**)	감소	(**8**)	$i>r$
$n_1>n_2$	변화 없음.	(**9**)	증가	(**10**)

③ 우리 주위의 굴절 현상

• 사막에서 물체가 실제 위치가 아닌 곳에 보인다.
• 볼록 렌즈는 빛을 모으고, 오목 렌즈는 빛을 퍼뜨린다.

3. 전반사와 광통신

① 전반사: 빛이 매질의 경계면에서 굴절하지 못하고 모두 반사하는 현상

② 전반사의 조건: 빛이 굴절률이 (**11**   ) 매질에서 굴절률이 (**12**   ) 매질로 입사하고, 입사각이 (**13**   )보다 커야 한다.

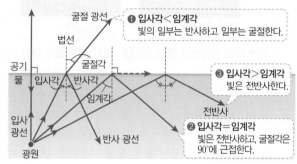

❶ 입사각<임계각
빛의 일부는 반사하고 일부는 굴절한다.

❸ 입사각>임계각
빛은 전반사한다.

❷ 입사각=임계각
빛은 전반사하고, 굴절각은 90°에 근접한다.

③ 광통신: 음성, 영상 등의 정보를 담은 빛을 광섬유 내부에서 전반사시켜 전달하는 통신 방식

코어(굴절률이 크다.)
광섬유
클래딩(굴절률이 작다.)

🔟6️⃣ 전자기파

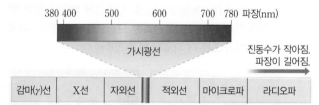

380 400   500   600   700 780 파장(nm)
가시광선
진동수가 작아짐.
파장이 길어짐.

| 감마(γ)선 | X선 | 자외선 | 적외선 | 마이크로파 | 라디오파 |

종류	특징	이용 분야
감마(γ)선	• 원자핵 붕괴 과정에서 발생 • 에너지, 투과력이 큼.	항암 치료, 우주 관찰용 망원경
(**14**)	• 고속의 전자가 금속과 충돌할 때 발생	X선 사진, CT, 구조물 내부 검사
자외선	• 피부 속의 비타민 D 합성 • 살균 작용, 형광 물질에 반응	자외선 살균기, 위조지폐 감별
가시광선	사람의 눈으로 관찰 가능	영상 장치, 광통신
적외선	열을 내는 물체에서 발생	리모컨, 적외선 온도계, 광센서
(**15**)	물 분자를 진동시켜 음식물 가열	전자레인지, 단거리 무선 통신, 레이더
라디오파	도선 속에서 전자의 가속으로 발생	라디오 방송, TV 방송, 휴대 전화

17 파동의 간섭

1. 파동의 간섭

① 파동의 중첩과 독립성

- 중첩 원리: 두 파동이 중첩되어 만들어지는 합성파의 변위는 각 파동의 변위를 합한 것과 같다.
- 파동의 (**16**   ): 두 파동이 중첩된 후 분리되면 본래의 파형을 그대로 유지하면서 진행한다.

② 파동의 간섭: 두 개 이상의 파동이 서로 중첩될 때 파동의 진폭이 커지거나 작아지는 현상

보강 간섭	(**17**)
중첩되는 두 파동의 변위의 방향이 같아서 합성파의 진폭이 커지는 간섭	중첩되는 두 파동의 변위의 방향이 반대이어서 합성파의 진폭이 작아지는 간섭
• 빛의 경우 진폭이 커져서 밝게 보인다. • 소리의 경우 진폭이 커져서 더 큰 소리가 들린다.	• 빛의 경우 진폭이 작아져서 어둡게 보인다. • 소리의 경우 진폭이 작아져서 더 작은 소리가 들린다.

2. 파동의 간섭의 이용

① 소음 제거 기술: 외부의 소음과 위상이 (**18**   )인 소리를 발생시켜 상쇄 간섭으로 소음을 제거하는 기술

@@ 여객기, 자동차 배기통, 소음 제거 헤드폰 등

② 공연 음향: 각 악기의 울림통에서 (**19**   )이/가 일어나면 선명하고 일정한 음파가 발생한다.

③ 빛의 간섭의 이용

- 지폐에서의 간섭: 지폐의 숫자를 보는 각도에 따라 보강 간섭 되는 빛의 파장이 달라 색이 다르게 보인다.
- 무반사 코팅 렌즈에서의 간섭: 무반사 코팅을 한 렌즈는 얇은 막의 위쪽과 아래쪽에서 반사되는 두 빛이 (**20**   )을/를 일으켜 반사광을 없앤다.

18 빛과 물질의 이중성

1. 빛의 이중성

① 광전 효과: 금속 표면에 빛을 비출 때 금속 내부의 전자(광전자)가 튀어 나오는 현상

② 광전 효과 실험 결과

결과 1	특정한 진동수 미만의 빛을 비추면 빛의 세기가 아무리 강해도 광전자가 튀어 나오지 않는다.
결과 2	특정한 (**21**) 이상의 빛을 비추면 빛의 세기가 아무리 약해도 광전자가 즉시 튀어 나온다.
결과 3	튀어 나오는 광전자의 최대 운동 에너지는 빛의 진동수가 클수록 크고, 빛의 세기와는 관계가 없다.
결과 4	같은 진동수의 빛을 비추는 경우, 단위 시간당 튀어 나오는 광전자의 수(전류의 세기)는 빛의 (**22**)에 비례한다.

③ 광양자설

- 빛은 광자라고 하는 불연속적인 에너지 덩어리이다.
- 광자 1개의 에너지는 진동수(f)가 클수록 크다($E = hf$).
- 광자의 개수가 많을수록 빛의 (**23**   )이/가 세다.

④ 빛의 이중성

빛의 파동성	빛의 간섭, 회절 현상은 빛이 파동의 성질을 가지고 있음을 보여 준다.
빛의 입자성	광전 효과는 빛이 입자의 성질을 가지고 있음을 보여 준다.

⑤ (**24**   ): 디지털카메라 등에 사용되는 영상 정보를 전기 신호로 변환하여 기록하는 장치

2. 물질의 이중성

① 물질의 이중성

- 물질파(드브로이파): 물질 입자가 나타내는 파동
- 물질파 파장(드브로이 파장): 입자의 질량이 클수록, 속력이 (**25**   ) 물질파 파장은 짧아진다.

② (**26**   ) 확인 실험

데이비슨·거머 실험	특별한 각도에서 전자가 많이 검출되는 결과를 전자의 물질파가 보강 간섭 하는 것으로 해석할 수 있다.
톰슨의 전자 회절 실험	전자도 X선과 같은 회절 무늬를 만든다.

③ 전자 현미경: 전자의 물질파를 이용하여 만든 현미경

투과 전자 현미경 (TEM)	(**27**)
• 시료를 투과한 전자가 영상을 만든다. • 시료 단면을 2차원 영상으로 볼 수 있다. • 시료를 얇게 만들어야 한다.	• 2차 전자가 영상을 만든다. • 시료 표면의 3차원적인 구조를 볼 수 있다. • 시료 표면을 전기 전도성이 좋은 물질로 코팅해야 한다.

Ⅲ 단원 평가 문제

∞ 15. 파동과 전반사 160쪽

01 그림 (가)는 **0**초인 순간 줄에서 전달되는 파동의 모습을 나타낸 것이고, (나)는 파동의 한 점 P의 변위를 시간에 따라 나타낸 것이다.

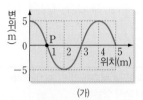
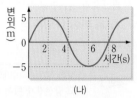

(가)   (나)

이 파동에 대한 설명으로 옳은 것만을 〈보기〉에서 있는 대로 고른 것은?

┤ 보기 ├
ㄱ. 파장은 5 m이다.
ㄴ. 진동수는 0.125 Hz이다.
ㄷ. 속력은 0.5 m/s이다.

① ㄱ   ② ㄴ   ③ ㄱ, ㄷ
④ ㄴ, ㄷ   ⑤ ㄱ, ㄴ, ㄷ

∞ 15. 파동과 전반사 160쪽

02 다음은 빛과 관련된 여러 가지 현상들이다.

• 물이 담긴 컵 속에 넣은 젓가락이 꺾여 보인다.
• 사막이나 기온이 높은 도로의 표면에 물이 고인 것처럼 신기루가 보인다.
• 볼록 렌즈는 빛을 모으고, 오목 렌즈는 빛을 퍼뜨린다.

위 현상과 공통적으로 관련이 있는 빛의 성질은?

① 반사   ② 굴절   ③ 간섭
④ 전반사   ⑤ 입자성

∞ 15. 파동과 전반사 160쪽

03 그림은 빛이 공기 중에서 물속으로 진행할 때 입사 광선 **A**, 반사 광선 **B**, 굴절 광선 **C**를 나타낸 것이다.

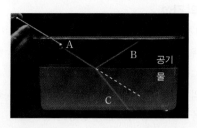

이에 대한 설명으로 옳은 것만을 〈보기〉에서 있는 대로 고른 것은?

┤ 보기 ├
ㄱ. 속력은 A와 B가 같다.
ㄴ. 속력은 A가 C보다 빠르다.
ㄷ. 파장은 A가 C보다 길다.

① ㄱ   ② ㄴ   ③ ㄷ
④ ㄱ, ㄷ   ⑤ ㄱ, ㄴ, ㄷ

∞ 15. 파동과 전반사 160쪽

04 그림은 온도가 각각 T_1, T_2, T_3인 공기층 1, 2, 3을 진행하는 음파의 경로를 나타낸 것이다. 이와 같은 파동의 성질을 이용해 '(가)낮말은 새가 듣고, (나)밤말은 쥐가 듣는다.'는 속담을 설명하려고 한다.

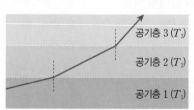

공기층 3 (T_3)
공기층 2 (T_2)
공기층 1 (T_1)

이에 대한 설명으로 옳은 것만을 〈보기〉에서 있는 대로 고른 것은?

┤ 보기 ├
ㄱ. 음파의 속력은 공기층 1에서가 2에서보다 빠르다.
ㄴ. 공기층의 온도는 $T_3 > T_2 > T_1$이다.
ㄷ. 그림과 같은 공기층의 구조는 (나)와 같은 현상을 설명할 수 있다.

① ㄱ   ② ㄷ   ③ ㄱ, ㄴ
④ ㄴ, ㄷ   ⑤ ㄱ, ㄴ, ㄷ

∞ 15. 파동과 전반사 160쪽

05 그림과 같이 단색광을 매질 2와 1의 경계면에 입사각 θ_1로 입사시켰을 때 전반사가 일어났다. 단색광은 이어서 2와 3의 경계면에서는 굴절각 θ_2로 굴절하였다. 매질 1, 2, 3은 평행한 층을 이루고, 굴절률은 각각 n_1, n_2, n_3이다.

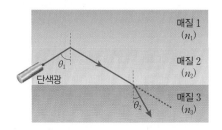

이에 대한 설명으로 옳은 것만을 〈보기〉에서 있는 대로 고른 것은?

┤ 보기 ├
ㄱ. $n_3 > n_1$이다.
ㄴ. θ_1이 증가하면 θ_2도 증가한다.
ㄷ. 광섬유의 코어를 매질 2로, 클래딩을 매질 3으로 만들면 광섬유 내부에서 전반사가 일어난다.

① ㄴ   ② ㄷ   ③ ㄱ, ㄴ
④ ㄱ, ㄷ   ⑤ ㄱ, ㄴ, ㄷ

∞ 16. 전자기파 172쪽

06 다음은 네 가지 종류의 전자기파이다.

• 적외선   • X선
• 라디오파   • 가시광선

위의 전자기파 중 광자 1개의 에너지가 (가) 가장 큰 것과 (나) 가장 작은 것을 옳게 짝 지은 것은?

	(가)	(나)
①	적외선	라디오파
②	적외선	가시광선
③	X선	라디오파
④	X선	가시광선
⑤	라디오파	X선

∞ 16. 전자기파 172쪽

07 그림 (가)~(라)는 전자기파가 이용되는 사례를 나타낸 것이다.

(가) 위조지폐 감별   (나) 공항의 수하물 검색

(다) 전자레인지 이용   (라) 방사선 치료

(가)~(라)에 이용된 전자기파의 특징을 설명한 것으로 옳은 것은?

① (가) – 가시광선보다 파장이 길고 진동수는 작다.
② (나) – 살균 작용이 있고 형광 물질과 반응한다.
③ (다) – 고속의 전자가 금속과 충돌할 때 발생한다.
④ (라) – 기상 레이더와 위성 통신에도 활용된다.
⑤ (가)~(라) – 모두 매질이 없어도 진행할 수 있다.

∞ 17. 파동의 간섭 180쪽

08 그림과 같이 최대 변위가 y_1인 파동 A와 최대 변위가 y_2인 파동 B가 서로 반대 방향으로 진행하고 있다.

이에 대한 설명으로 옳은 것만을 〈보기〉에서 있는 대로 고른 것은?

┤ 보기 ├
ㄱ. A와 B가 완전히 겹쳐졌을 때, 최대 변위는 $y_1 + y_2$이다.
ㄴ. B와 중첩된 후 분리되면 A의 최대 변위는 다시 y_1이 된다.
ㄷ. A와 중첩된 후 분리되면 B의 진행 방향은 오른쪽으로 바뀐다.

① ㄱ   ② ㄷ   ③ ㄱ, ㄴ
④ ㄴ, ㄷ   ⑤ ㄱ, ㄴ, ㄷ

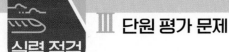

∞ 17. 파동의 간섭 180쪽

09 다음은 두 개의 스피커를 이용한 실험이다.

[실험 과정]

두 개의 스피커에 진동수와 진폭, 위상이 같은 소리를 재생시키고, 스피커가 놓인 방향과 나란한 방향으로 이동하면서 소리의 크기를 측정한다.

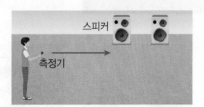

스피커

측정기

[실험 결과]

소리의 크기가 커지다가 작아지는 것이 반복된다.

위 실험에 대한 설명으로 옳은 것만을 〈보기〉에서 있는 대로 고른 것은?

보기

ㄱ. 두 스피커에서 나오는 소리는 높낮이가 같은 소리이다.

ㄴ. 측정 위치에 따라 두 스피커 중 한 스피커에서 나온 소리만 측정된다.

ㄷ. 두 스피커의 중앙에서 측정하면 소리의 크기가 최소가 된다.

① ㄱ   ② ㄷ   ③ ㄱ, ㄴ

④ ㄴ, ㄷ   ⑤ ㄱ, ㄴ, ㄷ

∞ 17. 파동의 간섭 180쪽

10 다음은 파동의 간섭과 관련된 생활 속 현상들에 대한 설명이다.

최근 간섭을 이용한 다양한 소음 제거 기술이 개발되고 있다. 예를 들어 비행기 밖은 엔진에서 발생하는 소리로 매우 시끄럽지만 비행기 내부에서는 그 소음을 들을 수 없다. 이는 엔진에서 발생하는 소리와 (㉠)이/가 반대인 소리를 여객기 내부에서 발생시키면 (㉡) 간섭이 일어나기 때문이다.

( ) 안에 들어갈 알맞은 말을 옳게 짝 지은 것은?

	㉠	㉡		㉠	㉡
①	진폭	보강	②	위상	보강
③	진폭	상쇄	④	위상	상쇄
⑤	진동수	보강			

∞ 18. 빛과 물질의 이중성 188쪽

11 그림 (가)는 광전관 내부의 문턱 진동수가 $3f_0$인 금속판에 단색광을 비추는 모습을 나타낸 것이고, (나)는 금속판에 비추는 단색광 A~D의 세기와 진동수를 나타낸 것이다.

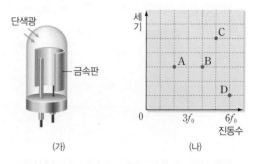

단색광

금속판

(가)

세기

C

A B

D

0   $3f_0$ $6f_0$ 진동수

(나)

A~D에 대한 설명으로 옳은 것만을 〈보기〉에서 있는 대로 고른 것은?

보기

ㄱ. 방출되는 광전자의 수는 A와 B가 같다.

ㄴ. 광자의 에너지는 C가 가장 크다.

ㄷ. 광전자의 최대 운동 에너지는 D를 비출 때가 가장 크다.

① ㄱ   ② ㄷ   ③ ㄱ, ㄴ

④ ㄴ, ㄷ   ⑤ ㄱ, ㄴ, ㄷ

∞ 18. 빛과 물질의 이중성 188쪽

12 그림은 두 광전관의 금속판 X, Y에 빛을 비추는 모습을 나타낸 것이고, 표는 X, Y에 단색광 A, B, C 중 두 빛을 함께 비추었을 때 광전자의 방출 여부를 나타낸 것이다.

빛   빛

X   Y

금속판	금속판에 비춘 빛	
	A+B	A+C
X	○	×
Y	○	○

(○:방출됨, ×:방출 안 됨.)

이에 대한 설명으로 옳은 것만을 〈보기〉에서 있는 대로 고른 것은?

보기

ㄱ. 금속판 내부에 있는 전자가 방출되기 위해 필요한 에너지는 X가 Y보다 크다.

ㄴ. 빛의 진동수는 A가 B보다 크다.

ㄷ. Y에서 방출된 광전자의 최대 운동 에너지는 A와 B를 비출 때가 A와 C를 비출 때보다 크다.

① ㄴ   ② ㄷ   ③ ㄱ, ㄴ

④ ㄱ, ㄷ   ⑤ ㄱ, ㄴ, ㄷ

13 그림은 입자 A ∼ D의 질량과 속력을 나타낸 것이다.

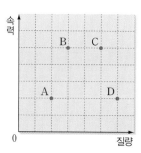

A∼D의 물질파 파장을 옳게 비교한 것은?(단, 모눈의 눈금 간격은 일정하다.)

① A > D > B > C
② A = D > B = C
③ B = C > A = D
④ C > B > D > A
⑤ D > A > B > C

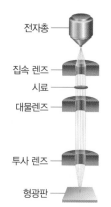

14 그림은 어떤 현미경의 구조를 나타낸 것이다.

이에 대한 설명으로 옳은 것만을 〈보기〉에서 있는 대로 고른 것은?

┌─ 보기 ├─
ㄱ. 물질의 파동성을 이용한 장치이다.
ㄴ. 시료를 투과한 전자가 시료의 상을 만든다.
ㄷ. 시료의 표면을 전기 전도성이 좋은 물질로 두껍게 코팅해야 한다.
└─

① ㄱ
② ㄷ
③ ㄱ, ㄴ
④ ㄴ, ㄷ
⑤ ㄱ, ㄴ, ㄷ

1등급을 완성하는 서술형 문제

∞ 15. 파동과 전반사 160쪽

15 그림과 같이 공기 중에서 물속에 있는 물고기를 관찰하였더니 물고기가 B 위치에 있는 것으로 보였다.

(1) A∼C 중 물고기가 실제로 있는 위치를 쓰시오.

(2) 물고기가 보이는 위치와 실제 위치가 다른 까닭을 설명하시오.

∞ 15. 파동과 전반사 160쪽

16 그림 (가), (나)는 구리 도선과 광케이블을 나타낸 것이다.

(가) 구리 도선   (나) 광케이블

구리 도선을 이용한 통신과 비교하여 광케이블을 이용한 통신의 장점을 2가지 이상 설명하시오.

∞ 18. 빛과 물질의 이중성 188쪽

17 드브로이가 주장한 물질파의 존재를 확인한 대표적인 실험 2가지를 쓰고, 검증 내용을 설명하시오.

여러 가지 물리량

기호	a	E	e
이름 [단위]	가속도 [m/s²]	에너지 [J]	열효율

F	f	I	m
힘 [N]	진동수 [Hz]	충격량 [N·s]	질량 [kg]

n		P	p
양자수	굴절률	압력 [Pa]	운동량 [kg·m/s]

Q	s	T	
열량 [J], [cal]	변위, 이동 거리 [m]	온도 [℃], [K]	주기 [s]

t
시간
[s]

v
속력, 속도
[m/s]

W
일
[J]

λ
파장
[m]

여러 가지 단위

기호
양 / 유도량
[명칭]

m
길이
[미터]

kg
질량
[킬로그램]

s
시간
[초]

K
온도
[켈빈]

A
전류
[암페어]

N
힘
[뉴턴]

J
에너지, 일, 열량
[줄]

W
일률, 전력, 복사선속
[와트]

C
전하량
[쿨롬]

V
전위차, 기전력
[볼트]

Ω
전기 저항
[옴]

글 / 그림 우쿠쥐

물리학 I

- 핵심 개념과 자료 분석으로 원리를 이해하는 **개념 탐구 학습**
- 단계별, 수준별 다양한 문제 구성으로 든든한 **내신 완성 학습**
- 개념 + 기본 문제 + 실전 문제의 1 : 1 : 1 구성으로 빠른 **문제 적용 학습**

시험대비편

NEW

내신 잡는 필수 개념서

올리드

Allead

Mirae N 에듀

내신 잡는 필수 개념서

NEW 올리드 Allead

시험대비편

강별 **10** 분 TEST 문제 ·· 2

대단원별 **50** 분 평가 문제 ·· 20

10분 TEST 문제

01. 여러 가지 운동

맞은 개수 _____/17

[01~04] 이동 거리와 변위에 대한 설명으로 옳은 것은 ○표, 옳지 않은 것은 ×표 하시오.

01 이동 거리는 처음 위치에서 나중 위치까지의 직선거리이다.
( )

02 경로가 달라도 출발점과 도착점이 같으면 변위는 같다.
( )

03 직선 운동이 아닌 경우 변위의 크기는 이동 거리보다 항상 작다.
( )

04 물체가 출발했다가 제자리로 돌아온 경우 변위는 0이다.
( )

[05~06] 그림은 직선 도로에서 운동하는 어떤 물체의 위치를 시간에 따라 나타낸 것이다. 물음에 답하시오.

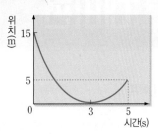

05 0~5초까지 물체의 이동 거리는 몇 m인지 구하시오.

06 0~5초까지 물체의 변위의 크기는 몇 m인지 구하시오.

[07~08] 오른쪽 그림은 미래가 조종하는 드론의 이동 경로를 나타낸 것이다. 물음에 답하시오.

07 P점에서 Q점까지 드론의 이동 거리와 변위의 크기를 등호나 부등호를 이용하여 비교하시오.

08 P점에서 Q점까지 드론의 평균 속력과 평균 속도의 크기를 등호나 부등호를 이용하여 비교하시오.

09 대한이가 한 바퀴가 300 m인 운동장을 4바퀴 달리는 데 4분 걸렸다. 대한이의 평균 속력과 평균 속도의 크기는 몇 m/s인지 구하시오.

[10~14] 속도와 가속도에 대한 설명으로 옳은 것은 ○표, 옳지 않은 것은 ×표 하시오.

10 속도가 일정하면 가속도는 0이다. ( )

11 속도와 가속도의 방향은 항상 같다. ( )

12 속도의 단위는 속력의 단위와 같은 m/s이다. ( )

13 속도의 크기가 증가하면 가속도의 크기는 항상 증가한다.
( )

14 운동하는 물체의 속도의 크기가 점점 증가하는 경우 가속도의 방향은 속도의 방향과 반대이다. ( )

[15~17] 움직이는 물체의 운동과 특징을 옳게 연결하시오.

15

일정한 속력으로 회전하는 선풍기의 날개

• • ㉠ 속력만 변하는 운동

16

직선 언덕을 내려오는 자전거

• • ㉡ 운동 방향만 변하는 운동

17

놀이공원의 바이킹

• • ㉢ 속력과 운동 방향이 모두 변하는 운동

10분 TEST 문제

02. 뉴턴 운동 법칙

맞은 개수 _____ /13

01 한 물체에 여러 힘이 동시에 작용할 때, 이 힘들과 같은 효과를 나타내는 하나의 힘을 무엇이라고 하는지 쓰시오.

[02~04] 마찰이 없는 수평면에 놓인 물체에 작용하는 알짜힘의 크기와 방향을 각각 쓰시오.

02

03

04
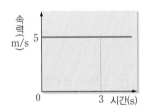

05 다음은 어떤 성질에 의해 나타나는 현상인지 쓰시오.

> • 달리던 사람이 돌부리에 걸려 넘어진다.
> • 버스가 갑자기 출발하면 승객이 뒤로 넘어진다.
> • 헐거워진 망치 자루의 손잡이를 바닥에 부딪치면 망치 머리가 자루에 단단히 박힌다.

06 오른쪽 그림은 직선상에서 운동하는 물체의 속력을 시간에 따라 나타낸 것이다. 물체가 0~3초 동안 이동한 거리는 몇 m인지 구하시오.

07 다음은 뉴턴 운동 제2법칙에 대한 설명이다. ( ) 안에 들어갈 알맞은 말을 쓰시오.

> 가속도의 크기는 물체에 작용하는 (㉠)의 크기에 비례하고, (㉡)에 반비례한다.

08 마찰이 없는 수평면에 놓인 질량 2 kg인 물체에 3 N의 알짜힘을 작용할 때, 물체의 가속도의 크기는 몇 m/s²인지 구하시오.

[09~10] 그림은 두 물체 A, B의 속력을 시간에 따라 나타낸 것이다. 물음에 답하시오.

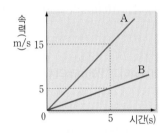

09 A, B에 작용한 힘의 크기가 같을 때, A, B의 질량의 비 $m_A : m_B$를 구하시오.

10 A, B의 질량이 같을 때, A, B에 작용하는 힘의 크기 $F_A : F_B$를 구하시오.

[11~12] 6 m/s의 속도로 직선 운동 하는 물체의 속도가 일정하게 감소하여 2초 후에 정지하였다. 물음에 답하시오.

11 2초 동안 물체의 가속도의 크기는 몇 m/s²인지 구하시오.

12 2초 동안 물체가 이동한 거리는 몇 m인지 구하시오.

13 다음 ( ) 안에 들어갈 알맞은 말을 고르시오.

> 작용 반작용 관계인 두 힘은 힘의 크기가 ㉠(같고, 다르고), 방향이 ㉡(같으며, 반대이며), ㉢(같은, 다른) 작용선상에 있다.

10분 TEST 문제

03. 운동량 보존

[01~04] 운동량의 크기는 몇 kg·m/s인지 구하시오.

01 질량이 2 kg이고, 10 m/s의 속도로 운동하는 물체

02 질량이 60 kg이고, 3 m/s의 속도로 운동하는 사람

03 질량이 400 g이고, 10 m/s의 속도로 날아가는 축구공

04 질량이 1500 kg이고, 20 m/s의 속도로 달리는 자동차

[05~09] 운동량에 대한 설명으로 옳은 것은 ○표, 옳지 않은 것은 ×표 하시오.

05 운동하는 물체의 속도가 변하면 운동량도 변한다. (   )

06 운동량의 크기는 속도가 같을 때 물체의 질량이 작을수록 크다. (   )

07 운동량의 크기가 같아도 방향이 다르면 운동량이 다르다. (   )

08 물체가 운동 반대 방향으로 힘을 받으면 운동량의 크기가 증가한다. (   )

09 물체의 운동량이 증가할 때 운동량 변화량의 방향은 처음 운동량의 방향과 같다. (   )

10 다음에서 설명하는 것은 무엇인지 쓰시오.

> 두 물체가 서로 충돌할 때 서로에게 작용하는 힘 이외에 마찰이나 공기 저항과 같은 다른 힘이 없다면 충돌 전 두 물체의 운동량의 합은 충돌 후 두 물체의 운동량의 합과 같다.

[11~13] 그림은 마찰이 없는 수평면에서 질량이 각각 2 kg, 3 kg인 물체 A, B가 충돌하는 모습을 나타낸 것이다. 충돌 전 A와 B의 속도는 각각 7 m/s, 2 m/s이고, 충돌 후 B의 속도는 6 m/s이며, A, B는 동일 직선상에서 운동한다. 물음에 답하시오.

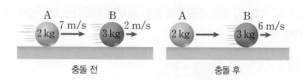

충돌 전   충돌 후

11 충돌 과정에서 A와 B가 받는 힘의 방향을 각각 쓰시오.

12 충돌 전 A와 B의 운동량의 크기는 각각 몇 kg·m/s인지 구하시오.

13 충돌 후 A의 속력은 몇 m/s인지 구하시오.

[14~15] 그림과 같이 마찰이 없는 수평면에 정지해 있던 질량 4 kg인 물체가 A, B로 분열하여 A는 3 m/s의 속도로 운동하였다. 물음에 답하시오.

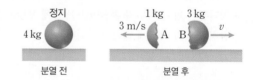

분열 전   분열 후

14 분열 후 B의 속력은 몇 m/s인지 구하시오.

15 물체가 분열할 때, 운동 에너지 증가량은 몇 J인지 구하시오.

16 다음 (   ) 안에 들어갈 알맞은 말을 쓰시오.

> 운동량 보존 법칙에 의해 두 물체가 충돌하는 동안 서로에게 작용한 (㉠)은/는 크기가 같고, (㉡)은/는 반대이다.

10분 TEST 문제

04. 충격량

맞은 개수 _____ /15

[01~04] 충격량에 대한 설명으로 옳은 것은 ○표, 옳지 <u>않은</u> 것은 ×표 하시오.

01 충격량의 방향은 물체에 작용한 힘의 방향과 같다. (   )

02 충격량의 단위는 운동량의 단위와 같다.   (   )

03 물체가 받은 충격량은 운동량의 변화량과 같다. (   )

04 충격량의 크기는 물체에 힘이 작용하는 시간에 반비례한다.
(   )

[05~06] 그림은 물체에 작용하는 힘의 크기를 시간에 따라 나타낸 것이다. 물음에 답하시오.

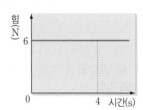

05 힘-시간 그래프 아랫부분의 넓이가 의미하는 것은 무엇인지 쓰시오.

06 물체가 0~4초 동안 받은 충격량의 크기는 몇 N·s인지 구하시오.

[07~09] 충격량을 증가시킬 때, 힘을 크게 작용하는 경우에는 '힘', 시간을 길게 하는 경우에는 '시간'이라고 쓰시오.

07 축구공을 세게 차면 축구공이 받는 충격량이 커진다.
(   )

08 대포의 포신이 길수록 포탄의 속력이 빨라진다. (   )

09 야구 방망이를 앞으로 밀며 끝까지 휘두르면 공의 속력이 빨라진다.   (   )

[10~13] 그림과 같이 같은 높이에서 푹신한 방석과 딱딱한 접시 위로 질량이 같은 두 달걀 A, B를 가만히 놓아 떨어뜨렸더니 방석에 떨어진 달걀은 깨지지 않았지만, 접시에 떨어진 달걀은 깨졌다. 이때 A, B의 물리량의 크기를 등호나 부등호를 이용하여 비교하시오.

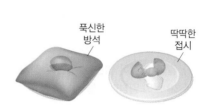

10 바닥에 닿기 직전 A, B의 운동량: A (   ) B

11 바닥에 닿아 멈추는 동안 A, B의 운동량의 변화량:
A (   ) B

12 A, B가 받은 충격량: A (   ) B

13 바닥에 닿아 멈추는 동안 바닥이 달걀에 힘을 작용하는 시간: A (   ) B

14 다음 (   ) 안에 들어갈 알맞은 말을 고르시오.

> 자동차의 에어백은 자동차가 충돌하여 멈출 때까지 시간을 ㉠(짧게, 길게) 하여 충돌할 때 작용하는 평균 힘의 크기를 ㉡(작게, 크게) 한다.

15 다음은 우리 주변의 안전장치를 나타낸 것이다.

> • 경기장의 매트   • 자동차의 에어백
> • 공기가 충전된 포장재   • 권투 장갑

위 안전장치는 충돌할 때 어떤 물리량을 증가시키기 위한 것인지 쓰시오.

05. 역학적 에너지

01 오른쪽 그림은 마찰이 없는 수평면에 정지한 물체에 작용한 힘의 크기를 물체의 이동 거리에 따라 나타낸 것이다. 물체가 4 m 이동하는 동안 힘이 물체에 한 일의 양은 몇 J인지 구하시오.

[02~03] 그림과 같이 마찰이 없는 수평면에 정지해 있던 질량 2 kg인 물체에 20 N의 일정한 힘을 가하여 5 m 이동시켰다. 물음에 답하시오.

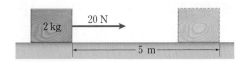

02 물체가 5 m 이동하는 동안 힘이 한 일의 양은 몇 J인지 구하시오.

03 물체가 5 m 지점을 통과하는 순간 물체의 속력은 몇 m/s인지 구하시오.

[04~07] 퍼텐셜 에너지에 대한 설명으로 옳은 것은 ○표, 옳지 않은 것은 ×표 하시오.

04 물체가 낙하하면 중력 퍼텐셜 에너지가 증가한다. (   )

05 탄성 퍼텐셜 에너지는 탄성체가 늘어난 길이에 비례한다.
(   )

06 퍼텐셜 에너지는 물체가 기준면으로부터의 위치에 따라 가진 잠재적인 에너지이다. (   )

07 물체를 연직 방향으로 일정한 속력으로 들어 올릴 때, 물체를 들어 올리는 힘의 크기는 물체에 작용하는 중력의 크기보다 크다. (   )

08 다음은 역학적 에너지에 대한 설명이다. (   ) 안에 들어갈 알맞은 말을 쓰시오.

> 물체의 운동에서 (㉠) 에너지와 퍼텐셜 에너지의 합을 역학적 에너지라고 하고, 마찰이나 공기 저항을 받지 않는다면 물체의 역학적 에너지는 (㉡)된다.

[09~10] 오른쪽 그림은 연직 위로 던져 올린 공의 운동을 나타낸 것이다. (   ) 안에 들어갈 알맞은 말을 쓰시오(단, 공기 저항은 무시한다.).

09 물체가 올라갈 때 감소한 (㉠) 에너지는 증가한 (㉡) 에너지와 같다.

10 물체가 내려올 때 감소한 (㉠) 에너지는 증가한 (㉡) 에너지와 같다.

11 용수철 상수가 800 N/m인 용수철에 질량 2 kg인 물체를 매달아 평형 위치로부터 20 cm만큼 잡아당겼을 때, 용수철의 탄성 퍼텐셜 에너지는 몇 J인지 구하시오.

[12~13] 그림은 롤러코스터의 레일을 따라 열차가 지점 A, B, C를 통과하는 모습을 나타낸 것이다. 물음에 답하시오.

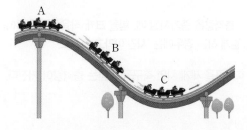

12 롤러코스터에 작용하는 공기 저항과 마찰을 무시할 때, A ~C 중 열차의 속력이 가장 큰 지점을 쓰시오.

13 롤러코스터에 공기 저항과 마찰이 작용할 때, A~C 중 열차의 역학적 에너지가 가장 큰 지점을 쓰시오.

⑩분 TEST 문제

06. 열역학 법칙

맞은 개수 _____ /13

[01~02] 그림과 같이 기체가 열의 출입으로 일정한 압력 P를 유지하면서 팽창할 때, 단면적이 A인 피스톤이 Δl만큼 이동하여 부피가 ΔV만큼 증가하였다. 물음에 답하시오(단, 실린더와 피스톤 사이의 마찰은 무시한다.).

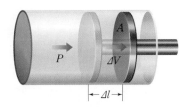

01 기체가 피스톤에 작용한 힘을 구하시오.

02 기체가 피스톤에 한 일을 구하시오.

03 그림은 기체의 상태가 a에서 b로 변할 때, 압력과 부피의 관계를 나타낸 것이다.

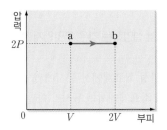

이때 기체가 외부에 한 일의 양은 몇 J인지 구하시오.

[04~06] 내부 에너지에 대한 설명으로 옳은 것은 ○표, 옳지 <u>않은</u> 것은 ×표 하시오.

04 기체의 내부 에너지는 절대 온도가 높을수록 크다.
( )

05 기체의 내부 에너지는 기체 분자들의 운동 에너지와 퍼텐셜 에너지의 합이다.
( )

06 이상 기체의 내부 에너지는 기체 분자들의 퍼텐셜 에너지의 총합과 같다.
( )

07 열에너지와 역학적 에너지를 포함한 에너지 보존 법칙을 무엇이라고 하는지 쓰시오.

[08~10] 그림 (가)~(다)는 열역학 과정을 간략하게 나타낸 것으로 (가), (나)는 기체에 열을 천천히 가하고, (다)는 기체의 온도가 일정하게 유지된다. 물음에 답하시오(단, 실린더와 피스톤 사이의 마찰은 무시한다.).

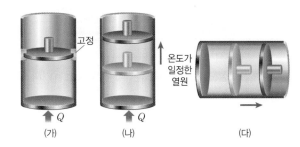

08 (가)~(다) 중 기체가 외부에 일을 하는 과정을 고르시오.

09 (가)~(다) 중 기체가 외부에 한 일이 없는 과정을 고르시오.

10 (가)~(다) 중 내부 에너지의 변화가 없는 과정을 고르시오.

[11~12] 오른쪽 그림은 고열원에서 500 J의 열을 흡수하여 역학적 일을 하고 200 J의 열을 방출하는 이상적인 열기관을 나타낸 것이다. 물음에 답하시오.

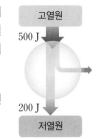

11 열기관이 외부에 한 일의 양은 몇 J인지 구하시오.

12 열기관의 열효율을 구하시오.

13 다음은 열역학 제2법칙에 대한 설명이다. ( ) 안에 들어갈 알맞은 말을 쓰시오.

> 열역학 제2법칙에 따르면 일은 모두 (㉠)(으)로 바꿀 수 있지만 (㉠)은/는 모두 일로 바꿀 수 없다. 즉, 열효율이 (㉡)인 열기관은 존재하지 않는다.

10분 TEST 문제

07. 특수 상대성 이론

맞은 개수 _____/12

[01~02] 그림은 직선 도로를 일정한 속도로 달리고 있는 자동차 A, B와 도로에 정지해 있는 철수를 나타낸 것이다. 물음에 답하시오.

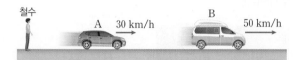

01 철수가 측정한 A, B의 속력은 각각 몇 km/h인지 구하시오.

02 A에서 측정한 B의 속력은 몇 km/h인지 구하시오.

03 에테르의 존재 여부를 확인하기 위한 실험으로, 실험 결과 에테르가 존재하지 않음을 확인한 실험은 무엇인지 쓰시오.

04 정지해 있거나 등속도 운동을 하는 관찰자를 기준으로 정한 좌표계를 무엇이라고 하는지 쓰시오.

05 다음은 특수 상대성 이론의 가설이다. (   ) 안에 들어갈 알맞은 말을 쓰시오.

- 가설 1: 모든 (㉠) 좌표계에서 모든 물리 법칙은 동일하다.
- 가설 2: 진공 중에서 진행하는 (㉡)의 속력은 관찰자나 광원의 속력에 관계없이 일정하다.

06 지면에 대해 20만 km/s의 속력으로 운동하는 우주선에서 발사한 빛의 속력을 지면의 관찰자가 측정했을 때, 빛의 속력은 몇 km/s인지 구하시오(단, 진공 중에서 빛의 속력은 30만 km/s이다.).

[07~08] 그림과 같이 정지한 철수에 대해 일정한 속력 v로 직선 운동 하는 우주선 안에서 영호가 빛 발생 장치를 이용하여 동시에 같은 거리에 있는 빛 검출기 A, B를 향해 빛을 비추었다. 물음에 답하시오(단, 빛의 속력은 c이다.).

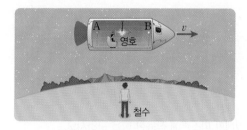

07 영호가 관측할 때, A와 B 중 빛이 먼저 도달하는 곳을 쓰시오.

08 철수가 관측할 때, A와 B 중 빛이 먼저 도달하는 곳을 쓰시오.

09 다음에서 설명하는 것은 무엇인지 쓰시오.

한 관성 좌표계에서 동시에 발생한 두 사건이 다른 관성 좌표계에서는 동시가 아닐 수 있다.

10 다음 (   ) 안에 들어갈 알맞은 말을 고르시오.

지구에 정지한 사람이 빛의 속도에 가까운 속도로 지구를 스쳐 지나는 우주선 안의 빛 시계를 측정할 때, 지구에 정지해 있는 시계보다 (느리게, 길게) 간다.

[11~12] 빛의 속도에 가까운 속도로 움직이는 우주선이 고유 거리가 $L_{고유}$인 행성 P에서 Q까지 운동하였다. P와 Q 사이의 거리를 P, Q에 대해 정지해 있는 관찰자와 우주선 안의 관찰자가 각각 측정한 결과를 등호나 부등호를 이용하여 비교하시오.

11 정지한 관찰자가 측정한 거리 (   ) $L_{고유}$

12 우주선 안의 관찰자가 측정한 거리 (   ) $L_{고유}$

10분 TEST 문제

08. 질량과 에너지

맞은 개수 _____ /18

[01~04] 특수 상대성 이론에 따른 질량과 에너지에 대한 설명으로 옳은 것은 ○표, 옳지 않은 것은 ×표 하시오.

01 정지해 있는 물체의 에너지는 0이다. (   )

02 질량과 에너지는 서로 전환될 수 있다. (   )

03 물체의 질량이 감소하면 감소한 질량만큼 에너지를 방출한다. (   )

04 운동하고 있는 물체의 상대론적 질량은 물체의 정지 질량보다 크다. (   )

05 정지 질량이 2 g인 물체의 정지 에너지는 몇 J인지 구하시오(단, 빛의 속력은 3×10^8 m/s이다.).

06 다음 (   ) 안에 들어갈 알맞은 말을 쓰시오.

양성자와 중성자가 결합하여 원자핵을 이룰 때 줄어든 질량을 (㉠)(이)라고 하며, (㉠)이/가 생기는 까닭은 양성자와 중성자가 결합하여 원자핵을 이루는 과정에서 (㉡)을/를 방출하였기 때문이다.

07 어떤 핵물질이 분열하면서 전체 질량이 0.2 g 줄어들었다. 이때 발생하는 에너지는 몇 J인지 구하시오(단, 빛의 속력은 3×10^8 m/s이다.).

08 다음은 핵반응에 대한 설명이다. (   ) 안에 들어갈 알맞은 말을 쓰시오.

무거운 원자핵이 원래 원자핵보다 가벼운 두 개의 원자핵으로 쪼개지는 핵반응을 (㉠)(이)라고 하며, 가벼운 두 개 이상의 원자핵이 결합하여 무거운 원자핵이 되는 핵반응을 (㉡)(이)라고 한다.

[09~12] 핵융합 과정에 대한 설명에는 '융', 핵분열 과정에 대한 설명에는 '분', 공통적인 설명에는 '공'이라고 쓰시오.

09 핵반응 과정에서 에너지를 방출한다. (   )

10 핵반응 과정에서 질량 결손이 발생한다. (   )

11 현재 원자력 발전소에서 일어나는 핵반응이다. (   )

12 태양에서 일어나는 핵반응으로, 이때 발생한 에너지가 태양 에너지의 근원이다. (   )

[13~15] 다음은 태양에서 일어나는 핵반응을 반응식으로 나타낸 것이다. 물음에 답하시오.

$$^2_1H + ^2_1H \longrightarrow (\quad ㉠ \quad) + 에너지$$

13 위 핵반응은 어떤 과정인지 쓰시오.

14 ㉠에 해당하는 것은 무엇인지 쓰시오.

15 핵반응 후의 총질량을 핵반응 전의 총질량과 비교하시오.

[16~18] 그림은 핵반응 과정을 모식적으로 나타낸 것이다. 물음에 답하시오.

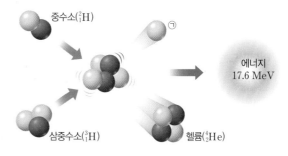

16 위 핵반응은 어떤 과정인지 쓰시오.

17 ㉠에 해당하는 것은 무엇인지 쓰시오.

18 핵반응 후의 총질량을 핵반응 전의 총질량과 비교하시오.

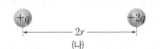

10분 TEST 문제　　**09. 전자의 에너지 준위**　　맞은 개수 _____/16

01 그림 (가)와 같이 전하량이 $+q$, $-q$인 두 점전하 사이에 크기가 F_0인 인력이 작용할 때, (나)에서 두 점전하 사이에 작용하는 전기력의 크기와 종류를 쓰시오.

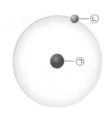

[02~04] 오른쪽 그림은 원자의 구조를 나타낸 것이다. 물음에 답하시오.

02 ㉠과 ㉡의 명칭을 각각 쓰시오.

03 ㉠과 ㉡이 띠고 있는 전하의 종류를 각각 쓰시오.

04 ㉠과 ㉡ 사이에 작용하는 힘을 쓰시오.

[05~07] 원자에 대한 설명으로 옳은 것은 ○표, 옳지 않은 것은 ×표 하시오.

05 원자는 더 이상 쪼개지지 않는 입자이다.　　(　　)

06 중성 원자는 원자핵의 (+)전하의 양과 전자의 (−)전하의 양이 같다.　　(　　)

07 러더퍼드는 알파(α) 입자 산란 실험으로 원자핵을 발견하였다.　　(　　)

08 그림 (가)~(다)는 여러 가지 스펙트럼을 나타낸 것이다.

(가), (나), (다)의 스펙트럼의 종류를 쓰시오.

[09~12] 원자 내 전자의 에너지 준위에 대한 설명으로 옳은 것은 ○표, 옳지 않은 것은 ×표 하시오.

09 원자 내 전자의 에너지 준위는 불연속적이다.　　(　　)

10 원자핵에서 멀어질수록 전자의 에너지 준위가 낮아진다.　　(　　)

11 양자수(n)가 클수록 전자가 갖는 에너지는 크다.　　(　　)

12 수소 원자에서 전자가 $n=1$인 궤도에 있을 때가 바닥상태이다.　　(　　)

[13~14] 그림 (가)~(다)는 원자 모형을 나타낸 것이다. 물음에 답하시오.

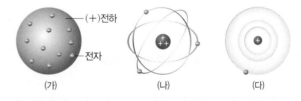

13 (가), (나), (다)의 원자 모형의 명칭을 쓰시오.

14 원자 모형이 제안된 시기가 빠른 것부터 순서대로 나열하시오.

[15~16] 그림은 수소 원자에서 전자의 전이 과정 a~d를 나타낸 것이다. 물음에 답하시오.

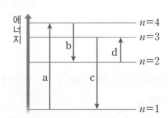

15 빛을 흡수하는 전이 과정을 모두 쓰시오.

16 흡수하거나 방출하는 빛의 진동수는 어느 경우가 가장 큰지 쓰시오.

10분 TEST 문제

10. 에너지띠

맞은 개수 _____/13

01 다음은 고체의 에너지 준위에 대한 설명이다. ( ) 안에 들어갈 알맞은 말을 쓰시오.

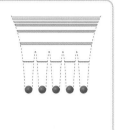

오른쪽 그림과 같이 고체에서 인접한 원자의 수가 많이 존재할 때, 원자의 에너지 준위가 미세한 차이를 두고 가깝게 분포하는 연속적인 에너지 준위를 ( )(이)라고 한다.

[02~03] 그림은 고체의 에너지띠 구조를 나타낸 것이다. 물음에 답하시오.

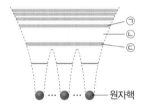

02 ㉠과 ㉡의 명칭을 쓰시오.

03 ㉠과 ㉢ 중에서 어느 것이 에너지가 더 큰지 쓰시오.

[04~07] 에너지띠에 대한 설명으로 옳은 것은 ○표, 옳지 <u>않은</u> 것은 ×표 하시오.

04 원자들이 규칙적으로 모여 이루어진 고체는 인접한 원자의 에너지 준위가 미세하게 갈라져 있다. ( )

05 에너지띠와 인접한 에너지띠 사이의 간격은 모두 일정하다. ( )

06 전자는 에너지가 준위가 낮은 상태부터 채워진다. ( )

07 에너지띠에 있는 전자들의 에너지는 모두 같다. ( )

[08~11] 그림 (가)~(다)는 도체, 반도체, 절연체의 에너지띠 구조를 순서 없이 나타낸 것으로, 색칠한 부분에는 전자가 채워져 있다. 물음에 답하시오.

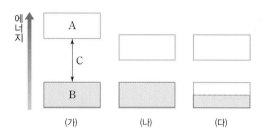

08 A, B, C의 명칭을 쓰시오.

09 (가), (나), (다)에 해당하는 물질의 종류를 쓰시오.

10 (가), (나), (다)의 전기 전도성을 비교하시오.

11 (나)에 속하는 대표적인 물질을 2가지 쓰시오.

12 다음은 고체의 에너지띠 구조와 전기 전도성에 대한 설명이다. ( ) 안에 들어갈 알맞은 말을 고르시오.

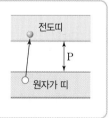

- 원자가 띠에 있는 전자가 전도띠로 전이할 때 에너지를 ㉠(흡수, 방출)한다.
- P가 클수록 고체의 전기 전도성은 ㉡(작다, 크다).

13 전자가 원자가 띠에서 전도띠로 전이하였을 때, 원자가 띠에 생긴 전자의 빈자리를 무엇이라 하는지 쓰시오.

10분 TEST 문제

11. 반도체와 다이오드

맞은 개수 _____/16

[01~04] 반도체에 대한 설명으로 옳은 것은 ○표, 옳지 <u>않은</u> 것은 ×표 하시오.

01 순수 반도체에서 원자들은 공유 결합을 하고 있다. (   )

02 순수 반도체인 규소(Si)와 저마늄(Ge)의 원자가 전자는 4개이다. (   )

03 반도체는 온도가 높을수록 전기 전도성이 커진다. (   )

04 불순물 반도체는 순수 반도체보다 전기 전도성이 작다. (   )

05 순수 반도체에 불순물을 첨가하여 전기적 성질을 변화시키는 것을 무엇이라 하는지 쓰시오.

06 다음 (   ) 안에 들어갈 알맞은 말을 쓰시오.

> (㉠   ) 반도체는 순수 반도체에 원자가 전자가 5개인 원소를 도핑하여 (㉡   )이/가 많아지도록 한 것이다.

07 다음 (   ) 안에 들어갈 알맞은 말을 쓰시오.

> p형 반도체는 순수 반도체에 원자가 전자가 (㉠   ) 개인 원소를 도핑하여 (㉡   )이/가 많아지도록 한 것이다.

08 p형 반도체와 n형 반도체를 접합하여 한쪽 방향으로만 전류가 흐르게 하는 전기 소자를 무엇이라 하는지 쓰시오.

[09~11] 다음은 반도체의 원자 주변의 전자 배열을 나타낸 것이다. 반도체의 종류를 옳게 연결하시오.

09 순수 반도체 •

• ㉠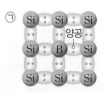

10 p형 반도체 •

• ㉡

11 n형 반도체 •

• ㉢

12 다이오드가 전류를 한쪽 방향으로만 흐르게 하는 것을 무엇이라 하는지 쓰시오.

[13~14] 그림 (가), (나)와 같이 p-n 접합 다이오드를 전지에 연결하였다. 물음에 답하시오.

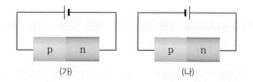

13 (가), (나)의 다이오드에 걸어 준 전압을 각각 무엇이라 하는지 쓰시오.

14 (가), (나) 중 다이오드에 전류가 흐르는 경우는 어느 것인지 쓰시오.

15 발광 다이오드에서 빛이 방출될 때 전자의 에너지는 증가할지, 감소할지 쓰시오.

16 광 다이오드는 빛 신호를 어떤 신호로 전환하는지 쓰시오.

10분 TEST 문제

12. 전류의 자기 작용

맞은 개수 _____/14

01 다음 (   ) 안에 들어갈 알맞은 말을 쓰시오.

> 자석의 (㉠) 극 사이에는 서로 밀어내는 (㉡)
> 이/가 작용하고, (㉢) 극 사이에는 서로 당기는
> (㉡)이/가 작용한다.

02 오른쪽 그림은 자석 주위의 자기장을 자기력선으로 나타낸 것이다. ㉠, ㉡이 띠고 있는 자극의 종류를 쓰시오.

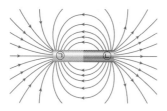

[03~05] 자기장과 자기력선에 대한 설명으로 옳은 것은 ○표, 옳지 않은 것은 ×표 하시오.

03 자석 주위에 자기력이 작용하는 공간을 자기장이라고 한다.
(   )

04 자기력선이 조밀한 곳일수록 자기장의 세기가 약하다.
(   )

05 전류가 흐르는 도선 주위에 놓은 자석에는 자기력이 작용한다.
(   )

06 어느 지점에서 자기장의 방향은 그 지점에 놓은 나침반의 어떤 극이 가리키는 방향인지 쓰시오.

07 다음은 직선 도선 주위의 자기장에 대한 설명이다. (   ) 안에 들어갈 알맞은 말을 고르시오.

> 오른쪽 그림과 같이 종이면에 놓인 직선 도선에 화살표 방향으로 전류가 흐른다. p에서 자기장의 방향은 종이면에(서) ㉠(나오는, 들어가는) 방향이고, 자기장의 세기는 p에서가 q에서보다 ㉡(작다, 크다).

08 종이면에 놓인 원형 도선에 시계 방향으로 전류가 흐를 때, 원형 도선의 중심에서 전류에 의한 자기장의 방향을 쓰시오.

09 다음 (   ) 안에 들어갈 알맞은 말을 고르시오.

> 원형 도선의 중심에서 전류에 의한 자기장의 세기는 도선에 흐르는 전류의 세기에 ㉠(비례, 반비례)하고, 원형 도선의 반지름에 ㉡(비례, 반비례)한다.

10 다음 (   ) 안에 들어갈 알맞은 말을 고르시오.

> 솔레노이드의 내부에서 자기장의 세기는 솔레노이드에 흐르는 전류의 세기에 ㉠(비례, 반비례)하고, 단위길이당 도선의 감은 수에 ㉡(비례, 반비례)한다.

11 그림과 같이 솔레노이드에 전류가 흐를 때, 전류에 의한 자기장의 자극 ㉠, ㉡을 쓰시오.

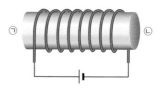

12 전류에 의한 자기 작용을 이용한 장치를 세 가지 쓰시오.

13 전자석의 세기를 세게 하는 방법을 2가지 쓰시오.

14 자석 사이에 들어 있는 코일에 전류가 흐를 때, 코일에 자기력이 작용하여 회전하도록 만든 장치는 무엇인지 쓰시오.

13. 물질의 자성

맞은 개수 _____ /16

01 다음 (   ) 안에 들어갈 알맞은 말을 쓰시오.

> 물질마다 고유한 자성을 갖는 까닭은 물질 내의 원자를 구성하는 전자들의 운동과 관련이 있다. 원자핵 주위를 도는 전자의 (㉠) 운동과 (㉡)(으)로 전류가 만들어져서 자기장을 형성한다.

02 다음 (   ) 안에 들어갈 알맞은 말을 쓰시오.

> 물질들이 외부 자기장에 반응하는 성질을 (㉠)(이)라고 한다. 물질의 (㉠)은/는 크게 강자성, (㉡), 반자성으로 구분한다.

03 원자를 하나의 매우 작은 자석으로 생각할 수 있는데, 이를 무엇이라 하는지 쓰시오.

04 원자 자석이 외부 자기장에 의해 일정한 방향으로 정렬되는 현상을 무엇이라 하는지 쓰시오.

05 다음 (   ) 안에 들어갈 알맞은 말을 고르시오.

> 물질의 자성을 자석에 반응하는 성질에 따라 구분하면, 자석에 강하게 ㉠(끌리는, 밀리는) 성질을 강자성, 약하게 ㉡(끌리는, 밀리는) 성질을 상자성, 약하게 ㉢(끌리는, 밀리는) 성질을 반자성이라고 한다.

[06~08] 다음 물질들의 자성을 옳게 연결하시오.

06 강자성 ·   · ㉠ 구리, 유리, 물

07 상자성 ·   · ㉡ 코발트, 니켈, 철

08 반자성 ·   · ㉢ 알루미늄, 산소, 종이

09 전자가 시계 방향으로 궤도 운동을 하고 있을 때 전자의 궤도 운동에 의한 전류의 방향을 쓰시오.

[10~13] 자성체에 대한 설명으로 옳은 것은 ○표, 옳지 않은 것은 ×표 하시오.

10 강자성체는 외부 자기장의 방향과 반대 방향으로 강하게 자기화된다.   (   )

11 반자성체는 외부 자기장에 의해 자기화된 후 외부 자기장이 사라지면 곧바로 자기화된 상태가 사라진다.   (   )

12 상자성체는 외부 자기장과 같은 방향으로 약하게 자기화된다.   (   )

13 강자성체는 외부 자기장을 제거해도 자기화된 상태가 오래 유지된다.   (   )

14 강자성체 내부에서 같은 방향의 자기장을 갖는 원자들이 모여 있는 것을 무엇이라 하는지 쓰시오.

[15~16] 다음 (   ) 안에 들어갈 알맞은 말을 고르시오.

15 자기 부상 열차에 이용되는 초전도체는 (강자성, 상자성, 반자성)을 강하게 나타낸다.

16 정보를 저장하는 하드 디스크의 플래터 표면에 입혀진 물질은 (강자성, 상자성, 반자성)을 갖는다.

10분 TEST 문제

14. 전자기 유도

맞은 개수 _____ /17

01 다음 ( ) 안에 들어갈 알맞은 말을 쓰시오.

> ( )은/는 자석과 코일의 상대적인 운동으로 코일을 통과하는 자기 선속이 변하여 코일에 유도 전류가 흐르는 현상이다.

02 다음 ( ) 안에 들어갈 알맞은 말을 고르시오.

> 코일 위에서 자석을 움직일 때, 코일에 흐르는 유도 전류의 세기는 자석을 움직이는 속력이 ㉠(빠를수록, 느릴수록) 크고, 코일의 감은 수가 ㉡(많을수록, 적을수록) 크며, 자석의 자기장 세기가 ㉢(셀수록, 약할수록) 크다.

[03~07] 전자기 유도에 대한 설명으로 옳은 것은 ○표, 옳지 않은 것은 ×표 하시오.

03 코일을 통과하는 자기 선속의 시간적 변화율이 클수록 유도 전류의 세기가 세다. ( )

04 자석을 코일 속에 넣고 가만히 있을 때 코일에 유도 전류가 흐른다. ( )

05 코일에 흐르는 유도 전류의 방향은 코일을 통과하는 자기 선속의 변화를 방해하는 방향이다. ( )

06 자석을 코일에 가까이 할 때와 멀리 할 때 코일에 흐르는 유도 전류의 방향은 서로 반대 방향이다. ( )

07 코일에 유도되는 기전력의 크기는 코일의 감은 수에 반비례한다. ( )

08 다음 ( ) 안에 들어갈 알맞은 말을 고르시오.

> 자석을 코일에 가까이 할 때는 자석과 코일 사이에는 서로 ㉠(밀어내는, 당기는) 자기력이 작용하고, 자석을 코일에서 멀리 할 때는 자석과 코일 사이에는 서로 ㉡(밀어내는, 당기는) 자기력이 작용한다.

[09~12] 유도 전류가 흐르는 경우는 ○표, 유도 전류가 흐르지 <u>않는</u> 경우는 ×표 하시오.

09 균일한 자기장 속에서 코일이 회전할 때 ( )

10 코일 내부에서 자석이 회전할 때 ( )

11 균일한 자기장 속에서 코일이 일정한 속도로 운동할 때 ( )

12 균일한 자기장 속으로 코일이 들어갈 때 ( )

13 그림 (가)~(라)와 같이 코일 위에서 자석을 운동시킬 때, 코일에 흐르는 유도 전류의 방향이 옳은 것은 ○표, 옳지 않은 것은 ×표 하시오.

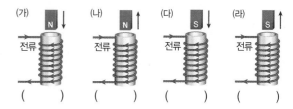

( )   ( )   ( )   ( )

[14~16] 그림과 같이 막대자석의 N극이 코일에 접근하고 있다. 물음에 답하시오.

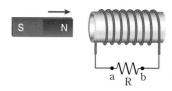

14 코일을 통과하는 자기 선속은 증가하는지, 감소하는지 쓰시오.

15 코일에 연결된 저항에 흐르는 전류의 방향을 쓰시오.

16 코일에 작용하는 자기력의 방향을 쓰시오.

17 전자기 유도 현상을 이용하여 코일의 회전 운동 에너지를 전기 에너지로 전환하는 장치는 무엇인지 쓰시오.

10분 TEST 문제

15. 파동과 전반사

맞은 개수 _____/12

[01~04] 그림은 줄을 따라 오른쪽으로 진행하는 파동의 어느 한 순간의 모습을 나타낸 것이다. A, B, C, D와 파동을 표시하는 요소를 옳게 연결하시오.

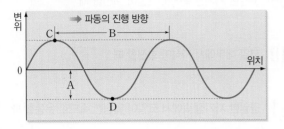

01 A ·

02 B ·

03 C ·

04 D ·

· ㉠ 마루

· ㉡ 골

· ㉢ 진폭

· ㉣ 진동수

· ㉤ 주기

· ㉥ 파장

[05~07] 파동의 속력에 대한 설명으로 옳은 것은 ○표, 옳지 않은 것은 ×표 하시오.

05 파동의 속력은 파장을 진동수로 나누어 구한다. (　　)

06 물결파의 속력은 물의 깊이가 얕은 곳보다 깊은 곳에서 더 빠르다. (　　)

07 온도가 높을수록 음파가 전달되는 속력이 빨라진다. (　　)

08 다음은 빛의 굴절에 대한 설명이다. (　　) 안에 들어갈 알맞은 말을 고르시오.

> 빛이 공기 중에서 물속으로 진행하면 빛의 속력은 ㉠(빨라지고, 느려지고, 변하지 않고), 파장은 ㉡(길어지며, 짧아지며, 변하지 않으며), 진동수는 ㉢(증가한다, 감소한다, 변하지 않는다). 이때 매질의 경계면에서 굴절각은 입사각보다 ㉣(작다, 크다).

09 다음은 빛의 굴절과 관련된 현상이다. (　　) 안에 들어갈 알맞은 말을 쓰시오.

> • 물속의 물고기가 실제보다 더 (㉠) 곳에 있는 것처럼 보인다.
> • 사막에서는 물체가 실제 위치가 아닌 곳에 보이는 (㉡) 현상이 일어난다.

10 그림은 빛이 물속에서 공기 중으로 진행할 때 경계면에서 반사와 굴절이 일어나는 모습을 나타낸 것이다. (　　) 안에 들어갈 등호나 부등호를 쓰시오.

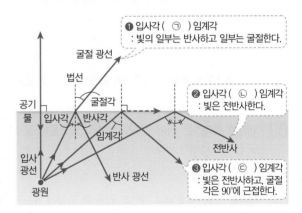

11 다음은 전반사가 일어날 조건에 대한 설명이다. (　　) 안에 들어갈 알맞은 말을 쓰시오.

> • 빛이 속력이 ㉠(느린, 빠른) 매질에서 ㉡(느린, 빠른) 매질로 진행해야 한다.
> • 경계면에서 빛의 입사각이 임계각보다 ㉢(커야, 작아야) 한다.

12 그림은 광섬유의 구조를 나타낸 것이다. ㉠, ㉡에 들어갈 알맞은 말을 쓰고, 굴절률의 크기를 비교하시오.

⑩분 TEST 문제 | 16. 전자기파

맞은 개수 _____ /21

01 전기장과 자기장이 서로를 유도하면서 주기적으로 진동하는 파동을 무엇이라고 하는지 쓰시오.

[02~06] 전자기파에 대한 설명으로 옳은 것은 ○표, 옳지 않은 것은 ×표 하시오.

02 전자기파는 종파이다. ( )

03 전자기파의 속력은 빛의 속력과 같다. ( )

04 전자기파가 진행하기 위해서는 매질이 꼭 필요하다. ( )

05 전자기파의 전기장이 진동하는 면과 자기장이 진동하는 면이 이루는 각은 90°이다. ( )

06 전자기파의 진행 방향은 전기장과 자기장이 진동하는 방향에 대해 각각 수직인 방향이다. ( )

[07~08] 그림은 전자기파를 파장에 따라 분류하여 나타낸 것이다. 물음에 답하시오.

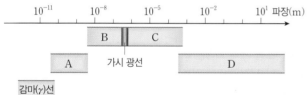

07 A~D에 해당하는 전자기파의 종류를 쓰시오.

08 A~D의 진동수의 크기를 비교하시오.

09 다음과 같은 특징을 가진 전자기파의 종류를 쓰시오.

> 고속의 전자가 금속과 충돌할 때 전자의 감속 때문에 발생하며, 투과력이 강해 인체 내부의 모습을 알아보는 데 이용된다.

[10~13] 적외선과 자외선 중 적외선에 대한 설명에는 '적', 자외선에 대한 설명에는 '자', 공통적인 설명에는 '공'이라고 쓰시오.

10 가시광선보다 진동수가 크다. ( )

11 X선보다 파장이 길다. ( )

12 살균 작용을 한다. ( )

13 열을 내는 물체에서 주로 발생한다. ( )

[14~16] 그림은 항암 치료에 이용되는 의료기기를 나타낸 것이다. 이 기기에 사용되는 전자기파에 대한 설명으로 옳은 것은 ○표, 옳지 않은 것은 ×표 하시오.

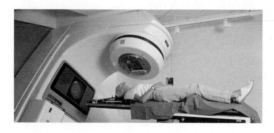

14 원자핵이 붕괴하는 과정에서 발생한다. ( )

15 전자기파의 종류 중 진동수가 가장 작다. ( )

16 피부 속에서 비타민 D를 합성한다. ( )

[17~21] 전자기파의 종류와 이용 분야를 옳게 연결하시오.

17 X선 •   • ㉠ 위조지폐 감별

18 라디오파 •   • ㉡ 광통신

19 가시광선 •   • ㉢ 열화상 카메라

20 적외선 •   • ㉣ 공항의 수하물 검사

21 자외선 •   • ㉤ TV 방송

17. 파동의 간섭

맞은 개수 _____ /14

01 그림은 진폭이 y_1, y_2인 두 파동이 중첩하는 과정을 나타낸 것이다. ㉠~㉢에 해당하는 값을 쓰시오.

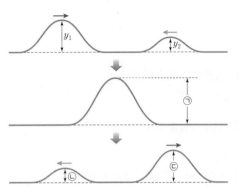

[02~05] 두 파동이 만나 중첩할 때 보강 간섭에 대한 설명에는 '보', 상쇄 간섭에 대한 설명에는 '상'이라고 쓰시오.

02 합성파의 진폭이 증가한다. ( )

03 골과 골이 만날 때 일어난다. ( )

04 마루와 골이 만날 때 일어난다. ( )

05 두 파동의 변위가 반대 위상으로 중첩될 때 일어난다. ( )

[06~07] 그림은 두 개의 점파원 S_1, S_2에서 진폭과 진동수가 같은 물결파를 같은 위상으로 발생시켰을 때 어느 한 순간의 마루와 골을 모식적으로 나타낸 것이다. 이때, 실선은 마루, 점선은 골을 나타낸다. 물음에 답하시오.

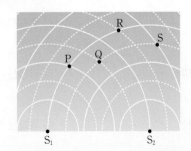

06 점 P~S 중 보강 간섭이 일어나는 곳을 쓰시오.

07 점 P~S 중 상쇄 간섭이 일어나는 곳을 쓰시오.

[08~09] 그림과 같이 두 개의 스피커 A, B에서 진폭과 진동수가 같은 음파를 같은 위상으로 발생시키고, 스피커가 배열된 방향과 나란한 방향으로 이동하면서 소리의 크기를 측정하였다. ( ) 안에 들어갈 알맞은 말을 고르시오(단, 점 O에서 A, B까지의 거리는 같다.).

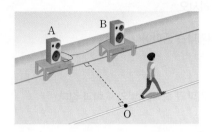

08 점 O에서는 A, B에서 나온 소리가 중첩되어 (보강, 상쇄) 간섭이 일어난다.

09 A, B에서 발생하는 소리의 진동수가 클수록 크기가 최대인 지점과 이웃한 최소인 지점 사이의 거리가 (길어진다, 짧아진다).

[10~14] 파동의 간섭을 이용한 사례에 대한 설명으로 옳은 것은 ○표, 옳지 않은 것은 ×표 하시오.

10 충격파 쇄석술은 초음파가 신장 결석이 있는 위치에서 보강 간섭 한다. ( )

11 소음 제거 기술은 여객기 외부의 소음, 자동차의 배기음 등을 제거하는 데 이용된다. ( )

12 소음 제거 기술은 외부의 소음과 위상이 같은 소리를 발생시켜 상쇄 간섭이 일어나게 한다. ( )

13 공연장의 벽과 천장은 반사된 소리가 공연장의 모든 곳에서 상쇄 간섭이 일어나도록 설계한다. ( )

14 지폐의 위조를 방지하는 글자가 각도에 따라 다른 색깔로 보이는 것은 빛의 간섭 때문이다. ( )

18. 빛과 물질의 이중성

맞은 개수 _____ /19

01 다음은 빛의 본성을 알기 위한 과학자들의 주장이다. ( ) 안에 들어갈 알맞은 말을 쓰시오.

> • 뉴턴: 빛은 작은 알갱이들이 모여서 만들어진 (㉠)들의 흐름이다.
> • 하위헌스: 빛은 물결파와 같이 공간을 전파해 나가는 (㉡)이다.

[02~06] 광전 효과 실험에 대한 설명으로 옳은 것은 ○표, 옳지 않은 것은 ×표 하시오.

02 빛의 세기가 센 빛일수록 광자의 수가 많다. ( )

03 단위 시간당 금속에서 튀어 나오는 광전자의 수가 많을수록 전류의 세기가 커진다. ( )

04 아인슈타인의 광양자설은 광전 효과 실험 결과를 설명하는 데 실패하였다. ( )

05 금속에서 전자가 튀어 나오는지 여부는 빛의 파장에 따라 결정된다. ( )

06 빛의 세기가 센 빛일수록 금속에서 튀어 나오는 광전자의 최대 운동 에너지가 크다. ( )

[07~09] 빛의 입자성을 나타내는 현상에는 '입', 빛의 파동성을 나타내는 현상에는 '파'라고 쓰시오.

07 빛이 진행 도중에 장애물을 만나면 빛의 일부분이 장애물 뒤까지 진행하는 현상 ( )

08 금속에 특정 진동수 이상의 빛을 비추었을 때 금속의 표면에서 전자가 튀어 나오는 현상 ( )

09 두 개 이상의 파동이 한 점에서 만날 때 보강되거나 상쇄되어 밝고 어두운 무늬가 반복되어 나타나는 현상 ( )

10 다음은 디지털카메라가 영상 정보를 기록하는 원리를 설명한 것이다. ( ) 안에 들어갈 알맞은 말을 쓰시오.

> 디지털카메라 내부의 (㉠)은/는 빛을 비추면 전자가 튀어 나오는 광전 효과를 이용하여 영상 정보를 기록하는 소자이다. (㉠)은/는 수많은 화소로 이루어져 있으며, 전극 아래에 축적되는 전자의 수는 빛의 (㉡)에 비례한다.

11 다음 실험에서 확인하고자 한 존재는 무엇인지 쓰시오.

> • 전자선을 니켈 결정에 입사시켰을 때 특정한 각도에서 전자가 많이 검출된다.
> • 얇은 알루미늄박에 X선을 입사시켰을 때와 유사한 회절 무늬가 전자선을 입사시켰을 때에도 관측된다.

[12~14] 질량 m인 입자가 v의 속력으로 운동할 때, 물질파 파장의 값이 λ이다. 다음과 같은 입자의 물질파 파장을 구하시오.

12 질량 m, 속력 $0.5v$인 입자 ( )

13 질량 $2m$, 속력 v인 입자 ( )

14 질량 $2m$, 속력 $2v$인 입자 ( )

[15~19] 투과 전자 현미경에 관한 설명에는 '투', 주사 전자 현미경에 관한 설명에는 '주', 공통적으로 해당되는 설명에는 '공'이라고 쓰시오.

15 광학 현미경보다 분해능이 좋다. ( )

16 시료의 2차원적인 내부 구조를 볼 수 있다. ( )

17 시료 표면의 입체적인 구조를 볼 수 있다. ( )

18 전자의 파동성을 이용한다. ( )

19 시료의 표면에서 튀어 나오는 전자를 수집한다. ( )

I. 역학과 에너지 1회

맞은 개수 _____ /17

01 속도와 가속도에 대한 설명으로 옳은 것만을 〈보기〉에서 있는 대로 고른 것은?

┤ 보기 ├
ㄱ. 가속도가 0이면 물체의 속도는 일정하다.
ㄴ. 속도의 크기가 증가하면 가속도의 크기는 항상 증가한다.
ㄷ. 운동하는 물체의 가속도의 방향과 속도의 방향이 같으면 물체의 속력이 증가한다.

① ㄱ　　　　② ㄴ　　　　③ ㄷ
④ ㄱ, ㄴ　　　⑤ ㄱ, ㄷ

03 그림은 길이가 r인 줄에 매달려 있는 물체를 점 p에서 잡고 있다가 가만히 놓았더니 점 O를 중심으로 하는 원궤도를 따라 점 q까지 운동하는 모습을 나타낸 것이다.

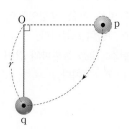

물체가 p에서 q까지 운동하는 동안, 이에 대한 설명으로 옳은 것만을 〈보기〉에서 있는 대로 고른 것은?

┤ 보기 ├
ㄱ. 변위의 크기는 r이다.
ㄴ. 이동 거리와 변위의 크기는 같다.
ㄷ. 평균 속력은 평균 속도의 크기보다 크다.

① ㄱ　　　　② ㄴ　　　　③ ㄷ
④ ㄱ, ㄷ　　　⑤ ㄴ, ㄷ

02 그림은 출발선에 정지해 있다가 동시에 출발한 철수와 영희가 각각 직선 운동 하는 것을 나타낸 것이다. 철수가 출발선에서 기준선 P까지 운동하는 동안 영희는 기준선 Q까지 갔다가 P로 돌아왔다.

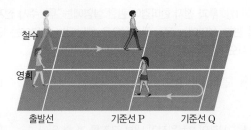

철수가 출발선부터 P까지 운동하는 동안, 철수와 영희의 운동에 대한 설명으로 옳은 것은?

① 이동 거리는 철수와 영희가 같다.
② 변위의 크기는 영희가 철수보다 크다.
③ 평균 속력은 철수가 영희보다 크다.
④ 평균 속도의 크기는 철수와 영희가 같다.
⑤ 속도의 방향은 철수와 영희가 항상 같다.

04 오른쪽 그림은 같은 위치에서 동시에 출발한 순간부터 직선 운동 하는 물체 A, B의 속도를 시간에 따라 나타낸 것이다. A와 B는 동일 직선상에서 운동한다. 이에 대한 설명으로 옳은 것만을 〈보기〉에서 있는 대로 고른 것은?

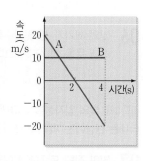

┤ 보기 ├
ㄱ. 0초부터 4초까지의 이동 거리는 A가 B의 2배이다.
ㄴ. A의 가속도의 크기는 10 m/s^2이다.
ㄷ. A와 B는 2초일 때 만난다.

① ㄱ　　　　② ㄴ　　　　③ ㄱ, ㄷ
④ ㄴ, ㄷ　　　⑤ ㄱ, ㄴ, ㄷ

05 그림과 같이 나란한 직선 도로에서 자동차 A, B가 각각 $4v_0$, v_0의 속력으로 동시에 기준선 P를 통과한 후, 각각 등가속도 운동을 하여 기준선 Q에 동시에 도달하였다. Q에 도달하는 순간, A는 정지하였고 B의 속력은 v이다.

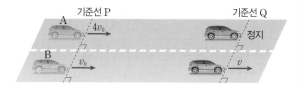

v는?(단, A, B의 크기는 무시한다.)

① v_0 ② $\dfrac{3}{2}v_0$ ③ $2v_0$

④ $3v_0$ ⑤ $4v_0$

✏️서술형

06 그림 (가)는 수평면에서 0초일 때 d만큼 떨어진 위치에서 같은 방향으로 운동하는 물체 A, B를 나타낸 것으로, 10초일 때 서로 충돌하였다. 그림 (나)는 A와 B가 충돌할 때까지 A, B의 시간에 따른 속도를 구분 없이 나타낸 것이다 (단, 물체의 크기는 무시한다.).

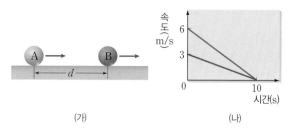

(1) 0초일 때, A와 B의 속력을 구하시오.

(2) (가)에서 d를 풀이 과정과 함께 구하시오.

07 그림 (가)와 같이 마찰이 없는 수평면에서 질량이 각각 $2m$, m인 물체 A, B를 접촉시켜 벽에 대고 수평 방향의 힘 F로 A를 밀었다. 그림 (나)는 마찰이 없는 수평면에서 A, B를 접촉시켜 F를 A에 작용하였을 때, A, B가 등가속도 운동 하는 모습을 나타낸 것이다.

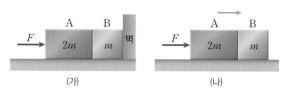

(가)에서 B가 A에 작용하는 힘의 크기를 F_0이라 할 때, (나)에서 B가 A에 작용하는 힘의 크기를 구하시오.

08 그림 (가)는 천장에 매단 도르래 양쪽에 실로 연결된 물체 A, B가 일정한 속력으로 운동하는 것을 나타낸 것이고, (나)는 마찰이 있는 수평면 위의 A와 실로 연결된 B가 속력이 증가하는 등가속도 운동을 하는 것을 나타낸 것이다.

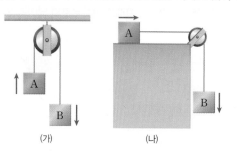

이에 대한 설명으로 옳은 것만을 〈보기〉에서 있는 대로 고른 것은?(단, 실의 질량과 공기 저항은 무시한다.)

┤ 보기 ├
ㄱ. 질량은 A가 B보다 작다.
ㄴ. B에 작용하는 알짜힘의 크기는 (나)에서가 (가)에서보다 크다.
ㄷ. (나)에서 A에 작용하는 마찰력의 크기는 실이 A를 당기는 힘의 크기보다 크다.

① ㄱ   ② ㄴ   ③ ㄷ

④ ㄱ, ㄴ   ⑤ ㄴ, ㄷ

09 그림은 마찰이 없는 수평면에서 v의 속력으로 등속도 운동하는 물체 A가 정지해 있는 물체 B와 충돌하기 전과 후의 모습을 나타낸 것이다. 충돌 후 A는 정지하고 B는 $\dfrac{1}{2}v$의 속력으로 등속도 운동을 한다.

이에 대한 설명으로 옳은 것만을 〈보기〉에서 있는 대로 고른 것은?

┤ 보기 ├
ㄱ. 충돌 후 B의 운동량의 크기는 충돌 전 A의 운동량의 크기보다 작다.
ㄴ. 질량은 B가 A의 2배이다.
ㄷ. 충돌 과정에서 A가 받은 충격량의 크기는 B가 받은 충격량의 크기와 같다.

① ㄱ   ② ㄴ   ③ ㄷ

④ ㄱ, ㄴ   ⑤ ㄴ, ㄷ

10 그림 (가)는 수평면에서 물체 A가 정지해 있는 물체 B를 향해 3 m/s의 속력으로 등속도 운동 하는 것을 나타낸 것이다. A, B의 질량은 각각 1 kg, 2 kg이다. 그림 (나)는 충돌 과정에서 A가 B에 작용하는 힘의 크기를 시간에 따라 나타낸 것으로, 그래프 아랫부분의 넓이는 2 N·s이다.

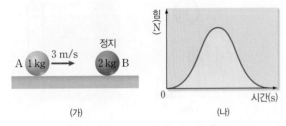

(가)   (나)

이에 대한 설명으로 옳은 것만을 〈보기〉에서 있는 대로 고른 것은?

┌─ 보기 ├─────────────────────────────┐
ㄱ. B가 A로부터 받은 충격량의 크기는 2 N·s이다.
ㄴ. 충돌 후 속력은 B가 A의 2배이다.
ㄷ. A와 B의 운동 에너지의 합은 충돌 전이 충돌 후보다 크다.
└─────────────────────────────────────┘

① ㄱ   ② ㄴ   ③ ㄷ
④ ㄱ, ㄴ   ⑤ ㄱ, ㄷ

11 오른쪽 그림은 물체 A와 B를 실로 연결한 후 기준선 p에서 A를 손으로 잡고 있다가 가만히 놓았더니 A가 기준선 q를 지나는 모습을 나타낸 것이다. A가 p에서 q까지 운동하는 동안, 이에 대한 설명으로 옳은 것만을 〈보기〉에서 있는 대로 고른 것은?(단, 물체의 크기, 공기 저항, 모든 마찰은 무시한다.)

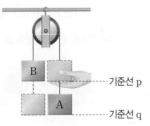

┌─ 보기 ├─────────────────────────────┐
ㄱ. A의 중력 퍼텐셜 에너지 감소량은 B의 중력 퍼텐셜 에너지 증가량보다 크다.
ㄴ. 운동 에너지 증가량은 A와 B가 같다.
ㄷ. A의 역학적 에너지는 감소한다.
└─────────────────────────────────────┘

① ㄱ   ② ㄴ   ③ ㄱ, ㄷ
④ ㄴ, ㄷ   ⑤ ㄱ, ㄴ, ㄷ

12 그림과 같이 질량 m인 무동력차가 궤도 위의 점 A, B를 지나 수평면의 점 C를 향해 운동하고 있다. A, B에서 무동력차의 속력은 각각 $3v$, v이고, A와 B의 높이는 수평면으로부터 각각 h, $2h$이다.

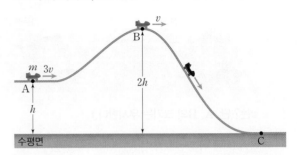

C에서 무동력차의 속력은?(단, 무동력차는 동일 연직면상에서 운동하며, 무동력차의 크기와 공기 저항, 마찰은 무시한다.)

① $\sqrt{13}\,v$ ② $4v$ ③ $\sqrt{17}\,v$
④ $3\sqrt{2}\,v$ ⑤ $\sqrt{19}\,v$

13 그림은 일정량의 이상 기체가 A → B → C로 변하는 과정을 나타낸 것이다. 표는 각 과정에서 기체가 흡수한 열량과 기체의 내부 에너지 변화량을 나타낸 것이다.

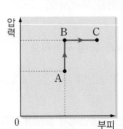

과정	흡수한 열량	내부 에너지 변화량
A → B	3Q	$\varDelta U$
B → C	5Q	$\varDelta U$

이에 대한 설명으로 옳은 것만을 〈보기〉에서 있는 대로 고른 것은?

┌─ 보기 ├─────────────────────────────┐
ㄱ. A → B 과정에서 $\varDelta U < 3Q$이다.
ㄴ. B → C 과정에서 기체 분자의 평균 운동 에너지는 증가한다.
ㄷ. B → C 과정에서 기체가 한 일은 2Q이다.
└─────────────────────────────────────┘

① ㄱ   ② ㄷ   ③ ㄱ, ㄴ
④ ㄴ, ㄷ   ⑤ ㄱ, ㄴ, ㄷ

14 그림은 고열원으로부터 400 J의 열을 흡수하여 W만큼의 일을 하고 저열원으로 250 J의 열을 방출하는 열기관을 나타낸 것이다.

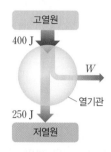

W와 열기관의 효율을 옳게 짝 지은 것은?

	$W(\text{J})$	열기관의 효율(%)
①	100	37.5
②	100	75
③	150	18.75
④	150	37.5
⑤	150	75

(✎서술형)

15 그림 (가)는 단열된 실린더에 들어 있는 일정량의 이상 기체에 열을 공급하였을 때 압력이 일정한 상태로 부피가 증가한 모습을 나타낸 것이다. 그림 (나)는 (가)에서 열 공급을 중단하고 다시 원래 부피가 되도록 기체를 압축시킨 모습을 나타낸 것이다.

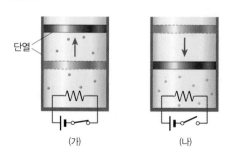

(가)와 (나)에서 기체의 온도와 압력을 비교하고, 그 까닭을 설명하시오.

16 그림은 민수에 대해 철수와 영희가 탄 우주선 A, B가 각각 일정한 속력 $0.6c$, $0.9c$로 직선 운동 하는 것을 나타낸 것이다. B의 바닥과 천장에는 각각 광원 장치와 검출기 P가 설치되어 있다. 철수, 영희는 B 안의 광원 장치에서 나온 빛이 P까지 도달하는 데 걸린 시간을 각각 t_A, t_B로 측정한다. A, B의 고유 길이는 L_0으로 같다.

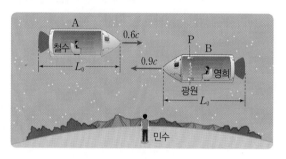

이에 대한 설명으로 옳은 것만을 〈보기〉에서 있는 대로 고른 것은?(단, c는 빛의 속력이다.)

┤ 보기 ├
ㄱ. 광원에서 방출된 빛의 속력은 철수가 측정할 때와 민수가 측정할 때가 서로 같다.
ㄴ. $t_A > t_B$이다.
ㄷ. 민수가 측정한 우주선의 길이는 B가 A보다 길다.

① ㄱ   ② ㄷ   ③ ㄱ, ㄴ
④ ㄴ, ㄷ   ⑤ ㄱ, ㄴ, ㄷ

17 다음은 핵융합 반응을 나타낸 반응식이고, 표는 핵융합 반응식과 관련된 원자핵의 질량을 나타낸 것이다.

$$^{2}_{1}\text{H} + (\ \ ㉠\ \ ) \longrightarrow ^{4}_{2}\text{He} + ^{1}_{0}\text{n} + 에너지$$

원자핵	$^{1}_{0}\text{n}$	$^{1}_{1}\text{H}$	$^{2}_{1}\text{H}$	$^{3}_{1}\text{H}$	$^{4}_{2}\text{He}$
질량	M_1	M_2	M_3	M_4	M_5

이에 대한 설명으로 옳은 것만을 〈보기〉에서 있는 대로 고른 것은?

┤ 보기 ├
ㄱ. 핵융합 반응식에서 핵반응 전후 양성자수의 합은 같다.
ㄴ. ㉠의 중성자수는 1이다.
ㄷ. $M_3 - M_1 > M_5 - M_4$이다.

① ㄱ   ② ㄴ   ③ ㄷ
④ ㄱ, ㄴ   ⑤ ㄱ, ㄷ

Ⅰ. 역학과 에너지 2회

맞은 개수 _____ /17

01 관성에 의해 나타나는 현상으로 옳지 않은 것은?

① 빠르게 달리다가 갑자기 멈추지 못한다.

② 뛰어가다가 발이 돌부리에 걸리면 넘어진다.

③ 버스가 갑자기 출발할 때 승객이 뒤로 움직인다.

④ 망치 자루를 바닥에 치면 머리 부분이 단단히 박힌다.

⑤ 물 위에 떠 있는 보트에서 뛰어내리자 보트가 뒤로 밀린다.

03 그림 (가)는 직선 운동 하는 자동차를 나타낸 것이고, (나)는 기준선으로부터 자동차의 위치를 시간에 따라 나타낸 것이다.

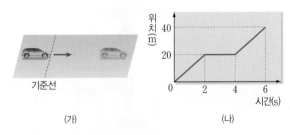

(가)   (나)

이에 대한 설명으로 옳은 것만을 〈보기〉에서 있는 대로 고른 것은?

┌─ 보기 ├─
ㄱ. 2초부터 6초까지 자동차의 변위는 20 m이다.
ㄴ. 3초일 때 자동차는 정지해 있다.
ㄷ. 5초일 때 자동차의 속력은 10 m/s이다.

① ㄱ   ② ㄷ   ③ ㄱ, ㄴ
④ ㄴ, ㄷ   ⑤ ㄱ, ㄴ, ㄷ

02 그림은 출발선에 정지해 있던 A, B가 동시에 서로 반대 방향으로 출발한 후 각각 5 m 떨어진 반환선 P, Q를 되돌아와 도착선에 동시에 도착하는 모습을 나타낸 것이다. 출발선에서 도착선까지 운동하는 동안 A, B의 평균 속력은 각각 2 m/s, 3 m/s이다.

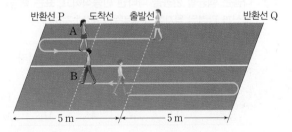

출발선에서 도착선까지 운동하는 동안 A, B의 운동에 대한 설명으로 옳은 것만을 〈보기〉에서 있는 대로 고른 것은?

┌─ 보기 ├─
ㄱ. 변위의 크기는 A와 B가 같다.
ㄴ. A는 출발선에서 운동을 시작한 순간부터 4초 후 도착선에 도착한다.
ㄷ. B의 평균 속도의 크기는 1 m/s이다.

① ㄱ   ② ㄷ   ③ ㄱ, ㄴ
④ ㄴ, ㄷ   ⑤ ㄱ, ㄴ, ㄷ

04 그림은 직선 도로의 한 출발선에서 자동차 A가 B보다 5초 먼저 출발하여 속력이 20 m/s로 같아진 순간을 나타낸 것이다. B는 출발선으로부터 200 m 떨어진 지점 P를, A는 B보다 앞선 지점 Q를 통과하고 있다. 출발선에 정지해 있던 A, B는 출발선에서 출발한 순간부터 각각 등가속도 직선 운동을 한다.

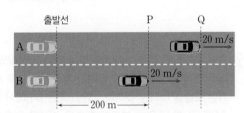

이에 대한 설명으로 옳은 것만을 〈보기〉에서 있는 대로 고른 것은?

┌─ 보기 ├─
ㄱ. A가 출발한 순간부터 Q에 도달하기까지 걸린 시간은 25초이다.
ㄴ. 가속도의 크기는 A가 B의 $\frac{4}{5}$ 배이다.
ㄷ. P와 Q 사이의 거리는 50 m이다.

① ㄱ   ② ㄷ   ③ ㄱ, ㄴ
④ ㄴ, ㄷ   ⑤ ㄱ, ㄴ, ㄷ

05 그림과 같이 마찰이 없는 수평면 위에 용수철저울 p로 연결된 두 물체 A, B를 놓고, B의 오른쪽에 용수철저울 q를 연결하여 일정한 힘 F로 당겼다. A, B의 질량은 각각 1 kg, 2 kg이고, A와 B가 운동하는 동안 p의 눈금은 4 N으로 일정하였다.

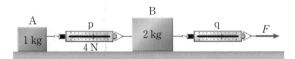

이에 대한 설명으로 옳은 것만을 〈보기〉에서 있는 대로 고른 것은?(단, p, q의 질량과 공기 저항은 무시한다.)

┌─ 보기 ─
ㄱ. A에 작용하는 알짜힘의 크기는 4 N이다.
ㄴ. F의 크기는 12 N이다.
ㄷ. A가 p를 당기는 힘과 B가 p를 당기는 힘은 작용과 반작용의 관계이다.
└

① ㄱ   ② ㄷ   ③ ㄱ, ㄴ
④ ㄴ, ㄷ   ⑤ ㄱ, ㄴ, ㄷ

06 오른쪽 그림은 마찰이 없는 수평면 위에 질량이 각각 2 kg, 3 kg인 두 물체 A, B가 접촉한 채로 정지해 있는 모습을 나타낸 것이다. 표는 정지해 있던 A, B에 수평 방향으로 작용하는 힘을 나타낸 것이다.

구분	힘의 방향	힘의 크기
(가)	A를 오른쪽으로 미는 경우	10 N
(나)	B를 왼쪽으로 미는 경우	10 N

이에 대한 설명으로 옳은 것만을 〈보기〉에서 있는 대로 고른 것은?

┌─ 보기 ─
ㄱ. A의 가속도의 크기는 (가)에서와 (나)에서가 같다.
ㄴ. B에 작용하는 알짜힘의 크기는 (가)에서가 (나)에서보다 크다.
ㄷ. B가 A에 작용하는 힘의 크기는 (가)에서가 (나)에서보다 크다.
└

① ㄱ   ② ㄴ   ③ ㄷ
④ ㄱ, ㄴ   ⑤ ㄱ, ㄷ

07 그림 (가)는 마찰이 없는 수평면에서 질량 2 kg인 물체 A가 정지해 있는 질량 1 kg인 물체 B를 향해 운동하는 모습을 나타낸 것이고, (나)는 A의 위치를 시간에 따라 나타낸 것이다. A와 B는 충돌한 후 같은 직선상에서 운동한다.

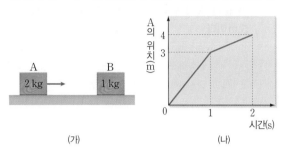

(가)   (나)

충돌한 후 A, B의 운동량의 크기를 각각 p_A, p_B라 할 때, $p_A : p_B$를 구하시오.

08 그림 (가)는 마찰이 없는 수평면에 정지해 있는 질량 2 kg인 물체에 F인 힘을 작용시키는 것을 나타낸 것이고, (나)는 F의 크기를 시간 t에 따라 나타낸 것이다.

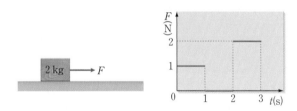

3초일 때, 물체의 속력은 몇 m/s인지 구하시오(단, 공기 저항은 무시한다.).

09 그림 (가)는 마찰이 없는 수평면에서 물체 A, B가 각각 속력 v, 2v로 벽을 향해 등속 직선 운동 하는 모습을 나타낸 것이다. 그림 (나)는 (가)에서 B가 벽과 충돌하여 v의 속력으로 반대 방향으로 튕겨 나와 A와 충돌한 뒤 정지한 모습을 나타낸 것이다. B가 벽과 충돌하는 동안 벽으로부터 받은 충격량의 크기는 I이다.

(가)   (나)

(나)에서 A와 B가 충돌하는 동안, A가 B로부터 받은 충격량의 크기는?(단, A, B의 크기와 공기 저항은 무시한다.)

① $\frac{1}{3}I$ ② $\frac{1}{2}I$ ③ $2I$
④ $3I$ ⑤ $5I$

10 그림은 마찰이 있는 수평면 위에 놓인 물체 A가 B와 실로 연결되어 운동하는 것을 나타낸 것이다. A, B의 질량은 2 kg으로 같고, 마찰면에서 A에 작용하는 마찰력의 크기는 F이다. 기준선 p에 정지해 있던 B가 기준선 q를 지나는 순간 A의 속력은 5 m/s이고, p와 q 사이의 거리는 5 m이다.

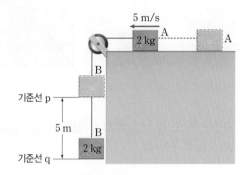

F는?(단, 중력 가속도는 10 m/s²이고, A, B의 크기와 실의 질량 및 공기 저항은 무시한다.)

① 6 N   ② 8 N   ③ 10 N
④ 12 N   ⑤ 14 N

(✏)서술형

11 그림 (가)와 (나)는 같은 속도로 날아오는 동일한 야구공을 각각 두꺼운 포수 글러브와 얇은 장갑을 착용한 상태에서 각각 받는 모습을 나타낸 것이다.

(가)와 (나)에서 공이 정지할 때까지 손이 받는 평균 힘의 크기를 비교하고, 그 까닭을 설명하시오.

12 오른쪽 그림은 실의 양 끝에 질량이 각각 1 kg, 2 kg인 두 물체 A, B를 매달아 도르래에 걸쳐놓은 상태에서 A를 수평면에 정지해 있도록 잡았더니 B가 수평면으로부터 2 m의 높이에 정지해 있는 모습을 나타낸 것이다. A를 가만히 놓았을 때, 이에 대한 설명으로 옳은 것만을 〈보기〉에서 있는 대로 고른 것은?(단, 중력 가속도는 10 m/s²이고, 물체의 크기와 실의 질량 및 공기 저항, 마찰은 무시한다.)

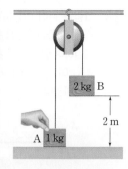

┤ 보기 ├

ㄱ. A와 B가 같은 높이를 지나는 순간 A의 운동 에너지는 $\frac{10}{3}$J이다.

ㄴ. A와 B가 같은 높이를 지나는 순간 운동량의 크기는 A가 B보다 작다.

ㄷ. A의 최고점의 높이는 4 m이다.

① ㄱ   ② ㄷ   ③ ㄱ, ㄴ
④ ㄴ, ㄷ   ⑤ ㄱ, ㄴ, ㄷ

13 그림과 같이 위쪽 수평면에서 용수철 p에 물체 A를 접촉시켜 p를 $2x$만큼 압축시켰다가 가만히 놓았더니, A가 경사면을 따라 내려와 아래쪽 수평면에서 용수철 q를 최대 $2x$만큼 압축시켰다. p, q의 용수철 상수는 각각 k, $3k$이다.

A를 p에 접촉시켜 p를 x만큼 압축시켰다가 가만히 놓았을 때, q가 최대로 압축되는 길이는?(단, A의 크기와 공기 저항, 마찰은 무시한다.)

① $\frac{1}{\sqrt{3}}x$ ② $\frac{1}{\sqrt{2}}x$ ③ x
④ $\sqrt{2}\,x$ ⑤ $\sqrt{3}\,x$

✎ 서술형

14 그림은 수평면에 놓인 물체 A를 경사면에 놓인 물체 B와 실로 연결한 후 A를 가만히 놓았을 때 A가 등가속도 운동을 하여 속력이 v가 된 순간을 나타낸 것이다.

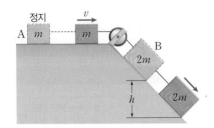

A를 가만히 놓은 순간부터 A의 속력이 v가 될 때까지 B의 높이 변화량 h를 풀이 과정과 함께 구하시오(단, 중력 가속도는 g이고, 물체의 크기 및 공기 저항, 마찰은 무시한다.).

15 그림은 어떤 열기관이 A → B → C → D → A의 순환 과정을 거치면서 외부에 일을 하는 것을 나타낸 것이다. A → B 과정은 고열원에서 Q_1의 에너지를 흡수하는 등온 과정, C → D 과정은 저열원으로 Q_2의 에너지를 방출하는 등온 과정, B → C, D → A 과정은 단열 과정이다.

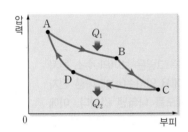

이에 대한 설명으로 옳은 것만을 〈보기〉에서 있는 대로 고른 것은?

| 보기 |

ㄱ. B → C 과정에서 기체의 내부 에너지는 증가한다.
ㄴ. 1회의 순환 과정 동안 기체가 외부에 한 일은 $Q_1 - Q_2$이다.
ㄷ. 열효율은 $\dfrac{Q_2}{Q_1}$이다.

① ㄱ   ② ㄴ   ③ ㄱ, ㄷ
④ ㄴ, ㄷ   ⑤ ㄱ, ㄴ, ㄷ

16 그림과 같이 단열된 실린더 속에 온도가 같은 이상 기체 A와 B가 피스톤으로 나누어져 있다. 피스톤 p는 실린더에 고정되어 있으며 열의 이동은 자유롭고, 피스톤 q는 단열되어 있다.

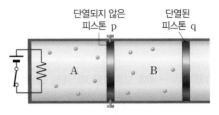

A에 열을 공급하는 동안 q가 일정한 속력으로 이동할 때, 이에 대한 설명으로 옳은 것만을 〈보기〉에서 있는 대로 고른 것은?(단, 대기압은 일정하고, 실린더와 q 사이의 마찰은 무시한다.)

| 보기 |

ㄱ. A의 내부 에너지는 일정하다.
ㄴ. B의 압력은 일정하다.
ㄷ. B가 흡수한 열량과 B가 q에 한 일은 같다.

① ㄱ   ② ㄴ   ③ ㄷ
④ ㄱ, ㄴ   ⑤ ㄴ, ㄷ

17 그림은 지면에 정지해 있는 영희와 $0.8c$의 일정한 속력으로 운동하는 우주선 안에 있는 철수가 전구를 켜 빛이 방출되는 모습을 나타낸 것이다. 철수가 측정할 때, 빛은 검출기 A, B에 동시에 도달하고, A와 B 사이의 거리는 L이며 우주선이 지면의 P 지점에서 Q 지점까지 가는 데 걸린 시간은 T이다.

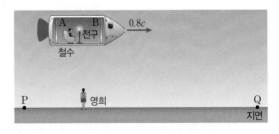

영희가 관측할 때, 이에 대한 설명으로 옳은 것만을 〈보기〉에서 있는 대로 고른 것은?(단, c는 빛의 속력이다.)

| 보기 |

ㄱ. 빛은 B보다 A에 먼저 도달한다.
ㄴ. A와 B 사이의 거리는 L보다 크다.
ㄷ. 철수가 P, Q 지점을 지나는 데 걸린 시간은 T보다 작다.

① ㄱ   ② ㄴ   ③ ㄷ
④ ㄱ, ㄴ   ⑤ ㄱ, ㄷ

01 그림과 같이 점전하 A, B가 각각 $x=0$, $x=2d$인 지점에 고정되어 있다. B에 작용하는 전기력의 방향은 $-x$ 방향이고, 전기력의 크기는 F_0이다.

B를 $x=-d$에 고정했을 때, A에 작용하는 전기력의 방향과 크기를 옳게 짝 지은 것은?

	전기력의 방향	전기력의 크기
①	$+x$ 방향	$2F_0$
②	$+x$ 방향	$4F_0$
③	$-x$ 방향	$2F_0$
④	$-x$ 방향	$4F_0$
⑤	$-x$ 방향	$8F_0$

02 그림 (가), (나)는 각각 보어의 수소 원자 모형에서 전자가 특정한 궤도에서 운동하고 있는 모습을 나타낸 것이다.

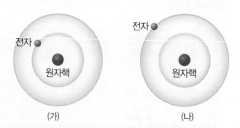

(가)   (나)

이에 대한 설명으로 옳은 것만을 〈보기〉에서 있는 대로 고른 것은?

┌ 보기 ┐
ㄱ. 원자핵과 전자는 같은 종류의 전하를 띤다.
ㄴ. 원자핵과 전자 사이에는 서로 끌어당기는 전기력이 작용한다.
ㄷ. 원자핵이 전자에 작용하는 힘의 크기는 (나)에서가 (가)에서보다 크다.

① ㄱ   ② ㄴ   ③ ㄱ, ㄴ
④ ㄱ, ㄷ   ⑤ ㄴ, ㄷ

03 그림은 빛의 스펙트럼 (가), (나)에 대해 학생 A, B, C가 대화하고 있는 모습을 나타낸 것이다.

(가)
(나)

(나)에서 밝은 선은 전자가 빛을 흡수하여 나타난 거야.

A

가열된 고체에서 방출되는 빛의 스펙트럼은 (가)와 같아.

B   C

(나)로부터 원자 내 전자의 에너지 준위가 불연속적임을 알 수 있어.

제시한 내용이 옳은 학생만을 있는 대로 고른 것은?

① A   ② B   ③ A, C
④ B, C   ⑤ A, B, C

04 오른쪽 그림은 보어의 수소 원자 모형에서 양자수(n)에 따른 전자의 궤도를 나타낸 것이다. 이에 대한 설명으로 옳은 것을 〈보기〉에서 있는 대로 고른 것은?

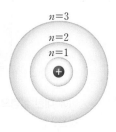

┌ 보기 ┐
ㄱ. 전자가 $n=1$인 궤도에 있을 때 수소 원자는 바닥상태이다.
ㄴ. 전자에 작용하는 전기력의 크기는 $n=3$인 궤도에서가 $n=1$인 궤도에서보다 작다.
ㄷ. 전자의 에너지는 $n=3$인 궤도에서가 $n=2$인 궤도에서보다 작다.

① ㄱ   ② ㄴ   ③ ㄱ, ㄴ
④ ㄱ, ㄷ   ⑤ ㄴ, ㄷ

05 그림은 보어의 수소 원자 모형에서 양자수 n에 따른 전자의 에너지 준위와 전자가 전이하면서 광자 a, b, c를 방출하는 모습을 나타낸 것이다. 광자 a, b, c의 진동수를 f_a, f_b, f_c라고 할 때, 이들의 관계를 쓰시오.

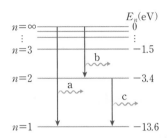

06 다음은 고체의 전기 전도성에 대한 실험이다.

[실험 과정]
그림과 같이 전원 장치, 스위치, 전구를 연결한 회로의 집게 도선 사이에 고체를 연결하고 전구에 불이 켜지는지를 관찰한다.

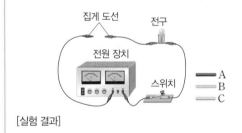

[실험 결과]

고체	A	B	C
전구 발광 여부	켜짐.	켜지지 않음.	켜짐.

이에 대한 설명으로 옳은 것만을 〈보기〉에서 있는 대로 고른 것은?

보기
ㄱ. A는 B보다 전기 전도성이 큰 물질이다.
ㄴ. C는 띠 간격이 매우 큰 물질이다.
ㄷ. 집게 도선 사이 B와 C를 직렬로 연결하면 전구에 불이 켜진다.

① ㄱ   ② ㄴ   ③ ㄱ, ㄷ
④ ㄴ, ㄷ   ⑤ ㄱ, ㄴ, ㄷ

07 그림은 원자가 띠에 있는 전자가 에너지 E_0을 흡수하여 전도띠로 전이하는 것을 모식적으로 나타낸 것이다. ㉠은 전자가 전이하여 생긴 빈자리이다. 표는 고체 A, B의 원자가 띠와 전도띠 사이의 에너지 간격(띠 간격)을 나타낸 것이다.

물질	띠 간격
A	1.14 eV
B	5.33 eV

이에 대한 설명으로 옳은 것만을 〈보기〉에서 있는 대로 고른 것은?

보기
ㄱ. 전류가 흐를 때 ㉠은 전류의 방향으로 이동한다.
ㄴ. E_0의 최솟값은 A가 B보다 크다.
ㄷ. 전기 전도성은 A가 B보다 크다.

① ㄱ   ② ㄷ   ③ ㄱ, ㄴ
④ ㄱ, ㄷ   ⑤ ㄴ, ㄷ

08 그림과 같이 직류 전원에 p-n 접합 다이오드와 발광 다이오드(LED)를 연결했을 때 LED에서 빛이 방출된다. 다이오드의 X는 순수한 저마늄에 불순물 원소 ㉠을 첨가한 반도체이다.

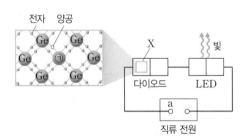

이에 대한 설명으로 옳은 것만을 〈보기〉에서 있는 대로 고른 것은?

보기
ㄱ. ㉠은 원자가 전자가 3개이다.
ㄴ. 전원의 단자 a는 (+)극이다.
ㄷ. LED에는 순방향 전압이 걸린다.

① ㄱ   ② ㄴ   ③ ㄷ
④ ㄱ, ㄴ   ⑤ ㄱ, ㄴ, ㄷ

09 그림과 같이 xy 평면에 무한히 긴 두 직선 도선이 고정되어 있다. 두 도선에는 각각 $-x$ 방향, $+y$ 방향으로 세기가 I_0, $2I_0$인 전류가 흐른다. xy 평면에 있는 세 점 a, b, c는 두 도선으로부터 떨어진 거리가 모두 같다.

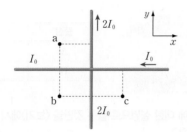

a, b, c에서 전류에 의한 자기장의 세기를 각각 B_a, B_b, B_c라고 할 때, B_a, B_b, B_c를 옳게 비교한 것은?

① $B_a > B_b > B_c$ ② $B_a > B_b = B_c$

③ $B_b > B_a > B_c$ ④ $B_b > B_a = B_c$

⑤ $B_b > B_c > B_a$

10 그림은 다이오드와 솔레노이드가 연결된 회로의 스위치를 닫았을 때 수평면에 놓여 있던 막대자석을 실은 수레가 오른쪽으로 운동하는 모습을 나타낸 것이다. 다이오드의 X는 p형 반도체와 n형 반도체 중 하나이다.

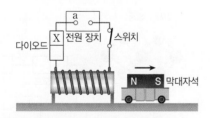

이에 대한 설명으로 옳은 것만을 〈보기〉에서 있는 대로 고른 것은?(단, 모든 마찰은 무시한다.)

┤ 보기 ├
ㄱ. 솔레노이드와 막대자석 사이에는 밀어내는 자기력이 작용한다.
ㄴ. X는 p형 반도체이다.
ㄷ. 전원의 단자 a는 (+)극이다.

① ㄱ   ② ㄷ   ③ ㄱ, ㄴ
④ ㄴ, ㄷ   ⑤ ㄱ, ㄴ, ㄷ

11 표는 물질 A, B, C의 특징에 대한 설명이다. A, B, C는 강자성, 상자성, 반자성 중 하나의 성질을 갖는다.

A	임계 온도 이하에서 전기 저항이 0이 되는 현상이 나타난다.
B	자기 구역이 없고, 원자의 자기장 방향이 불규칙하게 분포되어 있다.
C	정보를 저장하는 장치인 하드 디스크의 플래터에 입혀진 물질이다.

이에 대한 설명으로 옳은 것만을 〈보기〉에서 있는 대로 고른 것은?

┤ 보기 ├
ㄱ. A는 임계 온도 이하에서 반자성을 나타낸다.
ㄴ. A, B는 모두 강한 자기장을 만드는 데 이용된다.
ㄷ. C는 외부 자기장의 방향과 같은 방향으로 자기화된다.

① ㄱ   ② ㄴ   ③ ㄱ, ㄴ ④ ㄱ, ㄷ ⑤ ㄴ, ㄷ

✏️ 서술형
12 전동기와 발전기는 모두 자석과 코일로 구성되어 있다. 전동기와 발전기의 작동 원리를 구분하여 설명하시오.

13 그림 (가), (나), (다)는 가만히 놓아 낙하하는 사각형 도선이 종이면에 수직으로 들어가는 균일한 자기장 영역을 지나는 순간의 모습을 시간 순서대로 나타낸 것이다.

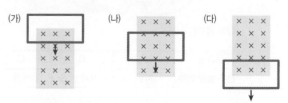

이에 대한 설명으로 옳은 것만을 〈보기〉에서 있는 대로 고른 것은?

┤ 보기 ├
ㄱ. (가)에서 도선에는 시계 방향으로 유도 전류가 흐른다.
ㄴ. (나)에서 도선에는 유도 전류가 흐르지 않는다.
ㄷ. 도선에 작용하는 자기력의 방향은 (가)와 (다)에서 서로 반대이다.

① ㄱ   ② ㄴ   ③ ㄱ, ㄴ ④ ㄱ, ㄷ ⑤ ㄴ, ㄷ

II. 물질과 전자기장 2회

맞은 개수 _____/13

01 그림과 같이 xy 평면에 점전하 A, B, C가 각각 $y=d$, $x=-2d$, $x=d$에 고정되어 있고, 원점에 놓인 (−)전하에는 A, B, C에 의한 전기력이 −y 방향으로 작용한다.

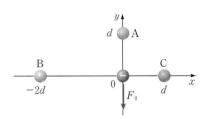

이에 대한 설명으로 옳은 것만을 〈보기〉에서 있는 대로 고른 것은?

┌─ 보기 ┐
ㄱ. A는 (−)전하를 띤다.
ㄴ. B와 C 사이에는 서로 밀어내는 전기력이 작용한다.
ㄷ. 전하량의 크기는 B가 C의 2배이다.
└───────┘

① ㄱ ② ㄷ ③ ㄱ, ㄴ
④ ㄴ, ㄷ ⑤ ㄱ, ㄴ, ㄷ

02 다음은 러더퍼드의 실험을 나타낸 것이다.

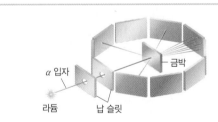

러더퍼드는 라듐에서 나오는 입자를 금박에 입사시켰더니 입자의 일부가 큰 각으로 산란되는 것을 관찰하였다. 이를 통해 원자 중심에 (   )이/가 있다는 것을 알게 되었으며, 러더퍼드는 전자가 (   ) 주위를 원운동 하는 원자 모형을 제안하였다.

(   ) 안에 공통으로 들어갈 말과 라듐에서 나오는 알파(α) 입자가 띠는 전하의 종류를 쓰시오.

🖉 서술형

03 가열된 고체와 기체에서 방출되는 빛의 스펙트럼의 차이를 설명하고, 기체에서 방출되는 빛의 스펙트럼으로부터 알 수 있는 사실을 설명하시오.

04 그림은 보어의 수소 원자 모형에서 전자가 양자수 $n=a$인 상태에서 $n=b$인 상태로 전이할 때 에너지가 E_0인 빛을 방출하는 것을 나타낸 것이다.

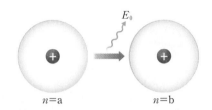

이에 대한 설명으로 옳은 것만을 〈보기〉에서 있는 대로 고른 것은?

┌─ 보기 ┐
ㄱ. $a<b$이다.
ㄴ. 전자의 에너지 준위는 $n=a$에서가 $n=b$에서보다 크다.
ㄷ. 수소 원자는 $n=b$인 상태에서 광자 에너지가 E_0인 빛을 흡수할 수 있다.
└───────┘

① ㄱ ② ㄴ ③ ㄷ
④ ㄱ, ㄷ ⑤ ㄴ, ㄷ

05 그림은 보어의 수소 원자 모형에서 양자수 n에 따른 전자의 궤도와 에너지 준위, 전자의 전이 a, b를 나타낸 것이다.

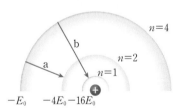

이에 대한 설명으로 옳은 것만을 〈보기〉에서 있는 대로 고른 것은?

┌─ 보기 ┐
ㄱ. 전자에 작용하는 전기력은 $n=2$에서가 $n=1$에서보다 크다.
ㄴ. a에서 방출되는 광자 1개의 에너지는 $3E_0$이다.
ㄷ. a에서 방출되는 빛의 파장은 b에서 방출되는 빛의 파장의 4배이다.
└───────┘

① ㄴ ② ㄷ ③ ㄱ, ㄴ
④ ㄱ, ㄷ ⑤ ㄴ, ㄷ

06 그림은 고체의 전기 전도성에 대해 학생 A, B, C가 대화하고 있는 모습을 나타낸 것이다.

제시한 내용이 옳은 학생만을 있는 대로 고른 것은?

① A   ② C   ③ A, B

④ B, C   ⑤ A, B, C

07 그림 (가)는 세 고체 X, Y, Z의 에너지띠 구조를 나타낸 것이다. 원자가 띠에는 전자가 채워져 있으며, X는 원자가 띠와 전도띠가 겹쳐 있다. 그림 (나)는 같은 크기와 모양의 X, Y, Z를 전지에 연결하고 전류계 A_1, A_2에 흐르는 전류를 측정하는 것을 나타낸 것이다.

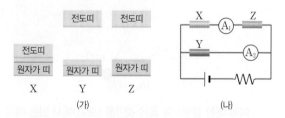

이에 대한 설명으로 옳은 것만을 〈보기〉에서 있는 대로 고른 것은?

┤ 보기 ├
ㄱ. X는 반도체이다.
ㄴ. 전기 전도성은 Y가 Z보다 크다.
ㄷ. (나)에서 전류계에 흐르는 전류의 세기는 A_1이 A_2보다 크다.

① ㄴ   ② ㄷ   ③ ㄱ, ㄴ
④ ㄱ, ㄷ   ⑤ ㄴ, ㄷ

08 오른쪽 그림은 p-n 접합 다이오드와 전구를 전지에 연결했을 때 전구가 켜진 것을 나타낸 것이다. A, B는 각각 순수한 규소에 불순물 원소 a, b를 첨가한 반도체이다. 이에 대한 설명으로 옳은 것만을 〈보기〉에서 있는 대로 고른 것은?

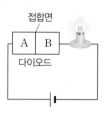

┤ 보기 ├
ㄱ. A는 p형 반도체이다.
ㄴ. 다이오드 내에서 전자와 양공은 접합면으로 이동한다.
ㄷ. 원자가 전자는 a가 b보다 많다.

① ㄴ   ② ㄷ   ③ ㄱ, ㄴ
④ ㄱ, ㄷ   ⑤ ㄱ, ㄴ, ㄷ

09 그림은 p-n 접합 발광 다이오드(LED) A, B를 전원 장치에 연결했을 때 A, B에서 각각 파란색 빛, 빨간색 빛이 방출되는 것을 나타낸 것이다.

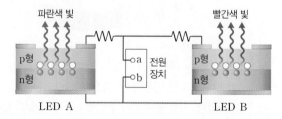

이에 대한 설명으로 옳은 것만을 〈보기〉에서 있는 대로 고른 것은?

┤ 보기 ├
ㄱ. 전원 장치의 단자 a는 (−)극이다.
ㄴ. 전자가 양공과 결합할 때 전자의 에너지는 감소한다.
ㄷ. 띠 간격은 B가 A보다 크다.

① ㄱ   ② ㄴ   ③ ㄷ
④ ㄱ, ㄷ   ⑤ ㄴ, ㄷ

10 그림 (가)는 무한히 긴 직선 도선 A와 원형 도선 B가 종이면에 고정되어 있는 것을 나타낸 것이다. A, B에는 각각 화살표 방향으로 세기가 I인 전류가 흐른다. 그림 (나)는 (가)에서 A를 제거하고 원형 도선 C를 종이면에 고정한 것을 나타낸 것이다. O는 B, C의 중심이고, (가)와 (나)의 O에서 자기장의 세기와 방향은 서로 같다.

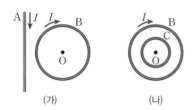

(가)   (나)

이에 대한 설명으로 옳은 것만을 〈보기〉에서 있는 대로 고른 것은?

┌─ 보기 ┐
ㄱ. (가)의 O에서 전류에 의한 자기장의 방향은 종이면에 들어가는 방향이다.
ㄴ. C에 흐르는 전류의 방향은 시계 반대 방향이다.
ㄷ. 전류의 세기는 A와 C가 서로 같다.
└──────┘

① ㄱ   ② ㄴ   ③ ㄱ, ㄴ
④ ㄱ, ㄷ   ⑤ ㄴ, ㄷ

11 그림은 무한히 긴 직선 도선 A, B가 xy 평면에 수직으로 고정되어 있는 것을 나타낸 것이다. A, B에는 각각 xy 평면에서 나오는 방향과 들어가는 방향으로 세기가 각각 I_0, $2I_0$인 전류가 흐른다. A, B와 점 p, q, r는 x축상에서 각각 같은 간격 d만큼 떨어져 있다.

이에 대한 설명으로 옳은 것만을 〈보기〉에서 있는 대로 고른 것은?

┌─ 보기 ┐
ㄱ. p에서 전류에 의한 자기장의 방향은 $+y$ 방향이다.
ㄴ. 전류에 의한 자기장의 세기는 r에서가 q에서보다 크다.
ㄷ. p와 A 사이에 전류에 의한 자기장이 0인 곳이 있다.
└──────┘

① ㄱ   ② ㄴ   ③ ㄱ, ㄴ
④ ㄱ, ㄷ   ⑤ ㄴ, ㄷ

12 그림은 소리가 마이크와 증폭기를 거쳐 스피커에서 재생되는 과정을 나타낸 것이다.

이에 대한 설명으로 옳은 것만을 〈보기〉에서 있는 대로 고른 것은?

┌─ 보기 ┐
ㄱ. 마이크는 전자기 유도 현상을 이용하여 소리를 전기 신호로 전환한다.
ㄴ. 스피커의 코일에 흐르는 전류의 세기는 일정하다.
ㄷ. 스피커에서 코일과 자석 사이에는 자기력이 작용한다.
└──────┘

① ㄱ   ② ㄴ   ③ ㄱ, ㄷ
④ ㄴ, ㄷ   ⑤ ㄱ, ㄴ, ㄷ

13 그림 (가)는 솔레노이드 내부에 자기화되지 않은 막대를 넣고 전원에 연결한 것을 나타낸 것이다. 그림 (나)는 (가)에서 자기화된 막대를 실에 매달린 구리 도선에 접근할 때 구리 도선에 전류가 흐르는 것을 나타낸 것이다.

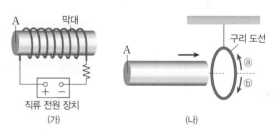

이에 대한 설명으로 옳은 것만을 〈보기〉에서 있는 대로 고른 것은?

┌─ 보기 ┐
ㄱ. (가)에서 막대의 A면은 S극으로 자기화된다.
ㄴ. (나)에서 구리 도선에는 ⓐ 방향으로 전류가 흐른다.
ㄷ. (나)에서 막대와 구리 도선 사이에는 당기는 자기력이 작용한다.
└──────┘

① ㄴ   ② ㄷ   ③ ㄱ, ㄴ
④ ㄱ, ㄷ   ⑤ ㄱ, ㄴ, ㄷ

01 그림은 오른쪽으로 진행하는 진동수가 5 Hz인 물결파의 어느 순간의 모습을 나타낸 것이다. 점 P와 Q는 매질 위의 점이다.

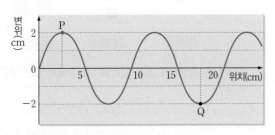

이 파동에 대한 설명으로 옳은 것만을 〈보기〉에서 있는 대로 고른 것은?

| 보기 |
ㄱ. 파동의 속력은 0.5 m/s이다.
ㄴ. P의 수면의 높이는 Q보다 항상 높다.
ㄷ. P에서 Q까지 파동이 진행하는 데 걸린 시간은 0.3초이다.

① ㄱ   ② ㄴ   ③ ㄱ, ㄷ
④ ㄴ, ㄷ   ⑤ ㄱ, ㄴ, ㄷ

02 다음은 물결파를 이용한 실험이다.

(가) 오른쪽 그림과 같이 물결파 발생 장치를 설치하고, 물결파를 발생시킨다.

(나) ㉠유리판이 없는 곳과 ㉡유리판이 있는 곳에서의 물결파의 모습을 비교한다.

물결파에 대한 설명으로 옳은 것만을 〈보기〉에서 있는 대로 고른 것은?

| 보기 |
ㄱ. 진동수는 ㉠과 ㉡에서 같다.
ㄴ. 속력은 ㉠에서가 ㉡에서보다 빠르다.
ㄷ. ㉠과 ㉡의 경계면에서 진행 방향이 꺾인다.

① ㄴ   ② ㄷ   ③ ㄱ, ㄴ
④ ㄱ, ㄷ   ⑤ ㄱ, ㄴ, ㄷ

03 그림은 사막에서 발생하는 신기루의 원리를 나타낸 것이다.

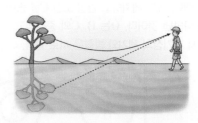

이에 대한 설명으로 옳은 것만을 〈보기〉에서 있는 대로 고른 것은?

| 보기 |
ㄱ. 지면에 가까운 곳일수록 공기의 온도가 높다.
ㄴ. 빛의 속력은 공기의 온도에 관계없이 일정하다.
ㄷ. 추운 지방에서는 물체가 공중에 떠 있는 것처럼 보이는 신기루 현상이 나타난다.

① ㄱ   ② ㄴ   ③ ㄱ, ㄷ
④ ㄴ, ㄷ   ⑤ ㄱ, ㄴ, ㄷ

04 그림 (가)는 단색광이 매질 A, B, C에서 진행하는 모습을 나타낸 것이다. θ_1은 B에서 C로 진행할 때의 입사각으로 이때 전반사가 일어났으며, θ_2는 B에서 A로 진행할 때의 굴절각이다. 점선은 A, B, C의 경계면에 수직인 법선이다. 그림 (나)는 (가)의 A와 C로 제작한 광섬유의 구조를 나타낸 것이다.

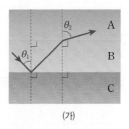 

(가)   (나)

이에 대한 설명으로 옳은 것만을 〈보기〉에서 있는 대로 고른 것은?

| 보기 |
ㄱ. 굴절률은 B가 C보다 크다.
ㄴ. θ_1을 감소시키면 θ_2는 증가한다.
ㄷ. (나)에서 A는 클래딩, C는 코어에 이용된다.

① ㄱ   ② ㄷ   ③ ㄱ, ㄴ
④ ㄴ, ㄷ   ⑤ ㄱ, ㄴ, ㄷ

05 다음에서 설명하는 것은 무엇인지 쓰시오.

- 매질이 없는 진공에서도 전달된다.
- 전기장과 자기장이 서로를 유도하며 진행한다.
- 매질의 진동 방향과 파동의 진행 방향이 수직인 횡파이다.

06 그림 (가)~(다)는 전자기파가 실생활에 이용되는 예이다.

(가) 전자레인지 (나) 식기 소독기 (다) 온도계

(가)~(다)에 이용되는 전자기파에 대한 설명으로 옳은 것만을 〈보기〉에서 있는 대로 고른 것은?

| 보기 |
ㄱ. 파장은 (가)의 전자기파가 (다)의 전자기파보다 길다.
ㄴ. (나)에 이용되는 전자기파는 자외선이다.
ㄷ. (다)에 이용되는 전자기파의 에너지가 가장 크다.

① ㄱ ② ㄷ ③ ㄱ, ㄴ
④ ㄴ, ㄷ ⑤ ㄱ, ㄴ, ㄷ

07 그림은 전자기파 스펙트럼을 나타낸 것이다.

| 파장(m) | 10^{-11} | 10^{-8} | 10^{-5} | 10^{-2} | 10^1 |

자외선 적외선
B C 전파
A

이에 대한 설명으로 옳은 것만을 〈보기〉에서 있는 대로 고른 것은?

| 보기 |
ㄱ. 진동수는 A가 B보다 크다.
ㄴ. B는 단거리 무선통신에 이용된다.
ㄷ. C는 불투명한 가방 내부를 관찰하는 데 이용된다.

① ㄱ ② ㄷ ③ ㄱ, ㄴ
④ ㄱ, ㄷ ⑤ ㄴ, ㄷ

08 오른쪽 그림은 두 스피커 A, B에서 같은 위상으로 진폭과 진동수가 같은 음파를 발생시킨 모습을 모식적으로 나타낸 것이다. 실선과 점선은 각각 음파의 마루와 골이고, 점 P, Q, R는 평면상에 고정된 점이다. 이에 대한 설명으로 옳은 것만을 〈보기〉에서 있는 대로 고른 것은?

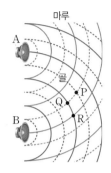

| 보기 |
ㄱ. P에서는 소리가 거의 들리지 않는다.
ㄴ. Q에서는 소리의 크기가 주기적으로 변한다.
ㄷ. R에서는 보강 간섭이 일어난다.

① ㄱ ② ㄷ ③ ㄱ, ㄴ
④ ㄱ, ㄷ ⑤ ㄴ, ㄷ

⑤서술형

09 그림은 소음 제거 회로와 스피커, 마이크로 구성된 소음 제거 기능이 있는 헤드폰을 쓴 사람의 모습을 나타낸 것이다.

소음 제거 회로
스피커
마이크

헤드폰을 쓴 사람에게 소음이 제거된 소리가 들리는 원리를 설명하시오.

10 빛의 파동설을 지지하는 근거로 옳은 것만을 〈보기〉에서 있는 대로 고른 것은?

| 보기 |
ㄱ. 빛의 속력은 물속에서가 공기 중에서보다 느리다.
ㄴ. 매질의 경계면에서 빛의 반사와 굴절이 동시에 일어난다.
ㄷ. 빛의 세기가 아무리 강해도 진동수가 작으면 광전자가 튀어 나오지 않는다.

① ㄱ ② ㄷ ③ ㄱ, ㄴ
④ ㄴ, ㄷ ⑤ ㄱ, ㄴ, ㄷ

11 그림은 단색광을 광전관의 금속판에 비추는 모습을 나타낸 것이고, 표는 세기와 진동수가 다른 단색광 A~C를 각각 비추었을 때 광전자의 방출 여부를 나타낸 것이다.

금속판
광전자

단색광	세기	진동수	광전자 방출 여부
A	I_0	f_0	방출되지 않음.
B	I_0	$2f_0$	방출됨.
C	$2I_0$	f_0	방출되지 않음.

이에 대한 설명으로 옳은 것만을 〈보기〉에서 있는 대로 고른 것은?

┌ 보기 ┐
ㄱ. 광자의 에너지는 B가 A보다 크다.
ㄴ. 금속판의 문턱 진동수는 $2f_0$보다 크다.
ㄷ. A와 C를 동시에 비추면 광전자가 방출된다.

① ㄱ   ② ㄴ   ③ ㄷ
④ ㄱ, ㄷ   ⑤ ㄱ, ㄴ, ㄷ

13 다음은 20세기 후반에 있었던 과학사적 사건들이다.

(가) 1924년 드브로이는 ㉠ 전자와 같은 입자도 파동의 성질을 가질 것이라고 주장하였다.
(나) 데이비슨과 거머는 니켈 표면에 전자선을 쏘고, 검출기의 각도에 따라 튀어 나오는 전자의 수를 측정하였다.
(다) 톰슨은 X선과 전자선을 각각 알루미늄박에 쏘아 나타나는 무늬를 비교하였다.

이에 대한 설명으로 옳은 것만을 〈보기〉에서 있는 대로 고른 것은?

┌ 보기 ┐
ㄱ. ㉠의 파장은 입자의 속력이 빠를수록 길다.
ㄴ. (나)는 (가)와 모순되는 실험 결과를, (다)는 (가)를 지지하는 실험 결과를 얻었다.
ㄷ. (다)에서 X선과 전자선은 유사한 회절 무늬를 만들었다.

① ㄱ   ② ㄷ   ③ ㄱ, ㄴ
④ ㄴ, ㄷ   ⑤ ㄱ, ㄴ, ㄷ

서술형

12 그림 (가)는 디지털카메라에서 렌즈로 들어오는 영상 정보를 받아들이는 장치인 전하 결합 소자(CCD)를, (나)는 전하 결합 소자 내부에 있는 화소의 모습을 나타낸 것이다.

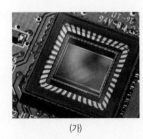
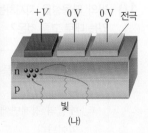

$+V$ $0\,V$ $0\,V$ 전극

n
p
빛

(가)   (나)

(1) 전하 결합 소자로 빛이 입사될 때 일어나는 현상을 무엇이라고 하는지 쓰시오.

(2) (나)에서 각 전극에 저장된 전자를 이동시키는 방법을 설명하시오.

14 그림은 어떤 현미경의 구조를 나타낸 것이다.

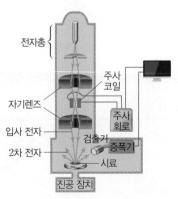

전자총
주사 코일
자기렌즈
주사 회로
입사 전자
검출기
2차 전자
증폭기
시료
진공 장치

이에 대한 설명으로 옳은 것만을 〈보기〉에서 있는 대로 고른 것은?

┌ 보기 ┐
ㄱ. 가시광선보다 파장이 짧은 전자기파를 이용한다.
ㄴ. 시료에서 방출되는 2차 전자를 검출한다.
ㄷ. 표면의 3차원적인 구조를 볼 수 있다.

① ㄱ   ② ㄷ   ③ ㄱ, ㄴ
④ ㄴ, ㄷ   ⑤ ㄱ, ㄴ, ㄷ

01 그림의 실선은 오른쪽으로 진행하는 파동의 0초인 순간의 모습을 나타낸 것이다. 0.5초일 때 파동의 모습이 점선과 같이 바뀌었다. P는 매질 위의 한 점이다.

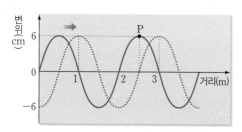

이 파동에 대한 설명으로 옳은 것만을 〈보기〉에서 있는 대로 고른 것은?

┤ 보기 ├
ㄱ. P점의 진동은 2초 간격으로 반복된다.
ㄴ. 파동의 속력은 1 m/s이다.
ㄷ. 2.5초일 때 P점의 변위는 6 cm이다.

① ㄱ   ② ㄷ   ③ ㄱ, ㄴ
④ ㄴ, ㄷ   ⑤ ㄱ, ㄴ, ㄷ

02 오른쪽 그림은 광선이 볼록 렌즈를 통과할 때의 경로를 나타낸 것으로, 보라색 보조선은 공기와 렌즈의 경계면과 수직인 법선이다. 이에 대한 설명으로 옳은 것만을 〈보기〉에서 있는 대로 고른 것은?

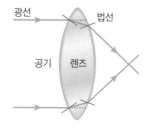

┤ 보기 ├
ㄱ. 광선이 공기 중에서 렌즈로 입사할 때 입사각이 굴절각보다 크다.
ㄴ. 빛의 속력은 렌즈 속에서가 공기 중에서보다 빠르다.
ㄷ. 빛의 파장은 광선이 진행하는 동안 변하지 않는다.

① ㄱ   ② ㄷ   ③ ㄱ, ㄴ
④ ㄴ, ㄷ   ⑤ ㄱ, ㄴ, ㄷ

03 다음은 공기 중에서 물속으로 비춘 빛의 진행 경로를 관찰하는 실험이다.

(가) 물을 물통의 기준선까지 채우고, 레이저 빛을 공기 중에서 물통의 중심을 향하여 비춘다.
(나) 빛의 입사각이 10°일 때 굴절각을 측정한다.
(다) 빛의 입사각이 50°일 때 굴절각을 측정한다.
(라) 빛의 입사각을 80°까지 증가시키면서 굴절각을 측정한다.

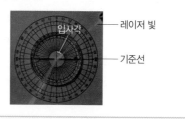

이에 대한 설명으로 옳은 것만을 〈보기〉에서 있는 대로 고른 것은?

┤ 보기 ├
ㄱ. (나)에서 굴절각은 10°보다 작다.
ㄴ. 굴절각은 (다)에서가 (나)에서보다 작다.
ㄷ. (라)에서 $\dfrac{굴절각}{입사각}$ 값은 항상 일정하다.

① ㄱ   ② ㄷ   ③ ㄱ, ㄴ
④ ㄴ, ㄷ   ⑤ ㄱ, ㄴ, ㄷ

(✐ 서술형)
04 다음은 레이저 포인터와 페트병을 이용한 실험이다.

[실험 과정]
오른쪽 그림과 같이 송곳으로 구멍을 뚫은 페트병에 물이 흘러나오게 하고, 구멍의 반대쪽에서 물줄기가 나가는 쪽으로 레이저 포인터를 비춘다.

[실험 결과]
레이저 포인터에서 나온 ㉠ 빛은 물줄기를 따라 진행한다.

물과 공기의 굴절률을 비교하고, 빛이 ㉠과 같이 진행하는 까닭을 설명하시오.

05 다음은 전자기파의 종류를 순서 없이 나열한 것이다.

> (가) 라디오파   (나) X선   (다) 감마(γ)선

(가)~(다)를 파장이 긴 것에서 짧은 것의 순서로 나열하시오.

06 다음은 전자기파 A, B, C에 대한 설명이다.

> A: 고속의 전자가 금속에 충돌할 때 발생한다.
> B: 영상 장치, 광통신 등에 활용되며, 파장에 따라 다른 색으로 보인다.
> C: 물 분자를 진동시켜 음식물을 가열한다.

A~C에 해당하는 것을 옳게 짝 지은 것은?

	A	B	C
①	X선	마이크로파	적외선
②	자외선	라디오파	마이크로파
③	감마(γ)선	라디오파	자외선
④	X선	가시광선	마이크로파
⑤	감마(γ)선	가시광선	적외선

07 그림은 전자기파 A를 이용하여 위조지폐를 감별하는 모습을 나타낸 것이다.

A에 대한 설명으로 옳은 것만을 〈보기〉에서 있는 대로 고른 것은?

> 보기
> ㄱ. 살균 작용을 한다.
> ㄴ. X선보다 진동수가 크다.
> ㄷ. 원자핵이 붕괴하는 과정에서 발생한다.

① ㄱ   ② ㄴ   ③ ㄱ, ㄷ
④ ㄴ, ㄷ   ⑤ ㄱ, ㄴ, ㄷ

08 그림 (가)는 전자기파를 진동수에 따라 분류한 것을, (나)는 어떤 전자기파를 이용하여 TV를 켜고 끄는 리모컨을 나타낸 것이다.

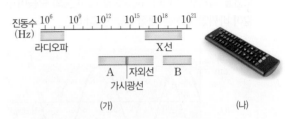

이에 대한 설명으로 옳은 것만을 〈보기〉에서 있는 대로 고른 것은?

> 보기
> ㄱ. (나)에서 사용되는 전자기파는 B이다.
> ㄴ. 진공 중에서의 속력은 A와 B가 같다.
> ㄷ. 파장은 A가 B보다 짧다.

① ㄱ   ② ㄴ   ③ ㄱ, ㄷ
④ ㄴ, ㄷ   ⑤ ㄱ, ㄴ, ㄷ

09 그림은 0초인 순간, 파장과 진폭이 각각 같고 연속적으로 발생되는 두 파동 A, B가 1 cm/s의 속력으로 서로 반대 방향으로 진행하는 모습을 나타낸 것이다.

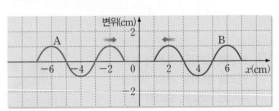

4초일 때 $x=0$인 지점에서 중첩된 파동의 변위는 몇 cm인지 쓰시오.

서술형

10 그림은 초음파 발생기를 이용하여 몸속의 결석을 제거하는 모습을 나타낸 것이다.

초음파 발생기에서 발생시키는 초음파의 세기는 약하지만 신장 결석을 깨뜨릴 수 있는 까닭을 설명하시오.

11 그림 (가)는 디지털카메라 내부의 전하 결합 소자(CCD)를, (나)는 전자 현미경을 나타낸 것이다.

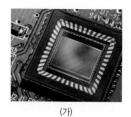 

(가)　　　　　(나)

(가), (나)에 대한 설명으로 옳은 것은?

① (가), (나)는 모두 빛의 파동성을 이용하였다.
② (가), (나)는 모두 빛의 입자성을 이용하였다.
③ (가), (나)는 모두 물질의 이중성을 이용하였다.
④ (가)는 빛의 입자성을, (나)는 물질의 파동성을 이용하였다.
⑤ (가)는 빛의 파동성을, (나)는 물질의 입자성을 이용하였다.

12 다음은 검전기를 이용한 광전 효과 실험이다.

[실험 과정]
(가) 검전기를 음(−)전하로 대전시킨다.
(나) 단색광 A, B를 (가)의 금속판에 비추고 금속박의 움직임을 관찰한다.
(다) 검전기를 다시 (가)의 상태로 만들고, 단색광 B, C를 비추어 금속박의 움직임을 관찰한다.

[실험 결과]

빛의 종류	A+B	B+C
금속박의 움직임	움직이지 않는다.	오므라든다.

이에 대한 설명으로 옳은 것만을 〈보기〉에서 있는 대로 고른 것은?

┤ 보기 ├
ㄱ. (나)에서는 광전 효과가 일어났고, (다)에서는 일어나지 않았다.
ㄴ. 진동수는 B가 C보다 크다.
ㄷ. 파장은 A가 C보다 길다.

① ㄱ　　　　② ㄴ　　　　③ ㄷ
④ ㄱ, ㄷ　　　⑤ ㄱ, ㄴ, ㄷ

13 다음은 입자 A와 B의 물리량을 비교한 것이다.

• 질량은 B가 A의 (㉠)배이다.
• 운동 에너지는 A가 B의 8배이다.
• 물질파 파장은 B가 A의 2배이다.
• 속력은 A가 B의 (㉡)배이다.

( ) 안에 들어갈 알맞은 숫자를 각각 쓰시오.

14 그림 (가), (나)는 광학 현미경과 전자 현미경의 구조를 비교한 것이다. ㉠은 (가)의 광원과 같은 역할을 한다.

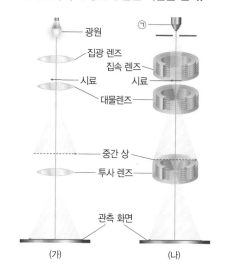

(가)　　　　　(나)

이에 대한 설명으로 옳은 것만을 〈보기〉에서 있는 대로 고른 것은?

┤ 보기 ├
ㄱ. ㉠은 전자총이다.
ㄴ. (가)는 유리 렌즈를, (나)는 자기렌즈를 이용한다.
ㄷ. (가), (나)는 모두 시료를 얇게 만들어야 한다.

① ㄱ　　　　② ㄴ　　　　③ ㄱ, ㄷ
④ ㄴ, ㄷ　　　⑤ ㄱ, ㄴ, ㄷ

오답노트

오답노트 로 틀린 문제를 다시 점검하여
실력을 쌓아 보세요.

날짜:

단원명:

페이지:

복습 횟수: ❶ ❷ ❸ ❹ ❺

(KEY PONT)

문제 붙이기

풀이 »

✂ 자르는 선

날짜:

단원명:

페이지:

복습 횟수: ❶ ❷ ❸ ❹ ❺

(KEY PONT)

문제 붙이기

풀이 »

NEW 올리드

바른답 • 알찬풀이

내신 잡는 필수 개념서

바른답·알찬풀이

개념학습편

Ⅰ. 역학과 에너지 ………………………………………… 2

Ⅱ. 물질과 전자기장 …………………………………… 43

Ⅲ. 파동과 정보 통신 …………………………………… 67

시험대비편

강별 **10** 분 TEST 문제 ………………………… 88

대단원별 **50** 분 평가 문제 ……………………… 92

개념학습편

Ⅰ 역학과 에너지

01 여러 가지 운동

┌10~11쪽┐

확인 문제 **1** 100, 0 **2** 40 **3** 2
4 자이로드롭, 바이킹

01 철수의 이동 거리는 왕복 거리인 100 m이고, 변위의 크기는 출발점에서 도착점까지의 직선거리이므로 0이다.

02 평균 속도는 변위를 걸린 시간으로 나누어 구한다. 따라서 기차의 평균 속도의 크기는 $\dfrac{2400\,\text{m}}{1\,\text{min}}=\dfrac{2400\,\text{m}}{60\,\text{s}}=40\,\text{m/s}$이다.

03 가속도는 $\dfrac{\text{속도 변화량}}{\text{걸린 시간}}$이므로, 가속도의 크기는 $\dfrac{(8-2)\,\text{m/s}}{3\,\text{s}}$ $=2\,\text{m/s}^2$이다.

04 자이로드롭은 속력만 변하는 운동, 대관람차는 운동 방향만 변하는 운동, 바이킹은 속력과 운동 방향이 모두 변하는 운동을 한다.

개념을 다지는 기본 문제

12~13쪽

01 ② 02 ④ 03 8 m/s 04 ① 05 ⑤ 06 해설 참조
07 ③ 08 ㉠ 속력과 운동 방향, ㉡ 증가, ㉢ 감소 09 ④ 10 ③

01 ㄴ. 선수는 곡선 경로를 따라 운동하므로, 이동 거리는 변위의 크기보다 크다.
[오답 피하기] ㄱ. 선수는 곡선 경로를 따라 운동하므로 속력과 운동 방향이 모두 변하는 운동을 한다.
ㄷ. 이동 거리가 변위의 크기보다 크므로, 평균 속력이 평균 속도의 크기보다 크다.

02 철수가 20초 동안 이동한 거리는 140 m이고, 변위의 크기는 100 m−40 m=60 m이다. 따라서 20초 동안 철수의 속력과 속도의 크기는 각각 $\dfrac{140}{20}=7(\text{m/s})$, $\dfrac{60}{20}=3(\text{m/s})$이다.

03 등속 직선 운동에서 속력은 이동 거리를 걸린 시간으로 나눈 값이다. AB, BC 구간의 거리를 d라 하면, 걸린 시간은 각각 $\dfrac{d}{6},\dfrac{d}{12}$이다. 따라서 다람쥐가 A에서 C까지 이동할 때 다람쥐의 평균 속력은 $\dfrac{2d}{\dfrac{d}{6}+\dfrac{d}{12}}=\dfrac{2d}{\dfrac{3d}{12}}=8(\text{m/s})$이다.

---

04 자료 분석 하기

위치－시간 그래프

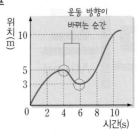

위치가 증가하다가 감소하거나, 감소하다가 증가할 때 운동 방향이 바뀐다.

• 0~10초까지 이동한 거리: 5 m+2 m+7 m=14 m
• 0~10초까지의 변위: 10 m ┐ 처음 위치에서 나중 위치까지의 위치 변화량
• 0~6초까지의 변위: 3 m ┘ 물체가 실제로 움직인 총 거리
• 6초~10초까지의 변위: 7 m ┘
• 0~10초 동안의 평균 속력: $\dfrac{\text{이동 거리}}{\text{걸린 시간}}=\dfrac{14\,\text{m}}{10\,\text{s}}=1.4\,\text{m/s}$
• 0~10초 동안의 평균 속도: $\dfrac{\text{변위}}{\text{걸린 시간}}=\dfrac{10\,\text{m}}{10\,\text{s}}=1\,\text{m/s}$

ㄱ. 물체의 운동 방향이 바뀌는 순간은 위치－시간 그래프의 기울기의 부호가 바뀌는 지점인 4초일 때와 6초일 때이다.
[오답 피하기] ㄴ. 0초부터 10초까지 물체가 이동한 거리는 14 m이므로, 평균 속력은 $\dfrac{14\,\text{m}}{10\,\text{s}}=1.4\,\text{m/s}$이다.

ㄷ. 평균 속도의 크기는 0초부터 6초까지는 $\dfrac{3\,\text{m}}{6\,\text{s}}=0.5\,\text{m/s}$이고, 6초부터 10초까지는 $\dfrac{7\,\text{m}}{4\,\text{s}}=\dfrac{7}{4}\,\text{m/s}$이다.

05 ⑤ 자동차의 운동 방향은 오른쪽으로 일정하므로, 1초일 때와 3초일 때 가속도의 방향은 반대이다.
[오답 피하기] ①, ② 속도가 증가하는 0초~2초 구간에서는 속도와 가속도의 방향이 같고, 속도가 감소하는 2초~4초 구간에서는 속도와 가속도의 방향이 반대이다.
③, ④ 평균 가속도=$\dfrac{\text{전체 속도 변화량}}{\text{걸린 시간}}$이므로, 0~2초 동안 평균 가속도는 $\dfrac{5\,\text{m/s}-2\,\text{m/s}}{2\,\text{s}}=1.5\,\text{m/s}^2$, 2~4초 동안 평균 가속도는 $\dfrac{1\,\text{m/s}-5\,\text{m/s}}{2\,\text{s}}=-2\,\text{m/s}^2$에서 평균 가속도의 크기는 2 m/s²이다.

⊕ 개념 더하기

가속도와 속도의 부호
가속도와 속도의 부호가 같으면 속력이 증가하고, 가속도와 속도의 부호가 반대이면 속력은 감소한다.

가속도: (+)		가속도: (−)	
속도: (+)	속도: (−)	속도: (+)	속도: (−)
속력 증가	속력 감소	속력 감소	속력 증가

06 예시 답안 A와 B가 이동하는 데 걸린 시간과 변위가 같고, 이동 거리는 A가 B보다 크다. 따라서 평균 속력은 A가 B보다 크고, 평균 속도의 크기는 A와 B가 같다.

채점 기준	배점(%)
이동 거리와 변위의 크기를 비교하여 평균 속력과 평균 속도의 크기를 모두 옳게 비교한 경우	100
평균 속력과 평균 속도의 크기 중 1가지만 옳게 설명한 경우	40

⊕ 개념 더하기

이동 거리와 변위, 평균 속력과 평균 속도의 크기 비교

구분	이동 거리와 변위	평균 속력과 평균 속도
일직선을 따라 한 방향으로 운동하는 경우	이동 거리=변위	평균 속력=평균 속도
곡선 운동을 하는 경우	이동 거리>변위	평균 속력>평균 속도

07 ③ 등속 원운동 하는 물체에 작용하는 가속도의 방향은 항상 원의 중심을 향한다.
[오답 피하기] ①, ② 물체는 등속 원운동 하므로 속력은 변하지 않고, 운동 방향은 매 순간 변한다.
④ 놀이공원의 대관람차, 회전목마, 회전 그네, 회전하는 선풍기의 날개 등은 등속 원운동 한다.
⑤ 등속 원운동 하는 물체의 운동 방향은 매 순간 원의 접선 방향이다. 따라서 실에 공을 매달아 등속 원운동을 시킬 때 실이 끊어지면 공은 그 순간 원의 접선 방향으로 날아간다.

08 진자의 운동은 속력과 운동 방향이 모두 변하는 운동이다. 진자의 속력은 진동의 중심에서 최대이고, 양 끝에서 0이다.

09 (가) 직선 레일을 따라 들어와 멈추는 기차는 직선상을 운동하므로, 운동 방향이 변하지 않고 속력이 감소하는 가속도 운동을 한다.
(나) 위아래로 오르내리는 롤러코스터는 속력과 운동 방향이 모두 변하는 가속도 운동을 한다.

10 구간 A에서 선수에게 빗면과 나란한 방향의 중력이 일정하게 작용하므로, 선수는 속력이 일정하게 증가하는 운동을 한다.
구간 B, D는 수평면 구간으로, 선수가 속력과 운동 방향이 일정한 운동을 하므로 (가)에 해당한다.
구간 C에서 선수는 속력과 운동 방향이 모두 변하는 포물선 운동을 하므로 (나)에 해당한다.

실력을 올리는 실전 문제

15~17쪽

01 ⑤	02 ②	03 ⑤	04 ①	05 ④
06 ④	07 ⑤	08 ④	09 ③	10 ⑤

1등급을 굳히는 고난도 문제

11 ⑤	12 ④

01 ㄱ. P에서 Q까지 물체는 직선 경로를 따라 이동하므로, 이동 거리는 변위의 크기와 같다.

ㄴ. 물체가 Q에서 R까지 이동하는 동안 변위는 Q에서 R까지의 직선거리이므로, 이동 거리는 변위의 크기보다 크다.
ㄷ. Q에서 R까지 물체는 곡선 경로를 따라 이동한다. 따라서 물체의 속력은 일정하지만 운동 방향이 계속 변하므로 물체는 가속도 운동을 한다.

02 ㄷ. A가 학교에서 집까지 이동할 때까지 변위의 크기는 500 m 이므로, 평균 속도의 크기는 $\dfrac{0.5 \text{ km}}{0.5 \text{ h}}=1 \text{ km/h}$이다.

[오답 피하기] ㄱ. B의 운동 방향이 바뀌었으므로 B는 가속도 운동을 하는 구간이 있다.
ㄴ. A와 B의 평균 속력은 각각 $\dfrac{1 \text{ km}}{0.5 \text{ h}}=2 \text{ km/h}$, $\dfrac{1.5 \text{ km}}{0.5 \text{ h}}=3 \text{ km/h}$이다. 따라서 평균 속력은 B가 A보다 크다.

03 ㄱ. 수직으로 교차하는 고속도로 중앙의 점 O를 중심으로 대칭인 원형 도로이므로, t 동안 A와 B의 변위의 크기는 같고 방향은 반대이다.
ㄴ. A가 O에서 P까지 가는 데 걸린 시간과 B가 O에서 Q까지 가는 데 걸린 시간이 t로 같고 t 동안 A와 B의 이동 거리도 같으므로, A와 B의 평균 속력은 같다.
ㄷ. A와 B의 변위의 크기와 걸린 시간이 같으므로 평균 속도의 크기는 같다.

04 ㄱ. A와 B는 출발점과 도착점이 서로 반대이므로 변위의 크기는 같고, 변위의 방향은 서로 반대이다.
[오답 피하기] ㄴ. A의 변위의 크기는 P와 Q를 잇는 직선거리이고, B의 이동 거리는 P와 Q 사이의 호의 길이이므로, A의 평균 속도의 크기는 B의 평균 속력보다 작다.
ㄷ. B는 곡선 경로를 따라 움직이므로 속력은 일정하지만 운동 방향이 계속 변한다. 따라서 B는 속도가 변하는 가속도 운동을 한다.

05 **자료 분석 하기**

위치-시간 그래프

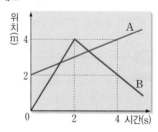

- 0~4초까지 A가 이동한 거리: 4 m－2 m＝2 m
- 0~4초까지 B가 이동한 거리: 0~2초까지의 이동 거리＋2~4초까지의 이동 거리＝4 m＋2 m＝6 m
- 1초일 때 B의 속력＝위치-시간 그래프에서 1초일 때 B의 기울기 $=\dfrac{4 \text{ m}}{2 \text{ s}}=2 \text{ m/s}$
- 3초일 때 B의 속력＝위치-시간 그래프에서 |3초일 때 B의 기울기| $=\left|\dfrac{2 \text{ m}－4 \text{ m}}{4 \text{ s}－2 \text{ s}}\right|=1 \text{ m/s}$

ㄴ. 3초일 때 A와 B의 위치 – 시간 그래프의 기울기 부호가 서로 반대 방향이므로, A와 B의 운동 방향은 서로 반대이다.

ㄷ. 위치 – 시간 그래프에서 기울기의 절댓값이 속력이다. 즉, 1초일 때와 3초일 때 B의 속력은 각각 2 m/s, 1 m/s이다.

[오답 피하기] ㄱ. 평균 속력은 전체 이동 거리를 총 걸린 시간으로 나눈 값이다. 0초부터 4초까지 A와 B의 이동 거리는 각각 2 m, 6 m이므로, 평균 속력은 각각 0.5 m/s, 1.5 m/s이다. 즉, 0초부터 4초까지 평균 속력은 B가 A의 3배이다.

06

시간(s)	0	2	4	6	8
위치(m)	0	3	4	3	0
평균 속력 (m/s)		$\frac{3}{2}$	$\frac{1}{2}$	$\frac{1}{2}$	$\frac{3}{2}$
평균 가속도 (m/s²)			$-\frac{1}{2}$	0	$\frac{1}{2}$

따라서 자동차의 속력 – 시간 그래프로 가장 적절한 것은 ④이다.

07 ㄱ. 여우는 곡선 경로를 따라 운동을 하므로 운동 방향이 변하는 가속도 운동을 한다.

ㄴ. 포도는 속력이 일정하게 증가하므로, 포도의 운동 방향과 가속도의 방향은 같다.

ㄷ. 속력–시간 그래프 아랫부분의 넓이는 이동 거리이므로 0부터 t까지 여우의 평균 속력은 v이다. 0부터 t까지 여우의 변위는 이동 거리보다 작으므로 여우의 평균 속도의 크기는 v보다 작다.

08 ㄴ. 비행기는 직선 활주로에서 속도가 일정하게 감소하는 운동을 하므로 운동 방향은 일정하고 속력만 변하는 운동을 한다. 따라서 0초부터 12초까지 비행기의 이동 거리와 변위의 크기는 같다.

ㄷ. 4초부터 8초까지 비행기의 평균 속력은 $\dfrac{640\ \text{m} - 360\ \text{m}}{8\ \text{s} - 4\ \text{s}}$ $=70\ \text{m/s}$이다.

[오답 피하기] ㄱ. 비행기의 속도가 일정하게 감소하므로, 가속도의 방향은 비행기의 운동 방향과 반대이다.

09 자료 분석 하기

위치 – 시간 그래프

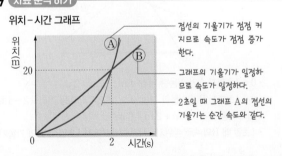

접선의 기울기가 점점 커지므로 속도가 점점 증가한다.

그래프의 기울기가 일정하므로 속도가 일정하다.

2초일 때 그래프 A의 접선의 기울기는 순간 속도와 같다.

ㄱ. 순간 속도는 위치 – 시간 그래프의 한 점에서 접선의 기울기와 같다. 2초일 때 접선의 기울기는 A가 B보다 크므로 순간 속도의 크기는 A가 B보다 크다.

ㄴ. 위치 – 시간 그래프의 기울기는 속도를 의미한다. A는 2초를 전후로 그래프의 기울기가 점점 커지므로 속도의 크기가 점점 증가한다. 즉, 2초일 때 A의 가속도의 방향은 운동 방향과 같다.

[오답 피하기] ㄷ. 위치 – 시간 그래프에서 두 점을 잇는 직선의 기울기는 평균 속도이므로, 0초부터 2초까지 A와 B의 평균 속도의 크기는 같다.

10 (가)는 속력과 운동 방향이 모두 변하는 운동, (나)는 운동 방향은 일정하나 속력이 변하는 운동, (다)는 속력과 운동 방향이 모두 일정한 운동, (라)는 속력은 일정하나 운동 방향이 변하는 운동이다.

ㄱ. 속력이 일정한 운동은 직선 경로를 일정한 속력으로 움직이는 (다)와 등속 원운동 하는 (라)이다.

ㄴ. 운동 방향이 변하는 운동은 곡선 경로를 따라 운동하는 (가)와 (라)이다.

ㄷ. 속력이나 운동 방향이 변하는 운동, 즉 속도가 변하는 가속도 운동은 (가), (나), (라)이다.

11 고난도 문제 해결 전략

(STEP 1) 출제 의도 파악하기

위치 – 시간 그래프를 해석하여 물체의 이동 거리와 변위, 속력과 속도, 평균 속력과 평균 속도를 비교할 수 있어야 한다.

(STEP 2) 자료 분석하기

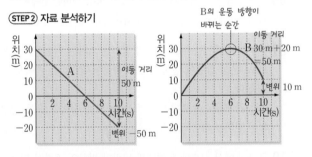

• 0~6초까지 A와 B의 평균 속력과 평균 속도

구분	평균 속력	평균 속도
A	$\dfrac{30\ \text{m}}{6\ \text{s}}=5\ \text{m/s}$	$\dfrac{-30\ \text{m}}{6\ \text{s}}=-5\ \text{m/s}$
B	$\dfrac{30\ \text{m}}{6\ \text{s}}=5\ \text{m/s}$	$\dfrac{30\ \text{m}}{6\ \text{s}}=5\ \text{m/s}$

ㄱ. A는 0초부터 10초까지 한쪽 방향으로 계속 50 m를 이동하고, B는 0초부터 6초까지 한쪽 방향으로 30 m를 이동하다가 운동 방향을 반대로 바꾸어 20 m를 되돌아오므로 0초부터 10초까지 이동 거리는 A와 B 모두 50 m이다.

ㄴ. 위치 – 시간 그래프에서 두 점을 잇는 직선의 기울기는 평균 속도이다. 0초부터 6초까지의 평균 속도는 A가 −5 m/s, B가 5 m/s이므로, A와 B의 평균 속도의 크기는 같다.

ㄷ. 0~6초까지 A는 위치가 감소하는 운동을 하고, B는 위치가 증가하는 운동을 하였으므로 A, B의 운동 방향은 반대이다. 그런데 6초일 때 B는 운동 방향을 바꾸어 위치가 감소하는 운동을 하므로, 2초일 때 A의 운동 방향과 8초일 때 B의 운동 방향은 같다.

12 고난도 문제 해결 전략

STEP 1 출제 의도 파악하기

속도가 일정한 운동과 속도가 일정하게 증가하는 운동을 비교하여 물리량을 계산할 수 있어야 한다.

STEP 2 자료 분석하기

• 철수는 0초부터 20초까지 속도가 2 m/s로 일정한 운동을 하고, 이때 이동한 거리는 40 m이므로 그래프로 나타내면 그림 (가)와 같다.

• 영희는 0초부터 20초까지 속력이 일정하게 증가하는 운동을 하고, 이때 이동한 거리는 40 m이므로 속도-시간 그래프의 기울기가 일정하고 아랫부분의 넓이가 40 m가 되도록 그래프로 나타내면 그림 (나)와 같다.

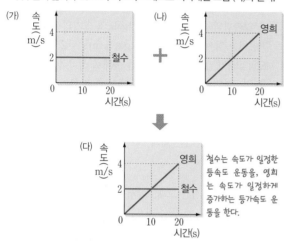

STEP 3 관련 개념 모으기

❶ 속도가 일정한 운동의 속도-시간 그래프는?

➡ 그래프의 기울기가 일정하며, 그래프 아랫부분의 넓이는 변위를 의미한다.

❷ 속도가 일정하게 증가하는 운동의 속도-시간 그래프는?

➡ 그래프의 기울기가 일정하게 증가하며, 속도-시간 그래프 아랫부분의 넓이는 변위를, 기울기는 가속도를 의미한다.

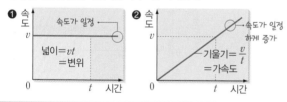

ㄱ. 철수가 2 m/s의 일정한 속도로 P에서 Q까지 40 m를 이동하였고, 이때 속력 $=\dfrac{\text{이동 거리}}{\text{시간}}$ 이므로 걸린 시간은 $\dfrac{\text{이동 거리}}{\text{속력}}$ $=\dfrac{40\text{ m}}{2\text{ m/s}}=20\text{ s}$이다.

영희가 40 m를 이동하는 데 걸린 시간은 철수와 같으므로 영희가 P에서 Q까지 이동하는 데 걸린 시간은 20초이다.

ㄴ. 속도-시간 그래프 아랫부분의 넓이의 절댓값은 이동 거리이다. $t=0$부터 $t=10$초까지 이동한 거리를 구하면 철수는 $2\text{ m/s}\times10\text{ s}=20\text{ m}$, 영희는 $\dfrac{1}{2}\times2\text{ m/s}\times10\text{ s}=10\text{ m}$로, 철수가 영희의 2배이다.

[오답 피하기] ㄷ. 속도-시간 그래프의 기울기로 구한 영희의 가속도는 $\dfrac{4\text{ m/s}}{20\text{ s}}=0.2\text{ m/s}^2$이다.

02 뉴턴 운동 법칙

┤18~20쪽├

확인 문제	**1** 15 N, 오른쪽	**2** 감소	**3** 0
	4 4	**5** 5, 40	**6** 같, 반대

01 한 물체에 작용하는 두 힘의 방향이 같으므로 알짜힘의 크기는 두 힘의 크기를 더한 15 N이고, 방향은 두 힘의 방향과 같은 오른쪽이다.

02 알짜힘이 물체의 운동 방향과 반대 방향으로 작용하는 경우 물체의 속력은 일정하게 감소한다.

04 물체의 가속도의 크기를 a라 하고 운동 방정식을 적용하면 $12\text{ N}=3\text{ kg}\times a$에서 $a=4\text{ m/s}^2$이다.

05 물체는 속도가 일정하게 증가하는 운동, 즉 등가속도 직선 운동을 한다. 등가속도 직선 운동 공식에 적용하면 $v=v_0+at$에서 $20\text{ m/s}=0+a\times4\text{ s}$이므로 $a=5\text{ m/s}^2$이다. 4초 동안 물체가 이동한 거리 $s=v_0t+\dfrac{1}{2}at^2=0+\dfrac{1}{2}\times5\text{ m/s}^2\times(4\text{ s})^2=40\text{ m}$이다.

06 질량이 다른 철수와 영희가 손바닥을 마주하고 밀 때, 철수와 영희가 주고받는 힘은 작용 반작용 관계이므로 크기가 같고, 방향은 반대이다.

개념을 다지는 기본 문제

21~23쪽

01 (가), (다), (나)	**02** ⑤	**03** ②	**04** ④	**05** ①	**06** ⑤
07 ③	**08** ㄱ, ㄴ, ㄷ	**09** ①	**10** 해설 참조	**11** 20 m/s²	
12 ③	**13** ④	**14** 해설 참조	**15** ①		

01 (가)에서 물체에 작용하는 알짜힘의 크기는 오른쪽으로 15 N이고, (나)에서는 두 힘이 반대 방향으로 작용하므로 알짜힘의 크기는 20 N−10 N=10 N, 방향은 큰 힘의 방향인 오른쪽이다. (다)에서는 오른쪽으로 8 N, 10 N, 왼쪽으로 5 N이 작용하므로 알짜힘의 크기는 8 N+10 N−5 N=13 N이고, 방향은 큰 힘의 방향인 오른쪽이다. 따라서 알짜힘의 크기는 (가)에서가 가장 크고, (나)에서가 가장 작다.

[오답 피하기] (가), (나), (다)에서 각 물체에 작용하는 중력과 수평면이 물체를 떠받치는 힘은 평형 관계이므로 크기가 같고 방향이 반대이다. 즉, 물체에 연직 방향으로 작용하는 알짜힘의 크기는 0이다.

02 ㄴ. 한 물체에 여러 힘이 동시에 작용할 때, 이 힘들과 같은 효과를 나타내는 하나의 힘을 알짜힘이라고 한다.

ㄷ. 알짜힘이 물체의 운동 방향으로 작용하면 물체의 속력은 증가하고, 알짜힘이 물체의 운동 방향과 반대 방향으로 작용하면 물체의 속력은 감소한다.

[오답 피하기] ㄱ. 힘은 질량×가속도와 같으므로, 힘의 단위는 N 또는 kg·m/s²이다.

➕ 개념 더하기

알짜힘과 물체의 운동의 관계

알짜힘	물체의 운동
0일 때	물체는 속력과 운동 방향이 일정한 운동을 한다.
물체의 운동 방향과 같은 방향으로 작용할 때	물체는 운동 방향이 일정하고, 속력이 일정하게 증가하는 등가속도 직선 운동을 한다.
물체의 운동 방향과 반대 방향으로 작용할 때	물체는 속력이 일정하게 감소하고, 어느 한 점에서 순간 정지한 후에 오던 길로 되돌아오는 운동을 한다.

03 ② 정지해 있는 물체는 계속 정지해 있으려는 정지 관성이 있다.
[오답 피하기] ① 관성의 크기는 질량이 클수록 크다. 따라서 질량이 클수록 자신의 운동 상태를 유지하려는 성질이 크다.
③ 관성이 작은 물체는 자신의 운동 상태를 유지하려는 성질이 작다. 따라서 작은 힘에도 운동 상태가 많이 변한다.
④ 관성은 물체가 원래의 운동 상태를 계속 유지하려는 성질로, 정지한 물체는 계속 정지해 있으려고 하고 운동하는 물체는 운동 상태를 계속 유지하려고 한다.
⑤ 버스가 급정거할 때 승객들이 앞으로 넘어지는 것은 운동 관성 때문이다.

04 ㄱ. 달리던 사람은 운동 방향으로 운동 상태를 계속 유지하려는 운동 관성이 작용하고 발은 돌부리에 걸려 정지하기 때문에 넘어진다.
ㄷ. 두루마리 화장지를 갑자기 잡아당기면 말려 있는 화장지는 제자리에 정지해 있으려는 정지 관성이 작용하고, 아랫칸에는 아래로 잡아당기는 힘이 작용하므로 풀리지 않고 끊어진다.
[오답 피하기] ㄴ. 수영 선수가 발로 벽을 차는 힘과 벽이 발을 밀어 주는 힘은 작용 반작용 관계이다.

05 가속도 법칙을 적용하면 수레의 질량이 일정할 때 가속도의 크기는 수레에 작용하는 알짜힘의 크기에 비례한다. 따라서 가속도와 알짜힘의 관계 그래프는 ①과 같다.

➕ 개념 더하기

가속도와 질량의 관계
수레에 작용하는 힘은 일정하게 하고 수레의 질량을 증가시킬 때 수레의 가속도는 질량에 반비례한다. 따라서 가속도와 질량의 관계 그래프는 오른쪽 그림과 같다.

06 ㄴ. A와 B를 한 물체로 생각하여 가속도를 a라 하고 운동 방정식을 적용하면 $20=4×a$에서 A와 B의 가속도의 크기는 5 m/s²이다.
ㄷ. B의 질량은 1 kg이고, 가속도의 크기는 5 m/s²이므로 B에 작용하는 알짜힘의 크기는 1 kg×5 m/s²=5 N이다.
[오답 피하기] ㄱ. A의 가속도의 크기는 B와 같은 5 m/s²이다.

---

07 자료 분석 하기

줄로 연결되어 운동하는 물체

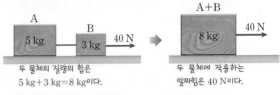

두 물체의 질량의 합은
5 kg+3 kg=8 kg이다.

두 물체에 작용하는
알짜힘은 40 N이다.

• A와 B의 가속도= $\dfrac{40 \text{ N}}{(5+3) \text{ kg}}$ =5 m/s²

---

③ 알짜힘의 크기는 질량과 가속도의 크기의 곱이므로, A에 작용하는 알짜힘의 크기는 5 kg×5 m/s²=25 N이다.
[오답 피하기] ①, ② A, B를 한 물체로 생각하여 운동 방정식을 적용하면 40 N=8 kg×a에서 A와 B의 가속도의 크기 a=5 m/s²로 같다.
④ B에 작용하는 알짜힘의 크기는 3 kg×5 m/s²=15 N이다.
⑤ 줄이 A를 당기는 힘의 크기는 A에 작용하는 알짜힘의 크기와 같은 25 N이다.

08 ㄱ, ㄴ. 속도-시간 그래프에서 그래프 아랫부분의 넓이의 절댓값은 이동 거리이므로 $\dfrac{1}{2}$×12 m/s×3 s=18 m이고, 기울기는 가속도이므로 가속도의 크기는 $\dfrac{12 \text{ m/s}}{3 \text{ s}}$=4 m/s²이다.
ㄷ. 운동 방정식 $F=ma$에서 8 N=m×4 m/s²이므로 m=2 kg이다.

09 자료 분석 하기

속도-시간 그래프
• 그래프 아랫부분의 넓이는 변위, 기울기는 가속도를 의미한다.

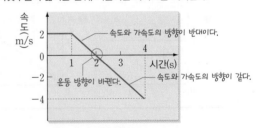

• 0~1초: 속도가 일정하므로 등속도 운동을 한다.
• 1~4초: 1~2초까지는 속도가 일정하게 감소하고, 2~4초까지는 속도가 일정하게 증가한다. 1~4초까지 그래프의 기울기는 일정하므로, 물체는 등가속도 운동을 한다.

구분	0~1초	1~2초	2~4초
이동 거리	2 m	1 m	4 m
변위	+2 m	+1 m	−4 m
가속도	0	−2 m/s²	−2 m/s²
알짜힘	0	−4 N	−4 N

---

① 물체는 0초부터 1초까지 속도가 일정한 등속도 운동을 한다. 즉, 가속도가 0인 구간을 포함하므로 등가속도 운동을 한다고 볼 수 없다.

[오답 II하기] ② 속도 – 시간 그래프에서 그래프 아랫부분의 넓이의 절댓값이 이동 거리이다. 따라서 0~4초까지 물체가 이동한 거리는 2 m+1 m+4 m=7 m이다.

③ 0~1초까지 물체는 등속도 운동을 하므로 가속도가 0이다. 따라서 물체에 작용한 알짜힘은 0이다.

④ 속도 – 시간 그래프의 기울기는 가속도를 의미한다. 따라서 1~4초까지 가속도의 크기는 $\dfrac{6 \text{ m/s}}{3 \text{ s}}=2 \text{ m/s}^2$이다.

⑤ 1~4초까지 물체에 작용하는 알짜힘의 크기는 $2 \text{ kg} \times 2 \text{ m/s}^2=4 \text{ N}$이다.

10 [예시 답안1] 등가속도 직선 운동을 하는 자동차의 평균 속력은 처음 속력과 나중 속력의 중간값과 같다. 즉, $\dfrac{2+12}{2}=7(\text{m/s})$이므로 10초 동안 자동차가 이동한 거리는 평균 속력×시간=7 m/s×10 s=70 m이다.

[예시 답안2] 가속도의 크기는 $\dfrac{(12-2)\text{m/s}}{10 \text{ s}}=1 \text{ m/s}^2$이므로 등가속도 직선 운동 식에 대입하면 $s=v_0 t+\dfrac{1}{2}at^2=2 \times 10+\dfrac{1}{2} \times 1 \times 10^2 =70(\text{m})$이다.

채점 기준	배점(%)
이동 거리와 풀이 과정을 모두 옳게 설명한 경우	100
이동 거리만 옳게 구한 경우	40

11 이동 거리 – 시간 그래프에서 접선의 기울기는 순간 속력을 나타내므로, 3초일 때 물체의 순간 속력은 $\dfrac{90 \text{ m}}{(3-1.5)\text{s}}=60 \text{ m/s}$이다. 물체의 가속도를 a라 하고 등가속도 직선 운동 식 $2as=v^2-v_0^2$에 대입하면 $2a \times 90=60^2-0^2$이 되어 가속도의 크기는 $a=20 \text{ m/s}^2$이다.

[또 다른 풀이] 등가속도 직선 운동 식 $s=v_0 t+\dfrac{1}{2}at^2$에 적용하면 $90=0+\dfrac{1}{2} \times a \times 3^2$에서 $a=20 \text{ m/s}^2$이다.

12 [자료 분석 하기]

가속도 – 시간 그래프의 변환

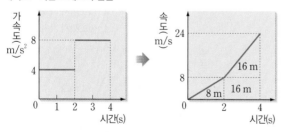

① 가속도 – 시간 그래프 아랫부분의 넓이는 속도 변화량이다.
- 0~2초 동안의 속도 변화량=4 m/s²×2 s=8 m/s
➡ 2초일 때 물체의 속도=8 m/s
- 2~4초 동안의 속도 변화량=8 m/s²×2 s=16 m/s
➡ 4초일 때 물체의 속도=8 m/s+16 m/s=24 m/s

② 속도 – 시간 그래프 아랫부분의 넓이의 절댓값은 이동 거리를 나타낸다.
➡ 0~4초 동안의 이동 거리=40 m

ㄱ. 가속도 – 시간 그래프에서 그래프 아랫부분의 넓이는 속도 변화량이므로, 2초일 때 속도의 크기는 8 m/s이다.

ㄴ. 0초부터 2초까지의 이동 거리 $s_1=v_0 t+\dfrac{1}{2}at^2=0+\dfrac{1}{2} \times 4 \text{ m/s}^2 \times (2 \text{ s})^2=8 \text{ m}$이다. 2초일 때 물체의 속력은 8 m/s이고 2초부터 4초까지 가속도 – 시간 그래프 아랫부분의 넓이는 16 m/s이므로, 4초일 때 물체의 속력은 24 m/s이다. 따라서 2초부터 4초까지의 이동 거리 s_2는 $2as=v^2-v_0^2$에서 $2 \times 8 \times s_2=24^2-8^2$이 되어 $s_2=32 \text{ m}$이다. 즉, 0초부터 4초까지 물체의 이동 거리는 40 m이다.

[오답 II하기] ㄷ. 2초부터 4초까지의 물체의 이동 거리는 32 m이므로, 평균 속력은 $\dfrac{32 \text{ m}}{2 \text{ s}}=16 \text{ m/s}$이다.

13 ④ 줄이 물체를 당기는 힘과 물체가 줄을 당기는 힘은 작용점이 서로 상대 물체에 있으므로 작용 반작용 관계이다.

[오답 II하기] ① 물체에는 중력과 줄이 물체를 잡아당기는 힘이 작용한다.

② 줄이 물체를 당기는 힘과 중력(=지구가 물체를 당기는 힘)은 작용점이 모두 물체에 있고, 물체는 정지해 있으므로 힘의 평형 관계이다. 즉, 두 힘의 크기는 같다.

③ 줄이 천장을 당기는 힘과 천장이 줄을 당기는 힘은 작용 반작용 관계이다. 작용 반작용 관계에 있는 두 힘은 작용점이 서로 다른 물체에 있으므로 합성할 수 없다.

⑤ 물체에 작용하는 중력(=지구가 물체를 당기는 힘)과 물체가 지구를 당기는 힘은 작용 반작용 관계로 크기가 같고 방향이 반대이다.

14 힘을 설명할 때, 두 힘의 주어와 목적어의 위치가 서로 바뀌어 있으면 작용 반작용의 관계이다.

[예시 답안] (가) 역기가 철수를 누르는 힘, (나) 고기가 낚싯줄을 당기는 힘, (다) B가 A를 당기는 힘, (라) 공이 배팅 티를 누르는 힘

채점 기준	배점(%)
(가)~(라)에서의 반작용을 모두 옳게 설명한 경우	100
(가)~(라)의 4가지 중 3가지만 옳게 설명한 경우	60
(가)~(라)의 4가지 중 2가지만 옳게 설명한 경우	40
(가)~(라)의 4가지 중 1가지만 옳게 설명한 경우	20

15 ㄱ. 영희가 공을 누르는 힘의 크기는 영희에게 작용하는 중력의 크기와 같으므로, 40 kg×10 m/s²=400 N이다. 이때 영희에게는 지구가 영희를 당기는 힘 400 N과 공이 영희를 미는 힘 400 N이 작용하여 알짜힘이 0이 된다.

[오답 II하기] ㄴ. 공에는 연직 아래쪽으로 영희가 누르는 힘 400 N과 공의 중력 5 N이 작용하고, 연직 위쪽으로 수평면이 공을 미는 힘이 작용하여 알짜힘이 0이 된다. 따라서 수평면이 공을 미는 힘의 크기는 영희가 공을 누르는 힘과 공의 중력의 합인 405 N이다.

ㄷ. 영희가 공을 누르는 힘과 수평면이 공을 미는 힘은 모두 공이 받는 힘이므로 작용점이 모두 공에 있다.

실력을 올리는 실전 문제 　　　　26~29쪽

01 ②	02 ③	03 ④	04 ⑤	05 ②
06 ①	07 ①	08 ⑤	09 ③	10 ⑤
11 ④	12 ⑤			

1등급을 굳히는 고난도 문제

13 ③	14 ③	15 ③	16 ③

01 〔자료 분석 하기〕

물체에 작용하는 힘

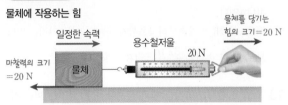

· 물체를 용수철저울로 당기는 힘의 크기와 물체에 작용하는 마찰력은 크기가 같고, 반대 방향으로 작용하므로 알짜힘의 크기는 0이다.
· 용수철저울로 잡아당기는 힘과 마찰력은 한 물체에 작용하는 두 힘으로, 힘의 평형 관계이다.

물체가 일정한 속력으로 직선 운동 하므로 물체에 작용하는 알짜힘은 0이다. 이때 물체에는 용수철저울이 오른쪽으로 잡아당기는 힘의 크기만큼 왼쪽으로 마찰력이 작용한다. 즉, 마찰력의 크기는 20 N이다.

➕ 개념 더하기

관성 법칙과 알짜힘
물체의 운동 상태가 변하지 않는 경우, 즉 정지해 있거나 등속 직선 운동을 하는 경우 물체에 작용하는 알짜힘은 0이다.

02

ㄱ. 속도─시간 그래프의 기울기는 가속도이다. A와 B의 가속도의 비 $a_A : a_B = \dfrac{2v}{t} : \dfrac{v}{t} = 2 : 1$이다.

ㄷ. A와 B의 질량이 같을 때 물체의 가속도는 작용하는 힘의 크기에 비례한다. A와 B의 가속도의 비는 2 : 1이므로 작용하는 힘의 크기도 2 : 1이다.
［오답 피하기］ ㄴ. A와 B에 작용하는 힘의 크기가 같을 때 가속도는 물체의 질량에 반비례한다. 따라서 A와 B의 질량의 비는 $m_A : m_B = \dfrac{1}{a_A} : \dfrac{1}{a_B} = \dfrac{1}{2} : \dfrac{1}{1} = 1 : 2$이다.

03

(가) 가속도 법칙: 볼링공에 작용하는 힘의 크기가 일정할 때 공의 질량이 클수록 속력 변화가 작은 것은 가속도가 공의 질량에 반비례하는 가속도 법칙을 나타낸 것이다.
(나) 작용 반작용 법칙: 수영 선수가 벽을 미는 힘과 벽이 수영 선수를 미는 힘이 작용 반작용 관계이다.
(다) 관성 법칙: 육상 선수가 결승점을 통과한 후에도 바로 멈추기 어려운 것은 운동 상태를 계속 유지하려는 운동 관성 때문이다.

04 〔자료 분석 하기〕

속도─시간 그래프 분석
· A는 속력과 운동 방향이 일정한 등속 직선 운동을 한다.
· B는 속도─시간 그래프의 기울기가 (─)값으로 일정하므로 가속도가 (─)로 일정한 등가속도 직선 운동을 한다. 따라서 0~4초 동안은 물체의 운동 방향과 가속도의 방향이 반대이므로 속력이 감소하고, 4~8초 동안은 물체의 운동 방향과 가속도의 방향이 같아 속력이 증가한다.

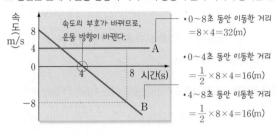

ㄱ. A의 경우 0~8초 동안 운동 방향이 바뀌지 않고 속력이 일정한 등속 직선 운동을 하므로, 변위의 크기는 그래프 아랫부분의 넓이와 같은 32 m이다.
B의 경우 0~4초 동안 그래프 아랫부분의 넓이는 (+)방향으로 이동한 거리이고, 4~8초 동안 그래프 아랫부분의 넓이는 (─)방향으로 이동한 거리이다. 즉, 두 넓이가 같으므로 8초일 때 물체는 처음 위치에 있어 변위는 0이다.
ㄴ. 0초부터 8초까지 A와 B의 이동 거리는 32 m로 같으므로 평균 속력도 A와 B가 같다.
ㄷ. 속도─시간 그래프에서 기울기는 가속도를 의미하므로, B의 가속도는 ─2 m/s²이다. 따라서 가속도의 크기는 2 m/s²이다.

05 〔자료 분석 하기〕

가속도─시간 그래프 변환
가속도─시간 그래프를 속도─시간 그래프로 변환하면 다음과 같다.

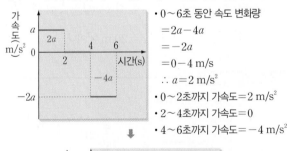

· 0~6초 동안 속도 변화량
$= 2a - 4a$
$= -2a$
$= 0 - 4$ m/s
∴ $a = 2$ m/s²
· 0~2초까지 가속도 = 2 m/s²
· 2~4초까지 가속도 = 0
· 4~6초까지 가속도 = ─4 m/s²

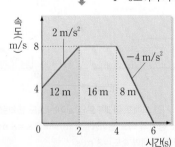

ㄷ. 가속도─시간 그래프를 속도─시간 그래프로 변환하였을 때, 속도─시간 그래프 아랫부분의 넓이의 절댓값은 이동 거리를 나타낸다.

즉, 0~2초, 2~4초, 4~6초 동안의 이동 거리는 각각 $\frac{1}{2}\times$ $(4+8)\times2=12(m)$, $8\times2=16(m)$, $\frac{1}{2}\times8\times2=8(m)$이다.

따라서 0초부터 6초까지 평균 속력은 $\frac{36\ m}{6\ s}=6\ m/s$이다.

[또다른풀이] 등가속도 직선 운동 식을 통해 구할 수도 있다.
- 0~2초 동안의 이동 거리:
$$s=v_0t+\frac{1}{2}at^2=4\times2+\frac{1}{2}\times2\times2^2=12(m)$$
- 2초일 때의 속력: $v=v_0+at=4+2\times2=8(m/s)$
- 2~4초 동안의 이동 거리: $s=v_0t=8\times2=16(m)$
- 4~6초 동안의 이동 거리:
$$s=v_0t+\frac{1}{2}at^2=8\times2+\frac{1}{2}\times(-4)\times2^2=8(m)$$
- 0~6초까지 평균 속력: $\frac{12+16+8}{6}=6(m/s)$

[오답 피하기] ㄱ. 가속도 - 시간 그래프에서 그래프 아랫부분의 넓이는 속도 변화량이다. 0~6초까지 속도 변화량은 $-2a=$ $(0-4)\ m/s$에서 $a=2\ m/s^2$이다. 따라서 5초일 때 가속도의 크기 $2a=4\ m/s^2$이다.

ㄴ. 0~2초까지 속도 변화량은 가속도 - 시간 그래프 아랫부분의 넓이와 같으므로 $2\times a=4(m/s)$이다. 따라서 자동차는 2~4초 동안 $4+4=8(m/s)$로 등속 직선 운동을 한다.

06 ㄱ. 물체의 가속도를 a라 하고 등가속도 직선 운동 식 $2as=$ $v^2-v_0^2$을 적용하면 $2as=v^2-0$에서 가속도의 크기 $a=\frac{v^2}{2s}$ 이다.

[오답 피하기] ㄴ. P에서 R까지 평균 속력은 $\frac{v}{2}$이므로 P에서 R까지 운동하는 데 걸린 시간은 $\frac{s}{\frac{v}{2}}=\frac{2s}{v}$이다.

ㄷ. Q를 지나는 순간의 속력을 v_Q라 하면 $2\times\frac{v^2}{2s}\times\frac{s}{2}=v_Q^2$ -0이므로 $v_Q=\frac{v}{\sqrt{2}}$이다.

07 ㄱ. 등속도 운동에서 걸린 시간은 이동 거리를 속력으로 나눈 값이다. 철수는 5 m/s의 속력으로 100 m를 이동하므로, 걸린 시간 $t=\frac{100\ m}{5\ m/s}=20$초이다. P에서 Q까지 운동하는 데 걸린 시간은 철수가 20초이므로, 영희는 40초이다.

[오답 피하기] ㄴ. 등가속도 직선 운동에서 평균 속력은 처음 속력과 나중 속력의 중간값이다. 따라서 영희가 100 m를 운동하는 동안 영희의 평균 속력은 $\frac{100\ m}{40\ s}=2.5\ m/s$이다. 영희의 처음 속력이 2 m/s이므로 평균 속력이 2.5 m/s가 되려면 Q를 통과할 때의 속력인 나중 속력은 3 m/s가 되어야 한다. 따라서 영희의 가속도의 크기는 $\frac{속도\ 변화량}{걸린\ 시간}=\frac{(3-2)\ m/s}{40\ s}$ $=\frac{1}{40}\ m/s^2$이다.

ㄷ. 철수는 $t=20$초일 때 Q를 지나고, 이때 영희의 속력 $v=$ $v_0+at=2\ m/s+\left(\frac{1}{40}\ m/s^2\times20\ s\right)=2.5\ m/s$이다.

08 ㄱ. A와 B는 10 m 떨어져 있었고, B의 속력은 5 m/s이므로 A가 경사면을 올라가기 시작한 순간부터 2초 후에 B도 경사면을 올라가기 시작한다.

ㄴ, ㄷ. A가 경사면을 올라갈 때의 가속도 크기, 올라간 시간과 거리를 각각 a, t, s라 하면 B의 경우 각각 a, $t-2$, $s-4$이다. A의 속도 변화량 $at=5$, B의 속도 변화량 $a(t-2)=$ $5-v$에서 $2a=v$의 관계식을 얻고, $2as=v^2-v_0^2$의 관계식을 이용하면 A는 $-2as=-5^2$, B는 $-2a(s-4)=v^2-5^2$에서 $v=4\ m/s$이다. 따라서 $a=2\ m/s^2$이다.

09 ㄱ. 공에 작용하는 공의 중력과 배팅 티가 공을 떠받치는 힘이 평형을 이루어 공이 정지해 있다. 즉, 공에 작용하는 알짜힘은 0이다.

ㄴ. 배팅 티가 공을 떠받치는 힘과 공이 배팅 티를 누르는 힘은 두 물체 사이에 작용하는 힘으로 작용점이 상대방 물체에 있다. 즉, 작용과 반작용의 관계이다.

[오답 피하기] ㄷ. 배팅 티는 3가지 힘을 받아 힘의 평형을 이루는데, 수평면이 배팅 티를 떠받치는 힘은 배팅 티에 작용하는 중력과 공이 배팅 티를 미는 힘의 합과 같다.

10 **자료 분석 하기**

작용 반작용 관계

① 컵이 A를 떠받치는 힘의 크기= A가 컵을 누르는 힘의 크기: N_A
② A와 B 사이의 자기력: F
③ A의 무게: w_A
④ 컵이 B를 누르는 힘의 크기=B가 컵을 미는 힘의 크기: N_B
⑤ B의 무게: w_B

[A에 작용하는 힘]
①=②+③
$N_A=F+w_A$ ➡ $F=N_A-w_A$

[B에 작용하는 힘]
②=④+⑤
$F=N_B+w_B$

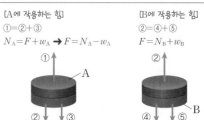

$F=N_A-w_A=N_B+w_B$에서 $N_A=w_A+w_B+N_B$이다.

ㄱ. 서로 다른 두 자석의 자극 사이에서 작용하는 자기력은 크기가 같고 방향이 반대이며 작용점이 서로 다른 물체에 있으므로 작용과 반작용 관계이다.

ㄴ. A가 컵을 누르는 힘의 크기 $N_A=w_A+w_B+N_B$이므로, N_A는 B에 작용하는 중력의 크기 w_B보다 크다.

ㄷ. A가 컵을 누르는 힘의 크기 $N_A=F+w_A$이므로, B를 제거하면 B에 의해 작용하는 자기력 F만큼 힘의 크기가 감소한다.

함께 운동하는 두 물체의 운동

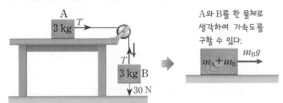

A와 B를 한 물체로 생각하여 가속도를 구할 수 있다.

- A에 작용하는 힘: 실이 A를 당기는 힘(T)
- B에 작용하는 힘: B에 작용하는 중력(30 N), 실이 B를 당기는 힘(T)
- 두 물체의 가속도 $a=\dfrac{m_{\mathrm{B}}g}{m_{\mathrm{A}}+m_{\mathrm{B}}}=\dfrac{3\,\mathrm{kg}\times10\,\mathrm{m/s^2}}{3\,\mathrm{kg}+3\,\mathrm{kg}}=5\,\mathrm{m/s^2}$

ㄱ. A와 B를 한 물체로 생각하면 질량 6 kg인 물체에 30 N 의 힘이 작용한 것과 같다. 따라서 A, B의 가속도를 a라 하면, $30=6\times a$이므로 $a=5\,\mathrm{m/s^2}$이다.

ㄴ. 실이 B를 당기는 힘의 크기는 실이 A를 당기는 힘의 크기와 같고, 실이 A를 당기는 힘의 크기는 A가 받은 알짜힘의 크기와 같다. 즉, $3\,\mathrm{kg}\times5\,\mathrm{m/s^2}=15\,\mathrm{N}$이다.

또다른풀이 ㄴ. 실이 B에 작용하는 힘의 크기는 B에 작용하는 힘으로 구할 수 있다.

$3\,\mathrm{kg}\times5\,\mathrm{m/s^2}=3\,\mathrm{kg}\times10\,\mathrm{N}-T$에서 $T=15\,\mathrm{N}$이다.

[오답 피하기] ㄷ. A의 질량만 6 kg일 때 A와 B를 한 물체로 생각하면 질량 9 kg인 물체에 30 N의 힘이 작용한 것과 같다. 즉, $30=9\times a$이므로 가속도의 크기 $a=\dfrac{10}{3}\,\mathrm{m/s^2}$이다.

12 자료 분석 하기

실로 연결된 세 물체의 운동

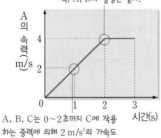

2초일 때 C가 지면에 닿으면 A와 B는 등속도 운동을 한다. 즉, A, B의 질량은 같다.

A, B, C는 0~2초까지 C에 작용하는 중력에 의해 2 m/s²의 가속도로 운동한다.

⑤ 0~2초 동안 C의 이동 거리는 (나)에서 속력 – 시간 그래프 아랫부분의 넓이이므로 4 m이다. 따라서 A를 놓은 순간 지면으로부터 C의 높이는 4 m이다.

[오답 피하기] ① 속력 – 시간 그래프에서 그래프의 기울기는 가속도를 의미한다. 1초일 때 A의 가속도의 크기는 2 m/s²이고, A와 줄로 연결되어 함께 운동하는 B의 가속도의 크기도 A와 같은 2 m/s²이다.

② 2~3초 동안 A, B가 등속도 운동 하므로 A와 B의 질량이 같고, A에 F를 가할 때 A, B, C는 정지해 있으므로 C의 중력의 크기는 F의 크기와 같다.

③ 1초일 때 A, B, C의 가속도의 크기는 2 m/s²이고, A와 B의 질량을 m, C의 질량을 m_{C}라 하고 A, B, C를 하나의 물체라고 생각하여 운동 방정식을 적용하면 $m_{\mathrm{C}}\times10=(2m+m_{\mathrm{C}})\times2$가 되어 $2m_{\mathrm{C}}=m$이다. 즉, 질량은 A가 C의 2배이다.

④ 1초일 때, p, q가 B를 당기는 힘의 크기를 각각 T_{p}, T_{q}라 하고, B에 운동 방정식을 적용하면 $m\times10+T_{\mathrm{q}}-T_{\mathrm{p}}=m\times2$가 되어 $T_{\mathrm{p}}=T_{\mathrm{q}}+8m$이다. 따라서 p가 B를 당기는 힘의 크기는 q가 B를 당기는 힘의 크기보다 크다.

13 고난도 문제 해결 전략

(STEP 1) 출제 의도 파악하기
등가속도 직선 운동에서 순간 속력과 평균 속력의 관계를 알아야 한다.

(STEP 2) 자료 분석하기
A와 B의 속도 – 시간 그래프를 그리면 다음과 같다.

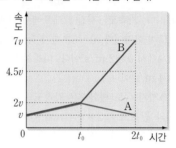

[A의 운동]

- $t=0$부터 $t=t_0$까지 A의 평균 속력 $=\dfrac{v+2v}{2}=1.5v$
- $t=t_0$부터 $t=2t_0$까지 A의 평균 속력 $=\dfrac{2v+v}{2}=1.5v$

[B의 운동]

- $t=0$부터 $t=2t_0$까지 B의 평균 속력 $=2\times$ A의 평균 속력 $=3v$
- $t=0$부터 $t=2t_0$까지 B의 이동 거리 $=3v\times2t_0=6vt_0$
- $t=0$부터 $t=t_0$까지 B의 이동 거리: 속도 – 시간 그래프 아랫부분의 넓이와 같으므로 $\dfrac{1}{2}\times(v+2v)\times t_0=1.5vt_0$이다.
- $t=t_0$부터 $t=2t_0$까지 B의 이동 거리: $6vt_0-1.5vt_0=4.5vt_0$

(STEP 3) 관련 개념 모으기
❶ 등가속도 직선 운동에서 속도 – 시간 그래프의 기울기와 그래프 아랫부분의 넓이가 의미하는 것은?
➡ 속도 – 시간 그래프의 기울기는 가속도, 그래프 아랫부분의 넓이는 변위를 의미한다.

❷ 등가속도 직선 운동에서 물체의 평균 속도는?
➡ 처음 속도와 나중 속도의 중간값과 같다.

$$\text{평균 속도}=\dfrac{\text{처음 속도}+\text{나중 속도}}{2}$$

$t=0$부터 $t=2t_0$까지 A의 평균 속력이 $1.5v$이므로 B의 평균 속력은 A의 2배인 $3v$이다. 따라서 $t=0$부터 $t=t_0$까지와 $t=t_0$부터 $t=2t_0$까지 B의 이동 거리는 각각 $1.5vt_0$, $4.5vt_0$이므로 $t=t_0$부터 $t=2t_0$까지의 평균 속력은 $4.5v$이다.

즉, $t=2t_0$일 때 B의 속력 v_{B}는 $4.5v=\dfrac{2v+v_{\mathrm{B}}}{2}$에서 $v_{\mathrm{B}}=7v$이다.

14 고난도 문제 해결 전략

STEP 1 출제 의도 파악하기

실로 연결된 물체를 한 물체로 보고 힘, 질량, 가속도 사이의 관계를 적용해야 한다.

STEP 2 자료 분석하기

(가)에서 추의 가속도의 크기를 a_0이라 하면 수레와 추의 운동 방정식은 $mg=2ma_0$이 되어 $a_0=\dfrac{1}{2}g$이다.

(나) 수레 위에 올려놓는 추의 수를 1개, 2개, 3개로 증가시키면서 수레의 속력을 측정할 때 추의 가속도의 크기를 각각 a_1, a_2, a_3이라 하고 수레와 추의 운동 방정식을 각각 적용하면 $mg=3ma_1$, $mg=4ma_2$, $mg=5ma_3$이 되어 $a_1=\dfrac{1}{3}g$, $a_2=\dfrac{1}{4}g$, $a_3=\dfrac{1}{5}g$이다.

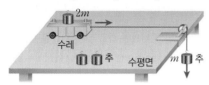

• 수레 위에 올려놓는 추의 개수만 증가하면 수레와 추에 작용하는 알짜힘의 크기는 mg로 일정하다.

• 수레와 추에 작용하는 알짜힘이 일정할 때, 수레와 추의 질량 합과 추의 가속도의 크기는 서로 반비례한다.

(다) 실에 매달린 추의 수를 2개, 3개, 4개로 증가시키면서 수레의 속력을 측정할 때 추의 가속도의 크기를 각각 a_4, a_5, a_6이라 하고 수레와 추의 운동 방정식을 각각 적용하면 $2mg=3ma_4$, $3mg=4ma_5$, $4mg=5ma_6$이 되어 $a_4=\dfrac{2}{3}g$, $a_5=\dfrac{3}{4}g$, $a_6=\dfrac{4}{5}g$이다.

• 실에 매달린 추의 개수를 증가시키면 수레와 추에 작용하는 알짜힘의 크기가 증가한다.

• 수레와 추에 작용하는 알짜힘이 $2mg$, $3mg$, $4mg$로 증가할 때 수레와 추의 가속도의 크기도 증가하고 수레와 추의 질량 합도 증가한다.

ㄱ. (가)에서 추의 가속도의 크기를 a_0이라 하면, 수레와 추의 운동 방정식은 $mg=2ma_0$이 되어 $a_0=\dfrac{1}{2}g$이다.

ㄴ. (나)에서는 수레와 추를 한 물체로 보면 한 물체에 작용하는 힘의 크기가 추의 무게인 mg로 일정하다. 즉, 한 물체의 질량과 가속도의 크기의 곱이 일정하므로 질량과 가속도 사이의 관계를 알 수 있다.

[오답 피하기] ㄷ. (다)에서 실에 매달린 추의 질량이 $2m$일 때 수레의 가속도의 크기가 (가)의 2배가 되지 않는 것은 추에 작용하는 힘이 2배가 될 때 수레와 추의 전체 질량도 변하기 때문이다.

15 고난도 문제 해결 전략

STEP 1 출제 의도 파악하기

등가속도 직선 운동에서 평균 속력의 개념으로 순간 속력을 구하고, 다른 물리량을 구할 수 있어야 한다.

STEP 2 자료 분석하기

눈썰매가 정지 상태에서 P까지 운동하는 데 걸린 시간을 t라고 하자.

구분	P~Q까지 이동	Q~R까지 이동
평균 속력	10 m/s	15 m/s
이동 거리	30 m	30 m
걸린 시간	이동 거리/평균 속력 $=\dfrac{30}{10}=3$(초)	이동 거리/평균 속력 $=\dfrac{30}{15}=2$(초)

• 순간 속력이 10 m/s가 되는 시간: $(t+1.5)$초

• 순간 속력이 15 m/s가 되는 시간: $((t+3)+1)$초$=(t+4)$초

위 물리량을 기준으로 눈썰매의 속도-시간 그래프를 그리면 다음 그림과 같다.

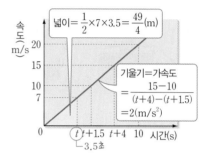

• 가속도: $(t+1.5)$와 $(t+4)$일 때 속도를 이용하여 가속도를 구할 수 있다.

$$가속도=\dfrac{15-10}{(t+4)-(t+1.5)}=2(\text{m/s}^2)$$

ㄷ. 가속도가 2 m/s²이므로 속력이 20 m/s가 될 때까지 걸린 시간은 10초이고, 0~10초까지 그래프 아랫부분의 넓이는 100 m이다. 따라서 눈썰매가 도착선에 도달하는 순간의 속력은 20 m/s이다.

[오답 피하기] ㄱ. 속도-시간 그래프의 기울기는 가속도이므로 가속도는 $\dfrac{15-10}{(t+4)-(t+1.5)}=\dfrac{5}{2.5}=2(\text{m/s}^2)$이다.

ㄴ. $\dfrac{10}{t+1.5}=2(\text{m/s}^2)$에서 $t=3.5$초이므로, P점에서 눈썰매의 속력은 2 m/s²×3.5 s$=7$ m/s이다. 출발선에서 P까지의 거리 x는 속도-시간 그래프 아랫부분의 넓이이므로 $\dfrac{1}{2}\times7\times3.5=\dfrac{49}{4}$(m)이다.

[또 다른 풀이] ㄷ. $2as=v^2-v_0^2$을 적용하면 $2\times2\times100=v^2-0$에서 $v=20$ m/s이다.

[오답 피하기] ㄱ. 가속도를 a, P에서의 속력을 v라고 할 때, P에서 Q까지의 평균 속력은 10 m/s이고 걸린 시간은 3초이므로 $\dfrac{v+(v+3a)}{2}=10$ m/s에서 $2v+3a=20$이다. ⋯①

Q에서 R까지의 평균 속력은 15 m/s이고 걸린 시간은 2초이므로 $\dfrac{(v+3a)+(v+3a+2a)}{2}=15$ m/s에서 $2v+8a=30$이다. ⋯②

①과 ②를 연립하면 $a=2$ m/s²이고, $v=7$ m/s이다.

ㄴ. P를 지나는 순간 속력은 7 m/s이고, 걸린 시간은 $7=2\times t$에서 $t=3.5$초이다. 따라서 출발선에서 P까지의 거리 $x=\dfrac{1}{2}at^2=\dfrac{1}{2}\times2\times\left(\dfrac{7}{2}\right)^2=\dfrac{49}{4}$(m)이다.

STEP 1 출제 의도 파악하기

등가속도 직선 운동과 운동 방정식을 적용할 수 있어야 한다.

STEP 2 자료 분석하기

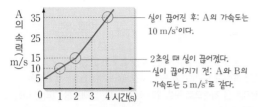

- 실이 끊어진 후: A의 가속도는 10 m/s²이다.
- 2초일 때 실이 끊어졌다.
- 실이 끊어지기 전: A와 B의 가속도는 5 m/s²로 같다.

실이 끊어지기 전과 끊어진 후에 물체에 작용하는 힘은 다음과 같다.

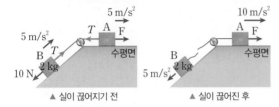

▲ 실이 끊어지기 전 　　　 ▲ 실이 끊어진 후

[실이 끊어지기 전]
- 실이 끊어지기 전 B에 작용하는 알짜힘의 크기는 질량×가속도 $=2\,\text{kg}\times5\,\text{m/s}^2=10\,\text{N}$이다.
- 실이 끊어지기 전 B에는 실이 B를 잡아당기는 힘(T), 중력에 의해 경사면 아래 방향으로 작용하는 힘(=실이 끊어진 후 B에 작용하는 알짜힘)이 작용한다. $=2\,\text{kg}\times5\,\text{m/s}^2=10\,\text{N}$

[실이 끊어진 후]
- 실이 끊어지기 전과 후 B의 가속도의 크기는 같고 방향은 반대이므로, 실이 끊어진 후에 B에 작용하는 알짜힘의 크기는 10 N이고 방향은 끊어지기 전과 반대이다.
- 실이 끊어진 후 B에는 중력에 의해 경사면 아래 방향으로만 힘이 작용한다.

ㄱ, ㄴ. 실이 끊어지기 전 B의 가속도의 크기가 5 m/s²이므로 알짜힘의 크기는 10 N이다. 1초일 때는 실이 끊어지기 전이므로, B에는 중력에 의해 경사면 아래 방향으로 10 N의 힘과 줄이 B를 잡아당기는 힘 T가 작용한다. 즉, $T-10=10$에서 $T=20\,\text{N}$이다.

(나)에서 실이 끊어진 후 A의 가속도의 크기가 10 m/s²이다. A의 질량을 m이라 하고, 실이 끊어지기 전 A와 B를 한 물체로 보면 작용하는 힘은 F와 B에 경사면 아래 방향으로 작용하는 힘 10 N이므로 $F-10=(m+2)\times5\cdots$①이고, 실이 끊어진 후 $F=m\times10\cdots$②이다. 따라서 ①과 ②를 연립하면 $m=4\,\text{kg}$이다.

[오답 피하기] ㄷ. 2초부터 4초까지 A의 평균 속력은 $\dfrac{35+15}{2}=25(\text{m/s})$이고, B는 2초일 때 운동 방향이 바뀌어 가속도가 $-5\,\text{m/s}^2$인 운동을 하여 4초일 때 속력이 $15\,\text{m/s}-5\,\text{m/s}\times2\,\text{s}=5\,\text{m/s}$이므로 평균 속력은 $\dfrac{15+5}{2}=10(\text{m/s})$이다.

따라서 2초~4초 동안 A, B의 이동 거리는 각각 $25\,\text{m/s}\times2\,\text{s}=50\,\text{m}$, $10\,\text{m/s}\times2\,\text{s}=20\,\text{m}$이므로 2초부터 4초까지 A와 B의 이동 거리의 차이는 30 m이다.

---

03 운동량 보존

━━30~31 쪽━

확인 문제 　**1** 4 kg·m/s 　　　**2** 12.5 kg·m/s 　　　**3** 같고, 반대이다 　**4** 2.4 m/s

01 물체의 운동량의 크기는 물체의 질량과 속도의 크기의 곱이다. 따라서 물체의 운동량의 크기는 $2\,\text{kg}\times2\,\text{m/s}=4\,\text{kg·m/s}$이다.

02 충돌 전 야구공의 운동 방향을 (+)라 하면, 운동량의 변화량=나중 운동량−처음 운동량 $=0.5\,\text{kg}\times(-15\,\text{m/s}-10\,\text{m/s})=-12.5\,\text{kg·m/s}$이므로, 크기는 12.5 kg·m/s이다.

04 한 덩어리가 된 물체의 속력을 v라 하고, 운동량 보존 법칙을 적용하면 $3\,\text{kg}\times4\,\text{m/s}=(2+3)\text{kg}\times v$에서 $v=2.4\,\text{m/s}$이다.

개념을 다지는 기본 문제 　　32~33 쪽

01 ③ 　**02** ③ 　**03** 왼쪽, $3mv$ 　**04** ④ 　**05** ④ 　**06** ⑤ 　**07** ②

08 ① 　**09** 3 m/s 　**10** 해설 참조

01 ㄱ, ㄴ. 운동량=질량×속도이므로 물체의 질량이 같을 때 운동량의 크기는 속력에 비례하고, 물체의 속력이 같을 때 운동량의 크기는 질량에 비례한다.

[오답 피하기] ㄷ. 물체가 운동 방향으로 힘을 받으면 속력이 증가하므로 운동량의 크기가 증가한다.

02 ㄱ. 오른쪽 방향을 (+)라 하면 A, B, C의 운동량은 각각 $-15000\,\text{kg·m/s}$, $-12000\,\text{kg·m/s}$, $12000\,\text{kg·m/s}$이다. 따라서 운동량의 크기는 A가 B보다 크다.

ㄴ. B와 C는 운동량의 방향은 반대이지만 운동량의 크기는 12000 kg·m/s로 서로 같다.

[오답 피하기] ㄷ. 운동 방향만 반대로 바뀔 때 C의 운동량 변화량은 $600\,\text{kg}\times(-20\,\text{m/s}-20\,\text{m/s})=-24000\,\text{kg·m/s}$이므로, 크기는 24000 kg·m/s이다.

03 자료 분석 하기

운동량의 변화량

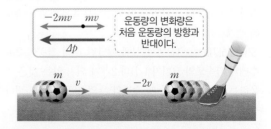

운동량의 변화량은 처음 운동량의 방향과 반대이다.

충돌 후 축구공의 나중 운동량의 방향이 처음 운동량의 방향과 반대가 되므로, 운동량 변화량의 방향은 처음 운동량의 방향과 반대인 왼쪽 방향이다. 축구공이 굴러오는 방향을 (+)로

할 때 운동량의 변화량은 $m(-2v-v)=-3mv$이므로, 크기는 $3mv$이다.

04 자료 분석 하기

운동량의 변화량

운동량-시간 그래프의 기울기는 알짜힘을 나타낸다.

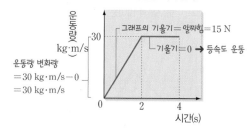

운동량-시간 그래프에서 세로축의 운동량 값을 질량으로 나누면 속력-시간 그래프가 된다. 따라서 물체는 0~2초까지 속력이 일정하게 증가하여 2초일 때 10 m/s가 되고, 2~4초까지는 등속도 운동을 한다.

ㄴ. 물체는 정지 상태에서 출발하여 4초일 때 운동량이 30 kg·m/s가 되므로, 운동량의 변화량은 30 kg·m/s-0 $=30$ kg·m/s이다.

ㄷ. $p=mv$에서 2초일 때 물체의 속력은 $\dfrac{30 \text{ kg·m/s}}{3 \text{ kg}}=10 \text{ m/s}$ 이고, 2초부터 4초까지 물체는 등속도 운동을 하므로 4초일 때 물체의 속력은 10 m/s이다.

[오답 피하기] ㄱ. 운동량-시간 그래프의 기울기는 $\dfrac{p}{t}=\dfrac{mv}{t}=ma$이므로 물체에 작용하는 알짜힘을 나타낸다. 즉, 0초부터 2초까지 물체에 작용하는 알짜힘의 크기는 $\dfrac{30 \text{ kg·m/s}}{2 \text{ s}}=$ 15 N이다.

05 오른쪽 방향을 (+), 충돌 후 A의 속력을 v라 하고 운동량 보존 법칙을 적용하면 $0.15\times4=0.15\times v+0.1\times3$에서 $v=$ $+2$ m/s이다. 즉, 충돌 후 A는 오른쪽으로 2 m/s의 속력으로 운동한다.

06 자료 분석 하기

물체가 분리될 때의 운동량 보존

두 사람이 서로 밀어낸 후 분리되는 때도 운동량 보존 법칙이 성립한다. 그림과 같이 정지 상태에서 분리될 때 분리 전 운동량의 합이 0이므로, 분리된 후에도 운동량의 합은 0이다.

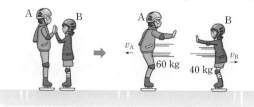

$0=-60v_A+40v_B$에서 $60v_A=40v_B$가 되므로 분리 후 두 사람은 서로 반대 방향으로 운동하며, 운동량의 크기는 서로 같다.

ㄱ, ㄴ. A와 B가 분리되기 전에 정지해 있으므로 운동량의 합은 0이다. 분리 전후 운동량 보존 법칙이 성립하므로 분리 후 A와 B의 운동량의 합도 0이다. 즉, 분리 후 A와 B는 반대 방향으로 운동하므로 A는 왼쪽으로 운동한다.

ㄷ. $60 \text{ kg}\times v_A=40 \text{ kg}\times6 \text{ m/s}$이므로, 분리 후 A의 속력 $v_A=4$ m/s이다.

07 화살 2개가 꽂힌 나무 도막의 속력을 v'라 하면, 충돌 전 화살 2개의 운동량의 합은 $2mv$이고 충돌 후 운동량의 합은 $(2m+M)v'$이다. 따라서 운동량 보존 법칙을 적용하면 $2mv$ $=(2m+M)v'$에서 $v'=\dfrac{2m}{2m+M}v$이다.

08 A와 B의 질량이 같으므로 B보다 뒤에 있는 A와 B가 충돌하려면 충돌 전 속력은 A가 B보다 커야 한다. 즉, 충돌 전 운동량의 크기는 A가 B보다 커야 한다. 따라서 ③과 ⑤는 답이 될 수 없다. 또한, 충돌 전후 A와 B의 운동량의 합은 보존되어야 하므로 가장 적절한 그래프는 ①이다.

[오답 피하기] ②, ④는 충돌 후 운동량의 합이 감소한다.

⊕ 개념 더하기

탄성 충돌 하는 경우 적용 가능한 식

▲ 충돌 전　　　　　　　▲ 충돌 후

• 운동량 보존: $m_Av_A+m_Bv_B=m_Av_A'+m_Bv_B'$

• 운동 에너지 보존: $\dfrac{1}{2}m_Av_A^2+\dfrac{1}{2}m_Bv_B^2=\dfrac{1}{2}m_Av_A'^2+\dfrac{1}{2}m_Bv_B'^2$

• 탄성 충돌을 하는 물체 A와 B의 질량이 같으면 속도 교환이 일어난다.
➡ $m_A=m_B$이면 $v_A'=v_B$, $v_B'=v_A$가 된다.

09 충돌 후 두 물체는 한 덩어리가 되어 운동하므로 A와 B의 속도는 같다. 충돌 후 A, B의 속력을 v라 하고, 운동량 보존 법칙을 적용하면, $3 \text{ kg}\times4 \text{ m/s}=(3 \text{ kg}+1 \text{ kg})\times v$에서 $v=$ 3 m/s이다.

10 충돌 전 운동 에너지는 $\dfrac{1}{2}\times3 \text{ kg}\times(4 \text{ m/s})^2=24 \text{ J}$이고, 충돌 후 운동 에너지의 합은 $\dfrac{1}{2}\times(3+1)\text{kg}\times(3 \text{ m/s})^2=18 \text{ J}$이므로 충돌에 의해 감소한 운동 에너지는 24 J-18 J$=6$ J이다.

[예시 답안] 충돌 전 운동 에너지의 합은 24 J이고, 충돌 후 운동 에너지의 합은 18 J이므로 충돌에 의해 감소한 운동 에너지는 6 J이다. 충돌 과정에서 감소한 운동 에너지는 소리, 빛, 열 등과 같은 다른 에너지로 전환된다.

채점 기준	배점(%)
충돌 전후 운동 에너지를 구하여 감소한 운동 에너지를 옳게 구하고, 감소한 운동 에너지가 다른 에너지로 전환됨을 옳게 설명한 경우	100
충돌 전후 감소한 운동 에너지만 옳게 구한 경우	50
감소한 운동 에너지가 다른 에너지로 전환되는 것만 옳게 설명한 경우	50

04 충격량

┤34~35쪽├

확인
문제
1 20 N·s **2** 운동량의 변화량
3 크게, 길게 **4** 짧을

01 물체에 4 N의 힘이 5초 동안 작용하였다면 힘이 물체에 작용한 충격량의 크기는 힘×시간=4 N×5 s=20 N·s이다.

03 충격량은 물체에 작용한 힘과 힘이 작용한 시간의 곱이다. 따라서 충격량의 크기를 크게 하려면 작용하는 힘의 크기를 크게 하거나 힘을 작용한 시간을 길게 한다.

04 충격량은 물체에 작용하는 힘과 힘이 작용한 시간의 곱이다. 따라서 충격량이 같을 때, 힘이 작용하는 시간이 짧을수록 작용하는 힘의 크기는 커진다.

개념을 다지는 기본 문제

36~37쪽

01 ③ **02** 2 : 3 **03** ② **04** ③ **05** ② **06** ② **07** ㉠ 길게, ㉡ 크게, ㉢ 증가 **08** ④ **09** 해설 참조 **10** ④ **11** ③

01 ㄱ. 승용차와 트럭이 충돌할 때 승용차와 트럭이 받는 힘은 작용 반작용 관계로 크기가 같고, 충돌 시간도 같다. 따라서 승용차와 트럭이 받는 충격량의 크기는 같다.
ㄷ. 운동량 변화량은 충격량과 같으므로 승용차와 트럭의 운동량 변화량의 크기는 같다.
[오답 피하기] ㄴ. 작용과 반작용 관계에 있는 두 힘은 크기가 같고 방향이 반대이다. 충격량의 방향은 힘의 방향과 같으므로 승용차와 트럭이 받는 충격량의 방향은 서로 반대이다.

02 충격량은 운동량의 변화량과 같다. 오른쪽 방향을 (+)라 하면, 물체 A의 운동량 변화량은 1 kg×(−10 m/s−10 m/s)=−20 kg·m/s이고, 물체 B의 운동량 변화량은 2 kg×(−5 m/s−10 m/s)=−30 kg·m/s이다. 따라서 A, B의 운동량 변화량의 크기는 각각 20 kg·m/s, 30 kg·m/s이므로, $I_A : I_B = 2 : 3$이다.

03 자료 분석 하기

운동량–시간 그래프 분석

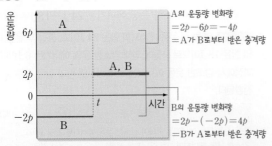

A와 B가 충돌할 때 A와 B가 받는 힘의 크기는 같고 방향은 반대이며, 충돌 시간도 같다. 따라서 A와 B가 받는 충격량의 크기는 같고, 방향은 반대이다.

충돌하는 동안 B가 A로부터 받은 충격량은 B의 운동량 변화량과 같고, 운동량–시간 그래프에서 B의 운동량 변화량은 $2p-(-2p)=4p$이다.

04 자료 분석 하기

힘–시간 그래프 분석
힘–시간 그래프 아랫부분의 넓이는 그래프 형태와 관계없이 충격량을 나타낸다.

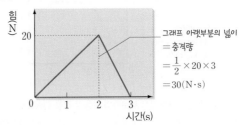

0~3초 동안 물체가 받는 충격량은 힘–시간 그래프 아랫부분의 넓이이므로 $\frac{1}{2}×20×3=30(\text{N·s})$이다.

05 충격량은 운동량의 변화량과 같다. 물체는 충돌 전에 정지해 있으므로 충돌 전 속력은 0이고, 충돌 후 속력을 v라 하면 30 N·s=3 kg×(v−0)에서 3초일 때 물체의 속력 v=10 m/s이다.

06 ㄷ. 충격량은 운동량의 변화량과 같고, 운동량 변화량의 크기는 질량과 속도 변화량의 크기의 곱이다. A와 B가 충돌할 때 A와 B의 운동량 변화량의 크기가 같으므로 속도 변화량의 크기는 질량이 작은 B가 질량이 큰 A보다 크다.
[오답 피하기] ㄱ. B보다 뒤에서 운동하던 A가 B와 충돌하므로, 충돌 전 속력은 A가 B보다 크다.
$\frac{운동량 크기}{질량}$=속력이므로, $\frac{운동량 크기}{질량}$ 값은 A가 B보다 크다.
ㄴ. A, B가 충돌할 때 작용 반작용 법칙을 적용하면 물체가 받는 힘의 크기가 같고 충돌 시간도 같아서 충격량의 크기는 A와 B가 같다.

07 공에 작용한 힘이 크거나 힘이 작용한 시간이 길수록 공이 받는 충격량이 커진다. 충격량은 운동량의 변화량과 같으므로 충격량을 크게 하면 힘이 작용한 이후 공의 속력이 증가하여 공을 더 멀리 보낼 수 있다.

⊕ 개념 더하기

충격량의 이용

테니스	야구	골프
테니스 라켓으로 공을 세게 밀어주면 공에 작용하는 힘이 커지고, 접촉 시간도 길어져 공이 멀리 날아간다.	야구 방망이를 세게 끝까지 휘두르면 공에 작용하는 힘이 커지고, 접촉 시간도 길어져 공이 멀리 날아간다.	골프채를 빠르고 크게 휘두르면 공에 작용하는 힘이 커지고 접촉 시간도 길어져 공이 멀리 날아간다.

08 자료 분석 하기

충격량이 일정할 때 평균 힘과 힘을 받는 시간의 관계

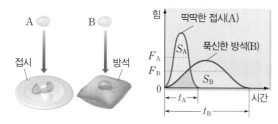

충격량(운동량의 변화량)	$I_A = I_B$
힘 - 시간 그래프 아랫부분의 넓이	$S_A = S_B$
힘(충격력)을 받는 시간	$t_A < t_B$
평균 힘(충격력)	$F_A > F_B$

④ 충격량이 같을 때 충돌 시간이 길수록 달걀에 작용하는 평균 힘의 크기가 작아지므로 달걀이 깨지지 않는다. 따라서 충돌 시간은 B가 A보다 길다.

[오답 피하기] ① A, B의 질량은 같고, 같은 높이에서 떨어지므로 충돌 직전 A, B의 속도가 같다. 즉, 충돌 직전 A, B의 운동량은 같다.

② 충돌 직전 A, B의 운동량은 같고, 충돌 직후 A, B는 정지하므로 운동량은 0이다. 따라서 충돌하는 동안 A, B의 운동량 변화량은 같다.

③ A, B의 운동량 변화량이 같으므로 충격량도 같다.

⑤ 달걀이 충돌할 때 걸린 시간은 딱딱한 접시에 떨어질 때가 푹신한 방석에 떨어질 때보다 짧다. 충격량이 같을 때 충돌 시간이 짧을수록 평균 힘의 크기가 커지므로, 평균 힘의 크기는 A가 B보다 크다.

09 물풍선이 손에 닿는 순간의 속도가 일정하므로 충격량은 일정하다. 충격량이 일정할 때 물풍선에 작용하는 평균 힘의 크기를 작게 하려면 물풍선이 힘을 받는 시간을 길게 해야 한다.

[예시 답안] 물풍선을 받을 때 손을 뒤로 빼면서 받으면 물풍선에 힘이 작용하는 시간이 길어져 물풍선이 받는 평균 힘의 크기가 작아지므로 물풍선이 터지지 않는다.

채점 기준	배점(%)
물풍선을 받는 방법과 그 까닭을 모두 옳게 설명한 경우	100
물풍선을 받는 방법만 옳게 쓴 경우	50

10 자료 분석 하기

운동량과 충격량

운동량의 변화량은 (나중 운동량-처음 운동량)이고, 충격량은 운동량의 변화량과 같다.

(가)	(나)
정지 ⬤　　ᵖ⬤	ᵖ⬤ →　　← ᵖ⬤
운동량의 변화량=$p_{(가)}-(-p)$ $=p=$충격량	운동량의 변화량=$p_{(나)}-(-p)$ $=p_{(나)}+p=$충격량

ㄴ. (가)의 경우 공의 나중 운동량은 0이므로 운동량 변화량의 크기는 처음 운동량의 크기와 같은 p이고, (나)의 경우 충돌 전후 공의 방향이 정반대이므로 운동량 변화량의 크기는 $p_{(나)}-(-p)=p_{(나)}+p$이다. 따라서 충돌 전후 공의 운동량 변화량의 크기는 (나)에서가 (가)에서보다 크다.

ㄷ. 충격량의 크기는 운동량 변화량의 크기와 같으므로 공이 받는 충격량의 크기는 (나)에서가 (가)에서보다 크다.

[오답 피하기] ㄱ. 충돌 직전 (가), (나)에서 야구공의 질량과 속도가 같으므로 운동량의 크기는 같다.

11 자료 분석 하기

힘 - 시간 그래프 분석

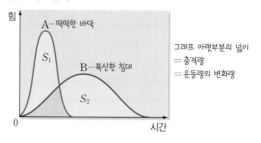

ㄱ. 같은 높이에서 동일한 두 수박 A, B를 가만히 놓은 경우 충돌 직전 속력이 같고 충돌 후 속력이 0으로 같으므로 A, B의 운동량 변화량과 A, B가 받은 충격량의 크기는 같다.

ㄴ. 힘 - 시간 그래프 아랫부분의 넓이는 충격량을 나타내므로 $S_1=S_2$이다.

[오답 피하기] ㄷ. A와 B가 받은 충격량이 같을 때 딱딱한 바닥에 떨어지는 A의 충돌 시간이 짧고, 푹신한 침대 위에 떨어지는 B의 충돌 시간이 길므로, 수박에 작용하는 평균 힘의 크기는 A가 B보다 크다.

실력을 올리는 실전 문제

40~43쪽

01 ③	**02** ②	**03** ①	**04** ③	**05** ②
06 ④	**07** ④	**08** ①	**09** ①	**10** ①
11 ④	**12** ④	**13** ⑤	**14** ③	

1등급을 굳히는 고난도 문제

15 ③	**16** ①

01 ㄱ. 철수가 영희에게 작용하는 힘과 영희가 철수에게 작용하는 힘은 작용 반작용의 관계로 크기가 같고 방향이 반대이다. 따라서 철수와 영희가 받는 가속도의 방향은 서로 반대 방향이다.

ㄴ. 철수가 영희에게 작용하는 힘의 크기와 영희가 철수에게 작용하는 힘의 크기가 같고 충돌 시간도 같으므로 철수가 영희로부터 받는 충격량의 크기와 영희가 철수로부터 받는 충격량의 크기는 같다. 충격량은 운동량의 변화량과 같으므로 운동량 변화량의 크기는 철수와 영희가 서로 같다.

[오답 피하기] ㄷ. 철수와 영희의 운동량 변화량의 크기는 같다. 운동량의 변화량은 질량과 속도 변화량의 곱이므로, 운동량의 변화량이 같을 때 질량과 속도 변화량은 반비례한다. 따라서 속도 변화량은 질량이 작은 영희가 질량이 큰 철수보다 크므로, 분리 후 속력은 영희가 철수보다 크다.

02 자료 분석 하기

운동량 – 시간 그래프의 변환
운동량 – 시간 그래프를 속도 – 시간 그래프로 변환하면 다음 그림과 같다.

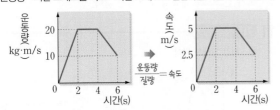

물체는 0~2초까지 속도가 일정하게 증가하고, 2~4초까지는 등속도 운동, 4~6초까지는 속도가 일정하게 감소하는 운동을 한다.

② 속도 – 시간 그래프 아랫부분의 넓이의 절댓값은 이동 거리를 나타낸다. 즉, 0~2초까지 물체의 이동 거리는 $\frac{1}{2} \times 5 \text{ m/s} \times 2 \text{ s} = 5 \text{ m}$이다.

[또 다른 풀이] ② 0~2초까지 물체는 속력이 0에서부터 5 m/s로 증가하는 등가속도 직선 운동을 하였으므로 평균 속력이 2.5 m/s이다. 따라서 0초부터 2초까지 물체의 이동 거리는 2.5 m/s × 2 s = 5 m이다.

[오답 피하기] ① 운동량 – 시간 그래프에서 기울기는 알짜힘을 나타낸다. 즉, 0초부터 2초까지 물체에 작용하는 알짜힘의 크기는 $\frac{20 \text{ kg} \cdot \text{m/s}}{2 \text{ s}} = 10 \text{ N}$이다.

③ 2초부터 4초까지 물체의 운동량이 일정하므로 물체의 운동량 변화량은 0이다. 운동량의 변화량과 충격량은 같으므로, 물체가 받은 충격량의 크기도 0이다.

④ 4초부터 6초까지 물체의 운동량 변화량의 크기는 |10−20| = 10(kg·m/s)이다.

⑤ 4초부터 6초까지 물체의 운동량의 크기가 감소하므로 물체의 속력도 감소한다. 따라서 5초일 때 물체의 운동 방향과 가속도의 방향은 서로 반대이다.

03 자료 분석 하기

물체가 결합하는 경우의 운동량 보존
충돌 과정에서 물체의 상호 작용으로 각각의 운동량은 변하지만, 세 물체의 운동량의 합은 일정하게 보존된다.

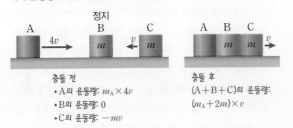

외력이 작용하지 않은 충돌에서는 운동량 보존 법칙이 성립한다. A의 질량을 m_A, 오른쪽 방향을 (+)라 하고 운동량 보존 법칙을 적용하면 $m_A \times 4v - mv = (m_A + 2m) \times v$에서 $m_A = m$이다.

04 자료 분석 하기

물체가 분리되는 경우의 운동량 보존

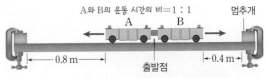

ㄱ. 운동량 보존 법칙을 적용하면 분리 전 A와 B의 운동량의 합이 0이므로 분리 후 A와 B의 운동량의 합도 0이다.

ㄴ. A와 B는 정지 상태에서 출발하여 동시에 멈추개에 도달하므로 멈추개에 도달할 때까지 A, B의 운동 시간이 같다. 운동 시간이 같을 때 속력은 이동 거리에 비례하므로 분리되는 순간의 속력은 A가 B의 2배이다.

[오답 피하기] ㄷ. 분리 후 A와 B의 운동량의 합이 0이므로, A와 B의 운동량의 크기는 같고 방향은 반대이다. 운동량의 크기가 같을 때 질량은 속도의 크기에 반비례하므로, 질량은 A가 B의 $\frac{1}{2}$이다.

05 자료 분석 하기

위치 – 시간 그래프 분석
· 위치 – 시간 그래프의 기울기는 물체의 속도를 의미한다.

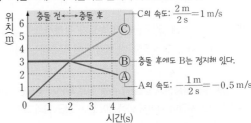

· 충돌 후 A는 충돌 전과 반대 방향으로 운동한다.
· 충돌 후 B는 정지 상태를 유지한다.
· 충돌 후 C는 충돌 전 A의 운동 방향과 같은 방향으로 운동한다.

충돌 전 A의 운동 방향을 (+), A의 질량을 m이라 하고 운동량 보존 법칙을 적용하면, $m \times 1.5 = m \times (-0.5) + 1 \times 1$에서 $m = 0.5 \text{ kg}$이다.

06 ㄱ. 외력이 작용하지 않으면 충돌 후 두 물체의 운동량의 합은 보존되어야 한다. A, B, C, D의 질량을 m이라 하고 (가)에서 운동량 보존 법칙을 적용하면 $mv + 0 = 0 + mv_B$이므로 B의 속력은 v이다.

ㄷ. 충돌 전후 A의 운동량 변화량의 크기는 mv이고, C의 운동량 변화량의 크기는 mv보다 작다.

[오답 Ⅱ하기] ㄴ. (나)에서는 충돌 후 C와 D가 움직이고 있으므로 C와 D의 속력은 각각 v보다 작다. 따라서 충돌 후 운동량의 크기는 B가 D보다 크다.

07 자료 분석 하기

운동량 보존 법칙

충돌 전후 A, B의 운동을 그림으로 나타내면 다음과 같다.

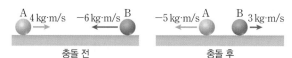

- 충돌 전 A와 B의 운동량의 합:
  $4 \ kg \cdot m/s + (-6 \ kg \cdot m/s) = -2 \ kg \cdot m/s$
- 충돌 후 A와 B의 운동량의 합: $-5 \ kg \cdot m/s + p_B$

ㄱ. B의 운동량의 크기를 p_B라 하고 운동량 보존 법칙을 적용하면 $4 - 6 = -5 + p_B$이다. 따라서 $p_B = 3 \ kg \cdot m/s$이고, B의 질량은 1 kg이므로 충돌 후 B의 속도의 크기는 3 m/s이다.

ㄷ. 충돌하는 동안 B가 A로부터 받은 충격량의 크기는 B의 운동량 변화량의 크기와 같으므로 $|3 - (-6)| = 9(kg \cdot m/s)$ $= 9(N \cdot s)$이다.

[오답 Ⅱ하기] ㄴ. 충돌하는 동안 A의 운동량 변화량의 크기는 $|-5 - 4| = 9(kg \cdot m/s)$이다.

08 자료 분석 하기

힘 – 시간 그래프의 변환
- 힘 – 시간 그래프 아랫부분의 넓이는 충격량을 나타낸다.
- 가속도 – 시간 그래프 아랫부분의 넓이는 속도 변화량을 나타낸다.

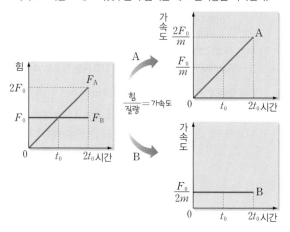

ㄱ. 힘 – 시간 그래프 아랫부분의 넓이는 충격량을 나타낸다. $0 \sim t_0$까지 그래프 아랫부분의 넓이는 A가 $\frac{1}{2} F_0 t_0$이고, B는 $F_0 t_0$이므로, 충격량의 크기는 A가 B보다 작다.

[오답 Ⅱ하기] ㄴ. 가속도 – 시간 그래프 아랫부분의 넓이는 속도 변화량을 나타낸다. 0일 때 A, B는 정지 상태이므로 t_0일 때 A의 속력은 $\frac{1}{2} \times \frac{F_0}{m} \times t_0 = \frac{F_0 t_0}{2m}$, B의 속력은 $\frac{F_0 t_0}{2m}$으로 같다.

또다른풀이 ㄴ. 충격량은 운동량의 변화량과 같고, 운동량의 변화량은 질량과 속도 변화량의 곱이다. $0 \sim t_0$까지 A와 B가

받은 충격량의 크기 비는 1 : 2, 질량의 비는 1 : 2이므로, A와 B의 속도 변화량은 같다. 시간이 0일 때 A, B는 정지 상태이므로, t_0일 때 속력은 A와 B가 같다.

ㄷ. $0 \sim 2t_0$까지 힘 – 시간 그래프 아랫부분의 넓이는 A가 $\frac{1}{2} \times 2F_0 \times 2t_0 = 2F_0 t_0$이고, B는 $2F_0 t_0$이므로, 충격량의 크기는 A와 B가 같다. 운동량 변화량의 크기는 충격량의 크기와 같고, 0일 때 A, B는 정지 상태이다. 따라서 $2t_0$일 때 운동량의 크기는 A와 B가 같다.

09 자료 분석 하기

충격량, 힘, 시간의 관계

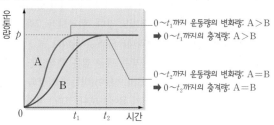

$0 \sim t_1$까지 운동량의 변화량: A > B
➡ $0 \sim t_1$까지의 충격량: A > B

$0 \sim t_2$까지 운동량의 변화량: A = B
➡ $0 \sim t_2$까지의 충격량: A = B

ㄴ. 운동량의 크기는 질량과 속도의 곱이다. t_2일 때 운동량의 크기는 A와 B가 같으므로, 공의 속력은 질량이 작은 B가 질량이 큰 A보다 크다.

[오답 Ⅱ하기] ㄱ. 충격량의 크기는 운동량 변화량의 크기와 같다. $0 \sim t_1$까지 운동량 변화량의 크기는 A가 B보다 크므로 충격량의 크기도 A가 B보다 크다.

ㄷ. 0부터 t_1까지 A가 받은 충격량의 크기와 0부터 t_2까지 B가 받은 충격량의 크기가 같고, 충돌 시간은 A가 B보다 짧으므로 평균 힘의 크기는 A가 B보다 크다.

10 자료 분석 하기

벽과 충돌하는 공의 운동

- 충돌 전 A의 운동량: $4mv$
- 충돌 후 A의 운동량: $-2mv$

- 충돌 전 B의 운동량: $4mv$
- 충돌 후 B의 운동량: $-3mv$

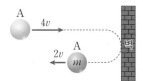

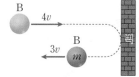

A의 운동량의 변화량
= A가 벽으로부터 받은 충격량
= – 벽이 A로부터 받은 충격량
= $-2mv - 4mv = -6mv$

B의 운동량의 변화량
= B가 벽으로부터 받은 충격량
= – 벽이 B로부터 받은 충격량
= $-3mv - 4mv = -7mv$

ㄴ. 벽이 공으로부터 받은 충격량의 크기는 공의 운동량 변화량의 크기와 같다. 따라서 벽이 공 A, B로부터 받은 충격량의 크기는 각각 $6mv$, $7mv$이다.

[오답 Ⅱ하기] ㄱ. B의 충돌 전 운동량은 $4mv$이고, 충돌 후 운동량은 $-3mv$이다. 따라서 충돌 전후 B의 운동량 변화량의 크기는 $|-3mv - 4mv| = 7mv$이다.

ㄷ. A와 B가 벽으로부터 힘을 받은 시간을 각각 t, $2t$라고 하면, A와 B가 받은 평균 힘의 크기는 각각 $\dfrac{6mv}{t}$, $\dfrac{7mv}{2t}$이다. 즉, 벽이 공에 작용하는 평균 힘의 크기는 (가)에서가 (나)에서보다 크다.

11 철수: A는 에어백이 작동하여 힘을 긴 시간 동안 받고, B는 에어백이 작동하지 않아 힘을 짧은 시간 동안 받는다. 즉, A의 인형이 받는 힘을 나타낸 그래프는 b이고, B의 인형이 받는 힘을 나타낸 그래프는 a이다.

민수: 충돌 전 인형의 속도는 A에서와 B에서가 같고, 충돌 후 모두 정지하므로 두 인형의 운동량 변화량의 크기는 같다. 충격량은 운동량의 변화량과 같으므로 자동차가 충돌하는 동안 A, B가 받은 충격량의 크기도 같다. 힘 – 시간 그래프 아랫부분의 넓이는 충격량을 나타내므로 $S_1 = S_2$이다.

[오답 피하기] 영희: 인형이 받는 평균 힘은 충격량을 걸린 시간으로 나누어 구한다. A, B의 인형이 받는 충격량의 크기는 같지만 충돌 시간은 A에서가 B에서보다 크다. 따라서 인형이 받는 평균 힘의 크기는 B에서가 A에서보다 크다.

12 자료 분석 하기 ─

충격량과 운동량 변화량의 관계
충격량은 힘과 충돌 시간의 곱으로, 운동량의 변화량과 같다.

물체	A에 작용하는 힘	충돌 시간	충돌 전후 A의 운동량 변화량	A가 받은 충격량
B	F	t	p	Ft
C	F	$2t$	(가) $2p$	$2Ft$
D	(나) $2F$	$2t$	$4p$	$4Ft$

(가) A가 B와 충돌했을 때 운동량의 변화량 $p = Ft$이므로, A가 C와 충돌했을 때 운동량의 변화량 $2Ft = 2p$이다.

(나) A가 D와 충돌했을 때 충격량은 $4p = 4Ft$이므로, A에 작용하는 힘은 $\dfrac{4Ft}{2t} = 2F$이다.

13 자료 분석 하기 ─

충격량
A가 받은 충격량 = A의 운동량 변화량 = $m(v_A - (-2v)) = 4mv$

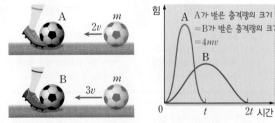

B가 받은 충격량 = B의 운동량 변화량 = $m(v_B - (-3v)) = 4mv$

ㄴ. A와 B가 받은 충격량의 크기는 서로 같고, 힘을 받은 시간은 B에서가 A에서의 2배이므로 공이 받은 평균 힘의 크기는 A에서가 B에서의 2배이다.

ㄷ. 공의 운동량 변화량은 공이 받은 충격량과 같다.

오른쪽 방향을 (+), 충돌 후 A, B의 속도를 각각 v_A, v_B라 하면 A에서는 $4mv = m(v_A - (-2v))$이므로 $v_A = 2v$이고, B에서는 $4mv = m(v_B - (-3v))$이므로 $v_B = v$이다.

[오답 피하기] ㄱ. 힘 – 시간 그래프 아랫부분의 넓이는 충격량이므로 A와 B가 받은 충격량의 크기는 $4mv$로 서로 같다.

14 (가) 자동차의 에어백: 충돌이 가해질 때 힘을 받는 시간을 길게 하여 사람이 받는 충격을 줄여 준다.

(나) 도로의 충격 흡수 장치: 도로에서 교통사고가 발생할 때 충돌 시간을 길게 하여 자동차가 서서히 멈추게 한다.

(다) 번지점프의 줄: 고무로 만든 줄은 탄성이 있어 힘이 작용하는 시간을 길게 하여 사람이 받는 평균 힘의 크기를 작게 한다.

(가), (나), (다)는 충돌 과정에서 충격량 또는 운동량 변화량이 일정할 때 힘을 받는 시간을 증가시켜 충격을 줄이는 것이 목적이다.

15 고난도 문제 해결 전략 ──

STEP1 출제 의도 파악하기
두 물체의 충돌에서 충돌 전후 물체의 속도 변화를 예측할 수 있어야 한다.

STEP2 자료 분석 하기

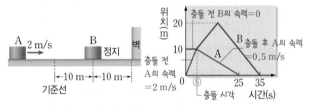

• A가 기준선을 통과하는 순간부터 B와 충돌하기 직전까지 이동한

시간 $= \dfrac{\text{이동 거리}}{\text{속력}} = \dfrac{10\,\text{m}}{2\,\text{m/s}} = 5\,\text{s}$

• 위치 – 시간 그래프의 분석: 0 ~ 25초까지 A의 이동 거리 = 20 m, 5 ~ 35초까지 B의 이동 거리 = 30 m, B와 충돌 전 A의 속력 = 2 m/s,

B와 충돌 후 A의 속력 $= \dfrac{10\,\text{m}}{20\,\text{s}} = 0.5\,\text{m/s}$

• A와 B가 충돌한 직후 A와 B의 운동 방향: A는 왼쪽으로 0.5 m/s의 속력으로 운동하고, B는 오른쪽으로 1 m/s의 속력으로 운동한다.

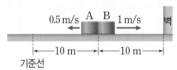

• B는 벽면과 충돌한 뒤 왼쪽으로 1 m/s의 속력으로 운동한다.

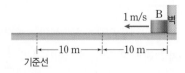

STEP3 관련 개념 모으기
❶ 위치 – 시간 그래프에서 알 수 있는 물리량은?
➡ 위치 – 시간 그래프의 기울기는 속도를 의미한다.

❷ A, B가 충돌할 때 운동량 보존 법칙을 적용하면?
➡ 충돌 전 A와 B의 운동량 합 = 충돌 후 A와 B의 운동량 합
$m_A v_A + m_B v_B = m_A v_A' + m_B v_B'$

두 물체 A, B가 충돌하기 전까지는 A는 2 m/s의 일정한 속력으로 운동한다. 따라서 A, B가 충돌하는 시각은 5초이다. (나)의 그래프에서 충돌 직후 A의 위치가 감소하였으므로 A의 운동 방향은 처음 운동 방향과 반대 방향이다. 즉, A는 위치가 0이 될 때까지 왼쪽으로 0.5 m/s의 속력으로 운동한다. B는 A와 충돌하여 벽면에 부딪힐 때까지 10 m를 이동하였고, 벽면에 충돌한 뒤 왼쪽으로 이동하여 위치가 0이 될 때까지 20 m를 이동하였다. 즉, B는 A와 충돌한 뒤 30 m를 이동하는 데 걸린 시간이 30초이다. 따라서 A와 충돌 후 B의 속력은 $\frac{30\,\text{m}}{30\,\text{s}}=1\,\text{m/s}$이다.

A와 B의 충돌 전후 운동량 보존 법칙을 적용하면 $m_A \times 2 + m_B \times 0 = m_A \times (-0.5) + m_B \times 1$에서 $\frac{m_A}{m_B}=\frac{2}{5}$이다.

16 고난도 문제 해결 전략

STEP 1 출제 의도 파악하기

물체의 연쇄 충돌에서 충돌 전후 물리량의 관계를 알고, 정량적으로 계산할 줄 알아야 한다.

STEP 2 자료 분석하기

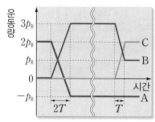

[A와 B가 충돌할 때]

구분	충돌 전 운동량	충돌 후 운동량
A	$2p_0$	$-p_0$
B	0	$3p_0$

➡ 운동량 보존 법칙: $2p_0 + 0 = -p_0 + 3p_0$

[B와 C가 충돌할 때]

구분	충돌 전 운동량	충돌 후 운동량
B	$3p_0$	p_0
C	0	$2p_0$

➡ 운동량 보존 법칙: $3p_0 + 0 = p_0 + 2p_0$

ㄱ. A의 충돌 전과 후의 운동량은 각각 $2p_0$, $-p_0$으로, 방향이 반대이다. 따라서 A는 B와 충돌한 후 충돌 전과 반대 방향으로 움직인다.

[오답 피하기] ㄴ. 충돌 후 B와 C의 운동량이 각각 p_0, $2p_0$이고 질량은 B가 C의 2배이므로 속력은 C가 B의 4배이다.

ㄷ. 평균 힘 $F=\frac{\Delta p}{\Delta t}$이다. B가 A와 충돌하는 동안 받는 평균 힘의 크기는 $\frac{3p_0}{2T}$이고, C와 충돌하는 동안 받는 평균 힘의 크기는 $\frac{2p_0}{T}$이다.

---

05 역학적 에너지

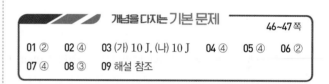

확인 문제
1 25   **2** 40   **3** 196
4 28   **5** 열에너지
44~45쪽

02 힘이 한 일은 물체의 운동 에너지 증가량과 같다. 즉, 힘이 한 일 $W=Fs=10\,\text{N}\times 4\,\text{m}=40\,\text{J}$이므로, 물체의 운동 에너지 증가량은 40 J이다.

03 물체를 지면으로부터 위로 옮길 때 중력이 한 일은 중력 퍼텐셜 에너지 증가량과 같다. 즉, 중력이 한 일 $W=Fs=mgs=2\,\text{kg}\times 9.8\,\text{m/s}^2\times 10\,\text{m}=196\,\text{J}$이므로, 중력 퍼텐셜 에너지 증가량은 196 J이다.

04 역학적 에너지=운동 에너지+중력 퍼텐셜 에너지=$\frac{1}{2}\times 1\,\text{kg}\times (4\,\text{m/s})^2 + 1\,\text{kg}\times 10\,\text{m/s}^2\times 2\,\text{m}=28\,\text{J}$

개념을 다지는 **기본 문제**   46~47쪽

01 ②   **02** ④   **03** (가) 10 J, (나) 10 J   **04** ④   **05** ④   **06** ②
07 ④   **08** ③   **09** 해설 참조

01 ② 힘이 물체에 한 일 $W=Fs=10\,\text{N}\times 5\,\text{m}=50\,\text{J}$이다.

[오답 피하기] ① 물체에는 일정한 크기의 힘이 작용하므로 물체는 등가속도 직선 운동을 한다.

③ 중력의 방향인 연직 아래 방향으로 이동한 거리는 0이므로 중력이 물체에 한 일은 0이다.

④ 힘(알짜힘)이 한 일은 물체의 운동 에너지 증가량과 같다. 힘이 물체에 한 일이 50 J이므로 물체의 운동 에너지 증가량은 50 J이다.

⑤ 물체의 운동 에너지 증가량은 50 J이고, 물체는 처음에 정지해 있었으므로 5 m를 통과하는 순간 물체의 속력을 v라 하면, $\frac{1}{2}\times 4\,\text{kg}\times v^2 = 50\,\text{J}$에서 $v=5\,\text{m/s}$이다.

02 자료 분석 하기

힘-이동 거리 그래프 분석

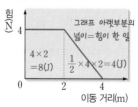

ㄱ. 물체가 0~2 m 이동하는 동안 힘이 물체에 한 일 $W=Fs=4\,\text{N}\times 2\,\text{m}=8\,\text{J}$이다.

ㄴ. 물체가 4 m 이동하는 동안 운동 에너지 증가량은 힘이 물체에 한 일과 같으므로, $4\times 2 + \frac{1}{2}\times 4\times 2 = 12(\text{J})$이다.

ㄷ. 힘이 물체에 한 일은 물체의 운동 에너지 증가량과 같으므로 4 m를 통과하는 순간 물체의 속력을 v라 하면, $\frac{1}{2} \times 2\,\text{kg} \times v^2 = 12\,\text{J}$에서 $v = 2\sqrt{3}\,\text{m/s}$이다.

03 기준면이 달라지면 중력 퍼텐셜 에너지는 달라지지만, 두 지점 사이의 높이 차는 기준면이 달라져도 같으므로 퍼텐셜 에너지 차이는 같다. 즉, (가)와 (나)에서 중력 퍼텐셜 에너지 증가량 $\Delta E_p = 1\,\text{kg} \times 10\,\text{m/s}^2 \times (2-1)\text{m} = 10$ J로 같다.

04 ㄱ. 탄성력 $F = kx$에서 용수철을 당기는 힘이 5 N일 때 늘어난 길이가 0.05 m이므로, 용수철 상수 $k = \dfrac{5\,\text{N}}{0.05\,\text{m}} = 100\,\text{N/m}$이다. 용수철이 늘어난 길이는 용수철을 당기는 힘의 크기에 비례하므로, 15 N의 힘으로 용수철을 당길 때 용수철의 늘어난 길이 (가)$= \dfrac{F}{k} = \dfrac{15\,\text{N}}{100\,\text{N/m}} = 0.15$ m이다.

ㄷ. 용수철을 당기는 힘이 한 일은 용수철의 탄성 퍼텐셜 에너지로 저장된다. 즉, 용수철을 0.4 m 당기는 동안 힘이 한 일 $W = \dfrac{1}{2} \times 100\,\text{N/m} \times (0.4\,\text{m})^2 = 8$ J이다.

ㄴ. 탄성 퍼텐셜 에너지 $E_p = \dfrac{1}{2}kx^2$으로, 용수철이 늘어난 길이의 제곱에 비례한다. 따라서 용수철이 0.05 m에서 0.1 m로 2배 늘어나면 탄성 퍼텐셜 에너지는 4배가 된다.

05 ㄱ. 역학적 에너지는 물체의 운동 에너지와 퍼텐셜 에너지의 합이다.

ㄷ. 물체가 낙하할 때 역학적 에너지가 보존되면, 물체의 중력 퍼텐셜 에너지가 감소한 만큼 운동 에너지가 증가한다.

ㄴ. 물체가 마찰이나 공기 저항을 받으며 운동하는 경우 역학적 에너지는 보존되지 않는다. 이때 역학적 에너지는 마찰이나 공기 저항에 의해 열에너지 등으로 전환된다.

06 (자료 분석 하기)

역학적 에너지 보존

마찰이나 공기 저항이 없을 때 역학적 에너지는 보존된다.

구분	운동 에너지	중력 퍼텐셜 에너지	역학적 에너지
높이 h	0	$3E_0$	$3E_0$
P	E_0	$2E_0$	$3E_0$
Q	$2E_0$	(가) E_0	$3E_0$
지면	$3E_0$	0	$3E_0$

· 운동 에너지 증가
· 중력 퍼텐셜 에너지 감소
· 역학적 에너지 일정

ㄷ. 물체를 가만히 놓는 높이 h인 지점에서 중력 퍼텐셜 에너지는 $3E_0$이고 P, Q에서 중력 퍼텐셜 에너지는 각각 $2E_0$, E_0이다. 중력 퍼텐셜 에너지 $E_p = mgh$로, 기준면으로부터 물체의 높이에 비례한다. 따라서 P, Q의 높이는 각각 $\dfrac{2}{3}h$, $\dfrac{1}{3}h$이므로, P와 Q 사이의 높이 차는 $\dfrac{1}{3}h$이다.

ㄱ. 역학적 에너지는 $3E_0$으로 일정하므로, Q에서의 역학적 에너지 $3E_0 = 2E_0 + $ (가)에서 (가)는 E_0이다.

ㄴ. 물체의 운동 에너지 $E_k = \dfrac{1}{2}mv^2$으로, 속력의 제곱에 비례한다. 운동 에너지는 Q에서가 P에서의 2배이므로, 속력은 Q에서가 P에서의 $\sqrt{2}$ 배이다.

07 용수철이 최대로 압축된 순간, 수레의 운동 에너지는 모두 용수철의 탄성 퍼텐셜 에너지로 전환된다. 용수철이 최대로 압축된 길이를 x라고 하면, $\dfrac{1}{2} \times 4\,\text{kg} \times (2\,\text{m/s})^2 = \dfrac{1}{2} \times 100\,\text{N/m} \times x^2$에서 $x = 0.4$ m이다.

08 (자료 분석 하기)

역학적 에너지 보존

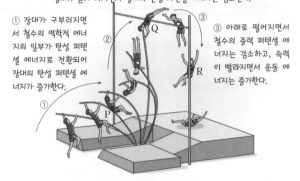

② 높이 올라가면서 철수의 중력 퍼텐셜 에너지는 증가하지만, 장대가 곧게 펴지면서 장대의 탄성 퍼텐셜 에너지는 감소한다.

① 장대가 구부러지면서 철수의 역학적 에너지의 일부가 탄성 퍼텐셜 에너지로 전환되어 장대의 탄성 퍼텐셜 에너지가 증가한다.

③ 아래로 떨어지면서 철수의 중력 퍼텐셜 에너지는 감소하고, 속력이 빨라지면서 운동 에너지가 증가한다.

ㄱ. P에서 Q로 가는 동안 구부러진 장대가 펴지면서 장대의 탄성 퍼텐셜 에너지가 철수의 중력 퍼텐셜 에너지로 전환되므로, 장대의 탄성 퍼텐셜 에너지는 P에서가 Q에서보다 크다.

ㄷ. 철수가 Q에서 R로 운동하는 동안 중력 퍼텐셜 에너지가 감소한 만큼 철수의 운동 에너지는 증가한다.

ㄴ. 철수가 Q에서 R로 운동하는 동안 철수에게 중력이 작용하여 아래쪽으로 이동하였으므로, 중력은 철수에게 일을 하였다.

09 (자료 분석 하기)

역학적 에너지가 보존되지 않는 경우

높은 곳에서 수평 방향으로 던진 공은 처음 떨어뜨린 높이보다 점점 낮게 튀어 오른다.

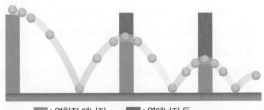

■ : 역학적 에너지   ■ : 열에너지 등

· 공의 역학적 에너지: 마찰이나 공기 저항에 의해 열에너지 등으로 전환되어 감소한다. ➡ 역학적 에너지는 감소하므로 보존되지 않는다.

· 전체 에너지: 역학적 에너지와 열에너지 등을 합한 전체 에너지는 일정하게 보존된다.

[예시 답안] A>B>C. 공이 공기 중에서 운동할 때나 바닥과 충돌할 때 역학적 에너지의 일부가 열에너지 등으로 전환되어 감소하기 때문이다.

채점 기준	배점(%)
A, B, C에서 역학적 에너지의 크기를 옳게 비교하고, 그 까닭을 역학적 에너지가 열에너지 등으로 전환된다고 설명한 경우	100
A, B, C에서 역학적 에너지의 크기만 옳게 비교한 경우	40

실력을 올리는 실전 문제

49~51쪽

01 ④	02 ②	03 ②	04 ⑤	05 ③
06 ⑤	07 ③	08 ④	09 ④	10 ③

1등급을 굳히는 고난도 문제

11 ①	12 ⑤

01 물체에 한 일은 물체의 운동 에너지 증가량과 같으므로 힘 F가 물체에 한 일은 각각 (가)에서 $Fd=\frac{1}{2}m(2v)^2-\frac{1}{2}mv^2=\frac{3}{2}mv^2$이고, (나)에서 $FL=\frac{1}{2}m(4v)^2-\frac{1}{2}m(2v)^2=6mv^2$이다. 따라서 $FL=4Fd$가 되어 $L=4d$이다.

02 자료 분석 하기

역학적 에너지 보존

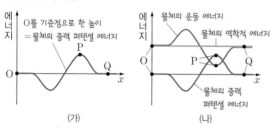

(가)   (나)

점 O를 기준으로 했을 때 O에서 중력 퍼텐셜 에너지는 0이므로 중력 퍼텐셜 에너지 그래프는 그림 (가)와 같이 궤도의 높이와 모양이 같다. 한편 O에서 무동력차는 운동하고 있으므로 운동 에너지는 0보다 크다. 역학적 에너지는 보존되므로 P, Q를 지나면서 중력 퍼텐셜 에너지 증가량은 운동 에너지 감소량과 같고, 중력 퍼텐셜 에너지 감소량은 운동 에너지 증가량과 같다. 따라서 무동력차의 운동 에너지 그래프는 그림 (나)와 같이 나타낼 수 있다.

03 ㄴ. 중력 가속도를 g라고 하면, A, B의 중력 퍼텐셜 에너지 감소량은 $\Delta E_{pA}=2m\times g\times h=2mgh$이고, B의 중력 퍼텐셜 에너지 감소량은 $\Delta E_{pB}=m\times g\times 2h=2mgh$이다. 즉, A, B의 중력 퍼텐셜 에너지 감소량은 같다.

[오답 피하기] ㄱ. 중력의 크기는 (질량)×(중력 가속도)이다. 질량은 A가 B보다 크므로, 물체에 작용하는 중력의 크기도 A가 B보다 크다.

ㄷ. 물체의 중력 퍼텐셜 에너지 감소량은 운동 에너지 증가량과 같다. 중력 퍼텐셜 에너지의 감소량은 A와 B가 같지만, 질량은 A가 B보다 크므로, 지면에 도달하는 순간의 속력은 A가 B보다 작다.

A: $2mgh=\frac{1}{2}\times 2m\times v_A{}^2$ ∴ $v_A=\sqrt{2gh}$

B: $2mgh=\frac{1}{2}\times m\times v_B{}^2$ ∴ $v_B=2\sqrt{gh}$

04 ㄱ. 물체가 지면으로부터 계속 위로 올라가고 있으므로 중력 퍼텐셜 에너지는 계속 증가해야 한다. 즉, P는 중력 퍼텐셜 에너지 그래프이고, Q는 운동 에너지 그래프이다. Q는 올라가는 높이와 관계없이 일정하므로 물체의 속력은 일정하다.

ㄴ. 물체가 2 m 올라간 순간 중력 퍼텐셜 에너지가 40 J이다. 물체의 질량을 m이라고 하면, 중력 퍼텐셜 에너지 $E_p=m\times 10\text{ m/s}^2\times 2\text{ m}=40\text{ J}$에서 $m=2\text{ kg}$이다.

ㄷ. 물체의 속력을 v라고 하면, 운동 에너지 $E_k=\frac{1}{2}\times 2\text{ kg}\times v^2=40\text{ J}$에서 $v=2\sqrt{10}\text{ m/s}$이다. 따라서 1초 동안 $2\sqrt{10}\text{ m/s}$의 속력으로 올라간 높이 $h=vt=2\sqrt{10}\text{ m/s}\times 1\text{ s}=2\sqrt{10}\text{ m}$이므로, 물체의 역학적 에너지 $E=E_k+E_p=40\text{ J}+2\text{ kg}\times 10\text{ m/s}^2\times 2\sqrt{10}\text{ m}=40+40\sqrt{10}\text{ J}$이다.

05 자료 분석 하기

역학적 에너지 보존

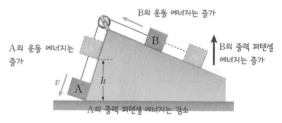

A의 중력 퍼텐셜 에너지 감소량=A의 운동 에너지 증가량+B의 운동 에너지 증가량+B의 중력 퍼텐셜 에너지 증가량

A와 B가 실로 연결되어 등가속도 운동 할 때 두 물체의 속력은 같다. A, B의 질량을 m이라 하면 역학적 에너지는 보존되므로 다음과 같다.

(A의 중력 퍼텐셜 에너지 감소량)=(A, B의 운동 에너지 증가량)+(B의 중력 퍼텐셜 에너지 증가량)

$\Delta E_{pA}=\frac{1}{2}\times(m+m)\times v^2+\Delta E_{pB}=mv^2+\Delta E_{pB}$

또 A가 높이 h에서 지면에 도달할 때까지 B의 중력 퍼텐셜 에너지 증가량은 A가 지면에 도달한 순간 B의 운동 에너지의 2배이므로, $\Delta E_{pB}=2E_{kB}=2\left(\frac{1}{2}\times m\times v^2\right)=mv^2$에서 $\Delta E_{pA}=2\Delta E_{pB}$이다. 즉, $\Delta E_{pA}:\Delta E_{pB}=2:1$이다.

06 자료 분석 하기

외부 힘이 작용할 때의 역학적 에너지

물체의 운동 에너지 증가량은 물체에 작용하는 알짜힘이 한 일과 같다.

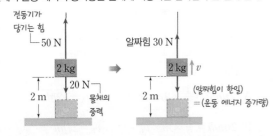

ㄴ. 물체가 올라갈 때 중력에 대해 한 일은 중력 퍼텐셜 에너지 증가량과 같다.

즉, $W_중 = \Delta E_p = 2\,kg \times 10\,m/s^2 \times 2\,m = 40\,J$이다.

ㄷ. 알짜힘이 한 일 $W_알 = 30\,N \times 2\,m = 60\,J$이므로, 운동 에너지 증가량은 60 J이다.

[또 다른 풀이] ㄷ. 전동기가 한 일은 물체의 역학적 에너지 증가량(=운동 에너지 증가량+중력 퍼텐셜 에너지 증가량)과 같다. 즉, 역학적 에너지 증가량은 100 J이고, 물체가 2 m 이동했을 때 중력 퍼텐셜 에너지 증가량은 40 J이므로 운동 에너지 증가량은 100 J−40 J=60 J이다.

[오답 피하기] ㄱ. 전동기가 한 일 $W = 50\,N \times 2\,m = 100\,J$이다.

07 자료 분석 하기

역학적 에너지 보존

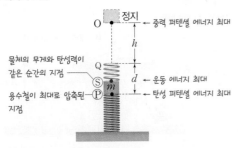

• 점 O(물체를 떨어뜨린 지점): 역학적 에너지=중력 퍼텐셜 에너지
• 점 Q(용수철이 압축되기 직전): 물체의 속력을 v_1이라고 하면 $mgh = \frac{1}{2}mv_1^2$에서 $v_1 = \sqrt{2gh}$이다.
• 점 S: Q → S까지 용수철이 압축되는 동안 물체의 속력은 증가한다.
• 점 P: S → P까지 용수철이 압축되는 동안 물체의 속력은 감소한다.

ㄱ. 물체가 O에서 h만큼 낙하하는 동안 물체의 중력 퍼텐셜 에너지가 감소한 만큼 운동 에너지가 증가한다.

ㄴ. P에서 용수철이 최대로 압축되므로 물체의 운동 에너지는 0이다. 즉, O에서 P까지 물체의 중력 퍼텐셜 에너지가 감소한 만큼 용수철의 탄성 퍼텐셜 에너지가 증가하므로, P에서 용수철의 탄성 퍼텐셜 에너지는 물체의 중력 퍼텐셜 에너지 감소량과 같은 $mg(h+d)$이다.

[오답 피하기] ㄷ. 용수철이 압축되기 직전인 Q에서 물체의 속력은 $\sqrt{2gh}$이다. 그러나 Q를 지나 탄성력과 물체에 작용하는

중력이 같아지는 순간인 S까지는 용수철이 압축되는 동안에도 물체의 속력이 계속 증가한다. 따라서 물체의 최대 속력은 $\sqrt{2gh}$보다 크다.

08 자료 분석 하기

역학적 에너지 보존

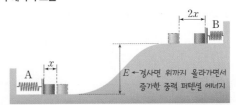

아래쪽 수평면에서 탄성 퍼텐셜 에너지=위쪽 수평면에서 중력 퍼텐셜 에너지+탄성 퍼텐셜 에너지

역학적 에너지가 보존되므로 감소한 탄성 퍼텐셜 에너지는 중력 퍼텐셜 에너지로 전환된다. 물체가 경사면 위까지 올라가면서 증가한 중력 퍼텐셜 에너지를 E라고 하면 $\frac{1}{2} \times 8k \times x^2 = E + \frac{1}{2} \times k \times (2x)^2$에서 $E = 2kx^2$이다. 용수철 A에 동일한 물체를 접촉시켜 $2x$만큼 압축시켰다가 놓았을 때 B가 최대로 압축된 길이를 X라고 하면, $\frac{1}{2} \times 8k \times (2x)^2 = E + \frac{1}{2} \times k \times X^2$이고, 이를 정리하면 $\frac{1}{2} \times k \times X^2 = 16kx^2 - 2kx^2 = 14kx^2$에서 $X = 2\sqrt{7}x$이다.

09 자료 분석 하기

역학적 에너지가 보존되지 않는 경우

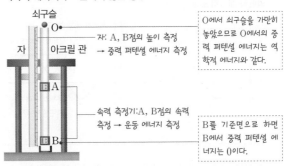

• 중력 퍼텐셜 에너지 $E_p = mgh$(단, $g = 10\,m/s^2$)
• 운동 에너지 $E_k = \frac{1}{2}mv^2$

위치	중력 퍼텐셜 에너지	운동 에너지	역학적 에너지
O	0.05 kg×10 m/s²× 1 m=0.50 J	0	0.50 J
A	(가) 0.05 kg×10 m/s² ×0.5 m=0.25 J	$\frac{1}{2}$×0.05 kg× (3.07 m/s)²≒0.24 J	0.49 J
B	0	$\frac{1}{2}$×0.05 kg× (4.37 m/s)²≒0.48 J	0.48 J

➡ 쇠구슬이 떨어지면서 관에서의 마찰 등으로 역학적 에너지는 약간 감소한다.

ㄱ. B를 기준면으로 할 때 쇠구슬의 높이는 A에서가 O에서의 $\frac{1}{2}$이다. 중력 퍼텐셜 에너지는 높이에 비례하므로, A에서가 O에서의 $\frac{1}{2}$이다. 따라서 (가)는 0.25이다.

ㄷ. 쇠구슬이 낙하하는 동안 역학적 에너지가 감소하였으므로, 역학적 에너지의 일부는 마찰에 의한 열에너지, 소리 에너지 등으로 전환된다.

[오답 피하기] ㄴ. O에서 역학적 에너지는 0.50 J, A에서 역학적 에너지는 0.49 J이고, B에서 역학적 에너지는 0.48 J이다. 따라서 쇠구슬이 O에서 A까지 낙하하는 동안 역학적 에너지는 0.50 J-0.49 J=0.01 J 감소하였다.

10 자료 분석 하기

마찰면에서의 역학적 에너지 감소

(가) A에서 D 쪽으로 운동할 때

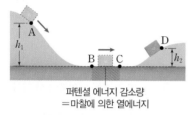

퍼텐셜 에너지 감소량
=마찰에 의한 열에너지

(나) D에서 B 쪽으로 운동할 때

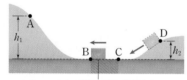

mgh_2=마찰에 의한 열에너지

- 마찰이 있는 면에서 역학적 에너지는 보존되지 않는다.
- AB, CD 구간에서는 마찰을 무시하므로 역학적 에너지가 보존된다.
- BC 구간에서는 마찰에 의해 역학적 에너지의 일부가 열에너지로 전환되므로 역학적 에너지는 감소한다.

감소한 물체의 중력 퍼텐셜 에너지는 BC 구간에서 마찰에 의해 손실된 에너지와 같다. BC 구간에서 마찰에 의해 손실된 에너지를 E라고 하면 (가)에서 감소한 물체의 중력 퍼텐셜 에너지 $E_p=mg(h_1-h_2)=E$이다. (나)에서 D에서 내려온 물체가 BC 구간을 지날 때 마찰에 의해 손실된 에너지도 E이므로 $E=mgh_2$이다. 즉, (가)에서 BC 구간을 통과할 때 손실된 에너지와 (나)에서 BC 구간을 통과할 때 손실된 에너지가 같으므로, BC 구간을 통과할 때 손실된 에너지는 A에서 중력 퍼텐셜 에너지 mgh_1의 $\frac{1}{2}$이다.

즉, h_2는 h_1의 $\frac{1}{2}$이므로, $h_1 : h_2=2 : 1$이다.

11 고난도 문제 해결 전략

STEP 1 출제 의도 파악하기

힘-시간 그래프를 해석하여 물체의 속력을 구하고, 일·운동 에너지 정리로 물체의 운동 에너지를 구할 수 있어야 한다.

STEP 2 자료 분석하기

A	B
• A의 질량: 1 kg • 0초일 때 A의 속력: 0	• B의 질량: 2 kg • 0초일 때 B의 속력: 0
• 0~1초 동안 A가 받은 충격량 =운동량 변화량=20 N·s ➡ 1초일 때 A의 속력: 20 N·s= 1 kg×v_1, v_1=20 m/s	• 0~1초 동안 B가 받은 충격량= 운동량 변화량=10 N·s ➡ 1초일 때 B의 속력: 10 N·s= 2 kg×v_3, v_3=5 m/s
• 1~2초 동안 A가 받은 충격량 =운동량 변화량=10 N·s ➡ 2초일 때 A의 속력: 10 N·s= 1 kg(v_2-v_1)=1 kg(v_2- 20 m/s)에서 v_2=30 m/s	• 1~2초 동안 B가 받은 충격량= 운동량 변화량=20 N·s ➡ 2초일 때 B의 속력: 20 N·s= 2 kg(v_4-v_3)=2 kg(v_4- 5 m/s)에서 v_4=15 m/s

STEP 3 관련 개념 모으기

❶ 힘-시간 그래프 아랫부분의 넓이가 의미하는 것은?
➡ 힘-시간 그래프 아랫부분의 넓이는 충격량이고, 충격량은 운동량의 변화량과 같다.

❷ 일·운동 에너지 정리란?
➡ 물체에 힘을 작용하여 물체가 힘의 방향으로 이동하였을 때 힘이 일을 하였다고 한다. 이때 물체에 작용하는 알짜힘이 한 일은 물체의 운동 에너지 변화량과 같다.

ㄱ. 힘-시간 그래프에서 그래프 아랫부분의 넓이는 물체가 받은 충격량의 크기와 같다. 0초부터 2초까지 A, B 그래프 아랫부분의 넓이가 30 N·s로 같으므로 물체에 작용한 충격량의 크기는 A와 B가 같다.

[오답 피하기] ㄴ. 물체가 받은 충격량은 물체의 운동량 변화량과 같으므로, 1초일 때 A의 속력을 v_1이라고 하면 20 N×1 s=1 kg×v_1에서 v_1=20 m/s이다. 또 2초일 때 A의 속력을 v_2라고 하면 10 N×1 s=1 kg×v_2-1 kg×20 m/s에서 v_2=30 m/s이다.

힘이 물체에 한 일은 물체의 운동 에너지 증가량과 같으므로, 0초부터 1초까지 힘이 A에 한 일=운동 에너지 증가량=$\frac{1}{2}$×1 kg×$(20 \text{ m/s})^2$=200 J이고, 1초부터 2초까지 힘이 A에 한 일=운동 에너지 증가량=$\frac{1}{2}$×1 kg×$(30 \text{ m/s})^2$-$\frac{1}{2}$×1 kg×$(20 \text{ m/s})^2$=250 J이다. 따라서 힘이 A에 한 일은 0초부터 1초까지가 1초부터 2초까지의 $\frac{4}{5}$이다.

ㄷ. 2초일 때 B의 속력을 v_4라고 하면 10 N×1 s+20 N×1 s=2 kg×v_4에서 v_4=15 m/s이다. 따라서 2초일 때 B의 운동 에너지는 $\frac{1}{2}$×2 kg×$(15 \text{ m/s})^2$=225 J이므로 2초일 때 A, B의 운동 에너지는 각각 450 J, 225 J이다. 즉, 2초일 때 물체의 운동 에너지는 A가 B의 2배이다.

STEP1 출제 의도 파악하기
물체를 연결한 실이 끊어졌을 때, 실이 끊어지기 전후 물체의 역학적 에너지 변화량을 구할 수 있어야 한다.

STEP2 자료 분석하기
- A, B, C는 실로 연결되어 움직이므로, 실이 끊어지기 전 A, B, C의 속력은 같고 줄이 끊어진 후 B, C의 속력은 같다.
- 2~3초 동안 B, C에 작용한 힘의 방향이 0~2초일 때와는 반대로 바뀐다. 이때 B, C의 속력이 줄어들지만, 여전히 B, C의 운동 방향은 왼쪽 방향이다.

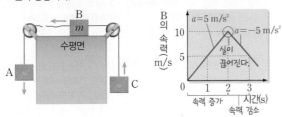

[2~3초 동안 C의 역학적 에너지 변화량]
- C의 운동 에너지 감소량$=\frac{1}{2} \times m_C \times 5^2 - \frac{1}{2} \times m_C \times 10^2 = -\frac{75}{2} m_C$
- C의 중력 퍼텐셜 에너지 증가량$=$
$m_C \times 10 \times \left(\frac{1}{2} \times (10+5) \times 1\right) = 75 m_C$
- C의 역학적 에너지 증가량$= 75 m_C - \frac{75}{2} m_C = \frac{75}{2} m_C$

STEP3 관련 개념 모으기
❶ 물체에 운동 방향과 같은 방향으로 힘이 작용하면?
➡ 물체의 역학적 에너지는 증가한다.

❷ 물체에 운동 방향과 반대 방향으로 힘이 작용하면?
➡ 물체의 역학적 에너지는 감소한다.

ㄴ. A, C의 질량을 각각 m_A, m_C라 할 때, 실이 끊어지기 전후 B의 가속도의 크기는 5 m/s²로 같으므로 운동 방정식을 적용하면 실이 끊어지기 전 $10m_A - 10m_C = (m_A + m + m_C) \times 5$, 실이 끊어진 후 $10m_C = (m + m_C) \times 5$가 성립한다. 이 두 식에 의해 $m_A = 4m$, $m_C = m$으로 질량은 A가 C의 4배이다.

ㄷ. B와 C는 실로 연결되어 함께 운동하므로 C의 속력도 (나)의 그래프와 같다. 2초일 때보다 3초일 때 C의 속력이 5 m/s 감소하므로 운동 에너지 감소량은 $\frac{1}{2} \times m_C \times (5^2 - 10^2) = -\frac{75}{2} m_C$이다. 2초일 때보다 3초일 때 C의 높이는 증가하므로 중력 퍼텐셜 에너지는 증가한다. (나)의 속력-시간 그래프에서 그래프 아랫부분의 넓이는 이동 거리를 의미하므로 이동 거리는 $\frac{1}{2} \times (10+5) \times 1 = 7.5$(m)이고, 이로부터 중력 퍼텐셜 에너지 증가량은 $m_C \times 10 \times 7.5 = 75 m_C$이다. 따라서 운동 에너지와 중력 퍼텐셜 에너지의 합인 역학적 에너지는 3초일 때가 2초일 때보다 크다.

[오답 피하기] ㄱ. B와 C는 실로 연결되어 하나의 물체처럼 운동하며, 1초일 때와 3초일 때 B의 속력의 크기는 줄어들고 있지만 운동 방향이 같으므로 C의 운동 방향 또한 같다.

06 열역학 법칙

┤52~54쪽├
확인
문제
1 부피 변화량   **2** 운동 에너지, 절대 온도
3 내부 에너지   **4** 0이고, 0보다 크다   **5** 0.3(또는 30 %)
6 증가   **7** 1(또는 100 %)

01 기체가 일정한 압력을 유지하며 팽창할 때, 기체가 외부에 한 일 $W = P \Delta V$이다. 부피가 팽창하면 기체는 외부에 일을 하고$(W > 0)$, 부피가 수축하면 기체는 외부로부터 일을 받는다$(W < 0)$.

02 이상 기체의 내부 에너지는 기체 분자의 운동 에너지의 총합과 같으므로, 분자 수가 많을수록, 절대 온도가 높을수록 크다.

03 기체가 흡수한 열 Q는 내부 에너지 증가량 ΔU와 외부에 한 일 W의 합과 같다. 즉, 열역학 제1법칙에 따라 $Q = \Delta U + W$에서 $\Delta U = Q - W$이다.

04 이상 기체의 온도가 일정하게 유지되면서 부피가 증가하는 과정은 등온 팽창 과정이다. 이때 내부 에너지 변화량이 0이므로 기체가 흡수한 열은 기체가 외부에 한 일과 같다.

05 열기관이 Q_1의 열량을 공급받고 Q_2의 열량을 저열원으로 방출하였을 때 열효율 $e = \frac{Q_1 - Q_2}{Q_1}$이므로, 이 열기관의 열효율 $e = \frac{1000 - 700}{1000} = \frac{300}{1000} = 0.3$이다.

07 열역학 제2법칙에 따르면 공급받은 열에너지를 모두 일로 바꿀 수 있는, 열효율이 100 %인 열기관은 만들 수 없다.

개념을 다지는 기본 문제
55~57쪽

01 2 J	**02** ①	**03** ⑤	**04** 해설 참조	**05** ⑤
06 ②	**07** ③	**08** ④	**09** ③	**10** ⑤
11 ③	**12** 해설 참조	**13** ④	**14** ⑤	**15** ②

01 기체가 일정한 압력을 유지하며 부피가 팽창할 때 기체가 피스톤에 한 일 $W = P \Delta V = PA \times \Delta l = 100 \ N/m^2 \times 0.1 \ m^2 \times 0.2 \ m = 2 \ J$이다.

✚ 개념 더하기

기체가 한 일

기체가 팽창할 때	$\Delta V > 0$이므로 $W > 0$이다. ➡ 기체가 외부에 일을 한다.
기체가 수축할 때	$\Delta V < 0$이므로 $W < 0$이다. ➡ 기체는 외부로부터 일을 받는다.

02 자료 분석 하기

기체의 부피 변화와 일

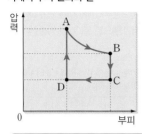

A → B 과정: 부피가 증가
➡ 외부에 일을 한다.

B → C, D → A 과정:
부피 변화가 없다. ➡ 한 일은 0이다.

C → D 과정: 부피가 감소
➡ 외부로부터 일을 받는다.

> 압력-부피 그래프로 둘러싸인 부분의 넓이
> =한 순환 과정에서 기체가 한 일

A → B 과정: 부피가 증가하므로 기체는 외부에 일을 한다.
B → C 과정: 부피의 변화가 없으므로 기체가 한 일은 0이다.
C → D 과정: 부피가 감소하므로 기체는 외부로부터 일을 받는다.
D → A 과정: 부피의 변화가 없으므로 기체가 한 일은 0이다.

03 ㄱ. 이상 기체 분자는 분자들 사이의 상호 작용이 없으므로 퍼텐셜 에너지가 0이다. 즉, 이상 기체의 내부 에너지는 분자들의 운동 에너지의 총합과 같다.

ㄴ, ㄷ. 이상 기체의 내부 에너지는 분자 수가 많을수록, 절대 온도가 높을수록 크다.

➕ 개념 더하기

이상 기체의 내부 에너지
이상 기체는 기체 분자의 크기와 분자 사이의 인력을 무시할 수 있는 기체를 말한다. 이상 기체의 경우 분자 사이에 작용하는 인력을 무시하므로 기체 분자의 퍼텐셜 에너지는 0이다. 따라서 이상 기체의 내부 에너지는 분자들의 운동 에너지의 총합과 같다.

04 운동 에너지의 총합은 A는 $3 \times 2E + 4 \times 3E + 4E = 22E$이고, B는 $3E + 3 \times 4E + 5E = 20E$이다. 이상 기체의 내부 에너지는 기체 분자의 운동 에너지의 총합이므로 A가 B보다 크다.

한 분자의 평균 운동 에너지는 운동 에너지의 총합을 분자 수로 나눈 것이므로, A는 $\frac{22}{8}E = \frac{11}{4}E$, B는 $\frac{20}{5}E = 4E$이다. 기체 분자들의 평균 운동 에너지는 절대 온도에 비례하므로, 온도는 B가 A보다 높다.

예시 답안 내부 에너지는 기체 분자들의 운동 에너지의 총합과 같으므로 A가 B보다 크고, 한 분자의 평균 운동 에너지는 B가 A보다 크므로 온도는 B가 A보다 크다.

채점 기준	배점(%)
내부 에너지와 한 분자의 평균 운동 에너지의 크기를 옳게 비교하고, 온도가 높은 기체를 골라 그 까닭을 옳게 설명한 경우	100
A, B의 내부 에너지만 옳게 비교한 경우	40
한 분자의 평균 운동 에너지의 크기를 비교하여 온도가 높은 기체만 옳게 고른 경우	40

05 자료 분석 하기

등압 팽창 과정

추가 한 개 올려져 있어 (가)와 (나)에서 기체가 받는 압력은 같다.

추 / 피스톤 / 실린더 / P, V / 기체

압력이 일정한 상태에서 실린더 내부의 부피가 팽창하여 외부에 일을 하는 과정

열을 가하면 기체의 온도가 올라가 내부 에너지가 증가하고, 부피가 팽창하면서 기체는 외부에 일을 한다.

> 기체가 흡수한 열=기체의 내부 에너지 증가량+외부에 한 일

ㄴ, ㄷ. 압력이 일정하게 유지되면서 팽창하는 등압 팽창 과정에서 기체의 내부 에너지는 증가한다. 이상 기체의 내부 에너지는 기체의 평균 운동 에너지에 비례하므로, 내부 에너지와 평균 운동 에너지는 (나)에서가 (가)에서보다 크다.

[오답 피하기] ㄱ. 피스톤에 작용하는 평균 힘의 크기는 기체에 작용하는 압력과 피스톤 단면적의 곱이다. 압력과 단면적이 일정하므로 피스톤에 작용하는 평균 힘의 크기는 (가)에서와 (나)에서가 같다.

06 음료수 병의 뚜껑을 열면 내부에 있던 높은 압력의 기체가 갑자기 빠져나오면서 단열 팽창한다. 기체의 부피가 커지므로 기체는 외부에 일을 하고, 그만큼 기체의 내부 에너지가 감소한다. 따라서 기체의 온도가 급격히 낮아지므로 뚜껑 주변의 수증기가 응결하여 김이 생긴다.

07 자료 분석 하기

단열 과정
단열 과정에서 기체는 외부와의 열의 출입이 없으므로 기체가 흡수하는 열은 0이다.

$$Q = \Delta U + W = 0, W = -\Delta U$$

A: 단열 팽창 과정	B: 단열 압축 과정
A →	→ B
A는 외부에 일을 한다. → 내부 에너지가 감소한다. → 온도가 내려간다.	B는 외부로부터 일을 받는다. → 내부 에너지가 증가한다. → 온도가 올라간다.

ㄱ. 고정된 피스톤에서 핀을 제거하였을 때 A는 단열된 상태로 팽창하고, B는 단열된 상태로 압축된다. 이때 A는 B에 대하여 일을 한다.

ㄴ. 단열 팽창하면 기체의 내부 에너지는 감소하고, 온도는 낮아진다. 즉, A의 온도는 (가)에서가 (나)에서보다 높다.

[오답 피하기] ㄷ. B는 단열 압축되면서 내부 에너지가 증가한다. 즉, B의 내부 에너지는 (가)에서가 (나)에서보다 작다.

08 열역학 법칙 $Q = \Delta U + W$에 의해 등압 팽창 과정에서 흡수한 열 Q는 팽창하며 외부에 한 일 W와 온도가 상승하며 증가한 내부 에너지 ΔU의 합이다.

ㄴ. 빵 봉지의 부피가 커져 기체는 외부에 일을 한다.

ㄷ. 빵 봉지는 외부로부터 열을 흡수하여 온도가 높아져 내부 에너지가 증가한다.

[오답 피하기] ㄱ. 빵 봉지는 외부로부터 열을 흡수한다.

09 자료 분석 하기

등압 과정에서 압력 – 부피 그래프

A → B 과정은 압력은 일정한 상태로 부피가 팽창하는 등압 팽창 과정이다.

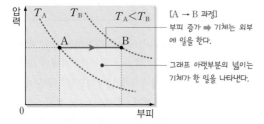

[A → B 과정]
부피 증가 ➡ 기체는 외부에 일을 한다.

그래프 아랫부분의 넓이는 기체가 한 일을 나타낸다.

$T_A < T_B$

• 압력 일정, 부피 증가 ➡ 온도가 상승하여 내부 에너지가 증가한다 ($\Delta U > 0$).
• 부피 증가 ➡ 기체가 한 일은 0보다 크다($W > 0$).
• 열역학 제1법칙 $Q = \Delta U + W$에서 $\Delta U > 0$, $W > 0$이므로 $Q > 0$이다. 즉, 기체는 외부로부터 열을 흡수한다.

ㄱ. 이상 기체의 상태가 A에서 B로 변할 때, 압력이 일정하고 부피는 증가하므로 온도가 상승한다. 따라서 온도는 A에서가 B에서보다 낮다.

ㄴ. A에서 B로 변할 때 부피가 증가하므로 기체는 외부에 일을 한다.

[오답 피하기] ㄷ. 등압 팽창 과정에서 기체는 외부로부터 열을 흡수한다.

10 고열원으로부터 공급받은 열을 Q_1, 저열원으로 방출하는 열을 Q_2라고 할 때, 열효율 $e = \dfrac{Q_1 - Q_2}{Q_1}$에서 $0.25 = \dfrac{8000 - Q_2}{8000}$이므로 $Q_2 = 6000$ J이다.

➕ 개념 더하기

열기관의 열효율

• 열기관: 열원으로부터 받은 열에너지를 유용한 일로 바꾸는 장치
• 열기관의 열효율(e): 열기관에 공급한 열 Q_1에 대해 열기관이 한 일 W의 비율

고열원
열(Q_1)
열기관 → 일(W)
열(Q_2)
저열원

$$e = \frac{W}{Q_1} = \frac{Q_1 - Q_2}{Q_1}$$
$$= 1 - \frac{Q_2}{Q_1}$$

• 열기관의 열효율은 항상 1보다 작다.

11 자료 분석 하기

열기관

열기관은 높은 온도의 열원(고열원)으로부터 열(Q_1)을 흡수하여 외부에 일(W)을 하고, 낮은 온도의 열원(저열원)으로 열(Q_2)을 방출한다.

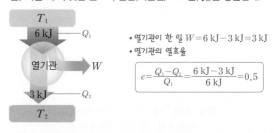

T_1
6 kJ — Q_1
열기관 → W
3 kJ — Q_2
T_2

• 열기관이 한 일 $W = 6$ kJ $- 3$ kJ $= 3$ kJ
• 열기관의 열효율

$$e = \frac{Q_1 - Q_2}{Q_1} = \frac{6 \text{ kJ} - 3 \text{ kJ}}{6 \text{ kJ}} = 0.5$$

ㄱ. 열기관에서 열을 흡수하는 곳이 고열원, 열을 방출하는 곳이 저열원이다. 즉, $T_1 > T_2$이다.

ㄴ. 열기관이 한 일(W)은 열기관에 공급한 열(Q_1)에서 열기관이 방출한 열(Q_2)을 뺀 값, 즉 $W = Q_1 - Q_2 = 6$ kJ $- 3$ kJ $= 3$ kJ이다.

[오답 피하기] ㄷ. 열기관의 열효율 $e = \dfrac{Q_1 - Q_2}{Q_1} = \dfrac{6 \text{ kJ} - 3 \text{ kJ}}{6 \text{ kJ}}$ $= 0.5$이다.

12 (가) 열기관이 저열원으로부터 열을 공급받고 있다. 열역학 제2법칙에 따라 열은 항상 고온에서 저온으로 이동하므로 불가능한 열기관이다.

(나) 열기관이 고열원으로부터 열을 공급받아 그 일부는 일로 전환되고 나머지 열은 저열원으로 방출하므로, 열역학 제2법칙에 따라 현실적으로 가능한 열기관이다.

(다) 열기관이 공급받은 열을 모두 일로 전환하고 있으므로 열효율이 100 %인 열기관이다. 이는 열역학 제2법칙에 따라 일을 하는 과정에서 열이 주변에 존재하는 더 낮은 온도의 계로 저절로 흘러가는 것을 막을 수 없으므로 불가능한 열기관이다.

[예시 답안] (가), (다). (가)는 열기관이 저열원으로부터 열을 공급받고 있으므로 열역학 제2법칙에 위배되고, (다)는 일을 하는 과정에서 열이 주변에 존재하는 더 낮은 온도의 계로 저절로 흘러가는 것을 막을 수 없으므로 열역학 제2법칙에 위배된다.

채점 기준	배점(%)
열역학 제2법칙에 위배되는 열기관 2가지를 옳게 고르고, 그 까닭을 옳게 설명한 경우	100
열기관을 1가지만 골라 옳게 설명한 경우	50
열역학 제2법칙에 위배되는 열기관만 옳게 고른 경우	30

13 ④ 역학적 에너지는 마찰에 의해 모두 열에너지로 전환될 수 있다. 그러나 열에너지가 다시 모여 역학적 에너지로 전환되는 과정은 자연 현상이 한쪽 방향으로만 일어남을 제시하는 열역학 제2법칙에 위배되므로 스스로 일어나지 않는다.

[오답 피하기] ① 열은 항상 고온의 물체에서 저온의 물체로 이동하여 열평형 상태에 도달하며, 외부의 도움 없이 스스로 저온의 물체에서 고온의 물체로 이동하지 않는다.

② 일은 모두 열로 바꿀 수 있으나, 열은 모두 일로 바꿀 수 없다. 즉, 열효율이 100 %인 열기관은 만들 수 없다.

③ 비가역 과정은 한쪽 방향으로만 일어나 스스로 처음 상태로 되돌아갈 수 없는 과정으로, 자연계에서 일어나는 대부분의 자연 현상은 비가역 과정이다.

⑤ 고립계에서 자발적으로 일어나는 자연 현상은 경우의 수가 커지는 방향, 즉 확률이 높은 방향으로 진행한다.

14 A, B. 커피의 온도는 주변의 공기보다 높다. 열은 항상 고온에서 저온으로 이동하므로, 커피에서 공기로 열이 이동하여 커피의 온도는 낮아진다.

C. 열역학 제2법칙에 따르면 온도가 높은 커피에서 온도가 낮은 공기로 열의 이동은 자발적으로 일어나지만, 반대로 온도가 낮은 공기에서 온도가 높은 커피로 열이 이동하여 커피의 온도가 더 올라가는 현상은 일어나지 않는다.

15 〔자료 분석 하기〕

열의 이동

열은 고온의 물체에서 저온의 물체로 이동하여 열평형 상태에 도달하며, 외부의 도움 없이 스스로 저온의 물체에서 고온의 물체로 이동하지 않는다.

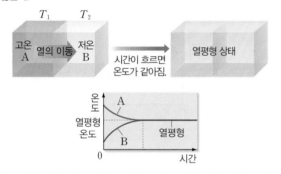

ㄷ. 열이 A에서 B로 이동하면서 B의 온도가 올라가고, B 내부 분자들의 운동 에너지가 증가하면서 무질서도는 증가한다.

[오답 피하기] ㄱ. 열은 고온의 물체에서 저온의 물체로 이동하여 열평형 상태에 도달한다. 즉, $T_1 > T_2$이다.

ㄴ. 열이 A에서 B로 이동하면서 A의 온도는 내려가므로, A의 내부 에너지는 감소한다.

실력을 올리는 실전 문제 60~63쪽

01 ②	02 ②	03 ④	04 ⑤	05 ①
06 ④	07 ④	08 ①	09 ②	10 ③
11 ③	12 ①	13 ④	14 ⑤	

1등급을 굳히는 고난도 문제

15 ③	16 ②

---

01 부피가 일정한 상태에서 냉각되는 등적 과정이다.

ㄴ. 기체는 냉각되면서 온도가 내려가므로 기체의 내부 에너지는 감소한다.

[오답 피하기] ㄱ. 기체의 부피 변화는 없으므로 기체가 외부로부터 받은 일은 0이다.

ㄷ. 기체의 부피가 일정할 때 압력은 온도에 비례한다. 즉, 기체의 온도가 감소하므로 압력은 감소한다.

02 ㄴ. 기체의 부피가 팽창할 때, 기체는 외부로 일을 한다.

[오답 피하기] ㄱ. 압력이 일정한 상태에서 물에 넣은 기체의 온도가 올라가면 기체는 팽창한다. 따라서 $T_0 < T_1$이다.

ㄷ. 열을 흡수한 기체 분자들의 온도가 높아지므로 A의 평균 운동 에너지가 증가한다.

03 ㄱ. 등적 과정은 기체의 부피가 일정하게 유지되면서 상태가 변하는 과정으로, 공급받은 열은 모두 내부 에너지를 증가시킨다. 따라서 기체의 온도는 올라가고, 압력도 증가한다.

ㄷ. 기체의 내부 에너지가 증가하여 온도가 올라가므로, 기체 분자의 평균 운동 에너지도 증가한다.

[오답 피하기] ㄴ. 기체에 열이 공급되면서 부피는 변하지 않는 등적 과정으로, 부피 변화가 없어 외부에 일을 하지 않는다.

04 〔자료 분석 하기〕

압력－부피 그래프 분석

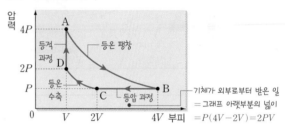

ㄴ. B → C 과정은 등압 과정으로 기체는 외부로부터 일을 받는다. 이때 기체가 외부로부터 받는 일은 압력－부피 그래프 아랫부분의 넓이이므로, $W = P \times (4V - 2V) = 2PV$이다.

ㄷ. D → A 과정은 부피가 일정하고 압력이 증가하는 등적 과정이다. 따라서 기체는 외부로부터 열을 흡수하고, 흡수한 열은 기체의 내부 에너지 증가량과 같다.

[오답 피하기] ㄱ. A → B 과정은 등온 과정으로, 기체의 온도가 일정하므로 내부 에너지 변화량은 0이다.

05 〔자료 분석 하기〕

열역학 과정

(가) 등적 과정	(나) 등압 과정
열을 가하면 온도가 높아져 내부 에너지는 증가하고, 부피 변화가 없어 기체가 한 일은 0이다. $Q = \Delta U \; (\because W = 0)$	열을 가하면 온도가 높아져 내부 에너지가 증가하고, 부피가 커져 기체는 외부에 일을 한다. $Q = \Delta U + W$

ㄱ. (가)의 기체는 피스톤이 고정되어 있어 부피가 변하지 않으므로 외부에 일을 하지 않는다. 따라서 흡수한 열이 모두 내부 에너지 변화에 쓰이므로 내부 에너지 증가량은 Q이다.

[오답 피하기] ㄴ. (나)에서 기체가 흡수한 열은 기체의 내부 에너지 증가량과 외부에 한 일의 합과 같다. 즉, 내부 에너지가 증가하기 때문에 기체 분자의 평균 운동 에너지도 증가한다.

ㄷ. (가)에서 내부 에너지 증가량 $\Delta U = Q$이고, (나)에서 기체는 팽창하여 외부에 일을 하므로 내부 에너지 증가량 $\Delta U = Q - W$로 (가)의 내부 에너지 증가량보다 작다.

06 자료 분석 하기

스털링 엔진의 작동 과정

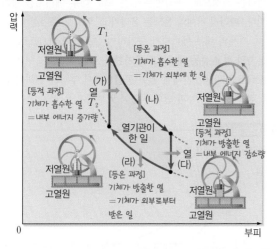

ㄱ. (가)는 등적 과정으로, 기체는 고열원으로부터 열을 흡수한다.

ㄷ. (다)는 등적 과정으로 부피 변화가 없어 기체가 한 일은 0이다. 따라서 기체가 방출한 열만큼 기체의 내부 에너지가 감소한다.

[오답 피하기] ㄴ. (나), (라)는 모두 등온 과정이지만 (나)에서는 기체가 열을 흡수하여 외부에 일을 하고, (라)에서는 기체가 열을 방출하여 외부로부터 일을 받는다.

07 자료 분석 하기

단열 팽창 과정

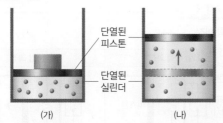

단열된 피스톤
단열된 실린더

(가)   (나)

• (가) → (나) 과정: 외부와의 열 출입이 없으므로, 기체가 흡수하는 열은 0이다. 즉, 단열 팽창 과정이다.
• 단열 팽창 과정에서 기체는 외부에 일을 하고, 기체가 한 일만큼 내부 에너지는 감소하여 온도가 내려간다.

$$W = -\Delta U \ (\because Q=0)$$

ㄱ. (가)에서 (나)로 변하는 동안 기체는 단열된 상태에서 팽창하므로 내부 에너지가 감소하여 온도는 감소한다.

ㄷ. 단열 팽창할 때 기체가 외부에 한 일은 내부 에너지 감소량과 같다.

[오답 피하기] ㄴ. 단열 과정에서 기체의 부피가 팽창하면 기체의 압력은 감소한다($\Delta U = -W$).

08 ㄴ. 기체 분자의 평균 운동 에너지는 절대 온도에 비례하므로, T ℃일 때가 0 ℃일 때보다 크다.

[오답 피하기] ㄱ. 이상 기체의 내부 에너지는 절대 온도에 비례하므로, 절대 온도가 0 K일 때 내부 에너지는 0이다. 0 ℃는 273 K으로 내부 에너지는 0이 아니다.

ㄷ. 기체의 압력은 1기압으로 일정하고, 0 ℃에서 T ℃로 온도가 증가하는 동안 기체의 부피가 팽창한다. 따라서 기체는 외부에 일을 한다.

⊕ **개념 더하기**

등압 과정
등압 과정에서 온도가 증가하면 내부 에너지가 증가하고, 이때 부피가 팽창하여 기체는 외부에 일을 한다.

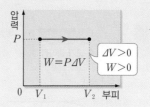

$W = P\Delta V$ \quad $\Delta V > 0$ \quad $W > 0$

09 자료 분석 하기

스털링 엔진의 열역학 과정

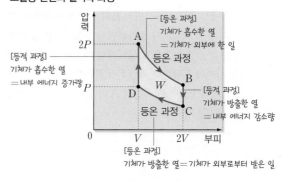

ㄷ. 등온 과정에서 기체가 흡수(방출)한 열량=기체가 한(받은) 일이다. 따라서 $W = $ (A → B 과정에서 기체가 외부에 한 일) − (C → D 과정에서 기체가 외부로부터 받은 일) = (A → B 과정에서 기체가 흡수한 열량) − (C → D 과정에서 기체가 방출한 열량)이다.

[오답 피하기] ㄱ. A → B 과정은 온도가 일정한 상태에서 부피가 팽창하므로 내부 에너지 변화량은 0이고, 외부에 일을 한다. 즉, $Q=W$에서 기체가 흡수한 열량은 모두 일로 전환되므로, 기체는 열을 흡수한다.

ㄴ. B → C 과정은 기체의 부피가 일정한 상태에서 압력이 감소하는 등적 과정이다. 이때 기체는 열을 방출하면서 내부 에

너지가 감소하므로, 온도가 낮아진다. 즉, 기체의 온도는 B에서가 C에서보다 높다.

10 자료 분석 하기

등온 팽창과 단열 팽창

• 등온 팽창: 온도가 일정하게 유지되면서 부피가 팽창한다.
• 단열 팽창: 기체가 외부에 일을 한 만큼 내부 에너지는 감소하여 기체의 온도가 내려간다.
• 단열 팽창은 등온 팽창보다 그래프 곡선이 더 가파르게 나타난다. 따라서 A → B 과정이 등온 팽창, A → C 과정이 단열 팽창이다.

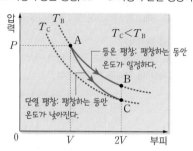

ㄱ. 기체가 외부에 한 일은 압력 – 부피 그래프 아랫부분의 넓이와 같다. A → B 과정이 A → C 과정보다 그래프 아랫부분의 넓이가 크므로, 기체가 외부에 한 일은 A → B 과정에서가 A → C 과정에서보다 크다.

ㄴ. A → C 과정은 단열 팽창 과정으로, 기체가 팽창하면서 외부에 일을 하고, 기체가 한 일만큼 내부 에너지가 감소하여 온도가 내려간다.

[오답 피하기] ㄷ. A → B 과정에서 기체가 팽창하는 동안 온도가 일정하고, A → C 과정에서 기체가 팽창하는 동안 온도가 감소하므로, 기체의 온도는 B에서가 C에서보다 높다.

11 자료 분석 하기

열역학 과정

• B에 열이 공급되면 고정된 금속판을 통해 열은 B에서 A로 전달된다.
  ➡ B는 부피 변화가 없이 열을 받아 압력과 온도가 증가하는 등적 변화를 한다.
• A는 압력이 일정한 상태로 팽창하는 등압 팽창을 한다.

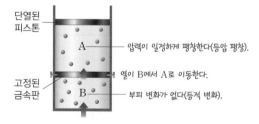

ㄱ. (나)에서 A는 등압 팽창 하므로, 외부에 일을 한다.

ㄴ. (나)에서 B는 등적 변화를 하므로 B에 열을 가하면 온도가 높아져 내부 에너지가 증가한다. 따라서 내부 에너지는 (나)에서가 (가)에서보다 크다.

[오답 피하기] ㄷ. (나)에서 B에 공급된 열은 B의 내부 에너지 증가량과 같고, A에 공급된 열은 A의 내부 에너지 증가량과 외부에 한 일의 합이다. 즉, A에 공급된 열의 일부가 외부에

일을 하는 데 사용되므로, A, B의 내부 에너지 증가량의 합은 Q보다 작다.

12 자료 분석 하기

무질서도와 열역학 제2법칙

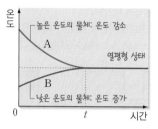

• 열역학 제2법칙에 따르면 열은 항상 고온에서 저온으로 이동한다.
  ➡ 열은 A → B 방향으로 이동한다.
• 열역학 제2법칙에 따르면 자발적으로 일어나는 자연 현상은 항상 무질서도가 증가하는 방향으로 진행한다.
  ➡ B의 온도가 올라가므로 무질서도가 증가한다.

물체 A를 액체 B에 넣었을 때 A의 온도는 내려가고 B의 온도는 올라가서 온도가 같아지는 열평형 상태에 이른다. 즉, 열은 A에서 B로 이동하고, B는 온도가 올라가므로 무질서도는 증가한다.

13 자료 분석 하기

열기관의 열효율

• 등압 과정: Q, W, ΔU 모두 0이 아니다.
  ➡ 기체가 팽창할 때 $Q > 0$, $W > 0$, $\Delta U > 0$이다.
• 등적 과정: $W = 0$이다.
  ➡ 압력이 감소할 때 $Q < 0$, $W = 0$, $\Delta U < 0$이므로, $Q = \Delta U$이다.
• 등온 과정: $\Delta U = 0$이다.
  ➡ 기체가 압축될 때 $Q < 0$, $W < 0$, $\Delta U = 0$이다.

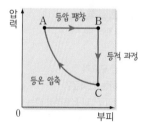

과정	Q	W	ΔU
(가) 등압 과정	+16 kJ 흡수한 열량	+8 kJ 외부에 한 일	+8 kJ 내부 에너지 증가
(나) 등온 과정	−4 kJ 방출한 열량	−4 kJ 외부로부터 받은 일	0 내부 에너지 변화량=0
(다) 등적 과정	−8 kJ 방출한 열량	0 한 일=0	−8 kJ 내부 에너지 감소

ㄱ. (가)는 A → B 과정(등압 과정), (나)는 C → A 과정(등온 과정), (다)는 B → C 과정(등적 과정)이다.

ㄷ. 기체가 흡수한 열을 Q_1, 방출한 열을 Q_2라고 할 때 열기관의 열효율 $e = \dfrac{Q_1 - Q_2}{Q_1} = \dfrac{16 - 12}{16} = \dfrac{1}{4} = 0.25$이다.

[오답 피하기] ㄴ. (다)의 등적 과정에서 $Q=\Delta U$이다. 따라서 ⓐ는 -8 kJ이다.

14 자료 분석 하기

무질서도와 열역학 제2법칙
밸브를 열고 충분한 시간이 지나면 기체가 B까지 골고루 퍼지지만, 시간이 흘러도 스스로 A로 되돌아오지는 않는다.

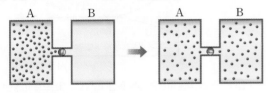

ㄴ. 기체의 확산은 비가역 과정이다.

ㄷ. B로 확산된 기체가 다시 A로 모이지 않는 까닭은 열역학 제 2법칙에 의해 무질서도가 작아지는 방향으로는 일어날 확률이 매우 낮기 때문이다.

[오답 피하기] ㄱ. 기체가 A에만 있을 확률은 0에 가깝지만, 0은 아니다. 즉, A에만 있을 가능성이 없지 않다는 의미이기도 하다.

15 고난도 문제 해결 전략

(STEP 1) 출제 의도 파악하기
피스톤에 작용하는 힘을 구하고, 힘의 평형을 적용하여 두 기체가 받는 압력의 크기를 계산할 수 있어야 한다.

(STEP 2) 자료 분석하기

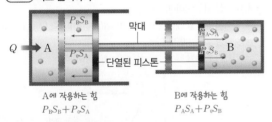

(STEP 3) 관련 개념 모으기
❶ A, B에 작용하는 압력은?
➡ A에는 대기압 P_0과 B로부터 받는 압력이, B에는 대기압 P_0과 A로부터 받는 압력이 작용하고 있다.

❷ 기체가 피스톤에 가하는 힘은?
➡ 피스톤을 통해 기체에 가해지는 힘은 기체의 압력과 피스톤의 단면적의 곱, 즉 $F=PS$이다.

ㄱ. B는 단열 압축되면서 외부로부터 일을 받고, 받은 일만큼 내부 에너지가 증가하여 온도가 올라간다.

ㄴ. A는 팽창하면서 단열된 피스톤을 통해 B에 일을 한다. 따라서 A가 피스톤에 한 일은 B의 내부 에너지 증가량과 같다.

[오답 피하기] ㄷ. 피스톤이 이동하여 정지했을 때 대기압을 P_0, A, B 기체의 압력을 각각 P_A, P_B, A, B가 들어 있는 실린더에 연결된 피스톤의 단면적을 각각 S_A, S_B라고 하자.

A에 작용하는 힘은 $P_BS_B+P_0S_A$이고 B에 작용하는 힘은 $P_AS_A+P_0S_B$이다. 피스톤은 정지해 있으므로 두 힘은 평형을 이루고 있다. 즉, $P_BS_B+P_0S_A=P_AS_A+P_0S_B$이므로 이를 정리하면 $S_A(P_A-P_0)=S_B(P_B-P_0)$이다. $S_A>S_B$이므로 $P_A-P_0<P_B-P_0$이고, $P_A<P_B$이다.

16 고난도 문제 해결 전략

(STEP 1) 출제 의도 파악하기
부피-온도 그래프를 해석하여 열역학 과정을 설명할 수 있어야 한다.

(STEP 2) 자료 분석하기
부피-온도 그래프를 다음과 같이 압력-부피 그래프로 바꾸어 표현한다(단, D에서의 압력을 P라고 한다.).

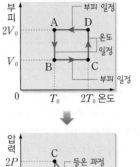

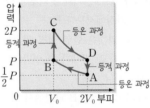

· A → B, C → D 과정: 온도가 일정한 상태에서 변화하는 등온 과정이며, $\Delta U=0$이므로 $Q=W$이다.

· B → C, D → A 과정: 부피가 일정한 상태에서 변화하는 등적 과정이며, $W=0$이므로 $Q=\Delta U$이다.

(STEP 3) 관련 개념 모으기
❶ 등온 과정이란?
➡ 온도를 일정하게 유지하면서 압력과 부피가 변하는 과정이다.

❷ 등적 과정이란?
➡ 부피를 일정하게 유지하면서 계가 열을 흡수 또는 방출하는 과정이다.

ㄷ. D → A 과정은 등적 과정으로, 기체가 방출한 열만큼 내부 에너지가 감소한다. 즉, 기체의 온도는 낮아진다.

[오답 피하기] ㄱ. B → C 과정은 부피가 V_0으로 일정하게 유지되는 등적 과정이므로, 기체가 외부에 한 일은 0이다.

ㄴ. A → B, C → D 과정은 등온 과정이다. 등온 과정에서 내부 에너지 변화는 없으며, 기체가 흡수 또는 방출한 열량은 기체가 외부에 한 일 또는 외부로부터 받은 일과 같다. 압력-부피 그래프에서 기체가 한 일 또는 받은 일은 그래프 아랫부분의 넓이와 같다. C → D 과정에서 그래프 아랫부분의 넓이가 A → B 과정에서 그래프 아랫부분의 넓이보다 크므로, C → D 과정에서 기체가 흡수한 열량은 A → B 과정에서 기체가 방출한 열량보다 크다.

07 특수 상대성 이론

├64~66쪽┤

1 20 km/h   **2** 관성 좌표계

3 상대성 원리, 광속 불변 원리   **4** c

5 느리게   **6** 길이 수축

01 A가 본 B의 상대 속도=B의 속도-A의 속도=120 km/h -100 km/h=20 km/h이다.

02 관성 좌표계는 정지 또는 등속도로 움직이는 좌표계로, 관성 좌표계에서는 관성 법칙이 성립한다. 한 관성 좌표계에 대해 일정한 속도로 움직이는 좌표계는 모두 관성 좌표계이다.

03 아인슈타인의 특수 상대성 이론은 상대성 원리와 광속 불변 원리라는 두 가지 가정을 통해 세워진, 서로 다른 관성 좌표계의 관찰자가 측정하는 사건에 대한 이론이다.

04 빛의 속력은 고전 역학에서 성립하는 속력의 합과는 다르게 관찰자나 광원의 속력에 관계없이 항상 c로 일정하다.

05 정지한 관성 좌표계의 관찰자가 보았을 때, 빛의 속도에 가까운 속도로 움직이는 관찰자의 시계는 느리게 간다.

06 정지한 관성 좌표계의 관찰자가 보았을 때, 빛의 속도에 가까운 속도로 움직이는 물체의 길이는 줄어드는데, 이를 길이 수축이라고 한다.

⑤ A에서 측정한 B의 속도는 B의 속도-A의 속도 =60 km/h-40 km/h=20 km/h이고, B에서 측정한 A의 속도는 A의 속도-B의 속도=40 km/h-60 km/h =-20 km/h이다. 따라서 A에서 측정한 B의 속도와 B에서 측정한 A의 속도는 크기가 같고 방향은 반대이다.

○ **개념 더하기**

상대 속도

· 상대 속도: 관찰자가 측정하는 물체의 속도

· 상대 속도는 관찰자 자신이 정지해 있다고 가정할 때 물체의 속도이다. 따라서 물체의 속도에서 관찰자의 속도를 뺀다.

> 관찰자가 본 물체의 속도=물체의 속도-관찰자의 속도

· 직선상에서 운동하는 물체의 상대 속도는 오른쪽으로 운동하는 물체의 속도를 (+), 왼쪽으로 운동하는 물체의 속도를 (-)로 나타내어 구한다.

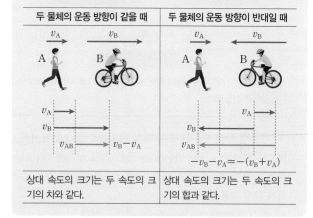

두 물체의 운동 방향이 같을 때	두 물체의 운동 방향이 반대일 때
상대 속도의 크기는 두 속도의 크기의 차와 같다.	상대 속도의 크기는 두 속도의 크기의 합과 같다.

02 A. 마이컬슨·몰리 실험은 빛을 전파시키는 매질인 에테르의 존재를 확인하기 위해 실행한 실험이다.

C. 마이컬슨·몰리 실험 결과를 통해 아인슈타인은 빛의 속력이 관찰자나 광원의 상대 속도에 관계없이 일정하다는 광속 불변 원리를 알게 되었다.

[오답 피하기] B. 마이컬슨·몰리 실험 결과 에테르가 존재하지 않는 것을 확인했고, 이를 통해 아인슈타인은 빛은 파동이지만 매질이 필요 없이 진공에서 전파될 수 있다고 생각하였다.

03 [예시 답안] · 상대성 원리: 모든 관성 좌표계에서 물리 법칙은 동일하게 성립한다.

· 광속 불변 원리: 모든 관성 좌표계에서 보았을 때 진공 중에서 진행하는 빛의 속력은 관찰자나 광원의 속력에 관계없이 일정하다.

채점 기준	배점(%)
특수 상대성 이론의 두 가지 가설을 쓰고, 옳게 설명한 경우	100
특수 상대성 이론의 두 가지 가설만 옳게 쓴 경우	40

───

개념을 다지는 **기본 문제**

67~69쪽

01 ④	02 ④	03 해설 참조	04 ②	05 ④	06 ④
07 ㄱ, ㄴ	08 ④	09 ①	10 해설 참조	11 ④	12 ④
13 ③	14 ③				

01 ④ 동쪽을 (+) 방향으로 정하면 서쪽은 (-) 방향이다. B에서 측정한 철수의 속도는 철수의 속도에서 B의 속도를 빼 주어야 하므로, 0-60 km/h=-60 km/h에서 서쪽으로 60 km/h이다.

[오답 피하기] ① 철수가 측정한 A의 속도는 A의 속도-철수의 속도=40 km/h-0=40 km/h이므로, 동쪽으로 40 km/h이다.

② 철수가 측정한 B의 속도는 B의 속도-철수의 속도= 60 km/h-0=60 km/h이므로, 동쪽으로 60 km/h이다.

③ A에서 측정한 철수의 속도는 철수의 속도-A의 속도 =0-40 km/h=-40 km/h이므로, 서쪽으로 40 km/h 이다.

04 물체의 운동은 상대 속도를 적용하므로, V의 속력으로 운동하는 기차 안에 있는 B가 v의 속력으로 공을 던지면 지면에 정지해 있는 A는 공의 속력을 $V+v$로 관측한다. 하지만 빛의 속력은 고전 역학에서 성립하는 속력의 합과 다르게 관찰자나 광원의 속력에 관계없이 항상 c로 일정하다.

05 자료 분석 하기

서로 다른 관성 좌표계에서 본 공의 운동

• 민수가 볼 때: 공이 연직 위로 올라갔다가 떨어지는 것으로 관측한다. 민수가 본 공은 우주선이 정지해 있을 때와 같은 운동을 하므로 자신이 정지해 있는지 등속도 운동을 하는지 구분할 수 없다.

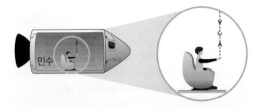

• 철수가 볼 때: 철수는 공이 포물선 운동을 하는 것으로 관측한다.

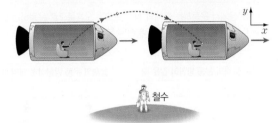

• 민수와 철수가 측정하는 물리량은 다르지만 물리량 사이의 관계식은 동일하게 성립한다.

ㄱ. 우주선 안의 민수는 공이 연직 위로 올라갔다가 떨어지는 것으로 관측한다. 즉, 민수가 본 공은 정지 상태에서와 같은 운동 법칙이 성립하므로, 민수가 탄 우주선은 등속 직선 운동하는 관성 좌표계이다.

ㄷ. 철수가 관측할 때 공은 포물선 운동을 한다.

[오답 피하기] ㄴ. 민수가 관측할 때, 민수는 자신이 정지해 있고 철수가 움직인다고 본다. 즉, 철수가 $-x$ 방향으로 운동하는 것으로 관측한다.

06 자료 분석 하기

상대성 원리

• 우주선 A에서 관측할 때: A는 정지해 있고, B가 오른쪽으로 운동하는 것으로 관측한다.

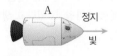 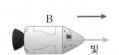

• 우주선 B에서 관측할 때: B는 정지해 있고, A가 왼쪽으로 운동하는 것으로 관측한다.

ㄱ. A에서 관측할 때 B는 오른쪽으로 운동하는 것으로 보이므로, B는 멀어진다.

ㄷ. 광속 불변 원리에 따르면 모든 관성 좌표계에서 빛의 속력은 c이다.

[오답 피하기] ㄴ. B에서 관측할 때 A는 왼쪽으로 운동하는 것으로 보이므로, A는 멀어진다.

07 ㄱ, ㄴ. 특수 상대성 이론에 따르면 시간, 공간, 질량 등은 관찰자에 따라 상대적으로 다르게 측정될 수 있다.

[오답 피하기] ㄷ. 광속 불변 원리에 의해 빛의 속력은 관찰자나 광원의 속력에 관계없이 항상 일정하다.

08 어떤 관성계의 관찰자에 대하여 정지해 있는 물체의 길이를 고유 길이라고 하며, 관찰자에 대하여 운동하고 있는 물체의 길이는 운동 방향으로 길이 수축이 일어나므로 항상 고유 길이보다 짧다.

09 자료 분석 하기

동시성의 상대성

• 철수가 관측할 때 빛은 광원으로부터 같은 거리만큼 떨어진 검출기 A, B에 동시에 도달한다.

• 영희가 관측할 때 우주선이 오른쪽으로 운동하고 있으므로, 광원에서 나온 빛은 A에 먼저 도달하고 그 다음 B에 도달한다.

ㄴ. 철수는 자신이 정지한 우주선 안에 있다고 생각한다. 따라서 빛은 광원으로부터 같은 거리만큼 떨어진 검출기 A, B에 동시에 도달하는 것으로 관측한다.

[오답 피하기] ㄱ. 빛의 속력은 관찰자에 상관없이 동일한 속력 c로 관측된다. 따라서 영희가 관측할 때 B에 도달하는 빛의 속력도 c이다.

ㄷ. 영희가 관측할 때 빛의 속력은 c로 일정한데 우주선이 오른쪽으로 운동하므로 A는 광원에서 처음 빛이 나온 지점으로 접근하고, B는 멀어진다. 따라서 빛은 A에 먼저 도달하고 나중에 B에 도달한다.

10 지면에 정지해 있던 관찰자가 관측할 때 A, B에 벼락이 동시에 떨어진 장면은 빛 신호로 자동차를 향해 나아간다. 이때 자동차는 B 쪽으로 진행하고 있으므로, B에 떨어진 빛 신호가 먼저 자동차에 도달하고 그 다음 A에 떨어진 빛 신호가 자동차에 도달하는 것으로 본다. 따라서 자동차 안의 관찰자는 벼락이 B에 먼저 떨어지고 A에는 나중에 떨어진 것으로 관측한다.

[예시 답안] 자동차 안에 있는 관찰자는 B 쪽으로 이동하므로, 벼락이 B에 먼저 떨어지고 A에는 나중에 떨어지는 것으로 관측한다.

채점 기준	배점(%)
자동차 안에 있는 관찰자가 A, B에 벼락이 떨어지는 것을 관측한 순서와 까닭을 옳게 설명한 경우	100
자동차 안에 있는 관찰자가 A, B에 벼락이 떨어지는 것을 관측한 순서만 옳게 설명한 경우	40

11 빛의 속력은 같으나 민수가 측정한 빛의 이동 거리가 영희가 측정한 빛의 이동 거리보다 크므로 민수가 측정한 빛의 왕복

32 바른답·알찬풀이

시간이 영희가 측정한 빛의 왕복 시간보다 크다.

영희가 측정한 우주선의 길이가 고유 길이이다. 민수에 대해 우주선이 운동하므로 길이 수축이 일어나 민수가 측정한 우주선의 길이는 영희가 측정한 우주선의 길이보다 작다.

[오답 피하기] 광속 불변 원리에 의해 영희가 측정한 빛의 속력과 민수가 측정한 빛의 속력은 같다.

12 특수 상대성 이론의 길이 수축에 의해 정지한 영희가 본 상대적으로 빠르게 움직이는 우주선의 길이는 고유 길이보다 짧아 보인다. 이때 길이 수축은 운동 방향으로만 일어나며, 운동 방향과 수직인 방향의 길이는 변하지 않는다.

ㄱ. x 방향으로는 길이 수축이 일어나므로 $a < a_0$이다.

ㄷ. 우주선의 속도가 빠를수록 길이 수축이 더 크기 때문에 우주선의 속도가 더 빨라지면 a는 더 짧아진다.

[오답 피하기] ㄴ. y 방향으로는 길이 수축이 일어나지 않으므로 $b = b_0$이다.

13 (자료 분석 하기)

길이 수축

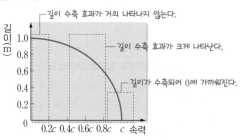

ㄱ. 길이 - 속력 그래프에서 관측자가 정지해 있을 때(속력 =0) 물체의 길이는 1 m이다.

ㄴ. 물체에 대한 관측자의 속력이 빛의 속력에 가까워질수록 물체의 길이는 수축되어 0에 가까워진다.

[오답 피하기] ㄷ. 길이 - 속력 그래프에서 일상에서 경험하는 $0.2c$ 이하의 속력에서 물체의 길이는 길이 수축 효과가 매우 작게 나타난다.

14 (자료 분석 하기)

특수 상대성 이론

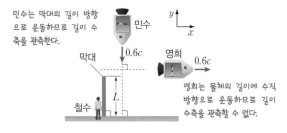

ㄱ. 길이 수축은 물체의 운동 방향으로만 일어나므로, 민수가 측정할 때 운동 방향으로 놓인 막대의 길이는 L보다 작아진다.

ㄴ. 영희가 측정할 때 막대는 막대의 길이 L에 대하여 수직 방향으로 운동하므로 영희가 측정할 때 막대의 길이는 L이다.

[오답 피하기] ㄷ. 민수는 철수가 운동하는 것으로 관측하므로 민수가 측정할 때 철수의 시간은 민수의 시간보다 느리게 간다.

실력을 올리는 **실전 문제** ——— 72~75쪽

01 ⑤	02 ⑤	03 ③	04 ①	05 ④
06 ①	07 ④	08 ④	09 ④	10 ①
11 ①	12 ①	13 ④	14 ②	

1등급을 굳히는 고난도 문제

| 15 ⑤ | 16 ⑤ |

01 B. 고유 길이는 관찰자가 측정했을 때 정지 상태에 있는 물체의 길이, 또는 한 관성 좌표계에 대해 고정된 두 지점 사이의 길이이다.

C. 동시성의 상대성에 따르면 한 관성 좌표계에서 동시에 일어난 두 사건은 다른 관성 좌표계에서 볼 때 동시에 일어난 것이 아닐 수 있다.

[오답 피하기] A. 모든 관성 좌표계에서 보았을 때, 진공 중에서 진행하는 빛의 속력은 관찰자와 광원의 속력에 상관없이 일정하다.

⊕ 개념 더하기

광속 불변 원리

진공 중에서 진행하는 빛의 속력은 관찰자나 광원의 운동 상태와 관계없이 항상 일정한 값(c)으로 측정된다.

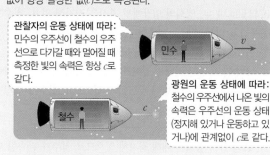

관찰자의 운동 상태에 따라: 민수의 우주선이 철수의 우주선으로 다가갈 때와 멀어질 때 측정한 빛의 속력은 항상 c로 같다.

광원의 운동 상태에 따라: 철수의 우주선에서 나온 빛의 속력은 우주선의 운동 상태(정지해 있거나 운동하고 거나)에 관계없이 c로 같다.

02 ㄱ. 철수가 관측할 때 두 빛 p, q는 동시에 나와 동시에 빛 검출기에 도달하였으므로 거리 $L = L'$이다.

ㄴ. 광속 불변 원리에 의해 영희가 관측할 때 빛 p와 q의 속력은 같다.

ㄷ. 영희가 관측할 때 행성의 자전으로 인해 빛 실험 장치는 빛 q가 진행하는 방향으로 운동하고 있으므로 L'은 수축되어 짧아진다. 즉, $L > L'$이다.

03 ㄷ. 뮤온은 영희와 같은 속력으로 움직이고 있으므로 영희와 동일한 관성 좌표계에 정지해 있다. 따라서 영희가 측정한 뮤온의 수명은 고유 시간이고, 철수에 대해 뮤온이 운동하므로 시간 지연에 의해 철수가 측정한 뮤온의 수명은 고유 시간보다 길다.

[오답 피하기] ㄱ. 빛의 속력은 관찰자의 운동 상태에 관계없이 항상 동일하다.

ㄴ. 영희가 측정한 우주선의 길이는 고유 길이이고, 철수에 대해 우주선이 운동하므로 길이 수축에 의해 철수가 측정한 우주선의 길이는 고유 길이보다 짧다.

04 자료 분석 하기

특수 상대성 이론의 결과

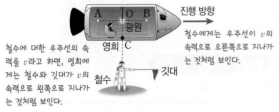

철수에 대한 우주선의 속력을 v라고 하면, 영희에게는 철수와 깃대가 v의 속력으로 왼쪽으로 지나가는 것처럼 보인다.

철수에게는 우주선이 v의 속력으로 오른쪽으로 지나가는 것처럼 보인다.

철수의 관찰과 해석	영희의 관찰과 해석
• 철수가 측정한 깃대의 길이는 고유 길이 $L_{고유}$이다.	• 영희가 측정한 깃대의 길이는 L이다.
• 우주선이 깃대를 통과하는 데 걸리는 시간은 T이다.	• 깃대가 우주선을 통과하는 데 걸리는 시간은 고유 시간 $T_{고유}$이다.
➡ $T = \dfrac{L_{고유}}{v}$	➡ $T_{고유} = \dfrac{L}{v}$

$T > T_{고유}$이므로 $L_{고유} > L$이다. 즉, 영희에게는 움직이는 깃대의 길이가 고유 길이보다 수축되어 보인다.

ㄱ. 철수가 측정할 때 광원 O에서 나와 각각 A, B를 향해 진행하는 빛의 속력은 같다. 하지만 우주선이 B 방향으로 운동하고 있으므로 광원에서 나온 빛은 A에 먼저 도달한 후 B에 도달하는 것으로 관측한다.

[오답 피하기] ㄴ. 영희의 입장에서 자신은 정지해 있고, 철수가 운동하고 있는 것으로 관측한다. 따라서 영희가 측정할 때 운동하는 철수의 시간이 영희의 시간보다 느리게 간다.

ㄷ. 철수가 측정한 깃대의 길이가 고유 길이이다. 영희가 관측할 때 깃대는 철수와 함께 운동하고 있으므로 철수가 측정한 고유 길이보다 짧게 측정된다.

05
ㄱ. A와 B는 영희에 대해 정지해 있으므로 철수가 관측할 때 자신은 정지해 있고, B가 $0.9c$의 속력으로 다가오는 것으로 본다.

ㄷ. 철수가 측정한 A와 B 사이의 거리는 L이고, A와 B는 $0.9c$로 운동하므로 걸린 시간 $T = \dfrac{L}{0.9c}$이다. 영희가 측정한 A와 B 사이의 거리는 고유 길이($L_{고유}$)이고, 우주선은 $0.9c$로 운동하므로 걸린 시간 $t = \dfrac{L_{고유}}{0.9c}$이다. 따라서 $L < L_{고유}$이므로 $T < t$이다.

[오답 피하기] ㄴ. A, B는 영희에 대해 정지해 있으므로 영희가 측정한 A와 B 사이의 거리는 고유 길이이다. 철수가 관측할 때 A, B는 운동하고 있으므로 길이 수축에 의해 철수가 측정한 A와 B 사이의 거리 L은 고유 길이보다 짧다. 따라서 영희가 측정한 A와 B 사이의 거리는 L보다 크다.

06 자료 분석 하기

시간 지연과 길이 수축

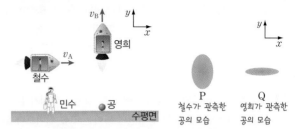

	철수가 관측한 공의 모습	영희가 관측한 공의 모습
	P	Q

• 길이 수축은 운동 방향으로만 일어나며, 운동 방향과 수직인 방향의 길이는 변하지 않는다.
➡ 철수가 관측한 공은 x 방향으로만 길이 수축이 일어나고, 영희가 관측한 공은 y 방향으로만 길이 수축이 일어난다.
• 속도가 빠를수록 길이 수축, 시간 지연 현상이 크다. $v_A < v_B$이므로, 민수가 측정할 때의 시간은 $t_{철수} < t_{영희}$이다.

ㄱ. 관찰자에 대하여 운동하고 있는 물체는 운동 방향으로 길이 수축이 일어난다. 철수가 관측할 때 공은 $-x$ 방향으로 운동하는 것을 보이므로 공은 x 방향으로만 길이 수축이 일어난다. 따라서 철수가 관측한 공의 모습은 P이고, 영희가 관측한 공의 모습은 Q이다.

[오답 피하기] ㄴ. 철수가 관측한 공의 모습보다 영희가 관측한 공의 모습이 더 많이 찌그러져 있으므로, 영희가 관측한 공의 길이 수축이 더 많이 일어났다. 움직이는 물체의 속력이 빠를수록 길이 수축이 더 많이 일어나므로, 영희의 속력 v_B가 철수의 속력 v_A보다 크다.

ㄷ. $v_B > v_A$이고 속력이 빠를수록 시간은 더 느리게 가므로, 민수가 측정할 때 영희의 시간이 철수의 시간보다 더 느리게 간다.

07 자료 분석 하기

시간 지연과 길이 수축

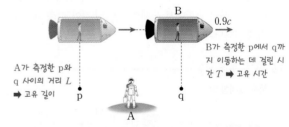

A가 측정한 p와 q 사이의 거리 L
➡ 고유 길이

B가 측정한 p에서 q까지 이동하는 데 걸린 시간 T ➡ 고유 시간

구분	관찰자 A	관찰자 B
시간	고유 시간보다 길다.	T(고유 시간)
p와 q 사이의 거리	L(고유 길이)	$0.9cT$ ➡ 고유 길이보다 짧다.

ㄱ. $0.9c$의 속도로 이동하는 우주선에 탄 B가 측정한 p에서 q까지 이동하는 데 걸린 시간은 T이므로 B가 측정한 p와 q 사이의 거리는 $0.9cT$이다. p, q는 B에 대하여 움직이기 때문에 길이 수축이 일어나므로, 정지한 상태에서 측정한 거리 L보다 작다. 즉, $L > 0.9cT$이다.

ㄷ. B가 관측할 때 자신은 정지해 있고 A가 움직인다고 본다. 따라서 B가 측정할 때 A의 시간은 B의 시간보다 느리게 간다.

[오답 피하기] ㄴ. A가 관측할 때 B가 움직이고 있으므로, A가 측정할 때 우주선이 p에서 q까지 이동하는 데 걸린 시간은 고유 시간 T보다 크다.

08 ㄱ, ㄴ. B에서 관측할 때 B는 정지해 있고 A가 $0.9c$의 일정한 속도로 운동하는 것으로 보인다. 따라서 B에서 관측할 때 A의 길이가 수축되고, A, B는 고유 길이가 같은 우주선이므로 B가 측정한 A의 길이는 L이다.

[오답 피하기] ㄷ. B의 고유 길이는 L_0이다. A에서 측정한 B의 길이 L은 길이 수축에 의해 L_0보다 짧게 관측된다. 즉, $L < L_0$이다.

09 자료 분석 하기

시간 지연과 길이 수축
영희와 철수가 관측한 빛의 경로는 그림과 같다.

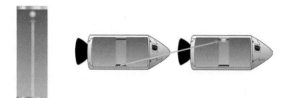

▲ 영희가 관측한 빛의 경로   ▲ 철수가 관측한 빛의 경로

• 철수가 관측한 빛은 사선을 따라 진행하므로, 철수가 측정한 시간은 영희가 측정한 시간보다 느리게 간다.

ㄱ. 광원에서 나온 빛이 P에 도달할 때까지 걸리는 시간은 $t_{철수} > t_{영희}$이다.

ㄷ. 빛은 광원의 속력이나 관찰자의 운동 상태에 관계없이 속력이 일정하다. 즉, 광원에서 나온 빛의 속력은 철수가 측정할 때와 영희가 측정할 때가 서로 같다.

[오답 피하기] ㄴ. 철수가 관측할 때 B의 속력과 영희가 관측할 때 A의 속력은 서로 같으므로 길이 수축도 동일하게 나타난다. A, B의 고유 길이는 서로 같으므로, 철수가 측정한 B의 길이와 영희가 측정한 A의 길이는 같다.

10 ㄴ. 철수의 속력은 A에서가 B에서보다 크므로 영희가 측정한 우주선의 길이 수축의 정도는 A에서가 B에서보다 크다. 즉, $L_1 < L_2$이다.

[오답 피하기] ㄱ. 정지한 좌표계에서 측정한 운동하는 좌표계의 시간은 지연되고, 운동하는 좌표계의 속력이 빠를수록 더 크게 지연된다. 영희가 측정할 때 철수의 시간은 A에서가 B에서보다 느리게 갔으므로, 영희가 측정할 때 B에서 우주선의 속력은 $0.6c$보다 작다.

ㄷ. 철수가 측정한 영희의 속력은 A에서가 B에서보다 빠르다. 따라서 철수가 측정한 영희의 시간은 A에서가 B에서보다 느리게 간다.

11 자료 분석 하기

상대 속도
철수에 대한 민수의 속력=민수가 탄 우주선의 속력−철수가 탄 우주선의 속력이다.

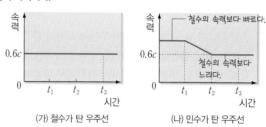

(가) 철수가 탄 우주선   (나) 민수가 탄 우주선

ㄱ. 영희가 측정할 때 민수가 탄 우주선은 $0 \sim t_1$ 구간과 $t_2 \sim t_3$ 구간에서 각각 등속도 운동을 하며, $0 \sim t_1$에서는 철수가 탄 우주선보다 빠르고 $t_2 \sim t_3$에서는 같다.

[오답 피하기] ㄴ. 상대 속력이 빠를수록 운동 방향으로 물체의 길이가 짧아진다. 철수가 측정할 때 민수가 탄 우주선의 속력은 $0 \sim t_1$ 구간에서가 $t_2 \sim t_3$ 구간에서보다 빠르므로 민수가 탄 우주선의 길이는 $0 \sim t_1$ 구간에서가 $t_2 \sim t_3$ 구간에서보다 짧다.

ㄷ. 영희가 측정할 때, $0 \sim t_1$ 구간에서 민수가 탄 우주선의 속력이 철수가 탄 우주선의 속력보다 빠르다. 속력이 빠를수록 시간이 더 느리게 가므로, 민수의 시간이 철수의 시간보다 느리게 간다.

12 ㄱ. 철수가 측정할 때 빛은 광원과 빛 검출기 사이를 진행하고, 이 상황을 영희가 측정할 때에는 빛이 $+x$ 방향으로 진행하는 동안 빛 검출기 자체도 $+x$ 방향으로 움직인다. 따라서 $t_1 < t_2$이다.

[오답 피하기] ㄴ. 철수가 측정한 광원에서 빛 검출기까지의 거리 L_1은 고유 길이이고, 영희가 측정한 광원에서 빛 검출기까지의 거리 L_2는 길이 수축이 일어나 $L_1 > L_2$이다.

ㄷ. 영희에 대한 우주선의 속력을 v라고 하면 영희가 측정할 때 빛이 광원에서 검출기까지 이동한 거리는 $L_2 + vt_2$이고, 빛의 속력은 c로 일정하므로 $L_2 + vt_2 = ct_2$에서 $c = \dfrac{L_2 + vt_2}{t_2}$이다.

13 자료 분석 하기

동시성의 상대성

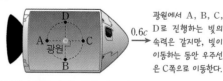

광원에서 A, B, C, D로 진행하는 빛의 속력은 같지만, 빛이 이동하는 동안 우주선은 C쪽으로 이동한다.

• 우주선 안의 관찰자: 빛은 A, B, C, D에 동시에 도달한다.
• 우주선 밖의 관찰자: 빛은 A에 먼저 도달하고, 그 다음 C에 도달한다.

ㄱ. 광속 불변 원리에 따라 빛은 광원의 속력이나 관찰자의 운동 상태에 관계없이 속력이 일정하다. 즉, 지표면에 정지해 있는 사람이 관측할 때 광원에서 A와 C로 진행하는 빛의 속력은 c로 같다.

ㄷ. 지표면에 정지해 있는 사람이 관측할 때 운동하는 우주선의 길이는 수축되는데, 이때 길이 수축은 운동 방향으로만 일어나고, 운동 방향에 수직인 방향으로는 일어나지 않는다. 즉, A, C 사이의 거리는 수축되고, B, D 사이의 거리는 수축되지 않는다.

[오답 피하기] ㄴ. 지표면에 정지해 있는 사람이 관측할 때 빛의 속력은 어느 방향으로나 같지만, 빛이 이동하는 동안 우주선이 C 방향으로 이동한다. 따라서 광원에서 방출된 빛은 A에 먼저 도달하고 나중에 C에 도달한다.

14 ㄴ. 지면의 정지해 있는 관찰자가 측정한 높이 h는 고유 길이이다. 뮤온의 좌표계에서 측정한 지면까지의 거리 h'는 길이 수축에 의해 수축되어 보이므로 $h' < h$이다.

[오답 피하기] ㄱ. 뮤온이 생성된 순간부터 붕괴하는 순간까지 걸린 시간 T가 고유 시간이다. 지면에 정지해 있는 관찰자가 측정할 때 뮤온이 생성된 순간부터 붕괴하는 순간까지 걸린 시간을 T'라고 하면, 뮤온은 $0.99c$로 운동하고 있어 시간 지연이 일어나므로 $T' > T$이다.

ㄷ. 지면의 관찰자가 측정할 때 시간 T' 동안 뮤온이 거리 h를 $0.99c$의 속도로 운동하므로 $h = 0.99cT'$가 되어 $0.99cT$보다 크다.

15 〔고난도 문제 해결 전략〕

(STEP1) **출제 의도 파악하기**
우주선 안의 영희가 관측한 결과를 파악하여 상대적으로 정지해 있는 철수에게 사건들이 어떻게 관측되는지 알아야 한다.

(STEP2) **자료 분석하기**
영희가 관측할 때 자신은 정지해 있고 광원 A, B와 검출기는 왼쪽으로 $0.7c$의 속력으로 움직이는 것처럼 보인다.

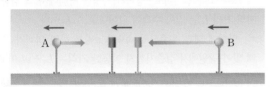

검출기가 왼쪽으로 움직이고 있으므로 A, B에서 나온 빛이 빛 검출기에 동시에 도달하기 위해서는 B에서 먼저 빛이 나오고, 다음에 A에서 빛이 나와야 한다.

(STEP3) **관련 개념 모으기**
❶ **시간 지연이란?**
➡ 정지한 관찰자가 상대적으로 빠르게 운동하는 관찰자를 보면 상대방의 시간이 느리게 가는 것으로 관측된다.

❷ **길이 수축이란?**
➡ 한 관성 좌표계의 관찰자가 상대적으로 운동하는 물체를 보면 그 길이가 수축되는 것으로 관측된다.

ㄴ. 철수 입장에서 광원 A와 검출기는 정지해 있으므로, 철수가 A와 검출기까지 측정한 거리가 고유 길이가 된다. 영희가 측정한 광원 A에서 검출기까지 거리 cT는 길이 수축이 일어난 거리이므로, 철수가 관측하는 A에서 검출기까지 거리보다

짧다. 따라서 철수가 측정한 A에서 검출기까지 거리는 cT보다 크다.

ㄷ. 서로 다른 관성 좌표계 사이에서 서로 상대방의 시간이 느리게 가는 것으로 관측된다. 따라서 철수가 측정할 때 영희가 움직이고 있으므로, 영희의 시간은 철수의 시간보다 느리게 간다.

[오답 피하기] ㄱ. 어떤 관측자가 동일한 지점에서 동시에 일어난 두 사건(A에서 나온 빛이 검출기에 도달하는 사건 1과 B에서 나온 빛이 검출기에 도달하는 사건 2)은 다른 관측자에게도 동시에 일어난 것으로 관찰한다. 따라서 영희가 검출기에 두 빛이 동시에 도달하는 것으로 관측했다면 철수에게도 동시에 도달하는 것으로 관측한다. 한편 검출기로부터 A와 B까지 거리가 각각 같으므로, 철수가 관측할 때 빛 검출기로 동시에 도달하려면 광원의 빛은 A와 B가 동시에 나와야 한다.

16 〔고난도 문제 해결 전략〕

(STEP1) **출제 의도 파악하기**
지면에 대해 정지해 있는 관찰자에게 관측된 차고에 자동차가 완전히 들어가서 두 문이 동시에 닫히는 상황이 다른 관찰자(자동차 안의 운전자)에게는 어떻게 관측되는지 동시성의 상대성과 길이 수축을 모두 고려하여 추론해야 한다.

(STEP2) **자료 분석하기**
• 철수가 관측할 때: 문 A, B는 동시에 닫힌다. 자동차는 지면에 대하여 움직이고 있으므로 자동차는 차고에 들어갈 만큼 길이 수축이 일어나 차고 안에 완전히 들어간다.

• 자동차 안의 운전자가 관측할 때: 자동차 안의 운전자가 볼 때 자동차는 정지해 있으므로 운전자가 측정한 자동차의 길이가 고유 길이 X이다. 한편 운전자에 대해 차고는 운동하고 있으므로 차고의 길이가 수축되어 자동차의 길이보다 차고의 길이가 더 짧다. 그리고 지면에 정지해 있는 철수가 동시에 관찰한 두 사건(문 A가 닫히는 사건과 문 B가 닫히는 사건)이 자동차의 운전자에게는 동시에 일어난 사건으로 관측되지 않는다.

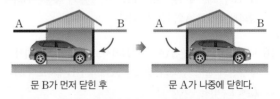

문 B가 먼저 닫힌 후   문 A가 나중에 닫힌다.

ㄴ. 자동차 안의 운전자가 측정할 때 차고가 왼쪽 방향으로 움직이고 있으므로 길이가 수축되어 차고의 길이는 L보다 작다.

ㄷ. 자동차 안의 운전자가 측정할 때, 자동차의 앞면이 문 B에 도달하는 순간 B가 닫히고, 그 후 자동차의 뒷면이 문 A에 도달하는 순간 A가 닫힌다.

[오답 피하기] ㄱ. 자동차 안의 운전자가 볼 때 자동차는 정지해 있으므로 운전자가 측정한 자동차의 길이가 고유 길이 X이다.

08 질량과 에너지

확인 문제 ┤76~77쪽├
1 크다   **2** 질량 결손   **3** Δmc^2
4 질량 결손   **5** 보존되고, 보존되지 않는다
6 수소, 헬륨   **7** 핵분열

01 특수 상대성 이론에 따르면 같은 물체라도 관측자에 대해 정지해 있을 때보다 운동할 때의 질량이 더 크게 측정된다.

02 핵반응 시 반응 후 입자들의 질량의 총합이 반응 전보다 작아지는 것을 질량 결손이라고 한다.

03 핵반응 과정에서 생기는 질량 결손 Δm은 아인슈타인의 질량 에너지 동등성에 따라 에너지 E로 전환된다.

$$E = \Delta mc^2 \ (c: \text{빛의 속력})$$

04 핵분열과 핵융합 과정에서 모두 질량 결손이 발생하고, 이때 감소한 질량이 에너지로 방출된다.

05 핵융합과 핵분열 과정에서 반응 전후의 질량수(=양성자수+중성자수)는 보존되지만, 질량 결손이 발생해 질량은 보존되지 않는다.

06 태양 중심부의 고온, 고압 상태에서는 수소 원자핵들이 융합하여 헬륨 원자핵이 되면서 발생하는 질량 결손에 의해 막대한 양의 에너지가 발생한다. 핵융합 과정에서 질량 결손에 의해 발생한 에너지가 태양 에너지의 근원이다.

개념을 다지는 기본 문제
78~79쪽

01 ②   02 해설 참조   03 ⑤   04 ⑤   05 ④   06 ④   07 ②
08 중성자($_0^1$n)   09 ②

01 ㄱ. 질량은 에너지로 전환될 수 있으며, 에너지도 질량으로 전환될 수 있다.
ㄹ. 물체의 속력이 빨라지면 물체의 질량도 증가하며, 물체의 속력이 빛의 속력에 가까워질수록 질량은 무한대에 가까워진다.
[오답 피하기] ㄴ. 정지해 있는 물체가 가지는 에너지를 정지 에너지라고 하며, 정지 에너지 $E_0 = m_0 c^2$이다.
ㄷ. 특수 상대성 이론에 따르면 같은 물체라도 관측자에 대해 정지해 있을 때와 운동하고 있을 때 질량이 다르게 측정된다. 즉, 질량은 관성 좌표계마다 다르게 측정된다.

02 질량은 에너지로 전환될 수 있으며, 정지 질량 m_0인 물체가 가지는 에너지 E_0은 다음과 같다.

$$E_0 = m_0 c^2 \ (c: \text{빛의 속력})$$

예시 답안 $E_0 = m_0 c^2$에서 정지 질량 1 kg인 물체가 가지는 정지 에너지 $E_0 = 1 \text{ kg} \times (3 \times 10^8 \text{ m/s})^2 = 9 \times 10^{16}$ J이다.

채점 기준	배점(%)
$E_0 = m_0 c^2$에 제시된 조건을 적용하여 정확히 계산한 경우	100
$E_0 = m_0 c^2$에 제시된 조건을 적용하여 계산하였으나, 단위를 맞추지 못하였거나 계산상의 실수가 있는 경우	30

03 특수 상대성 이론에 따르면 물체의 운동 에너지가 증가해서 물체의 속력이 빨라지면 질량도 증가한다. 물체의 속력이 느릴 때는 물체에 해 준 일이 대부분 속력 증가에 사용되지만, 물체의 속력이 빛의 속력에 가까워지면 물체에 해 준 일의 일부는 속력을 증가시키는 데 사용되고, 일부는 물체의 질량으로 변환된다.

04 자료 분석 하기

상대론적 질량-속력 그래프
그래프에서 속력이 작을 때는 속력 변화가 거의 없지만, 0.8c 이후로는 속력 변화가 크게 나타난다.

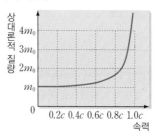

ㄱ. 상대론적 질량-속력 그래프에서 속력이 $0.2c$보다 작을 때 질량의 변화가 거의 없다.
ㄴ. 속력이 $0.9c$보다 큰 경우 속력이 증가할수록 질량이 무한대로 증가한다.
ㄷ. 같은 힘을 가하여 동일한 일을 하더라도 물체의 질량이 클수록 속력 변화가 작다. 물체의 속력이 빛의 속력에 가까워지면 질량이 무한대로 증가하여 물체에 아무리 큰 힘을 작용해도 물체가 가속되기 어렵다.

05 자료 분석 하기

질량 에너지 등가 원리

· 정지해 있는 물체의 질량 m_0에 해당하는 정지 에너지=$m_0 c^2$
정지 E · 운동하는 물체의 질량 $2m_0$에 해당하는 에너지=$2m_0 c^2$
m_0 v
          $2m_0$

운동하는 입자의 총에너지는 $2m_0 c^2$이고, 입자가 외부로부터 받는 일 E만큼 입자의 에너지가 증가하므로 에너지 증가량 $E = 2m_0 c^2 - m_0 c^2 = m_0 c^2$이다.

06 핵반응 전후에 전하량(원자 번호)과 질량수는 보존되지만, 질량 결손에 의해 질량은 보존되지 않는다.

07 핵분열 과정에서 핵반응 전 질량의 합보다 핵반응 후 질량의 합이 줄어든다. 이때 질량 결손에 해당하는 만큼의 에너지가 발생한다.

08 **자료 분석 하기**

핵분열 과정

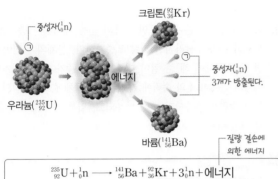

$$_{92}^{235}U + _{0}^{1}n \longrightarrow _{56}^{141}Ba + _{36}^{92}Kr + 3_{0}^{1}n + 에너지$$

• 전하량이 보존된다.　　• 질량수가 보존된다.

반응 전	반응 후	반응 전	반응 후
92	56+36	235+1	141+92+3×1

우라늄의 핵분열 과정에서 우라늄이 속도가 느린 중성자 1개를 흡수하면, 2개의 원자핵으로 핵분열하면서 속도가 빠른 중성자 3개를 방출한다.

따라서 ㉠에 공통으로 들어갈 입자는 중성자($_{0}^{1}n$)이다.

핵분열 후에 생성된 입자들의 질량의 합은 핵분열하기 전 입자들의 질량의 합보다 작고, 이것은 핵분열이 일어날 때 질량 결손에 해당하는 만큼의 에너지가 열로 방출되기 때문이다.

09 ㄴ. 헬륨이 생성되는 핵융합 반응은 태양 중심부에서 일어나고 있으며, 중수소 원자핵 2개가 융합하기 위해서는 태양 중심부와 비슷한 매우 높은 온도와 압력이 필요하다.

[오답 피하기] ㄱ. 원자력 발전소에서 일어나는 핵반응은 우라늄 원자핵이 분열되는 핵분열이다.

ㄷ. 핵반응 시 질량 결손에 해당하는 만큼의 에너지가 발생하므로, 생성된 헬륨 원자핵의 질량은 반응 전 중수소 원자핵 2개의 질량의 합보다 작다.

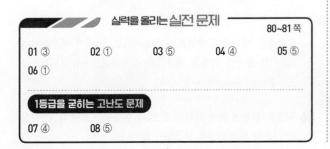

실력을 올리는 실전 문제

80~81 쪽

01 ③	02 ①	03 ⑤	04 ④	05 ⑤

06 ①

1등급을 굳히는 고난도 문제

07 ④　　08 ⑤

01 **자료 분석 하기**

질량 결손

구분	반응 전		반응 후	
	리튬 원자핵	양성자	헬륨 원자핵	헬륨 원자핵
정지 질량(u)	7.0160	1.0078	4.0026	4.0026
	질량 합=8.0238		질량 합=8.0052	
운동 에너지	0	E_1	E_2	E_2
	운동 에너지 합=E_1		운동 에너지 합=$2E_2$	

ㄱ. 반응 전 질량의 합=7.0160+1.0078=8.0238(u), 반응 후 질량의 합=4.0026×2=8.0052(u)이므로, 반응 과정에서 질량이 감소하였다.

ㄴ. 질량 결손에 의해 발생한 에너지는 입자들의 운동 에너지로 전환된다. 따라서 반응 후 입자들의 운동 에너지의 합은 반응 전 입자의 운동 에너지보다 크다. 즉, $2E_2 > E_1$이다.

[오답 피하기] ㄷ. 리튬 원자핵의 정지 질량이 7.0160 u이므로, 반응 전 리튬 원자핵의 정지 에너지는 0이 아니다.

02 ㄱ. 정지 질량이 m_0일 때 물체가 가지는 정지 에너지 $E_0 = m_0c^2$에서 정지 에너지는 정지 질량에 비례한다. 따라서 A와 B의 정지 에너지가 E로 같으므로, A와 B의 정지 질량은 같다.

[오답 피하기] ㄴ. A와 B의 정지 질량을 m_0이라고 하면 운동할 때의 질량은 각각 $m_A = 6m_0$, $m_B = 2m_0$이다. 즉, 운동할 때의 질량은 A가 B의 3배이다.

ㄷ. 상대론적 총에너지는 상대론적 운동 에너지와 정지 에너지의 합이다. 총에너지는 A와 C가 같지만 정지 에너지는 A가 C보다 작으므로 운동하는 입자의 속력은 A가 C보다 빠르다.

03 B. 핵분열 반응에서 반응 전보다 반응 후 총질량이 작아지는 질량 결손이 발생한다.

C. 핵분열 과정 발생한 질량 결손은 $E = \Delta mc^2$에 의한 에너지로 전환된다.

[오답 피하기] A. 핵분열 과정은 무거운 원자핵이 원래 원자핵보다 가벼운 원자핵들로 분열되는 과정이다.

04 ㄴ. 반응 전 수소 원자핵 4개의 질량 합은 4.032 u이고, 반응 후 헬륨 원자핵의 질량은 4.003 u이므로, 0.029 u만큼의 질량 결손이 발생한다.

ㄷ. 핵융합 시에도 질량 결손이 발생하고, 이때 감소한 질량이 에너지로 방출된다.

[오답 피하기] ㄱ. (가)는 수소 원자핵이 융합하여 헬륨 원자핵이 생성되는 핵융합 반응이다.

05 ㄱ. (가)는 태양에서 일어나는 핵융합 반응으로, 수소 원자핵들이 융합하여 여러 단계를 거친 후 최종적으로 헬륨 원자핵이 생성된다.

ㄴ. (나)는 원자력 발전소에서 일어나는 핵분열 반응으로, 우라늄이 핵분열할 때 질량 결손에 해당하는 만큼의 에너지가 열로 방출된다.

ㄷ. 핵융합과 핵분열 과정에서 방출되는 에너지는 아인슈타인의 질량 에너지 등가 원리에 의해 핵반응 후에 감소하는 질량이 에너지로 전환된 것이다.

06 자료 분석 하기

핵융합, 핵분열 반응

수소 원자핵들이 융합하여 헬륨 원자핵이 되는 핵융합 반응

A: $_1^1H + _1^2H \rightarrow _2^3He + \gamma +$ **약 5.5 MeV** ── 질량 결손에 의한 에너지

B: $_{92}^{235}U + (\quad(가)\quad) \rightarrow _{56}^{141}Ba + _{36}^{92}Kr + (\quad(가)\quad) +$ 약 200 MeV

우라늄이 중성자를 흡수하여 2개의 원자핵으로 분열하는 핵분열 과정

전하량과 질량수가 보존되므로 (가)는 $_0^1n$이다.

ㄴ. B는 핵분열 반응으로 원자력 발전소에 이용되고 있다.
[오답 피하기] ㄱ. A, B 모두 질량 결손에 따른 에너지를 각각 약 5.5 MeV, 약 200 MeV 방출하고 있다.

ㄷ. 핵반응에서는 반응 물질과 생성 물질 사이에 질량수와 전하량이 보존된다. 따라서 B를 질량수 보존으로 정리하면 $235 + ((가)의 질량수) = 141 + 92 + 3 \times ((가)의 질량수)$에서 (가)의 질량수가 1이고, 전하량 보존으로 정리하면 $92 + ((가)의 전하량) = 56 + 36 + 3 \times ((가)의 전하량)$에서 (가)의 전하량 $= 0$이다. 따라서 (가)는 질량수가 1이고 전하량이 0인 중성자 $(_0^1n)$이다.

07 고난도 문제 해결 전략

STEP 1 출제 의도 파악하기

핵반응식에서 전하량과 질량수가 보존됨을 이용해 원자핵의 전하량과 질량수를 구하고, 핵반응 전후 결손된 질량을 구할 수 있어야 한다.

STEP 2 자료 분석하기

핵반응식에서 전하량과 질량수가 각각 보존된다.
(가) 질량수의 합: $2 \times (X의 질량수) = 4 \Rightarrow X의 질량수 = 2$
　　전하량의 합: $2 \times (X의 전하량) = 2 \Rightarrow X의 전하량 = 1$
(나) 질량수의 합: $(X의 질량수) + 3 = 4 + (Y의 질량수)$
　　$\Rightarrow Y의 질량수 = 1$
　　전하량의 합: $(X의 전하량) + 1 = 2 + (Y의 전하량)$
　　$\Rightarrow Y의 전하량 = 0$

(가) $2 \boxed{X} \longrightarrow _2^4He \Rightarrow X = _1^2H$
(나) $\boxed{X} + _1^3H \longrightarrow _2^4He + \boxed{Y} \Rightarrow X = _1^2H, Y = _0^1n$

STEP 3 관련 개념 모으기

❶ **원자핵은 어떻게 표기할까?**

➡ '질량수=양성자수+중성자수'이고, '원자 번호=양성자수'이다.

질량수 $\rightarrow A$
원자 번호 $\rightarrow Z$ X
원소 기호

❷ **질량 결손과 에너지의 관계는?**

➡ 핵반응 과정에서 핵반응 전보다 줄어든 질량의 합을 질량 결손이라고 하며, 결손된 질량은 아인슈타인의 질량 에너지 등가 원리에 따라 에너지로 전환된다.

ㄱ. (가) 핵반응식에서 반응 전후 질량수의 합은 같다. 따라서 $2 \times (X의 질량수) = 4$에서 X의 질량수는 2이다.

ㄴ. (가)는 두 개의 중수소 원자핵이 융합하여 한 개의 헬륨 원자핵이 되는 핵융합 반응이다. 표에서 중수소 원자의 원자 번호는 1, 질량수는 2이므로 질량은 M_2이고, 헬륨 원자의 원자 번호는 2, 질량수는 4이므로 질량은 M_5이다.
따라서 핵융합 과정에서 반응 전 중수소 원자핵 두 개의 질량 합은 $2M_2$이고, 반응 후 헬륨 원자핵 한 개의 질량은 M_5이므로 (가)의 핵반응에서 결손된 질량은 $2M_2 - M_5$이다.
[오답 피하기] ㄷ. (나)에서 Y는 중성자$(_0^1n)$이다.

08 고난도 문제 해결 전략

STEP 1 출제 의도 파악하기

원자로에서 일어나는 핵반응식을 알고, 핵반응 전후 결손된 질량이 에너지로 전환됨을 알아야 한다.

STEP 2 자료 분석하기

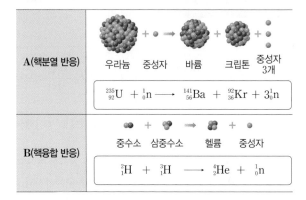

A(핵분열 반응)	우라늄　중성자　바륨　크립톤　중성자 3개
	$_{92}^{235}U + _0^1n \longrightarrow _{56}^{141}Ba + _{36}^{92}Kr + 3_0^1n$
B(핵융합 반응)	중수소　삼중수소　헬륨　중성자
	$_1^2H + _1^3H \longrightarrow _2^4He + _0^1n$

STEP 3 관련 개념 모으기

❶ **원자력 발전소에서 발전되는 발전 방식은?**

➡ 원자력 발전소에서는 우라늄이 핵분열할 때 질량 결손에 해당하는 만큼의 에너지가 열로 방출된다. 이때 방출된 열로 물을 끓이고 터빈을 회전시켜 전기 에너지를 생산한다.

❷ **질량 에너지 등가 원리란?**

➡ 질량 에너지 등가 원리에 의해 질량이 에너지로 전환될 수 있으며, 에너지도 질량으로 전환될 수 있다.

ㄱ. 원자로에서는 핵분열 반응이 일어난다. 즉, 원자로에서 일어나는 핵반응은 A이다.

ㄴ. 핵분열 과정에서 반응 물질과 생성 물질 사이에 전하량이 보존되므로, A에서 핵반응 전후 전하량의 합은 같다.

ㄷ. B는 중수소 원자핵과 삼중수소 원자핵이 핵융합하여 헬륨 원자핵과 중성자가 생성되는 과정이다. 이때 핵반응 후 질량이 핵반응 전 질량의 합보다 줄어드는 질량 결손이 일어난다.

핵심 정리 | 단원 마무리
82~84쪽

① 이동 거리 ② 변위 ③ 가속도 ④ 같고 ⑤ 반대
⑥ 속력 ⑦ 운동 방향 ⑧ 더한 ⑨ 뺀 ⑩ 등속 직선 운동
⑪ 비례 ⑫ 반비례 ⑬ 등가속도 직선 운동 ⑭ 같고 ⑮ 반대
⑯ 운동량 ⑰ 보존 ⑱ 충격량 ⑲ 운동량의 변화량 ⑳ 충
격량 ㉑ 길 ㉒ 운동 에너지 ㉓ 운동 에너지 변화량 ㉔ 중
력 퍼텐셜 ㉕ 탄성 퍼텐셜 ㉖ 증가한 중력 퍼텐셜 에너지
㉗ 증가한 운동 에너지 ㉘ 감소 ㉙ 증가 ㉚ 열에너지
㉛ $P\varDelta V$ ㉜ 운동 에너지 ㉝ $\varDelta U + W$ ㉞ 등적 ㉟ 단열
㊱ 열효율 ㊲ 증가 ㊳ 상대성 원리 ㊴ 광속 불변 원리
㊵ 동시성의 상대성 ㊶ 느리게 ㊷ 수축 ㊸ 정지 에너지
㊹ 질량 결손 ㊺ 에너지 ㊻ 에너지

실력 점검 | 단원 평가 문제
85~89쪽

01 ③	02 ③	03 ②	04 ②	05 ③
06 ③	07 ②	08 ⑤	09 ④	10 ③
11 ②	12 ③	13 600 J	14 ①	15 ④
16 ②	17 ⑤	18 ⑤	19 ④	

1등급을 완성하는 서술형 문제

20~22 해설 참조

01 ㄷ. 평균 속력은 $\dfrac{이동 거리}{시간}$이고, 평균 속도는 $\dfrac{변위}{시간}$이므로 평균 속력은 평균 속도의 크기보다 크다.

[오답 피하기] ㄱ. 종이배의 운동 방향이 변하므로 종이배는 가속도 운동을 한다.

ㄴ. 이동 거리는 물체가 실제로 움직인 총 거리이고, 변위는 물체의 위치 변화량, 즉 처음 위치에서 나중 위치까지의 직선 거리와 방향이다. 따라서 p에서 q까지 이동하는 동안 종이배의 변위의 크기는 이동 거리보다 작다. 곡선 운동의 경우 변위의 크기는 항상 이동 거리보다 작다.

02 ㄱ. (가)에서 공은 속력만 일정하게 증가하는 운동을 하므로 공의 운동 방향과 가속도의 방향은 연직 아래 방향으로 같다.

ㄷ. (다)에서 공의 속력은 진동의 중심에서 가장 빠르고, 양 끝에서 0이다. 또한, 공은 곡선 운동을 하므로 운동 방향도 변한다.

[오답 피하기] ㄴ. (나)에서 공의 속력은 일정하지만 운동 방향이 변하므로 가속도 운동을 한다. 즉, 등속 원운동은 가속도 운동이다.

03 물체에 작용하는 알짜힘이 0이면 운동하던 물체는 계속 등속 직선 운동을 하고, 정지해 있던 물체는 계속 정지 상태를 유지한다.

ㄴ. 에스컬레이터 위에 놓인 상자는 속력과 운동 방향이 일정한 등속 직선 운동을 한다. 즉, 상자에 작용하는 알짜힘은 0이다.

[오답 피하기] ㄱ. 왕복 운동 하는 시계추는 진자 운동으로, 속력과 운동 방향이 모두 변하는 가속도 운동을 한다. 즉, 추에 작용하는 알짜힘의 크기와 방향이 계속 변한다.

ㄷ. 나무에서 떨어지는 사과에는 중력이 작용하여 사과는 떨어지면서 속력이 일정하게 증가하는 등가속도 직선 운동을 한다. 즉, 사과에는 알짜힘이 물체의 운동 방향과 같은 방향으로 작용한다.

04 〔자료 분석 하기〕

세 물체가 함께 움직일 때 운동 방정식의 적용

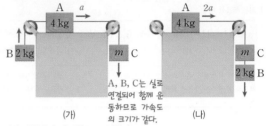

A, B, C는 실로 연결되어 함께 운동하므로 가속도의 크기가 같다.

(가) (나)

• 시계 방향을 (+)방향으로 정한다.
• (가)에서 A의 가속도의 크기를 a라 하면, (나)에서 A의 가속도의 크기는 $2a$이다.

A, B, C를 한 물체로 생각하여 운동 방정식을 각각 적용한다.
(가) $(m-2)\times 10 = (6+m)a$ ⋯ ①
(나) $(m+2)\times 10 = (6+m)\times 2a$ ⋯ ②

두 식 ①, ②를 연립하면 $m = 6$ kg, $a = \dfrac{10}{3}$ m/s²이다.

05 〔자료 분석 하기〕

실로 연결되어 함께 운동하는 두 물체의 운동

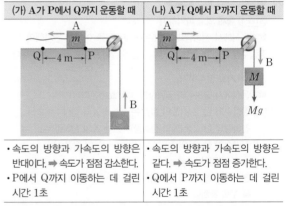

(가) A가 P에서 Q까지 운동할 때	(나) A가 Q에서 P까지 운동할 때
• 속도의 방향과 가속도의 방향은 반대이다. ➡ 속도가 점점 감소한다.	• 속도의 방향과 가속도의 방향은 같다. ➡ 속도가 점점 증가한다.
• P에서 Q까지 이동하는 데 걸린 시간: 1초	• Q에서 P까지 이동하는 데 걸린 시간: 1초

• (나)에서 B의 질량을 M, A, B의 가속도를 a라 하면, 함께 운동하는 A, B의 가속도는 $Mg = (m+M)a$에서 $a = \dfrac{Mg}{M+m}$이다.

P에서 실이 끊어진 후 A는 속력이 줄어들어 Q에서 속력이 0이 된 후 다시 P에 돌아오기까지 2초가 걸렸으므로, A가 Q에서 P까지 이동하는 데는 1초가 걸린다.

가속도의 크기를 a라 하고 등가속도 운동 공식 $s = v_0 t + \dfrac{1}{2}at^2$에 대입하면 4 m $= \dfrac{1}{2}\times a \times (1\ \text{s})^2$에서 $a = 8$ m/s²이다.

A, B는 실로 연결되어 함께 운동하므로 가속도 $a=\dfrac{10M}{M+m}$ $=8$에서 $M=4m$이다.

06 자료 분석 하기

등가속도 직선 운동

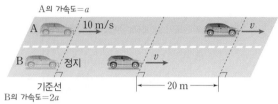

- A, B가 기준선을 통과하는 순간부터 속력이 v로 같아질 때까지 걸린 시간을 t라고 한다.
- A의 가속도: $a=\dfrac{v-10}{t}$
- B의 가속도: $2a=\dfrac{v}{t}$

ㄱ. A(처음 속도=10 m/s)의 가속도의 크기는 $a=\dfrac{v-10}{t}$

이고, B(처음 속도=0)의 가속도의 크기는 $2a=\dfrac{v-0}{t}$이므로

$v=20$ m/s이다.

ㄴ. t 동안 A의 평균 속력 $\dfrac{10+20}{2}=15$(m/s)이므로 이동

한 거리는 $15t$이고, B의 평균 속력은 $\dfrac{0+20}{2}=10$(m/s)이

므로 이동한 거리는 $10t$이다. A가 B보다 20 m만큼 앞서므

로 $15t-10t=20$에서 $t=4$초이다.

[오답 피하기] ㄷ. A, B가 기준선을 통과한 순간부터 속력이 v

로 같아질 때까지 걸린 시간이 4초이고, $v=20$ m/s이므로 A

의 가속도의 크기는 $a=\dfrac{v-10}{t}=\dfrac{(20-10)\text{m/s}}{4\text{ s}}=2.5$ m/s^2

이다.

07 분열 후 A와 B의 속력의 비는 $\dfrac{L}{t}:\dfrac{L}{3t}=3:1$이다. 정지한

두 물체의 분열에서 운동량 보존 법칙을 적용하면 분열 후 물

체의 질량과 속력은 서로 반비례한다. 따라서 A와 B의 질량

비는 $m_{A}:m_{B}=1:3$이다.

⊕ 개념 더하기

물체가 분리될 때의 운동량 보존

한 물체가 두 물체로 분리될 때에도 운동량 보존 법칙이 성립한다.

그림과 같이 물체가 정지 상태에서 분리될 때 분리 전 운동량의 총합은

분리 후 운동량의 총합과 같다.

$0=m_{A}v_{A}+m_{B}v_{B}$에서 $-m_{A}v_{A}=m_{B}v_{B}$가 된다. 따라서 분리 후 두

물체의 속도의 크기는 질량에 반비례하고, 속도의 방향은 반대이다.

---

08 ㄴ. 질량이 같은 달걀 A, B가 같은 높이에서 떨어졌으므로 충

돌 직전 속도가 같다. 따라서 충돌 직전 A, B의 운동량의 크

기는 같다.

ㄷ. 충돌 직전 A, B의 운동량의 크기는 같고, 충돌 후 둘 다

정지하므로 A, B의 운동량 변화량의 크기는 같다. 따라서 충

돌하는 동안 A, B가 받은 충격량의 크기도 같다.

[오답 피하기] ㄱ. 물을 넣은 비닐봉지에 떨어진 B는 수조 바닥

에 떨어진 A보다 힘을 받는 시간이 길므로 평균 힘의 크기가

작아서 깨지지 않는다. 즉, 충돌하는 동안 달걀이 받은 평균

힘의 크기는 A가 B보다 크다.

09 자료 분석 하기

힘-시간 그래프 분석

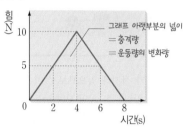

- 힘-시간 그래프 아랫부분의 넓이는 물체가 받은 충격량의 크기와 같
  고, 충격량의 크기는 운동량 변화량의 크기와 같다.
- 운동량의 변화량을 알면 물체의 변화된 속력을 알 수 있다.
- 물체의 속력 변화를 알면 물체의 운동 에너지 변화량을 구할 수 있다.

ㄱ. 0초부터 8초까지 물체가 받은 충격량의 크기는 $\dfrac{1}{2}\times10$ N

$\times 8$ s$=40$ N·s이다.

ㄷ. 0초부터 8초까지 운동량의 변화량은 40 kg·m/s이고, 8초

일 때 물체의 속력을 v'라고 하면 2 kg$\times v'=40$ kg·m/s

에서 $v'=20$ m/s이다. 따라서 8초일 때 물체의 운동 에너지는

$\dfrac{1}{2}\times 2$ kg$\times(20$ m/s$)^2=400$ J이다.

[오답 피하기] ㄴ. 충격량의 크기는 운동량 변화량의 크기와 같

다. 0초일 때 물체의 속력은 0이므로 2초일 때 물체의 속력을

v라고 하면, 0초부터 2초까지 운동량의 변화량은 2 kg$\times v=$

$\dfrac{1}{2}\times 5$ N$\times 2$ s에서 $v=2.5$ m/s이다.

10 자료 분석 하기

역학적 에너지 보존

마찰이나 공기 저항이 없으므로 수레가 운동하는 동안 역학적 에너지는

보존되고, (역학적 에너지)=(중력 퍼텐셜 에너지)+(운동 에너지)이다.

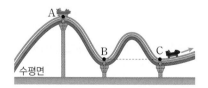

ㄱ. A가 B보다 높은 곳에 있으므로 중력 퍼텐셜 에너지는 A

에서가 B에서보다 크다.

ㄴ. B, C는 수평면으로부터 같은 높이의 지점이므로 중력 퍼텐셜 에너지가 같다. 따라서 B, C에서의 운동 에너지는 서로 같다.

[오답 피하기] ㄷ. 일·운동 에너지 정리에 따라 수레가 A에서 B까지 운동하는 동안 중력이 한 일만큼 운동 에너지가 증가한다.

11 자료 분석 하기

역학적 에너지 보존

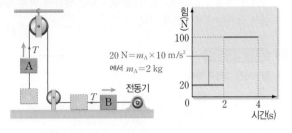

1초일 때 A가 정지해 있으므로 실이 A를 당기는 힘 20 N과 A의 무게는 같다. 즉, A의 질량 $m_A = 2$ kg이다.

0초부터 4초까지 A, B의 가속도를 a, B의 질량과 4초일 때의 속력을 각각 m_B, v라고 하자. 0초부터 4초까지 B의 운동 에너지 변화량은 A의 중력 퍼텐셜 에너지 변화량의 3배이므로 $\frac{1}{2}m_B v^2 = 3 \times (2$ kg $\times 10$ m/s$^2 \times h) = 60h$이고, 등가속도 직선 운동 공식 $v^2 = 2ah$에서 $m_B a = 60$ N이다.

실이 물체를 당기는 힘을 T라 할 때 $100 - T = m_B a = 60$에서 $T = 40$ N이므로, $T - 20 = 2a$에서 $a = 10$ m/s^{2}이다.

2초부터 4초까지 B는 정지 상태에서 $a = 10$ m/s^{2}로 가속되므로 4초일 때 B의 속력은 20 m/s이다.

12
물체를 놓기 전 중력 퍼텐셜 에너지는 4 kg $\times 10$ m/s$^2 \times 5$ m $= 200$ J이고, 마찰이 없는 수평면에서 물체의 운동 에너지는 $\frac{1}{2} \times 4$ kg $\times (6$ m/s$)^2 = 72$ J이므로 마찰이 있는 면에서 물체의 역학적 에너지 감소량은 200 J$-$72 J$=128$ J이다.

13 자료 분석 하기

기체의 부피 변화와 일

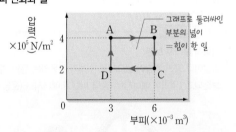

- A → B 과정: 기체의 부피가 팽창하므로 기체가 외부에 일을 한다.
  ➡ 기체가 한 일$=4 \times 10^5$ N/m$^2 \times (6-3) \times 10^{-3}$ m$^3 = 1200$ J
- B→C, D→A 과정: 기체의 부피가 일정하므로 기체가 한 일은 0이다.
- C→D 과정: 기체의 부피가 감소하므로 기체는 외부로부터 일을 받는다. ➡ 기체가 외부로부터 받은 일$=2 \times 10^5$ N/m$^2 \times (3-6) \times 10^{-3}$ m$^3 = -600$ J

이상 기체의 상태가 A → B → C → D → A를 따라 변할 때, 한 순환 과정에서 기체가 한 일은 압력 – 부피 그래프에서 그래프로 둘러싸인 부분의 넓이와 같다.

즉, $W = (4-2) \times 10^5$ N/m$^2 \times (6-3) \times 10^{-3}$ m$^3 = 600$ J이다.

14 자료 분석 하기

등온 과정

등온 과정은 기체의 온도가 일정하게 유지되면서 상태가 변하는 과정이다.

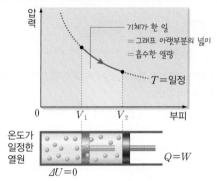

이상 기체의 내부 에너지는 절대 온도에 비례하므로, $\Delta T = 0$인 등온 과정에서 내부 에너지 변화량 $\Delta U = 0$이다. 따라서 열역학 제1법칙에 의해 기체가 흡수한 열 Q는 외부에 한 일 W와 같다.

$$Q = \Delta U + W = 0 + W \Rightarrow Q = W$$

ㄱ. 등온 팽창할 때 기체는 외부에 일을 한다.

[오답 피하기] ㄴ, ㄷ. 온도가 변하지 않으므로 내부 에너지 변화량은 0이고, 기체 분자의 평균 운동 에너지는 절대 온도에 비례하므로 기체 분자의 평균 운동 에너지 변화량도 0이다.

15 ㄱ. 열기관은 고열원에서 흡수한 열에서 외부에 일을 하고 난 나머지 열을 저열원으로 방출한다. 즉, 외부에 한 일 $W = Q_1 - Q_2$이다.

ㄷ. $Q_2 = 0$인 열기관은 열역학 제1법칙에는 위배되지 않지만, 열역학 제2법칙에 위배되어 존재할 수 없다.

[오답 피하기] ㄴ. 열기관의 열효율 $e = \frac{W}{Q_1} = \frac{Q_1 - Q_2}{Q_1} = 1 - \frac{Q_2}{Q_1}$이므로, Q_1에 비해 Q_2의 값이 작을수록 열기관의 열효율이 높다.

16 ㄷ. 열역학 제2법칙에 따르면 (나)의 물 전체에 퍼진 잉크가 저절로 모여 (가)와 같은 잉크 방울이 되는 일은 진행되지 않는다.

[오답 피하기] ㄱ. (가)와 같이 물이 담긴 비커에 잉크 방울을 떨어뜨리면 시간이 지나면서 (나)와 같이 잉크가 사방으로 퍼진다. 거꾸로 물 전체에 퍼진 잉크가 저절로 모여서 한 방울의 잉크가 되는 일은 자연적으로 일어나지 않으므로 이는 비가역 변화에 해당한다.

ㄴ. (가)와 같이 잉크가 모여 있을 때보다 (나)와 같이 잉크가 물에 골고루 퍼져 있을 때 무질서도가 더 크다.

17 ㄱ. 철수와 영희 모두 관성 좌표계에 있으므로 두 사람의 좌표계에서 빛의 속력은 같다.

ㄴ. 영희가 관측할 때 광원에서 발생한 빛이 열차의 양 끝에 있는 빛 검출기 A, B에 동시에 도달하므로 광원으로부터 A까지의 거리와 B까지의 거리는 같다.

ㄷ. 철수의 좌표계에서는 영희가 탄 열차가 B에서 A 쪽으로 운동하므로 빛은 A보다 B에 먼저 도달한다.

18 ㄱ, ㄴ. 길이 수축은 운동 방향으로만 일어난다. 영희가 관측할 때 우주선의 길이는 운동 방향인 x 방향으로만 일어나고, y 방향으로는 일어나지 않는다. 철수가 측정한 a_1, b_1은 우주선의 고유 길이이고, 영희가 관측할 때 x 방향으로만 길이 수축이 일어나므로 $a_1 > a_2$이고, $b_1 = b_2$이다.

ㄷ. 철수가 탄 우주선의 속력은 뮤온의 속력과 같으므로 철수가 측정할 때 뮤온의 수명은 뮤온의 좌표계에서 측정할 때와 같다. 하지만 영희의 좌표계에서 측정한 뮤온의 시간은 지연되므로, 뮤온의 수명은 철수가 측정할 때보다 영희가 측정할 때가 더 길다.

19 핵융합과 핵분열 과정에서 모두 반응 전보다 반응 후의 총질량이 작아지는 질량 결손이 발생한다. 이때 발생한 질량 결손은 $E = \Delta mc^2$에 의한 에너지로 전환된다.

20 예시 답안 ·작용 반작용 관계의 힘: F_1과 F_2, F_3과 F_4
·특징: 작용 반작용 관계의 두 힘은 항상 크기가 같고, 방향이 반대이며, 동일 직선상에서 서로 다른 두 물체에 작용한다.

채점 기준	배점(%)
작용 반작용 관계에 있는 힘을 모두 쓰고, 특징을 옳게 설명한 경우	100
작용 반작용 관계에 있는 힘을 1가지 경우만 옳게 쓰고, 특징을 옳게 설명한 경우	70
작용 반작용 관계에 있는 힘 2가지 경우만 옳게 쓴 경우	40
작용 반작용 관계에 있는 힘 1가지 경우만 옳게 쓴 경우	20

21 구슬이 받는 충격량은 구슬의 운동량의 변화량과 같고, 구슬의 운동량 변화량이 클수록 힘이 작용한 이후 구슬의 속력이 증가하여 더 멀리 날아갈 수 있다.

예시 답안 구슬이 받는 충격량은 힘의 크기와 힘이 작용한 시간에 비례하므로, 긴 빨대를 사용하여 구슬에 힘이 작용하는 시간을 길게 하면 충격량이 커진다. 충격량이 커지면 구슬의 운동량이 증가하여 더 멀리 날아간다.

채점 기준	배점(%)
구슬이 더 멀리 날아가는 까닭을 충격량과 운동량 변화량의 관계를 언급하여 옳게 설명한 경우	100
구슬이 더 멀리 날아가는 까닭을 단순히 운동량이 증가하기 때문이라고 설명한 경우	40

22 예시 답안 (가) 뮤온과 함께 움직이는 좌표계에서 볼 때 뮤온과 지표면 사이의 거리가 수축되어 뮤온이 지표면에 도달한다. (나) 지상의 관찰자가 볼 때 움직이는 뮤온의 시간이 지연되어 뮤온이 지표면에 도달한다.

채점 기준	배점(%)
(가)와 (나)에서 뮤온이 지표면에서 발견되는 까닭을 모두 옳게 설명한 경우	100
(가)와 (나) 2가지 중 1가지만 옳게 설명한 경우	50

Ⅱ 물질과 전자기장

09 전자의 에너지 준위

확인 문제 ├92~94쪽┤
1 밀어내는 **2** 곱, 제곱 **3** 원자핵, 전자
4 전기력 **5** 연속, 선 **6** 흡수
7 3, 2

01 같은 종류의 전하로 대전된 물체 사이에는 서로 밀어내는 전기력(척력)이 작용하고, 다른 종류의 전하로 대전된 물체 사이에는 서로 끌어당기는 전기력(인력)이 작용한다.

02 전기력의 크기는 두 전하의 전하량의 곱에 비례하고, 두 전하가 서로 떨어진 거리의 제곱에 반비례한다.

03 원자는 (+)전하를 띠는 원자핵과 (−)전하를 띠는 전자로 구성되어 있으며, 원자핵은 원자 질량의 대부분을 차지한다.

04 원자의 구조가 안정적인 것은 원자핵과 전자 사이에 서로 당기는 전기력이 작용하여 전자가 원자핵 주위를 벗어나지 않고 회전하기 때문이다.

05 가열된 고체에서 방출되는 빛은 연속된 파장의 빛이 나오므로 연속 스펙트럼을 나타내고, 기체 원자에서 방출되는 빛은 특정한 파장의 빛들만 나오므로 선 스펙트럼을 나타낸다.

06 전자가 에너지 준위가 낮은 상태에서 높은 상태로 전이할 때는 빛을 흡수하고, 에너지 준위가 높은 상태에서 낮은 상태로 전이할 때는 빛을 방출한다.

07 발머 계열은 전자가 $n = 2$인 궤도로 전이할 때이다. 이때 방출되는 빛 중에서 파장이 가장 긴 빛은 에너지 준위 차가 가장 작은 $n = 3$인 궤도에서 $n = 2$인 궤도로 전자가 전이할 때 방출된 빛이다.

개념을 다지는 기본 문제 95~97쪽

01 ③ **02** ① **03** ② **04** ④ **05** 해설 참조 **06** ③ **07** ③
08 ③ **09** (가) 연속 스펙트럼, (나) 선 스펙트럼 **10** 해설 참조
11 ③ **12** ④ **13** ⑤ **14** ②

01 ③ 두 전하 사이에 작용하는 전기력의 크기는 두 전하 사이의 거리가 멀수록 작다.
[오답 피하기] ①, ② 전하에는 (+)전하와 (−)전하가 있으며, 같은 종류의 전하 사이에는 서로 밀어내는 전기력이 작용한다.
④ 마찰에 의해 전자를 잃은 물체는 (+)전하로 대전되고, 전자를 얻은 물체는 (−)전하로 대전된다.
⑤ 원자핵은 (+)전하를 띠고, 전자는 (−)전하를 띠므로 서로 끌어당기는 전기력이 작용한다.

전기력(쿨롱 힘)

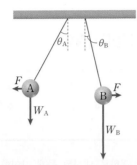

- A, B를 매단 실이 벌어져 있으므로 A, B는 같은 종류의 전하를 띠고 있어 서로 밀어내는 전기력이 작용한다.
- A, B의 전하량의 크기, 질량에 관계없이 A, B에는 서로 같은 크기의 전기력 F가 작용한다.
- 실이 기울어진 각이 다른 것은 A, B에 작용하는 중력이 다르기 때문이다. 즉, $\theta_A > \theta_B$이므로 질량은 B가 A보다 크다.

ㄱ. A, B를 매단 실이 벌어져 있으므로 A, B 사이에는 밀어내는 전기력(척력)이 작용한 것이다.

[오답 피하기] ㄴ. A, B 사이에 서로 밀어내는 전기력이 작용하고 있으므로 A, B는 서로 같은 종류의 전하를 띤다.

ㄷ. 작용 반작용 법칙에 의해 A, B가 서로에게 작용하는 전기력의 크기는 같다.

03 (가)에서 A에 작용하는 전기력의 크기는 $F_1 = k \dfrac{(q \times 2q)}{r^2}$이고, (나)에서 A에 작용하는 전기력의 크기는 $F_2 = k \dfrac{(q \times 4q)}{(2r)^2}$이다. 따라서 $F_1 : F_2 = 2 : 1$이다.

04 a에서 $+q$인 점전하가 $+Q$인 전하로부터 받는 전기력의 크기가 $-Q$인 전하로부터 받는 전기력보다 크므로 전기력의 방향은 $-x$ 방향이다. b에서 $+q$인 점전하가 $+Q$, $-Q$인 전하로부터 받는 전기력의 방향은 $+x$ 방향이다. c에서 $+q$인 점전하가 $-Q$인 전하로부터 받는 전기력이 $+Q$인 전하로부터 받는 전기력보다 크므로 전기력의 방향은 $-x$ 방향이다.

05 [예시 답안] A와 B 사이에는 인력이 작용하지만 A에 작용하는 전기력의 방향이 왼쪽이므로 A와 C 사이에는 척력이 작용하여야 한다. 따라서 C는 (+)전하이다. A와 B 사이에 작용하는 전기력의 크기$\left(F_{AB} = k \dfrac{2Q^2}{r^2}\right)$보다 A와 C 사이에 작용하는 전기력의 크기$\left(F_{AC} = k \dfrac{Qq_C}{(2r)^2}\right)$가 더 크므로 C의 전하량의 크기는 $8Q$보다 크다.

채점 기준	배점(%)
C의 전하의 종류와 전하량의 크기를 옳게 설명한 경우	100
C의 전하의 종류만 옳게 설명한 경우	50

06 ③ 원자 질량의 대부분은 (+)전하를 띠고 있는 원자핵이 차지한다.

[오답 피하기] ①, ② 원자는 (+)전하를 띠는 원자핵과 (-)전하

를 띠는 전자로 구성되어 있으며, 원자핵 속의 양성자수와 전자의 수가 같으므로 원자 전체는 전기적으로 중성이다.

④ 원자핵과 전자 사이에는 아무 것도 없는 공간이 있다.

⑤ 원자 내 전자는 원자핵과 전자 사이의 서로 당기는 전기력에 의해 원자에 속박되어 있다.

07 ㄱ. (가)는 (+)전하를 띤 구에 전자가 박혀 있는 모형으로 톰슨의 원자 모형이다.

ㄴ. (나)는 보어의 원자 모형이다. 전자는 특정한 궤도에만 있을 수 있어 전자는 특정한 에너지 값만을 갖는다. 이로부터 수소 원자에서 방출되는 빛의 선 스펙트럼을 잘 설명할 수 있다.

[오답 피하기] ㄷ. (다)는 러더퍼드의 원자 모형으로 전자가 원자핵 주위에서 운동하며 전자기파를 방출하게 되어 원자의 안정성을 설명할 수 없다.

보어의 원자 모형

보어는 두 가지 가정으로 러더퍼드 원자 모형의 문제점인 원자의 안정성과 선 스펙트럼의 문제를 해결하였다.

① 제1가정(양자 조건): 전자의 운동 궤도는 양자 조건을 만족시키는 것만이 가능하며, 이때 전자는 전자기파를 방출하지 않으며 안정성을 유지할 수 있다.

② 제2가정(진동수 조건): 전자는 한 궤도에서 다른 궤도로 전이할 때, 두 궤도에서의 에너지 차와 같은 에너지를 가진 광자 1개를 방출하거나 흡수한다.

- 전이하는 전자의 에너지 차가 $|E_m - E_n|$일 때, 흡수하거나 방출하는 광자 1개의 에너지는 $E = |E_m - E_n| = hf = \dfrac{hc}{\lambda} (h$: 플랑크 상수, f: 빛의 진동수, λ: 빛의 파장, c: 빛의 속력)이다.

08 ㄱ, ㄴ. 원자핵은 양성자와 중성자로 구성되어 있는데, 양성자가 (+)전하를 띠므로 원자핵은 (+)전하를 띤다. 전자는 (-)전하를 띠므로, 원자핵과 전자 사이에는 서로 끌어당기는 전기력이 작용한다.

[오답 피하기] ㄷ. 원자핵이 전자에 작용하는 전기력의 크기와 전자가 원자핵에 작용하는 전기력의 크기는 작용 반작용 법칙에 의해 서로 같다.

09 (가)는 백열등에서 연속된 파장의 빛이 방출되는 연속 스펙트럼이다.

(나)는 기체 방전관에서 특정한 파장의 빛만 띄엄띄엄 방출되는 선 스펙트럼이다.

10 기체 원자에서 방출되는 빛은 특정한 파장의 빛만 띄엄띄엄 분포하는 선 스펙트럼을 나타낸다.

[예시 답안] 선 스펙트럼, 원자 내 전자의 에너지 준위가 불연속적으로 분포하기 때문이다.

채점 기준	배점(%)
스펙트럼의 종류와 원자 내 전자의 에너지 준위에 대해 모두 옳게 설명한 경우	100
스펙트럼의 종류만 옳게 쓴 경우	40

11 ③ 전자는 궤도와 궤도 사이에 있을 수 없다.

[오답 피하기] ① 수소 원자에서 전자가 $n=1$인 궤도에 있을 때가 바닥상태이며, 이때가 가장 안정하다.

② 원자핵은 (+)전하를 띠고 전자는 (−)전하를 띠므로 원자핵과 전자 사이에는 쿨롱 법칙을 따르는 힘, 즉 전기력이 작용한다.

④ 원자핵에서 가장 가까운 궤도부터 $n=1$, 2, 3, …인 궤도라고 하며, n은 양자수이다. 양자수가 클수록 전자가 갖는 에너지 준위가 크다.

⑤ 전자가 안정한 궤도에서 다른 안정한 궤도로 이동할 때 두 궤도의 에너지 차에 해당하는 에너지를 흡수하거나 방출한다. 따라서 전자가 높은 에너지 준위에서 낮은 에너지 준위로 전이할 때는 에너지를 방출한다.

12 ㄴ. (나)에서는 전자의 에너지가 감소하면서 빛이 방출된다.

ㄷ. (가)와 (나)에서 전이하는 전자의 에너지 준위 차가 같으므로 흡수하거나 방출하는 광자 1개의 에너지는 같다.

[오답 피하기] ㄱ. (가)에서 전자의 에너지가 증가하므로 빛을 흡수한다.

13 ⑤ 전자의 전이에서 흡수하거나 방출하는 에너지는 전이하는 두 에너지 준위 차와 같다. $n=3$인 상태에서 에너지 준위는 $-1.51\,\text{eV}$이고, $n=2$인 상태에서 에너지 준위는 $-3.40\,\text{eV}$이므로 전자가 전이할 때 방출하는 에너지는 $-1.51\,\text{eV}-(-3.40\,\text{eV})=1.89\,\text{eV}$이다.

[오답 피하기] ① 전자는 불연속적인 에너지 값을 갖는다.

② 전자의 에너지 준위는 양자수가 클수록 크다.

③ 양자수가 클수록 원자핵으로부터 떨어진 거리가 멀다.

④ 수소 원자의 에너지가 양자화되어 있으므로 수소 원자는 특정한 파장의 빛만을 방출하거나 흡수할 수 있다.

14 ㄷ. a에서 흡수하는 광자 1개의 에너지는 $E_3-E_1=E_a=hf_a$ ……①이다. b에서 방출하는 광자 1개의 에너지는 $E_3-E_2=E_b=hf_b$……②이고, c에서 방출하는 광자 1개의 에너지는 $E_2-E_1=E_c=hf_c$……③이다.

①=②+③이므로 $f_a=f_b+f_c$이다.

[오답 피하기] ㄱ. 전자의 에너지 준위 차는 a에서가 c에서보다 크므로 빛에너지는 a가 c보다 크다. 따라서 a의 파장이 c의 파장보다 짧다.

ㄴ. $E_a=E_3-E_1$이다.

실력을 올리는 실전 문제

100~103쪽

01 ①	02 ⑤	03 ⑤	04 ④	05 ⑤
06 ②	07 ③	08 ③	09 ④	10 ②
11 ⑤	12 ②	13 ①		

1등급을 굳히는 고난도 문제

| 14 ① | 15 ⑤ |
| | |

---

01 크기가 같은 도체구 A, B를 접촉했을 때 A, B의 전하량의 합은 $+q+(-3q)=-2q$이므로 (나)에서 A, B의 전하량은 각각 $-q$, $-q$가 된다. 따라서 (가)에서 A에 작용하는 전기력의 크기는 $F=3k\dfrac{q^2}{r^2}$이고, (나)에서 A에 작용하는 전기력의 크기는 $F'=k\dfrac{q^2}{4r^2}$이다. 따라서 $F'=\dfrac{1}{12}F$이다.

⊕ 개념 더하기

접촉된 도체구에서 전하의 분배

크기가 같고 전하량이 각각 Q_1, Q_2인 두 도체구를 접촉시키면 두 도체구가 띠고 있는 전하량의 합은 Q_1+Q_2이다. 접촉된 도체구를 떼어내면 각각의 도체구가 띠고 있는 전하량은 $\dfrac{Q_1+Q_2}{2}$로 서로 같다.

02 ㄱ. B에 연결된 실이 천장에 수직이므로 B에 작용하는 전기력의 합력은 0이다.

ㄴ. A가 B에 작용하는 전기력의 방향과 C가 B에 작용하는 전기력의 방향은 서로 반대 방향이어야 하므로 A, C는 같은 종류의 전하를 띤다.

ㄷ. A, C에 작용하는 전기력의 크기는 같지만 실이 연직선과 이루는 각은 $\theta_1<\theta_2$이므로 질량은 A가 C보다 크다.

03 ㄱ. 원점에 있는 (+)전하와 A 사이에는 서로 당기는 전기력이 작용하므로 A는 (−)전하이다.

ㄷ. A, B가 각각 원점에 있는 (+)전하에 작용하는 전기력의 크기는 F로 같고, A, B가 원점에서 떨어진 거리는 $2:1$이므로 전하량의 크기는 A가 B의 4배이다.

[오답 피하기] ㄴ. A는 (−)전하이고, 원점에 있는 (+)전하와 B 사이에는 서로 밀어내는 전기력이 작용하므로 B는 (+)전하이다. 따라서 A와 B 사이에는 서로 끌어당기는 전기력이 작용한다.

04 **자료 분석 하기**

전기력의 방향

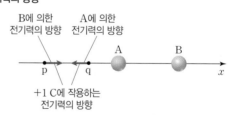

ㄱ. p, q에서 +1 C의 전하에 작용하는 전기력의 방향이 반대이므로 p와 q 사이에는 전기력이 0인 지점이 있다. 따라서 전하량의 크기는 B가 A보다 크다.

ㄴ. q에서 +1 C의 전하가 받는 전기력의 방향은 A에 의한 전기력의 방향과 같으므로 A는 (+)전하이고, p에서 +1 C의 전하가 받는 전기력의 방향은 B에 의한 전기력의 방향과 같으므로 B는 (−)전하이다. 따라서 A, B 사이에는 서로 끌어당기는 전기력이 작용한다.

[오답 피하기] ㄷ. A는 (+)전하이다.

05 ㄱ. B가 A에서 멀어지는 방향으로 운동하므로 A와 B 사이에는 서로 밀어내는 전기력이 작용한다. 따라서 A와 B는 같은 종류의 전하를 띤다.

ㄴ. B가 A로부터 멀어지므로 B에 작용하는 전기력의 크기는 점점 작아진다.

ㄷ. B에는 운동하는 방향과 같은 방향으로 전기력이 작용하게 되므로 B의 속력은 점점 빨라진다.

06 자료 분석 하기

전자와 원자핵의 발견

(가) (나)

- (가)는 톰슨의 음극선 실험이다. 음극선이 (+)극 쪽으로 휘어지므로 음극선은 (−)전하를 띤 전자의 흐름임을 알 수 있다.
- (나)는 러더퍼드의 알파(α) 입자 산란 실험이다. (+)전하를 띠는 알파(α) 입자는 극히 일부만 큰 각도로 튕겨 나오므로 원자 내에는 (+)전하를 띠는 입자가 있으며, 이것은 원자 내에서 매우 작은 부피를 차지하고 있음을 알 수 있다. 이 입자가 원자핵이다.

ㄴ. 러더퍼드는 (나)와 같은 알파(α) 입자 산란 실험으로 원자핵을 발견하였다.

[오답 Ⅱ하기] ㄱ. (가)에서 음극선은 (+)극 쪽으로 휘어져 진행하므로 (−)전하를 띤다.

ㄷ. 원자핵의 지름은 원자에 비해 매우 작으므로 원자핵은 원자에서 매우 작은 부피를 차지한다.

07 ㄱ. 기체 방전관에서 방출되는 빛의 스펙트럼은 A와 같은 선 스펙트럼이다.

ㄴ. A, B에서와 같이 특정한 파장의 빛만 방출되거나 흡수된 것으로부터 기체 원자의 에너지가 불연속적인 것을 알 수 있다.

[오답 Ⅱ하기] ㄷ. A의 방출에 의한 선 스펙트럼에서 밝은 선의 위치와 B의 흡수에 의한 선 스펙트럼에서 검은 흡수 선의 위치가 서로 같지 않으므로, (나)의 기체 방전관과 (다)의 저온 기체관의 기체는 같은 원소가 아니다.

08 ㄱ. 기체 원자에서 방출되는 빛의 파장이 띄엄띄엄 분포하는 것은 원자의 에너지가 양자화되어 있기 때문이다.

ㄴ. 광자 1개의 에너지는 파장이 짧을수록, 즉 진동수가 클수록 크다. 진동수는 파장이 짧은 a가 파장이 긴 b보다 크므로 광자 1개의 에너지는 a가 b보다 크다.

[오답 Ⅱ하기] ㄷ. 전자의 전이에서 방출되는 광자 1개의 에너지는 전이하는 두 에너지 준위 차와 같다. 광자 1개의 에너지는 b가 c보다 크므로 전자의 에너지 준위 차는 b가 방출될 때가 c가 방출될 때보다 크다.

09 자료 분석 하기

수소의 선 스펙트럼

방출 스펙트럼

- 방출 스펙트럼은 에너지 준위가 높은 상태에서 낮은 상태로 전이할 때 나타난다.
- 가시광선 영역에서 파장이 가장 긴 빛 b는 전자가 $n=3$에서 $n=2$로 전이할 때 방출된다. 광자 1개의 에너지는 $1.89\,\text{eV}$이다.
- a는 전자가 $n=4$에서 $n=2$로 전이할 때 방출된 빛이다. 광자 1개의 에너지는 $2.55\,\text{eV}$이다.

흡수 스펙트럼

- 흡수 스펙트럼은 에너지 준위가 낮은 상태에서 높은 상태로 전이할 때 나타난다.
- e는 전자가 $n=2$에서 $n=3$으로 전이할 때 흡수된 빛이다. 광자 1개의 에너지는 $1.89\,\text{eV}$이다.
- d는 전자가 $n=2$에서 $n=4$로 전이할 때 흡수된 빛이다. 광자 1개의 에너지는 $2.55\,\text{eV}$이다.
- c는 전자가 $n=2$에서 $n=5$로 전이할 때 흡수된 빛이다. 광자 1개의 에너지는 $2.86\,\text{eV}$이다.

ㄱ. a와 d에서 전이하는 전자의 에너지 준위 차는 같으므로 광자의 진동수는 서로 같다.

ㄴ. b는 전자가 $n=3$에서 $n=2$로 전이할 때 방출된 빛이므로 광자 1개의 에너지는 $-1.51\,\text{eV}-(-3.40\,\text{eV})=1.89\,\text{eV}$이다.

[오답 Ⅱ하기] ㄷ. c는 전자가 $n=2$에서 $n=5$로 전이할 때 흡수된 빛이다.

10 ㄴ. 전이하는 전자의 에너지 준위 차가 클수록 파장이 짧은 빛이 방출된다. 따라서 $\lambda_1 < \lambda_2$이다.

[오답 Ⅱ하기] ㄱ. 에너지 준위는 $E_3 > E_1$이므로 E_3에서 E_1로 전이할 때 전자의 에너지는 감소한다.

ㄷ. $E_3 - E_1 = \dfrac{hc}{\lambda_1}$이고, $E_2 - E_1 = \dfrac{hc}{\lambda_2}$이므로

$E_3 - E_2 = hc\left(\dfrac{1}{\lambda_1} - \dfrac{1}{\lambda_2}\right)$이다. 따라서 E_3에서 E_2로 전이할 때

방출하는 빛의 파장은 $\dfrac{\lambda_1 \lambda_2}{\lambda_2 - \lambda_1}$이다.

11 ㄴ, ㄷ. 전자의 에너지 준위는 양자수가 클수록 크다. 따라서 전자가 $n=2$에서 $n=1$인 궤도로 전이할 때 에너지를 방출하고, 전자의 에너지는 $n=3$인 궤도에서가 $n=1$인 궤도에서보다 크다.

[오답 Ⅱ하기] ㄱ. 전자에 작용하는 전기력의 크기는 원자핵에 가까울수록 크므로, $n=2$인 궤도에서가 $n=1$인 궤도에서보다 전자에 작용하는 전기력의 크기가 작다.

12 ㄴ. 파셴 계열은 전자가 $n=3$보다 큰 궤도에서 $n=3$인 궤도

로 전이할 때이다. b는 파장이 가장 긴 빛이므로 전자가 $n=4$ 인 궤도에서 $n=3$인 궤도로 전이할 때 방출된 빛이다.

[오답 피하기] ㄱ. 스펙트럼에서 왼쪽으로 갈수록 파장이 짧은 빛이고, 오른쪽으로 갈수록 파장이 긴 빛이다. 빛의 파장은 a 가 b보다 짧다.

ㄷ. 파셴 계열이나 발머 계열에서 왼쪽으로 갈수록 스펙트럼 선의 간격이 좁아지는 것은 양자수가 클수록 전자의 에너지 준위 간격이 좁아지기 때문이다.

➕ 개념 더하기

수소의 스펙트럼 계열
- 라이먼 계열: 전자가 $n=1$보다 큰 궤도에서 $n=1$인 궤도로 전이할 때이며, 파장이 짧은 자외선이 방출된다.
- 발머 계열: 전자가 $n=2$보다 큰 궤도에서 $n=2$인 궤도로 전이할 때이며, 사람의 눈으로 인식할 수 있는 가시광선이 주로 방출된다.
- 파셴 계열: 전자가 $n=3$보다 큰 궤도에서 $n=3$인 궤도로 전이할 때이며, 파장이 긴 적외선이 방출된다.

13 A. 전자가 높은 에너지 준위에서 낮은 에너지 준위로 전이할 때 에너지 준위 차만큼의 에너지를 방출한다.

[오답 피하기] B. 원자의 에너지는 양자화되어 있기 때문에 전자는 특정한 파장의 빛들만 흡수하거나 방출할 수 있다.
C. 전자의 에너지 준위는 불연속적이다.

14 고난도 문제 해결 전략

STEP 1 출제 의도 파악하기
전하에 작용하는 전기력의 크기와 방향을 이용하여 다른 전하의 전하 종류와 전하량 크기를 비교할 수 있어야 한다.

STEP 2 자료 분석하기

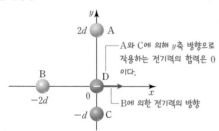

- A가 D에 작용하는 전기력과 C가 D에 작용하는 전기력은 크기는 같고 방향은 반대 방향이다.
- A, C가 원점으로부터 떨어진 거리는 각각 $2d$, d이다.
- B가 D에 작용하는 전기력의 방향은 $+x$ 방향이다.

STEP 3 관련 개념 모으기
❶ 전기력의 방향은?
  ➡ 같은 종류의 전하 사이에는 밀어내는 전기력이 작용하고, 다른 종류의 전하 사이에는 당기는 전기력이 작용한다.

❷ 전기력의 크기는?
  ➡ 두 전하 사이에 작용하는 전기력의 크기는 두 전하의 전하량의 곱에 비례하고, 두 전하가 떨어진 거리의 제곱에는 반비례한다.

ㄴ. A, C가 D에 작용하는 전기력의 방향은 서로 반대 방향이므로, A, C는 같은 종류의 전하를 띠고 있다. 따라서 A와 C 사이에는 밀어내는 전기력이 작용한다.

[오답 피하기] ㄱ. B가 D에 작용하는 전기력의 방향이 $+x$ 방향이므로 B와 D는 같은 종류의 전하를 띤다. 따라서 B는 $(-)$ 전하를 띤다.

ㄷ. A, C가 D에 작용하는 전기력의 크기는 같고, D로부터 떨어진 거리는 2 : 1이므로 전하량의 크기는 A가 C의 4배이다.

15 고난도 문제 해결 전략

STEP 1 출제 의도 파악하기
전자가 전이할 때 흡수하거나 방출하는 광자의 에너지와 진동수, 파장, 플랑크 상수의 관계를 알아야 한다.

STEP 2 자료 분석하기

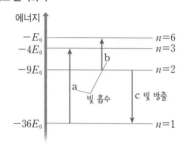

- a, b에서 흡수하는 광자 1개의 에너지는 각각 $32E_0$, $8E_0$이다.
- c에서 방출하는 광자 1개의 에너지는 $27E_0$이다.

STEP 3 관련 개념 모으기
❶ 빛을 흡수할 때와 방출할 때 전자의 에너지 준위 변화는?
  ➡ 빛을 흡수하면 전자의 에너지 준위가 높아지고, 빛을 방출하면 전자의 에너지 준위가 낮아진다.

❷ 광자 1개의 에너지는?
  ➡ 광자 1개의 에너지는 $E=hf=\dfrac{hc}{\lambda}$이다.

ㄱ. a에서 흡수하는 광자 1개의 에너지는 b에서 흡수하는 광자 1개의 에너지의 4배이므로 진동수는 $f_a=4f_b$이다.

ㄴ. c에서 방출하는 광자 1개의 에너지는 $27E_0$이므로 플랑크 상수는 $h=\dfrac{27E_0}{f_c}$이다.

ㄷ. 진동수가 f_a-f_c인 광자 1개의 에너지는 $5E_0$이다. $n=2$ 와 $n=3$ 사이에서 전자의 에너지 준위 차는 $5E_0$이므로 $n=2$ 인 궤도에 있는 전자는 진동수가 f_a-f_c인 빛을 흡수할 수 있다.

10 에너지띠

확인
문제   **1** 에너지띠   **2** 띠 간격   **3** 도체, 반도체, 절연체   104~105 쪽
        4 흡수, 양공

01 고체에서는 인접한 원자의 영향으로 전자의 에너지 준위가 미세하게 갈라져 거의 연속적인 띠 모양으로 나타나는데, 이것을 에너지띠라고 한다.

02 원자가 띠와 전도띠 사이에 전자가 존재할 수 없는 영역을 띠 간격이라고 한다.

03 고체의 전기적 성질은 전기 전도성에 따라 도체, 반도체, 절연체로 구분한다.

04 원자가 띠에서 전도띠로 전자가 전이하려면 에너지를 흡수해야 하고, 전자가 전이하면 원자가 띠에는 전자가 빈자리인 양공이 생긴다.

개념을 다지는 기본 문제   106~107쪽

01 ①   02 ⑤   03 해설 참조   04 ④   05 ⑤   06 ②   07 해설 참조   08 ②   09 ④   10 ③   11 ⑤

---

01 ① 고체는 원자 사이의 간격이 매우 가까워 전자의 에너지 준위가 거의 연속적인 띠 모양을 이룬다.

[오답 피하기] ② 에너지띠에서 전자가 채워진 가장 바깥쪽 띠를 원자가 띠라고 한다.

③ 절대 온도 0 K에서 원자 내부의 전자들은 허용된 띠의 에너지가 낮은 곳부터 채워진다. 즉, 전자는 에너지 준위가 낮은 상태부터 먼저 채워진다.

④ 전자는 허용된 띠와 허용된 띠 사이에는 존재할 수 없다.

⑤ 고체를 이루는 원자들의 에너지 준위는 미세한 차이를 두고 서로 다르다.

02 자료 분석 하기 ──────────

기체와 고체의 에너지 준위

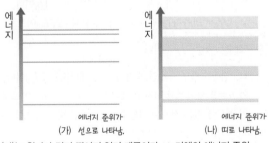

(가) 선으로 나타남.   (나) 띠로 나타남.

• (가)는 원자가 멀리 떨어져 있기 때문이다. ➡ 기체의 에너지 준위
• (나)는 원자가 서로 인접해 있기 때문이다. ➡ 고체의 에너지 준위

ㄱ. (가)와 같이 에너지 준위가 선으로 나타나는 것은 기체인 경우이다. 이는 기체는 원자들이 서로 멀리 떨어져 있어 다른 원자의 에너지 준위에 영향을 주지 않기 때문이다.

ㄴ, ㄷ. (나)에서 에너지띠는 전자의 에너지 준위가 미세한 차이로 갈라져 있다. 이는 고체 원자의 에너지 준위로, 이처럼 고체의 에너지 준위가 띠 모양이 나타나는 것은 고체의 경우 원자들이 매우 가까이 있어 인접한 원자들이 전자의 궤도에 영향을 주기 때문이다.

---

03 예시 답안   고체는 수많은 원자가 인접해 있어 원자들끼리 서로 영향을 주기 때문에 에너지 준위가 미세한 차이로 갈라져 띠 모양으로 나타난다.

채점 기준	배점(%)
인접한 원자들이 서로 영향을 주어 에너지 준위가 미세한 차이로 갈라져 있다는 것을 설명한 경우	100
에너지 준위가 미세한 차이로 갈라져 있다고만 설명한 경우	50

04 ㄱ. 원자가 띠 위에 전자가 채워져 있지 않은 에너지띠는 전도띠이다.

ㄷ. 에너지 준위는 Q가 P보다 크므로 P에 있는 전자가 Q로 전이하려면 에너지를 흡수해야 한다.

[오답 피하기] ㄴ. 에너지띠는 전자의 에너지 준위가 미세한 차이로 갈라져 분포하므로 전자들의 에너지 준위는 모두 다르다.

05 ㄱ. 전자의 에너지 준위는 전도띠가 원자가 띠보다 높다.

ㄴ. 원자가 띠와 전도띠 사이의 에너지 간격을 띠 간격이라고 한다.

ㄷ. A는 인접한 허용된 띠 사이의 에너지 간격, 즉 띠 간격으로 전자가 존재하지 않는 에너지 준위의 영역이다.

✚ 개념 더하기

고체의 에너지띠 구조

① 허용된 띠: 전자가 존재할 수 있는 에너지 영역

• 원자가 띠: 전자가 채워진 에너지띠 중 맨 위의 띠로, 전자가 자유롭게 움직이지 못한다.

• 전도띠: 원자가 띠 바로 위의 에너지띠로 전자가 채워져 있지 않다. 원자가 띠에 있던 전자가 띠 간격 이상의 에너지를 흡수하면 전도띠로 전이하여 자유롭게 움직일 수 있다.

② 띠 간격(띠틈): 원자가 띠와 전도띠 사이의 간격으로, 전자는 이 영역의 에너지 준위를 가질 수 없다.

전도띠 — 전자가 채워지지 않았다.
띠 간격
원자가 띠 — 전자가 채워져 있다.

06 A는 원자가 띠와 전도띠가 겹쳐 있어 약간의 에너지만 흡수하여도 전자가 전도띠로 쉽게 이동할 수 있어 전류가 잘 흐르는 도체이다. B와 C는 띠 간격이 있다. 띠 간격이 클수록 전류가 잘 흐르지 않으므로 B는 절연체이고, C는 반도체이다.

07 예시 답안   A. 원자가 띠와 전도띠가 일부 겹쳐 있어 전자의 이동이 쉽기 때문이다.

채점 기준	배점(%)
A를 고르고, 도체의 띠 간격과 전자의 이동을 옳게 설명한 경우	100
A만 고른 경우	30

08 ② 절연체는 띠 간격이 매우 넓어서 전자가 원자가 띠에서 전도띠로 전이하기 어렵기 때문에 전도띠에 전자가 거의 채워져 있지 않다.

[오답 피하기] ①, ⑤ 은, 구리, 철과 같은 금속은 자유 전자가 많아 전류가 잘 흐르는 도체이다.

③, ④ 전기 전도성이 크다는 것은 전기가 잘 통한다는 의미이다. 반도체는 절연체보다 전기 전도성이 크다.

09 반도체에 대한 설명이며, 대표적인 반도체로는 규소와 저마늄이 있다.

[오답 피하기] 구리와 알루미늄은 도체이고, 고무와 유리는 절연체이다.

10 ㄱ. 전도띠 바로 아래에 있는 에너지띠가 원자가 띠이다.

ㄴ. 원자가 띠와 전도띠 사이의 에너지 간격인 띠 간격이 작을수록 전기 전도성이 크다. 띠 간격은 A가 B보다 작으므로 전기 전도성은 A가 B보다 크다.

[오답 피하기] ㄷ. 원자가 띠에 있는 전자가 전도띠로 전이하려면 띠 간격 이상의 에너지를 흡수해야 한다. 따라서 띠 간격이 B가 A보다 크므로 흡수하는 에너지는 B가 A보다 크다.

11 B. 전도성 펜은 전류를 잘 흐르게 하는 물질로 되어 있어 전기 회로가 끊어졌을 때 회로를 이어주는 용도로 사용한다.

C. 반도체는 LED나 메모리 칩을 만들 때 이용한다.

[오답 피하기] A. 전선을 감싸는 피복은 전기가 통하지 않는 물질이어야 한다. 따라서 전기 전도성이 매우 작은 절연체로 만든다.

실력을 올리는 실전 문제

109~111쪽

| 01 ⑤ | 02 ② | 03 ③ | 04 ⑤ | 05 ④ |
| 06 ⑤ | 07 ⑤ | 08 ⑤ | 09 ③ | 10 ③ |

1등급을 굳히는 고난도 문제

| 11 ⑤ | 12 ① |

01 ㄱ. 전자의 에너지는 원자핵으로부터 멀수록 크다. 따라서 전자의 에너지는 q에서가 p에서보다 크다.

ㄷ. 에너지띠와 에너지띠 사이에 있는 금지띠에는 전자가 존재할 수 없다.

[오답 피하기] ㄴ. 에너지띠에 있는 전자들의 에너지 준위는 미세한 차이로 갈라져 있다. 따라서 에너지띠에 있는 전자들의 에너지 준위는 다르다.

02 ㄴ. 전자의 에너지 준위는 전도띠가 원자가 띠보다 높다.

[오답 피하기] ㄱ. 상온에서 원자가 띠와 전도띠 사이에 띠 간격이 있으므로 도체가 아니다.

ㄷ. 원자가 띠에 있는 a는 양공이므로 전류가 흐를 때 전류의 방향으로 이동한다. 전류가 흐를 때 양공은 전류의 방향으로 이동하고, 전자는 전류가 흐르는 반대 방향으로 이동한다.

03 ㄷ. C는 반도체이며, 반도체의 경우 온도가 높을수록 원자가 띠에 있는 전자가 전도띠로 이동하게 되므로 원자가 띠에는 양공이 많아진다.

[오답 피하기] ㄱ. p는 원자가 띠와 전도띠 사이의 간격으로 띠

간격이다. 표에서 A의 띠 간격은 0.1 eV이고, B의 띠 간격은 5.5 eV이므로 B가 A보다 크다.

ㄴ. 띠 간격이 클수록 전기 전도성이 작다. 띠 간격은 C가 B보다 작으므로 전기 전도성은 C가 B보다 크다.

04 ㄴ. A의 띠 간격은 5.5 eV이므로 전자가 전도띠로 전이하려면 5.5 eV 이상의 에너지를 흡수해야 한다.

ㄷ. B는 원자가 띠의 일부분만 전자가 채워져 있어 약간의 에너지만 흡수하여도 전자가 여러 원자 사이를 자유롭게 이동할 수 있다. 즉, 상온에서 B에는 자유 전자가 많다.

[오답 피하기] ㄱ. A는 띠 간격이 매우 크고, B는 원자가 띠의 일부분만 전자가 채워져 있어 띠 간격이 없다. 따라서 전기 전도성은 B가 A보다 크다.

05 자료 분석 하기

물질의 비저항과 전기 전도도

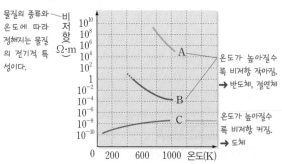

비저항이 클수록 전류가 잘 흐르지 못하므로 전기 전도도는 C>B>A이다. 따라서 A는 절연체, B는 반도체, C는 도체이다.

ㄱ, ㄴ. 비저항이 작을수록 전기 전도성이 크므로 C는 도체이고, B는 반도체, A는 절연체이다. 전기 전도성은 절연체인 A가 도체인 C보다 작다.

[오답 피하기] ㄷ. 띠 간격은 절연체가 반도체보다 크다. 따라서 띠 간격은 A가 B보다 크다.

06 ㄴ. 전선으로 이용하는 물질은 전기 전도도가 큰 물질이므로 C에 속한다.

ㄷ. 다이아몬드는 절연체로 A에 속하고, B는 반도체이다. 절연체인 다이아몬드의 띠 간격은 B에 속하는 물질의 띠 간격보다 크다.

[오답 피하기] ㄱ. A에 속하는 물질은 전기 전도도가 매우 작아 전류가 거의 흐르지 않는다. 따라서 A에 속하는 물질은 띠 간격이 매우 큰 절연체이다.

07 ㄱ. A에 속하는 구리, 은, 알루미늄, 주석은 모두 금속으로 전기가 잘 통하는 도체이다. 따라서 전도 체커에 불이 켜진다.

ㄴ. B에 있는 물질은 전도 체커에 불이 켜지지 않는다. 즉, B에 속하는 물질은 전기 전도성이 매우 작은 물질이다. 따라서 전기 전도성은 구리가 유리보다 크다.

ㄷ. 철은 금속으로 전기가 잘 통하므로 전도 체커에 불이 켜진다. 따라서 철은 A에 속한다.

08 ㄱ. A의 띠 간격은 5.4 eV이고, C의 띠 간격은 0.67 eV이다.

ㄴ. B는 원자가 띠와 전도띠 사이에 띠 간격이 없는 도체이다. C는 띠 간격이 비교적 좁은 반도체이다. 따라서 B는 C보다 전기가 잘 통한다.

ㄷ. C에서 전자가 원자가 띠에서 전도띠로 전이하면 원자가 띠에는 전자가 빈자리인 양공이 생긴다.

09 ㄱ. 스위치가 닫혔을 때 전구가 켜지므로 A와 C는 전류가 잘 흐르는 물질이다. 따라서 A, C는 도체이다.

ㄴ. 스위치가 열렸을 때 전구가 켜지지 않으므로 B는 전류가 흐르지 않는 절연체이다. 따라서 비저항은 B가 C보다 크다.

[오답 피하기] ㄷ. 스위치가 닫혔을 때 B에는 전류가 흐르지 않고, A에는 전류가 흐른다.

10 ㄱ. 전기 전도도가 큰 물질이 도체이다. A와 C는 전기 전도도가 크므로 도체이고, B는 전기 전도도가 매우 작으므로 절연체이다. 따라서 ㉠은 절연체, ㉡은 도체이다.

ㄴ. 비저항과 전기 전도도는 역수 관계이다. 즉, 전기 전도도가 클수록 비저항은 작다. 비저항은 A가 C보다 크다.

[오답 피하기] ㄷ. D는 반도체로 온도가 높을수록 전도띠에 전자가 많아져 전기 전도도가 커진다.

11 〔고난도 문제 해결 전략〕

(STEP 1) 출제 의도 파악하기
기체의 에너지 준위와 고체의 에너지 준위의 차이를 구분하여 설명할 수 있어야 한다.

(STEP 2) 자료 분석하기

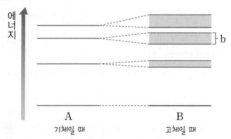

A
기체일 때

B
고체일 때

• 기체는 원자 사이의 거리가 매우 멀어 전자의 에너지 준위가 겹치지 않아 띄엄띄엄 선으로 나타난다.
• 고체는 원자 사이의 거리가 매우 가까워 전자의 에너지 준위가 겹치게 되므로 미세한 차이로 갈라져 에너지띠를 이룬다.

(STEP 3) 관련 개념 모으기
❶ 에너지띠란?
➡ 고체처럼 인접한 원자의 수가 매우 많으면 에너지 준위가 미세한 차이로 갈라져 거의 연속적인 띠 모양으로 나타난다.

ㄴ. A는 기체일 때이므로 기체 원자에서 방출되는 빛은 선 스펙트럼을 나타낸다.

ㄷ. B는 고체일 때이다. 고체의 에너지띠에 있는 전자들의 에너지 준위는 미세하게 갈라져 띠 모양을 이룬다.

[오답 피하기] ㄱ. A는 기체일 때이고, B는 고체일 때이므로 원자 사이의 간격은 A가 B보다 크다.

12 〔고난도 문제 해결 전략〕

(STEP 1) 출제 의도 파악하기
에너지띠를 분석하여 전기 전도성을 추론할 수 있어야 한다.

(STEP 2) 자료 분석하기

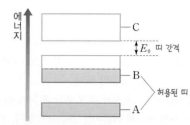

• A에는 전자가 모두 채워져 있다.
• B는 원자의 가장 바깥쪽에 있는 전자가 채워져 있는 원자가 띠이며, 일부분만 전자가 채워져 있다.

ㄱ. 원자가 띠인 B의 일부분만 전자가 채워져 있어 약간의 에너지만 흡수하여도 전자가 여러 원자 사이를 쉽게 이동할 수 있다. 따라서 전기가 잘 통하는 도체이다.

[오답 피하기] ㄴ. A에 있는 전자는 원자핵에 구속되어 있어 여러 원자 사이를 자유롭게 이동할 수 없다.

ㄷ. B에 있는 전자가 C로 전이할 때는 띠 간격인 E_0보다 큰 에너지를 흡수해야 한다.

11 반도체와 다이오드

〔112~113쪽〕

확인
문제 **1** p형 반도체, n형 반도체   **2** 양공, 전자
3 정류 작용   **4** (+), (−), 순방향   **5** 크다

01 순수 반도체에 원자가 전자가 3개인 원소(알루미늄, 붕소, 인듐, 갈륨 등)를 도핑한 반도체를 p형 반도체라 하고, 원자가 전자가 5개인 원소(인, 비소, 안티모니, 비스무트 등)를 도핑한 반도체를 n형 반도체라고 한다.

02 p형 반도체는 주로 양공이 전류를 흐르게 하고, n형 반도체는 전자가 주로 전류를 흐르게 한다.

03 p-n 접합 다이오드는 한쪽 방향으로만 전류를 흐르게 하는 특성이 있는데, 이를 정류 작용이라고 한다.

04 다이오드의 p형 반도체를 (+)극에, n형 반도체를 (−)극에 연결했을 때 전류가 흐른다. 이때 다이오드에 걸어 준 전압을 순방향 전압이라고 한다.

05 발광 다이오드에서 전도띠에 있는 전자가 원자가 띠로 전이하면서 빛이 방출되므로 띠 간격이 클수록 방출되는 빛의 에너지가 크다.

개념을 다지는 기본 문제

114~115쪽

01 ③　　02 ①　　03 ②　　04 ⑤　　05 (가) 전자, (나) 양공　　06 해설 참조　　07 ⑤　　08 해설 참조　　09 ①　　10 ④　　11 ③

01 ③ 순수 반도체에 불순물을 첨가하면 남는 전자나 양공이 생겨 전기 전도성이 커진다.

[오답 피하기] ① 반도체는 절연체보다 띠 간격이 좁다.

② 순수 반도체를 구성하는 원자들은 모든 원자가 전자가 공유 결합을 하고 있다.

④, ⑤ p형 반도체는 주로 양공이 전류를 흐르게 하고, n형 반도체는 주로 전자가 전류를 흐르게 한다.

02 p형 반도체는 원자가 전자가 4개인 순수 반도체에 원자가 전자가 3개인 원소를 도핑하여 양공이 많아지도록 한 것이다. 따라서 ㉠은 p형, ㉡은 3이다.

03 ㄴ. 공유 결합에 참여하지 않은 여분의 전자가 있으므로 원자가 전자는 a가 규소(Si)보다 많다.

[오답 피하기] ㄱ. 순수 반도체에 원자가 전자가 5개인 a를 첨가하여 남는 전자가 생겼으므로 이 반도체는 n형 반도체이다.

ㄷ. 불순물 반도체는 불순물의 첨가로 남는 전자나 양공이 생기므로 순수 반도체보다 전기 전도성이 크다.

04 ㄱ. 전자가 채워져 있지 않은 빈자리인 양공이 있으므로 p형 반도체이다.

ㄴ. 붕소(B)의 원자가 전자는 규소(Si)의 원자가 전자보다 1개 적은 3개이다.

ㄷ. a는 양공이다. 전류가 흐를 때 양공은 전류의 방향으로 이동한다.

05 자료 분석 하기

전하 운반자의 에너지 준위

(가) n형 반도체　　(나) p형 반도체

• (가)는 남는 전자에 의한 에너지띠가 전도띠 바로 아래에 만들어져 남는 전자들이 쉽게 전도띠로 올라가 전류를 흐를 수 있게 하는 n형 반도체이다.

• (나)는 원자가 띠 바로 위에 양공에 의한 새로운 에너지띠가 만들어져 원자가 띠의 전자가 이 에너지 준위로 전이하여 원자가 띠에 양공이 생겨 전류를 흐르게 하는 p형 반도체이다.

(가)는 n형 반도체로 전자가 전하 운반자의 역할을 하고, (나)는 p형 반도체로 양공이 전하 운반자의 역할을 한다.

06 예시 답안 순수 반도체에 불순물을 첨가하면 남는 전자가 생기거나 양공이 생기므로 전자가 여러 원자 사이를 자유롭게 이동할 수 있기 때문에 전기 전도성이 순수 반도체보다 크다.

채점 기준	배점(%)
불순물 첨가에 따른 변화에 의해 전기 전도성이 커지는 까닭을 옳게 설명한 경우	100
불순물 첨가에 따른 변화만 설명한 경우	50

07 ⑤ 다이오드에 역방향 전압을 걸어 주면 다이오드 내에서 양공이 p-n 접합면에서 멀어지게 되므로 다이오드에 전류가 흐르지 않는다.

[오답 피하기] ① p-n 접합 다이오드는 p형 반도체와 n형 반도체를 접합하여 만든 반도체 소자이다.

② p-n 접합 다이오드는 전류를 한쪽 방향으로만 흐르게 하는 정류 작용을 할 수 있다.

③, ④ p형 반도체를 전원의 (+)극, n형 반도체를 전원의 (−)극에 연결하면 전자와 양공이 p-n 접합면으로 이동하여 전류가 잘 흐르는데, 이때 걸어 준 전압이 순방향 전압이다.

08 예시 답안 다이오드의 p형 반도체는 전원의 (+)극에 연결하고, n형 반도체는 전원의 (−)극에 연결한다.

채점 기준	배점(%)
p형 반도체와 n형 반도체의 연결을 모두 옳게 설명한 경우	100
p형 반도체와 n형 반도체 중 하나의 연결만 옳게 설명한 경우	50

09 ㄱ. 스위치 S를 a에 연결했을 때 전구에 불이 켜졌으며, 이때 A는 전지의 (−)극에 연결되어 있으므로 A는 n형 반도체이다.

[오답 피하기] ㄴ. B는 p형 반도체이므로 주된 전하 운반자는 양공이다.

ㄷ. S를 b에 연결하면 다이오드에는 역방향 전압이 걸리게 되어 다이오드에 전류가 흐르지 않으므로 전구에 불이 켜지지 않는다.

10 ㄱ. 발광 다이오드는 순방향 전압일 때 불이 켜진다.

ㄷ. 집게 a, b를 서로 바꾸어 연결하면 발광 다이오드에는 역방향 전압이 걸리게 되므로 불이 켜지지 않는다.

[오답 피하기] ㄴ. 발광 다이오드의 다리가 긴 단자는 p형 반도체에 연결되어 있으므로 전지의 단자 ㉠은 (+)극이다.

11 ㄱ. 다이오드는 정류 작용을 할 수 있으므로 교류를 직류로 전환할 수 있다.

ㄴ. 광 다이오드는 빛 신호를 전기 신호로 전환한다.

[오답 피하기] ㄷ. 발광 다이오드에 역방향 전압을 걸어 주면 전류가 흐르지 않으므로 빛이 방출되지 않는다.

실력을 올리는 실전 문제

117~119쪽

01 ④　　02 ③　　03 ③　　04 ④　　05 ④

06 ④　　07 ⑤　　08 ①　　09 ④　　10 ②

1등급을 굳히는 고난도 문제

11 ②　　12 ④

01 ㄱ. 순수한 저마늄에 인듐을 첨가했을 때 양공이 생겼으므로 원자가 전자의 수는 인듐이 저마늄보다 적다.

ㄷ. 반도체 B와 같이 양공이 생겨 양공이 전하를 주로 운반하는 반도체는 p형 반도체이다.

[오답 피하기] ㄴ. 순수 반도체 A보다 불순물을 첨가하여 양공이 생긴 반도체 B가 전기 전도성이 더 크다.

02 ㄷ. p형 반도체와 n형 반도체를 접합한 반도체 소자는 다이오드이다. 다이오드는 정류 작용을 할 수 있다.

[오답 피하기] ㄱ. (가)는 공유 결합에 참여하지 않고 남는 전자가 갖는 에너지 준위가 전도띠 바로 아래에 생겨 약간의 에너지를 흡수하여 전도띠로 이동할 수 있는 n형 반도체이다.

ㄴ. (가)는 규소에 A를 첨가한 n형 반도체이고, (나)는 규소에 B를 첨가하였을 때 양공이 생겨난 p형 반도체이다. 따라서 원자가 전자는 A가 B보다 많다.

03 ㄱ. 전구에 걸리는 전압이 0일 때는 전구에 전류가 흐르지 않는 경우이며, 이때 다이오드에도 전류가 흐르지 않는다. 전구에 걸리는 전압이 0이 아닐 때는 전구에 전류가 흐르는 경우이며, 이때 다이오드에도 전류가 흐른다. 따라서 다이오드에 흐르는 전류의 세기는 S를 b에 연결했을 때가 a에 연결했을 때보다 크다.

ㄴ. S를 b에 연결했을 때 다이오드에는 순방향 전압이 걸린다. 이때 X는 전지의 (+)극에 연결되어 있으므로 X는 주된 전하 운반자가 양공인 p형 반도체이다.

[오답 피하기] ㄷ. S를 b에 연결했을 때 다이오드에는 순방향 전압이 걸리게 되어 X에 있는 양공과 n형 반도체인 Y에 있는 전자는 p-n 접합면으로 이동한다.

04 ㄱ. 발광 다이오드에 전류가 흘러 불이 켜지므로 발광 다이오드에는 순방향 전압이 걸려 있다.

ㄴ. 발광 다이오드의 X는 전지의 (+)극에 연결되어 있으므로 X는 p형 반도체이다. 즉, X는 양공이 많아지도록 도핑이 된 p형 반도체이다.

[오답 피하기] ㄷ. 발광 다이오드의 내부에서는 전류가 X → Y 방향으로 흐르므로 전자는 Y → X 방향으로 이동한다.

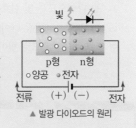

⊕ 개념 더하기

발광 다이오드(LED)

① 발광 다이오드: p-n 접합 다이오드에 순방향 전압을 걸어 줄 때 빛을 방출하는 반도체 소자이다.

② 발광 다이오드의 원리: 순방향 전압을 걸어 주면 전도띠에 있던 전자가 원자가 띠의 양공으로 전이하면서 띠 간격에 해당하는 만큼의 에너지를 가진 빛이 방출된다.

▲ 발광 다이오드의 원리

05 ㄱ. X는 규소에 비소를 첨가하여 남는 전자가 생긴 n형 반도체이다.

ㄷ. (나)에서 저항에 전류가 흐르므로 다이오드에는 순방향 전압이 걸려 있는 것이다. Y는 p형 반도체로 Y에 있는 양공은

---

p-n 접합면으로 이동하여 전류가 흐르게 된다.

[오답 피하기] ㄴ. 다이오드에는 순방향 전압이 걸려 있어 저항에 전류가 흐른다. n형 반도체인 X는 전원의 단자 a에 연결되어 있으므로 a는 (−)극이다.

06 ㄱ. A는 주로 양공이 전류를 흐르게 하는 p형 반도체이다. p형 반도체가 전원 장치의 (+)극에 연결되어 있을 때 발광 다이오드에서 빛이 방출된다.

ㄷ. p-n 접합면에서 전자와 양공이 결합할 때 빛이 방출되므로 전자의 에너지는 감소한다.

[오답 피하기] ㄴ. p-n 접합면에서 전도띠의 전자와 원자가 띠의 양공이 결합하면서 빛이 방출된다. 따라서 p형 반도체인 A에 있는 양공보다 n형 반도체인 B에 있는 전자의 에너지 준위가 더 크다.

07 **자료 분석 하기**

다이오드를 이용한 정류 회로

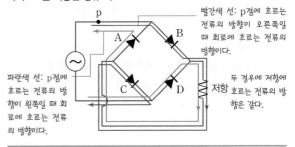

빨간색 선: p점에 흐르는 전류의 방향이 오른쪽일 때 회로에 흐르는 전류의 방향이다.

파란색 선: p점에 흐르는 전류의 방향이 왼쪽일 때 회로에 흐르는 전류의 방향이다.

두 경우에 저항에 흐르는 전류의 방향은 같다.

ㄱ. 시간 t_1일 때 p에는 오른쪽으로 전류가 흐르므로 전류는 B → 저항 → C로 흐른다. 따라서 B와 C에는 순방향 전압이 걸린다.

ㄴ. p에 왼쪽으로 전류가 흐를 때 전류는 D → 저항 → A로 흐르므로 A에 전류가 흐를 때 D에도 전류가 흐른다.

ㄷ. p에 오른쪽 방향과 왼쪽 방향으로 전류가 흐를 때, 저항에 흐르는 전류의 방향은 서로 같다.

08 ㄴ. B의 n형 반도체는 전지의 (−)극, p형 반도체는 전지의 (+)극에 연결되어 있으므로 순방향 전압이 걸린다.

[오답 피하기] ㄱ. LED에 순방향 전압이 걸릴 때 빛이 방출된다. LED의 X는 전지의 (−)극에 연결되어 있으므로 X는 n형 반도체이고, Y는 전지의 (+)극에 연결되어 있으므로 Y는 p형 반도체이다.

ㄷ. 스위치를 열었을 때 A에는 역방향 전압이 걸려 A로 전류가 흐를 수 없으므로 LED에도 전류가 흐르지 않아 빛이 방출되지 않는다.

09 ㄱ. (가)에서 다이오드에는 순방향 전압이 걸려 있으므로 저항에 전류가 흐른다.

ㄷ. (나)에서 전도띠에 있는 전자가 원자가 띠에 있는 양공보다 많으므로 (나)는 주로 전자가 전류를 흐르게 하는 n형 반도체이다.

[오답 피하기] ㄴ. (가)에서 다이오드에는 순방향 전압이 걸려 있으므로 p형 반도체에 있는 양공은 접합면으로 이동한다.

10 자료 분석 하기

발광 다이오드가 연결된 회로

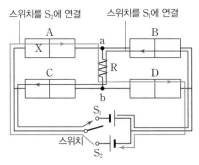

• S₁에 연결했을 때는 B와 C에 순방향 전압이 걸리고, S₂에 연결했을 때는 A와 D에 순방향 전압이 걸린다.
• X에 전원의 (+)극을 연결할 때 전류가 흐르므로 X는 p형 반도체이다.

ㄴ. 스위치를 S₁에 연결했을 때 B에 전류가 흘러야 R에 흐르는 전류의 방향이 a → R → b 방향이 된다. 따라서 스위치를 S₁에 연결했을 때 B와 C에는 모두 순방향 전압이 걸린다.
[오답 피하기] ㄱ, ㄷ. 스위치를 S₂에 연결했을 때 A에 전류가 흘러야 R에 흐르는 전류의 방향이 a → R → b 방향이 된다. 따라서 A의 X는 전원의 (+)극에 연결되어 있으므로 p형 반도체이다. 전류는 A → R → D로 흐르게 되므로 전류의 세기는 A와 D에서가 서로 같다.

11 고난도 문제 해결 전략

(STEP 1) 출제 의도 파악하기
도핑의 원리와 다이오드의 특성을 알아야 한다.

(STEP 2) 자료 분석하기

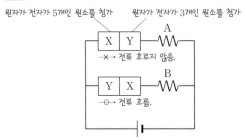

• X는 원자가 전자가 5개인 원소를 첨가한 n형 반도체이고, Y는 원자가 전자가 3개인 원소를 첨가한 p형 반도체이다.
• A에 연결된 다이오드에는 역방향 전압이 걸리고, B에 연결된 다이오드에는 순방향 전압이 걸린다.

(STEP 3) 관련 개념 모으기
❶ 도핑이란?
➡ 순수 반도체에 소량의 불순물을 첨가하는 과정을 도핑이라고 한다. 순수 반도체보다 원자가 전자가 많은 원소를 첨가하면 전자가 주로 전류를 흐르게 하는 n형 반도체가 만들어지고, 순수 반도체보다 원자가 전자가 적은 원소를 첨가하면 양공이 주로 전류를 흐르게 하는 p형 반도체가 만들어진다.

❷ 전압과 전류의 관계는?
➡ 저항값이 R인 저항에 흐르는 전류의 세기가 I일 때 저항의 양단에 걸리는 전압은 $V=IR$이다.

ㄷ. B와 연결된 다이오드에는 순방향 전압이 걸리고, A와 연결된 다이오드에는 역방향 전압이 걸리므로 A에는 전류가 흐르지 않고 B에는 전류가 흐른다. 따라서 B의 양단에 걸리는 전압은 A의 양단에 걸리는 전압보다 크다.
[오답 피하기] ㄱ. X는 n형 반도체이다.
ㄴ. Y는 p형 반도체이며 주로 양공이 전류를 흐르게 한다.

12 고난도 문제 해결 전략

(STEP 1) 출제 의도 파악하기
발광 다이오드에서 빛이 방출되는 원리와 방출되는 빛의 파장과 띠 간격의 관계를 알고 있어야 한다.

(STEP 2) 자료 분석하기

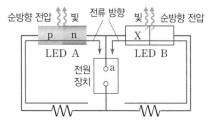

• LED A, B에는 모두 순방향 전압이 걸린다.
• A의 내부에서 전류의 방향은 p형 → n형 방향이다.
• A의 띠 간격은 1.4 eV이고, B의 띠 간격은 3.4 eV이다.

(STEP 3) 관련 개념 모으기
❶ 발광 다이오드에서 빛의 방출 원리는?
➡ 발광 다이오드에 순방향 전압이 걸리면, n형 반도체의 전도띠의 전자와 p형 반도체의 원자가 띠의 양공은 p-n 접합면으로 이동하여 결합한다. 이때 전도띠의 전자가 원자가 띠로 전이하면서 전자의 에너지는 띠 간격만큼 감소하게 되어 빛이 방출된다. 방출되는 광자 1개의 에너지는 띠 간격에 해당하므로 띠 간격이 클수록 파장이 짧은 빛이 방출된다.

ㄱ. 순방향 전압이 걸린 A의 n형 반도체가 전원 장치의 a에 연결되어 있으므로 a는 (−)극이다.
ㄷ. 띠 간격은 A가 B보다 작으므로 A에서 방출되는 빛의 파장이 B에서 방출되는 빛의 파장보다 길다.
[오답 피하기] ㄴ. B의 X는 전원 장치의 (−)극에 연결되어 있으므로 n형 반도체이다. B에 순방향 전압이 걸려 있으므로 X에 있는 전자는 접합면으로 이동한다.

12 전류의 자기 작용

확인 문제			←120~122쪽→
1 자기장	2 N	3 자기력선	
4 비례, 반비례	5 비례, 반비례	6 비례, 비례	
7 촘촘, 세게	8 자기 작용, 운동 에너지		

01 자석이나 전류가 흐르는 도선 주위에 자기력이 작용하는 공간을 자기장이라고 한다.

02 자기장의 방향은 나침반 자침의 N극이 가리키는 방향이다.

03 자기장 속에 놓은 나침반 자침의 N극이 가리키는 방향을 이어 놓은 선을 자기력선이라고 한다.

04 직선 도선에 흐르는 전류에 의한 자기장의 세기는 도선에 흐르는 전류의 세기에 비례하고, 도선으로부터 떨어진 거리에 반비례한다.

05 원형 도선의 중심에서 전류에 의한 자기장의 세기는 전류의 세기에 비례하고, 도선의 반지름에 반비례한다.

06 솔레노이드 내부에서 자기장의 세기는 전류의 세기에 비례하고, 단위길이당 도선의 감은 수에 비례한다.

07 전자석이 만드는 자기장의 세기는 전자석의 코일에 흐르는 전류의 세기가 셀수록, 코일의 감은 수가 많을수록 세다. 따라서 코일을 더 촘촘하게 감고 코일에 흐르는 전류의 세기를 세게 할수록 전자석의 세기가 세진다.

08 전동기는 코일에 흐르는 전류가 만드는 자기장과 자석에 의한 자기장의 상호 작용으로 회전하는 장치이다. 즉, 전동기는 전류의 자기 작용을 이용하여 전기 에너지를 운동 에너지로 전환한다.

개념을 다지는 **기본 문제**
123~125 쪽

01 ④	02 ④	03 ②	04 ③	05 북서쪽	06 해설 참조
07 ②	08 ①	09 5B	10 ③	11 ①	12 ②	13 ①	14 ①
15 자기력	16 해설 참조

01 ④ 자기장의 방향은 나침반 자침의 N극이 가리키는 방향이다.
[오답 피하기] ①, ② 자기력이 작용하는 공간을 자기장이라고 하며, 지구 자기장의 방향은 북쪽이다.
③, ⑤ 자기력선이 조밀할수록 자기장의 세기가 세고, 막대자석이나 전류가 흐르는 도선은 주위 공간에 자기장을 형성한다.

02 ㄱ. A에서 자기력선이 나오고 있으므로 A는 N극이다.
ㄷ. 자기력선은 p에서가 r에서보다 조밀하므로 자기장의 세기는 p에서가 r에서보다 크다.
[오답 피하기] ㄴ. 자기력선에 접하는 접선 방향이 자기장 방향이다. p와 q에서 자기력선에 접하는 접선 방향이 서로 다르므로 자기장의 방향은 서로 다르다.

03 ② 원형 전류에 의한 자기장의 세기는 원형 도선으로부터 떨어진 거리에 따라 모두 다르다.
[오답 피하기] ①, ③ 전류가 만드는 자기장의 세기는 전류의 세기에 비례하고, 직선 도선에 가까울수록 자기장의 세기가 세다.
④ 전류의 방향과 자기장의 방향은 서로 수직이다.

⑤ 솔레노이드 내부에서 자기장의 세기는 전류의 세기에 비례하고, 단위길이당 도선의 감은 수에 비례한다.

04 직선 도선에 흐르는 전류에 의한 자기장의 세기는 도선으로부터 떨어진 거리에 반비례한다. 오른나사 법칙을 적용하면 p에서 자기장의 방향은 종이면에 들어가는 방향이고, q에서 자기장의 방향은 종이면에서 나오는 방향이다. 도선으로부터 떨어진 거리는 q가 p보다 크므로 자기장의 세기는 p에서가 q에서보다 크다. 즉, $B_p > B_q$이다.

05 P에서 나침반 자침의 N극은 북동쪽을 가리키므로, 직선 도선에 흐르는 전류의 방향은 아래쪽이다. 따라서 나침반을 R로 옮기면 나침반 자침의 N극은 북서쪽을 가리키게 된다.

06 [예시 답안] 나침반을 R에서 Q로 이동시키면 나침반이 도선에 가까워지므로 자기장의 세기가 세진다. 따라서 나침반 자침의 N극이 북쪽과 이루는 각은 점점 커진다.

채점 기준	배점(%)
자기장의 세기를 옳게 설명하고 나침반 자침의 회전각의 변화를 옳게 설명한 경우	100
나침반 자침의 회전각의 변화만 옳게 설명한 경우	70
자기장의 세기만 옳게 설명한 경우	30

07 ㄴ. 도선으로부터 떨어진 거리는 p가 q보다 작으므로 자기장의 세기는 p에서가 q에서보다 크다.
[오답 피하기] ㄱ. 위에서 보았을 때 시계 방향으로 자기장이 형성되어 있으므로 직선 도선에 흐르는 전류의 방향은 ⓑ 방향이다.
ㄷ. 전류에 의한 자기장의 세기는 전류의 세기에 비례하므로 도선에 흐르는 전류의 세기가 증가하면 p, q에서 자기장의 세기도 증가한다.

08 【자료 분석 하기】

두 직선 도선 주위의 자기장

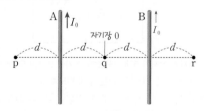

• q에서 A에 의한 자기장이 종이면에 들어가는 방향이므로 B에 의한 자기장이 종이면에서 나오는 방향이어야 자기장이 0이 된다.
• p와 r에서는 두 도선에 의한 자기장의 방향이 같고, 자기장의 세기는 두 자기장의 합과 같다.

ㄱ. q에서 A에 흐르는 전류에 의한 자기장의 방향과 B에 흐르는 전류에 의한 자기장의 방향은 서로 반대 방향이므로 A, B에 흐르는 전류의 방향은 서로 같다.
[오답 피하기] ㄴ. q에서 자기장이 0이므로 A, B에 흐르는 전류의 세기는 서로 같다. 따라서 p, r는 각각 A, B로부터 떨어진 거리가 같으므로 p, r에서 자기장의 세기는 서로 같다.

ㄷ. B에는 A에 흐르는 전류와 같은 방향으로 전류가 흐르고 있으므로 r에서 자기장의 방향은 종이면에 들어가는 방향이다.

09 원형 도선 중심에서 자기장의 세기는 전류의 세기에 비례한다. 따라서 도선의 모양은 변화시키지 않고 전류의 세기를 5배로 하면 자기장의 세기도 5배가 된다.

10 ③ P, Q의 중심에 놓은 나침반 자침의 N극이 북쪽과 이루는 각이 같으므로 P, Q의 중심에서 자기장의 세기는 같다.

[오답 피하기] ① 지구 자기장의 방향은 북쪽이고, P의 중심에 놓은 나침반 자침의 N극이 가리키는 방향은 북동쪽이므로 P에 흐르는 전류에 의한 자기장의 방향은 동쪽이다. 따라서 P에 흐르는 전류의 방향은 ⓐ 방향이다.

② P와 Q의 중심에서 자기장의 방향이 같으므로 P와 Q에 흐르는 전류의 방향은 같다.

④ 원형 도선의 중심에서 자기장의 세기는 (가)와 (나)에서 서로 같다. 그런데 원형 도선의 반지름은 Q가 P보다 크므로 도선에 흐르는 전류의 세기는 Q에서가 P에서보다 크다.

⑤ 자기장의 세기는 전류의 세기에 비례한다. 따라서 P에 흐르는 전류의 세기가 증가하면 자기장의 세기가 증가하므로 나침반 자침의 회전각도 증가하게 된다.

11 ㄱ. (가)에서 원형 도선에는 시계 방향으로 전류가 흐르고 있으므로 p에서 자기장의 방향은 종이면에 들어가는 방향이다.

[오답 피하기] ㄴ. (나)의 p에서 직선 도선에 흐르는 전류에 의한 자기장의 방향과 원형 도선에 흐르는 전류에 의한 자기장의 방향이 서로 같으므로 p에서 자기장의 세기는 (나)에서가 (가)에서보다 크다.

ㄷ. (다)의 p에서 직선 도선에 흐르는 전류에 의한 자기장의 방향과 원형 도선에 흐르는 전류에 의한 자기장의 방향이 서로 반대 방향이지만 자기장의 세기는 원형 도선에 흐르는 전류에 의한 자기장의 세기가 더 크므로 p에서 자기장은 0이 아니다.

12 솔레노이드 내부에서 자기장의 세기는 솔레노이드에 흐르는 전류의 세기에 비례하고, 단위길이당 코일의 감은 수에 비례한다. 따라서 자기장의 세기는 코일의 감은 수를 N이라고 하면 (가), (나), (다)에서 단위길이당 감은 수는 각각 $\frac{N}{10}, \frac{N}{20}, \frac{N}{20}$이고, 전류의 세기는 각각 2 A, 1 A, 2 A이므로 솔레노이드 내부에서 자기장의 세기는 $B_{(가)} > B_{(다)} > B_{(나)}$이다.

13 ㄱ. 지구 자기장의 방향은 북쪽이고 솔레노이드 중심에서 나침반 자침의 N극이 가리키는 방향은 북서쪽이므로, 솔레노이드 내부에서 전류에 의한 자기장의 방향은 서쪽이다.

[오답 피하기] ㄴ. 솔레노이드 내부에서 전류에 의한 자기장의 방향은 동 → 서 방향이므로 오른손의 네 손가락으로 도선을 감아쥐고 엄지손가락을 폈을 때 엄지손가락은 서쪽을 향해야 한다. 따라서 도선에 흐르는 전류는 전원 장치의 단자 a로 들어가는 방향이므로 a는 (−)극이다.

ㄷ. 가변 저항기의 저항값을 감소시키면 도선에 흐르는 전류의 세기는 증가하므로 솔레노이드 내부에서 자기장의 세기도 증가한다. 따라서 θ는 증가한다.

14 ① 고철과 전자석 사이에는 서로 당기는 자기력이 작용한다.

[오답 피하기] ② 전자석은 코일에 전류가 흐를 때 생기는 자기장에 의해 자석의 성질을 갖는다.

③ 전자석은 전류가 만드는 자기장을 이용하므로 전류의 세기가 셀수록 전자석이 만드는 자기장의 세기가 세다.

④ 전자석에 흐르는 전류를 끊으면 전류에 의한 자기장이 없어지므로 고철은 전자석에서 떨어지게 된다.

⑤ 전류의 방향을 반대로 하더라도 전자석이 자석의 성질을 갖게 되므로 고철은 전자석에 붙게 된다.

15 코일에 흐르는 전류에 의한 자기장과 영구 자석의 자기장이 상호 작용하여 코일에 자기력이 작용하여 회전하게 된다.

16 [예시 답안] 자기력이 클수록 코일의 회전 속력이 빠르며, 코일에 흐르는 전류의 세기가 셀수록, 영구 자석의 세기가 셀수록, 코일의 감은 수가 많을수록 코일에 작용하는 자기력의 크기는 크다.

채점 기준	배점(%)
자기력의 크기에 영향을 주는 요인 3가지를 모두 옳게 설명한 경우	100
자기력의 크기에 영향을 주는 요인을 2가지만 옳게 설명한 경우	50
자기력의 크기에 영향을 주는 요인을 1가지만 옳게 설명한 경우	30

실력을 올리는 실전 문제

128~131쪽

01 ④	02 ⑤	03 ③	04 ③	05 ①
06 ⑤	07 ①	08 ①	09 ⑤	10 ③
11 ④	12 ⑤	13 ③	14 ⑤	

1등급을 굳히는 고난도 문제

15 ④	16 ⑤

01 ㄱ. (가)와 (나)의 $x=d$에서 자기장의 세기가 같기 위해서는 (나)의 $x=d$에서 A, B에 흐르는 전류에 의한 자기장의 방향은 서로 반대이어야 한다. 따라서 B에 흐르는 전류의 방향은 A와 같은 방향인 $+y$ 방향이다.

ㄷ. (가)의 $x=d$에서 자기장의 세기를 B_0이라고 하면, $x=2d$에서 자기장의 세기는 $\frac{1}{2}B_0$이다. (나)에서 B에 흐르는 전류의 세기는 A에 흐르는 전류의 세기의 4배이므로 (나)의 $x=2d$에서 B에 흐르는 전류에 의한 자기장의 세기는 $4B_0$이다. 따라서 $x=2d$에서 자기장의 세기는 (나)에서는 $4B_0 - \frac{1}{2}B_0 = \frac{7}{2}B_0$이고, (가)에서는 $\frac{1}{2}B_0$이다.

[오답 피하기] ㄴ. (가)의 $x=d$에서 A에 흐르는 전류에 의한 자기장의 세기를 B_0이라고 하면, (나)에서 $x=d$에서 A, B에 흐르는 전류에 의한 자기장의 세기가 B_0이 되기 위해서는 B에 흐르는 전류에 의한 자기장의 세기는 $2B_0$이어야 한다. 따라서 $x=d$에서 B까지의 거리는 $2d$이므로 B에 흐르는 전류의 세기는 A에 흐르는 전류의 세기의 4배이다. 즉, B에 흐르는 전류의 세기는 $4I_0$이다.

02 자료 분석 하기

두 직선 전류에 의한 자기장

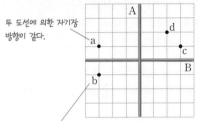

두 도선에 의한 자기장의 방향이 같다.

c점에서 A, B까지의 거리는 b점에서와 같으므로 각 도선에 의한 자기장의 세기는 같고 방향은 반대이다.

b점에서 자기장이 0이 되려면 B까지의 거리가 A까지의 거리보다 가까우므로 전류의 세기는 A>B이어야 한다.

ㄱ. b에서 A, B에 흐르는 전류에 의한 자기장이 0이고, A와 b 사이의 거리는 B와 b 사이의 거리보다 크므로 전류의 세기는 A가 B보다 크다.

ㄴ. c는 A, B로부터 떨어진 거리가 b에서와 같고, A, B에 흐르는 전류에 의한 자기장의 방향이 서로 반대이므로 c에서 자기장은 0이 된다.

ㄷ. 전류의 세기는 A가 B보다 크고, d는 A, B로부터 떨어진 거리가 같으므로 d에서 자기장의 방향은 A에 흐르는 전류에 의한 자기장의 방향과 같다. a에서는 A, B에 흐르는 전류에 의한 자기장의 방향이 같다. 따라서 a, d에서 자기장의 방향은 모두 A에 흐르는 전류에 의한 자기장의 방향과 같으므로 서로 반대이다.

03 ㄱ. 도선 아래에 놓인 나침반 자침의 N극이 북서쪽을 가리키므로 도선 아래에서 전류에 의한 자기장의 방향은 서쪽이다. 따라서 직선 도선에 흐르는 전류의 방향은 북쪽이다.

ㄴ. 가변 저항기의 저항값을 감소시키면 도선에 흐르는 전류의 세기가 증가하므로 도선 아래에서 자기장의 세기가 증가한다. 따라서 나침반 자침의 N극이 북쪽과 이루는 각은 $45°$보다 크다.

[오답 피하기] ㄷ. 전원 장치의 단자 a, b를 서로 바꾸어 연결하면 직선 도선에 흐르는 전류에 의한 자기장의 방향이 반대 방향으로 바뀌므로 나침반 자침의 N극이 가리키는 방향은 북동쪽이 된다.

04 O에서 A에 흐르는 전류에 의한 자기장의 세기는 B_A, B에 흐르는 전류의 세기가 $2I_0$일 때, O에서 B에 흐르는 전류에 의한 자기장의 세기를 B_B라고 하자. O에서 A에 흐르는 전류에 의한 자기장의 방향은 종이면에 들어가는 방향이므로 O에서 A

에 흐르는 전류에 의한 자기장은 $-B_A$이다. B에 흐르는 전류의 세기가 $2I_0$일 때 O에서 A, B에 의한 자기장이 $+B_0$이므로 $+B_0=-B_A+B_B$……①이다. 따라서 B에 흐르는 전류의 방향은 종이면에서 나오는 방향이어야 하므로 B에는 시계 반대 방향으로 전류가 흐른다. B에 흐르는 전류의 세기가 I_0일 때, O에서 자기장은 $-B_0=-B_A+\frac{1}{2}B_B$……② 이다. ①과 ②를 연립하여 풀면 O에서 A에 흐르는 전류에 의한 자기장의 세기는 $B_A=3B_0$이다.

05 자료 분석 하기

두 직선 전류에 의한 자기장

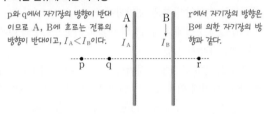

p와 q에서 자기장의 방향이 반대이므로 A, B에 흐르는 전류의 방향이 반대이고, $I_A<I_B$이다.

r에서 자기장의 방향은 B에 의한 자기장의 방향과 같다.

ㄴ. p와 q에서 A, B에 흐르는 전류에 의한 자기장의 방향이 서로 반대 방향이므로 p와 q 사이에는 자기장이 0인 곳이 있다. 따라서 전류의 세기는 B가 A보다 크다.

[오답 피하기] ㄱ. p와 q 사이에는 자기장이 0인 곳이 있으므로 A와 B에 흐르는 전류에 의한 자기장의 방향은 서로 반대 방향이므로 A, B에는 서로 반대 방향으로 전류가 흐른다.

ㄷ. q에서 자기장의 방향은 종이면에서 나오는 방향으로 A에는 위쪽 방향으로 전류가 흐른다. 따라서 B에는 아래쪽 방향으로 전류가 흐른다. r에서 자기장의 방향은 B에 흐르는 전류에 의한 자기장의 방향과 같으므로 r에서 자기장의 방향은 종이면에서 나오는 방향이다.

06 ㄱ. A로부터 같은 거리만큼 떨어진 p, q에서 자기장의 방향이 위쪽으로 서로 같으므로 B에는 종이면에 들어가는 방향으로 전류가 흐른다.

ㄴ. p, q가 A로부터 떨어진 거리는 d이지만, B로부터 떨어진 거리는 d보다 크므로 전류의 세기는 B가 A보다 크다.

ㄷ. r에서 B까지의 거리가 A까지의 거리보다 작고, 전류의 세기는 B가 A보다 크므로 r에서 자기장의 방향은 B에 흐르는 전류에 의한 자기장의 방향과 같다. 따라서 B에 흐르는 전류의 방향은 종이면에 들어가는 방향이므로 r에서 자기장의 방향은 p에서 자기장의 방향과 같은 위쪽이다.

07 ㄴ. P에서 자기장이 0이므로 P에서 A에 흐르는 전류에 의한 자기장의 세기는 B_0이고, 자기장의 방향은 xy 평면에서 수직으로 나오는 방향이다. 따라서 Q에서 A에 흐르는 전류에 의한 자기장의 세기는 B_0이고, 자기장의 방향은 xy 평면에 수직으로 들어가는 방향이므로 자기장의 세기는 $2B_0$이다.

[오답 피하기] ㄱ. P에서 A에 흐르는 전류에 의한 자기장의 방향은 xy 평면에서 나오는 방향이므로 A에 흐르는 전류의 방향은 $+y$ 방향이다.

ㄷ. A를 Q에 옮겨 놓으면 A에서 P까지의 거리는 $2d$가 되므로 P에서 A에 흐르는 전류에 의한 자기장의 세기는 $\frac{1}{2}B_0$이 된다. 따라서 P에서 자기장의 세기는 $\frac{1}{2}B_0$이다.

08 ㄴ. 원형 도선의 중심에서 전류에 의한 자기장의 방향이 동쪽이다. 전원 장치의 전압을 증가시키면 원형 도선의 중심에서 전류에 의한 자기장의 세기가 증가하므로 나침반 자침의 N극이 북쪽과 이루는 각 θ는 증가한다.

[오답 피하기] ㄱ. 가변 저항기의 저항값을 증가시키면 도선에 흐르는 전류의 세기가 감소하므로 나침반 자침의 N극이 북쪽과 이루는 각 θ는 작아진다.

ㄷ. 전원 장치의 a, b를 서로 바꾸어 연결하면 도선에 흐르는 전류에 의한 자기장의 방향만 반대로 바뀌게 되므로 나침반 자침의 N극이 북쪽과 이루는 각 θ는 증가하지 않는다.

09 A, B의 중심 O에서 자기장이 0이므로 A, B에 흐르는 전류에 의한 자기장의 세기는 서로 같고, 방향은 서로 반대 방향이다. O에서 A에 흐르는 전류에 의한 자기장의 방향은 종이면에 들어가는 방향으로 B에 흐르는 전류에 의한 자기장의 방향은 종이면에서 나오는 방향이어야 한다. 따라서 B에 흐르는 전류의 방향은 시계 반대 방향이다. 원형 도선의 반지름은 A가 B보다 크므로 전류의 세기는 A가 B보다 커야 한다. 따라서 B에 흐르는 전류의 세기는 I_0보다 작다.

10 ㄱ. (나)와 (다)에서 자침이 회전하는 방향이 반대이므로 (나)의 결과는 A이다. A는 나침반 자침의 N극이 북서쪽을 가리키고 있으므로 솔레노이드 내부에서 전류에 의한 자기장의 방향은 서쪽이다.

ㄴ. (라)는 (가)에서 가변 저항기의 저항값을 증가시켰으므로 전류에 의한 자기장의 방향은 변함없고, 자기장의 세기는 감소하였다. 따라서 (라)의 실험 결과는 B이다.

[오답 피하기] ㄷ. (다)의 결과는 C이고, (라)의 결과는 B이다. 자침의 N극이 북쪽과 이루는 각은 C가 B보다 크므로 자기장의 세기는 (다)에서가 (라)에서보다 크다.

11 ㄱ. 솔레노이드 내부에서 자기장의 세기는 단위길이당 감은 수가 많고, 전류의 세기가 셀수록 크다. 따라서 내부에서 자기장의 세기는 B에서가 A에서보다 크다.

ㄷ. A의 오른쪽은 S극이 되고, B의 왼쪽은 N극이 되므로 A와 B 사이에는 서로 당기는 자기력이 작용한다.

[오답 피하기] ㄴ. A, B에 흐르는 전류에 의한 자기장의 방향이 p에서 모두 왼쪽이므로 p에서 자기장의 방향은 왼쪽이다.

12 ㄱ. 엄지손가락을 펴고 솔레노이드에 흐르는 전류의 방향으로 오른손의 네 손가락을 감아쥘 때, 엄지손가락이 왼쪽을 향하므로 솔레노이드 내부에서 자기장의 방향은 q → p 방향이다.

ㄴ. p, q에서 솔레노이드에 흐르는 전류에 의한 자기장의 세기는 같지만, 자석에 의한 자기장의 세기는 p에서가 q에서보다 크므로 자기장의 세기는 p에서가 q에서보다 크다.

ㄷ. 솔레노이드의 왼쪽이 N극이 되므로 막대자석과 솔레노이드 사이에는 당기는 자기력이 작용한다.

13 ㄱ. 코일의 a와 b에 흐르는 전류의 방향은 서로 반대 방향이므로 자기력의 방향은 a와 b에서 서로 반대 방향이다.

ㄴ. 전류의 세기가 셀수록 전류가 만드는 자기장의 세기가 세므로 코일에 작용하는 자기력의 크기도 크다.

[오답 피하기] ㄷ. 그림의 순간 a에서 자기력의 방향은 아래 방향이고, b에서 자기력의 방향은 위 방향이므로 코일은 시계 반대 방향으로 회전한다.

14 ㄱ. 스피커는 코일에 흐르는 전류에 의한 자기장으로 코일이 자석에 의해 자기력을 받아 진동하게 되므로 전류의 자기 작용을 이용한 것이다.

ㄴ. 이 순간 코일에 흐르는 전류에 의한 자기장은 왼쪽이 N극이 되므로 자석과 코일 사이에는 밀어내는 자기력이 작용한다.

ㄷ. 코일에 흐르는 전류의 세기가 셀수록 진동판이 더 크게 진동하게 되므로 큰 소리가 발생한다.

15 〔고난도 문제 해결 전략〕

(STEP 1) 출제 의도 파악하기

직선 전류와 원형 전류가 만드는 자기장의 방향과 세기를 비교하여 설명할 수 있어야 한다.

(STEP 2) 자료 분석하기

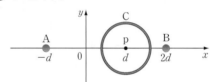

A, B에 흐르는 전류에 의한 자기장의 합은 0이고, C에 흐르는 전류에 의한 자기장의 방향은 xy 평면에서 나오는 방향이다.

· p에서 A, B에 흐르는 전류에 의한 자기장의 합은 0이므로 A, B는 서로 같은 방향으로 전류가 흐른다.

· C에 흐르는 전류에 의한 자기장의 방향이 xy 평면에서 나오는 방향이므로 C에는 시계 반대 방향으로 전류가 흐른다.

(STEP 3) 관련 개념 모으기

❶ 직선 전류에 의한 자기장의 세기는?

➡ 직선 전류에 의한 자기장의 세기는 전류의 세기에 비례하고, 도선으로부터 떨어진 거리에 반비례한다.

❷ 원형 전류에 의한 자기장의 세기는?

➡ 원형 도선 중심에서 자기장의 세기는 전류의 세기에 비례하고, 도선의 반지름에 반비례한다. 중심에서 자기장의 방향은 오른나사 법칙을 이용하여 찾는다.

ㄱ. p에서 자기장의 방향이 xy 평면에서 나오는 방향이므로 C에는 시계 반대 방향으로 전류가 흐른다.

ㄷ. p에서 A, B에 흐르는 전류에 의한 자기장의 합은 0이므로 A, B에는 같은 방향으로 전류가 흐르고 있다. p로부터 떨어진 거리는 A가 B의 2배이므로 전류의 세기도 A가 B의 2배이다.

[오답 피하기] ㄴ. p에서 A, B에 흐르는 전류에 의한 자기장의 합은 0이므로 A, B에 흐르는 전류의 방향은 서로 같다.

16 고난도 문제 해결 전략

STEP1 출제 의도 파악하기

직선 전류에 의한 자기장의 세기와 방향을 설명할 수 있어야 한다.

STEP2 자료 분석하기

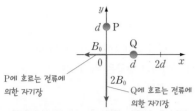

- P에 흐르는 전류에 의한 자기장의 방향은 $-x$ 방향이고 세기는 B_0이다.
- Q에 흐르는 전류에 의한 자기장의 방향은 $-y$ 방향이고 세기는 $2B_0$이다.

STEP3 관련 개념 모으기

❶ 직선 전류에 의한 자기장의 세기는?

➡ 직선 전류에 의한 자기장의 세기는 전류의 세기에 비례하고, 도선으로부터 떨어진 거리에 반비례한다.

ㄱ. 원점에서 P에 흐르는 전류에 의한 자기장의 방향이 $-x$ 방향이므로 P에 흐르는 전류의 방향은 xy 평면에 수직으로 들어가는 방향이다.

ㄴ. P, Q는 원점으로부터 떨어진 거리는 같지만 원점에서 자기장의 세기는 Q에 흐르는 전류에 의한 자기장이 P에 흐르는 전류에 의한 자기장의 2배이므로 전류의 세기는 Q가 P보다 크다.

ㄷ. P를 $x=2d$에 고정하면 원점에서 P에 흐르는 전류에 의한 자기장의 방향은 $+y$ 방향, 세기는 $\frac{1}{2}B_0$이므로 원점에서 P, Q에 흐르는 전류에 의한 자기장의 세기는 $2B_0 - \frac{1}{2}B_0 = \frac{3}{2}B_0$이다.

---

13 물질의 자성

확인 문제			|132~133쪽|
1 궤도, 스핀	**2** 자기화(자화)	**3** 강자성체
4 상자성체, 반자성체	**5** 하드 디스크	

01 물체가 자기장을 갖는 것은 원자 내 전자의 궤도 운동과 스핀 때문이다.

02 원자 자석이 외부 자기장에 의해 일정한 방향으로 정렬되는 현상을 자기화 또는 자화라고 한다.

03 강자성체는 외부 자기장과 같은 방향으로 자기화되며, 외부 자기장을 제거하여도 자기화된 상태를 오래 유지한다.

04 외부 자기장과 같은 방향으로 약하게 자기화되는 물체를 상자성체, 외부 자기장과 반대 방향으로 약하게 자기화되는 물체를 반자성체라고 한다.

---

05 하드 디스크는 강자성체인 산화철이 입혀진 플래터의 표면을 자기화시켜 정보를 기록한다.

개념을 다지는 기본 문제
134~135쪽

01 ④	02 ③	03 ③	04 ①	05 (1) A: 상자성체, B: 반자성
체 (2) 해설 참조	06 오른쪽	07 ⑤	08 ②	09 ⑤	10 ①

01 ④ 전자가 B 방향으로 회전하면 전류는 시계 방향으로 흐르는 것과 같으므로 자기장의 방향은 P에서 Q를 향한다. 따라서 Q 부분이 N극이다.

[오답 피하기] ① 전류의 방향은 전자의 이동 방향과 반대이다.

② 전자가 원운동을 하면 원형 전류가 흐르는 것과 같은 효과로 자기장이 형성된다.

③ 전자가 A 방향으로 회전하면 전류가 시계 반대 방향으로 흐르는 것과 같으므로 자기장의 방향은 Q에서 P를 향한다.

⑤ 자기장의 세기는 도선의 반지름에 반비례하므로 반지름 r이 커지면 중심축에서 자기장의 세기가 약해진다.

02 A. 물질이 자석에 반응하는 성질을 자성이라고 하며, 자성을 가지는 물체를 자성체라고 한다.

B. 물질이 자성을 나타내는 것은 원자 내 전자의 궤도 운동과 스핀 때문이다.

[오답 피하기] C. 전자들의 스핀 방향이 같으면 강한 자기장을 만들지만, 반대이면 자기장이 상쇄되어 약해진다.

03 강한 자석이 가까이 접근하면 끌려오는 물질은 강자성 또는 상자성이다. 강자성을 갖는 물체는 자석을 제거해도 자기화된 상태를 오래 유지한다. 따라서 C는 강자성, A는 상자성, B는 반자성이다.

04 ㄱ. 철, 니켈, 코발트는 대표적인 강자성을 갖는 물질이다.

[오답 피하기] ㄴ. 상자성체는 물질 내 원자 자석이 외부 자기장의 방향과 같은 방향으로 정렬한다.

ㄷ. 반자성체는 외부 자기장을 제거하면 자기화된 상태가 곧바로 사라지므로 자석의 효과를 오래 유지하지 못한다.

05 (2) [예시 답안] 상자성체와 반자성체는 모두 외부 자기장을 걸어 주면 약하게 자기화되며, 외부 자기장을 제거하면 자기화된 상태가 곧바로 사라진다.

채점 기준	배점(%)
상자성체와 반자성체의 공통점을 옳게 설명한 경우	100

06 자료 분석 하기

물질의 자성

A의 자기장과 반대 방향으로 자기화된다. → A로부터 밀림.

자석에 끌림. (가) 자석에 밀림. 자기화 상태를 (나)
→ 강자성체 또는 상자성체 → 반자성체 유지함. → 강자성체

반자성체는 자석에 의해 밀리는 성질을 가지고 있으므로 B는 반자성체이다. 강자성체는 외부 자기장을 제거해도 자기화된 상태를 오래 유지하므로 (나)에서 반자성체인 B는 오른쪽으로 힘을 받게 된다.

07 ㄱ. B는 강자성체로 자석에 의한 자기장의 방향과 같은 방향으로 자기화된다. 따라서 B의 P면은 S극으로 자기화된다.
ㄴ. A와 B의 서로 다른 자극이 마주보고 있으므로 서로 당기는 자기력이 작용한다.
ㄷ. B는 A로부터 위로 당겨지는 자기력을 받고 있으므로 지면이 B를 떠받치는 힘의 크기는 B의 무게보다 작다.

08 ㄴ. 이 금속은 (가)에서 자기화된 상태를 (나)에서 그대로 유지하고 있으므로 강자성체이다.
[오답 피하기] ㄱ. (가)에서 금속 가루는 자석에 의한 자기장과 같은 방향으로 자기화되므로 금속 가루와 막대자석 사이에는 당기는 자기력이 작용한다.
ㄷ. (나)에서 못은 금속 가루가 만드는 자기장과 같은 방향으로 자기화되어 붙어 있는 것이다.

09 ㄱ. 자성 잉크를 사용한 지폐가 자석에 달라붙어 있으므로 자성 잉크는 자석에 의한 자기장과 같은 방향으로 자기화되는 성질이 있다.
ㄴ, ㄷ. 초전도체는 임계 온도 이하에서 전기 저항이 0이면서 외부 자기장을 완전히 밀어내는 마이스너 효과가 나타난다. (나)에서 초전도체 위에 자석이 떠 있는 것은 초전도체가 반자성을 나타내기 때문이다.

10 ㄱ. 자석에 의한 자기장의 방향은 오른쪽이고, A가 자기화된 방향은 왼쪽이므로 A는 자석에 의한 자기장과 반대 방향으로 자기화되어 있다. 따라서 A는 반자성을 나타낸다.
[오답 피하기] ㄴ. 반자성을 갖는 물질은 자석을 제거하면 바로 원자 자석이 사라진다.
ㄷ. 하드 디스크에서 정보를 저장하는 물질로 이용되는 것은 강자성을 갖는 물질이다.

실력을 올리는 실전 문제

137~139쪽

01 ①	02 ②	03 ②	04 ①	05 ②
06 ⑤	07 ③	08 ③	09 ⑤	10 ①

1등급을 굳히는 고난도 문제

11 ⑤	12 ⑤

01 ㄱ. A는 자석에 의해 밀려나는 자기력을 받으므로 A는 자석에 의한 자기장과 반대 방향으로 자기화된다.
[오답 피하기] ㄴ. B는 자석에 끌려오므로 강자성이거나 상자성을 나타내는 물체이다.

ㄷ. 자석을 제거하면 A는 자기화된 상태가 곧바로 사라진다. B가 상자성체라면 B도 자기화된 상태가 곧바로 사라지게 되어 A, B 사이에는 자기력이 작용하지 않는다. 만약에 B가 강자성체라면 자석을 제거하여도 자기화된 상태가 유지되므로 A, B는 서로 밀어내는 자기력이 작용하게 된다.

02 ㄴ. 전자석의 오른쪽 끝은 N극이다. 물체는 전자석에 의한 자기장에 의해 밀려나므로 물체의 a는 N극으로 자기화되어 있다.
[오답 피하기] ㄱ. 코일에 흐르는 전류의 방향으로 오른손의 네 손가락을 감아쥐고 엄지손가락을 펴면 엄지손가락은 R를 향하므로 Q에서 자기장의 방향은 P → Q → R 방향이다.
ㄷ. 물체는 전자석에 의한 자기장에 의해 밀려나므로 외부 자기장과 반대 방향으로 자기화되는 성질을 가지고 있는 반자성체이다.

03 ㄷ. (가)의 P에서는 균일한 자기장의 방향과 자기화된 A, B의 자기장의 방향이 서로 같고, (나)에서는 균일한 자기장이 없으므로 자기장의 세기는 (가)에서가 (나)에서보다 크다.
[오답 피하기] ㄱ. (가)에서 A와 B의 원자 자석의 N극이 모두 오른쪽을 향하고 있으므로 균일한 자기장 영역의 자기장의 방향은 오른쪽이다.
ㄴ. (나)에서 B는 (가)에서 자기화된 상태를 유지하고 있으므로 A는 B에 의한 자기장에 의해 자기화되어 A, B는 서로 약하게 끌어당기는 자기력이 작용한다.

04 ㄱ. P는 상자성을 갖는 물체이므로 솔레노이드가 만드는 자기장과 같은 방향으로 자기화된다.
[오답 피하기] ㄴ. 솔레노이드 내부에서 자기장의 방향은 오른쪽이므로 솔레노이드의 오른쪽 끝은 N극이다. 반자성 막대는 솔레노이드에 의한 자기장과 반대 방향으로 자기화되므로 Q의 q면은 S극으로 자기화된다.
ㄷ. 스위치를 열면 솔레노이드에 흐르는 전류에 의한 자기장은 없으므로 상자성 막대 P와 반자성 막대 Q는 모두 자기화된 상태가 곧바로 사라진다. 따라서 P와 Q 사이에는 자기력이 작용하지 않는다.

05 ㄴ. (나)에서 A의 P면을 향해 나침반 자침의 S극이 끌려오므로 A의 P면은 N극으로 자기화되어 있다.
[오답 피하기] ㄱ. A는 (가)에서 자기화된 상태를 (나)에서 유지하고 있으므로 A는 강자성체이다.
ㄷ. (가)에서 A의 P면은 N극으로 자기화되므로 원형 도선에 흐르는 전류에 의한 자기장의 방향은 종이면에서 나오는 방향이다. 따라서 원형 도선에 흐르는 전류의 방향은 시계 반대 방향이다.

06 ㄱ. A, B 사이에는 자기력이 작용하지 않으므로 A, B는 상자성이거나 반자성을 갖는 물체이다. A, C 사이에는 밀어내는 자기력이 작용하므로 A는 반자성체이고, C는 강자성체이고, B는 상자성체이다. 따라서 B, C 사이에는 서로 당기는 자기력이 작용하므로 ⊙은 인력이다.

ㄴ. (가)에서 균일한 자기장의 방향이 위쪽이므로 반자성체인 A의 윗면은 S극으로 자기화된다.

ㄷ. B는 상자성체이므로 외부 자기장과 같은 방향으로 자기화된다.

07 자료 분석 하기

강자성체의 자기화

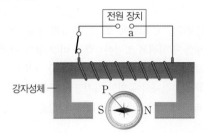

전원 장치
a
강자성체
P
S N

• P에서 나침반의 자침이 오른쪽을 향하므로 강자성체에 의한 자기장의 방향이 오른쪽이다. ➡ 솔레노이드 내부에서 자기장의 방향은 왼쪽을 향한다.
• 솔레노이드 내부의 자기장이 왼쪽을 향하도록 오른쪽의 네 손가락으로 도선을 감아쥐면 a가 (+)극임을 알 수 있다.

ㄱ. P에 놓은 나침반의 자침 N극이 오른쪽을 향하므로 P에서 코일에 흐르는 전류가 만드는 자기장의 방향은 오른쪽 방향이다.

ㄴ. 강자성체는 코일에 흐르는 전류가 만드는 자기장의 방향으로 자기화된다. P에서 자기장의 방향이 오른쪽이므로 코일에 흐르는 전류의 방향은 전원 장치의 a에서 나오는 방향이므로 a는 (+)극이다.

[오답 피하기] ㄷ. 스위치를 열어도 강자성체는 자기화된 상태를 유지하고 있으므로 P에서 자기장은 0이 아니다.

08

ㄱ, ㄴ. 물질 A는 코일에 흐르는 전류가 만드는 자기장에 의해 자기화된 상태를 오래 유지하는 물질이므로 강자성체이다. 강자성체는 전류가 만드는 자기장과 같은 방향으로 자기화된다.

[오답 피하기] ㄷ. 테이프에 기록된 a와 b는 자기화된 방향이 서로 반대 방향이므로 a, b가 기록될 때 코일에 흐르는 전류의 방향은 반대 방향이다.

09

ㄴ. 캡슐에는 강자성을 갖는 자성 입자가 포함되어 있으므로 자석과 캡슐 사이에는 당기는 자기력이 작용한다.

ㄷ. 자성 입자는 강자성을 갖는 물질로 외부 자기장과 같은 방향으로 자기화되는 성질이 있다.

[오답 피하기] ㄱ. 자성 입자는 환자의 외부에서 걸어 준 자기장에 의해 끌려와야 하므로 강자성을 갖는 물질이다.

10

하드 디스크의 플래터 표면에 입혀진 물질 A는 헤드가 만드는 자기장에 의해 자기화된 상태가 헤드를 지난 후에도 유지되어야 한다. 따라서 A는 강자성을 갖는 물질이다. ㉠이 기록될 때 헤드가 만드는 자기장의 방향은 오른쪽 방향이므로 코일에 흐르는 전류의 방향은 ⓐ 방향이다.

11 고난도 문제 해결 전략

STEP 1 출제 의도 파악하기
A, B 사이에 작용하는 자기력을 이용하여 물질의 자성을 구분하고 설명할 수 있어야 한다.

STEP 2 자료 분석하기

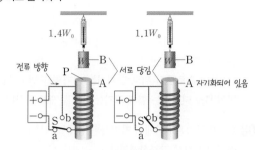

$1.4W_0$ $1.1W_0$
전류 방향 W B W B
P   서로 당김   A 자기화되어 있음
A
+ S b   + S b
- a   - a

• (가)에서 코일의 내부에서 전류에 의한 자기장의 방향은 연직 아래 방향이다.
• (가)와 (나)에서 용수철저울의 눈금값은 B의 무게(W_0)보다 크므로 A, B 사이에는 서로 당기는 자기력이 작용한다.
• 용수철저울의 눈금값이 (가)에서가 (나)에서보다 크므로 A, B 사이에 작용하는 자기력의 크기는 (가)에서가 (나)에서보다 크다.

STEP 3 관련 개념 모으기
❶ 상자성체의 특징은?
➡ 상자성체는 외부 자기장의 방향과 같은 방향으로 자기화되며, 외부 자기장을 제거하면 자기화된 상태가 곧바로 사라진다.

❷ 강자성체의 특징은?
➡ 강자성체는 외부 자기장과 같은 방향으로 자기화되며, 외부 자기장을 제거하여도 자기화된 상태를 오래 유지한다. 외부 자기장에 의해 자기화되는 비율이 매우 큰 물질이다.

ㄱ, ㄴ. A, B는 서로 당기는 자기력이 작용하므로 A, B는 모두 외부 자기장의 방향과 같은 방향으로 자기화되는 물체이다. (가)에서 코일 내부에서 전류에 의한 자기장의 방향이 연직 아래 방향이므로 A의 P면은 S극으로 자기화되어 있다.

ㄷ. (가)에서 코일에 흐르는 전류에 의한 자기장이 있고, (나)에서는 코일에 전류가 흐르지 않으므로 전류에 의한 자기장은 0이다. 따라서 A의 내부에서 자기장의 세기는 (가)에서가 (나)에서보다 크다.

12 고난도 문제 해결 전략

STEP 1 출제 의도 파악하기
강자성체의 자기적 특성을 알고 있어야 한다.

STEP 2 자료 분석하기

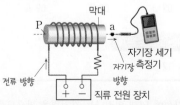

막대
P   a
자기장 세기
자기장   측정기
전류 방향   방향
+ - 직류 전원 장치

• 전원 장치의 전압이 V_0에서부터 서서히 감소하여 0이 되어도 a에서 자기장의 세기는 0이 아니다.
• 막대는 솔레노이드에 흐르는 전류에 의한 자기장과 같은 방향으로 자기화된다.

STEP 3 관련 개념 모으기

❶ 강자성체의 자기화 특성은?

➡ 강자성체는 외부 자기장과 같은 방향으로 자기화되며, 외부 자기장을 제거하여도 자기화된 상태를 오래 유지한다.

ㄴ. 막대는 솔레노이드에 흐르는 전류에 의한 자기장으로 자기화되었다가 솔레노이드에 전류가 흐르지 않아도 자기화된 상태를 유지하고 있으므로 강자성체이다.

ㄷ. 막대는 솔레노이드에 흐르는 전류에 의한 자기장의 방향과 같은 방향으로 자기화되므로 P면은 S극으로 자기화되어 있다.

[오답 피하기] ㄱ. a에서 솔레노이드에 흐르는 전류에 의한 자기장은 오른쪽 방향이다.

14 전자기 유도

확인
문제

|140~142쪽|

1 전자기 유도 　**2** 방해 　**3** 세 　**4** 반대

5 역학적, 전기 　**6** 발전기, 마이크, 무선 충전기

01 자석과 코일의 상대적인 운동으로 코일 내부를 통과하는 자기 선속의 변화가 생겨 유도 전류가 흐르는 현상을 전자기 유도라고 한다.

02 유도 전류의 방향은 자기 선속의 변화를 방해하는 방향으로 흐른다.

03 유도 전류의 세기는 시간에 따른 자기 선속의 변화율에 비례하고, 코일의 감은 수에 비례한다. 따라서 코일을 통과하는 자기 선속이 빠르게 변할수록, 코일의 감은 수가 많을수록 유도 전류의 세기가 세진다.

04 사각형 도선이 균일한 자기장 영역으로 들어갈 때는 자기 선속이 증가하고, 빠져나올 때는 자기 선속이 감소하므로 유도 전류의 방향은 서로 반대 방향이다.

05 발전기는 자기장 속에서 회전하는 코일에 자기 선속의 변화로 유도 기전력이 발생하여 유도 전류가 흐른다. 따라서 발전기는 전자기 유도 현상을 이용하여 역학적 에너지를 전기 에너지로 전환하는 장치이다.

06 발전기, 마이크, 무선 충전기는 모두 전자기 유도 현상을 이용한 장치이고, 스피커, 전동기, 자기 부상 열차는 전류의 자기 작용을 이용한 장치이다.

개념을 다지는 기본 문제

143~145쪽

01 ②	02 ⑤	03 해설 참조	04 ②	05 ③	06 ⑤	07 ④
08 ①	09 ⑤	10 ④	11 ㄱ, ㄴ, ㄷ, ㅁ, ㅂ		12 해설 참조	
13 ④	14 ⑤					

01 ② 막대자석을 코일에 넣을 때는 코일을 통과하는 자기 선속이 증가하고, 뺄 때는 코일을 통과하는 자기 선속이 감소하므로 검류계의 바늘이 회전하는 방향은 반대이다.

[오답 피하기] ①, ④ 유도 전류의 세기는 시간에 따른 자기 선속의 변화율에 비례하고, 코일의 감은 수에 비례한다. 따라서 자석을 빠르게 움직여 코일을 통과하는 자기 선속이 빠르게 변할수록, 코일의 감은 수를 증가시킬수록 유도 전류의 세기가 세진다.

③ 막대자석을 코일 속에 넣고 가만히 있으면 코일을 통과하는 자기 선속은 변하지 않으므로 유도 전류가 흐르지 않는다.

⑤ 코일을 움직여도 코일을 통과하는 자기 선속이 변하므로 유도 전류가 흐른다.

02 ㄴ. 막대자석이 오른쪽으로 운동하는 동안 코일을 통과하는 자기 선속은 증가하므로 코일에는 왼쪽이 N극, 오른쪽이 S극이 되는 유도 전류가 흐른다. 즉, 저항에는 p → 저항 → q 방향으로 유도 전류가 흐른다.

ㄷ. 코일에는 자기 선속의 변화를 방해하는 방향으로 유도 전류가 흐르므로 자석과 코일 사이에는 밀어내는 자기력이 작용한다.

[오답 피하기] ㄱ. 막대자석이 코일에 접근하므로 코일을 통과하는 자기 선속은 증가한다.

03 [예시 답안] 자석을 움직이는 속력을 빠르게 한다. 코일의 감은 수를 많게 한다. 센 자석을 이용한다.

채점 기준	배점(%)
3가지를 모두 옳게 설명한 경우	100
2가지만 옳게 설명한 경우	70
1가지만 옳게 설명한 경우	30

04 유도 기전력의 크기는 자기 선속의 시간적 변화율에 비례하고, 코일의 감은 수에 비례한다. 따라서 ㉠은 비례, ㉡은 비례이다.

05 자료 분석 하기

유도 전류의 방향

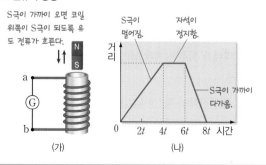

(가)　　　　　(나)

③ $4t$에서 $6t$까지 자석은 정지해 있으므로 코일을 통과하는 자기 선속은 일정하다. 따라서 유도 전류가 흐르지 않는다.

[오답 피하기] ①, ② $2t$일 때, 자석은 코일에서 멀어지고 있으므로 코일의 위쪽은 N극, 아래쪽은 S극이 되는 유도 전류가 흐른다. 따라서 코일에는 a → ⓒ → b 방향으로 전류가 흐른다.

④ 자석의 속력은 $7t$일 때가 $2t$일 때보다 빠르므로 전류의 세기는 $7t$일 때가 $2t$일 때보다 크다.

⑤ $2t$일 때 자석은 코일에서 멀어지고 $7t$일 때 자석은 코일에 가까워지므로 유도되는 전류의 방향은 반대이다.

06 ㄱ. 0에서 t_2까지 도선에 흐르는 전류의 방향은 변하지 않으므로 원형 도선을 통과하는 자기 선속은 증가한다.

ㄴ. 유도 전류의 세기가 t_3일 때가 t_1일 때보다 크므로 유도 기전력의 크기도 t_3일 때가 t_1일 때보다 크다.

ㄷ. 자석에 작용하는 자기력의 방향은 자석의 운동 방향과 반대이다. 따라서 자기력의 방향은 t_1일 때와 t_3일 때가 같다.

07 유도 기전력의 크기는 도선을 통과하는 시간에 따른 자기 선속의 변화율에 비례한다. A, C는 자기장 영역에서 운동하는 도선의 길이는 같지만 속력은 C가 A보다 크므로 유도 기전력의 크기는 C가 A보다 크다. B, C는 운동하는 속력은 같지만, 자기장 영역에서 운동하는 도선의 길이는 B가 C보다 크므로 유도 기전력의 크기는 B가 C보다 크다. 따라서 유도 기전력의 크기는 $V_B > V_C > V_A$이다.

08 ① A일 때 사각형 도선에는 종이면으로 들어가는 자기 선속이 증가하므로 유도 전류는 시계 반대 방향으로 흐른다.

[오답 피하기] ②, ④ B일 때는 자기 선속이 일정하므로 유도 전류가 흐르지 않는다. 따라서 도선에는 자기력이 작용하지 않는다.

③ A일 때 사각형 도선에는 종이면으로 들어가는 자기 선속이 증가하고, C일 때 사각형 도선에는 종이면으로 들어가는 자기 선속이 감소하므로 도선에 흐르는 유도 전류의 방향은 서로 반대이다.

⑤ 도선에 작용하는 자기력의 방향은 도선이 운동하는 방향과 반대 방향이다. 따라서 A일 때와 C일 때 모두 도선에는 왼쪽 방향으로 자기력이 작용한다.

09 ㄴ. 레일과 금속 막대가 이루는 면으로 들어가는 자기 선속이 증가하므로 전류는 a → R → b 방향으로 흐른다.

ㄷ. 금속 막대의 속력이 빠를수록 레일과 금속 막대가 이루는 면을 통과하는 자기 선속의 시간적 변화율이 크므로 유도 전류의 세기가 세다.

[오답 피하기] ㄱ. 금속 막대가 오른쪽으로 운동하면 레일과 금속 막대가 이루는 면의 넓이가 증가하므로 자기 선속은 증가한다.

10 ㄱ. 막대자석이 회전하고 있으므로 코일을 통과하는 자기 선속은 주기적으로 증가하였다가 감소한다.

ㄷ. 이 순간 막대자석의 N극이 코일에서 멀어지고 있으므로 코일의 왼쪽은 S극, 오른쪽은 N극이 되는 유도 전류가 흐른

다. 즉, 전구에는 a → 전구 → b 방향으로 전류가 흐른다.

[오답 피하기] ㄴ. 자석이 1회전하는 동안 코일을 통과하는 자기 선속은 증가하였다가 감소하기를 반복하므로 유도 전류의 세기와 방향은 일정하지 않다.

11 스피커는 자기장 속에 놓인 도선에 전류가 흐를 때 힘(자기력)을 받는 원리를 이용한다.

12 [예시 답안] 소리가 전달되어 오면 공기가 진동하여 진동판이 진동한다. 진동판에 고정된 코일이 자석 위에서 진동하게 되므로 코일을 통과하는 자기 선속이 변한다. 코일에는 자기 선속의 변화로 유도 전류가 흐르게 되어 소리 신호가 전기 신호로 전환된다.

채점 기준	배점(%)
전자기 유도 현상을 이용하여 소리 신호가 전기 신호로 전환되는 과정을 옳게 설명한 경우	100
소리 신호가 전기 신호로 전환되는 순서만 옳게 설명한 경우	50

13 ㄱ. 코일 주위로 자석이 통과하면서 코일에 유도 전류가 흐르게 되어 자전거의 속력을 측정하므로 전자기 유도 현상을 이용한 것이다.

ㄷ. 자전거의 속력이 빠를수록 코일을 통과하는 자기 선속의 시간적 변화율이 크므로 전류의 최댓값은 커진다.

[오답 피하기] ㄴ. 자석이 코일을 지나는 동안 코일을 통과하는 자기 선속의 시간적 변화율은 증가하였다가 감소하므로 유도 전류의 세기와 방향은 일정하지 않다.

14 ㄴ. 1차 코일에 흐르는 전류가 만드는 자기장의 변화로 2차 코일에 유도 전류가 흐르게 되므로, 2차 코일을 통과하는 자기 선속은 변한다.

ㄷ. 2차 코일에 흐르는 유도 전류의 세기는 2차 코일을 통과하는 자기 선속의 시간적 변화율에 비례한다. 충전 패드와 스마트폰 사이의 거리가 멀어지면 유도 전류의 세기도 작아진다.

[오답 피하기] ㄱ. 1차 코일에 흐르는 전류에 의한 자기장이 2차 코일을 통과하게 된다. 이때 2차 코일에 유도 전류가 흐르기 위해서는 1차 코일에 흐르는 전류에 의한 자기장이 변해야 하므로 1차 코일에 흐르는 전류의 세기는 변한다.

실력을 올리는 실전 문제
148~151 쪽

01 ③	02 ⑤	03 ④	04 ③	05 ①
06 ④	07 ⑤	08 ④	09 ⑤	10 ②
11 ④	12 ⑤	13 ④	14 ③	

1등급을 굳히는 고난도 문제

| 15 ③ | 16 ① |

01 직선 전류에 의한 자기장의 세기는 도선으로부터 떨어진 거리에 반비례한다. 도선을 a, c 방향으로 움직이는 순간 사각형 도선을 통과하는 자기 선속은 변하지만, b 방향으로 움직이면

사각형 도선을 통과하는 자기 선속은 변하지 않는다. 따라서 유도 전류가 흐르는 경우는 a, c 방향으로 움직이는 순간이다.

02 ㄱ. 자석이 아래 방향으로 운동하는 동안 구리 도선을 아래 방향으로 통과하는 자기 선속은 증가하므로 구리 도선에 흐르는 유도 전류는 위 방향으로 유도 자기장을 만든다. 따라서 구리 도선에는 ⓐ 방향으로 유도 전류가 흐른다.

ㄷ. 자석은 운동하는 동안 구리 도선으로부터 운동하는 반대 방향으로 자기력을 받게 되므로 자석이 진동하는 폭은 점점 감소하여 정지하게 된다.

[오답 피하기] ㄴ. 자석이 구리 도선에 가장 가까운 순간, 자석은 순간적으로 정지하므로 구리 도선에는 전류가 흐르지 않는다.

03 ㄱ. 자석이 P를 지날 때, A, B를 통과하는 자기 선속은 모두 증가하므로 A, B에 흐르는 유도 전류의 방향은 같다.

ㄴ. 자석이 R를 지날 때 자석과 A 사이의 거리가 자석과 B 사이의 거리보다 크므로 유도 전류의 세기는 B가 A보다 크다.

[오답 피하기] ㄷ. 자석은 낙하하는 동안 운동 반대 방향으로 자기력을 받게 되므로 자석의 역학적 에너지는 점점 감소한다. 따라서 자석의 역학적 에너지는 R에서가 Q에서보다 작다.

04 ㄱ. 사각형 도선이 균일한 자기장 영역으로 들어가는 동안 사각형 도선에는 시계 방향으로 유도 전류가 흐르므로 균일한 자기장의 방향은 종이면에서 나오는 방향이다.

ㄴ. 시간 t_1일 때는 사각형 도선이 자기장 영역으로 들어가고 있고, t_2일 때는 자기장 영역으로 완전히 들어간 상태이므로 도선을 통과하는 자기 선속은 t_2일 때가 t_1일 때보다 크다.

[오답 피하기] ㄷ. 사각형 도선에 흐르는 유도 전류의 세기가 t_3일 때가 t_1일 때보다 크므로 도선의 속력은 t_3일 때가 t_1일 때보다 빠르다.

05 ㄱ. 0에서 t_0까지 도선에는 a → b → c 방향으로 전류가 흐르므로 도선을 통과하는 자기 선속은 증가하고 있다.

[오답 피하기] ㄴ. 시간 t_0 전후 도선에 흐르는 전류의 방향이 반대가 되므로 t_0일 때 θ는 90°이다.

ㄷ. 0에서 $4t_0$까지 b와 c 사이의 도선에 흐르는 전류의 세기와 방향이 변하므로 b와 c 사이에 작용하는 자기력의 크기도 변한다.

06 원형 도선을 양쪽으로 잡아당기면 도선의 면적이 감소하므로 도선을 통과하는 자기 선속은 감소한다. 따라서 유도 전류의 방향은 시계 방향이다.

07 ㄱ. 자석이 q를 지날 때 코일에 흐르는 전류에 의한 자기장의 방향은 코일 내부에서 오른쪽 방향이므로 코일의 오른쪽은 N극이다. 따라서 자석이 q를 지날 때, 자석의 S극이 멀어지고 있는 것이므로 자석의 ㉠은 N극이다.

ㄷ. 막대자석이 수평인 레일 위에서 운동하는 동안 운동 반대 방향으로 자기력을 받게 되므로 자석의 속력은 p를 지날 때가 q를 지날 때보다 크다.

[오답 피하기] ㄴ. 수평인 레일을 따라 운동하는 동안 자석의 속력

은 느려진다. 자석의 속력은 p를 지날 때가 q를 지날 때보다 빠르므로 p를 지날 때 저항에 흐르는 전류의 세기는 I_0보다 크다.

08 〔자료 분석 하기〕

전자기 유도

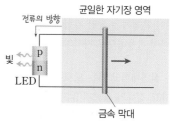

• p형 반도체에 (+)극이 걸리고 n형 반도체에 (−)극이 걸릴 때 발광 다이오드에서 빛이 방출된다. ➡ 발광 다이오드가 연결된 회로에 시계 반대 방향으로 전류가 흘러야 한다.
• 전류가 흐르면 종이면에서 나오는 방향의 자기장이 증가하는 것이므로 균일한 자기장 영역의 자기장은 종이면에 들어가는 방향임을 알 수 있다.

ㄱ. 발광 다이오드에는 p형 반도체에서 n형 반도체로 전류가 흐를 때 불이 켜진다. 따라서 ㄷ자형 도선에는 시계 반대 방향으로 전류가 흐르고 있으므로 균일한 자기장 영역의 자기장 방향은 종이면에 수직으로 들어가는 방향이다.

ㄴ. 금속 막대에는 운동 방향과 반대 방향으로 자기력이 작용하므로, 금속 막대에 작용하는 자기력의 방향은 왼쪽이다.

ㄷ. 금속 막대의 속력이 빠를수록 도선을 통과하는 자기 선속의 시간적 변화율이 크므로 유도 기전력의 크기도 크다.

09 〔자료 분석 하기〕

원형 도선에 유도되는 전류

자기장의 세기 감소 → 원형 도선에 종이면에 들어가는 자기장이 증가하도록 유도 전류가 흐른다.

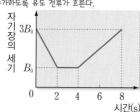

자기장의 세기 증가 → 원형 도선에 종이면에서 나오는 자기장이 증가하도록 유도 전류가 흐른다.

• 시간에 따른 자기장의 변화율은 자기장–시간 그래프의 기울기와 같다. ➡ 그래프의 기울기는 1초일 때가 6초일 때보다 크므로 시간에 따른 자기장의 변화율도 1초일 때가 6초일 때보다 크다.
• 원형 도선에 흐르는 유도 전류의 세기는 시간에 따른 자기장의 변화율에 비례한다.

ㄱ. 1초일 때 자기장 영역의 자기장의 세기가 감소하므로 원형 도선을 통과하는 자기 선속은 감소한다. 따라서 원형 도선에는 시계 방향으로 유도 전류가 흐른다.

ㄴ. 3초일 때 도선을 통과하는 자기 선속은 일정하므로 유도 전류가 흐르지 않는다.

ㄷ. 시간에 따른 자기장의 변화율은 1초일 때가 6초일 때의 2배이므로 도선에 흐르는 유도 전류의 세기는 1초일 때가 6초일 때의 2배이다.

10 ㄴ. 자석이 코일에 접근하는 동안 코일의 위쪽은 N극이 유도되어 자석과 코일 사이에는 밀어내는 자기력이 작용한다.

[오답 피하기] ㄱ. 자석이 코일에 가까워지는 동안 코일의 위쪽은 N극, 아래쪽은 S극이 유도된다. 즉, R에 흐르는 전류의 방향은 a → R → b 방향이다.

ㄷ. 자석이 운동하는 동안 자석에는 운동 방향과 반대 방향으로 자기력이 작용하므로 자석의 역학적 에너지는 감소한다.

11 ㄱ. A는 절연체이고 B는 도체이므로, 자석이 낙하하는 동안 A에는 유도 전류가 흐르지 않지만 B에는 유도 전류가 흐르게 되어 자석의 평균 속력은 A를 통과하는 동안이 B를 통과하는 동안보다 크다. 따라서 관을 빠져나올 때까지 걸린 시간은 B에서가 A에서보다 크다.

ㄷ. B 속에서 낙하하는 동안 자석은 운동하는 반대 방향으로 자기력을 받지만, A 속에서 낙하하는 동안 자석은 자기력을 받지 않으므로 관을 빠져나오는 순간 자석의 속력은 A에서가 B에서보다 크다.

[오답 피하기] ㄴ. 관 속에서 운동하는 동안 A에서는 유도 전류가 흐르지 않아 자석에 작용하는 자기력은 0이고, 도체인 B에는 유도 전류가 흐르므로 자석에 자기력이 작용한다.

12 ㄴ. 6초일 때 영역 Ⅱ에서 자기장의 세기는 일정하지만 영역 Ⅰ에서 자기장의 세기는 증가하므로 유도 전류의 방향은 시계 반대 방향이다. 따라서 전류의 방향은 2초일 때와 6초일 때가 같다.

ㄷ. 자기장 영역에 놓인 도선의 면적은 같지만 시간에 따른 자기장 세기의 변화율은 2초일 때가 6초일 때보다 작으므로 유도 전류의 세기는 2초일 때가 6초일 때보다 작다.

[오답 피하기] ㄱ. 2초일 때 자기장 영역 Ⅰ의 자기장 세기는 일정하고 영역 Ⅱ에서 자기장 세기는 감소하므로 도선에는 시계 반대 방향으로 유도 전류가 흐른다.

13 ㄱ. 기타 줄의 a 부분은 자석의 N극에 가까이 있으므로 S극으로 자기화되어 있다.

ㄷ. 기타 줄이 자석에서 화살표 방향으로 멀어지는 순간, 기타 줄의 S극이 코일에서 멀어지므로 코일의 위쪽이 N극이 되도록 유도 전류가 흐르게 되므로 코일에는 ㉠ 방향으로 유도 전류가 흐른다.

[오답 피하기] ㄴ. 기타 줄이 진동하는 동안 코일을 통과하는 자기 선속은 주기적으로 증가와 감소를 반복하므로 유도 전류의 세기는 일정하지 않다.

14 ㄷ. 전송 코일에 흐르는 전류가 교류이므로 수신 코일에 유도되는 전류도 교류이다.

[오답 피하기] ㄱ. 전송 코일에 흐르는 전류의 세기와 방향이 변해야 금속에 유도 전류가 흐르게 된다. 즉, 전송 코일에 흐르는 전류의 세기와 방향은 변한다.

ㄴ. 금속에 흐르는 유도 전류에 의한 자기장은 세기와 방향이 변한다.

---

15 〔고난도 문제 해결 전략〕

(STEP 1) 출제 의도 파악하기
자석의 운동에 의해 코일에 유도되는 전류의 방향과 다이오드의 정류 작용을 연관지어 설명할 수 있어야 한다.

(STEP 2) 자료 분석하기

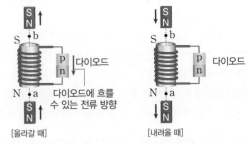

• 자석이 올라갈 때는 a를 지날 때는 유도 전류가 흐르지 않고, b를 지날 때 유도 전류가 흐른다.
• 자석이 내려올 때는 b를 지날 때는 유도 전류가 흐르지 않고, a를 지날 때 유도 전류가 흐른다.

(STEP 3) 관련 개념 모으기
❶ 다이오드의 정류 작용이란?
➡ 다이오드에는 p형 반도체 → n형 반도체 방향으로만 전류가 흐를 수 있다.

❷ 렌츠 법칙이란?
➡ 코일에 유도되는 전류의 방향은 코일을 통과하는 자기 선속의 변화를 방해하는 방향으로 흐른다.

ㄷ. 자석이 올라갔다가 내려오는 동안 자석은 운동 반대 방향으로 자기력을 받게 되므로 자석의 역학적 에너지는 감소한다. 따라서 a에서 자석의 속력은 올라갈 때가 내려올 때보다 크다.

[오답 피하기] ㄱ. 올라가는 동안, 자석이 a를 지날 때는 코일에 유도 전류가 흐르지 않고, b를 지날 때는 유도 전류가 흐른다. 따라서 유도 전류의 세기는 b를 지날 때가 a를 지날 때보다 크다.

ㄴ. 자석이 b를 내려올 때, 다이오드에는 역방향 전압이 걸려 유도 전류가 흐르지 않는다.

16 〔고난도 문제 해결 전략〕

(STEP 1) 출제 의도 파악하기
자기장 세기와 방향이 다른 영역을 지나는 도선에 유도되는 전류의 방향과 세기를 설명할 수 있어야 한다.

(STEP 2) 자료 분석하기

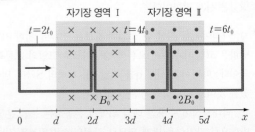

• $t = 2t_0$일 때 도선은 영역 Ⅰ로 들어가고 있다.
• $t = 4t_0$일 때 도선은 영역 Ⅰ에서 빠져나오고 영역 Ⅱ로 들어가고 있다.
• $t = 6t_0$일 때 도선은 영역 Ⅱ에서 빠져나오고 있다.

작용하지만 B가 밀려나 있는 것은 C와 B 사이에는 밀어내는 전기력이 작용하기 때문이다. 따라서 C는 (+)전하이므로 A와 C 사이에는 당기는 전기력이 작용한다.

02 A. 보어 원자 모형에서 (−)전하를 띠는 전자는 (+)전하를 띠는 원자핵으로부터 받는 전기력에 의해 구속되어 있다.
[오답 피하기] B. 보어 원자 모형에서 전자는 특정한 궤도에만 있을 수 있으므로 전자는 특정한 값의 에너지만을 갖는다.
C. 전자가 특정한 궤도에 머물러 있는 동안에는 빛(전자기파)을 방출하지 않는다.

03 ㄴ. 기체 방전관에서 특정한 파장의 빛만 방출되는 것은 원자의 에너지 준위가 양자화되어 있기 때문이다.
[오답 피하기] ㄱ. A, B는 특정한 파장의 빛만 방출되어 나타난 선 스펙트럼이다.
ㄷ. 같은 원소에서 방출되는 선 스펙트럼은 밝은 선의 개수와 위치가 같다. A, B에서 밝은 선의 개수와 위치가 다르므로 A, B에는 서로 다른 원소가 들어 있다.

04 ㄱ. 전이하는 전자의 에너지 준위 차는 b에서가 a에서보다 크므로 방출되는 빛의 진동수는 $f_a < f_b$이다.
ㄴ. c에서 전이하는 전자의 에너지 준위 차가 $E_5 - E_3$이므로 방출되는 광자의 에너지는 $E_5 - E_3$이다.
[오답 피하기] ㄷ. $E_5 - E_2 = h(f_a + f_c)$이고, $E_4 - E_2 = hf_b$이므로 $E_5 - E_4 = h(f_a + f_c - f_b)$이다($h$: 플랑크 상수). 따라서 $n = 5$에서 $n = 4$로 전이할 때 방출되는 광자의 에너지는 $E_5 - E_4$이므로 광자의 진동수는 $f_a + f_c - f_b$이다.

05 ㄱ. 전자가 채워져 있지 않은 A는 전도띠이고, 전도띠 바로 아래에 전자가 채워져 있는 B는 원자가 전자가 차지하는 원자가 띠이다.
ㄴ. 에너지 준위는 A가 B보다 높으므로 B(원자가 띠)에 있는 전자가 A(전도띠)로 이동하기 위해서는 에너지를 흡수해야 한다.
[오답 피하기] ㄷ. A와 B 사이의 에너지 간격이 띠 간격이다. 띠 간격이 클수록 전기 전도성은 작다.

06 ㄱ, ㄴ. Ⅰ과 Ⅲ에서 자석이 P에서 Q까지 이동하는 데 걸린 시간이 같으므로 B는 자석의 운동을 방해하지 않는다. 즉, B에는 자기 선속의 변화로 유도 전류가 흐르지 않는 것이다. Ⅱ에서 자석이 이동하는 데 걸린 시간이 Ⅰ에서보다 큰 것은 자석의 운동으로 A에 자기 선속의 변화로 인해 유도 전류가 흐르기 때문이다. A에 흐르는 유도 전류는 자석의 운동을 방해하므로 걸린 시간이 Ⅱ에서가 Ⅰ에서보다 크다. 따라서 A는 전류가 잘 흐르는 물질이고, B는 전류가 흐르지 않는 물질이므로 전기 전도성은 A가 B보다 크다.
ㄷ. Ⅱ에서 자석은 A를 통과하는 동안 운동하는 반대 방향으로 자기력을 받게 되고, Ⅲ에서 자석은 B를 통과하는 동안 자기력을 받지 않는다. 따라서 자석이 Q를 지나는 속력은 Ⅲ에서가 Ⅱ에서보다 크다.

07 ㄴ. 저마늄의 원자는 전자는 4개, 비소의 원자는 전자가 5개이다.

(STEP 3) **관련 개념 모으기**
❶ 자기 선속의 크기는?
➡ 도선을 통과하는 자기 선속은 자기장의 세기와 도선의 면적을 곱한 값이다.

❷ 렌츠 법칙이란?
➡ 도선에 유도 되는 전류의 방향은 도선을 통과하는 자기 선속의 변화를 방해하는 방향으로 흐른다.

ㄱ. $t = 2t_0$일 때 도선은 자기장 영역 Ⅰ로 들어가는 동안이므로 도선의 면에 수직으로 들어가는 자기 선속이 증가한다. 따라서 유도 전류의 방향은 시계 반대 방향으로 흐른다.
[오답 피하기] ㄴ. $t = 4t_0$일 때 도선은 영역 Ⅰ에서 빠져나오고 영역 Ⅱ로 들어가고 있으므로 도선의 면에 수직으로 들어가는 자기 선속은 감소하고, 수직으로 나오는 자기 선속은 증가한다. 따라서 유도 전류는 시계 방향으로 흐르므로 전류의 방향은 $t = 2t_0$일 때와 $4t_0$일 때가 서로 반대 방향이다.
ㄷ. $t = 4t_0$일 때 도선은 영역 Ⅰ에서 빠져나오고 영역 Ⅱ로 들어가고 있고, $t = 6t_0$일 때 도선은 영역 Ⅱ에서 빠져나오고 있으므로 시간에 따른 자기 선속의 변화율은 $4t_0$일 때가 $6t_0$일 때의 $\frac{3}{2}$배이다. 따라서 유도 전류의 세기는 $4t_0$일 때가 $6t_0$일 때의 $\frac{3}{2}$배이다.

핵심 정리 Ⅱ **단원 마무리** 152~153쪽

❶ 전기력 ❷ 원자핵 ❸ 전자 ❹ 선 스펙트럼 ❺ 양자화
❻ 띠 간격 ❼ 절연체 ❽ 반도체 ❾ p형 반도체 ❿ 전자
⓫ 정류 ⓬ 자기장 ⓭ N ⓮ 전류 ⓯ 비례 ⓰ 자성
⓱ 강자성체 ⓲ 하드 디스크 ⓳ 자기 선속 ⓴ 패러데이 법칙
㉑ 렌츠 법칙 ㉒ 마이크

실력 점검 Ⅱ **단원 평가 문제** 154~157쪽

01 ④	02 ①	03 ②	04 ③	05 ③
06 ⑤	07 ⑤	08 ⑤	09 ⑤	10 ④
11 ①	12 ④	13 ④	14 ③	

1등급을 완성하는 서술형 문제

15~17 해설 참조

01 ㄱ. (가)에서 B는 A 쪽으로 기울어져 있으므로 A와 B 사이에는 당기는 전기력이 작용한다. 따라서 A는 (−)전하를 띤다.
ㄷ. (나)에서 A가 B에 작용하는 전기력의 크기보다 C가 B에 작용하는 전기력의 크기가 더 크다. 따라서 전하량의 크기는 C가 A보다 크다.
[오답 피하기] ㄴ. (나)에서 A와 B 사이에는 당기는 전기력이

ㄷ. 비소를 첨가하여 생긴 여분의 전자가 여러 원자 사이를 쉽게 이동할 수 있으므로 순수한 저마늄보다 전기 전도성이 크다.

[오답 피하기] ㄱ. 순수한 저마늄(Ge)에 비소(As)를 첨가하였을 때 공유 결합에 참여하지 않는 여분의 전자가 있으므로 n형 반도체이다.

⊕ 개념 더하기

p형 반도체와 n형 반도체
① p형 반도체: 원자가 전자가 4개인 순수 반도체에 원자가 전자가 3개인 원소를 첨가하면 원자 사이의 결합에 전자 1개가 부족하게 되어 빈자리인 양공이 생긴다.
② n형 반도체: 원자가 전자가 4개인 순수 반도체에 원자가 전자가 5개인 원소를 첨가하면 공유 결합에 참여하지 않은 남는 전자가 생긴다.

---

08 ㄴ. t_1일 때 다이오드에는 전류가 흐르므로 순방향 전압이 걸린 것이다. 이때 다이오드 내에서 Y에 있는 주된 전하 운반자(전자)는 p형 반도체인 X로 이동한다.

ㄷ. t_2일 때 저항 R에 전류가 흐르지 않는 것은 다이오드에 역방향 전압이 걸리기 때문이다.

[오답 피하기] ㄱ. 저항에는 a → R → b 방향으로만 전류가 흐르므로 다이오드에는 X → Y 방향으로만 전류가 흐른다. 따라서 X는 p형 반도체이고, Y는 n형 반도체이다.

09 ㄱ, ㄴ. 나침반 자침의 N극이 북서쪽을 가리키므로 나침반이 놓인 곳에서 전류에 의한 자기장의 방향은 서쪽이다. 따라서 직선 도선에는 ⓐ 방향으로 전류가 흐른다.

ㄷ. 나침반을 남 → 북 방향으로 이동시키면 나침반은 도선에서 멀어지므로 전류에 의한 자기장의 세기는 작아진다. 따라서 자침의 N극이 북쪽과 이루는 각 θ는 감소한다.

10 ㄴ. 자기장이 0인 지점이 A로부터 떨어진 거리가 B로부터 떨어진 거리보다 더 멀므로 전류의 세기는 A가 B보다 크다.

ㄷ. q에서 자기장의 방향은 B에 흐르는 전류가 만드는 자기장의 방향과 같다. B에는 A와 같은 방향으로 전류가 흐르므로 q에서 자기장의 방향은 종이면에서 나오는 방향이다.

[오답 피하기] ㄱ. p와 q에서 A, B에 흐르는 전류에 의한 자기장의 방향이 반대 방향이므로 p와 q 사이에는 자기장이 0인 지점이 있다. 따라서 A, B에 흐르는 전류의 방향은 같다.

11 균일한 자기장 속에 놓인 A의 중심 O에서 자기장이 0이므로 B에 흐르는 전류에 의한 자기장의 방향은 xy 평면에서 나오는 방향이어야 한다. 따라서 B에는 $+y$ 방향으로 전류가 흐른다. O에서 자기장이 0이므로 A에 흐르는 전류에 의한 자기장의 세기보다 B에 흐르는 전류에 의한 자기장의 세기가 더 크다. 따라서 B에 흐르는 전류의 세기는 A에 흐르는 전류의 세기보다 크므로 B에 흐르는 전류의 세기는 I_0보다 크다.

12 A. 강자성체는 자석이 만드는 자기장과 같은 방향으로 자기화되므로 강자성체와 자석 사이에는 당기는 자기력이 작용한다.

B. 강자성체는 자석이 만드는 자기장과 같은 방향으로 자기화되므로 강자성체의 P면은 자석의 윗면과 같은 자극으로 자기화된다.

[오답 피하기] C. 자석을 제거하여도 강자성체는 자기화된 상태를 오래 유지한다.

13 ㄴ. 코일을 통과하는 자기 선속이 증가하다가 감소하기를 반복하므로 코일에 연결된 전구에는 전류의 세기와 방향이 변하는 교류가 흐른다.

ㄷ. 코일이 회전하는 속력이 빠를수록 코일을 통과하는 자기 선속의 시간적 변화율이 크므로 유도되는 기전력의 크기가 크다.

[오답 피하기] ㄱ. 자석이 만드는 자기장 속에서 코일이 회전할 때, 코일의 면이 자기장의 방향과 이루는 각이 변하므로 코일을 통과하는 자기 선속은 변한다.

14 ㄱ. 자석이 p를 지날 때 자석의 S극이 솔레노이드에 접근하므로 솔레노이드의 왼쪽이 S극이 되도록 하는 유도 전류가 흐른다. 따라서 전류는 a → R → b 방향으로 흐른다.

ㄷ. 자석이 운동하는 동안 자석은 솔레노이드로부터 운동하는 반대 방향으로 자기력을 받으므로 자석의 역학적 에너지는 감소한다. 따라서 자석의 역학적 에너지는 p를 지날 때가 q를 지날 때보다 크다.

[오답 피하기] ㄴ. 자석이 q를 지날 때 자석의 N극이 솔레노이드에서 멀어지므로 솔레노이드의 오른쪽이 S극이 된다. 따라서 자석과 솔레노이드 사이에는 당기는 자기력이 작용한다.

15 [예시 답안] C가 A, B로부터 받는 전기력의 크기는 같고 방향은 반대이다. C를 (+)전하라고 가정하면, A가 C에 작용하는 전기력은 $+x$ 방향이므로 B가 C에 작용하는 전기력은 $-x$ 방향이 되어야 한다. 따라서 B는 (−)전하를 띤다. A와 C 사이의 거리는 B와 C 사이의 거리의 $\frac{3}{2}$배이므로 전하량의 크기는 B가 A의 $\frac{4}{9}$배이다. 따라서 B의 전하량의 크기는 $\frac{4}{9}q_0$이다.

채점 기준	배점(%)
B가 띠는 전하의 종류와 전하량의 크기를 옳게 설명한 경우	100
B가 띠고 있는 전하의 종류만 옳게 설명한 경우	40

16 [예시 답안] 철은 강자성체로 코일에 흐르는 전류가 만드는 자기장과 같은 방향으로 자기화되기 때문에 코일에 흐르는 전류에 의한 자기장과 철심에 의한 자기장이 합쳐져서 코일 안에 아무 것도 넣지 않았을 때보다 더 강한 자기장을 만들 수 있다.

채점 기준	배점(%)
철이 강자성체임을 알고 철이 자기화되는 방향을 이용하여 옳게 설명한 경우	100
철이 자기화되는 방향을 이용하여 옳게 설명한 경우	50
철이 강자성체라고만 설명한 경우	30

17 [예시 답안] A는 (가)에서 자기화되어 있으므로 A가 코일에 접근하는 동안 코일을 통과하는 자기 선속은 증가한다. 코일에는 자기 선속의 변화를 방해하는 방향으로 유도 전류가 흐르게 되므로 코일에 흐르는 유도 전류의 방향은 b → ⓖ → a이다.

채점 기준	배점(%)
렌츠 법칙을 적용하여 유도 전류의 방향을 옳게 설명한 경우	100
A의 접근에 의한 자기 선속의 변화만 옳게 설명한 경우	30

III 파동과 정보 통신

15 파동과 전반사

160~162쪽

확인 문제

1 파원, 매질 2 주기 3 20 m/s
4 굴절 5 느려진다 6 느려져서
7 얕은 8 큰, 작은, 커야 9 광통신

01 파동이 발생한 곳을 파원, 파동을 전달하는 매개 물질을 매질이라고 한다.

02 매질의 한 점이 한 번 진행하는 데 걸리는 시간을 주기라고 한다.

03 파동의 속력은 파장과 진동수의 곱으로 구할 수 있다. 따라서 $v=f\lambda=10\,\text{Hz}\times 2\,\text{m}=20\,\text{m/s}$이다.

04 파동이 서로 다른 매질로 진행할 때 파동의 진행 방향이 바뀌는 현상을 굴절이라고 한다.

05 물결파의 속력은 물의 깊이가 얕을수록 느려지고, 물의 깊이가 깊을수록 빨라진다.

06 매질 1에서 매질 2로 빛이 입사할 때 굴절 법칙에 의해 입사각 i, 굴절각 r, 속력 v 사이에 $\dfrac{\sin i}{\sin r}=\dfrac{v_1}{v_2}$과 같은 관계가 성립한다. 따라서 공기에서 물로 진행하면 빛의 속력이 느려지므로 입사각이 굴절각보다 크다.

07 물속에 있는 물고기는 빛의 굴절에 의해 실제 위치보다 더 얕은 곳에 있는 것처럼 보인다.

08 전반사가 일어나기 위해서는 빛이 굴절률이 큰 매질에서 작은 매질로 진행해야 하고, 입사각이 임계각보다 커야 한다.

09 정보를 담은 전기 신호를 빛 신호로 전환한 후 전달하는 통신 방식을 광통신이라고 한다.

개념을 다지는 기본 문제
163~165쪽

01 ③ 02 ④ 03 ① 04 ② 05 ③ 06 2 cm/s 07 ④
08 ㉠ 진동수, ㉡ 속력, ㉢ 파장, ㉣ ㉡=㉠×㉢ 09 ③ 10 ④
11 해설 참조 12 ③ 13 (가)-ㄱ, ㄷ, (나)-ㄴ, ㄹ 14 ②
15 ③ 16 ④

01 ③ 주기는 파동이 한 번 진동할 때 걸리는 시간으로, 주기가 길수록 1초 동안 진동하는 횟수, 즉 진동수는 작다. 주기와 진동수는 서로 역수 관계이다.
[오답 피하기] ①, ⑤ 파동은 에너지와 정보를 전달하며, 이때 매질은 제자리에서 진동할 뿐 이동하지 않는다.

②, ④ 파동이 발생한 곳을 파원, 파동을 전달하는 물질을 매질이라고 한다.

02 자료 분석 하기

매질의 진동

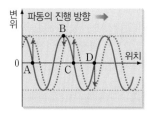

파동의 진행 방향이 오른쪽이므로 다음 순간 파동의 모습은 점선과 같이 나타난다.

• 다음 순간 A, C는 위로, B, D는 아래로 움직인다.
• A와 C는 한 파장 차이가 나는 점들로, 매 순간 변위가 같다.

④ 다음 순간 C는 위로 움직이지만 D는 아래로 움직인다. 따라서 C와 D가 매 순간 변위가 같다는 설명은 옳지 않으며, A와 C가 매 순간 변위가 같다.
[오답 피하기] ① B는 마루에 해당하며, A, C, D는 진동 중심에 위치하고 있다.
② 파동이 오른쪽 방향으로 진행하므로 다음 순간 A와 C는 위로, B와 D는 아래로 움직인다.
③ A와 C는 매 순간 진동 상태가 동일하다. 따라서 A와 C 사이의 거리는 파장에 해당한다.
⑤ A와 D의 매 순간 진동 상태가 반대이므로 진동 방향은 항상 반대이다.

03 ㄱ. 진폭은 진동 중심에서 최대 변위까지의 거리이다. 따라서 진폭이 (가)는 $2A$, (나)는 A이므로 진폭은 (가)가 (나)의 2배이다.
[오답 피하기] ㄴ. 파장은 이웃한 마루 또는 이웃한 골 사이의 거리이다. 따라서 (가)의 파장은 2 m이고, (나)의 파장은 4 m이므로 파장은 (나)가 (가)의 2배이다.
ㄷ. 파동의 속력은 진동수와 파장의 곱과 같다. 두 파동의 진동수가 같으므로 속력은 파장이 2배인 (나)가 (가)의 2배이다.

04 진폭은 진동 중심으로부터 최대 변위까지의 거리이다. 파동이 x축을 중심으로 최고 변위가 3 cm이고 최저 변위가 $-3\,\text{cm}$이므로 파동의 진폭은 3 cm이다.

05 진동수는 매질의 각 점이 1초 동안 진동하는 횟수이며, 진동수는 주기(매질의 한 점이 한 번 진동하는 데 걸리는 시간)의 역수로 쉽게 구할 수 있다. (나)에서 점 A는 한 번 진동하는 데 2초가 걸리므로 주기는 2초이고, 진동수는 0.5 Hz이다.

06 파동의 속력은 파동이 단위 시간 동안 이동하는 거리로, 파장을 주기로 나누어서 구하거나, 파장과 진동수를 곱하여 구할 수 있다. 파장은 마루와 이웃한 마루 사이의 거리로 (가)에서 4 cm임을 알 수 있다. 따라서 속력=파장×진동수=4 cm×0.5 Hz=2 cm/s이다.

07 1초에 5번 진동하는 파동이므로 파동의 진동수는 $f=5\,\text{Hz}$이

고, 주기는 $T=0.2$ s이다. 파동의 속력은 파장과 진동수의 곱과 같으므로$(v=f\lambda)$, 파장은 $\lambda=\dfrac{v}{f}=\dfrac{2\text{ m/s}}{5\text{ Hz}}=0.4$ m이다.

08 ㉠ 파동의 진동수는 파원에 의해 결정되기 때문에 매질이 달라져도 변하지 않는다.

㉡, ㉢ 매질이 달라지면 파동의 전달 속력이 달라지는데, 진동수가 변하지 않으므로 파장이 달라진다.

㉣ 파동의 전달 속력은 파장과 진동수의 곱이다.

09 자료 분석 하기

물결파의 굴절

· 물결파의 속력은 물의 깊이가 깊을수록 빠르다. ➡ 유리판이 있는 B 부분은 A 부분보다 물의 깊이가 얕으므로 물결파의 속력이 느리다.
· 물결파의 속력이 달라지더라도 진동수와 주기는 파원에 의해 결정되므로 A와 B에서 같다.

물결파 발생 장치

A에서 B로 물결파가
입사할 때, 물결파의
속력이 느려지므로 파
장이 짧아진다.

A 파장

파면
B 파장

유리판

ㄱ. 물속에 유리판을 넣으면 물의 깊이가 얕아지므로 B가 A보다 물의 깊이가 얕다.

ㄴ. 물결파의 속력은 물의 깊이가 깊을수록 빠르므로 A에서 B로 진행할 때 속력이 느려진다.

[오답 피하기] ㄷ. 물결파의 진동수는 매질이 달라져도 변하지 않는다. 주기는 진동수의 역수이므로 A에서 B로 진행할 때 주기도 달라지지 않는다.

10 자료 분석 하기

입사각과 굴절각

· 입사각 i와 굴절각 r, 각 매질의 굴절률 n_1, n_2 사이에는 $\dfrac{\sin i}{\sin r}=\dfrac{n_2}{n_1}$
와 같은 관계가 성립한다.
· 매질 1과 3은 입사각이 굴절각보다 크므로 매질의 굴절률이 공기의 굴절률보다 크다.
· 공기에서 매질 1과 3으로 각각 입사할 때 입사각은 동일하지만, 굴절각은 매질 3에서가 더 작다. 즉, 매질 1보다 3의 굴절률이 더 크다.
· 매질 2는 입사각이 굴절각보다 작으므로 매질의 굴절률이 공기의 굴절률보다 작다.

매질 1에서 2로 입사할 때 입사각이 i, 굴절각이 r이면 $\dfrac{\sin i}{\sin r}$
$=\dfrac{n_2}{n_1}$가 성립한다. 빛이 공기 중에서 각 매질로 동일한 입사각

으로 입사하였으므로 $\dfrac{1}{\sin r}\propto n_{\text{매질}}$이 성립하며, 굴절각을 비교하면 매질의 굴절률을 비교할 수 있다. 즉, 굴절각이 클수록 매질의 굴절률이 작은데, 굴절각은 $r_2>r_1>r_3$이므로 굴절률은 $n_3>n_1>n_2$이다.

11 빛이 공기에서 렌즈로 진행할 때 굴절된다. 이때 그림과 같이 공기와 렌즈 사이의 경계면에 대해 법선을 그어 입사각과 굴절각을 표시하면 입사각이 굴절각보다 크다는 것을 알 수 있다.

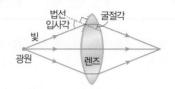

[예시 답안] 빛이 공기에서 렌즈로 들어갈 때 입사각이 굴절각보다 크므로 렌즈의 굴절률이 공기의 굴절률보다 크다. 따라서 빛의 속력과 파장은 공기보다 렌즈에서 더 작고, 빛의 진동수는 공기와 렌즈에서 같다.

채점 기준	배점(%)
입사각과 굴절각으로부터 굴절률을 비교하고, 속력, 파장, 진동수를 모두 옳게 설명한 경우	100
굴절률에 대한 언급 없이 공기와 렌즈에서의 속력, 파장, 진동수를 옳게 비교한 경우	70
굴절률에 대한 언급 없이 공기와 렌즈에서의 속력, 파장, 진동수 중 2가지만 옳게 비교한 경우	50

12 ㄱ. 빛은 직진하는 특성이 있지만 공기 중에서 진행 방향이 꺾이고 있으므로 빛의 굴절에 의해 나타난 현상이다.

ㄷ. 신기루는 공기의 온도에 따라 빛의 속력이 다르기 때문에 빛의 경로가 휘어져서 나타나는 현상이다. 빛은 휘어져 진행하지만 눈은 빛이 직진했다고 인식하기 때문에 실제로는 없는 물체가 있는 것처럼 보인다.

[오답 피하기] ㄴ. 빛의 속력은 공기의 온도가 높을수록 빠르며, 빛은 속력이 느린 쪽으로 굴절한다. 빛이 바닥에서 상공 쪽으로 굴절하고 있으므로 바닥에서 먼 곳일수록 온도가 낮다는 것을 알 수 있다.

13 자료 분석 하기

빛의 굴절 실험

· 물의 굴절률은 공기의 굴절률보다 크다.

(가) 빛이 공기에서 물로 입사할 때	(나) 빛이 물에서 공기로 입사할 때
레이저 포인터 각도기 판 물	레이저 포인터
· 입사각이 굴절각보다 크다. · 굴절 광선과 반사 광선을 모두 관찰할 수 있다.	· 입사각이 굴절각보다 작다. · 입사각이 임계각보다 크면 굴절이 일어나지 않고 모든 빛이 반사된다(전반사).

(가) 빛이 굴절률이 작은 매질(공기)에서 큰 매질(물)로 진행할 때에는 입사각이 굴절각보다 크고(ㄱ), 입사각이 0°보다 크기만 하면 굴절과 반사가 항상 같이 일어난다(ㄷ).

(나) 빛이 굴절률이 큰 매질(물)에서 작은 매질(공기)로 진행할 때에는 입사각이 굴절각보다 작고(ㄴ), 입사각이 임계각보다 커지면 전반사가 일어나므로 굴절이 일어나지 않는다(ㄹ).

14 ㄷ. 식용유와 물의 경계에서 전반사가 일어났으므로, 식용유의 굴절률은 물의 굴절률보다 크다.

[오답 피하기] ㄱ. 붉은색 레이저가 식용유 속에서 전반사를 하며 진행하는 것을 알 수 있다. 즉, 식용유와 공기의 경계면에서 굴절되는 빛 없이 모두 반사한다.

ㄴ. 전반사가 일어날 조건은 빛이 굴절률이 큰 매질에서 굴절률이 작은 매질로 입사하고, 입사각이 임계각보다 커야 한다. 식용유에서 공기로 진행할 때 전반사가 일어났으므로, 식용유의 굴절률이 공기의 굴절률보다 크고 입사각은 임계각보다 크다.

⊕ 개념 더하기

전반사

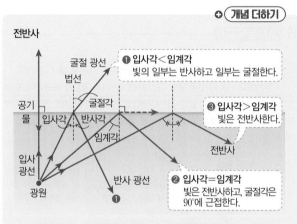

빛이 굴절률이 큰 매질에서 작은 매질로 입사할 때,
- 입사각이 임계각보다 작으면 빛의 일부는 반사하고 일부는 굴절한다.
- 입사각이 임계각보다 크면 빛은 전반사한다.
- 입사각이 임계각과 같으면 빛은 전반사하고, 굴절각은 90°에 근접한다.
➡ 전반사가 일어나기 위해서는 빛이 굴절률이 큰 매질에서 작은 매질로 입사하고, 입사각이 임계각보다 커야 한다.

15 ㉠ 광섬유는 전반사의 원리를 이용한 것이다.

㉡ 전반사는 빛이 굴절률이 큰 매질에서 작은 매질로 진행할 때 일어난다. 따라서 코어에는 굴절률이 큰 물질을 사용하고, 클래딩에는 굴절률이 상대적으로 작은 물질을 사용한다.

㉢ 코어 내부에서 전반사가 일어나기 위해서는 입사각이 임계각보다 커야 한다.

16 ④ 물에 잠긴 빨대가 꺾여 보이는 것은 빛의 굴절에 의한 현상이다.

[오답 피하기] ① 쌍안경 속의 직각 프리즘에서 빛이 전반사하여 빛의 진행 방향이 바뀐다.

②, ⑤ 레이저가 물줄기나 광섬유 속에서 진행하는 것은 물줄기나 광섬유 내부에서 레이저가 전반사하기 때문이다.

③ 다이아몬드가 다른 보석보다 밝게 빛나는 것은 다이아몬드 내부로 입사한 빛이 전반사하여 다시 되돌아오기 때문이다.

---

01 ③	02 ②	03 ①	04 ②	05 ④
06 ①	07 ③	08 ②	09 ②	10 ①
11 ⑤	12 ③	13 ①	14 ②	

1등급을 굳히는 고난도 문제

15 ①	16 ③

01 ㄱ. (가)의 음파와 (나)의 용수철 파동은 파동의 진행 방향과 매질의 진동 방향이 나란한 종파이다.

ㄴ. (가)에서는 소리굽쇠의 진동에 의해 공기 분자가 움직이면서 음파가 발생하므로, 파원인 소리굽쇠와 음파의 진동수는 항상 같다.

[오답 피하기] ㄷ. (나)에서 용수철 파동의 매질인 용수철은 파동이 진행할 때 제자리에서 진동할 뿐 이동하지 않는다.

⊕ 개념 더하기

횡파와 종파

- 횡파: 매질의 진동 방향과 파동의 진행 방향이 수직인 파동
  ⓔ 전파, 빛, 지진파의 S파 등

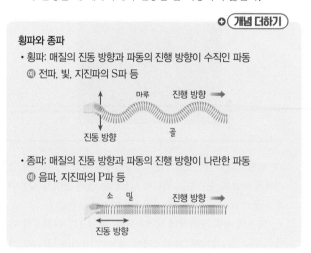

- 종파: 매질의 진동 방향과 파동의 진행 방향이 나란한 파동
  ⓔ 음파, 지진파의 P파 등

02 ㄷ. 파장은 3 cm, 진동수는 60 Hz이므로 물결파의 속력은 $v = f\lambda = 60 \text{ Hz} \times 3 \text{ cm} = 180 \text{ cm/s} = 1.8 \text{ m/s}$이다.

[오답 피하기] ㄱ. 진폭은 진동 중심에서 변위가 가장 큰 지점까지의 거리이므로 0.5 cm이다.

ㄴ. 물결파의 진동수는 파원인 물결파 발생 장치의 진동수와 같다. 물결파 발생 장치가 1초에 60번 진동하므로 물결파의 진동수는 60 Hz이다.

03 A는 줄을 1초에 2번씩 흔들어 발생시켰으므로 진동수가 2 Hz이고, B는 줄을 1초에 3번씩 흔들어 발생시켰으므로 진동수가 3 Hz이다. (가), (나)에서 마루와 이웃한 마루 사이의 거리, 즉 파장을 구하면 A는 2칸, B는 4칸이므로 $\lambda_A : \lambda_B = 1 : 2$이다. 파동의 속력 v는 파장과 진동수의 곱이므로 $v_A : v_B = 1 \times 2 \text{ Hz} : 2 \times 3 \text{ Hz} = 1 : 3$이다.

04 ㄱ. 마루와 이웃한 마루 사이의 거리는 그래프의 두 칸에 해당한다. 그래프의 x축 한 칸이 1 m이므로 파장은 2 m이다.

ㄴ. 파동이 1.2초 동안 1.5파장 이동하였으므로 1파장 이동하는 데 걸리는 시간, 즉 주기는 0.8초이다.

파동의 속력은 파장을 주기로 나눈 값이므로 $v = \dfrac{\lambda}{T} = \dfrac{2 \text{ m}}{0.8 \text{ s}}$

$=2.5 \, \text{m/s}$이다.

[오답 피하기] ㄷ. $t=2$초일 때 파동은 $t=1.2$초일 때보다 1파장 더 오른쪽으로 이동하게 된다. 따라서 P점에는 진동 중심이 위치하게 되어 변위는 0이다.

05 자료 분석 하기

물결파의 굴절

① 물결파의 속력은 물의 깊이가 깊을수록 빠르다.

② 물의 깊이와 관계없이 물결파의 진동수는 같다.

- 매질 1에서보다 매질 2에서 물결파의 파장이 더 짧다.
- 매질 1에서보다 매질 2에서 물결파의 속력이 더 느리다.
- 매질 1보다 매질 2의 깊이가 더 얕다.

③ 물결파의 마루를 이은 선을 파면이라고 한다.

- 파면은 물결파의 진행 방향과 수직이다.
- 파면에 수직인 선을 그어 보면, 입사각이 굴절각보다 크다는 것을 확인할 수 있다.
- 매질 1에서 매질 2로 진행할 때 파동의 속력이 느려진다.

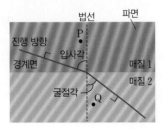

ㄱ. 물결파의 속력은 물의 깊이가 깊을수록 빠르다. 매질이 달라져도 파동의 진동수는 변하지 않으므로 물의 깊이가 깊을수록 파동의 파장이 길다. 즉, 매질 1이 매질 2보다 깊다.

ㄷ. 파동의 속력은 파장에 비례하므로, 매질 1과 매질 2의 속력의 비는 5 : 4이다. 매질 1에서 파장이 10 cm이고 주기가 2초이므로 속력은 5 cm/s이다. 따라서 매질 2에서의 속력은 4 cm/s이다.

[오답 피하기] ㄴ. 매질이 달라져도 진동수는 변하지 않으므로 진동수의 역수인 주기도 같다. 따라서 Q가 한 번 진동하는 데 걸리는 시간도 2초이다.

06 ㄴ. $2\lambda_1=3\lambda_2$이므로 $\dfrac{\lambda_1}{\lambda_2}=\dfrac{v_1}{v_2}=\dfrac{3}{2}=\dfrac{n_2}{n_1}$이다. 따라서 빛의 속력은 매질 1에서가 매질 2에서의 1.5배이다.

[오답 피하기] ㄱ. 굴절 법칙에 의해 '$\dfrac{\sin i}{\sin r}=\dfrac{v_1}{v_2}=\dfrac{\lambda_1}{\lambda_2}=\dfrac{n_2}{n_1}$ 일정'의 관계가 성립한다. 즉, $\dfrac{\sin i}{\sin r}$값이 각도에 관계없이 일정하므로 입사각 i를 증가시키면 굴절각 r도 증가한다.

ㄷ. 매질 1에 대한 매질 2의 굴절률은 $n_{12}=\dfrac{n_2}{n_1}=\dfrac{3}{2}$이다.

07 A, B. 매질에 따라 빛의 속력이 달라지기 때문에 빛의 경로가 꺾이는 현상을 빛의 굴절이라고 한다. 망원경과 현미경에 쓰이는 렌즈, 당도계는 빛의 굴절을 이용한 사례이다.

[오답 피하기] C. 직각 프리즘은 빛이 굴절률이 큰 매질에서 작은 매질로 임계각 이상의 각도로 입사할 때 전반사하는 현상

을 이용하여 빛의 경로를 바꾼 사례이다.

08 ㄷ. 단색광이 공기에서 매질 A로 입사할 때 꺾이지 않은 것은 입사각이 0°이기 때문이다. 굴절 법칙을 매질 A와 B, 매질 B와 공기에 대하여 적용해 보면 A에서 B로 입사할 때의 굴절각을 θ_B라고 하면 $\dfrac{\sin \theta_1}{\sin \theta_B}=\dfrac{n_B}{n_A}$이고, $\dfrac{\sin \theta_B}{\sin \theta_2}=\dfrac{n_{공기}}{n_B}$이다.

두 식을 곱하면 $\dfrac{\sin \theta_1}{\sin \theta_2}=\dfrac{n_{공기}}{n_A}$가 된다. 공기의 굴절률이 1이므로 $\dfrac{\sin \theta_1}{\sin \theta_2}=\dfrac{1}{n_A}$이다. 따라서 A의 굴절률은 $\dfrac{\sin \theta_2}{\sin \theta_1}$이다.

[오답 피하기] ㄱ. $\theta_1<\theta_2$이므로 $\dfrac{\sin \theta_1}{\sin \theta_2}=\dfrac{n_{공기}}{n_A}<1$이다. 즉, 매질 A의 굴절률이 공기의 굴절률보다 크다. 따라서 단색광의 속력은 공기에서보다 A에서 더 느리다.

ㄴ. A에서 B로 입사할 때 입사각이 굴절각보다 크므로 B의 굴절률이 A보다 크다. 따라서 빛의 파장은 B에서가 A에서보다 짧다.

09 자료 분석 하기

물속의 동전

- 동전에서 반사된 빛이 눈에 들어올 때 우리는 동전을 볼 수 있다.
- 동전에서 반사된 빛은 물과 공기의 경계면에서 굴절한 후 눈에 도달하는데, 우리의 눈은 빛이 직진하였다고 인식하기 때문에 실제 위치와 다른 곳에 동전이 있다고 생각하게 된다.

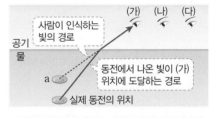

(가)에서 바라보면 동전이 실제 위치보다 위에 있는 것처럼 보인다.

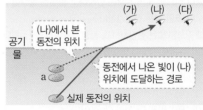

(나)에서 바라보면 동전이 (가)에서보다 더 위에 있는 것처럼 보인다.

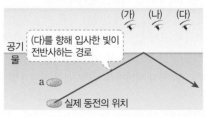

(다)에서 바라보면 동전이 보이지 않는다. 동전에서 반사된 빛이 물과 공기의 경계면에서 전반사하여 눈까지 도달하지 않기 때문이다.

ㄴ. (나)에서 바라보면 동전에서 나온 빛이 (가)에서보다 더 큰 입사각으로 입사하게 된다. 연장선을 그어보면 a보다 더 높은 위치에 동전이 있는 것처럼 보인다는 것을 알 수 있다.

[오답 피하기] ㄱ. 물에서 공기로 입사할 때 입사각이 굴절각보다 작다. 따라서 실제 동전은 a보다 아래쪽에 위치함을 알 수 있다.

ㄷ. (다)에서 동전이 보이지 않는 까닭은 물에서 공기로 입사

할 때의 입사각이 임계각보다 커서 빛이 전반사하기 때문이다. 동전에서 반사된 빛이 눈에 도달하지 못하면 우리는 동전을 볼 수 없다.

10 자료 분석 하기

신기루

- 빛의 속력은 공기의 온도가 높을수록 빠르다.
- 빛이 그림 (가)와 같이 아래로 볼록하게 휘어 사람의 눈에 도달하게 되는데, 사람은 빛이 직진하였다고 인식하기 때문에 사막의 모래 아래에 물체가 있는 것처럼 인식하게 된다.
- 빛이 그림 (나)와 같이 위로 볼록하게 휘어 사람의 눈에 도달하게 되는데, 사람은 빛이 직진하였다고 인식하기 때문에 하늘 위에 물체가 있는 것처럼 인식하게 된다.

ㄴ. (가)의 경우 지면에 가까운 공기의 온도가 높고 지면에서 멀어질수록 온도가 낮아진다. (나)의 경우 해수면에서 멀리 있는 공기의 온도가 높고 해수면에서 가까울수록 온도가 낮아진다.

[오답 피하기] ㄱ. (가)와 (나)는 모두 빛의 굴절에 의한 현상이다.

ㄷ. (가)와 (나)에서는 모두 높이에 따라 빛의 속력이 달라진다.

11 ㉠ 굴절률이 큰 매질(물)에서 굴절률이 작은 매질(공기)로 빛이 입사하면 입사각이 굴절각보다 작다.

㉡ 입사각을 점점 증가시키며 관찰할 때, 전반사가 일어나기 시작하는 순간은 굴절각이 $90°$가 되는 순간이다. 즉, 입사각이 임계각 θ_c일 때 굴절각은 $90°$가 된다.

㉢ 일반적으로 빛이 매질 1에서 매질 2로 진행할 때 입사각 i와 굴절각 r 사이에는 $\dfrac{\sin i}{\sin r}=\dfrac{n_2}{n_1}$의 관계가 성립한다. 여기서 매질 1은 물이므로 $n_1=1.33$, 매질 2는 공기이므로 $n_2=1$을 대입하면 $\dfrac{\sin \theta_c}{\sin 90°}=\dfrac{1}{1.33}$이 되어 문제와 같은 풀이를 도출할 수 있다.

12 코어에서 클래딩으로 입사하는 빛이 전반사하기 위해서는 코어의 굴절률이 클래딩의 굴절률보다 커야 한다. 또한 임계각은 굴절각이 $90°$가 될 때의 입사각이므로, $\dfrac{\sin i}{\sin r}=\dfrac{\sin i_c}{\sin 90°}=\sin i_c=\dfrac{n_{클래딩}}{n_{코어}}$이다. 즉, 코어와 클래딩의 굴절률 차이가 클수록 임계각이 작다. 따라서 코어에는 굴절률이 가장 큰 B를, 클래딩에는 굴절률이 가장 작은 A를 사용하여야 임계각이 최소가 된다.

13 ① 빛을 굴절시켜 초점으로 모으는 볼록 렌즈를 이용하면 나무에 그림을 그릴 수 있다.

[오답 피하기] ② 집광기로 빛을 모아 광섬유를 묶어서 만든 광케이블을 통해 전송하여 어두운 지하를 밝게 한다. 광섬유 내

부에서는 빛의 전반사가 일어난다.

③ 가는 광섬유 다발을 연결한 소형 카메라를 이용해 인체 내부 장기의 모습을 관찰할 수 있다.

④ 휘어지는 광섬유를 이용한 장식품을 만들 수 있다.

⑤ 다이아몬드 윗면에 입사한 빛이 내부에서 전반사하여 모두 되돌아 나오도록 세공하면 더욱 반짝이게 된다.

14 ㄴ. 광섬유 내부에서 빛은 전반사하며 진행한다.

[오답 피하기] ㄱ. 송신부에서는 발신자가 전송하려고 하는 정보를 담은 전기 신호를 빛 신호로 변환한다.

ㄷ. 광섬유 내에서 빛이 먼 거리를 이동하면 빛의 세기가 약해진다. 이때 광 증폭기는 빛 신호를 증폭시켜 약해진 신호를 강하게 만든다.

15 고난도 문제 해결 전략

STEP 1 출제 의도 파악하기

전반사가 일어나기 위한 조건을 바탕으로 매질 A, B, C의 굴절률을 비교할 수 있어야 한다.

STEP 2 자료 분석하기

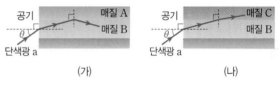

(가)   (나)

- 단색광 a가 같은 입사각으로 입사할 때 (가)에서는 전반사가 일어났고, (나)에서는 굴절하며 진행했다.
- (가)에서 전반사가 일어났으므로 매질 B의 굴절률이 매질 A의 굴절률보다 크다.
- (나)에서 입사각이 굴절각보다 작으므로 매질 B의 굴절률이 매질 C의 굴절률보다 크다.

STEP 3 관련 개념 모으기

❶ 전반사가 일어나기 위한 조건은?
➡ 빛이 굴절률이 큰 매질에서 작은 매질로 입사할 때, 입사각이 임계각보다 크면 전반사가 일어난다.

❷ 굴절률과 임계각의 관계는?
➡ 임계각은 굴절각이 $90°$가 될 때의 입사각의 크기이다. 즉, 매질 1에서 매질 2로 입사할 때 임계각이 θ_c라면, $\dfrac{\sin \theta_c}{\sin 90°}=\dfrac{n_2}{n_1}$이므로, $\sin \theta_c=\dfrac{n_2}{n_1}$이다. 매질 2의 굴절률이 클수록 임계각이 크다.

ㄴ. (나)에서 a가 B에서 C로 입사할 때 입사각이 굴절각보다 작다. 즉, C의 굴절률이 B의 굴절률보다 작다. (가)와 (나)에서 같은 각도로 입사하였으나 (가)에서는 전반사가 일어나고, (나)에서는 일어나지 않았다. 즉, B에서 C로 입사할 때의 임계각이 더 크다는 것을 알 수 있다. 임계각은 굴절각이 $90°$가 될 때의 입사각의 크기이므로, $\dfrac{\sin i}{\sin r}=\dfrac{\sin i_c}{\sin 90°}=\sin i_c=\dfrac{n_{A 또는} n_C}{n_B}$이다. 임계각이 큰 C의 굴절률이 A의 굴절률보다 크다.

[오답 피하기] ㄱ. (가)에서 a가 B에서 A로 입사할 때 전반사가 일어났으므로 A의 굴절률이 B의 굴절률보다 작다. 따라

서 a의 속력은 A에서보다 B에서 더 느리다.

ㄷ. (나)에서 전반사가 일어나기 위해서는 B와 C의 경계면에서 입사각이 더 커져야 하므로 공기에서 B로 입사할 때 입사각을 θ보다 작게 해야 한다.

16 고난도 문제 해결 전략

STEP 1 출제 의도 파악하기
입사각과 굴절각의 크기를 비교하여 매질의 굴절률의 대소 관계를 판단할 수 있어야 한다.

STEP 2 자료 분석하기

• 빛이 A에서 B로 진행할 때 입사각 > 굴절각이다. ➡ 굴절률은 A < B이고, 빛의 속력은 A > B이다.

• 빛이 B에서 C로 진행할 때 입사각 < 굴절각이다. ➡ 굴절률은 B > C이고, 빛의 속력은 B < C이다.

STEP 3 관련 개념 모으기

❶ 입사각과 굴절각의 관계는?

➡ 매질 1에서 매질 2로 입사할 때 입사각 i와 굴절각 r의 관계는 다음과 같다.

$$\frac{\sin i}{\sin r} = \frac{n_2}{n_1}$$

따라서 입사각이 굴절각보다 크면 $n_1 < n_2$이고, 입사각이 굴절각보다 작으면 $n_1 > n_2$이다.

❷ 매질의 굴절률과 빛의 속력의 관계는?

➡ 매질 1에서의 빛의 속력을 v_1, 매질 2에서의 빛의 속력을 v_2라고 하면 다음과 같은 관계식이 성립한다.

$$\frac{\sin i}{\sin r} = \frac{n_2}{n_1} = \frac{v_1}{v_2}$$

즉, 굴절률이 큰 매질일수록 빛의 속력이 느려진다.

❸ 광섬유에 사용하는 물질의 굴절률은?

➡ 광섬유는 빛이 내부에서 전반사하며 진행해야 하므로, 코어의 굴절률이 클래딩의 굴절률보다 커야 한다.

ㄱ. A에서 B로 진행할 때 입사각이 굴절각보다 크다. 즉, B의 굴절률이 A의 굴절률보다 크고, 빛의 속력은 A에서보다 B에서 더 느리다.

ㄴ. A에서 B로 진행할 때의 굴절각과 B에서 C로 진행할 때의 입사각은 서로 평행선에서의 엇각 관계로 동일하다.

[오답 피하기] ㄷ. 광섬유는 빛이 내부에서 전반사하며 손실 없이 진행하는데, 전반사가 일어나기 위해서는 코어의 굴절률이 클래딩의 굴절률보다 커야 한다. A에서 B로 진행할 때의 굴절각을 θ_B라 하고 굴절 법칙을 적용하면, A에서 B로 진행할 때 $\dfrac{\sin \theta_1}{\sin \theta_B} = \dfrac{n_B}{n_A}$이고, B에서 C로 진행할 때 $\dfrac{\sin \theta_B}{\sin \theta_2} = \dfrac{n_C}{n_B}$이다. 두 식을 곱하면 $\dfrac{\sin \theta_1}{\sin \theta_2} = \dfrac{n_C}{n_A}$인데, $\theta_1 < \theta_2$이므로 굴절률 $n_C < n_A$이다. 따라서 굴절률이 큰 A가 코어에, 굴절률이 상대적으로 작은 C가 클래딩에 이용된다.

16 전자기파

172~173쪽

확인문제 1 전자기파 2 수직 3 마이크로파, 적외선, 라디오파 4 적외선 5 감마(γ)선 6 마이크로파

01 변하는 전기장과 자기장이 서로를 유도하면서 주기적으로 진동하는 파동의 형태로 공간을 퍼져 나가는 것을 전자기파라고 한다.

02 전자기파의 진행 방향은 전기장의 진동 방향과 수직이며, 자기장의 진동 방향과도 수직이다. 전기장의 진동 방향과 자기장의 진동 방향도 서로 수직이다.

03 주어진 전자기파를 파장이 긴 것부터 나열하면, 라디오파 > 마이크로파 > 적외선 > 가시광선 > 자외선 > X선 > 감마(γ)선 순이다. 따라서 가시광선보다 파장이 긴 전자기파는 적외선, 마이크로파, 라디오파이다.

04 적외선은 리모컨, 온도계, 열화상 카메라 등에 이용된다.

05 감마(γ)선은 원자핵이 붕괴하는 과정에서 방출되는 전자기파로, 투과력이 가장 강하다.

06 물 분자를 진동시켜 열을 발생시키는 전자기파는 마이크로파이다.

개념을 다지는 기본 문제

174~175쪽

01 ③ 02 ④ 03 ③ 04 ② 05 ② 06 감마(γ)선 07 ①
08 ② 09 ④ 10 ③ 11 열화상 카메라, 적외선 카메라, 적외선 온도계 등 12 해설 참조

01 ㄴ, ㄷ. 전자기파의 속력은 약 30만 km/s로 빛의 속력과 같으며, 전자기파는 진행 방향과 진동 방향이 수직인 횡파이다.
[오답 피하기] ㄱ. 공간의 한 곳에서 전기장의 변화가 일어나면 자기장이 생기고, 자기장의 변화가 일어나면 다시 전기장이 생긴다. 즉, 전기장과 자기장은 서로 독립적이지 않다.
ㄹ. 전자기파는 다른 파동과 달리 매질이 없어도 진행할 수 있다.

➕ 개념 더하기

전자기파의 특징

• 전자기파는 변하는 전기장과 자기장이 서로를 유도하면서 주기적으로 진동하며 공간을 퍼져 나가는 파동이다.
• 1865년 맥스웰이 전자기파의 존재를 주장하였고, 1886년 헤르츠가 실험으로 확인하였다.
• 전기장과 자기장이 진동하는 방향에 대해 각각 수직 방향으로 진행하는 횡파이다.
• 전기장이 진동하는 면과 자기장이 진동하는 면은 서로 직각을 이룬다.
• 다른 파동과 달리 매질이 없어도 진행할 수 있다.
• 진공 중에서 전자기파의 속력은 진동수와 관계없이 30만 km/s이다.

02 전자기파의 스펙트럼을 진동수가 큰 순서대로 나열하면, 감마
(γ)선>X선>자외선>가시광선>적외선>마이크로파>라
디오파이다.

03 진공에서 전자기파의 속력은 파장에 관계없이 30만 km/s로
동일하다.

04 〔자료 분석 하기〕 ─────────

전자기파의 종류

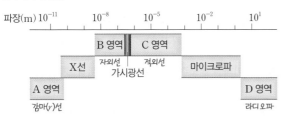

· A 영역은 X선보다 파장이 짧은 전자기파이므로 감마(γ)선이다.
· B 영역은 X선보다 파장이 길고 가시광선보다 파장이 짧으므로 자외
  선이다.
· C 영역은 가시광선보다 파장이 길고 마이크로파보다 파장이 짧으므
  로 적외선이다.
· D 영역은 마이크로파보다 파장이 긴 라디오파이다.

─────────

A는 감마(γ)선, B는 자외선, C는 적외선, D는 라디오파이다.
ㄱ. 감마(γ)선은 적외선보다 파장이 매우 짧고 직진성이 강
하다.
ㄹ. 라디오파는 마이크로파와 함께 전파로 분류된다.
〔오답 피하기〕 ㄴ. 자외선은 눈으로 감지할 수 없다.
ㄷ. 진공에서의 속력은 자외선, 적외선에 관계없이 모든 전자
기파가 동일하다.

05 ② 자외선(B)은 들뜬상태의 전자가 낮은 에너지 준위로 전이
하면서 발생한다.
〔오답 피하기〕 ① 전기 기구에서 전자의 진동에 의해 발생하는
것은 마이크로파이다.
③ 적외선(C)은 들뜬상태의 전자가 낮은 에너지 준위로 전이
하면서 발생한다.
④ 고속의 전자가 금속에 충돌하면서 발생하는 것은 X선이다.
⑤ 도선 속에서 가속되는 전하에 의해 발생하는 것은 라디오
파(D)이다.

⊕ 〔개념 더하기〕

전자기파의 발생 원리

종류	발생 원리
감마(γ)선	원자핵이 방사성 붕괴하는 과정에서 발생한다.
X선	고속의 전자가 금속에 충돌할 때 발생한다(뢴트겐이 발견).
자외선, 가시광선, 적외선	들뜬상태에 있던 전자가 에너지 준위가 낮은 궤도로 이동하면서 발생한다.
마이크로파	전기 기구에서 전자의 진동으로 발생한다.
라디오파	도선 속에서 가속되는 전하에 의해 발생한다.

06 감마(γ)선은 핵반응 중에 나오는 방사선의 일종으로, 전자기파
중 파장이 가장 짧고 투과력이 매우 강하다.

07 살균 소독 기능이 있는 전자기파는 자외선이다.

08 A는 라디오파, B는 감마(γ)선, C는 적외선이다.
② 감마(γ)선은 X선보다 파장은 짧고, 진동수는 크다.
〔오답 피하기〕 ① 라디오파는 적외선보다 파장이 길다.
③ 광학 현미경에 사용되는 것은 가시광선이다.
④ 형광 작용을 하는 것은 자외선이다.
⑤ 유전자 변형을 일으킬 수 있는 것은 감마(γ)선이다.

09 열감지기에 이용되는 전자기파는 적외선이다.

10 ㄱ, ㄴ. (가)에 이용되는 전자기파는 X선이다. X선은 투과력
이 강하여 인체 내부, 물질 내부를 파악하는 데 이용된다.
(나)에 이용되는 전자기파는 마이크로파이다. 마이크로파는
물 분자의 고유 진동수와 같은 진동수를 가지므로 음식에 쪼
이면 물 분자를 진동시켜 열이 발생한다.
(다)에 이용되는 전자기파는 자외선이다. 자외선은 물질 속에
포함된 형광 물질에 흡수되면 가시광선을 방출하므로 위조지
폐 감별에 이용된다.
〔오답 피하기〕 ㄷ. (가)는 X선, (나)는 마이크로파, (다)는 자외선
이므로 진동수는 (가)>(다)>(나) 순이다.

11 적외선은 물체에 흡수되어 온도를 높이는 열작용을 하며, 물
체에서 방출되는 적외선을 감지하여 온도를 측정하거나 야간
에도 사진을 촬영할 수 있다.

12 〔자료 분석 하기〕 ─────────

전자기파의 종류와 이용 사례

> 전자기파는 파장에 따라 영역을 구분하여 분류한다.
>
> 자외선이나 가시광선과
> ① 적외선: 마이크로파와 발생 원리가 같다. 열작용이 강하여 (열화
>   상 카메라)에 이용된다.
> ② 자외선: 햇볕에 피부가 타는 원인이 되는 전자기파이다.
>   X선
> ③ 감마(γ)선: 공항에서 수하물 내부를 검색할 때 이용된다.
> ④ X선: 음식물을 데우거나 인공위성과의 통신에 사용된다.
>   마이크로파
> ⑤ 가시광선: 인간의 눈에 보이는 빛이다.
>   감마(γ)선
> # 전자기파 중 에너지가 가장 큰 것은 X선이다.

〔예시 답안〕 4개, ① 적외선: 자외선 및 가시광선과 발생 원리가 같다.
③ X선: 공항에서 수하물 내부를 검색할 때 이용된다. ④ 마이크로파:
음식물을 데우거나 인공위성과의 통신에 이용된다. # 전자기파 중 에
너지가 가장 큰 것은 감마(γ)선이다.

채점 기준	배점(%)
틀린 부분의 개수를 옳게 쓰고, 틀린 부분을 모두 옳게 수정한 경우	100
틀린 부분의 개수를 옳게 썼으나 틀린 부분 중 3가지만 옳게 수정한 경우	70
틀린 부분 중 2가지만 옳게 수정한 경우	30

01 자료 분석 하기

전자기파

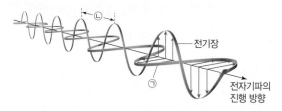

전기장

ⓒ

전자기파의
진행 방향

• 전자기파는 변하는 전기장과 자기장이 서로를 유도하면서 주기적으로
진동하여 공간을 퍼져 나가는 파동이다.
➡ 전기장의 진동 방향과 수직으로 진동하는 ㉠은 자기장이다.
• ㉡은 마루와 마루 사이의 거리이므로 파장을 나타낸다.

전자기파는 전기장과 자기장이 진동하면서 진행하는 파동이다.
ㄱ. ㉠은 자기장이다.
ㄴ. 전기장과 자기장이 진동하는 면은 90°를 이룬다.
[오답 피하기] ㄷ. ㉡은 전자기파의 파장이며, X선의 파장은 감
마(γ)선의 파장보다 길다.

02 ㄴ. (나)는 가시광선이며, 마이크로파는 가시광선보다 파장이
긴 전자기파이다.
[오답 피하기] ㄱ. 전자기파의 존재를 이론적으로 예측한 과학자
는 맥스웰이다. 즉, (가)는 맥스웰이다. 헤르츠는 맥스웰의 예
측을 실험적으로 확인하였다.
ㄷ. 물속에서 빛(가시광선)의 속력이 공기에서보다 느려지기
때문에 빛이 공기 중에서 물속으로 진행할 때 굴절이 일어난
다. 즉, 매질의 종류에 따라 빛(가시광선)의 속력이 달라진다.

03 자료 분석 하기

전자기파의 종류와 특징

전자기파	a: 적외선	b: 라디오파	c: 자외선	d: 가시광선
전자기파를 방출하는 물체	전열 기구	라디오	대양	백열전구
이용 분야	리모컨, 열화 상 카메라, 온도계 등	TV 방송, 라 디오 방송, 휴대 전화 등	위조지폐 감 별, 자외선 살균기 등	광통신, 영상 장치 등

ㄱ. 모든 물체는 표면에서 온도에 따라 다른 전자기파인 적외
선(a)을 방출하므로, 적외선을 분석하면 물체의 온도를 알 수
있다.

ㄷ. c는 자외선으로, 미생물을 제거할 수 있다. 따라서 살균
작용에 이용된다.
ㄹ. d는 가시광선으로, 파장이 약 380 nm~780 nm이다.
[오답 피하기] ㄴ. 물 분자를 진동시켜 음식물을 가열하는 것은
마이크로파의 특징이다.

04 우라늄의 핵분열 과정에서 방출되는 전자기파 A는 감마(γ)선
이다.
ㄴ. 감마(γ)선은 전자기파 중 에너지가 가장 크다.
ㄷ. 감마(γ)선은 우주 관찰용 망원경에 이용된다.
[오답 피하기] ㄱ. 전자기파는 전하를 띠지 않는다.

05 전자기파의 진동수가 클수록 파장은 짧다. 가시광선보다 진동
수가 큰 영역의 전자기파에는 자외선, X선, 감마(γ)선이 있으
며, 공항 수하물을 검색하거나 인체 내부를 진단할 때 이용되
는 전자기파는 X선이다.

06 자료 분석 하기

전자기파의 종류

• A는 TV와 관련된 전자기파이다. TV에서 나오는 영상은 가시광선
이고, TV가 방송 신호를 수신하는 데에는 라디오파가 이용된다.
• B는 전자레인지와 관련된 전자기파로 마이크로파이다.
➡ A가 B보다 파장이 길다고 하였으므로 A는 라디오파이다.

ㄴ. 전자레인지와 관련된 전자기파 B는 마이크로파이다. 마이
크로파는 전자레인지 내부에 있는 전자의 진동으로 발생한다.
ㄷ. 라디오파는 도선 속에서 가속되는 전하에 의해 발생한다.
이는 송신 안테나에서 일어나는 일이다. 같은 원리로 수신 안
테나에서는 전달된 라디오파가 수신 안테나 속의 전자를 가속
시키면서 전기 신호가 수신된다.
[오답 피하기] ㄱ. TV는 안테나를 통해 라디오파를 수신하여
방송을 한다. 사람이 TV의 영상을 볼 수 있는 것은 가시광선
이 TV에서 방출되기 때문이다. 그러나 A의 파장이 B보다
길다고 하였으므로 문제에서 TV와 관련된 전자기파 A는 라
디오파이다.

07 ㉠ 파장이 0.01 m보다 긴 전자기파를 라디오파라고 한다.
㉡ 빛은 파장이 길수록 에너지가 작다.
㉢ 라디오파는 전파 망원경에 사용된다.

08 ㉠은 감마(γ)선, ㉡은 적외선, ㉢은 라디오파이다.
A. 감마(γ)선은 원자핵이 방사성 붕괴하는 과정에서 발생하
며, 전자기파 중 투과력이 가장 강하다.
C. 라디오파는 도선 속에서 가속되는 전하에 의해 발생한다.

[오답 피하기] B. 살균기나 위조지폐를 감별할 때 이용되는 전자기파는 적외선(ⓒ)이 아니라 자외선이다.

09 자료 분석 하기

전자기파의 분류

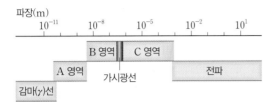

파장(m)
10^{-11} 10^{-8} 10^{-5} 10^{-2} 10^{1}

B 영역   C 영역
A 영역   가시광선   전파
감마(γ)선

- 감마(γ)선보다 파장이 길고 가시광선보다 파장이 짧은 전자기파에는 자외선과 X선이 있다. A 영역의 파장이 B 영역보다 짧으므로 A 영역은 X선, B 영역은 자외선이다.
- C 영역은 가시광선보다 파장이 길고 전파보다 파장이 짧으므로 적외선이다.

ㄱ. ⓐ은 A 영역의 전자기파인 X선이다.

ㄴ. B는 자외선, C는 적외선이며, 파장은 B가 C보다 짧다. 전자기파의 파장이 짧을수록 진동수가 크므로 진동수는 B가 C보다 크다.

ㄷ. C는 적외선으로 리모컨에 이용된다.

10 자료 분석 하기

공항에서 이용되는 전자기파

(가) 물체 내부 검색   (나) 체온 측정

- (가)는 공항의 수하물 검색대의 모습이다. (가)에서 사용되는 전자기파는 X선이다. X선은 수하물을 투과하여 내부에 있는 물체에 대한 정보를 제공한다.
- (나)는 공항에서 열감지기를 이용하여 전염병 감염자 여부를 검사하는 모습이다. (나)에서 사용되는 전자기파는 복사열로 방출되는 적외선이다.

ㄱ. A는 X선이고, B는 적외선이다. X선의 파장은 적외선의 파장보다 짧다.

ㄴ. 파장이 짧을수록 직진성이 강하다. X선은 적외선보다 파장이 짧으므로 직진성이 강하다.

[오답 피하기] ㄷ. X선은 인체를 투과하고 뼈만 투과하지 못한다. 인체를 투과한 X선의 영상을 통해 인체 내부의 골격 구조를 알 수 있다. 그러나 적외선은 인체를 투과하지 못하므로, (나)는 인체에서 방출하는 적외선을 보는 것이지, 인체 내부를 관찰하는 것이 아니다.

11 고난도 문제 해결 전략

STEP 1 출제 의도 파악하기
일반 카메라와 열화상 카메라에 이용되는 전자기파의 차이점을 알아야 한다.

STEP 2 관련 개념 모으기

❶ 일반 카메라에 이용되는 전자기파는?
➡ 일반 카메라는 물체에서 반사되는 가시광선이 만드는 상을 보여 준다. 우리의 눈도 가시광선을 인식하기 때문에 눈에 보이는 영상과 같은 영상이 카메라를 통해 기록된다.

❷ 열화상 카메라에 이용되는 전자기파는?
➡ 열화상 카메라는 물체에서 복사열로 방출되는 적외선이 만드는 상을 보여 준다. 깜깜한 밤에는 가시광선이 없어서 우리 눈에 아무것도 보이지 않는다. 하지만 사람으로부터 적외선이 방출되므로 열화상 카메라를 이용하면 밤에도 사물과 사람을 구별할 수 있다.

ㄱ. A는 가시광선을, B는 적외선을 사용한 카메라이다. 가시광선의 진동수는 적외선보다 크다.

[오답 피하기] ㄴ. 깜깜한 밤에는 가시광선이 적기 때문에 우리의 눈에 어두워 보인다. 그러므로 눈에는 보이지 않지만 물체에서 방출되고 있는 적외선으로 촬영하는 것이 좋다.

ㄷ. 적외선을 이용하는 카메라는 가시광선이 아닌 적외선을 감지한다.

12 고난도 문제 해결 전략

STEP 1 출제 의도 파악하기
다양한 전자기파의 물리량을 비교할 수 있어야 한다.

STEP 2 관련 개념 모으기

❶ 전자기파의 파장 비교하면?
➡ 전자기파의 파장은 라디오파＞마이크로파＞적외선＞가시광선＞자외선＞X선＞감마(γ)선 순이다.

❷ 전자기파의 파장이 짧을수록 커지는 물리량은?
➡ 전자기파의 파장이 짧을수록 진동수는 커진다. 따라서 전자기파의 파장이 짧을수록 전자기파의 에너지는 증가한다.

(가)는 라디오파, (나)는 자외선이다.

ㄷ. 자외선은 피부 속에서 비타민 D를 합성한다.

[오답 피하기] ㄱ. A에는 파장이 가능하며, 진동수와 에너지는 대소 관계가 A와 반대이다.

ㄴ. 라디오파는 자외선보다 파장이 길다.

17 파동의 간섭

확인 문제			180~181 쪽
1 합한	**2** 상쇄	**3** 4 cm	
4 보강, 상쇄	**5** 반대		

01 두 파동이 겹쳐지는 동안 만들어지는 파동의 변위는 각 파동의 변위를 합한 것과 같다.

02 두 파동의 마루와 골이 중첩하면 변위의 방향이 반대이므로 진폭이 작아지는 상쇄 간섭이 일어난다.

03 진폭이 2 cm인 두 파동이 보강 간섭을 하면, 변위의 방향이 같으므로 진폭이 더해진다. 따라서 합성파의 진폭은 4 cm이다.

04 소리의 크기가 최대인 지점은 두 스피커에서 나온 음파가 합성되어 진폭이 커졌다는 것을 의미한다. 따라서 보강 간섭이 일어나는 곳이다. 소리의 크기가 최소인 지점은 두 스피커에서 나온 음파가 합성되어 진폭이 작아졌다는 것을 의미한다. 따라서 상쇄 간섭이 일어나는 곳이다.

05 소음 제거 기술은 외부의 소음과 위상이 반대인 소리를 발생시켜 상쇄 간섭으로 소음을 제거하는 기술이다.

개념을 다지는 기본 문제

182~183쪽

01 ②	02 ①	03 9 cm	04 ③
05 2초	06 해설 참조	07 ⑤	08 ㉢	09 ③
10 ②	11 (1) 소음 제거 헤드폰, 자동차 배기 장치, 여객기 등		
(2) 해설 참조			

01 〔자료 분석 하기〕

두 스피커에서 나오는 소리

• A와 C에게는 소리가 작게 들린다.
➡ 두 스피커에서 나온 소리가 상쇄 간섭을 하여 진폭이 작아졌기 때문이다.
• B와 D에게는 소리가 크게 들린다.
➡ 두 스피커에서 나온 소리가 보강 간섭을 하여 진폭이 커졌기 때문이다.

두 스피커에서 나온 소리가 보강 간섭을 하면 진폭이 커져 크게 들리고, 상쇄 간섭을 하면 진폭이 작아져 작게 들린다. 즉, 파동의 간섭과 관련된 현상이다.

02 마루와 마루가 만나거나 골과 골이 만나면 변위의 방향이 같아서 진폭이 커지는 보강 간섭이 일어난다. 마루와 골 또는 골과 마루가 만나면 변위의 방향이 반대이므로 진폭이 작아지는 상쇄 간섭이 일어난다.

03 두 파동은 변위의 방향이 같아서 진폭이 커지는 보강 간섭을 한다. 합성파의 진폭은 두 파동의 진폭을 더한 9 cm이다.

04 〔자료 분석 하기〕

파동의 독립성

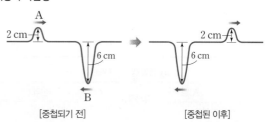

[중첩되기 전]   [중첩된 이후]

• 중첩된 이후에 파동 A는 중첩되기 전과 동일한 진폭(2 cm)과 위상(위쪽), 진행 방향(오른쪽)으로 진행한다.
• 중첩된 이후에 파동 B는 중첩되기 전과 동일한 진폭(6 cm)과 위상(아래쪽), 진행 방향(왼쪽)으로 진행한다.

파동이 중첩된 이후에 A, B는 중첩되기 전의 파형을 그대로 유지하며 진행한다. 이를 파동의 독립성이라 한다. 따라서 진폭, 변위의 방향, 진행 방향이 모두 바뀌지 않은 ③과 같은 모습이 된다.

05 두 파동의 속력은 2 m/s이고, 파장은 4 m이므로 두 파동의 주기는 $T = \dfrac{\lambda}{v} = \dfrac{4\ \text{m}}{2\ \text{m/s}} = 2$ s이다.

06 두 파동의 속력은 2 m/s이므로, $t = 2$ s일 때까지 4 m를 이동한다. $t = 0$일 때를 기준으로 A는 오른쪽으로 4 m, B는 왼쪽으로 4 m 이동시켜 그래프를 그리면, 두 그래프가 4 m∼8 m 구간에서 중첩되는데, 변위의 방향이 반대이므로 상쇄 간섭이 일어난다. 따라서 4 m∼8 m 구간에서는 진폭이 0이 된다. 다른 위치에서는 두 파동이 중첩되지 않으므로, A, B 각 파동의 모습이 나타난다.

〔예시 답안〕

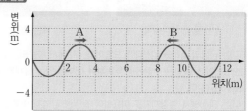

채점 기준	배점(%)
예시 답안과 같이 파동을 옳게 그린 경우	100

07 ⑤ 비행기 내부의 탑승자들은 소음과 스피커에서 발생시킨 음파가 중첩된 소리를 듣게 된다. 마이크로폰을 이용하여 비행기 외부의 소음을 측정한 뒤, 이와 진폭과 진동수는 같지만 변위의 방향이 반대(반대 위상)인 음파를 스피커로 발생시키면, 두 파동이 상쇄 간섭을 하여 비행기 내부에서는 소음을 들을 수 없다.

〔오답 피하기〕 ① 음파는 비행기 외벽을 투과하여 내부까지 전달된다.

② 비행기 외부에서는 소음으로 시끄럽다. 이는 소음의 주파수

가 사람이 인식할 수 있는 가청 주파수 범위라는 것을 의미한다.
③ 비행기 내부에 음악이 재생되지 않을 때에도 외부 소음이
들리지 않는다.
④ 소음과 진폭, 진동수, 변위의 방향이 같은 음파를 발생시킬
경우 보강 간섭이 일어나서 소음이 더 크게 들린다.

08 ㉡ 악기의 울림통에서 보강 간섭이 일어나면 선명하고 일정한
음파가 발생한다.
[오답 피하기] ㉠ 공기 기둥의 진동을 이용하는 것은 관악기, 줄
의 진동을 이용하는 것은 현악기이다.
㉢ 공연장의 어느 장소에서 상쇄 간섭이 일어날 경우 음악이
잘 들리지 않는다. 따라서 공연장의 어느 곳에서도 상쇄 간섭
이 일어나지 않도록 공연장의 구조를 설계한다.

09 ㄱ, ㄴ. 충격파 쇄석술은 파동의 세기가 약한 초음파가 신장
결석이 있는 위치에서만 보강 간섭을 일으키게 하는 기술이
다. 보강 간섭을 일으키는 위치에서만 초음파의 세기가 강해
져 신장 결석을 깨뜨리게 된다.
[오답 피하기] ㄷ. 초음파가 진행하는 동안은 파동의 세기가 약
하기 때문에 다른 신체 조직을 손상시키지 않는다.

⊕ 개념 더하기

충격파 쇄석술
① 초음파(충격파) 발생기에서 발생한 초음파가 신장 결석이 있는 위치
에서 보강 간섭하여 결석을 깨뜨린다.

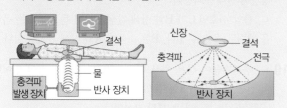

• 타원 모양의 반사 장치의 한 초점에서 충격파를 발생시키고, 다른 초
점에 신장 결석을 위치시키면 반사된 충격파가 결석 위치에서 만나
게 된다.
• 이때 경로차를 조절하여 보강 간섭이 일어나면 결석이 분쇄된다.
② 신체 내부의 다른 조직을 통과할 때는 파동의 세기가 약하므로 손상
을 최소화할 수 있다.

10 ㄱ과 ㄴ의 현상은 보강 간섭이 일어나는 빛의 파장만 강한 밝
기로 보이는 현상이다.
[오답 피하기] ㄷ. 태양 빛이 프리즘에 의해 여러 가지 색깔로 나
뉘는 현상은 빛의 파장에 따라 굴절률이 다르기 때문에 나타
나는 빛의 분산에 의한 현상이다.

11 (2) [예시 답안] 소음의 파형과 진폭 및 진동수가 같고 위상이 반대인 음
파를 발생시켜 소음과 중첩시키면, 상쇄 간섭이 일어나서 합성파의 진
폭이 0이 된다.

채점 기준	배점(%)
예시 답안과 같이 옳게 설명한 경우	100
상쇄 간섭을 이용한다고만 쓴 경우	50

실력을 올리는 실전 문제

185~187쪽

01 ③	02 ①	03 ②	04 ②	05 ⑤
06 ③	07 ⑤	08 ④	09 ②	10 ②

1등급을 굳히는 고난도 문제

11 ⑤	12 ⑤

01 ㄱ. (가)에서 A와 B는 변위의 방향이 같으므로 보강 간섭을,
(나)에서 A와 C는 변위의 방향이 반대이므로 상쇄 간섭을 한다.
ㄴ. 합성파의 변위는 각 파동의 변위를 합한 것과 같다. (나)에
서 A의 변위와 C의 변위는 방향이 반대이므로 합성파의 변위
는 0이다.
[오답 피하기] ㄷ. 파동이 중첩된 이후 각 파동은 원래의 모습을
그대로 유지하며 진행한다. A는 원래의 진폭과 같은 진폭으
로, 원래의 진행 방향과 같은 방향인 오른쪽으로 진행한다.

02 [자료 분석 하기]
파동의 중첩

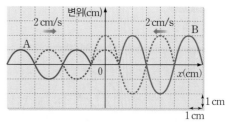

• 두 파동의 속력은 2 cm/s이므로, 1초 동안 각각 오른쪽과 왼쪽으로
2 cm를 이동한다. 각 파동의 1초 후의 모습은 점선과 같다.
• 파동이 중첩될 때 합성파의 진폭은 각 파동의 변위를 합한 것과 같다.
➡ $x=1$ cm 지점의 변위는 0이다.

ㄱ. A, B는 파장이 4 cm, 속력이 2 cm/s로 동일하므로 진
동수도 동일하다. 파동의 속력은 파장과 진동수의 곱이므로,
진동수는 0.5 Hz이다.
[오답 피하기] ㄴ. A와 B는 0.5초 후 각각 1 cm씩 이동하여
$x=0$인 지점에서 만나기 시작한다.
ㄷ. 1초 후 A는 $x=-1$ cm 지점에 있던 파동이 $x=1$ cm
로 이동하고, B는 $x=3$ cm 지점에 있던 파동이 $x=1$ cm로
이동한다. A, B 모두 변위가 0인 부분이 합쳐지므로 1초 후
$x=1$ cm인 지점의 변위는 0이다.

03 ㄴ. P점에 파동의 마루가 도달하여 중첩될 때 밝은 무늬가 된
다. 즉, 각 파동의 주기인 0.1초 간격으로 밝은 무늬가 된다.
[오답 피하기] ㄱ. P점은 밝은 무늬와 어두운 무늬가 반복되는
점이므로 보강 간섭이 일어난다. 따라서 진폭은 원래 파동의 2
배인 6 cm이다.
ㄷ. Q점은 무늬의 밝기가 변하지 않으므로 상쇄 간섭이 일어
난 곳이다. 마루와 골과 같이 변위의 방향이 반대인 파동이 만
나 중첩되었을 때 상쇄 간섭이 일어나므로 Q점에서 두 파동의
변위의 방향은 반대이다.

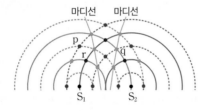 개념 더하기

보강 간섭과 상쇄 간섭의 조건

- 두 파원 A, B에서 위상과 진동수, 진폭이 같은 파동이 발생한다.
- (가)와 같이 각 파원까지의 거리의 차(경로차)가 반파장의 짝수배가 되는 곳에서는 각 파원에서 발생한 파동이 같은 위상으로 만나서 중첩된다.
  ➡ 보강 간섭이 일어난다.
- (나)와 같이 각 파원까지의 거리의 차(경로차)가 반파장의 홀수배가 되는 곳에서는 각 파원에서 발생한 파동이 반대 위상으로 만나서 중첩된다.
  ➡ 상쇄 간섭이 일어난다.

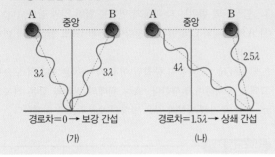

04 자료 분석 하기

물결파의 중첩

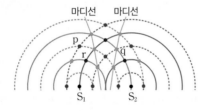

① 마루와 마루가 만나는 점(파란색), 골과 골이 만나는 점(빨간색)과 같이 변위의 방향이 같은 파동이 만나는 점
- 보강 간섭이 일어난다.
- 파란색 점들과 빨간색 점들의 진폭은 동일하지만, 수면의 높이는 파란색 점들이 빨간색 점들보다 높다.

② 마루와 골처럼 변위의 방향이 반대인 파동이 만나는 점(초록색)
- 상쇄 간섭이 일어난다.
- 초록색 점들은 진동이 일어나지 않고 잔잔하다. 초록색 점들을 이은 선은 수면의 높이가 변하지 않는 '마디선'이다.

ㄴ. r에서는 마루와 마루가 만나 보강 간섭이 일어난다. p와 r는 모두 보강 간섭이 일어나므로 진폭이 원래 파동의 2배로 동일하다. q는 마루와 골이 만나는 점으로 상쇄 간섭이 일어나 진폭이 0이다. 즉, 수면의 높이가 변하지 않는다.

[오답 피하기] ㄱ. p에서는 골과 골이 만나 보강 간섭이 일어난다.

ㄷ. 수면의 높이가 가장 낮은 곳은 골과 골이 만난 p이다.

05 ㄴ. ⊙은 소리의 크기가 최댓값이 되는 지점이므로 보강 간섭이 일어나는 곳이다.

ㄷ. 표를 통해 소리의 크기가 최대가 되는 지점 사이에는 30 cm의 일정한 간격이 있고, 소리의 크기가 최소가 되는 지점 사이에도 30 cm의 일정한 간격이 있음을 알 수 있다. 따라서 ⊙은 −15에서 30 cm 떨어진 +15 지점이다.

[오답 피하기] ㄱ. A에서 +y 방향으로 이동함에 따라 따라 소리의 크기가 작아졌다 커졌다를 반복한다.

06 지폐의 숫자가 초록색으로 보이는 각도에서는 초록색 빛이 보강 간섭을, 파란색으로 보이는 각도에서는 파란색 빛이 보강 간섭을 한 것이다.

07 ㄱ. S_1에서 P점까지의 거리와 S_2에서 P점까지의 거리는 3λ로 같다. 각 스피커에서 매 순간 변위의 방향이 같은 음파가 발생하므로 P점에 도달했을 때 음파의 변위의 방향은 같다.

ㄴ. S_1에서 Q점까지의 거리는 4λ이고 S_2에서 Q점까지의 거리는 $\frac{5}{2}\lambda$이므로 거리의 차는 $\frac{3}{2}\lambda$이다.

ㄷ. P점에서는 보강 간섭이, Q점에서는 상쇄 간섭이 일어나므로 소리의 크기는 P점에서가 Q점에서보다 크다.

08 (가)는 음파의 상쇄 간섭, (라)는 물결파의 상쇄 간섭이 일어나는 현상이다. (나)는 빛의 보강 간섭, (다)는 소리의 보강 간섭이 일어나는 현상이다.

09 ㄷ. 이어폰 사용자는 A, B, C가 모두 중첩된 소리를 듣는데, A와 B가 상쇄 간섭을 하여 약해지므로 음악 신호만을 선명하게 들을 수 있다.

[오답 피하기] ㄱ. B는 외부 소음(A)과 상쇄 간섭을 일으키기 위하여 발생시키는 신호로, A와 파장과 진폭이 같고 변위의 방향이 반대인 파동이다.

ㄴ. 음악 신호인 C가 B와 상쇄 간섭을 하면 듣고자 하는 음악을 제대로 들을 수 없다. B는 소음인 A와 상쇄 간섭을 한다.

10 ㄴ. 충격파들이 같은 위상으로 중첩되면 보강 간섭이 일어나서 신장 결석을 깨뜨릴 수 있다.

[오답 피하기] ㄱ. (가)는 보강 간섭이다.

ㄷ. 전극에서 발생시킨 충격파가 신장 결석 위치에서 보강 간섭을 하므로 합성파(B)의 진폭이 처음 파동(A)보다 크다.

11 고난도 문제 해결 전략

(STEP 1) **출제 의도 파악하기**
두 점파원에서 발생한 파동의 모식도를 보고 파동의 파장, 속력, 중첩 결과 등을 알아야 한다.

(STEP 2) **관련 개념 모으기**
❶ **물결파의 파장은?**
➡ 물결파의 파장은 속력을 진동수로 나눈 값으로 구할 수 있다.

❷ **모식도의 실선과 점선은 무엇을 의미하는가?**
➡ 모식도의 실선은 물결파의 마루를, 점선은 물결파의 골을 나타낸다.
➡ 물결파의 파장은 이웃한 실선과 실선 사이의 거리(또는 이웃한 골과 골 사이의 거리)와 같다.

❸ **보강 간섭이 일어나는 점과 상쇄 간섭이 일어나는 점은 어느 곳인가?**
➡ 실선으로 표시된 마루와 마루가 만나는 점, 점선으로 표시된 골과 골이 만나는 점은 보강 간섭이 일어나는 점이다.
➡ 실선으로 표시된 마루와 점선으로 표시된 골이 만나는 점은 상쇄 간섭이 일어나는 점이다.

ㄴ. 그림에서 마루와 마루 사이의 거리가 0.6 cm이므로 두 점파원 사이의 거리는 1.2 cm이다.

ㄷ. Q점은 마루와 골이 만나는 점이므로 상쇄 간섭이 일어나 진폭이 0이다.

[오답 피하기] ㄱ. 물결파의 속력은 6 cm/s이고, 진동수는 10 Hz이므로 파장은 0.6 cm이다.

12 고난도 문제 해결 전략

STEP 1 출제 의도 파악하기
자동차 엔진에서 발생하는 배기음을 제거하는 장치의 원리를 알아야 한다.

STEP 2 자료 분석하기
ㄴ. L_1=8 cm인 경우, 두 경로로 이동한 음파가 반대 위상으로 Q점에서 만나기 때문에 상쇄 간섭을 한다.

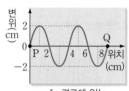
L_1 경로에 있는 공기 분자들의 변위

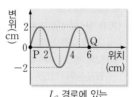
L_2 경로에 있는 공기 분자들의 변위

ㄷ. L_1=10 cm인 경우, 두 경로로 이동한 음파가 같은 위상으로 Q점에서 만나기 때문에 보강 간섭을 한다.

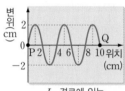
L_1 경로에 있는 공기 분자들의 변위

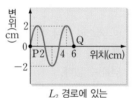
L_2 경로에 있는 공기 분자들의 변위

STEP 3 관련 개념 모으기

❶ 배기음을 제거하는 원리는?

➡ 배기음이 두 가지 경로 L_1, L_2로 나누어 진행한 뒤 한 점에서 만나 중첩된다. 이때 변위의 방향이 반대가 되도록 경로의 길이를 조절하여 상쇄 간섭이 일어나게 한다.

❷ 상쇄 간섭이 일어나는 조건은?

➡ 동일한 파동이 두 가지 경로를 통해 한 점에 도달할 때, 경로차가 반파장의 홀수배이면 변위의 방향이 반대이므로 상쇄 간섭이 일어난다.

➡ 동일한 파동이 두 가지 경로를 통해 한 점에 도달할 때, 경로차가 반파장의 짝수배이면 변위의 방향이 같으므로 보강 간섭이 일어난다.

ㄱ. (나)에서 파동이 반복되는 간격이 4 cm이므로 배기음의 파장은 4 cm이다.

ㄴ. L_1으로 진행한 배기음의 경우 8 cm를 진행하여 Q점에 도달하므로 L_2를 진행한 배기음과 변위의 방향이 반대이다. 따라서 Q점에서 두 음파가 중첩되면 상쇄 간섭을 하여 진폭이 0이 된다.

ㄷ. L_1으로 진행한 배기음의 경우 10 cm를 진행하여 Q점에 도달하므로 L_2를 진행한 배기음과 변위의 방향이 같다. 따라서 Q점에서 두 음파가 중첩되면 보강 간섭을 하여 진폭이 4 cm가 된다.

18 빛과 물질의 이중성

188~190 쪽

확인문제
1 광전 효과, 광전자 2 진동수 3 파동성, 입자성
4 광전 효과 5 물질파(또는 드브로이파)
6 λ 7 짧기, 좋다

02 진동수 f인 광자 1개의 에너지 E는 다음과 같다.
$$E=hf \, (h: \text{플랑크 상수})$$

04 전하 결합 소자(CCD)는 광전 효과를 이용해 영상 신호(빛 신호)를 전기 신호로 변환하여 기록하는 장치이다.

06 질량 m인 입자가 v의 속력으로 운동할 때 이 입자의 물질파 파장 $\lambda = \dfrac{h}{mv}$이다. 따라서 질량 $2m$인 입자가 $0.5v$의 속력으로 운동할 때 이 입자의 물질파 파장은 $\dfrac{h}{2m \times 0.5v} = \dfrac{h}{mv} = \lambda$이다.

07 전자 현미경은 빛 대신 전자의 물질파를 이용하는 현미경으로, 전자의 물질파 파장이 가시광선의 파장보다 수천 분의 일 정도로 짧기 때문에 분해능이 좋다.

개념을 다지는 기본 문제

191~193 쪽

01 ① 02 ㄱ, ㄴ, ㄷ 03 ③ 04 ④ 05 ④ 06 ⑤ 07 ⑤
08 ④ 09 ② 10 ③ 11 해설 참조 12 ② 13 ① 14 ⑤
15 해설 참조 16 ③

01 ㄱ. 뉴턴은 빛이 직진하여 물체 뒤에 그림자를 만들고, 교차하는 두 빛은 상호 작용 하지 않는다는 점을 근거로 빛의 입자설을 주장하였다.

[오답 피하기] ㄴ. 간섭 현상은 물결파, 소리 등의 파동에서 일어나기 때문에 빛이 간섭무늬를 만드는 현상은 빛의 파동설을 확립하는 계기가 되었다.

ㄷ. 하위헌스는 빛의 입자설로는 매질의 경계면에서 빛의 반사와 굴절이 동시에 일어나는 현상을 설명할 수 없다고 주장하였다.

02 ㄱ, ㄴ, ㄷ. 빛의 반사와 굴절은 빛의 입자설과 파동설로 모두 설명할 수 있고, 빛의 간섭과 회절 현상은 빛의 파동설로만 설명할 수 있다.

[오답 피하기] ㄹ. 광전 효과는 빛의 입자설로만 설명할 수 있다.

03 ㄱ, ㅁ. 뉴턴은 빛을 입자로 생각하였으며, 물과 빛 입자 사이의 인력에 의해 공기 중에서보다 물속에서 빛의 속력이 빠르다고 주장하였다.

ㄴ, ㄹ. 하위헌스는 빛을 파동이라고 생각하였으며, 공기 중에서보다 물속에서 빛의 속력이 느려지기 때문에 입사각보다 굴절각이 작은 방향으로 꺾인다고 주장하였다.

뉴턴과 하위헌스의 주장

구분	뉴턴(빛의 입자설)	하위헌스(빛의 파동설)
주장	빛은 입자들의 모임이다.	빛은 파동이다.
근거	• 빛은 직진하고 그림자를 만든다. • 교차하는 두 빛은 상호 작용 하지 않는다.	• 입자라면 서로 간의 충돌을 피할 수 없다. • 입자설로는 매질의 경계면에서 빛의 반사와 굴절이 동시에 일어나는 현상을 설명할 수 없다.
굴절에 대한 생각	경계면과 수평 방향의 속력은 공기 중에서와 물속에서 같지만, 수직 방향의 속력은 물과 빛 입자 사이의 인력에 의해 공기 중에서보다 물속에서 빨라져서 빛의 경로가 꺾인다.	파면의 각 점에서 파동이 발생하면서 새로운 파면이 만들어지는데, 공기 중에서보다 물속에서 파동의 속력이 느리므로 파장이 짧아져서 빛의 경로가 꺾인다.

04 ④ 금속 내부의 전자는 빛(광자)으로부터 충분한 에너지를 받으면 금속을 탈출할 수 있다. 광자 하나의 에너지는 빛의 진동수에 비례하기 때문에 특정한 진동수(금속의 문턱 진동수) 이상으로 진동수가 큰 빛을 사용하면 광전자가 튀어 나온다.

[오답 피하기] ①, ②, ⑤ 빛의 세기, 빛을 비추는 시간, 금속판의 넓이를 아무리 증가시키더라도 진동수가 금속의 문턱 진동수보다 작으면 전자가 튀어 나오지 않는다.

③ 빛의 파장이 짧을수록 진동수가 크다. 즉, 파장이 더 짧은 빛을 사용해야 광전자가 튀어 나올 수 있다.

05 ㄴ. 진동수가 큰 빛을 비출수록 광자의 에너지가 크므로 금속으로부터 튀어 나온 광전자가 가지는 최대 운동 에너지도 증가한다.

ㄷ. 광자 하나와 전자 하나가 상호 작용 하여 광전 효과가 일어나므로, 단위 시간당 튀어 나오는 광전자의 수를 증가시키기 위해서는 광자의 수를 증가시켜야 한다. 이때 광자의 수는 빛의 세기에 비례한다.

[오답 피하기] ㄱ. 빛의 세기가 아무리 약해도 금속의 문턱 진동수보다 큰 진동수의 빛을 비추면 광전자가 즉시 튀어 나온다.

06 ㄴ. 광양자설에 의하면 진동수가 f인 광자 1개의 에너지 $E = hf$(h: 플랑크 상수)로 주어진다. 즉, 광자 1개의 에너지는 빛의 진동수에 비례한다.

ㄷ. 광양자설에 의하면 광자의 개수가 많을수록 빛의 세기가 세진다. 따라서 금속에 문턱 진동수 이상의 빛을 비추면 빛의 세기가 셀수록 전자와 충돌하는 광자의 수가 많아지므로 튀어 나오는 광전자의 수도 그만큼 증가한다.

[오답 피하기] ㄱ. 아인슈타인의 광양자설에서는 빛을 광자(광양자)라고 하는 불연속적인 에너지 입자의 흐름으로 보았다.

아인슈타인의 광양자설

• 빛은 광자라고 하는 불연속적인 에너지 입자의 흐름이다.
• 광자와 전자가 1 : 1로 충돌하여 에너지가 전달된다.
• 광자 1개의 에너지는 진동수(f)가 클수록 크다.

$$E = hf \ (h: \text{플랑크 상수})$$

➡ 아무리 세기가 약한 빛도 진동수가 충분히 크면 광자 1개의 에너지가 충분히 커서 금속에 빛을 비추는 즉시 전자가 튀어 나온다.
➡ 진동수가 큰 빛일수록 광자의 에너지가 크므로 튀어 나오는 광전자의 최대 운동 에너지도 크다.
• 광자의 개수가 많을수록 빛의 세기가 세다.
➡ 빛의 세기가 셀수록 전자와 충돌하는 광자의 수가 많으므로 금속에 빛을 비출 때 튀어 나오는 광전자의 수도 증가한다.

07 [자료 분석 하기]

CCD에서 빛 신호가 전기 신호로 변환하는 과정

(가) CCD 내부로 빛이 입사한다.
(나) 빛의 세기에 비례하는 전자–양공 쌍이 생성된다.
(다) 생성된 전자는 (+)전압이 걸려 있는 전극 아래쪽에 쌓인다.
(라) 생성된 전자의 양을 측정하여 빛의 세기를 알 수 있다.

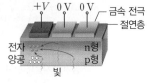

⑤ 화소의 전극 아래에 쌓인 전자의 양을 측정하면 빛의 세기를 알 수 있지만, 빛의 색깔을 구별하는 진동수에 대한 정보는 얻을 수 없다.

[오답 피하기] ① 전하 결합 소자는 매우 작은 여러 개의 화소로 구성되어 있다.

② 전하 결합 소자의 각 화소는 보통 3개의 금속 전극으로 구성되어 있으며, 그 위치로 들어오는 빛의 세기에 비례해 전기 신호를 만들어 낸다.

③ 전하 결합 소자 내부로 빛이 입사하면 광전 효과가 일어나 반도체 내에 전자–양공 쌍이 생성된다.

④ 전하 결합 소자는 빛의 세기만을 기록하기 때문에 컬러 필터를 사용하지 않으면 빛의 색깔을 구별할 수 없다.

08 [자료 분석 하기]

CCD에서 전자를 전하량 측정 장치로 이동시키는 방법

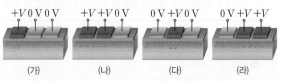

(가) +V의 전압이 걸린 왼쪽 전극 아래에 전자들이 쌓인다.
(나) 가운데 전극에 +V의 전압을 걸면 두 전극에 전자들이 고루 퍼진다.
(다) 왼쪽 전극의 전압을 0으로 하면 가운데 전극 아래에 전자들이 모인다.
(라) 오른쪽 전극에 +V의 전압을 걸면 두 전극에 전자들이 고루 퍼진다.

ㄴ. 화소 내부로 빛이 들어오면 광전 효과에 의해 전자–양공 쌍이 생성되고, 이때 생성된 전자 A는 (+)전압이 걸린 전극 1의 아래쪽에 쌓인다.

ㄷ. 전극 2의 전압을 $+V$로 바꾸면 전극 1과 전극 2에 걸리는 전압이 같으므로, 전자가 전극 1과 전극 2의 아래쪽에 골고루 퍼진다.

[오답 피하기] ㄱ. A는 $(+)$전압이 걸려 있는 전극 1에 가까이 모여 있으므로, 음$(-)$전하를 띠는 전자이다.

09 전자의 운동량은 $m \times 10v = 10mv$이고, 양성자의 운동량은 $1840m \times v = 1840mv$이므로, 184배 차이가 난다. 물질파 파장 $\lambda = \dfrac{h}{mv}$이므로 입자의 질량과 속력의 곱, 즉 운동량에 반비례한다. 즉, 물질파 파장은 운동량이 작은 전자가 운동량이 큰 양성자보다 184배 길다.

10 물질파 파장 $\lambda = \dfrac{h}{mv} = \dfrac{6 \times 10^{-34} \text{ J} \cdot \text{s}}{0.05 \text{ kg} \times 20 \text{ m/s}} = 6 \times 10^{-34} \text{ m}$이다. 여기서 단위 $\text{J} \cdot \text{s} = \text{kg} \cdot \text{m}^2/\text{s}$이다.

11 [예시 답안] 일상생활에서 공의 질량과 속력을 곱한 운동량 값이 플랑크 상수에 비해 매우 크기 때문에 물질파 파장이 매우 짧다. 이처럼 물질파 파장이 공의 크기에 비해 매우 짧기 때문에 파동성을 관측하기 어렵다.

채점 기준	배점(%)
일상생활에서 공의 운동량을 플랑크 상수와 비교하여 물질파 파장이 짧다고 설명한 경우	100
일상생활에서 공의 물질파 파장이 짧다고만 설명한 경우	50

○ **개념 더하기**

공과 전자의 물질파
(가)와 같은 야구공의 운동에서는 물질파 파장이 야구공의 크기에 비해 매우 짧아 파동성을 관측하기 어렵고, (나)와 같은 전자는 물질파 파장이 전자의 크기에 비해 길어서 파동성을 관측하기 쉽다.

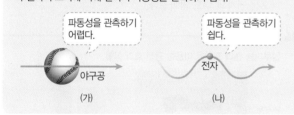

12 [자료 분석 하기]

데이비슨 · 거머 실험

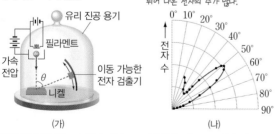

실험 결과 전자를 54 V의 전압으로 가속했을 때, $\theta = 50°$인 각도를 이루는 곳에서 전자가 가장 많이 검출되었다.
➡ 니켈 결정의 원자 배열이 만드는 면에서 전자의 물질파가 반사되어 나올 때 특별한 각도에서 보강 간섭이 일어나는 것으로 해석할 수 있다.

ㄷ. $\theta = 50°$에서 특히 전자가 많이 검출되는 것은 니켈 결정의 원자 배열이 만드는 면에서 전자의 물질파가 반사되어 나올 때 보강 간섭을 하기 때문이다. 이를 통해 드브로이의 물질파 이론이 증명되었다.

[오답 피하기] ㄱ. (나)에서 검출기의 각도가 $\theta = 50°$일 때 가장 많은 전자가 검출된다.

ㄴ. (나)는 $0°$로 표시된 선으로부터 시계 방향으로 각도를 변화시킬 때 해당 각도에서 튀어 나오는 전자의 수를 표시한 그래프이다. $\theta = 30°$에서 $50°$로 갈수록 전자가 많이 검출되고, $50°$에서 $90°$로 갈수록 검출되는 전자의 수가 감소한다. 즉, 전자는 모든 방향으로 균일하게 튀어 나오는 것이 아니라 특정한 각도$(50°)$에서 특히 많이 튀어 나온다.

13 ㄱ. X선은 알루미늄박에 의해 회절하여 동심원 모양의 회절 무늬를 만든다.

[오답 피하기] ㄴ. 전자의 물질파 파장이 X선의 파장과 비슷하도록 전자를 가속시키면 회절 무늬를 얻을 수 있다.

ㄷ. 이 실험을 통해 입자라고 생각했던 전자도 파동성을 갖고 있음이 증명되었다. 즉, 전자의 파동성이 증명되었다.

○ **개념 더하기**

톰슨의 회절 실험
· 얇은 알루미늄박에 X선을 입사시키면 알루미늄 원자 배열에 의해 회절 무늬가 나타난다.

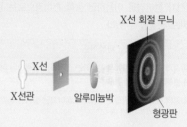

· X선의 파장과 비슷한 물질파 파장을 갖도록 전자의 속도를 조절하여 입사시키면 X선과 유사한 회절 무늬가 나타난다.

➡ 드브로이의 물질파 이론을 실험적으로 증명하였다.

14 ㄱ. 광원에서 나온 빛은 광학기기에 의해 회절하여 밝고 어두운 회절 무늬를 만든다.

ㄴ. (가)는 각 광원이 만드는 회절 무늬가 조금밖에 겹치지 않아서 두 광원을 구별하기 쉽지만, (나)는 회절 무늬가 많이 겹쳐서 영상을 통해 두 광원을 구별하기가 어렵다.

ㄷ. 분해능은 인접한 두 물체의 상을 구별할 수 있는 능력으로, A가 B보다 더 좋다.

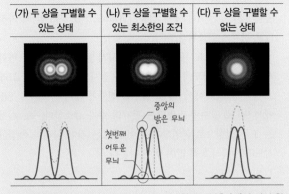

개념 더하기

광학기기의 분해능
- 광원에서 나온 빛은 광학기기에 의해 회절 무늬를 만든다.
- 각각의 회절 무늬가 멀리 떨어져 있을수록 두 상을 구별하기 쉽다.

(가) 두 상을 구별할 수 있는 상태	(나) 두 상을 구별할 수 있는 최소한의 조건	(다) 두 상을 구별할 수 없는 상태

- 인접한 두 상이 서로 구별될 수 있는 최소한의 조건은 (나)와 같이 한 회절 무늬의 중앙의 밝은 무늬가 다른 회절 무늬의 첫 번째 어두운 무늬와 일치할 때이다.
- 분해능이 좋을수록 아주 가까운 두 물체를 서로 다른 물체로 구별할 수 있다. ➡ 분해능: (가)>(나)>(다)

15 현미경의 분해능은 시료를 관찰하기 위해 사용하는 파동의 파장이 짧을수록 좋다.

예시 답안 전자 현미경에서 사용하는 전자의 물질파 파장은 광학 현미경에서 사용하는 가시광선의 파장보다 매우 짧아서 분해능이 좋다. 따라서 전자 현미경을 이용하면 광학 현미경으로는 관찰할 수 없는 작은 물체도 관찰할 수 있다.

채점 기준	배점(%)
전자 현미경과 광학 현미경에서 사용하는 전자와 가시광선의 파장을 비교하여 분해능을 설명한 경우	100
전자 현미경의 분해능이 광학 현미경보다 좋다고만 설명한 경우	40

16 ③ 시료 표면의 3차원적인 영상을 얻을 수 있는 것은 주사 전자 현미경이고, 투과 전자 현미경은 시료를 투과한 전자를 이용하기 때문에 시료 내부의 단면 모습을 볼 수 있다.

[오답 피하기] ①, ④ 전자선을 시료에 투과시킨 후 형광판에 영상을 만드는 현미경은 투과 전자 현미경이다.
② 전자총은 발생한 전자선을 가속시킨다.
⑤ 투과 전자 현미경에서는 전자가 시료를 투과하는 동안 속력이 느려져서 전자의 물질파 파장이 길어진다. 따라서 분해능이 떨어지기 때문에 시료를 얇게 만들어야 한다.

실력을 올리는 실전 문제

196~199쪽

01 ⑤	02 ①	03 ⑤	04 ④	05 ④
06 ②	07 ②	08 ④	09 ④	10 ③
11 ④	12 ③	13 ④	14 ③	

1등급을 굳히는 고난도 문제

15 ①	16 ②

01 (가), (나) 비눗방울에 다양한 색깔로 이루어진 무늬가 보이는 현상과 지폐의 글자가 보는 각도에 따라 다른 색깔로 보이는 것은, 막의 두께, 각도 등 조건에 따라 보강 간섭을 하는 빛의 파장이 달라지기 때문이다. 빛의 간섭은 파동성과 관계된 현상이다.
(다) 디지털카메라의 렌즈를 통해 들어온 빛이 전기 에너지로 변환되는 것은 광전 효과에 의해 전자가 에너지를 받아 튀어 나오기 때문이다. 이는 빛의 입자성과 관계된 현상이다.

02 ① (가) 빛의 간섭 현상과 (나) 물속에서 빛의 속력이 진공 중에서보다 느리다는 것이 푸코에 의해 측정됨으로써 빛의 파동설이 확립되었다.
[오답 피하기] ② 뉴턴은 빛의 굴절 현상을 설명하기 위해 빛의 속력이 진공 중에서보다 물속에서 더 빠르다고 주장하였다.
③ (다) 톰슨의 전자 회절 실험은 전자가 파동성을 가지고 있음을 증명하였다.
④ (라) 아인슈타인의 광양자설은 빛을 입자로 보는 관점으로, 빛의 파동성에 의해 나타나는 간섭무늬를 설명할 수 없다.
⑤ (가)와 (나)는 빛의 파동설을, (다)는 전자의 파동설을, (라)는 빛의 입자설을 지지한다.

03 식물의 엽록소에서 빛에너지를 흡수하여 에너지가 높아진 전자가 튀어 나오는 광합성은 금속판에 빛을 비추었을 때 전자가 튀어 나오는 광전 효과와 유사하다.
ㄱ, ㄴ. 광전 효과는 빛의 입자성으로 설명하는 현상으로, 금속판에 금속의 문턱 진동수보다 진동수가 큰 빛을 비출 때만 전자가 튀어 나온다.
ㄷ. 빛의 세기는 광자의 수에 비례하고, 광자 1개가 금속에 충돌할 때 전자 1개가 튀어 나오므로 빛의 세기가 셀수록 튀어 나오는 전자의 수도 많아진다.

04 자료 분석 하기

알루미늄 캔과 포일을 이용한 광전 효과 실험

- 광전 효과가 일어나지 않을 경우 알루미늄 캔과 포일의 전하량은 변하지 않는다.
- 광전 효과가 일어날 경우 알루미늄 캔 속의 음(−)전하가 감소한다.

A	B
움직이지 않는다.	오므라든다.
→ 광전 효과가 일어나지 않는다.	→ 광전 효과가 일어난다.

ㄱ. A, B를 비추기 전 알루미늄 캔은 음(−)전하로 대전되어 있으므로 알루미늄 포일들 사이에 척력이 작용하여 포일들 사이가 벌어진다.

ㄷ. A의 진동수는 알루미늄 캔의 문턱 진동수보다 작아 광전
효과가 일어나지 않았고, B의 진동수는 알루미늄 캔의 문턱
진동수보다 커 광전 효과가 일어났다. 즉, 진동수의 크기는 A
의 진동수<알루미늄 캔의 문턱 진동수<B의 진동수이므로,
B가 A보다 크다.

[오답 피하기] ㄴ. A를 비출 때 알루미늄 포일이 움직이지 않는
것은 A에 의해 광전 효과가 일어나지 않아 전자의 수가 변하
지 않았기 때문이고, B를 비출 때 알루미늄 포일이 오므라든
것은 B에 의해 알루미늄 캔에서 전자가 튀어 나와 음(-)전하
가 감소하였기 때문이다.

05 자료 분석 하기

광전자의 최대 운동 에너지

① 진동수가 f_0이고, 세기가 I_0인 빛을 비추었을 때, 광자의 에너지는 E이다.
$$E = hf_0$$

② 광전자의 최대 운동 에너지(E_{kmax})는 빛의 세기(I)와는 무관하며, 빛
의 진동수(f)에 따라 결정된다.
- 진동수 f_0, 세기 I_0인 빛을 비추었을 때, 광전자의 최대 운동 에너지
E_{kmax}는 0이다.
$$E_{kmax} = hf_0 - W = 0$$
$$\underset{\text{광자의 에너지}}{hf_0} \quad \underset{\text{일함수}}{W}$$
즉, 일함수 $W = hf_0$이다.
- 진동수 f_0, 세기 $2I_0$인 빛을 비추었을 때, 광전자의 최대 운동 에너지
는 $E_{kmax} = hf_0 - W = hf_0 - hf_0 = 0$이다.
- 진동수 $2f_0$, 세기 I_0인 빛을 비추었을 때, 광전자의 최대 운동 에너지
는 $E_{kmax} = 2hf_0 - W = 2hf_0 - hf_0 = hf_0 = E$이다.

ㄱ. 진동수가 f_0, 세기가 I_0인 광자의 에너지 $E = hf_0$이다.

ㄷ. 광자로부터 에너지를 받은 전자는 금속을 탈출하는 데 필
요한 에너지(일함수)만큼을 제외한 에너지를 최대 운동 에너
지로 갖는다. 그림 (나)에서 광자의 에너지가 $E = hf_0$일 때 광
전자의 최대 운동 에너지는 0이므로, 금속판의 일함수는 hf_0
이다. 광전자는 광자의 에너지에서 일함수 hf_0를 뺀 에너지를
최대 운동 에너지로 갖는다. 따라서 진동수가 $2hf_0$이고 세기
가 I_0인 빛의 경우 광자의 에너지가 $2hf_0$이므로 광전자의 최대
운동 에너지는 hf_0이 되며, 이 값은 E와 같다.

[오답 피하기] ㄴ. 광자의 에너지는 빛의 세기와는 무관하며 빛
의 진동수에 비례한다. 즉, 진동수 f_0, 세기 $2I_0$인 광자의 에너
지는 hf_0이므로, E이다.

06
ㄴ. (가)에서 특정한 진동수 이상의 빛을 비추면 광전자가 즉
시 튀어 나오고, (나)에서 특정한 진동수 미만의 빛을 비추면
광전자가 튀어 나오지 않으므로, (가)와 (나)를 통해 광전자의
방출 여부가 빛의 진동수에 의해 결정됨을 알 수 있다.

[오답 피하기] ㄱ. 빛의 파동설에 의하면 금속 내부의 전자가 빛
으로부터 충분한 에너지를 얻기 위해서는 어느 정도 시간이
필요하기 때문에 빛을 비춘 즉시 광전자가 튀어 나올 수 없다.
또한, 빛의 세기가 셀수록 빛의 에너지가 크므로, 세기가 약한
빛에 의해 광전자가 튀어 나오는 현상도 설명할 수 없다.

ㄷ. 광전자의 최대 운동 에너지는 광자의 에너지에서 금속의

일함수를 뺀 값이다. 따라서 튀어 나온 광전자의 최대 운동 에
너지는 광자의 에너지보다 작다.

⊕ 개념 더하기

광전 효과 실험 결과

빛의 파동설로 실험 결과 예상	광전 효과 실험 결과
빛의 세기가 약하면 광전자가 튀어 나올 수 있을 만큼의 에너지가 공급되기 위해 어느 정도 시간이 필요하다.	문턱 진동수 이상의 빛을 비추면 빛의 세기가 아무리 약해도 광전자가 즉시 튀어 나온다.
빛의 세기만 충분히 세다면 빛의 진동수와 관계없이 광전자가 방출된다.	특정한 진동수 미만의 빛을 비추면 빛의 세기가 아무리 강해도 광전자가 튀어 나오지 않는다.
빛의 세기가 셀수록 에너지가 크므로 방출되는 광전자의 최대 운동 에너지도 커져야 한다.	튀어 나오는 광전자의 최대 운동 에너지는 빛의 진동수가 클수록 크고, 빛의 세기와는 관계가 없다.

07
B. CCD의 각 화소에서 생성된 전하의 양은 입사한 빛의 세
기에 비례한다. 따라서 생성된 전하의 양을 측정하면 각 화소
에 입사한 빛의 세기를 알 수 있다.

[오답 피하기] A. CCD는 매우 작은 여러 개의 화소로 구성되
어 있으며, 화소에 입사되는 빛의 세기에 비례하는 전기 신호
를 만들어 낸다.

C. CCD는 진동수에 대한 정보는 얻을 수 없고, 입사하는 빛
의 세기만 측정하므로 흑백 영상만 얻을 수 있다. 따라서 컬러
영상을 얻기 위해서는 컬러 필터를 사용해야 한다.

08 자료 분석 하기

전하 결합 소자의 화소에 저장된 전하의 이동

(가)의 상태에서 전극 2의 전압을 $+V$로 바꾸면 (나)와 같이 전극 1과
2의 아래에 전자들이 고루 퍼진다. ➡ C

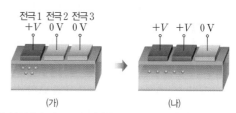

(나)의 상태에서 전극 1의 전압을 0 V로 바꾸면 (다)와 같이 전자들이
전극 2 아래에만 모인다. ➡ A

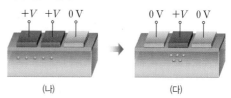

(다)의 상태에서 전극 3의 전압을 $+V$로 바꾸면 (라)와 같이 전극 2와 3
의 아래에 전자들이 고루 퍼진다. ➡ B

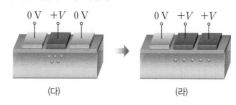

전자는 음(−)전하를 띠기 때문에 (＋)전압이 걸려 있는 전극 아래로 모이므로, 전하 결합 소자 위쪽 전극의 전압을 조절하면 전자를 이동시킬 수 있다. 따라서 (나)의 상태는 C, (다)의 상태는 A, (라)의 상태는 B의 방법을 적용해야 한다.

09 자료 분석 하기

물질파 파장

• 입자의 운동 에너지(E_k)와 운동량(p)은 다음과 같은 관계가 있다.

$$E_k = \frac{1}{2}mv^2 = \frac{(mv)^2}{2m} = \frac{p^2}{2m}$$ 운동량의 제곱에 비례, 질량에 반비례

• 입자의 물질파 파장(λ)은 운동량(p) 및 운동 에너지(E_k)와 다음과 같은 관계가 있다.

$$\lambda = \frac{h}{p} = \frac{h}{\sqrt{2mE_k}}$$ 운동량에 반비례

$$E_k = \frac{p^2}{2m} \qquad \lambda = \frac{h}{p}$$

입자	질량	운동 에너지	운동량	물질파 파장
A	m	E	p	λ
B	$2m$	$2E$	$2p$	0.5λ
C	m	$4E$	$2p$	0.5λ
D	㉠ $2m$	$0.5E$	p	λ

$$\lambda = \frac{h}{\sqrt{2mE_k}}$$

ㄴ. B, C의 운동량을 각각 p_B, p_C라고 하면, B의 운동 에너지 $2E = \frac{p_B^2}{4m}$이고, C의 운동 에너지 $4E = \frac{p_C^2}{2m}$이다. 따라서 $p_B = p_C$이므로, B와 C의 물질파 파장도 같다.

ㄷ. A와 D의 물질파 파장이 같으므로 A와 D의 운동량은 같다. A와 D의 운동량을 p라고 하면, A의 운동 에너지 $E = \frac{p^2}{2m}$이고 D의 운동 에너지 $0.5E = \frac{p^2}{2 \times ㉠}$이므로, D의 질량 ㉠은 $2m$이다.

[오답 피하기] ㄱ. A의 속력을 v라고 하면 A의 운동 에너지 $E = \frac{1}{2}mv^2$이고, B의 운동 에너지 $2E = \frac{1}{2} \times 2m \times v_B^2$이다. 즉, $v_B = v$이다.

10 ㄱ. 전자는 음(−)전하를 띠고 전압 V에 의해 등가속도 직선 운동을 하므로, 양극판 방향으로 일정한 크기의 힘을 받는다. 따라서 전자의 속력은 일정하게 증가한다.

ㄷ. 선압 V가 클수록 평행판 사이에서 전자가 받는 힘의 크기가 증가하므로 양극판에 도달했을 때의 전자의 운동량도 증가한다.

[오답 피하기] ㄴ. 전자의 속력은 일정하게 증가하므로, 전자가 양극판에 도달했을 때에는 속력이 v_0보다 크다. 물질파 파장은 전자의 운동량에 반비례하므로, 전자의 물질파 파장은 $\frac{h}{mv_0}$보다 짧다.

11 이론적으로 전자의 물질파 파장을 계산한 값이 데이비슨·거머 실험 결과에서 보강 간섭을 일으키는 파동의 파장과 같다. 따라서 특정한 각도에서 전자가 많이 검출되는 실험 결과를 전자의 물질파가 보강 간섭 한 것으로 설명할 수 있다.

12 ㄱ. (나)에서 전자선이 알루미늄박을 통과한 후의 무늬가 X선의 회절 무늬와 동일하므로, (나)의 무늬는 전자선이 회절하여 나타난 무늬이다.

ㄴ. (나)의 무늬는 전자선이 회절하여 나타난 것인데, 회절은 파동의 성질이다. 따라서 (나)의 무늬는 전자가 파동의 성질을 띠었음을 의미한다.

[오답 피하기] ㄷ. 물질파 파장 $\lambda = \frac{h}{mv}$이므로, 전자의 속력이 커지면 물질파 파장은 짧아진다.

13 ㄴ. 분해능이 높으면 아주 가까워 보이는 두 물체도 서로 다른 물체로 볼 수 있고, 분해능이 낮으면 서로 떨어져 있는 두 물체도 하나의 물체로 인식할 수 있다. 빨간색 광원을 사용하였을 때 두 점이 한 덩어리로 보이므로 분해능은 (나)에서가 (가)에서보다 좋다.

ㄷ. 현미경의 분해능은 시료를 관찰할 때 사용하는 파동의 파장이 짧을수록 좋다. 따라서 (나)보다 파장이 짧은 빛을 사용하면 분해능이 더 좋아진다.

[오답 피하기] ㄱ. 빛의 파장은 빨간색 빛이 파란색 빛보다 길고, 빛의 진동수는 빨간색 빛이 파란색 빛보다 작다.

14 ㄱ. 전자 현미경은 전자를 이용해 물체의 구조를 관찰하는 현미경으로, 광학 현미경에서 사용하는 빛의 파장보다 더 짧은 파장을 이용하므로 물체의 구조를 더 선명하게 볼 수 있다. 분해능이 좋을수록 미세한 물체까지 선명하게 볼 수 있으므로, 분해능은 (나)에서가 (가)에서보다 좋다.

ㄷ. 전자 현미경의 물질파 파장은 전자의 속력을 높이면 매우 짧아진다. 즉, (나)에서 사용한 전자의 물질파 파장이 (가)에서 사용한 가시광선의 파장보다 짧다.

[오답 피하기] ㄴ. (가)는 가시광선을, (나)는 전자의 물질파를 이용하여 관측한 영상이다.

15 고난도 문제 해결 전략

(STEP 1) 출제 의도 파악하기
광전 효과가 일어나기 위한 조건과 광전자의 최대 운동 에너지를 구할 수 있어야 한다.

(STEP 2) 자료 분석하기
A의 진동수는 금속판의 문턱 진동수보다 작다.

실험	단색광			광전자 방출	E_{kmax}	광전 효과
	A	B	C			
1	ON	OFF	OFF	×	−	일어나지 않음.
2	ON	ON	OFF	○	E_0	B에 의해 일어남.
3	OFF	OFF	ON	○	$2E_0$	C에 의해 일어남.
4	ON	OFF	ON	○	㉠	C에 의해 일어남.

• B의 에너지 = 금속의 일함수 + 광전자의 최대 운동 에너지(E_0)
• C의 에너지 = 금속의 일함수 + 광전자의 최대 운동 에너지($2E_0$)

STEP 3 관련 개념 모으기

❶ 광전 효과가 일어나기 위한 조건은?

➡ 광자의 에너지가 광전자를 금속에서 떼어 내기 위해 필요한 에너지보다 커야 한다. 광자의 에너지(hf)는 빛의 진동수에 비례하므로, 빛의 진동수(f)가 문턱 진동수(f_0)보다 커야 한다.

❷ 광전자의 최대 운동 에너지의 크기는?

➡ 광전자의 최대 운동 에너지(E_{kmax})는 광자의 에너지(hf)에서 금속에서 전자를 떼어 내기 위해 필요한 에너지(일함수 W)를 뺀 값이다.

$$E_{kmax} = hf - W$$

ㄱ. B를 끄고 A와 C만 켠다면 C에 의해 광전자가 방출되며 최대 운동 에너지 ㉠은 $2E_0$이다.

[오답 Ⅱ하기] ㄴ. 광자의 에너지는 빛의 진동수에 비례하므로 빛의 진동수는 C가 B보다 크다. 하지만 광자의 에너지에서 금속의 일함수를 뺀 값이 2배이지, 광자의 에너지 자체가 2배는 아니다. 따라서 빛의 진동수는 C가 B보다 크지만 2배는 아니다.

ㄷ. A의 진동수는 금속판의 문턱 진동수보다 작아서 빛의 세기를 증가시켜도 C의 진동수에는 변화가 없기 때문에 광전자는 튀어 나오지 않는다.

16 고난도 문제 해결 전략

STEP 1 출제 의도 파악하기

광전 효과에서 광전자의 최대 운동 에너지와 입자의 물질파 파장을 구할 수 있어야 한다.

STEP 2 관련 개념 모으기

❶ 광전자의 최대 운동 에너지는?

➡ 광전자의 최대 운동 에너지(E_{kmax})는 광자의 에너지(hf)에서 금속에서 전자를 떼어 내기 위해 필요한 에너지(일함수 W)를 뺀 값이다.

$$E_{kmax} = hf - W$$

❷ 입자의 물질파 파장은?

➡ 질량 m인 입자가 v의 속력으로 운동할 때, 입자의 물질파 파장 λ는 다음과 같다.

$$\lambda = \frac{h}{mv} \ (h: \text{플랑크 상수})$$

광전 효과가 일어날 때 광전자의 최대 운동 에너지는 광자의 에너지(hf)에서 금속에서 전자를 떼어 내기 위해 필요한 최소한의 에너지(일함수)를 뺀 값이다. 금속판의 문턱 진동수가 f_0이므로 광전자를 떼어 내기 위해 필요한 최소한의 에너지는 hf_0이다. 따라서 A, B의 최대 운동 에너지는 각각 광자의 에너지에서 hf_0을 뺀, hf_0과 $\frac{1}{2}hf_0$이다.

전자의 물질파 파장(λ)은 전자의 운동량에 반비례하고, 운동량(p)과 운동 에너지(E_k) 사이에는 $E_k = \frac{p^2}{2m}$의 관계가 성립한다.

따라서 전자의 물질파 파장 $\lambda = \frac{h}{p} = \frac{h}{\sqrt{2mE_k}}$이므로 A와 B의 물질파 파장의 비는 $\frac{\lambda_A}{\lambda_B} = \frac{\sqrt{E_{kB}}}{\sqrt{E_{kA}}} = \frac{\sqrt{\frac{1}{2}hf_0}}{\sqrt{hf_0}} = \frac{1}{\sqrt{2}}$이다.

핵심 정리 **Ⅲ 단원 마무리**

200~201 쪽

1 파동 **2** 수직인 **3** 나란한 **4** 진폭 **5** 주기 **6** 진동 수 **7** 변화 없음. **8** 감소 **9** 증가 **10** $i > r$ **11** 큰 **12** 작은 **13** 임계각 **14** X선 **15** 마이크로파 **16** 독립성 **17** 상쇄 간섭 **18** 반대 **19** 보강 간섭 **20** 상쇄 간섭 **21** 진동 수 **22** 세기 **23** 세기 **24** 전하 결합 소자(CCD) **25** 빠를수 록 **26** 물질파 **27** 주사 전자 현미경(SEM)

실력 점검 **Ⅲ 단원 평가 문제**

202~205 쪽

01 ④	02 ②	03 ⑤	04 ①	05 ③
06 ③	07 ⑤	08 ③	09 ①	10 ④
11 ②	12 ④	13 ①	14 ③	

1등급을 완성하는 서술형 문제

15 (1) C (2) 해설 참조   16~17 해설 참조

01 (가)는 변위 - 위치 그래프로 진폭과 파장을 알 수 있고, (나)는 변위 - 시간 그래프로 진폭과 주기, 진동수를 알 수 있다.

ㄴ. (나)에서 파동이 한 번 진동하는 데 8초가 걸리므로 주기는 8초이다. 진동수는 주기의 역수이므로 $f = \frac{1}{T} = \frac{1}{8} = 0.125(\text{Hz})$이다.

ㄷ. 파동의 속력 $v = f\lambda = \frac{1}{8} \times 4 = 0.5(\text{m/s})$이다.

[오답 Ⅱ하기] ㄱ. (가)에서 같은 위상이 4 m마다 반복되므로 파장은 4 m이다.

02 문제의 현상은 파동이 진행하다가 매질의 특성이 바뀔 때 속력이 변하여 경계면에서 파동의 진행 방향이 바뀌어 나타나는 것이다. 즉, 모두 빛의 굴절과 관련된 현상이다.

03 ㄱ. A와 B는 같은 매질에서 진행하므로 속력이 같다.

ㄴ. 공기에서의 입사각이 물속에서의 굴절각보다 크다. 즉, 빛의 속력은 A가 C보다 빠르다.

ㄷ. 공기 중에서 물속으로 입사할 때 빛의 진동수는 변하지 않지만 속력은 느려지므로, 빛의 파장은 A가 C보다 길다.

04 자료 분석 하기

음파의 굴절
• 굴절률: $n_1 < n_2 < n_3$
• 속력: $v_1 > v_2 > v_3$
• 온도: $T_1 > T_2 > T_3$

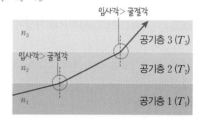

ㄱ. 공기층 1에서 2로 입사할 때 입사각이 굴절각보다 크다. 즉, 음파의 속력은 느려진다.

[오답 피하기] ㄴ. 공기의 온도가 높을수록 음파의 진행 속력이 빠르다. 따라서 공기층의 온도는 1이 2보다 높고, 2가 3보다 높으므로 $T_1 > T_2 > T_3$이다.

ㄷ. 낮에 지표면의 온도는 빠르게 상승하고 공기의 온도는 천천히 상승한다. 지표면에 가까울수록 온도가 높은 구조이고, 음파의 진행 경로가 아래로 볼록하게 휘어지므로 '낮말은 새가 듣는다.'는 속담을 설명할 수 있다.

05 자료 분석 하기

빛의 굴절과 전반사

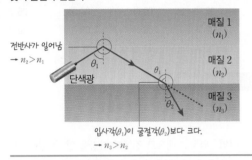

ㄱ. 2에서 1로 입사할 때 전반사가 일어났으므로, $n_2 > n_1$이다. 2에서 3으로 입사할 때 입사각이 굴절각보다 크므로 $n_3 > n_2$이다. 따라서 $n_3 > n_1$이다.

ㄴ. 빛의 반사가 일어날 때 입사각과 반사각은 같으므로 θ_1을 증가시키면 1과 2의 경계면에서의 반사각도 증가한다. 두 경계면이 평행하므로 2에서 3으로 입사할 때의 입사각도 θ_1이다.

굴절 법칙에 의해 입사각과 굴절각의 sin값의 비, 즉 $\dfrac{\sin i}{\sin r} = \dfrac{\sin \theta_1}{\sin \theta_2}$은 일정하다. 따라서 θ_1이 증가하면 θ_2도 증가한다.

[오답 피하기] ㄷ. 광섬유는 코어와 코어를 둘러싸는 클래딩으로 이루어져 있고 빛은 코어 내부에서 전반사하며 진행한다. 전반사는 빛이 굴절률이 큰 매질에서 굴절률이 작은 매질로 입사할 때 일어나므로, 코어를 굴절률이 작은 2, 클래딩을 굴절률이 큰 3으로 만들면 전반사가 일어나지 않는다.

06 광자 1개의 에너지는 빛의 진동수가 클수록 크다. 문제에 주어진 전자기파의 진동수의 크기를 비교하면 X선 > 가시광선 > 적외선 > 라디오파 순이다. 따라서 (가)는 X선, (나)는 라디오파이다.

07 (가)는 자외선, (나)는 X선, (다)는 마이크로파, (라)는 감마(γ)선이 이용되는 사례이다.

⑤ (가)~(라)의 전자기파는 매질이 없어도 진행할 수 있다.

[오답 피하기] ① 자외선은 가시광선보다 파장이 짧고 진동수는 크다.

② 자외선은 살균 작용을 하고 형광 물질에 흡수되면 가시광선을 방출한다.

③ X선의 특징이다.

④ 기상 레이더, 위성 통신은 마이크로파의 이용 분야이다.

전자기파의 종류와 특징

종류	특징
감마(γ)선	• 원자핵이 방사성 붕괴하는 과정에서 발생한다. • 방사선 치료 장비에 이용된다.
X선	• 고속의 전자가 금속에 충돌할 때 발생한다. • 공항 검색대에 이용된다.
자외선	• 들뜬상태에 있던 전자가 에너지 준위가 낮은 궤도로 이동하면서 발생한다. • 살균 작용이 있고 형광 물질과 반응한다. • 위조지폐 감별, 자외선 살균기에 이용된다.
마이크로파	• 전기 기구에서 전자의 진동으로 발생한다. • 전자레인지, 기상 레이더, 위성 통신 등에 이용된다.

08 ㄱ. 두 파동이 겹쳐져서 만들어지는 합성파의 변위는 각 파동의 변위를 합한 것과 같으므로, A와 B가 완전히 중첩되었을 때, 최대 변위는 $y_1 + y_2$이다.

ㄴ. 파동의 독립성에 의해 A, B가 중첩하는 동안만 파동의 모양이 변하고, 분리되면 다시 원래의 파형으로 각각 진행한다. 즉, 분리된 A, B의 최대 변위는 바뀌지 않는다.

[오답 피하기] ㄷ. A와 중첩된 이후에도 B의 진행 방향은 바뀌지 않는다. 파동의 최대 변위, 진행 방향뿐만 아니라 속도, 위상, 에너지 등도 변하지 않는다.

09 자료 분석 하기

소리의 간섭

두 스피커에서 발생하는 소리의 진동수와 진폭, 위상이 같은 경우

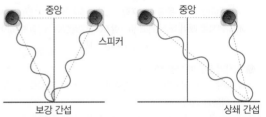

두 스피커로부터 같은 거리만큼 떨어진 지점에서는 양쪽에서 오는 파동이 같은 위상으로 만나므로 보강 간섭이 일어나 소리가 크게 들린다.

두 스피커에서 나오는 파동이 반대 위상으로 만나는 지점에서는 상쇄 간섭이 일어나 소리가 작게 들린다.

➡ 보강 간섭과 상쇄 간섭이 반복되며 소리의 크기가 커지다가 작아지는 것이 반복된다.

ㄱ. 소리의 높낮이는 진동수에 의해 결정되는데, 두 스피커에서 나오는 소리는 진동수가 같으므로 높낮이가 같은 소리이다.

[오답 피하기] ㄴ. 측정 위치에 따라 두 스피커에서 나온 소리가 중첩되며, 측정기는 합성파의 세기를 측정한다.

ㄷ. 두 스피커의 중앙에서 소리를 측정하면 두 음파가 보강 간섭을 하여 소리의 크기가 최대가 된다.

10 진동수와 진폭은 같지만 위상이 반대인 두 파동을 중첩시키면 합성파의 진폭이 작아지는 상쇄 간섭이 일어난다. 이를 이용하여 소음을 제거할 수 있다.

+ 개념 더하기

소음 제거 기술

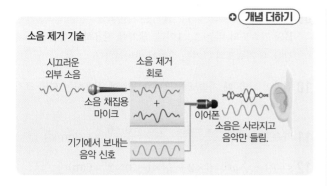

11 자료 분석 하기

광전 효과

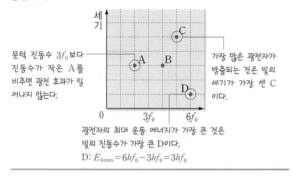

문턱 진동수 $3f_0$보다 진동수가 작은 A를 비추면 광전 효과가 일어나지 않는다.

가장 많은 광전자가 방출되는 것은 빛의 세기가 가장 센 C이다.

광전자의 최대 운동 에너지가 가장 큰 것은 빛의 진동수가 가장 큰 D이다.
D: $E_{kmax} = 6hf_0 - 3hf_0 = 3hf_0$

ㄷ. 광전자의 최대 운동 에너지는 광자의 에너지에서 금속의 일함수 $3hf_0$을 뺀 값이다. 진동수가 가장 큰 D를 비추었을 때 광전자의 최대 운동 에너지는 $6hf_0 - 3hf_0 = 3hf_0$으로 가장 크고, C를 비추었을 때는 $5hf_0 - 3hf_0 = 2hf_0$, B를 비추었을 때는 $4hf_0 - 3hf_0 = hf_0$이다.

[오답 피하기] ㄱ. 빛의 세기는 A와 B가 같으므로 광자의 수가 같지만, 금속판에 A를 비추면 A의 진동수($2f_0$)가 문턱 진동수($3f_0$)보다 작아 광전자가 방출되지 않는다.

ㄴ. 광자의 에너지 $E = hf$(h: 플랑크 상수)이므로 빛의 진동수에 비례한다. 즉, 광자의 에너지는 D가 가장 크다.

12 금속 내부에 있는 전자는 빛(광자)으로부터 금속을 탈출하기 위해 필요한 에너지(일함수)보다 큰 에너지를 받으면 금속 밖으로 튀어 나온다.

ㄱ. 두 금속판 X와 Y에 단색광 A와 C를 동일하게 비추었을 때, Y에서는 광전자가 튀어 나왔지만, X에서는 광전자가 튀어 나오지 않았다. 따라서 전자가 금속판으로부터 튀어 나오기 위해 필요한 에너지는 X가 Y보다 크다는 것을 알 수 있다.

ㄷ. 광전자의 최대 운동 에너지는 광자의 에너지에서 일함수를 뺀 값과 같다. 광자의 에너지는 B가 가장 크므로, Y에서 방출된 광전자의 최대 운동 에너지는 A와 B를 비출 때가 A와 C를 비출 때보다 크다.

[오답 피하기] ㄴ. 광자의 에너지는 빛의 진동수에 비례한다. 금속판 X에 A와 B를 비출 때에는 광전자가 튀어 나왔지만, B를 제외하고 A와 C를 비추었을 때는 광전자가 튀어 나오지 않았다. 이는 A와 C의 광자의 에너지가 B의 광자의 에너지보다 작다는 것이다. 즉, 진동수는 B가 A나 C보다 크다.

13 물질파 파장 $\lambda = \dfrac{h}{mv}$로 입자의 질량과 속력의 곱에 반비례한다. 그래프의 x축의 모눈 한 칸을 m, y축의 모눈 한 칸을 v라고 하면, A는 $4mv$, B는 $15mv$, C는 $25mv$, D는 $12mv$이다. 따라서 물질파 파장은 A>D>B>C 순이다.

14 ㄱ. 그림은 투과 전자 현미경(TEM)으로, 전자의 파동성을 이용한 장치이다.

ㄴ. 시료를 투과한 전자가 형광판에 도달하여 시료의 모습을 영상으로 만든다.

[오답 피하기] ㄷ. 전자가 투과하기 쉬워야 하므로 시료를 얇게 제작해야 한다.

+ 개념 더하기

전자 현미경

종류	투과 전자 현미경(TEM)	주사 전자 현미경(SEM)
영상을 얻는 방법	• 시료 내부의 물질에 의해 전자가 산란하는 정도가 달라진다. • 시료를 통과한 전자가 형광 스크린에 부딪혀 빛을 내므로 영상을 얻는다.	• 가속된 전자가 시료의 표면에 부딪히면 시료에서 2차 전자가 방출된다. 이 2차 전자를 검출기로 검출하여 얻은 신호를 증폭하고 컴퓨터로 보내 영상을 얻는다.
특징	• 시료를 얇게 만들어야 한다. • 주사 전자 현미경보다 배율이 10배 정도 크다. • 시료의 평면 영상을 볼 수 있다.	• 전기 전도성이 좋은 물질로 시료 표면을 얇게 코팅해야 한다. • 표면의 3차원적인 구조를 볼 수 있다.

15 (1) 물고기는 실제 위치보다 위쪽에 있는 것처럼 보인다.

(2) **예시 답안** 물고기에서 반사된 빛이 눈에 도달하는 경로에서 빛의 굴절이 일어난다. 빛이 물에서 공기를 향하여 입사하므로 굴절각이 입사각보다 크다. 그런데 우리 눈은 빛이 직진하여 눈에 도달한 것으로 인식하므로 실제 물고기보다 위쪽에 물고기가 있는 것처럼 보인다.

채점 기준	배점(%)
입사각과 굴절각의 크기를 비교하고, 굴절과 직진을 사용하여 옳게 설명한 경우	100
입사각과 굴절각의 크기만 비교하여 설명한 경우	50

16 **예시 답안** 광섬유로 만든 광케이블을 이용한 광통신은 빛의 세기가 거의 약해지지 않기 때문에 정보를 아주 멀리까지 보낼 수 있다. 또한, 외부 전파에 의한 간섭이나 혼선이 없고 도청이 어렵다.

채점 기준	배점(%)
광통신의 장점을 구리 도선을 이용한 통신과 비교하여 2가지 이상 옳게 설명한 경우	100
광통신의 장점을 1가지만 옳게 설명한 경우	50

17 **예시 답안** • 데이비슨·거머 실험: 니켈 결정에 전자선을 쏘아서 전자가 간섭함을 검증하였다.

• 톰슨의 전자 회절 실험: 전자를 얇은 금속박에 통과시켰을 때 X선과 마찬가지로 회절 무늬를 얻을 수 있었다.

채점 기준	배점(%)
물질파의 존재를 확인한 실험 2가지를 모두 옳게 설명한 경우	100
물질파의 존재를 확인한 실험 1가지만 옳게 설명한 경우	50

시험대비편

10분 TEST 문제

I. 역학과 에너지

---

01. 여러 가지 운동   2쪽

01 ×   02 ○   03 ○   04 ○   05 20 m   06 10 m
07 이동 거리 > 변위의 크기   08 평균 속력 > 평균 속도의 크기
09 5 m/s, 0   10 ○   11 ×   12 ○   13 ×   14 ×   15 ㉡
16 ㉠   17 ㉢

---

01 이동 거리는 물체가 움직인 경로를 따라 측정한 거리이다.

05 이동 거리는 물체가 실제로 움직인 총 거리이므로 15+5=20(m)이다.

06 변위는 물체의 처음 위치와 나중 위치까지의 직선거리와 방향이므로 크기는 15-5=10(m)이다.

07 곡선 궤도를 따라 운동할 때 변위의 크기는 이동 거리보다 항상 작다.

09 미래가 운동장을 4바퀴 달릴 때 이동한 거리는 1200 m, 변위는 0이다. 따라서 평균 속력은 $\dfrac{1200\ \text{m}}{4 \times 60\ \text{s}} = 5\ \text{m/s}$이고, 평균 속도는 0이다.

13 속도의 크기가 일정하게 증가하면 가속도의 크기는 일정하다.

14 속도의 크기가 점점 증가하면 속도와 가속도의 방향이 같다.

---

02. 뉴턴 운동 법칙   3쪽

01 알짜힘(합력)   02 5 N, 오른쪽   03 3 N, 왼쪽   04 4 N, 오른쪽   05 관성   06 15 m   07 ㉠ 알짜힘, ㉡ 질량   08 1.5 m/s²
09 1:3   10 3:1   11 3 m/s²   12 6 m   13 ㉠ 같고, ㉡ 반대이며, ㉢ 같은

---

05 물체가 원래의 운동 상태를 유지하려는 성질을 관성이라고 한다.

06 물체는 등속 직선 운동을 하므로 0~3초 동안 물체가 이동한 거리는 속력×시간=5×3=15(m)이다.

08 가속도 = $\dfrac{3\ \text{N}}{2\ \text{kg}} = 1.5\ \text{m/s}^2$

---

09 속력-시간 그래프에서 기울기는 가속도를 의미하므로, A와 B의 가속도의 비는 3 : 1이다. 물체에 작용하는 힘의 크기가 같을 때 가속도의 크기는 질량에 반비례한다.

10 질량이 같을 때 가속도의 크기는 물체에 작용하는 힘의 크기에 비례한다.

11 가속도 = $\dfrac{\text{나중 속도} - \text{처음 속도}}{\text{걸린 시간}} = \dfrac{0-6}{2} = -3(\text{m/s}^2)$

12 $s = v_0 t + \dfrac{1}{2}at^2 = 6 \times 2 + \dfrac{1}{2} \times (-3) \times 2^2 = 6(\text{m})$

---

03. 운동량 보존   4쪽

01 20 kg·m/s   02 180 kg·m/s   03 4 kg·m/s
04 30000 kg·m/s   05 ○   06 ×   07 ○   08 ×   09 ○
10 운동량 보존 법칙   11 A: 왼쪽, B: 오른쪽   12 A: 14 kg·m/s, B: 6 kg·m/s   13 1 m/s   14 1 m/s   15 6 J
16 ㉠ 힘, ㉡ 방향

---

01 운동량 = 2 kg × 10 m/s = 20 kg·m/s

02 운동량 = 60 kg × 3 m/s = 180 kg·m/s

03 운동량 = 0.4 kg × 10 m/s = 4 kg·m/s

04 운동량 = 1500 kg × 20 m/s = 30000 kg·m/s

08 물체가 운동 반대 방향으로 힘을 받으면 속력이 줄어들어 운동량의 크기가 감소한다.

13 운동량 보존 법칙에 따라 $(2 \times 7) + (3 \times 2) = (2 \times v) + (3 \times 6)$에서 충돌 후 A의 속력 $v = 1$ m/s이다.

14 운동량 보존 법칙에 의해 $0 = 1 \times (-3) + 3 \times v$에서 충돌 후 B의 속력 $v = 1$ m/s이다.

15 충돌 전 물체의 운동 에너지는 0이고, 충돌 후 물체 A, B의 운동 에너지의 합은 $\left(\dfrac{1}{2} \times 1 \times 3^2\right) + \left(\dfrac{1}{2} \times 3 \times 1^2\right) = 6(\text{J})$이다.

---

04. 충격량   5쪽

01 ○   02 ○   03 ○   04 ×   05 충격량   06 24 N·s
07 힘   08 시간   09 시간   10 =   11 =   12 =   13 >
14 ㉠ 길게, ㉡ 작게   15 충돌 시간

---

06 충격량의 크기는 6 N × 4 s = 24 N·s이다.

10 A, B가 떨어진 높이가 같으므로 바닥에 닿기 직전의 속력이 같다. 또한, A, B의 질량이 같으므로 A, B의 운동량은 같다.

13 충격량은 운동량의 변화량과 같고, 충격량이 같을 때 충돌 시간이 길면 달걀이 받는 힘의 크기가 작다.

05. 역학적 에너지
6쪽

01 16 J　02 100 J　03 10 m/s　04 ×　05 ×　06 ○
07 ×　08 ⊙ 운동, ⓒ 보존　09 ⊙ 운동, ⓒ 중력 퍼텐셜
10 ⊙ 중력 퍼텐셜, ⓒ 운동　11 16 J　12 C　13 A

01 힘과 이동 거리의 관계 그래프에서 그래프 아랫부분의 넓이는 힘이 한 일을 나타낸다. 즉, 한 일=4 N×4 m=16 J이다.

02 20 N×5 m=100 J

03 물체에 알짜힘이 한 일은 물체의 운동 에너지 변화량과 같다. $100\,\text{J}=\frac{1}{2}\times 2\,\text{kg}\times v^2$에서 물체의 속력 $v=10$ m/s이다.

11 탄성 퍼텐셜 에너지$=\frac{1}{2}\times 800\times(0.2)^2=16(\text{J})$

12 공기 저항과 마찰을 무시할 때 역학적 에너지는 보존되므로 감소한 중력 퍼텐셜 에너지만큼 운동 에너지가 증가한다.

13 공기 저항과 마찰이 작용하면 역학적 에너지가 열에너지 등으로 전환되어 감소한다.

06. 열역학 법칙
7쪽

01 PA　02 $P\varDelta V$　03 $2PV$　04 ○　05 ○　06 ×
07 열역학 제1법칙　08 (나), (다)　09 (가)　10 (다)
11 300 J　12 0.6(=60 %)　13 ⊙ 열, ⓒ 1(=100 %)

01 압력$=\dfrac{\text{힘}}{\text{넓이}}$이므로 $F=PA$이다.

02 기체가 하는 일=힘×이동 거리$=PA\times\varDelta l=P\varDelta V$이다.

03 압력-부피 그래프 아랫부분의 넓이는 기체가 한 일을 나타낸다. 따라서 기체가 한 일$=2P(2V-V)=2PV$이다.

06 이상 기체의 경우 퍼텐셜 에너지는 0이다.

08 (나), (다)는 기체의 부피가 커지므로 기체가 외부에 일을 한다.

09 (가)는 부피가 변하지 않으므로 기체가 한 일은 0이다.

10 (다)는 온도가 일정하므로 기체의 내부 에너지 변화량은 0이다.

11 $W=500\,\text{J}-200\,\text{J}=300\,\text{J}$

12 $e=\dfrac{300\,\text{J}}{500\,\text{J}}=0.6$

07. 특수 상대성 이론
8쪽

01 A: 30 km/h, B: 50 km/h　02 20 km/h　03 마이컬슨·몰리 실험　04 관성 좌표계(관성계)　05 ⊙ 관성, ⓒ 빛
06 30만 km/s　07 빛은 A와 B에 동시에 도달한다.　08 A
09 동시성의 상대성　10 느리게　11 =　12 <

02 상대 속도는 관찰자 자신이 정지해 있다고 생각하고 측정한 물체의 속도이다. 따라서 A에 대한 B의 상대 속도는 $v_{AB}=v_B-v_A=50-30=20(\text{km/h})$이다.

06 특수 상대성 이론에 의해 빛의 속력은 우주선의 속력에 관계없이 30만 km/s로 같다.

07 영호는 자신이 정지한 우주선 안에 있다고 생각한다. 따라서 빛은 광원으로부터 같은 거리만큼 떨어진 우주선의 양 끝에 동시에 도달하는 것으로 관측한다.

10 운동하고 있는 관성 좌표계 내의 시간은 정지한 관성 좌표계 내의 시간보다 느리게 간다.

08. 질량과 에너지
9쪽

01 ×　02 ○　03 ○　04 ○　05 1.8×10^{14} J　06 ⊙ 질량 결손, ⓒ 에너지　07 1.8×10^{13} J　08 ⊙ 핵분열, ⓒ 핵융합
09 공　10 공　11 분　12 융　13 핵융합　14 ^4_2He(헬륨 원자핵)　15 핵반응 후 총질량이 감소한다.　16 핵융합　17 중성자(^1_0n)　18 핵반응 후 총질량이 감소한다.

01 물체가 정지해 있더라도 정지 질량에 해당하는 에너지를 가진다.

05 정지 에너지 $E_0=m_0c^2=(2\times10^{-3}\,\text{kg})\times(3\times10^8\,\text{m/s})^2=1.8\times10^{14}$ J

07 방출한 에너지는 질량 결손에 해당하는 에너지와 같으므로, $E=\varDelta mc^2=(0.2\times10^{-3}\,\text{kg})\times(3\times10^8\,\text{m/s})^2=1.8\times10^{13}$ J이다.

Ⅱ. 물질과 전자기장

09. 전자의 에너지 준위
10쪽

01 $\frac{1}{2}F_0$, 척력　02 ⊙ 원자핵, ⓒ 전자　03 ⊙ (+)전하, ⓒ (-)전하　04 전기력　05 ×　06 ○　07 ○　08 (가) 연속 스펙트럼, (나) 방출 스펙트럼, (다) 흡수 스펙트럼　09 ○　10 ×
11 ○　12 ○　13 (가) 톰슨 원자 모형, (나) 러더퍼드 원자 모형, (다) 보어 원자 모형　14 (가)-(나)-(다)　15 a, d　16 a

01 전기력의 크기는 두 전하량의 곱에 비례하고, 두 전하가 사이의 거리의 제곱에 반비례한다. 전하량의 곱은 (나)가 (가)의 2배이고, 두 전하 사이 거리의 제곱은 (나)가 (가)의 4배이므로 전기력은 (나)가 (가)의 $\frac{1}{2}$배이다.

15 전자가 안정한 궤도에서 다른 안정한 궤도로 이동할 때 두 궤도의 에너지 차에 해당하는 에너지를 흡수하거나 방출하는데, 낮은 에너지 준위에서 높은 에너지 준위로 이동할 때 빛을 흡수한다. 따라서 과정 a, d에서는 빛을 흡수하고, 과정 b, c에서는 빛을 방출한다.

16 전자의 에너지 준위 차는 a가 가장 크므로 흡수하거나 방출하는 빛에너지는 a가 가장 크며, 진동수도 a가 가장 크다.

---

10. 에너지띠 11쪽

01 에너지띠　02 ㉠ 에너지띠(허용된 띠), ㉡ 띠 간격(금지된 띠)
03 ㉠　04 ◯　05 ×　06 ◯　07 ×　08 A: 전도띠, B: 원자가 띠, C: 띠 간격　09 (가) 절연체, (나) 반도체, (다) 도체
10 (다)>(나)>(가)　11 규소(Si), 저마늄(Ge)　12 ㉠ 흡수, ㉡ 작다　13 양공

02 에너지 준위가 미세한 차이를 두고 거의 연속적인 띠 모양을 이루는 것을 에너지띠(허용된 띠)라 하고, 원자가 띠와 전도띠 사이에 전자가 존재할 수 없는 에너지 영역을 띠 간격(금지된 띠)이라 한다.

03 에너지 준위는 원자핵에서 멀어질수록 높으므로 ㉠이 ㉢보다 높다.

08 에너지띠 중에서 전자가 채워져 있는 가장 바깥에 있는 에너지띠가 원자가 띠이고, 원자가 띠 바로 위의 에너지띠가 전도띠이며, 원자가 띠와 전도띠 사이를 띠 간격이라고 한다. 따라서 A는 전도띠, B는 원자가 띠, C는 띠 간격이다.

09 띠 간격이 가장 넓은 (가)는 절연체이고, 띠 간격이 없는 (다)는 도체이며, 띠 간격이 (가)와 (나)의 중간 정도인 (나)는 반도체이다.

10 띠 간격이 작을수록 전기 전도성이 크므로 전기 전도성은 (다)>(나)>(가) 순이다.

---

11. 반도체와 다이오드 12쪽

01 ◯　02 ◯　03 ◯　04 ×　05 도핑　06 ㉠ n형, ㉡ 전자　07 ㉠ 3, ㉡ 양공　08 p-n 접합 다이오드　09 ㉢　10 ㉠
11 ㉡　12 정류 작용　13 (가) 순방향 전압, (나) 역방향 전압
14 (가)　15 감소한다.　16 전기 신호

06 원자가 전자가 4개인 순수 반도체에 원자가 전자가 5개인 원소를 도핑한 반도체를 n형 반도체라 하며, 공유 결합에 참여하지 않은 남는 전자에 의해 전류가 흐르게 된다.

---

07 원자가 전자가 4개인 순수한 반도체에 원자가 전자가 3개인 원소를 도핑한 반도체를 p형 반도체라 하며, 원자 사이의 결합에서 전자 1개가 부족하여 생긴 빈자리인 양공에 의해 전류가 흐르게 된다.

13 p형 반도체에 (+)극, n형 반도체에 (−)극을 연결하면 다이오드에 전류가 흐르게 되는데, 이때를 순방향 전압이라고 한다. 이와 반대로 p형 반도체에 (−)극, n형 반도체에 (+)극을 연결하면 다이오드에 전류가 흐르지 않는데, 이때를 역방향 전압이라고 한다.

15 발광 다이오드에 순방향 전압을 걸어 줄 때 전도띠의 전자가 원자가 띠의 양공으로 전이하면서 빛을 방출하는 것이다. 따라서 빛이 방출될 때 전자의 에너지는 감소한다.

---

12. 전류의 자기 작용 13쪽

01 ㉠ 같은, ㉡ 자기력, ㉢ 다른　02 ㉠ S극, ㉡ N극　03 ◯
04 ×　05 ◯　06 N극　07 ㉠ 나오는, ㉡ 작다　08 종이면에 들어가는 방향　09 ㉠ 비례, ㉡ 반비례　10 ㉠ 비례, ㉡ 비례
11 ㉠ N극, ㉡ S극　12 전동기, 스피커, 자기 공명 영상(MRI) 장치　13 전류의 세기를 세게 한다. 코일의 감은 수를 많이 한다.　14 전동기

02 자기력선은 N극에서 나와 S극으로 들어가므로 자기력선이 나오는 ㉡은 N극이고, 자기력선이 들어가는 ㉠은 S극이다.

07 직선 전류에 의한 자기장의 방향은 오른손 엄지손가락이 전류의 방향을 향하게 하고, 네 손가락으로 도선을 감아쥘 때 네 손가락이 가리키는 방향이므로 p점에서는 종이면에서 나오는 방향이다. 자기장의 세기는 도선으로부터 떨어진 거리에 반비례하므로 도선에 가까운 q에서가 p에서보다 크다.

13 전자석의 세기는 코일에 흐르는 전류의 세기가 셀수록, 코일을 더 촘촘하게 감을수록 세다. 따라서 전자석의 세기를 세게 하려면 코일에 흐르는 전류의 세기를 세게 하고, 코일의 감은 수를 많이 한다.

---

13. 물질의 자성 14쪽

01 ㉠ 궤도, ㉡ 스핀　02 ㉠ 자성, ㉡ 상자성　03 원자 자석
04 자기화(자화)　05 ㉠ 끌리는, ㉡ 끌리는, ㉢ 밀리는　06 ㉡
07 ㉢　08 ㉠　09 시계 반대 방향　10 ×　11 ◯　12 ◯
13 ◯　14 자기 구역　15 반자성　16 강자성

05 자석에 강하게 끌리는 성질을 강자성, 자석에 약하게 끌리는 성질을 상자성, 자석에 약하게 밀리는 성질을 반자성이라고 한다.

06 철, 니켈, 코발트는 대표적인 강자성을 갖는 물질이다.

07 알루미늄, 마그네슘, 종이, 산소는 대표적인 상자성을 갖는 물질이다.

08 구리, 유리, 금, 물, 수소는 대표적인 반자성을 갖는 물질이다.

09 전자는 (−)전하를 띠므로 전자의 궤도 운동 방향이 시계 방향이면 전자의 궤도 운동에 의한 전류의 방향은 시계 반대 방향이다.

---

14. 전자기 유도   15쪽

01 전자기 유도   02 ㉠ 빠를수록, ㉡ 많을수록, ㉢ 셀수록   03 ○
04 ×   05 ○   06 ○   07 ×   08 ㉠ 밀어내는, ㉡ 당기는
09 ○   10 ○   11 ×   12 ○   13 (가) ×, (나) ○, (다) ○,
(라) ×   14 증가한다   15 a → R → b   16 오른쪽   17 발전기

---

13 코일에는 자기 선속의 변화를 방해하는 방향으로 유도 전류가 흐른다.

14 막대자석이 코일에 접근하고 있으므로 코일을 통과하는 자기 선속은 증가한다.

15 코일의 왼쪽이 N극, 오른쪽이 S극이 되도록 유도 전류가 흐른다. 즉, 저항에는 a → R → b 방향으로 유도 전류가 흐른다.

III. 파동과 정보 통신

15. 파동과 전반사   16쪽

01 ㉢   02 ㉥   03 ㉠   04 ㉡   05 ×   06 ○   07 ○
08 ㉠ 느려지고, ㉡ 짧아지며, ㉢ 변하지 않는다, ㉣ 작다   09 ㉠ 얕은, ㉡ 신기루   10 ㉠ <, ㉡ >, ㉢ =   11 ㉠ 느린, ㉡ 빠른, ㉢ 커야   12 ㉠ 코어, ㉡ 클래딩, ㉠>㉡

---

05 파동의 속력＝진동수×파장

09 물속에서 공기 중으로 진행하는 빛은 속력 차이로 인해 굴절하지만 사람은 빛이 직진하는 것으로 인식하기 때문에 물속의 물고기가 실제보다 더 얕은 곳에 있는 것처럼 보인다. 또한, 뜨거운 공기와 차가운 공기에서 빛의 굴절로 신기루가 발생한다.

12 코어의 굴절률이 클래딩의 굴절률보다 커야 전반사가 일어난다.

---

16. 전자기파   17쪽

01 전자기파   02 ×   03 ○   04 ×   05 ○   06 ○   07
A: X선, B: 자외선, C: 적외선, D: 전파   08 A>B>C>D
09 X선   10 자   11 공   12 자   13 적   14 ○   15 ×
16 ×   17 ㉣   18 ㉢   19 ㉡   20 ㉢   21 ㉠

---

03 진공 중에서 전자기파의 속력은 약 30만 km/s로 빛의 속력과 같다.

04 대부분의 파동은 매질을 통해 전달되지만, 전자기파는 다른 파동과 달리 매질이 없어도 진행할 수 있다.

05 전기장과 자기장의 진동면은 직각을 이룬다.

08 파장이 짧을수록 진동수가 크다.

14 감마(γ)선은 핵반응 중에 나오는 방사선의 일종이다.

16 항암 치료에 이용되는 전자기파는 감마(γ)선이고, 피부 속에서 비타민 D를 합성하는 전자기파는 자외선이다.

---

17. 파동의 간섭   18쪽

01 ㉠ y_1+y_2, ㉡ y_2, ㉢ y_1 02 보   03 보   04 상   05 상
06 P, Q   07 R, S   08 보강   09 짧아진다   10 ○   11 ○
12 ×   13 ×   14 ○

---

06 P는 마루와 마루가 중첩되고, Q는 골과 골이 중첩되어 진폭이 커지는 보강 간섭이 일어난다.

07 R, S는 항상 마루와 골이 중첩되어 진폭이 작아지는 상쇄 간섭이 일어난다.

08 O에서는 A, B에서 나온 소리의 위상이 같으므로 보강 간섭이 일어난다.

09 소리의 진동수가 클수록 파장이 짧기 때문에 크기가 최대인 지점과 이웃한 최소인 지점 사이의 거리가 짧아진다.

---

18. 빛과 물질의 이중성   19쪽

01 ㉠ 입자, ㉡ 파동   02 ○   03 ○   04 ×   05 ○   06 ×
07 파   08 입   09 파   10 ㉠ 전하 결합 소자(CCD), ㉡ 세기
11 물질파(드브로이파)   12 2λ 13 $\frac{1}{2}\lambda$ 14 $\frac{1}{4}\lambda$ 15 공
16 투   17 주   18 공   19 주

---

04 광전 효과 실험 결과는 광양자설로 설명되었다.

06 빛의 진동수가 클수록 광자의 에너지가 크고, 광자의 에너지가 클수록 튀어 나오는 광전자의 최대 운동 에너지가 크다.

12 $\lambda=\dfrac{h}{mv}$이므로 물질파 파장＝$\dfrac{h}{0.5mv}=2\lambda$

13 물질파 파장＝$\dfrac{h}{2mv}=\dfrac{1}{2}\lambda$

14 물질파 파장＝$\dfrac{h}{2m\times 2v}=\dfrac{1}{4}\lambda$

50분 평가 문제

I. 역학과 에너지 [1회]　　　　　　　　　　　20~23쪽

01 ⑤　　02 ④　　03 ③　　04 ④　　05 ④
06 (1) A: 6 m/s, B: 3 m/s (2) 해설 참조　07 $\dfrac{1}{3}F_0$　08 ②
09 ⑤　　10 ⑤　　11 ③　　12 ③　　13 ④
14 ④　　15 해설 참조　16 ③　　17 ⑤

---

01 ㄱ. 가속도$=\dfrac{\text{속도 변화량}}{\text{걸린 시간}}$이다. 따라서 가속도가 0이면 물체의 속도는 일정하다.

ㄷ. 운동하는 물체의 가속도의 방향과 속도의 방향이 같으면 물체의 속력이 증가하고, 운동하는 물체의 가속도의 방향과 속도의 방향이 반대이면 물체의 속력은 감소한다.

[오답 피하기] ㄴ. 속도의 크기가 증가해도 단위 시간 동안의 속도 변화량이 감소하면 가속도의 크기는 감소할 수 있다.

02 ④ 평균 속도는 단위 시간당 변위이다. 같은 시간 동안의 변위의 크기는 철수와 영희가 같으므로 평균 속도의 크기는 철수와 영희가 같다.

[오답 피하기] ① 이동 거리는 실제로 이동한 경로이다. 따라서 이동 거리는 영희가 철수보다 크다.

② 철수와 영희는 출발선에서 P까지 운동했으므로 변위의 크기는 철수와 영희가 같다.

③ 평균 속력은 단위 시간당 이동 거리이다. 같은 시간 동안 이동 거리는 철수가 영희보다 작으므로 평균 속력은 철수가 영희보다 작다.

⑤ 출발선에서 P까지 운동하는 동안 철수의 운동 방향은 바뀌지 않았지만, 영희는 Q에서 운동 방향이 바뀌었으므로 속도의 방향이 바뀌었다.

03 자료 분석 하기

이동 거리와 변위

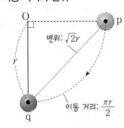

- 이동 거리: 물체가 실제로 움직인 총 거리
  ➡ $\dfrac{\pi r}{2}$
- 변위: 처음 위치에서 나중 위치까지의 직선거리와 방향
  ➡ $\sqrt{2}r$(변위의 크기)
- 곡선상에서 운동할 때
  ➡ 이동 거리 > 변위의 크기

ㄷ. 이동 거리가 변위의 크기보다 크므로 평균 속력은 평균 속도의 크기보다 크다.

[오답 피하기] ㄱ. 변위의 크기는 p에서 q까지의 직선거리이므로 $\sqrt{2}r$이다.

ㄴ. p에서 q까지 운동하는 동안 이동 거리는 $\dfrac{\pi r}{2}$이고, 변위의 크기는 $\sqrt{2}r$이므로, 이동 거리는 변위의 크기보다 크다.

04 자료 분석 하기

속력-시간 그래프

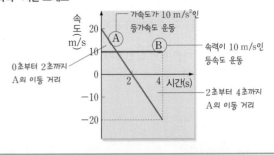

ㄴ. 속도-시간 그래프의 기울기는 가속도를 나타낸다. A는 등가속도 운동을 하므로 A의 가속도의 크기는 10 m/s²이다.

ㄷ. 0초부터 2초까지 A와 B의 속도는 (+)이므로 운동 방향이 같고, 이동 거리는 20 m로 같다. 따라서 A와 B는 2초일 때 만난다.

[오답 피하기] ㄱ. 직선 운동하는 물체의 속도-시간 그래프 아랫부분의 넓이는 이동 거리를 나타낸다. 0초부터 4초까지 A의 이동 거리는 $\left(\dfrac{1}{2}\times20\times2\right)+\left(\dfrac{1}{2}\times20\times2\right)=40(\text{m})$이고, B는 등속도 운동을 하므로 이동 거리는 $10\times4=40(\text{m})$이다.

05 A와 B는 같은 시간 동안 이동한 거리가 같으므로 평균 속력이 같다. A와 B는 각각 등가속도 직선 운동을 하므로 평균 속력$=\dfrac{4v_0+0}{2}=\dfrac{v_0+v}{2}$에서 $v=3v_0$이다.

06 (1) A와 B는 등가속도 직선 운동을 한다. 10초일 때 A와 B가 충돌하므로 10초 동안의 이동 거리는 A가 B보다 크다. 같은 시간 동안 이동 거리는 속력에 비례하므로, 0초일 때의 속력은 A가 B보다 크다. 즉, A의 속력은 6 m/s, B의 속력은 3 m/s이다.

(2) [예시 답안] 0초일 때 A의 위치를 기준으로 10초 동안 A의 이동 거리는 30 m이고, B의 이동 거리는 15 m이다. 30 m$=d+15$ m에서 $d=15$ m이다.

채점 기준	배점(%)
d의 값과 풀이 과정을 모두 옳게 설명한 경우	100
d의 값만 옳게 구한 경우	40

07 자료 분석 하기

접촉한 물체에 작용하는 힘

A에 작용하는 힘(알짜힘=0):
$F-F_0=0 \rightarrow F=F_0$

$F_A=\dfrac{2}{3}F_0$　　$F_B=\dfrac{1}{3}F_0$

B에 작용하는 힘(알짜힘=0):
A가 B를 미는 힘(F_0)과 벽이 B를 미는 힘(F_0)

$a=\dfrac{F_0}{2m+m}=\dfrac{F_0}{3m}$

(가)에서 A와 B는 정지해 있으므로 $F=F_0$이다. (나)에서 B의 가속도의 크기는 $\dfrac{F_0}{3m}$이므로 B에 작용하는 알짜힘은 $m \times \dfrac{F_0}{3m}$ $=\dfrac{1}{3}F_0$이다. B가 A에 작용하는 힘의 크기는 A가 B에 작용하는 힘의 크기와 같고, 이는 B에 작용하는 알짜힘의 크기와 같다. 따라서 (나)에서 B가 A에 작용하는 힘의 크기는 $\dfrac{1}{3}F_0$이다.

08 자료 분석 하기

도르래에 걸쳐 연결된 물체

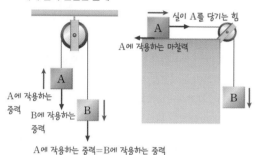

ㄴ. (가)에서 B는 등속도 운동을 하므로, B에 작용하는 알짜힘은 0이고, (나)에서 B는 속력이 증가하는 등가속도 운동을 하므로 B에 작용하는 알짜힘의 크기는 (나)에서가 (가)에서보다 크다.

[오답 피하기] ㄱ. (가)에서 A와 B는 등속도 운동을 하므로 A, B에 작용하는 알짜힘은 0이다. 따라서 A, B의 질량은 같다.

ㄷ. (나)에서 A에는 운동 방향으로 실이 A를 당기는 힘이 작용하고, 운동 방향과 반대 방향으로 마찰력이 작용한다. A는 속력이 증가하는 등가속도 운동을 하므로 A에 작용하는 마찰력의 크기는 실이 A를 당기는 힘의 크기보다 작다.

09 ㄴ. A, B의 질량을 각각 m_A, m_B라 할 때, $m_A v = m_B \left(\dfrac{1}{2} v \right)$ 에서 $m_B = 2m_A$이다.

ㄷ. A가 B에 작용하는 힘의 크기와 B가 A에 작용하는 힘의 크기가 같고, 서로에게 힘을 작용하는 시간이 같다. 따라서 충돌 과정에서 A가 받은 충격량의 크기는 B가 받은 충격량의 크기와 같다.

[오답 피하기] ㄱ. 충돌 전후 A와 B의 운동량의 합은 같으므로 충돌 전 A의 운동량의 크기는 충돌 후 B의 운동량의 크기와 같다.

10 ㄱ. 힘-시간 그래프 아랫부분의 넓이는 충격량의 크기이므로, B가 A로부터 받은 충격량의 크기는 2 N·s이다.

ㄷ. A와 B의 운동 에너지의 합은 충돌 전이 $\dfrac{1}{2} \times 1 \times 3^2 = \dfrac{9}{2}$(J) 이고, 충돌 후가 $\left(\dfrac{1}{2} \times 1 \times 1^2 \right) + \left(\dfrac{1}{2} \times 2 \times 1^2 \right) = \dfrac{3}{2}$(J)이다. 따라서 A와 B의 운동 에너지의 합은 충돌 전이 충돌 후보다 크다.

[오답 피하기] ㄴ. 충돌 과정에서 A와 B가 받은 충격량은 크기가 같고 방향이 반대이며, 충격량은 운동량의 변화량과 같다. 나중 운동량=처음 운동량+충격량이므로 충돌 후 A의 운동

량의 크기는 $(3-2)$ kg·m/s $=1$ kg·m/s이므로 A의 속력은 $\dfrac{1 \text{ kg·m/s}}{1 \text{ kg}} = 1$ m/s이다. 충돌 후 B의 운동량의 크기는 2 kg·m/s이므로 B의 속력은 $\dfrac{2 \text{ kg·m/s}}{2 \text{ kg}} = 1$ m/s이다. 즉, 충돌 후 속력은 A와 B가 같다.

11 ㄱ. A의 중력 퍼텐셜 에너지 감소량은 B의 중력 퍼텐셜 에너지 증가량과 A와 B의 운동 에너지 증가량의 합과 같다.

ㄷ. A가 p에서 q까지 운동하는 동안 B의 중력 퍼텐셜 에너지와 운동 에너지는 증가하므로 B의 역학적 에너지는 증가한다. p와 q 사이에서 운동하는 동안 A의 역학적 에너지와 B의 역학적 에너지의 합은 일정하므로 A의 역학적 에너지는 감소한다.

[오답 피하기] ㄴ. A를 p에서 가만히 놓았을 때 q를 향해 내려가는 운동을 하므로 질량은 A가 B보다 크다. A가 p에서 q까지 운동하는 동안 속력은 A와 B가 같지만 질량은 A가 B보다 크므로, 운동 에너지 증가량은 A가 B보다 크다.

12 공기 저항과 마찰을 무시할 때 역학적 에너지는 보존되므로, 무동력차의 역학적 에너지는 A, B, C에서 같다. C에서 속력을 V라고 하면 $\underset{①}{mgh + \dfrac{1}{2}m(3v)^2} = \underset{②}{mg(2h) + \dfrac{1}{2}mv^2} = \dfrac{1}{2}mV^2$ 이므로 ①식에서 $v^2 = \dfrac{1}{4}gh$이고, ②식에서 $V^2 = \dfrac{17}{4}gh$이다. 따라서 $V = \sqrt{17}\,v$이다.

13 ㄴ. B → C는 등압 과정으로, 압력이 일정하게 유지되면서 부피와 온도가 변한다. 등압 팽창 과정에서 기체가 흡수한 열량은 기체의 내부 에너지 변화량 ΔU와 기체가 외부에 한 일의 합과 같다. 이때 내부 에너지가 증가하므로 기체 분자의 평균 운동 에너지는 증가한다.

ㄷ. 열역학 제1법칙에서 $5Q = W + \Delta U$이고 $\Delta U = 3Q$이므로 $W = 2Q$이다.

[오답 피하기] ㄱ. A → B는 등적 과정이므로 기체가 한 일은 0이다. 이때 기체가 흡수한 열량은 기체의 내부 에너지의 변화량과 같다. 따라서 $\Delta U = 3Q$이다.

⊕ 개념 더하기

등압 팽창 과정과 등적 과정

• 등압 팽창 과정: 기체의 내부 에너지와 온도가 상승한다. 기체가 흡수한 열량은 내부 에너지 증가량과 외부에 한 일을 더한 값과 같다.

• 등적 과정: 기체가 외부에 한 일은 0이다. 기체에 공급된 열은 모두 내부 에너지의 증가에 쓰인다.

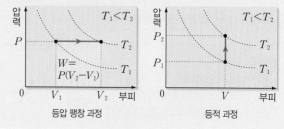

14 열기관이 한 일은 $W = Q_1 - Q_2 = 400 - 250 = 150(J)$이고, 열기관의 효율은 $e = \dfrac{W}{Q_1} \times 100(\%) = \dfrac{150}{400} \times 100(\%) = 37.5(\%)$이다.

15 (가)는 등압 팽창 과정이고, (나)는 단열 압축 과정이다.

[예시 답안] (가) 등압 팽창 과정에서 기체의 압력은 일정하고 온도는 증가한다. (나) 단열 압축 과정에서 기체의 압력과 온도는 증가한다. 따라서 기체의 온도는 (나)에서가 (가)에서보다 높고, 압력도 (나)에서가 (가)에서보다 크다.

채점 기준	배점(%)
(가)와 (나)에서 기체의 온도와 압력을 옳게 비교하고, 그 까닭을 옳게 설명한 경우	100
(가)와 (나)에서 기체의 온도만 옳게 비교하고, 그 까닭을 옳게 설명한 경우	50
(가)와 (나)에서 기체의 압력만 옳게 비교하고, 그 까닭을 옳게 설명한 경우	50

16

시간 지연

영희가 관측한 빛의 경로

광원 장치와 같은 관성 좌표계에 있는 영희가 측정한 시간이 고유 시간이므로 t_B가 고유 시간이다.

철수가 관측한 빛의 경로

광원 장치에서 나온 빛이 P까지 이동한 경로는 철수가 측정했을 때가 영희가 측정했을 때보다 크다.

ㄱ. 진공 중에서 진행하는 빛의 속력은 관찰자의 운동 상태에 관계없이 일정하다.

ㄴ. 광원에서 나온 빛이 P까지 이동한 경로는 철수가 측정했을 때가 영희가 측정했을 때보다 길다. 빛의 속력은 철수가 측정했을 때와 영희가 측정했을 때가 같으므로 $t_A > t_B$이다.

[오답 피하기] ㄷ. 민수가 측정한 우주선의 길이는 고유 길이보다 짧다. 이때 속력이 빠를수록 길이 수축 효과가 크므로 우주선의 길이는 B가 A보다 짧다.

17 ㄱ. 핵융합 과정에서 핵반응 전후의 양성자수의 합은 같다.

ㄷ. 핵융합 과정에서 발생하는 에너지는 질량 결손에 의한 것이다. 따라서 반응 전의 질량의 합이 반응 후의 질량의 합보다 크다. 이를 정리하면, $M_3 + M_4 > M_5 + M_1$에서 $M_3 - M_1 > M_5 - M_4$이다.

[오답 피하기] ㄴ. ㉠은 원자 번호가 1이고 질량수가 3인 $^3_1$H이다. 즉, ㉠의 중성자수는 2이다.

✚ **개념 더하기**

원자핵의 표현

• 원자 번호(Z): 양성자수
• 질량수(A): 양성자수와 중성자수의 합 질량수(A) = 양성자수(Z) + 중성자수(N)

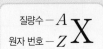

$$\text{질량수} - A \atop \text{원자 번호} - Z \quad X$$

01 ⑤	02 ③	03 ⑤	04 ⑤	05 ③
06 ⑤	07 1 : 2	08 1.5 m/s	09 ①	10 ③
11 해설 참조	12 ⑤	13 ⑤	14 해설 참조	15 ②
16 ②	17 ①			

01 ⑤ 물 위에 떠 있는 보트에서 뛰어내리자 보트가 뒤로 밀리는 것은 사람이 보트를 미는 작용에 의해 보트가 사람을 밀기 때문이다.

[오답 피하기] ① 빠르게 달리면 계속 달리는 운동 상태를 유지하려고 하므로 갑자기 멈추지 못한다.

② 뛰어가다가 발이 돌부리에 걸리면 앞으로 계속 달리려는 상태를 유지하려고 하므로 넘어진다.

③ 버스가 갑자기 출발하면 승객은 계속 정지한 상태를 유지하려고 하므로 승객은 뒤로 움직인다.

④ 망치 자루를 바닥에 치면 망치 머리가 계속 내려가는 상태를 유지하려고 하므로 머리 부분이 단단히 박히게 된다.

02 자료 분석 하기

평균 속력과 평균 속도

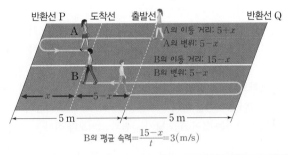

A의 평균 속력 $= \dfrac{5+x}{t} = 2(m/s)$

반환선 P   도착선   출발선   반환선 Q

A의 이동 거리: 5+x
A의 변위: 5−x
B의 이동 거리: 15−x
B의 변위: 5−x

B의 평균 속력 $= \dfrac{15-x}{t} = 3(m/s)$

ㄱ. A와 B는 모두 출발선에서 도착선까지 운동했으므로 변위의 크기는 같다.

ㄴ. P에서 도착선까지의 거리를 x라고 하면, 출발선에서 도착선까지의 거리는 $(5-x)$이다. 출발선에서 도착선까지 운동하는 동안 A의 이동 거리는 $(5+x)$이고, B의 이동 거리는 $(15-x)$이다. 출발선에서 도착선까지 운동하는 데 걸린 시간을 t라 하면, A의 평균 속력은 $\dfrac{5+x}{t} = 2(m/s)$이고, B의 평균 속력은 $\dfrac{15-x}{t} = 3(m/s)$이므로 $t = 4$초이다.

[또 다른 풀이] ㄴ. A와 B의 이동 거리의 합은 20 m이므로, $2t + 3t = 20$ m에서 출발선에서 도착선까지 운동하는 데 걸린 시간 $t = 4$초로 구할 수도 있다.

[오답 피하기] ㄷ. B가 출발선에서 도착선까지 운동하는 데 걸린 시간이 4초이므로 $x = 3$ m이다.

따라서 B의 변위는 $5 - 3 = 2(m)$이므로 B의 평균 속도의 크기는 $\dfrac{2 \text{ m}}{4 \text{ s}} = \dfrac{1}{2}$ m/s이다.

03 **자료 분석 하기**

위치 – 시간 그래프 분석

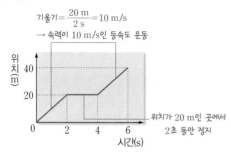

기울기 $=\dfrac{20\ \text{m}}{2\ \text{s}}=10\ \text{m/s}$
→ 속력이 $10\ \text{m/s}$인 등속도 운동

위치가 $20\ \text{m}$인 곳에서 2초 동안 정지

ㄱ. 자동차의 위치는 2초일 때가 $20\ \text{m}$이고 6초일 때가 $40\ \text{m}$이다. 따라서 2초부터 6초까지 자동차의 변위는 $20\ \text{m}$이다.

ㄴ. 2초부터 4초까지 자동차는 $20\ \text{m}$의 위치에 정지해 있다.

ㄷ. 위치 – 시간 그래프에서 기울기는 속도를 의미한다. 4초부터 6초까지 자동차의 속력은 $\dfrac{20\ \text{m}}{2\ \text{s}}=10\ \text{m/s}$로 등속도 운동을 한다.

04 ㄱ. 출발선에서 P까지 B의 평균 속력은 $\dfrac{0+20}{2}=10(\text{m/s})$이므로 B가 출발선에서 P까지 운동하는 데 걸린 시간은 $\dfrac{200\ \text{m}}{10\ \text{m/s}}=20\ \text{s}$이다. A는 B보다 5초 먼저 출발했으므로 A가 출발선에서 Q까지 운동하는 데 걸린 시간은 25초이다.

ㄴ. A의 가속도 크기는 $\dfrac{20\ \text{m/s}}{25\ \text{s}}=\dfrac{4}{5}\ \text{m/s}^2$이고, B의 가속도 크기는 $\dfrac{20\ \text{m/s}}{20\ \text{s}}=1\ \text{m/s}^2$이다. 따라서 가속도의 크기는 A가 B의 $\dfrac{4}{5}$배이다.

ㄷ. A의 평균 속도의 크기는 $\dfrac{0+20}{2}=10(\text{m/s})$이다. A가 Q까지 운동하는 데 걸린 시간은 25초이므로 출발선에서 Q까지 거리는 $10\ \text{m/s}\times25\ \text{s}=250\ \text{m}$이다. 따라서 P와 Q 사이의 거리는 $250\ \text{m}-200\ \text{m}=50\ \text{m}$이다.

05 **자료 분석 하기**

A와 B에 작용하는 힘의 분석

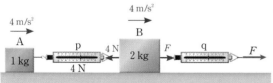

작용: A가 p를 당기는 힘   p가 B를 당기는 힘
반작용: p가 A를 당기는 힘   = 4 N

ㄱ. A에는 p가 당기는 힘만 작용하고 있으므로 A에 작용하는 알짜힘의 크기는 p가 A를 당기는 힘인 4 N이다.

ㄴ. A와 B는 같은 가속도로 운동한다. A의 가속도 크기는 $\dfrac{4\ \text{N}}{1\ \text{kg}}=4\ \text{m/s}^2$이다. 따라서 B에 작용하는 알짜힘의 크기는

$2\ \text{kg}\times4\ \text{m/s}^2=8\ \text{N}$이다. p가 B를 당기는 힘의 크기는 4 N이므로 $F-4\ \text{N}=8\ \text{N}$에서 $F=12\ \text{N}$이다.

[오답 피하기] ㄷ. A가 p를 당기는 힘의 반작용은 p가 A를 당기는 힘이다.

06 ㄱ. A와 B를 한 물체라 생각하면 질량이 5 kg인 물체에 작용하는 알짜힘은 (가)에서와 (나)에서 10 N으로 같으므로 두 경우 모두 가속도의 크기는 $\dfrac{10\ \text{N}}{5\ \text{kg}}=2\ \text{m/s}^2$이다.

ㄷ. (가)에서 B가 A에 작용하는 힘의 크기는 B에 작용하는 알짜힘의 크기인 $3\times2=6(\text{N})$이다.
(나)에서 B가 A에 작용하는 힘의 크기는 A가 B에 작용하는 힘의 크기와 같다. 이는 A에 작용하는 알짜힘의 크기와 같으므로 $2\times2=4(\text{N})$이다. 따라서 B가 A에 작용하는 힘의 크기는 (가)에서가 (나)에서보다 크다.

[오답 피하기] ㄴ. B의 가속도 크기는 (가)에서와 (나)에서가 같으므로 B에 작용하는 알짜힘의 크기는 (가)에서와 (나)에서 모두 $3\ \text{kg}\times2\ \text{m/s}^2=6\ \text{N}$으로 같다.

07 **자료 분석 하기**

위치 – 시간 그래프

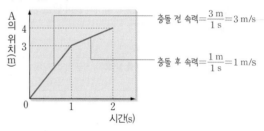

충돌 전 속력 $=\dfrac{3\ \text{m}}{1\ \text{s}}=3\ \text{m/s}$

충돌 후 속력 $=\dfrac{1\ \text{m}}{1\ \text{s}}=1\ \text{m/s}$

충돌 전 A의 속력은 $3\ \text{m/s}$이고, 충돌 후 A의 속력은 $1\ \text{m/s}$이다. 충돌 후 B의 속력을 v라 하고 운동량 보존 법칙을 적용하면 $2\times3=2\times1+1\times v$에서 $v=4\ \text{m/s}$이다. 따라서 $p_\text{A} : p_\text{B} =2\times1 : 1\times4=1 : 2$이다.

08 힘 – 시간 그래프에서 그래프 아랫부분의 넓이는 물체가 받는 충격량을 나타낸다. 0초부터 3초까지 물체가 받은 충격량의 크기는 $1+2=3(\text{N}\cdot\text{s})$이므로 3초일 때 물체의 속력을 v라 하면, $3=2\times(v-0)$에서 $v=1.5\ \text{m/s}$이다.

➕ **개념 더하기**

충격량
그림에서 색칠한 직사각형의 넓이는 매우 짧은 시간 $\varDelta t$ 동안 받은 충격량과 같으며, 이 직사각형의 넓이를 모두 더하면 그래프가 시간축과 이루는 넓이와 같아진다. 즉, 그래프 아랫부분의 넓이는 충격량과 같다.

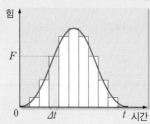

09 운동량의 변화량은 충격량과 같다. B의 질량을 m이라고 할 때, B가 벽과 충돌 후 운동 방향이 반대로 바뀌었으므로 B의 운동량 변화량의 크기는 $mv+2mv=3mv=I$이다. (나)에서 A와 B가 충돌하는 동안 B가 A로부터 받은 충격량의 크기는 B의 운동량 변화량의 크기와 같다. 충돌 후 A와 B는 정지하므로 B의 운동량 변화량의 크기는 mv이다. $I=3mv$이므로 A가 받은 충격량의 크기는 $mv=\frac{1}{3}I$이다.

10 B의 감소한 중력 퍼텐셜 에너지는 A와 B의 증가한 운동 에너지와 마찰에 의해 손실된 역학적 에너지의 합과 같다. A에서 마찰에 의해 손실된 역학적 에너지를 W라 하면, $2\times10\times5=\frac{1}{2}\times(2+2)\times5^2+W$에서 $W=50\,\text{J}$이다. $50\,\text{J}=F\times5\,\text{m}$이므로 $F=10\,\text{N}$이다.

11 충격량의 크기가 같을 때 힘을 작용하는 시간이 길수록 물체가 받는 평균 힘의 크기가 작아진다.

예시 답안 공을 잡는 순간부터 공이 정지할 때까지 공의 운동량 변화량의 크기는 (가)에서와 (나)에서가 같지만, 공이 손에 힘을 작용하는 시간은 (가)에서가 (나)에서보다 길다. 따라서 손이 받는 평균 힘의 크기는 (가)에서가 (나)에서보다 작다.

채점 기준	배점(%)
공이 손에 힘을 작용하는 시간의 차이를 설명하여 평균 힘의 크기를 옳게 비교한 경우	100
공이 손에 힘을 작용하는 시간의 언급 없이 평균 힘의 크기만 옳게 비교한 경우	50

12 자료 분석 하기

물체의 역학적 에너지

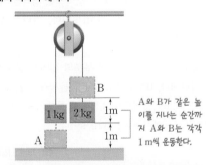

A와 B가 같은 높이를 지나는 순간까지 A와 B는 각각 1 m씩 운동한다.

구분	A의 역학적 에너지		B의 역학적 에너지		A와 B의
	E_p	E_k	E_p	E_k	$E_\text{p}+E_\text{k}$
A를 잡고 있을 때	0	0	40 J	0	40 J
A와 B의 높이가 같을 때	10 J	$\frac{10}{3}$ J	20 J	$\frac{20}{3}$ J	40 J
A가 최고점에 도달했을 때	40 J	0	0	0	40 J

ㄱ. A를 놓기 직전 A와 B의 역학적 에너지의 합은 B의 중력 퍼텐셜 에너지인 $2\,\text{kg}\times10\,\text{m/s}^2\times2\,\text{m}=40\,\text{J}$이다. A와 B는

동시에 높이 1 m인 위치를 지난다. 이때 A와 B의 중력 퍼텐셜 에너지의 합은 $1\,\text{kg}\times10\,\text{m/s}^2\times1\,\text{m}+2\,\text{kg}\times10\,\text{m/s}^2\times1\,\text{m}=30\,\text{J}$이므로 A와 B의 운동 에너지의 합은 $40\,\text{J}-30\,\text{J}=10\,\text{J}$이다. 질량은 B가 A의 2배이므로 A와 B가 같은 높이를 지나는 순간 A의 운동 에너지는 $\frac{10}{3}\,\text{J}$이다.

ㄴ. A와 B는 실에 연결되어 있으므로 같은 높이를 지나는 순간의 속력이 같다. 질량은 A가 B보다 작으므로 이 순간 운동량의 크기는 A가 B보다 작다.

ㄷ. A가 최고점에 위치할 때 A는 순간적으로 정지하므로 A의 중력 퍼텐셜 에너지는 최대이다. B가 수평면에 정지해 있을 때 B의 역학적 에너지는 0이므로 최고점에서 A의 역학적 에너지는 40 J이다. 따라서 A가 정지할 때까지 올라간 최고 높이는 4 m이다.

13 아래쪽 수평면과 위쪽 수평면의 높이 차를 h라고 하면, $\frac{1}{2}k(2x)^2+mgh=\frac{1}{2}(3k)(2x)^2$에서 $mgh=4kx^2$이다.

A가 p를 x만큼 압축시켰다가 놓았을 때 $\frac{1}{2}kx^2+mgh=\frac{1}{2}(3k)s^2$에서 q가 최대로 압축되는 길이 $s=\sqrt{3}\,x$이다.

14 B가 h만큼 내려가는 동안 A와 B의 역학적 에너지의 합은 일정하다.

예시 답안 A와 B의 운동 에너지 증가량의 합은 B의 중력 퍼텐셜 에너지의 감소량과 같다. $\frac{1}{2}mv^2+\frac{1}{2}(2m)v^2=2mgh$에서 $2mgh=\frac{3}{2}mv^2$이므로 $h=\frac{3v^2}{4g}$이다.

채점 기준	배점(%)
B의 높이 변화량과 풀이 과정을 모두 옳게 설명한 경우	100
B의 높이 변화량만 옳게 구한 경우	40

15 자료 분석 하기

열역학 과정에서의 물리량 변화

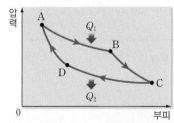

$A\to B\to C\to D\to A$의 순환 과정 동안 온도 변화는 0이므로 내부 에너지 변화량도 0이다.

과정	W	$\varDelta U$	Q
$A\to B$	$W>0$ (부피↑, 압력↓)	0	$Q>0$
$B\to C$	$W>0$ (부피↑, 압력↓)	$\varDelta U<0$ (온도↓)	0
$C\to D$	$W<0$ (부피↓, 압력↑)	0	$Q<0$
$D\to A$	$W<0$ (부피↓, 압력↑)	$\varDelta U>0$ (온도↑)	0

ㄴ. 1회의 순환 과정 동안 기체의 내부 에너지의 변화량은 0이다. 열역학 제1법칙 $Q=W+\Delta U$에서 $Q=W$이므로 1회의 순환 과정 동안 기체가 한 일 $W=Q_1-Q_2$이다.

[오답 II하기] ㄱ. B → C 과정은 기체의 부피가 증가하는 단열 팽창 과정이다. 이 과정에서 기체의 온도는 감소하므로 기체의 내부 에너지는 감소한다.

ㄷ. 열효율 $e=\dfrac{W}{Q_1}=\dfrac{Q_1-Q_2}{Q_1}$이다.

16 자료 분석 하기

열역학 과정

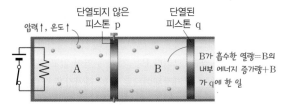

ㄴ. q가 일정한 속력으로 이동하므로 B는 등압 팽창을 한다. 따라서 B의 압력은 일정하다.

[오답 II하기] ㄱ. A는 부피가 일정한 상태에서 열을 공급받고 있으므로 A의 압력과 온도는 증가하므로 A의 내부 에너지는 증가한다.

ㄷ. B의 내부 에너지 증가량과 B가 q에 한 일의 합은 B가 A로부터 흡수한 열량과 같다. 따라서 B가 흡수한 열량은 B가 q에 한 일보다 크다.

17 ㄱ. 영희가 측정할 때 우주선이 오른쪽으로 운동하므로 빛은 B보다 A에 먼저 도달한다.

[오답 II하기] ㄴ. 철수가 측정한 A, B 사이의 거리는 고유 길이이므로, 영희가 측정한 A, B 사이의 거리는 길이 수축에 의해 L보다 짧다.

ㄷ. 철수가 측정한 시간 T는 고유 시간이다. 따라서 영희가 측정할 때 철수가 P, Q 지점을 각각 지나는 데 걸리는 시간은 시간 지연에 의해 T보다 크다.

⊕ 개념 더하기

동시성의 상대성

지면에 정지해 있는 관찰자에 대해 오른쪽으로 일정한 속도로 운동하는 우주선 안의 중앙에서 빛을 방출한다.

우주선 안에서 빛의 관찰

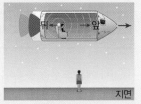
지면에서 빛의 관찰

• 우주선 안의 관찰자 입장: 우주선의 중앙에서 방출한 빛은 같은 속력으로 같은 거리만큼 떨어진 앞과 뒤에 동시에 도달한다.
• 지면에 있는 관찰자 입장: 우주선의 앞과 뒤로 진행하는 빛의 속력은 같지만, 우주선이 오른쪽으로 운동하고 있으므로 빛은 뒤에 먼저 도달하는 것으로 관측한다.

II. 물질과 전자기장 1회 28~30쪽

01 ④	02 ②	03 ③	04 ③
05 $f_a=f_b+f_c$ 06 ①		07 ④	08 ⑤ 09 ④
10 ⑤	11 ④	12 해설 참조	13 ②

01 B가 $x=2d$에 있을 때 B에는 $-x$ 방향으로 전기력이 작용하므로 B는 $(-)$전하이다. B를 $x=-d$에 고정하면 B에는 $+x$ 방향으로 전기력이 작용하므로 A에는 $-x$ 방향으로 전기력이 작용한다. B가 $x=2d$에 있을 때 A와 B 사이의 거리는 $2d$이고, B가 $x=-d$에 있을 때 A와 B 사이의 거리는 d이므로 $x=-d$에서 B에 작용하는 전기력의 크기는 $4F_0$이다. 따라서 작용 반작용 법칙에 의해 A에 작용하는 전기력의 크기도 $4F_0$이다.

02 ㄴ. 원자핵과 전자는 서로 다른 종류의 전하를 띠므로 서로 끌어당기는 전기력이 작용한다.

[오답 II하기] ㄱ. 원자핵은 $(+)$전하를 띠고, 전자는 $(-)$전하를 띤다.

ㄷ. 원자핵과 전자 사이에 작용하는 전기력의 크기는 원자핵과 전자 사이의 거리가 멀수록 작다. 따라서 전자에 작용하는 전기력의 크기는 (나)에서가 (가)에서보다 작다.

03 A. (가)는 연속 스펙트럼이다. 가열된 고체에서는 연속된 파장의 빛이 방출되어 (가)와 같은 연속 스펙트럼이 나타난다.

C. (나)는 선 스펙트럼이다. 선 스펙트럼은 원자 내 전자의 에너지 준위가 불연속적이어서 나타난다.

[오답 II하기] B. (나)와 같은 선 스펙트럼에서 밝은 선은 전자가 빛을 방출하여 나타난 것이다.

04 ㄱ. 수소 원자에서 전자가 $n=1$인 궤도에 있을 때 가장 안정하며, 이때를 바닥상태라고 한다.

ㄴ. 양자수가 클수록 원자핵으로부터 떨어진 거리가 멀다. 따라서 전자에 작용하는 전기력의 크기는 $n=3$인 궤도에서가 $n=1$인 궤도에서보다 작다.

[오답 II하기] ㄷ. 전자의 에너지 준위는 양자수가 클수록 크다. 전자의 에너지는 $n=3$인 궤도에서가 $n=2$인 궤도에서보다 크다.

05 자료 분석 하기

전자의 전이

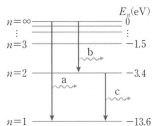

광자 a가 방출되는 에너지 준위 차는 광자 b, c가 방출되는 에너지 준위 차의 합과 같다.

전자가 전이하면서 방출하는 빛의 진동수는 에너지 준위 차에 비례한다.

전자가 전이하면서 방출하는 광자 a, b, c의 에너지를 E_a, E_b, E_c라 하면 $E_a=E_b+E_c$의 관계가 성립한다. 그런데 $E=hf$이므로 $hf_a=hf_b+hf_c$에서 $f_a=f_b+f_c$이다.

06 ㄱ. 집게 도선 사이에 A를 연결했을 때는 전구에 불이 켜지고, B를 연결했을 때는 전구가 켜지지 않으므로 전기 전도성은 A가 B보다 크다.
[오답 피하기] ㄴ. C를 연결했을 때 전구에 불이 켜지므로 C는 전류를 잘 흐르게 하는 물질이다. 따라서 띠 간격이 없는 도체이다.
ㄷ. B와 C를 직렬로 연결하면 B는 전류가 흐르지 않는 물질이므로 회로에 전류가 흐르지 않는다. 따라서 전구에 불이 켜지지 않는다.

07 ㄱ. ㉠은 양공이다. 양공은 전류가 흐를 때 전류의 방향으로 이동한다.
ㄷ. 띠 간격이 A가 B보다 작으므로 전기 전도성은 A가 B보다 크다.
[오답 피하기] ㄴ. 원자가 띠에 있는 전자가 전도띠로 전이할 때 흡수하는 최소한의 에너지는 띠 간격의 크기와 같다. 따라서 E_0의 최솟값은 A가 B보다 작다.

08 자료 분석 하기

다이오드가 연결된 회로

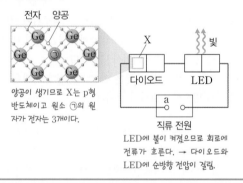

양공이 생기므로 X는 p형 반도체이고 원소 ㉠의 원자가 전자는 3개이다.

LED에 불이 켜졌으므로 회로에 전류가 흐른다. → 다이오드와 LED에 순방향 전압이 걸림.

ㄱ. 원자가 전자가 4개인 저마늄에 ㉠을 첨가하여 양공이 생겼다. 양공은 전자가 빈자리이므로 ㉠의 원자가 전자는 3개이다.
ㄴ. X는 p형 반도체이고, 다이오드에 전류가 흐르고 있으므로 다이오드에는 순방향 전압이 걸린다. 따라서 전원의 단자 a는 (+)극이다.
ㄷ. LED에서 빛이 방출되고 있으므로 LED에는 순방향 전압이 걸린다.

09 b에서는 두 직선 도선에 흐르는 전류에 의한 자기장의 방향이 서로 같고, a, c에서는 두 직선 도선에 흐르는 전류에 의한 자기장의 방향이 서로 반대이다. a, c는 두 도선으로부터 떨어진 거리가 같으므로, 자기장의 세기는 $B_b > B_a = B_c$이다.

10 ㄱ. 솔레노이드에 전류가 흐를 때 막대자석을 실은 수레가 솔레노이드에서 멀어지므로 솔레노이드와 막대자석 사이에는

밀어내는 자기력이 작용한다.
ㄴ, ㄷ. 전류가 흐를 때 솔레노이드의 오른쪽은 N극이 된다. 따라서 전류는 스위치 → 전원 장치 → 다이오드 방향으로 흐르므로 다이오드의 X는 p형 반도체이고, 전원 장치의 단자 a는 (+)극이다.

11 ㄱ. A는 초전도체이다. 초전도체는 임계 온도 이하에서 외부 자기장을 완전히 밀어내 내부 자기장이 0이 되므로 초전도체는 반자성을 나타낸다.
ㄷ. C는 강자성을 갖는 물질이다. 강자성을 갖는 물질은 외부 자기장의 방향과 같은 방향으로 자기화된다.
[오답 피하기] ㄴ. A는 초전도체이므로 임계 온도 이하에서 전기 저항이 0이므로 매우 센 전류를 흘려 강한 자기장을 만드는데 이용할 수 있다. 그러나 B는 자기 구역이 없고 원자 자석의 방향이 불규칙한 상자성체이므로 강한 자기장을 만드는 데 이용되지 않는다.

12 예시 답안 전동기는 코일에 흐르는 전류가 만드는 자기장에 의해 코일이 자석으로부터 자기력을 받아 회전하게 된다. 발전기는 자석이 만드는 자기장 속에서 코일이 회전할 때 코일을 통과하는 자기 선속의 변화로 유도 기전력이 발생하여 유도 전류가 흐르게 된다.

채점 기준	배점(%)
전동기에서 전류의 자기 작용과 발전기에서 전자기 유도 현상을 구체적으로 옳게 설명한 경우	100
전동기는 전류의 자기 작용을 발전기는 전자기 유도를 이용한다고만 쓴 경우	70
발전기와 전동기 중 하나만 옳게 설명한 경우	50

13 자료 분석 하기

균일한 자기장을 통과하는 사각형 도선

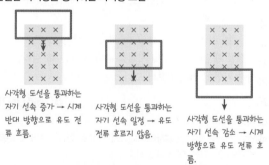

사각형 도선을 통과하는 자기 선속 증가 → 시계 반대 방향으로 유도 전류 흐름.

사각형 도선을 통과하는 자기 선속 일정 → 유도 전류 흐르지 않음.

사각형 도선을 통과하는 자기 선속 감소 → 시계 방향으로 유도 전류 흐름.

도선이 자기장 영역으로 들어가는 동안이나 빠져나오는 동안 도선에는 운동하는 방향과 반대 방향으로 자기력이 작용한다.

ㄴ. (나)에서 도선을 통과하는 자기 선속은 일정하므로 유도 전류가 흐르지 않는다.
[오답 피하기] ㄱ. (가)에서 도선은 자기장 영역으로 들어가므로 도선을 통과하는 자기 선속은 증가한다. 따라서 도선에는 시계 반대 방향으로 전류가 흐른다.
ㄷ. 사각형 도선에 유도 전류가 흐를 때 균일한 자기장은 도체 막대의 운동을 방해하는 방향, 즉 위쪽으로 자기력을 작용한다.

II. 물질과 전자기장 2회   31~33쪽

01 ③	02 원자핵, (+)전하		03 해설 참조	04 ⑤
05 ①	06 ③	07 ①	08 ③	09 ②
10 ③	11 ②	12 ③	13 ③	

01 ㄱ. 원점에 놓은 (−)전하가 −y 방향으로 전기력을 받으므로 A는 (−)전하를 띤다.

ㄴ. 원점에서 B와 C가 (−)전하에 작용하는 전기력의 합력은 0이므로 B와 C는 서로 같은 종류의 전하를 띠고 있다. 따라서 B와 C 사이에는 밀어내는 전기력이 작용한다.

[오답 피하기] ㄷ. 원점에서 B와 C가 (−)전하에 작용하는 전기력의 크기는 같고, 원점으로부터 떨어진 거리는 B가 C의 2배이므로 전하량의 크기는 B가 C의 4배이다.

02 러더퍼드의 알파(α) 입자 산란 실험을 통해 원자핵을 발견하였다. 따라서 원자 중심에 있는 입자는 원자핵이다. 알파(α) 입자는 헬륨의 원자핵으로 (+)전하를 띤다.

03 [예시 답안] 가열된 고체에서는 연속된 파장의 빛이 방출되어 연속 스펙트럼이 나타나고, 기체에서는 특정한 파장의 빛만 방출되어 선 스펙트럼이 나타난다. 선 스펙트럼을 통해 기체 원자 내 전자의 에너지가 양자화되어 있다는 것을 알 수 있다.

채점 기준	배점(%)
고체와 기체에서 방출되는 스펙트럼의 차이를 옳게 설명하고, 선 스펙트럼을 통해 에너지가 양자화되어 있다는 것을 옳게 설명한 경우	100
고체에서의 연속 스펙트럼과 기체에서의 선 스펙트럼에 대해 옳게 설명한 경우	70
고체와 기체에서 방출되는 빛의 스펙트럼의 종류만 옳게 쓴 경우	40

04 ㄴ. 전자의 에너지 준위가 높은 상태에서 낮은 상태로 전이할 때 빛을 방출한다. 따라서 전자의 에너지 준위는 n=a에서가 n=b에서보다 크다.

ㄷ. n=a에서 n=b인 상태로 전이할 때 방출된 광자 에너지가 E_0이므로 수소 원자는 n=b인 상태에서 광자 에너지가 E_0인 빛을 흡수할 수 있다.

[오답 피하기] ㄱ. 양자수가 높은 상태에서 낮은 상태로 전이할 때 빛이 방출된다. 따라서 a>b이다.

05 ㄴ. a에서 전자의 에너지 준위 차는 $3E_0$이므로 방출되는 광자 1개의 에너지는 $3E_0$이다.

[오답 피하기] ㄱ. 전자에 작용하는 전기력은 원자핵으로부터 멀리 떨어져 있는 궤도일수록 작다. 따라서 전기력은 n=2에서가 n=1에서보다 작다.

ㄷ. a에서 방출되는 광자 1개의 에너지는 $3E_0$이고, b에서 방출되는 광자 1개의 에너지는 $15E_0$이다. 광자의 에너지는 빛의 파장에 반비례하므로 방출되는 빛의 파장은 a에서가 b에서의 5배이다.

06 A. 고체는 전기 전도성에 따라 도체, 반도체, 절연체로 구분한다.

B. 전도띠에 있는 전자는 여러 원자 사이를 자유롭게 이동할 수 있다. 따라서 전도띠에 전자가 많을수록 전류가 잘 흐르므로 전기 전도성이 크다.

[오답 피하기] C. 반도체는 원자가 띠와 전도띠 사이의 에너지 간격인 띠 간격이 절연체보다 작다.

07 ㄴ. Y는 원자가 띠의 일부만 채워져 있는 도체이고, Z는 반도체이거나 절연체이다. 전기 전도성은 Y가 Z보다 크다.

[오답 피하기] ㄱ. 전도띠와 원자가 띠가 겹친 X는 도체이다.

ㄷ. X와 Y는 전류를 잘 흐르게 하는 도체이지만 Z는 절연체이거나 반도체이다. 따라서 전류계에 흐르는 전류의 세기는 A$_2$가 A$_1$보다 크다.

08 ㄱ. 전구에 불이 켜졌으므로 다이오드에는 순방향 전압이 걸린다. A는 전지의 (+)극에 연결되어 있으므로 p형 반도체이다.

ㄴ. 순방향 전압일 때 다이오드 내에서 전자와 양공은 접합면으로 이동하여 전류가 흐르게 된다.

[오답 피하기] ㄷ. A는 p형 반도체이고, B는 n형 반도체이므로 원자가 전자는 b가 a보다 많다.

09 ㄴ. 빛은 전도띠의 전자가 원자가 띠의 양공과 결합할 때 방출된다. 따라서 전자의 에너지는 감소한다.

[오답 피하기] ㄱ. 발광 다이오드(LED)에 불이 켜졌으므로 LED에는 순방향 전압이 걸린다. LED의 p형 반도체는 전원 장치의 단자 a에 연결되어 있으므로 a는 (+)극이다.

ㄷ. 파란색 빛의 파장이 빨간색 빛의 파장보다 짧으므로 A에서 방출되는 빛에너지가 B에서 방출되는 빛에너지보다 크다. 따라서 띠 간격은 A가 B보다 크다.

10 (자료 분석 하기)

전류에 의한 자기장

 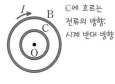

(가)	(나)

O에서 직선 도선 A에 의한 자기장은 종이면에서 나오는 방향이고, 원형 도선 B에 의한 자기장은 종이면에 들어가는 방향이다.

O에서 자기장의 세기가 (가)와 같으려면 원형 도선 C에 의한 자기장이 종이면에서 나오는 방향이어야 한다.

ㄱ. (가)에서 A와 B에 흐르는 전류의 세기는 같고, O로부터 떨어진 거리는 B가 더 가까우므로 O에서 자기장의 방향은 B에 흐르는 전류에 의한 자기장의 방향과 같다. 따라서 (가)의 O에서 자기장의 방향은 종이면에 들어가는 방향이다.

ㄴ. (가)와 (나)의 O에서 자기장의 세기는 같으므로 (나)의 O에서 C에 흐르는 전류에 의한 자기장의 방향은 종이면에서 나오는 방향이어야 한다. 따라서 C에 흐르는 전류의 방향은 시계 반대 방향이다.

[오답 피하기] ㄷ. (가)와 (나)의 O에서 자기장의 세기가 같기 위해서는 A에 흐르는 전류에 의한 자기장의 세기와 C에 흐르는 전류에 의한 자기장의 세기가 같아야 한다. O로부터 떨어진

거리는 C가 A보다 가까우므로 C에 흐르는 전류의 세기는 A에 흐르는 전류의 세기보다 작다.

11 ㄴ. 전류에 의한 자기장의 세기는 도선에 흐른 전류의 세기에 비례하고, 도선으로부터 떨어진 거리에 반비례한다. 전류의 세기는 B가 A보다 크므로 자기장의 세기는 r에서가 q에서보다 크다.

[오답 피하기] ㄱ. p에서 A에 흐르는 전류에 의한 자기장의 방향은 $-y$ 방향이고, B에 흐르는 전류에 의한 자기장의 방향은 $+y$ 방향이다. 자기장의 세기는 A에 흐르는 전류에 의한 자기장이 B에 흐르는 전류에 의한 자기장보다 크므로 p에서 자기장의 방향은 $-y$ 방향이다.

ㄷ. A의 왼쪽에서 A와 B에 흐르는 전류에 의한 자기장의 방향이 반대 방향이므로 자기장이 0인 곳이 있다. A, B에 흐르는 전류의 세기가 1 : 2이므로 A로부터 왼쪽으로 3d만큼 떨어진 지점에서 자기장은 0이 된다.

12 ㄱ. 마이크에서는 소리에 의해 코일에 고정된 진동판이 진동하여 코일에 유도 전류가 흐르는 전자기 유도 현상으로 소리를 전기 신호로 전환한다.

ㄷ. 코일에 흐르는 전류가 자기장을 만들므로 코일과 자석 사이에는 자기력이 작용한다.

[오답 피하기] ㄴ. 마이크의 코일에 흐르는 전류의 세기와 방향은 변하므로 스피커의 코일에 흐르는 전류의 세기와 방향도 변한다.

13 자료 분석 하기

전자기 유도

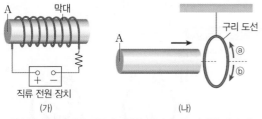

(가)   (나)

• 오른손의 네 손가락이 전류의 방향을 가리키도록 감아질 때 솔레노이드 내부에는 오른쪽 방향으로 자기장이 생긴다.
• 강자성체인 막대는 솔레노이드 내부의 자기장과 같은 방향으로 자기화된다. 즉, A면은 S극, 구리 도선을 향하는 면은 N극이다.
• 구리 도선에 N극이 다가오므로 도선 왼쪽이 N극이 되도록 유도 전류가 흐른다.

ㄱ. 막대는 (나)에서 자기화되어 있으므로 강자성체이다. (가)에서 솔레노이드 내부에서 전류에 의한 자기장의 방향이 오른쪽 방향이므로 막대의 A면은 S극으로 자기화된다.

ㄴ. (나)에서 막대의 오른쪽 면은 N극으로 자기화되어 있다. 막대의 N극이 구리 도선에 접근할 때 구리 도선에 흐르는 유도 전류의 방향은 ⓐ 방향이다.

[오답 피하기] ㄷ. (나)에서 막대의 오른쪽 면은 N극이고, 구리 도선에는 ⓐ 방향으로 유도 전류가 흐르므로 구리 도선의 왼쪽 면이 N극이 된다. 따라서 막대와 구리 도선 사이에는 밀어내는 자기력이 작용한다.

01 ③   02 ⑤   03 ③   04 ①   05 전자기파   06 ③   07 ①
08 ②   09 해설 참조   10 ③   11 ①   12 (1) 광전 효과 (2) 해설
참조   13 ②   14 ④

01 자료 분석 하기

파동의 물리량

① 문제에 주어진 물리량
• 진동수: 매질이 1초 동안 진동한 횟수 → 5 Hz
• 주기: 주기와 진동수는 역수 관계이므로 주기는 0.2초이다.
② 그래프에서 알 수 있는 물리량

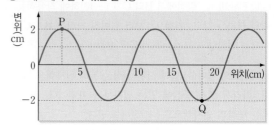

• 파장: 위상이 동일한 이웃한 두 지점 사이의 거리 → 10 cm
• 진폭: 진동 중심으로부터 매질의 최대 변위 → 2 cm

ㄱ. 파장은 10 cm이고 진동수는 5 Hz이므로 파동의 속력은 $v=f\lambda=5\ Hz \times 10\ cm=50\ cm/s=0.5\ m/s$이다.

ㄷ. 물결파의 파장을 λ라고 할 때, P와 Q 사이의 거리는 1.5λ이다. 파동이 λ만큼 이동하는 데 0.2초가 걸리므로 P에서 Q까지 이동하는 데에는 0.3초 걸린다.

[또 다른 풀이] ㄷ. P에서 Q까지 파동이 15 cm 이동하는 데 걸린 시간 $= \dfrac{0.15\ m}{0.5\ m/s}=0.3$초이다.

[오답 피하기] ㄴ. 물결파가 그림의 순간에는 P가 Q보다 수면의 높이가 높다. 하지만 시간이 흐르면 P의 높이는 낮아지고 Q의 높이는 높아져 Q가 P보다 높은 순간이 온다.

02 ㄱ. 물결파의 진동수는 파원에 의해 정해지므로 유리판이 없는 곳(㉠)과 유리판이 있는 곳(㉡)에서 같다.

ㄴ. 물결파는 물의 깊이가 깊을수록 빠르므로 물결파의 속력은 ㉠에서가 ㉡에서보다 빠르다.

ㄷ. 파동의 속력은 진동수와 파장의 곱으로 구할 수 있는데, ㉠과 ㉡에서 진동수는 같으므로 물결파의 파장은 속력이 빠른 ㉠에서가 ㉡에서보다 길다. 이처럼 물결파의 파장이 달라지므로 ㉠, ㉡의 경계면에서는 진행 방향이 꺾이는 굴절이 일어난다.

03 ㄱ. 뜨거운 사막에서는 지면에 가까운 곳일수록 공기의 온도가 높다.

ㄷ. 지면에 가까운 곳은 빛의 속력이 빠르고 지면에서 먼 곳은 빛의 속력이 느리기 때문에 빛이 아래쪽으로 볼록하게 휘는 굴절 현상이 일어난다. 추운 지방에서는 지면에 가까울수록 온도가 낮아 빛의 속력이 느려서 위로 볼록하게 휘는 굴절 현

상이 일어난다. 사람의 눈은 빛이 직진하였다고 생각하기 때문에, 물체가 공중에 떠 있는 것처럼 보이는 신기루 현상이 나타난다.

[오답 피하기] ㄴ. 공기의 온도가 높을수록 빛의 속력이 빨라진다.

➕ 개념 더하기

신기루의 원리
• 공기의 온도가 변하면 공기의 밀도 차이에 의해 공기의 굴절률이 달라진다.
• 지면에 가까울수록 공기 분자들이 활발하게 운동하므로 공기의 밀도가 작고, 굴절률도 작다.
• 물체에서 나온 빛은 굴절률이 연속적으로 작아지는 매질을 통과하여 곡선으로 휘어져 진행한다.
• 지면을 향하던 광선은 곡선을 그리며 사람의 눈에 들어오고, 사람은 빛이 점선 경로를 따라 진행한 것처럼 보게 되어 신기루가 나타난다.

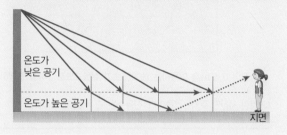

04 자료 분석 하기

빛의 굴절과 전반사

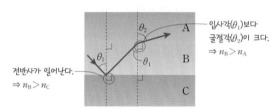

• 전반사가 일어나기 위해서는 빛이 굴절률이 큰 매질에서 굴절률이 작은 매질로 입사해야 한다.
• 전반사는 입사각이 임계각보다 큰 경우에만 일어난다.
• 광섬유 내부에서 빛이 전반사하며 진행해야 하므로 코어의 굴절률은 클래딩의 굴절률보다 커야 한다.

ㄱ. B에서 C로 진행할 때 전반사가 일어났으므로 굴절률은 B가 C보다 크다.

[오답 피하기] ㄴ. 두 법선은 평행하므로 θ_1은 B에서 A로 진행할 때의 입사각과 같다. θ_1을 감소시키면 B에서 A로 입사할 때의 입사각(θ_1)도 감소하므로 굴절각(θ_2)이 감소한다.

ㄷ. B에서 C로 입사할 때와 B에서 A로 입사할 때 입사각이 θ_1로 동일하다. 그런데 B에서 C로 진행할 때는 전반사가 일어났지만, B에서 A로 진행할 때는 전반사가 일어나지 않았다.

즉, B에서 C로 진행할 때 임계각($\frac{n_C}{n_B}$)은 θ_1보다 작지만, B에서 A로 진행할 때 임계각($\frac{n_A}{n_B}$)은 θ_1보다 크다. 즉, 굴절률은 A가 C보다 크다. 따라서 굴절률이 큰 A는 코어, 굴절률이 작은 C는 클래딩에 이용된다.

05 전자기파는 전기장과 자기장의 세기가 시간에 따라 변하면서 진행하는 파동이다.

06 (가)에 이용되는 전자기파는 마이크로파, (나)는 자외선, (다)는 적외선이다.

ㄱ. 마이크로파는 적외선보다 파장이 길다.
ㄴ. (나)에 이용되는 전자기파는 자외선이다.

[오답 피하기] ㄷ. 전자기파의 에너지는 파장이 짧을수록 크다. (가)~(다) 중 파장이 가장 짧은 자외선의 에너지가 가장 크다.

07 자료 분석 하기

전자기파 스펙트럼과 이용 예

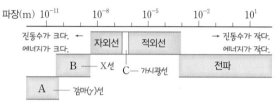

• 감마(γ)선: 항암 치료, 우주 관찰용 망원경 등
• X선: 인체 내부 이상 발견용, 공항의 수하물 검색 등
• 가시광선: 영상 장치, 광통신 등
• 마이크로파: 전자레인지, 단거리 무선 통신, 위성 통신 등

ㄱ. 진동수는 감마(γ)선(A)이 X선(B)보다 크다.

[오답 피하기] ㄴ. 단거리 무선 통신에 활용되는 것은 마이크로파이다.

ㄷ. 가시광선은 투명하지 않은 물건은 투과하지 못하므로 가방 내부를 관찰할 수 없다. 가방 내부를 관찰하는 데 이용되는 전자기파는 X선이다.

08 ㄷ. R에서는 A, B에서 나온 음파의 마루와 마루가 만나므로 보강 간섭이 일어난다.

[오답 피하기] ㄱ. P에서는 A, B에서 나온 음파의 골과 골이 만나므로 보강 간섭이 일어난다. 따라서 소리가 크게 들린다.

ㄴ. 소리의 크기가 주기적으로 변하는 곳은 보강 간섭이 일어나는 곳이다. Q에서는 음파의 마루와 골이 만나 상쇄 간섭이 일어나므로 소리가 거의 들리지 않는다.

09 마이크는 외부 소음을 감지하고, 소음 제거 회로는 마이크를 통해 감지한 외부 소음과 위상이 반대인 음을 전기 신호로 생성한다. 스피커로 음악 소리와 함께 소음 제거 회로의 전기 신호를 소리로 발생시키면 헤드폰을 쓴 사람에게는 외부의 소음과 소음 제거 회로에서 생성된 소리가 상쇄 간섭 하여 소음이 들리지 않고, 음악 소리만 들린다.

예시 답안 마이크로 외부 소음을 감지한 뒤 소음 제거 회로의 스피커에서 외부 소음과 반대 위상의 소리를 발생시켜 상쇄 간섭으로 소음을 제거한다.

채점 기준	배점(%)
소음 제거 회로, 스피커, 마이크의 역할과 소리의 상쇄 간섭 과정을 옳게 설명한 경우	100
소리가 상쇄 간섭 된다고만 설명한 경우	50

⊕ **개념 더하기**

소음 제거 기술

• 소음 제거 기술은 외부의 소음과 위상이 반대인 소리를 발생시켜 상쇄 간섭으로 소음을 제거하는 기술이다.
• 소음 제거 헤드폰에서는 외부 소음을 마이크로 감지한 뒤 위상이 반대인 음을 발생시켜 상쇄 간섭으로 소음을 제거한다.

10 ㄱ. 빛의 속력이 물속에서가 공기 중에서보다 느리다는 사실은 빛의 파동설을 지지한다. 빛이 공기 중에서 물속으로 입사할 때 파장이 감소하기 때문에 굴절각이 입사각보다 작다는 것을 설명할 수 있다.

ㄴ. 빛의 입자설로는 매질의 경계면에서 빛의 반사와 굴절이 동시에 일어나는 현상을 설명할 수 없다.

[오답 피하기] ㄷ. 빛이 파동이라면 빛의 세기가 셀수록 빛의 에너지가 강하기 때문에 광전자가 튀어 나와야 한다. 광전 효과는 빛의 파동설로 설명되지 않는 현상으로, 광양자설로 해석해야 한다.

11 ㄱ. 광자의 에너지는 빛의 진동수에 비례한다. 즉, B가 A의 2배이다.

[오답 피하기] ㄴ. 금속판에 진동수가 f_0인 빛을 비추면 광전자가 방출되지 않고, 진동수가 $2f_0$인 빛을 비추면 광전자가 방출되므로 금속판의 문턱 진동수는 f_0보다 크고 $2f_0$보다 작다.

ㄷ. A와 C를 동시에 비추어도 빛의 진동수가 문턱 진동수보다 작으므로 광자 하나의 에너지가 작아서 광전 효과가 일어나지 않는다. 즉, 광전자가 방출되지 않는다.

12 (1) 전하 결합 소자 내부로 빛이 들어오면 각 화소의 반도체에서 광전 효과가 일어나 빛을 전기 신호로 변환하여 저장한다.

(2) [예시 답안] 전극에 (+)극의 전압을 가하면 아래쪽에 전자가 모이므로, (+)극의 전압을 차례로 변화시키면 전자는 전극을 따라 이동한다.

채점 기준	배점(%)
전압을 가했을 때 전자의 이동을 포함하여 옳게 설명한 경우	100
전압을 변화시킨다고만 설명한 경우	50

13 ㄷ. (다)에서는 전자선을 이용하여 X선이 만드는 회절 무늬와 유사한 무늬를 얻었다.

[오답 피하기] ㄱ. ⊙은 물질파라고 부르며, 물질파의 파장은 입자의 질량이 클수록, 속력이 빠를수록 짧다.

ㄴ. (나)와 (다)의 실험 결과는 모두 (가)에서 주장한 물질파를 지지하였다.

14 ㄴ. 주사 전자 현미경은 전자총에서 발사된 전자에 의해 시료 표면에서 방출되는 2차 전자를 검출기로 수집한다. 이렇게 검출된 전자에 의해 만들어진 신호를 증폭하여 모니터로 상을 관찰한다.

ㄷ. 주사 전자 현미경은 투과 전자 현미경에 비해 배율이 낮지만, 표면의 3차원적인 구조를 볼 수 있다는 장점이 있다.

[오답 피하기] ㄱ. 그림은 주사 전자 현미경(SEM)으로, 전자기파가 아니라 전자의 물질파를 이용하는 현미경이다.

01 ③	02 ①	03 ①	04 해설 참조	05 (가)-(나)-(다)	06 ④
07 ①	08 ②	09 −2 cm	10 해설 참조	11 ④	12 ③
13 ⊙ 2, ⓒ 4	14 ⑤				

01 〔자료 분석 하기〕

변위 – 거리 그래프

변위 – 거리 그래프는 어느 순간 파동의 모습을 거리에 따라 나타낸 그래프로 진폭과 파장을 알 수 있다.

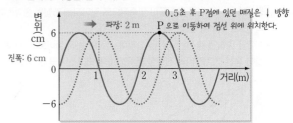

$\dfrac{1}{4}$파장인 0.5 m를 이동하는 데 0.5초가 걸렸으므로 1파장 진행하는 데 걸린 시간인 주기는 2초이고, 진동수는 $\dfrac{1}{2}=0.5$(Hz)이다.

ㄱ. 파동의 주기는 2초이므로, P점의 진동은 2초 간격으로 반복된다.

ㄴ. 파동의 파장은 2 m, 주기는 2초이므로 파동의 속력은

$v=\dfrac{\lambda}{T}=\dfrac{2\ \text{m}}{2\ \text{s}}=1$ m/s이다.

[오답 피하기] ㄷ. 주기가 2초이므로 2.5초일 때는 0.5초일 때와 파동의 모습이 같다. 즉, P점의 변위는 0이다.

02 ㄱ. 공기 중에서 법선과 광선이 이루는 각도(입사각)가 렌즈 속에서 법선과 광선이 이루는 각도(굴절각)보다 크다.

[오답 피하기] ㄴ. 공기 중에서 렌즈로 빛이 입사할 때 굴절각이 입사각보다 작은 까닭은 렌즈의 굴절률이 공기의 굴절률보다 크기 때문이다. 굴절률이 클수록 빛의 속력이 느리므로 빛의 속력은 공기 중에서가 렌즈 속에서보다 빠르다.

ㄷ. 광선이 진행하는 동안 빛의 진동수는 바뀌지 않지만 파장과 속력은 달라진다. $v=f\lambda$에서 진동수는 일정하므로 파장은 빛의 속력에 비례한다. 즉, 파장은 공기 중에서가 렌즈 속에서보다 길다.

03 ㄱ. 물의 굴절률은 공기의 굴절률보다 크기 때문에, 빛이 공기 중에서 물속으로 입사할 때, 굴절각이 입사각보다 작다. 즉, (나)에서 굴절각은 입사각 10°보다 작다.

[오답 피하기] ㄴ. 입사각이 증가할수록 굴절각도 증가하므로, 굴절각은 (다)에서가 (나)에서보다 크다.

ㄷ. (라)에서 입사각을 증가시켜도 입사각과 굴절각의 sin값의 비는 항상 일정하다.

$$\dfrac{\sin(\text{굴절각})}{\sin(\text{입사각})}=\text{일정}$$

+ 개념 더하기

빛의 굴절

빛이 공기에서 물로 입사할 때, 입사각 i, 굴절각 r, 각 매질의 굴절률 $n_{공기}$, $n_물$ 사이에는 다음 관계식이 성립한다.

$$\frac{\sin i}{\sin r} = \frac{n_물}{n_{공기}}$$

• $n_{공기} < n_물$이므로 $\frac{\sin i}{\sin r} > 1$이다. ⇒ 입사각이 굴절각보다 크다.

• $\frac{n_물}{n_{공기}}$ 값은 일정하므로 입사각이 증가하면 굴절각도 증가한다.

04 자료 분석 하기

빛의 전반사

 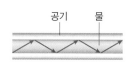

• 레이저 포인터에서 나온 빛이 물줄기를 따라 진행하는 까닭은 전반사가 일어나기 때문이다.

• 물의 굴절률이 공기의 굴절률보다 크기 때문에, 입사각이 임계각보다 크면 전반사가 일어나서 빛이 물속에서만 진행한다.

예시 답안 굴절률은 물속에서가 공기 중에서보다 크고 레이저 빛의 입사각이 임계각보다 크기 때문에, 빛이 물줄기와 공기의 경계면에서 전반사하여 물줄기를 따라 진행한다.

채점 기준	배점(%)
물과 공기의 굴절률을 옳게 비교하고, 빛이 전반사하여 ㉠과 같이 진행한다고 옳게 설명한 경우	100
빛이 전반사하여 ㉠과 같이 진행한다고만 설명한 경우	50
물과 공기의 굴절률만 옳게 비교한 경우	30

05 (가)~(다)의 진동수를 비교하면 감마(γ)선>X선>라디오파이므로 파장을 비교하면 라디오파>X선>감마(γ)선이다.

06 A: X선은 고속의 전자가 금속에 충돌할 때 발생하며, 뢴트겐이 발견하였다.
B: 가시광선은 영상 장치, 광통신 등에 활용된다. 또한, 사람의 눈으로 관찰 가능하며, 파장에 따라 다른 색으로 보인다.
C: 마이크로파는 전자레인지에 활용되는데, 이때 물 분자를 진동시켜 음식물을 가열한다.

07 A는 자외선으로, 물질 속에 포함된 형광 물질에 흡수되면 가시광선을 방출하므로 위조지폐를 감별하는 데 이용된다.
ㄱ. 자외선은 미생물을 제거할 수 있어 살균 작용을 하므로 식기 소독기 등에 이용된다.
[오답 피하기] ㄴ. 전자기파는 파장이 짧을수록 진동수가 크고 에너지가 크다. 자외선은 X선보다 파장이 길어 진동수가 작다.
ㄷ. 원자핵이 방사성 붕괴하는 과정에서 발생하는 것은 감마(γ)선이다.

08 자료 분석 하기

전자기파의 종류

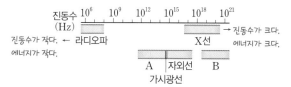

• A는 가시광선보다 진동수가 작고 파장은 길다. → 적외선
• B는 X선보다 진동수가 크고 파장은 짧다. → 감마(γ)선

ㄴ. 진공 중에서 전자기파의 속력은 약 30만 km/s로, 파장에 관계없이 같다.
[오답 피하기] ㄱ. 리모컨에는 적외선 A가 이용된다.
ㄷ. 전자기파의 속력은 일정하므로 진동수가 클수록 파장이 짧다. 즉, 파장은 B가 A보다 짧다.

09 자료 분석 하기

파동의 중첩

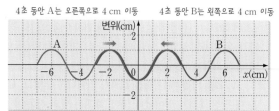

A, B의 진폭: 1 cm, 파장: 4 cm, 속력: 1 cm/s, 주기: 4초

A, B는 4초 동안 4 cm씩 반대 방향으로 이동한다. $x=0$인 지점에는 A, B의 골이 위치하므로 중첩된 합성파의 변위는 -2 cm이다.

10 **예시 답안** 초음파 발생기에서 발생한 초음파가 각각 다른 경로로 진행한 뒤 신장 결석이 있는 위치에서 같은 위상으로 만난다. 이때 보강 간섭을 일으키므로 파동의 세기가 강해져 신장 결석을 깨뜨릴 수 있다.

채점 기준	배점(%)
초음파의 세기가 약하지만 보강 간섭이 일어나서 신장 결석을 깨뜨릴 수 있다는 점을 설명한 경우	100
보강 간섭에 의해서라고만 설명한 경우	50

11 (가)의 전하 결합 소자에서는 광전 효과에 의해 영상 정보가 전기 신호로 변환된다. 즉, 빛의 입자성을 이용한 장치이다.
(나)의 전자 현미경은 전자의 물질파 파장이 짧다는 점을 이용하여 매우 작은 물체를 관찰하는 현미경이다. 즉, 물질의 파동성을 이용한 장치이다.

+ 개념 더하기

전하 결합 소자와 전자 현미경

전하 결합 소자(CCD)	전자 현미경
빛을 비추면 전자-양공 쌍이 형성 ⇒ 영상 정보를 전기 신호로 전환	전자총에서 전자를 빠른 속도로 입사 ⇒ 매우 작은 물체를 관찰

검전기를 이용한 광전 효과 실험

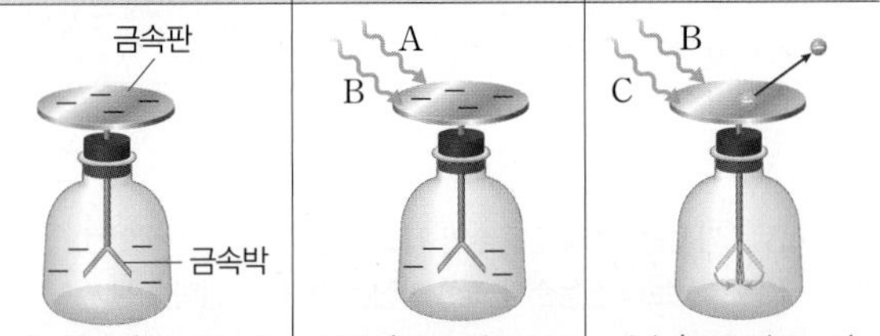

과정 (가)	과정 (나)	과정 (다)
검전기 전체는 음(−) 전하로 대전되고, 금속 박 사이에 척력이 작용 하여 벌어진다.	광전 효과가 일어나지 않아 전하량이 변하지 않으므로 금속박은 움직 이지 않는다.	광전 효과가 일어나 검 전기 속의 음(−)전하 가 감소하므로 금속박은 오므라든다.

- 단색광 A, B를 동시에 비추었을 때는 광전 효과가 일어나지 않았다.
  → A와 B의 진동수는 모두 금속판의 문턱 진동수보다 작다.
- 단색광 B, C를 동시에 비추었을 때는 광전 효과가 일어났다. → C의 진동수는 금속판의 문턱 진동수보다 크다.

ㄷ. 빛의 진동수가 클수록 파장은 짧다. 따라서 빛의 파장은 진동수가 작은 A가 C보다 길다.

[오답 피하기] ㄱ. (나)에서는 금속박에 변화가 없으므로 광전 효과가 일어나지 않았고, (다)에서는 금속박이 오므라들었으므로 광전 효과가 일어났다.

ㄴ. A, B를 비출 때는 광전 효과가 일어나지 않았고, C를 비출 때 광전 효과가 일어났다. 광전 효과는 빛의 진동수가 문턱 진동수보다 클 때 일어나므로 진동수는 B가 C보다 작다.

13 물질파 파장 $\lambda = \dfrac{h}{mv}$이고, 운동 에너지 $E = \dfrac{1}{2}mv^2$이므로, 운동 에너지와 파장 사이에는 다음 관계가 성립한다.

$$E = \frac{1}{2}mv^2 = \frac{(mv)^2}{2m} = \frac{h^2}{2m\lambda^2}$$

㉠ B의 물질파 파장이 A의 2배이고, B의 운동 에너지는 A의 $\dfrac{1}{8}$이므로, 질량은 B가 A의 2배이다.

㉡ $\lambda = \dfrac{h}{mv}$에서 B의 질량과 물질파 파장은 각각 A의 2배이 므로, 속력은 A가 B의 4배이다.

14 (가)는 광학 현미경, (나)는 투과 전자 현미경(TEM)이다.

ㄱ. 전자 현미경에서 광원 역할을 하는 ㉠은 전자총이다.

ㄴ. 광학 현미경은 빛을 이용하므로 빛의 굴절 현상이 일어나 는 유리 렌즈를 사용하고, 전자 현미경은 전자의 진행 경로를 바꾸어야 하므로 자기렌즈를 이용한다.

ㄷ. 광학 현미경과 투과 전자 현미경은 모두 시료를 투과한 빛 또는 전자가 상을 만든다. 따라서 시료의 두께가 얇아야 한다.

➕ 개념 더하기

광학 현미경과 전자 현미경

광학 현미경	전자 현미경
가시광선을 사용하므로 유리 렌즈 로 빛을 모은다.	전자를 사용하므로 자기렌즈로 전 자선을 모은다.

NEW
내신 잡는 필수 개념서
올리드
Allead

학습하다가 이해되지 않는 부분이나
정오표 등의 궁금한 사항이 있나요?
미래엔 홈페이지에서 해결해 드립니다.
www.mirae-n.com

교재 내용 문의
나의 문의내역 | 수학 과외쌤
자주하는 질문 | 기타 문의

교재 정답 및 정오표
정답과 해설 | 정오표

교재 학습 자료
문제 자료 | MP3 | 실험컷 | 도표

실전서

기출 분석 문제집

1등급 만들기

완벽한 기출 문제 분석으로 시험에
대비하는 1등급 문제집

국어	문학, 독서
수학	고등 수학(상), 고등 수학(하),
	수학Ⅰ, 수학Ⅱ,
	확률과 통계, 미적분, 기하
사회	통합사회, 한국사,
	한국지리, 세계지리, 생활과 윤리,
	윤리와 사상, 사회·문화, 정치와 법,
	경제, 세계사, 동아시아사
과학	통합과학, 물리학Ⅰ, 화학Ⅰ,
	생명과학Ⅰ, 지구과학Ⅰ,
	물리학Ⅱ, 화학Ⅱ, 생명과학Ⅱ,
	지구과학Ⅱ

실력 상승 실전서

파사쥬

대표 유형과 실전 문제로
내신과 수능을 동시에 대비하는
실력 상승 실전서

국어	국어, 문학, 독서
영어	기본영어, 유형구문, 유형독해,
	25회 듣기 기본 모의고사,
	20회 듣기 모의고사
수학	고등 수학(상), 고등 수학(하),
	수학Ⅰ, 수학Ⅱ,
	확률과 통계, 미적분

수능 완성 실전서

수능 주도권

핵심 전략으로 수능의 기선을
제압하는 수능 완성 실전서

국어영역	문학, 독서,
	화법과 작문, 언어와 매체
영어영역	독해편, 듣기편
수학영역	수학Ⅰ, 수학Ⅱ,
	확률과 통계, 미적분

수능 기출서

수능 기출 문제집

N기출

수능N 기출이 답이다!

국어영역	공통과목_문학,
	공통과목_독서,
	공통과목_화법과 작문,
	공통과목_언어와 매체
영어영역	고난도 독해 LEVEL 1,
	고난도 독해 LEVEL 2,
	고난도 독해 LEVEL 3
수학영역	공통과목_수학Ⅰ+수학Ⅱ 3점 집중,
	공통과목_수학Ⅰ+수학Ⅱ 4점 집중,
	선택과목_확률과 통계 3점/4점 집중,
	선택과목_미적분 3점/4점 집중,
	선택과목_기하 3점/4점 집중

N기출 모의고사

수능의 답을 찾는 우수 문항 기출 모의고사

수학영역	공통과목_수학Ⅰ+수학Ⅱ,
	선택과목_확률과 통계,
	선택과목_미적분

미래엔 교과서 연계

자습서

미래엔 교과서 자습서

교과서 예습 복습과 학교 시험 대비까지
한 권으로 완성하는 자율 학습서

국어	고등 국어(상), 고등 국어(하), 문학, 독서,
	언어와 매체, 화법과 작문, 실용 국어
수학	고등 수학, 수학Ⅰ, 수학Ⅱ, 확률과 통계,
	미적분, 기하
사회	통합사회, 한국사
과학	통합과학(과학탐구실험)
일본어Ⅰ, 중국어Ⅰ, 한문Ⅰ	

평가 문제집

미래엔 교과서 평가 문제집

학교 시험에서 자신 있게
1등급의 문을 여는 실전 유형서

국어	고등 국어(상), 고등 국어(하),
	문학, 독서, 언어와 매체
사회	통합사회, 한국사
과학	통합과학